健身营养全书

关于力量与肌肉的营养策略

〔德〕克里斯蒂安·冯·勒费尔霍尔茨◎著　　庄仲华◎译

ERNAEHRUNGSSTRATEGIE
IN KRAFTSPORT & BODYBUILDING

北京科学技术出版社

读者须知

　　运动学与医学是随着我们科研成果与经验的积累不断发展的。本书中所有的建议都由作者审慎提出。虽然如此，读者仍应根据自身情况和医生的建议来选择适合自己的运动方式。

　　因本书相关内容而造成的直接或间接的不良影响，出版社和作者概不负责。

Published as " Ernaehrungsstrategie in Kraftsport & Bodybuilding" by Christian von Loeffelholz © 2009-2015

Christian von Loeffelholz, Novagenics-Verlag

All rights reserved.

Simplified Chinese translation copyright © 2018 by Beijing Science and Technology Publishing Co.,Ltd.

著作权合同登记号　图字：01-2016-0613

图书在版编目（CIP）数据

健身营养全书：关于力量与肌肉的营养策略/（德）克里斯蒂安·冯·勒费尔霍尔茨著；庄仲华译. —北京：北京科学技术出版社，2018.4（2025.11重印）
　　ISBN 978-7-5304-9388-5

Ⅰ.①健… Ⅱ.①克… ②庄… Ⅲ.①体育卫生—营养学 Ⅳ.①G804.32

中国版本图书馆CIP数据核字（2017）第307061号

策划编辑：胡　诗	电　　话：0086-10-66135495（总编室）
责任编辑：代　艳　吴佳慧	0086-10-66113227（发行部）
封面设计：昇一设计	网　　址：www.bkydw.cn
图文制作：天露霖文化	印　　刷：保定市中画美凯印刷有限公司
责任印制：张　良	开　　本：720mm×1000mm　1/16
出 版 人：曾庆宇	字　　数：500千字
出版发行：北京科学技术出版社	印　　张：22.25
社　　址：北京西直门南大街16号	版　　次：2018年4月第1版
邮政编码：100035	印　　次：2025年11月第19次印刷
ISBN 978-7-5304-9388-5	

定　　价：98.00元

做事应该尽量简单，但不能过于简单。

——阿尔伯特·爱因斯坦

谨以此书献给我的祖父，威廉·弗赖赫尔·勒费尔霍尔茨·冯·科尔贝格

致　谢

2002 年由诺瓦天赋出版社出版的《功能饮食》（Leistungsernährung）源自我的一个简单的初衷：在多年来担任健身顾问的生涯中，我积累了很多经验，希望通过这种方式把这些经验与更多的人分享。除了介绍经验，想出一本书还需要将一些科学的理念整合进去。营养学专业的学习以及在耶拿大学为格哈德·雅赖斯教授工作的经历为我提供了坚实的理论基础。因为有持续 20 多年的健身经历——包括哑铃训练、跑步、自行车骑行、游泳以及很长时间的搏击训练（松涛馆空手道和跆拳道）——所以我可以从相当专业的角度来为健身者提供合理的建议。这些因素综合起来的成果《功能饮食》获得了读者的青睐。它本来是我在业余时间随性而就的作品，却得到了意想不到的关注。为此，我要感谢我的读者和媒体评论者们。

硕士毕业后的一段时间里，我积累了一些与营养补充剂相关的从业经历。不过很快，我就决定继续深造。开始并没有那么容易，因为我需要在耶拿大学运动医学研究所奥尔赫·加布里尔教授提供的十分吸引人的运动免疫学博士学位与人类医学研究之间做出抉择。我最终选择了医学。与雅赖斯教授进一步交流后，我得以在德国波茨坦饮食营养研究所（DIfE）担任一名研究员，同时我也有机会跟随夏里特医学院内分泌分部的 A. F. H. 普法伊费尔教授学习。这不仅使我的知识结构更加全面，也让我掌握了开展博士论文研究所必需的极其复杂的研究方法。

在耶拿大学附属医院的内科重症监护室以及在瑞士伯尔尼小岛医院的麻醉科和急诊室的实习经历更加丰富了我的理论知识，锻炼了我多方面的能力。正是在急诊室和麻醉科的实习使我有机会在实际操作中真切体会到药理学、生理学和病理生理学的相关知识在病人身上的应用，并且对此终生难忘。同样宝贵的还有我在创伤科（运动损伤科）4 个月的实习经历，在这里我接触到了各种各样的运动损伤和劳损的病例，并且积累了相应的治疗方案。这些经历使我更加关注与力量训练相关的生物力学原理，注重训练时的保护措施。

因为篇幅有限，我在这里不能列出所有我想衷心感谢的同事的名字。他们不仅无私地与我分享了他们宝贵的才华、知识与经验，在工作中我们也常常形成令人难忘的默契，并且发展出了长久的友谊。特别要提到的是马蒂亚斯·默林医生及其家人、约阿希姆·施普兰格尔教授、吕迪格·普法伊费尔主治医生、迈克尔·弗里齐博士、马库斯·赖希博士、奥利弗·瓦勒尔主治医生、卡琳娜·利岑贝格尔女士以及英格丽德·马吉加利亚女士。

感谢诺瓦天赋出版社的阿恩特先生为出版此书所做的工作，感谢他在工作时间上对我的配合、他的耐心和善解人意。

衷心感谢德国波茨坦饮食营养研究所在检索学术论文方面提供的帮助。没有他们的帮助，许多对健身者来说非常有用的科研成果将无法走进人们的视野。同样要感谢的还有瑞士伯尔尼小岛医院的斯特凡·施特克伊主治医生，在他的帮助下我才得以参与一些对我的书十分有价值的实验。

我要由衷地感谢耶拿的猛犸健身房、波茨坦的林中城市健身房以及瑞士伯尔尼的艾莫健身房。在这些健身房里我找到了健身后淋漓尽致的快感，健身房的工作人员一直在为营造友好的健身氛围努力。长期的健身将我"软禁"在健身房里，周围的健身房常客们在我眼中都是我即将面世的书的信息输出对象。这一切都成为我撰写本书的过程中的动力源泉。

在此我要特别感谢的是雅赖斯教授，他无私地帮助和支持我，一直在与我并肩战斗。同样的感谢也要献给 A. F. H. 普法伊费尔教授，像他这样通情达理、博学多才的导师实属罕见。

我的朋友马丁·魏克特博士目前在英国工作。他是一名全情投入工作的医生，也是一位慈爱的父亲。此外，他还是一位杰出的学者，在处理复杂的问题时，他不仅能正面回答最核心的问题，也能从与众不同的角度最大限度地给予同事帮助以及激励。安德列亚斯·瓦格纳在德国波茨坦饮食营养研究所帮了我很多忙，他对我来说并不是普通的同事，而是一位真正意义上的友人，在此我也要特别感谢他以及他的家人。

同样还要感谢的是当年在德国波茨坦饮食营养研究所营养科以及夏里特医学院内分泌分部的同事们。在与他们一起工作的日子里我不仅硕果累累，而且感受到了十分融洽的团队氛围。

我还要感谢夏里特医学院内分泌分部的前同事弗洛里安·尼贝加尔博士。他不仅在纷繁复杂的工作任务中成为我的朋友和伙伴，更是一名真正的健身者。与他一起时，我们不仅讨论训练、饮食和激素等话题，他在医院繁忙工作中依然坚持健康和规律的饮食习惯也为我树立了榜样。他发明的凝乳麦片饼干简直可以称为传奇之作。感谢马里奥·阿德尔特——理疗师、运动员和企业家——感谢他给予我鼓励，特别是多年来与我进行关于单组训练的讨论。他总是能针对我的核心理论提出尖锐的问题，让我不得不寻找新的数据来解决那些有趣的问题。另外，他还十分友好地为本书写了一篇补充文献——《什么是基泽健身法？》（第三章）。

不得不提的还有我的朋友与同事马蒂亚斯·马夸特，和他共事的时光令我难忘。他在耐力训练和跑步训练方面的顾问与咨询工作建立了相关方面的新标准，他也因此经常在众多电视节目中亮相。另外，他撰写了很多关于跑步的畅销书。我还要感谢我最好的朋友迈克，他从我最开始健身训练时就在我身边，给予我鼓励、批评和多年的友谊；他在我倾诉各种问题时总是耐心地聆听。

目前在美国工作的桑德拉·科齐纳博士是一个与众不同的人，有她出现在我的生命中是我的幸运。遥远的距离和繁重的工作并不能妨碍她对我的帮助与支持。安德烈亚、阿尔方斯·格拉、玛丽安娜·格普纳、延斯·史蒂芬·斯科尔鲍梅尔，当然还有尤利娅·菲舍尔、安娜玛丽·伯施-拜尔、乌韦·特赖纳特、扎比内·努茨尔、尤塔和克莱门斯·贝克以及加里·帕尔默和尤迪特·塞韦林及其家人等都是我多年的好友，在此我也对他们表达衷心的感谢。

我还要向我的伴侣迈克拉致谢，她是一名业余健身者，就职于一家大型医学院的急诊科。感谢她对我的繁忙工作、我的坏脾气给予最大程度的理解和容忍。在我十分紧凑的日程安排中，如果没有她的帮助，健康和规律的饮食基本是无法实现的。同样，我在训练中的某些动作也只有在她纪律严明的监督下才能全部完成。

我的哥哥托比亚斯常年进行力量训练以及耐力训练，以惊人的意志力实行他自己的饮食计划，并且成功地减了 20 多千克体重。我在学习期间，一有机会就会上他的救护车与他一起工作，这极大地丰富了我的医学知识。我必须在这里说出一个事实——与他一起进行的力量训练可能是我此生接触过的最残酷的训练。

我的姐姐苏珊在审稿阶段对我提出的尖锐批评给予了我很大的帮助。作为中学化学课和生物课的老师，她在工作方式和专业方面对我有很大的影响。本书文字的流畅和易读要归功于她。在这里我也要一并感谢的是姐夫马林、外甥埃利亚斯以及外甥女萨拉和索菲娅。

约翰娜·格布哈特不仅在本书的行文上提供了帮助，也是我的一个老朋友以及常年的健身伙伴。

我的朋友莱纳德·魏因曼和他的妻子克劳迪娅也为本书文字和图表等的易读做出了贡献。除此之外，我还要感谢他们一家人的热情好客。

感谢我的妹妹卡塔里娜帮助我采购食物：她总能用她那特别的方式，找到既能控制体脂又口味常新的食物，这让我的健身饮食不再单调。

特别感谢我的父母。他们常年奋战在医疗行业，没有他们也不会有我的今天。他们给了我们兄弟姐妹最温馨的家和无私的支持，再多言语也无法表达我对他们的感激之情。

目　录

序 言

《功能饮食》（诺瓦天赋出版社，2002）出版之后，雪片般飞来的读者来信让我不断思考写升级版的可能性。2003年我开始搜集相关的资料。2004年，马蒂亚斯·马夸特博士邀请我为《跑步圣经》（*Laufbibel*，运动传媒出版社，2005）撰写一章，这次约稿令我受宠若惊。不巧的是，截稿之前我的某些学术研究（比如关于升糖指数和低碳饮食的研究）尚未完成，因此我未能将研究结果纳入其中。对我来说，这是一个遗憾，我一直希望能有机会弥补。之后，我不断收到运动医学杂志的约稿函，这些对我来说都是很好的机会，但也意味着我需要重新开始繁杂的调研工作。随着时间的推移，我在健身、营养、饮食等领域的知识逐渐完善。现在，这些成果终于呈现在读者眼前。这本书正是《功能饮食》的升级版。

对健身者、力量训练者和健美运动员来说，能量平衡、蛋白质、碳水化合物、脂肪、膳食纤维、维生素与矿物质、营养补充剂、脂肪代谢、对增肌或减脂最有效的饮食法等都是永恒的主题，而这些本书都会涉及。当然，我们在探讨这些主题时并不会用同样的篇幅，而会有侧重地进行阐述。我能知道哪些内容很重要而哪些不重要，要归功于我在健身房了解过健身者关心的话题。因为我一直在搬家，去过很多健身房，所以有机会听到不同的声音。

此外，我经常光顾健身与营养保健品的论坛，注册成为论坛的用户并关注什么样的话题最热门。因此，相比不重要的主题，本书重点章节的内容会十分详细。

当然，撰写本书时我十分注意保持立场中立并对书中的主题持一种批判的态度。我并没有接受任何生产商的赞助或邀约，因此本书的内容是完全客观的，是我的知识和经验的体现。

在此我同样要严正声明，我反对使用任何药物来提高运动成绩。我在多年的健身经历中耳闻目睹了许多这样的事情。因此，在此我有必要强调一下。

最后，祝所有的读者在阅读本书的过程中收获更多的知识和乐趣，也希望本书能激励读者，让读者拥有更强健的体魄并享受运动带来的乐趣。

克里斯蒂安·冯·勒费尔霍尔茨
营养学硕士及医学博士，内科/内分泌科助理医师

前 言

对每个人来说，饮食都是保持健康不可回避的重要话题。许多欠发达国家和地区人们的健康状况为我们提供了反面教材：贫血、失明、发育不良，包括免疫机能低下等，几乎都是非正常饮食的直接后果。在美国、德国等发达国家，情况却截然相反。在这些国家，由于饮食过量、缺乏运动等，人们的健康问题呈现另一个极端：心血管系统疾病在这里是头号健康杀手。此外，某些肿瘤的生成与扩散也可以部分追溯到不健康的饮食与生活习惯。

"健康饮食"这个话题现在有很高的热度，这个趋势也带动了运动健身的潮流。人们关注这些话题，不仅是为了眼下拥有更吸引人的外表，也是为了能长期保持灵活、健康的体格。年轻和健康在今天是最吸引人的。然而讽刺的是，目前有 50%~60% 的德国人的身体质量指数（BMI）显示他们超重甚至肥胖[1]。

健美运动员和力量型运动员同样必须关注健康问题：为了增肌或者使肌肉更结实，他们必须采取极端的饮食策略，这是非常常见的。但若长期实行某些为塑造大块肌肉而设计的饮食法，他们的健康也会受到损害。饮食法越是严苛，就越难以坚持实行，而且只有在严格实行这类饮食法的一段时期内，它们的作用才能得以显现。不过幸运的是，对大多数运动者来说，短期的极端饮食并不会对身体造成永久性伤害（这里所说的对象不包括少数年纪较大的或者在开始饮食控制前就已经患有疾病的人）。此外，如果运动者在运动的同时借用药物来提高成绩，则必然会使自身的健康受到损害。

表 1 身体质量指数（BMI）分级表（根据 1995 年、1998 年 WHO 报告绘制）	
分级	身体质量指数（BMI）*
• 体重过轻	<18.5
• 正常体重	18.5~24.9
• 超重	25.0~29.9
• 一级肥胖	30.0~34.9
• 二级肥胖	35.0~39.9
• 三级肥胖	40.0

* BMI 的计算方法：体重数（千克）除以身高数（米）的平方

例如：身高 1.87 米、体重 98 千克的男性，其 BMI=98÷（1.87x1.87）=28.0 千克 / 平方米。根据上表可得出此人超重的结论。但请特别注意：运动员，特别是力量型运动员由于其肌肉量较多，不能直接参照本表下结论。

然而，专业运动员和想有所成就的健身者在选择饮食法时首先考虑的因素并不是自己的健康。他们通常最关注的是如何提高运动成绩。因此，对这一人群来说必须考虑的问题便是：从科学和批判的角度来看，采用特殊的饮食法提高运动成绩是否真的可取。难道平日正常的饮食就真的不能帮助他们达到理想的训练目标吗？换一种问法，什么样的饮食法是真正科学和有效的？而哪些饮食法可以被大胆抛弃？本书将为读者揭晓答案。

本书真正关心的内容

最近 15 年来，关于营养学的科研成果浩如烟海，哪怕专家也难以全部吸纳。这在很大程度上归功于当今遗传学和分子生物学的飞速发展。然而另一方面，知识的快速和大量积累也使我们更加不确定新的研究成果对我们的日常饮食具有怎样的指导意义。

尽管各方面的学术研究成果众多，却依然不足以让我们直接从中得出可以运用到实际中的具体操作方法。当下市场上纷繁的广告断章取义地将某些"科研成果"作为营销的砝码，使得不少运动者很快忘记了他们本该执行的训练计划。不费吹灰之力就可以拥有迷人线条的想法蛊惑了多数健身者，他们十分乐意为此慷慨解囊。

生产商利用学术研究结论为他们的产品包装，目的是使其产品看起来很正规并且"确保"有效。消费者缺乏辨别真伪的能力与条件，往往盲目地信任产品的宣传。如若能够用批判的眼光去审视那些广告，消费者往往可以得出完全相反的结论。事实上，市售的营养补充剂和运动食品中只有极少数是真正基于严肃的科研成果而能保证其功效的。绝大多数产品都不能获得足够的科学成果的支持。负面的研究结果往往被束之高阁。除此之外，我们经常见到的还有被曲解的、片面的甚至不负责任的评测报告。在广告中，我们常常见到牵强附会的图形与表格，它们看起来相当学院派，但实际上根本不能与真正的科学相提并论。

客观来说，类似的营销展示是经不住科学的推敲的。例如，某产品的效果，到底是因为它影响了人的心理，从而使人更加严格地坚持健康的饮食和艰苦而规律的训练，还是因为它真的具有广告所承诺的功效，其实根本无从考证。因为仅仅依靠人类的信念就可令愚公移山，这就是所谓的安慰剂效应。

其实，要判断一种营养补充剂、一种饮食法或一种训练方式是否真的有效，只有依靠严格管控的医学观察和研究。

因此，本书的重中之重在于，帮助读者摆脱商业宣传的影响，让读者获得对有关健身营养的各个重要课题的独立思考和判断的能力。拥有了这种能力，读者便可以在面对某种产品时理性地决定自己是否真正需要它。

此外，本书也介绍了一些可以在实践中借鉴的经验。这些内容来自有多年运动经验的优秀运动员。

科研数据是本书的根基

对经常听信旁人的臆断和个人经验的读者来说，本书读起来可能并不那么有趣。这本书所陈述的内容全部都来自严谨的科研报告和专业书籍。

借助于科研报告的意义在于，它们发表在经过相关学术部门和学术委员会认证的权威学术期刊上。报告在发表之前必须经过素不相识的各位匿名科学家严格的盲审。如果报告的实验过程不能满足特定和严苛的质量标准，报告就不允许被发表。这就相当于获得了 TÜV① 认证。这类科研报告有别于运动类杂志上的文章以及相关图书：事实上通过这些媒介，人们想写什么都可以（本质上来说，本书也在此范围内）。在一篇科研报告中，所有的句子都必须精确表达意思，不会让读者产生误解；引用的概念和文献也要完整列出。当然，本书也力求达到这样的标准。

本书中的知识和概念力求达到在出版前呈最新状态。本文所引用的论文和数据等在附录中都有详细的列表。引用论文和数据的

---

① TÜV 南德意志集团是国际化认证机构，提供专业管理体系认证服务，对质量、环境、能源、安全、风险、健康、教育、商业连续性以及社会责任感等方面进行检测认证。涉及的领域包括汽车、铁路、航空、机械工程、信息技术、银行、金融和健康服务。

地方均用带括号的数字注明其在附录中的位置。原则上，所有引用的论文都可以在相关的公开论文数据库中检索到，因此读者完全可以验证其真实性。

在检索文献的过程中，我使用了常规的医学、自然科学文献检索机制。除此之外，我还使用了德国柏林夏里特医学院图书馆、耶拿弗里德里希·席勒大学图书馆、德国波茨坦饮食营养研究所和瑞士伯尔尼小岛医院的资源。我所选择的、众多健身者感兴趣的话题基本上都可以通过关键字检索找到相关的论文和评论。为了做到尽可能的完美，我利用了很多晚间休闲时间和假期来写作，甚至在写博士论文和准备国家考试期间也没有偷闲。

当然，即使是科学研究得出的结论我们也必须批判性地接受，因为考虑到医学实验的实施者总是会不可避免地对实验施加一定程度的主观影响，可能会使实验结果产生偏差。事实上，完美无缺的科学实验条件是不存在的。实验参与者都是活生生的人，总会有各种各样的变数，这是任何一项实验都必须面对的限制因素。尽管如此，实验报告中所呈现的精准的实验记录和详细的实验方法可以让我们信服实验的结论。这些结论往往是确凿和有效的。

另外，我们要将一项研究的结论与已经存在的尽可能多的类似研究的结论进行比较，因为一次孤立的实验往往无法提供足以令人信服的结论。

对实验结果的解读也必须慎重。举个例子，老年人注射维生素 B_{12} 后，他们的造血功能有所改观，运动机能也有所改善。但这一结论不能直接推导到年轻 20 岁的健身者身上。老年人往往有消化方面的疾病，这妨碍甚至完全阻断了从食物中摄取维生素 B_{12} 的可能性。对这些病人来说，用注射维生素 B_{12} 来代替人体自主消化吸收维生素 B_{12} 是改善身体机能的导因。但年轻、健康的健身者不存在消化和吸收障碍，直接从饮食中获得维生素 B_{12} 是完全没有问题的。而过度摄入维生素 B_{12} 并不会对运动成绩产生影响，因此年轻的健身者注射维生素 B_{12} 后观察不到任何运动能力的提升。

解读科研结论的时候，还要注意观察一系列基本的条件，比如受试者的年龄、性别、营养和健康状况等。要知道这些，就必须去查阅详细的实验报告。医学研究、实验室实验以及在科研中常用的方法往往因为其严苛的条件而具备明显的优点和缺点。每一次研究和实验都只能解答极小一个领域相关课题的问题，这就好比温度计只能测量温度，而不能测量湿度。"科研"作为一种脆弱的测量工具，必须被慎重地了解。然而，在通常见到的健身读物中，作者们往往利用一点点科研成果来大提各种建议。其实，我们只有在大量相关科研成果作为支撑的前提下，才可以负责任地谈论某种营养补充剂或训练方法的优劣。

以上的论述略为枯燥，其实也只是想让广大读者知道科研成果是复杂的。在本书的各个章节中，我会尽量注意到这一点，但同时也会尽量保证文字简单易读。本书会兼顾相关实验的优点以及缺点，对知名专家的判断也会附有许多理论的支持。特别是有关力量训练的内容和结论会十分翔实。

本书的布局

本书的章节遵循一般营养学教科书对饮食结构划分的标准。我将逐一讲解食物中基本营养素的功能和代谢原理等。在这个大框架下，各章节中均有对力量训练者来说十分有用的重点话题。这种布局可以让读者更方便地找到我们对相关问题的解答。当然，某些话题被重复提及也就无可避免了。这样做也是考虑到并非每一位读者都会从头到尾系统地阅读所有内容。由于篇幅有限，本书无法涉及运动营养学的所有要点，对此特别感兴趣的读者可以从附录所列的文献中寻找更详细的内容。本书也并不是一本终极宝典，它其实是我的一次尝试——对健身运动中出现的大量极富争议性的话题进行尽可能理性的探讨。

1. 水盐平衡

1.1 我们为什么离不开食物？

食物为人体提供了 7 种基本营养素：水、常量元素、微量元素、维生素、蛋白质、碳水化合物以及脂肪（表2）。除此之外，酒精（乙醇）在为人体代谢提供能量的过程中具有特殊的作用。

1.1.1 能量平衡的重要意义

对人体来说，首要目标就是满足它对能量的需求。不管我们是在健身，还是在读书、睡觉、谈恋爱或者吃东西，所有的活动都要消耗能量。人体内负责提供能量的物质便是高能化合物三磷酸腺苷（ATP）。关于它的详细介绍，请参见图1。

远古时人们不能指望食物成为 ATP 的唯一来源，因为众所周知，那时经常闹饥荒。为了度过食物短缺的日子，人体在进化的过程中渐渐合成了各种储能物质，它们能将多余的能量合理地储存在体内。其中，最为人熟知的储能物质便是脂肪和糖（糖原）。

人体中的 ATP 是在专门的细胞器——线粒体（又称"细胞的发电站"）中生成的。在人体中，此过程主要通过碳水化合物以及脂肪的分解来实现。酒精和氨基酸也可以提供 ATP，但通常并不是其主要来源。人体中各种营养物质合成 ATP 的过程必须有足够多的氧气参与，而氧气来自我们的呼吸过程。氧气的重要性无须赘述。碳水化合物则是一个例外，它在新陈代谢过程中可以短暂地进行无氧酵解。

最重要的是，我们的神经系统（比如大脑）对氧气和 ATP 的供给十分敏感。即使氧气和 ATP 只是短暂地缺失，也有可能对神经

表2 基本营养素索引	
营养素	**所在章节**
• 水	1（第 6 页）
• 碳水化合物	2（第 30 页）
• 脂肪	3（第 76 页）
• 蛋白质	5（第 142 页）
• 常量元素	8（第 263 页）
• 微量元素	8（第 263 页）
• 维生素	8（第 263 页）

系统造成无法挽回的伤害。

1.1.2 营养素是生命的组成物质与新陈代谢的调控者

营养素不仅能为人体提供能量，还参与构成了身体组织。从这个意义上说，最重要的营养素便是蛋白质。蛋白质还以酶（分子工具）的形式多样化地参与人体的新陈代谢——人体的新陈代谢通常由蛋白质与多种微量营养素的协同作用实现。

微量营养素包括维生素、常量元素和微量元素。微量营养素不仅与酶一同起作用，也是某些身体组织的基本组成成分。例如，钙、镁、氟化物与磷酸盐等以不同的比例存在于骨骼和牙齿中。在微量营养素含量偏低或者缺乏的情况下，人体必须从外界摄取，因为它们是人体运转必不可少的物质，长期缺乏将严重损害人体健康。

1.1.3 营养素的不可替代性

如果仅仅是要产生 ATP，那么人体不管是摄入脂肪、蛋白质，还是摄入碳水化合物、酒精都无所谓。理论上，人体每天所需的能

借助食物中富含热量的营养素，"人体通用货币"——ATP 得以生成。这个过程必须有由呼吸所摄入的氧气参与，水和二氧化碳则作为代谢产物被生成。

ATP 在人体内无处不在，是所有要消耗能量的生理活动所必需的。下面两个具体的数值可以帮助我们更好地理解 ATP 的重要意义：每个成年人体内平均每天会形成大约 85 千克 ATP，这些 ATP 随后分解为二磷酸腺苷（ADP）和磷酸基团（Pi），同时产生约 2000 千卡（1 千卡约为 4.19 千焦）能量。

人没有 ATP 就无法生存，更谈不上运动了。ATP 分子中高能磷酸键的分解所产生的化学能可被转化为其他形式的能量，比如热能（体温）以及动能（骨骼肌的运动）。

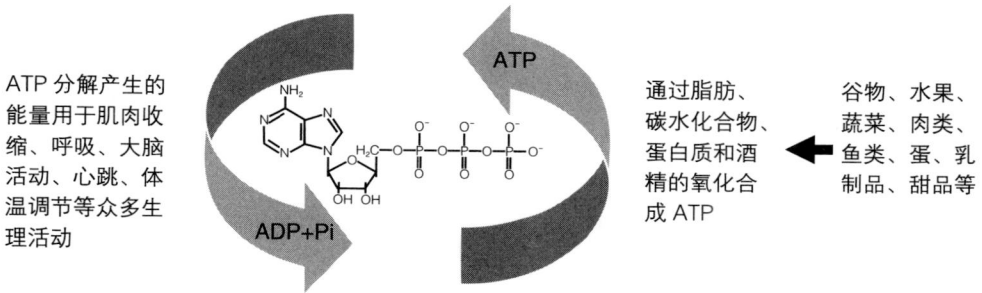

ATP 分解产生的能量用于肌肉收缩、呼吸、大脑活动、心跳、体温调节等众多生理活动

ADP+Pi

ATP

通过脂肪、碳水化合物、蛋白质和酒精的氧化合成 ATP

谷物、水果、蔬菜、肉类、鱼类、蛋、乳制品、甜品等

量可以完全来自蛋白质或者其他任何一种富含热量的物质——含有足够的热量即可。然而，人体摄入的每一种营养素都承担着特殊的使命，因此不能互相替代。例如，在血液中氧的运输是由铁来实现的，铁不能由钙来代替。

小结：食物与水为我们提供必要的营养。营养素最重要的意义是，它们是合成 ATP 的基础（在 ATP 的合成过程中还要有足够的氧参与）。除此之外，营养素还是身体组织的基本成分，并参与人体的新陈代谢。许多营养素单靠人类自身无法合成足够的量，人体必须定期从外界摄取，这些营养素是人体所必需的。它们不可或缺，也无法相互取代。

1.2 水平衡

在人体新陈代谢的过程中，除了氧以外最重要的基本成分就是水，它与人体内的矿物质平衡密切相关。对所有人，特别是对运动者来说，水至关重要，因此我们先就"水"展开讨论。

1.3 水在人体内的作用

1 个水分子（H_2O）由 2 个氢原子（H）和 1 个氧原子（O）组成。水虽然结构简单，但对人体的新陈代谢具有重要的意义（表 3）。

水本身不含能量，然而一切与生命休戚相关的活动都在水这个环境中进行。例如，水会直接参与很多代谢反应。水是人体摄入营养素的基础，离开水，营养素便无法发挥作用。在食物短缺的情况下，人体借助巧妙的储能机制仍可以生存很长时间；人类也正是凭借这一机制在食物经常性短缺的生存条件下存活了下来。相反，在缺水的情况下，2~4 天后人体就会停止排出代谢产物，大约 1 周后血液就会变得黏稠，肾功能和循环功能

表 3　水在生物体内的作用

生物体构成	水的作用
体表	调节体温
骨骼肌	参与合成肌糖原；水与电解质以精确的比例确保其实现生理功能
血液	作为溶剂和载体运输激素、营养素、代谢产物、氧气、二氧化碳、血细胞或免疫细胞；传导热量
中枢神经系统	起机械防护和缓冲的作用；水与电解质以精确的比例保障其良好运作
肾	参与排出代谢产物与异物
消化道	作为溶剂和反应介质
感觉器官	参与声波在内耳的传播；参与视觉的工作；水与电解质以精确的比例保障其良好运作
普通细胞	是其基本组成成分、溶剂和生化反应的反应物；调节酸碱平衡；维持细胞形态
黏膜	是多种分泌物的重要成分，保持黏膜湿润

就会衰竭，人最终会死亡[1]。

　　水在人体中发挥多种多样的作用。对运动者来说，特别需要关注的是自己的体温——体内营养素氧化时所产生的热量经由血液传至体表，而体表汗液的蒸发会帮助人体排出多余的热量。这一过程使得人体将体温控制在正常的范围内。

　　因此，在较热的环境中运动的运动者不仅要承受外界的高温，还要承受自身由于剧烈运动导致新陈代谢加快所产生的热量。由于汗液过多，排汗量增大，体表汗液蒸发带来的降温作用就相对减弱。假如此时环境湿度过高，运动者会流更多的汗。在这种糟糕的训练环境中，体表汗液蒸发的节奏与体内热量产生的节奏不再同步。于是，热量被困在体内，体温因此升高，运动者将面临中暑的危险。

　　在高温环境中进行耐力训练时，如果人体大量失水而没有及时通过饮料补充水分，

则会引发极严重的问题。在这种情况下，人体每天通过汗液流失的体液可达 12 升甚至更多[1, 2]。对力量训练者来说，极度缺水的情况往往发生在健美比赛或其他分重量级比赛前的脱水环节。力量训练者常用的所谓的减重方法，往往减少的是身体中的水分（见后文关于脱水的内容）。相反，健身者在平日的训练中无须严苛地控制自己水和盐分的摄入量，即使这样也几乎不会产生后果严重的水和盐分的流失问题，但他们必须有意识地时刻关注身体的水盐平衡。

1.4　人体内的水环境

　　细胞内的液体和细胞外的液体是有区别的。我们可通过图 2 略加了解。

　　体液中矿物质（无机盐）的占比是被精确调控的。细胞外的液体（细胞外液，见图 2）可以视作人体器官的供养者以及细胞与外界环境进行联系的信使。细胞外液含有营养素

图2 人体内的水环境

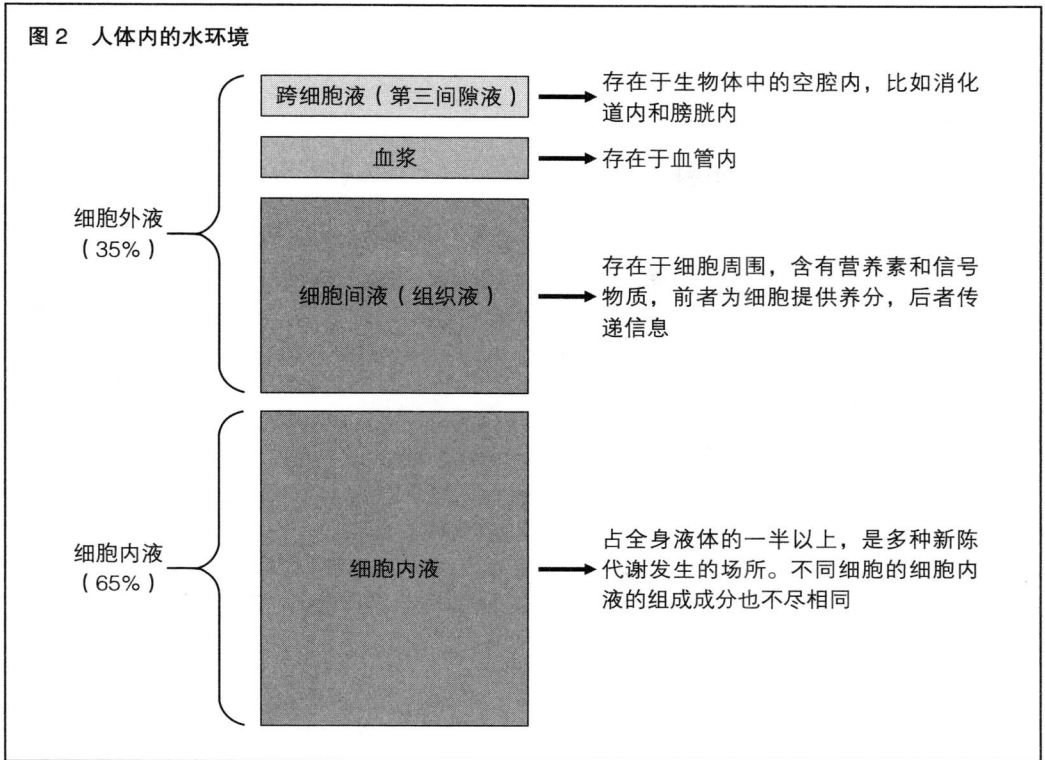

细胞外液（35%）	跨细胞液（第三间隙液）	→ 存在于生物体中的空腔内，比如消化道内和膀胱内
	血浆	→ 存在于血管内
	细胞间液（组织液）	→ 存在于细胞周围，含有营养素和信号物质，前者为细胞提供养分，后者传递信息
细胞内液（65%）	细胞内液	→ 占全身液体的一半以上，是多种新陈代谢发生的场所。不同细胞的细胞内液的组成成分也不尽相同

以及在细胞间传递重要信息的信号物质。因此，想要细胞发挥其生理功能，人体内被精确调控的水盐平衡是必不可少的。这也解释了为什么在水盐失衡时人体会发生各种细胞群的功能紊乱：运动员和健身者的脱水和失盐会造成功能性损伤、头痛、抽搐和恶心等，甚至可能引发神经系统的致命病变。

我们都知道，人体中的水分含量很高。由于性别、年龄、营养状况和训练程度不同，人体内的水分含量都会有所差异，水分含量最高时可达体重的70%。随着年龄的增长，这个比例会明显下降，最多可以下降到只占体重的50%~55%。对健美运动员和健身者来说，骨骼肌细胞的高含水量特别重要。事实上，骨骼肌细胞70%由水构成。因此，有很多肌肉且经常运动的人身体内的含水量要高于不爱运动的人或者运动新手（图3）。此外，男性身体

内的含水量高于女性。肌肉的高含水量对进行力量训练的人来说十分重要，因为它能让肌肉在短时间内改变形状和大小。例如，借助碳水化合物或肌酸，人体可以在短时间内达到增肌的效果。传说中可以使肌肉迅速增长的增肌产品，其实就是运用了这一原理的营养补充剂。一项旨在检测某种典型的增肌产品实际效果的研究[3]结果显示：与饮用纯碳水化合物饮料的对照组受试者相比，使用该增肌产品的运动员组受试者在实验进行10周后去脂体重确实增高了很多。但是，两个实验组受试者各自降低的脂肪重量与升高的去脂体重相等，因此各自的总体重没有变化。而在力量增长方面，没有观察到两者的区别。

从科学的角度来看，并不能将此次实验中所观察到的去脂体重的增高直接归功于该增肌产品，而且该实验本身的设计存在缺陷。

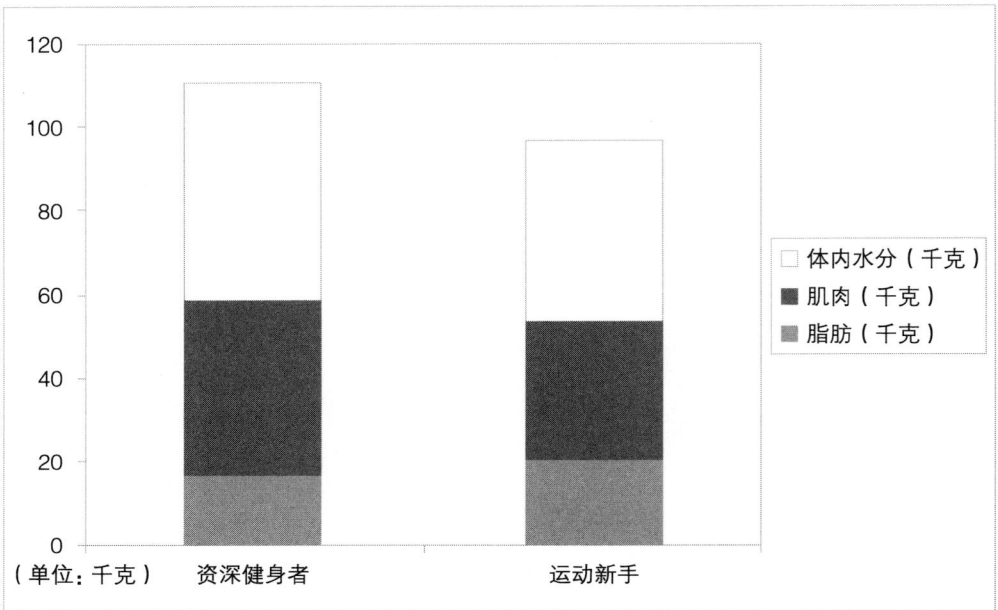

图3 资深健身者与运动新手身体构成成分的比较

（单位：千克）　资深健身者　　　　运动新手

图例：
体内水分（千克）
肌肉（千克）
脂肪（千克）

上图向我们展示了两者身体中水分、肌肉和脂肪占各自体重的比例。我们可以看到，资深健身者明显拥有更高的去脂体重——体内水分与肌肉的总重量。这是一组自测数据，通过相敏式生物电阻抗法获取。

例如，实验对象的分组好像是为了得出产品无效的结论而有意安排的。此外我们还注意到，接受测试的增肌产品中肌酸的含量非常低。也许这才是使用增肌产品的运动员组受试者的测试结果与对照组受试者的相比没有明显优势的原因。

为了证明使用肌酸的确能够增肌，研究人员针对健身者进行了一次实验。该实验显示，使用肌酸补充剂 11 周后，健身者在肌肉量、肌蛋白合成以及身体力量方面都取得了持续性效果[4]。从下一页的补充文献《细胞的水平衡——增肌产品如何影响肌肉增长》中，你可以读到一些关于水平衡和肌肉量的有趣信息。

小结：水是骨骼肌的主要组成成分，决定了健身者肌肉的体积以及体格的强壮程度。增肌产品、肌酸补充剂，当然还有足量的碳水化合物，都可以快速地影响肌肉内的水平衡，并能在短时间内以千克为单位地增加肌肉量。当肌肉里的肌糖原被消耗时，与之结合的水分子就会被释放出来。每分解 350 克肌糖原将流失约 1 升结合水，如果一名健身者分解了 350 克肌糖原，那他的肌肉看起来就过于干瘪了一些。

1.5 水平衡的重要性

对一个健康的人来说，每天即使不做任何运动，身体也会逐渐失去水分，因此必须及时补水。排尿是人体失水的一大源头。这是一个非常重要的过程，因为肾只有借助水

细胞的水平衡——增肌产品如何影响肌肉增长 [4, 5, 6, 7, 8, 9, 10, 11, 12, 13, 14, 15, 16]

由于水分增加而导致的细胞体积增大，往往可以认为是合成蛋白质的起始信号——至少在细胞质研究实验中是这样。因此，许多合成代谢类增肌产品经常会添加左旋谷氨酰胺、牛磺酸、肌酸、核糖等制成混合粉末。这些产品的主要成分是糖，特别是葡萄糖。其原因显而易见：碳水化合物会以糖原的形式储存在肌肉中，并将大量的水吸进肌细胞中。使用者的肌肉量越大，增肌的效果就越明显：在训练时，肌肉的体积会在最短的时间内快速增大，就像吹气球一样。这类增肌产品因为富含碳水化合物而为人体提供了大量的能量，对增肌大有裨益。训练后快速补充碳水化合物还能有效利用肌肉组织在此刻对胰岛素的高敏感性，进一步刺激胰岛素的大量分泌。

某些特殊的肌酸－碳水化合物复合产品正在被厂商推广，这样的增肌产品有可能取代目前市场上有竞争力的产品，从而占领市场。这种被优化的肌酸确实具有更快增肌和提升力量的效果，正规的科研机构已经对不止一个肌酸－碳水化合物复合产品进行了检验并最终证实了其效果。

实验证明，市面上流行的高分子碳水化合物粉末的所谓功效，只是帮助使用者在完成训练后的2小时内迅速储存肌糖原。之后，其效果与普通的淀粉类碳水化合物的没有任何区别。对进行力量训练的健身者来说，除了心理安慰之外，该类产品并没有什么实质性的作用。其实，普通的碳水化合物就是非常有效的增肌工具。因此，健身者有必要思考一下，购买这种实际效果可疑的产品来取代日常普通的食物是否真的划算。从科学的角度来看，使用纯肌酸确实可以获得很好的增肌效果。在实验中，受试者在摄取适量的肌酸之后，每个人的体重平均增加了2千克。按经验来说，使用者肌肉量越大，增肌效果就越明显。健身者们一般都会关注肌酸的功效（50%~80%的使用者会这样）。目前还没有确切的研究能够证明哪种肌酸产品（液态、粉末状或其他形式的产品）更加有效。举个例子，尽管使用液态肌酸产品可以使肌酸在血液中的峰值更高，但在液态肌酸产品和普通肌酸水合物粉末的对比实验中，研究人员在数周后却未观察到前者比后者能令进入肌肉的肌酸更多。如果一定要找出液态肌酸产品的优势，那也可以找到，但这种优势只在短期内有效，因为肌肉的储存容量是有限的。同样，也没有研究可以证明液态肌酸产品能够取得更显著的增肌效果。不同肌酸产品之间的区别，其实只在于肌酸纯度的高低。

在研究中观察到的左旋谷氨酰胺的效果体现在其对细胞大小的影响上，而这种影响与健身者感兴趣的、可测量的增肌效果之间是否存在相关性，目前还无法确定。不过，左旋谷氨酰胺确实可以间接促进增肌，因为它推动了肌糖原的合成。我将在第5章中更详细地讨论与左旋谷氨酰胺相关的内容。

牛磺酸也可以影响细胞的水平衡，然而目前看来，其作用对运动来说没有任何意义。此外，目前还没有关于核糖对增肌效果的研究。

就实际应用来说，根据目前的研究，碳水化合物和肌酸确实至少能让运动者阶段性地增大其去脂体重和肌肉体积。目前还没有严格的科学标准来确定如何有效地混合这两种化合物。健身者可以通过食用方便可口的固态食物或喝饮料来获取碳水化合物。

作为溶剂，才能将代谢物、多余的盐分、水溶性杂质以及毒素等排出体外。因此，正常人每天必须排出0.3~0.6升尿液，只有这样才能完成上述生理目标。由于蛋白质在欧洲中部居民的饮食结构中所占比例较大，所以他们的肾的排泄功能面临更大的挑战。运动者要格外注意这一点。

汗腺泌汗和排汗是不受人类的意志控制的，而是受人类神经系统中某种特殊的神经调控。有很多因素会影响汗液的分泌，比如训练的频率、内容和强度，环境，性别，心理状态以及其他个体差异，等等。

通过皮肤表面流失的除了受神经系统调控的汗液以外，还有不受神经系统调控的水分。此外，日常生活中还有很大比例的水分通过呼吸和黏膜流失。通常，空气越干燥，这个比例就越大。运动时人的呼吸频率加快，人体由此流失的水分十分可观。一般我们计算人体水分的排出量时，必须将呼吸排出的水分和出汗量一起计算。

排便也会使健康的人流失少量水分。腹泻时，流失的水分将急剧增加，严重时甚至会危及生命。很多运动者在高强度训练后更容易腹泻。

同样，当人发热或频繁呕吐而未得到及时治疗时，人体的水盐平衡也会被严重破坏。因此，发生这些情况时一定要及时就医。

1.5.1 补充水分的另一个途径

上面所说的失水的情况通常都可以通过补水来弥补。主要的补水方法是喝水或饮料。固态食物也含有大量的水分。例如，一块干面包的水分含量大约为 36%[21]！而一直被强调要多吃的植物性食物，比如蔬菜和水果，其含水量通常超过 80%，所以它们能够有效影响运动者体内的水平衡。同时，这些食物

---

① 代糖泛指所有能代替在日常生活中使用的蔗糖、具有甜味的物质。代糖分为营养性代糖和非营养性代糖，营养性代糖含有热量，非营养性代糖即我们常说的甜味剂——大类能够赋予食品甜味的食品添加剂。营养性代糖和非营养性代糖都有人工和天然之分。（本书中的脚注均为译者注）

还含有许多重要的营养素，如维生素、常量元素和微量元素等。

在食物中，其实还有一部分常常被人忽略的水分，那就是碳水化合物、脂肪和蛋白质分解代谢所产生的水，即代谢水。这个名称意味着它来自生物体内发生的氧化反应。从营养素的分子内部脱去的 H^+ 和 OH^- 结合形成的水分子就是代谢水。举一个比较直观的例子：一名运动者一天中总共摄入了 200 克蛋白质、300 克碳水化合物以及 100 克脂肪，也就是说，他摄入了大约 3000 千卡热量。仅仅依靠这些摄入物质的燃烧（氧化反应），这名运动者就能获得大约 0.3 升来自营养素分子内部的代谢水。

那么，对运动者来说，代谢水作为身体水分的来源有什么特殊的意义呢？很简单，比如一个人节食时，由于通过碳水化合物、蛋白质和脂肪获取的能量变少了，与之相应的获得的代谢水也会减少，那他每天就必须喝更多的水！

1.5.2 日常生活中的水平衡

运动者如何在紧张忙碌的日常生活中快捷便利地给自己补充水分呢？一般认为，当我们产生天然的生理需求——口渴时，这就是补充水分的最佳时机。口渴是一种由激素调节的、心理上的感受，人体通过发出这种信号来适度地调控体内的水平衡（图 4）。

然而，随着年龄的增长，人体的这种感知能力会逐渐减弱，因此老年人通常会面临更大的脱水风险。上了年纪的健身者们一定要重视这个问题。除此之外，在高温环境中进行力量训练时，就算是年轻人也不能等到感觉口渴了再补水，这样的话很可能因没有及时补充足够的水分而影响训练效果。因此，我们建议不爱喝水的人规律地饮水。饮水习惯是可以培养的。你可以在每天晚上制订第二天的饮水计划，并且将适合的饮料调配好或准备好，然后在接下来的 24 小时内按照计划逐步执行，这样便能规律地饮水了。另外，训练时也要特别注意补水，尤其是进行 60 分钟以上的训练时。饮水量还应结合气温等环境因素进行调节。

1.5.3 运动者如何补水？

小便的颜色及频率通常可以作为我们是否要补充水分的提示。当一个人摄入的水分太少时，他的肾脏就必须将尿液进行浓缩。这是一种迫不得已的节水策略。人体内的水分越少，尿液的颜色就越深，气味也就越重。缺水时，人体内的代谢废物，如多余的矿物质、维生素、尿素、肌酐或尿酸只能溶于少量的水中，而身体缺乏的、对身体有用的物质不会随尿液排出体外。这就是缺水时泌尿系统的工作机制。对肾脏来说，这意味着大量的工作，并且工作量有可能达到它的极限。

相反，如果摄入足够的水分，肾脏的工作压力就减轻了很多。为保持身体内的水平衡，肾脏会将多余的水分排出体外。于是，尿液的颜色就会浅一些。不过，在不同的代谢过程、膳食补充剂、食物成分等因素的影响下，尿液的颜色也会有所不同。因此，对运动者来说，是否要将尿液的颜色作为饮水量的参考指标须酌情考虑。然而，总的来说，尿液的颜色是日常生活中最简单的生理参考指标，对大多数人来说都是可靠的。

接下来要谈的是体重与补水的关系。在训练过程中观察运动者体重的变化，可以直观地了解其身体水分的流失情况。如果体重在极短的时间内发生明显的下降，就基本可以断定是由身体水分流失造成的。一般情况下，如果我们想知道做完一组练习后身体流失了多少水分，比较训练前后的体重即可。由此我们也可以粗略地推算出身体每小时的

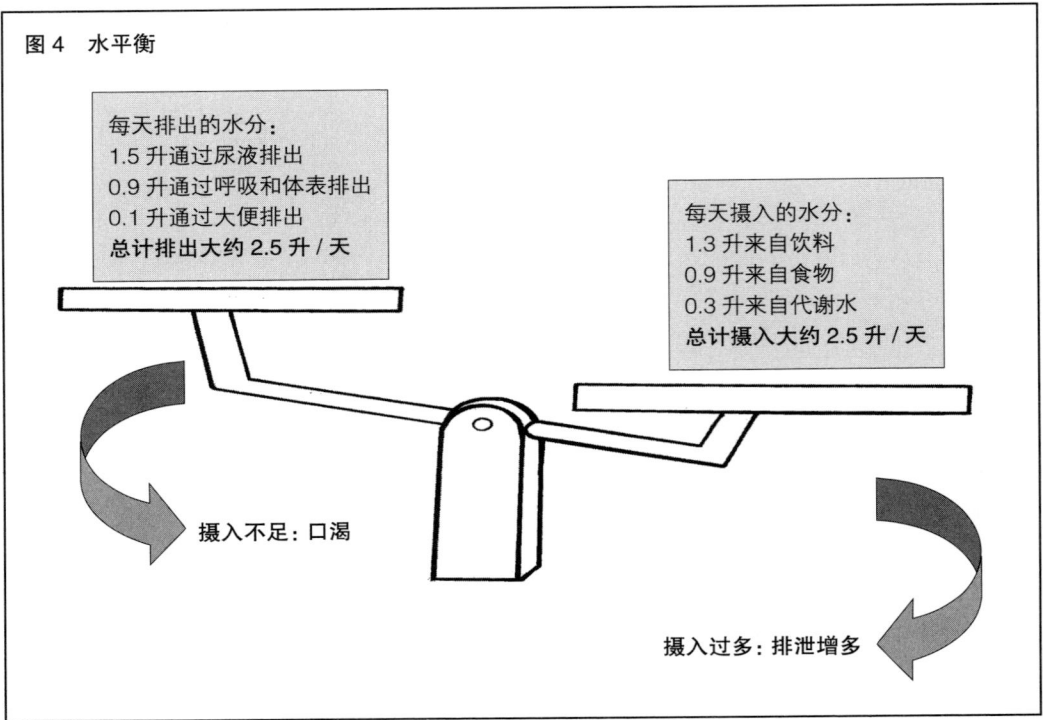

图 4　水平衡

每天排出的水分：
1.5 升通过尿液排出
0.9 升通过呼吸和体表排出
0.1 升通过大便排出
总计排出大约 2.5 升 / 天

每天摄入的水分：
1.3 升来自饮料
0.9 升来自食物
0.3 升来自代谢水
总计摄入大约 2.5 升 / 天

摄入不足：口渴

摄入过多：排泄增多

水分流失量。

例如，一名女运动员在夏季的训练中 2 小时内体重下降了 3 千克，那我们就可以推断她在同样强度的训练中，每小时身体会流失大约 1.5 升水分。这一数值可以作为其在以后的训练中饮水量的参考值。此外要特别注意的是，做这种推算的前提是身体在训练开始之前并未处于脱水状态。因为生物体在脱水状态下会采取节水策略，所以在脱水状态下推算出的数值往往偏低。

小结：由下一页补充文献《推荐饮水量：健身者在实际中应该如何确定自己的饮水量？》中官方给出的建议值，我们知道运动在进行了约 1 小时的训练后，训练当天全天的饮水量至少要达到 3 升。在炎热的夏季或天气特别恶劣的情况下，以及在训练强度加大或者摄入高蛋白和高盐分的情况下，运动者需要补充更多的水分。

1.5.4 德国人喝水足够吗？

在德国，每日人均饮水量为 1.8~2.3 升，其中大约 70% 来自饮料，而 30% 来自固态食物[1]。这比目前官方推荐的饮水量低了 20% 左右。其中还存在性别上的差异：男性比女性饮水多大约 20%。造成这一差异的原因很显然是男性摄入的酒精饮料较多。

与之相反，女性在饮料的选择上更健康，更偏爱矿泉水、蔬菜汁或果汁饮料等。总的来说，德国人食用含水量高（因此热量更低）的食物（比如汤类）明显不足，而食用含水量低、热量高的食物则越来越多。

有健身习惯的群体对自己的健康更关注，他们的饮水量因此也略高于普通人的平均水平。尽管如此，研究数据告诉我们，每个人都应更加关注自己的每日饮水量。

1.6 电解质

电解质的存在使得具有重要生理意义的细胞内外的体液平衡得以稳定（图 2）。接下来，我们就要讲一讲电解质。应该如何介绍体育健身杂志中经常提到的电解质呢？电解质，其实就是矿物质，它们以不同的溶解度溶于水并带有电荷。其中包括盐、酸和碱。无论是通过媒体的宣传得知还是来自厨房的认知，日常生活中最广为人知的电解质便是食盐（学名氯化钠）。当我们将少量的食盐溶解于水中时，带有正电荷的钠离子（Na^+）和与之相对的、带有负电荷的氯离子（Cl^-）便发生了分离。如果加以搅拌或使用温度较高的水，这个分离过程会更快。观察者会感觉盐好像消失了，而尝一下溶液便会知道，盐并没有消失。这种氯化钠溶液具有导电性，并且广泛存在于我们身体内的细胞中。

水溶性和导电性是所有电解质的共性。人类通过饮食摄入的最重要的电解质是钠和氯，其次是钾，再次则是镁和钙。关于德国人对这些矿物质每日的需求量和摄入量，本书将在第 8 章中介绍；本章着重介绍它们对体液平衡所起的作用。

体液中的电解质浓度必须精确，否则人体健康会受到影响。电解质的主要功能之一是作用于细胞膜的内壁和外壁：细胞膜内外电解质浓度（也就是电位）不同，于是就产生了微小的电压。这便为神经细胞和肌细胞等顺利实现其生理功能提供了基础条件。例如，运动者在运动中大量出汗后，其体液中的矿物质大量流失、电解质浓度改变，骨骼肌功能便发生紊乱，运动者的身体便会出现令人疼痛难忍的抽筋现象。人体器官对被精确调控的电解质浓度的变化十分敏感，不论电解质浓度过小或过大时，都会产生一系列问题。因为不同食物所含的矿物质成分悬殊，所以从理论上讲，不同的食物会对人体内矿物质的平衡产生不同的影响。然而实际上，我们的身体构造巧妙地解决了这个问题。当矿物质失衡时，我们体内特殊的感应器便能识别，并因此触发肾脏、肠道以及其他器官相应的反应措施。于是，对健康的人来说，潜在的危险便能够被有效地消除。

1.6.1 电解质吸收与水吸收的关系

图 5 揭示了消化道吸收液体的基本过程。运动者需要关注的是饮料中各种成分的含量，此处的"成分"指的是钠元素之类的矿物质。起决定作用的是这些成分的含量，比如每升液体中含有多少毫克钠离子。这个数值通常可以决定摄入的液体从小肠进入血液的速度。

饮料中的各种成分并不能直接穿透肠壁细胞的封锁，它们在肠壁上转运系统的调控

补镁能治疗抽筋？ [25, 26, 27, 28, 29, 30, 31, 32, 33]

当抽筋现象频繁出现时，运动者们常常会使用含镁的补充剂。那么，这种方法究竟是基于什么原理呢？在人体内，大约只有0.3%的镁存在于血液中，而有35%的镁存在于细胞，尤其是肌细胞中。另外，约有60%的镁存在于骨骼中，这就为血液突发性的缺镁提供了丰富的储备。

在进行长时间训练时，由于新陈代谢的作用，肌细胞和脂肪细胞对镁离子的吸收量会变大，因此血液中镁离子的浓度会下降。而在训练结束之后，血液中镁离子的浓度会重新升高。这是因为，"人体通用货币" ATP在肌细胞中为镁离子提供了结合位点，但高强度的训练会促使ATP大量分解，从而导致大量镁离子处于游离状态，因而血液中镁离子浓度升高。因为健康的肾脏对血液中镁离子的浓度颇为敏感，当浓度升高时，镁离子会大量进入尿液中，所以训练会在一定程度上导致体内的镁流失。由于血液中镁的浓度的波动较大，某一时刻的浓度测定值并没有太大的意义，我们要使用相当复杂的方法才能得出确切的结论。

因为镁离子的平衡与钙离子的平衡密切相关，而这两种矿物质离子在肌肉收缩与放松的过程中扮演了重要的角色，所以肌肉抽筋有可能是由于钙镁离子的浓度发生了变化。但与之相矛盾的是，在德国，镁的摄入并不像大众所想的那样不足，反而可以认为是足够的（第8章）。不过，这并不代表所有运动者的镁摄入量都足够了，尤其是那些正处于减脂阶段的运动者。一些正处于增肌阶段的运动者由于饮食结构过于单一，他们的镁摄入量也会过低。虽然这并不代表他们患有镁缺乏症，但健康的饮食习惯就能帮助他们解决镁摄入不足的问题。进行耐力训练的运动员更要加大补镁的力度。饮用富含镁的矿泉水（镁含量超过200毫克/升）以及摄入足够的热量将极大地降低镁摄入不足的风险。在实际生活中，补镁只对一部分经常抽筋的人有效。抽筋的主要原因可能是身体超负荷时神经系统与肌肉系统之间的信息传递存在障碍，而这种障碍往往在短时间内就能自行消除。

拉伸正在抽搐的肌肉群是一种缓解急性抽筋的有效方法。对健康的人来说，镁摄入量过高并不会导致中毒，所以可以通过补镁的方法缓解抽筋；然而对那些体质敏感的人来说，少量补镁会造成腹泻。磷酸镁、氯化镁、乳酸镁、柠檬酸镁、L-天冬氨酸镁和乳清酸镁都十分容易获得。如果多次服用镁补充剂依然没能有效缓解抽筋，则可以认为该方法无效，应该放弃。请注意，血液中钠离子的缺乏也会导致抽筋，而且这是更常见的原因！

下才能被运输到血液中（图6）。但水分子相对较小，可以突破肠壁细胞的封锁，自由出入。水总是往物质浓度高的方向流。

钠镁等离子、葡萄糖和其他成分会对水分子产生吸引作用，将水不断吸引到物质浓度较高的地方。这个过程通常被称为"渗透"。我们总会有意或无意地听到某些功能饮料是所谓的等渗饮料，其实它们是否真的"等渗"，完全取决于图6所示过程。

1千克水中所含溶质粒子的毫摩尔数即该液体的重量渗透摩尔浓度（不可与容量渗透摩尔浓度相混淆，后者指1升水中所含溶质粒子的毫摩尔数）。渗透作用的一个令人不适的副作用就是腹泻，其原因可能是摄入了大剂量的镁或肌酸等。例如，当肠道内有过多的镁离子时，水分子就会因渗透作用从血液中进入肠道，于是形成了流质大便。

1.6.2 补充电解质需要考虑的两个问题

大量出汗时，人体中的电解质也随水分大量流失，因此科学家们做了很多实验来探索补充电解质的最佳方法。在补充电解质之

图 5　胃肠道的水分吸收

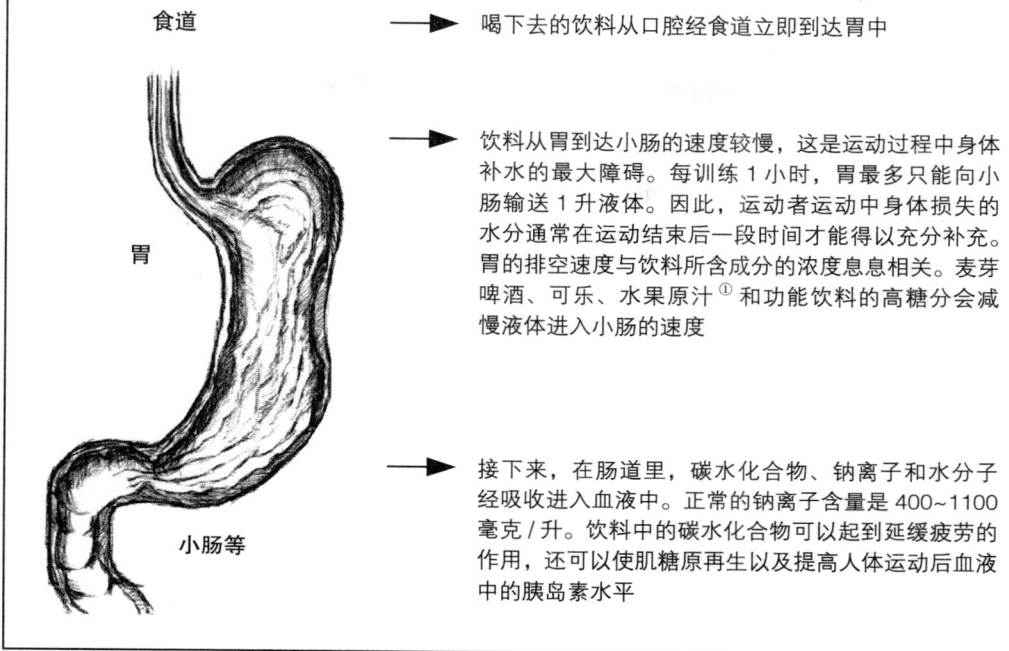

食道　　　　　　　→　　喝下去的饮料从口腔经食道立即到达胃中

　　　　　　　　　　→　　饮料从胃到达小肠的速度较慢，这是运动过程中身体补水的最大障碍。每训练 1 小时，胃最多只能向小肠输送 1 升液体。因此，运动者运动中身体损失的水分通常在运动结束后一段时间才能得以充分补充。胃的排空速度与饮料所含成分的浓度息息相关。麦芽啤酒、可乐、水果原汁 ① 和功能饮料的高糖分会减慢液体进入小肠的速度

胃

　　　　　　　　　　→　　接下来，在肠道里，碳水化合物、钠离子和水分子经吸收进入血液中。正常的钠离子含量是 400~1100 毫克 / 升。饮料中的碳水化合物可以起到延缓疲劳的作用，还可以使肌糖原再生以及提高人体运动后血液中的胰岛素水平

小肠等

前，健身者们需要考虑以下两个问题。第一，如何在运动中保持电解质的平衡？第二，如何在运动后尽快补充流失的电解质？

1.6.3 关于耐力训练中如何补充水分和电解质的研究

　　关于大量出汗对人体内电解质平衡的影响的研究，目前主要集中在耐力训练领域。当然，对这个话题感兴趣的力量训练者同样可以从中获益，因为一些针对力量训练的研究显示，耐力训练者和力量训练者体内的水平衡机制是相似的[34, 35]。运动者是否会形成汗液、体内的电解质平衡是否会改变，主要取决于训练时间的长短。图 7 阐明了与之相

关的几个重要的知识点。

　　当我们大汗淋漓时，水分从循环系统中流出，通过汗腺被释放到皮肤表面，以便蒸发来降低体表温度。汗液是低渗液体，它所含的矿物质成分少于血液所含的矿物质成分。然而，汗液仍然含有一定的钠离子，否则汗水就不会是咸的了。排汗时，相比盐分来说，水分从血液中流失的速度更快。因此，在运动开始的 60~90 分钟里，血液浓度是持续上升的（换句话说，盐分的浓度越来越高）。

　　尽管如此，我们依然不可忽略从汗液中不断流失的少量电解质，因为随着时间的流逝，其总量仍然是可观的。这些流失的电解质主要是钠，也就是食盐的主要组成成分。

---

　　① 　水果原汁指水果成分为 100% 的果汁饮料。本书中出现的果汁饮料按其中水果原汁的含量进行分类，水果汁中水果原汁的含量为 25%~50%，水果露中水果原汁的含量为 6%~30%，水果水中水果原汁的含量至少为水果露的一半，而混合果汁是水果原汁与水按一定比例调配制成的。

图6　等渗、低渗和高渗饮料

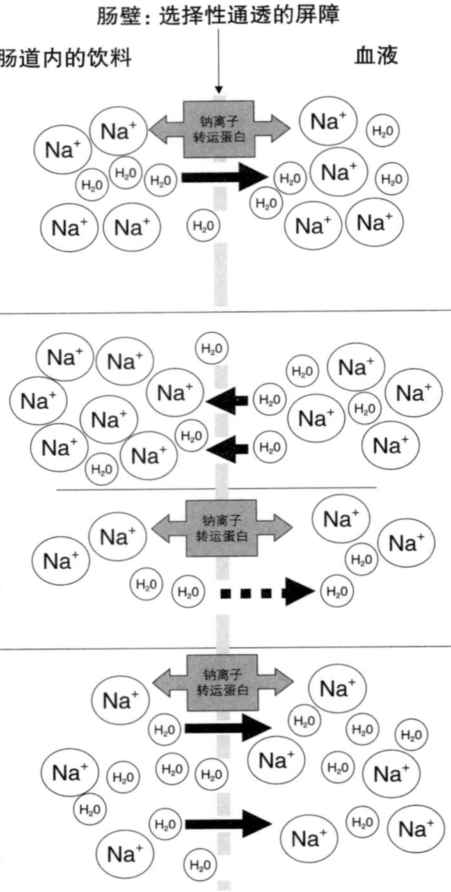

肠壁：选择性通透的屏障

肠道内的饮料　　　　　血液

等渗饮料（渗透浓度为 285~300mOsmol/L）

等渗饮料中的溶质粒子浓度，即进入肠道的钠离子（Na⁺）的浓度与血液中的相同。流失的电解质可以通过饮用等渗饮料迅速得到补充。等渗饮料中的水（H₂O）到达血液的速度只比低渗饮料的稍慢一点点。等渗饮料对长时间的负荷训练很重要，因为运动者在进行这种训练时身体内的电解质流失是主要问题。

高渗饮料（渗透浓度高于 300mOsmol/L）

高渗饮料，比如水果水和功能饮料中的溶质粒子浓度比血液中的高（肠道里的钠离子比血液中的多）。为了使体内物质浓度达到平衡，水会通过肠壁从血液进入肠道（见右图实线箭头），因此运动者在一开始会因为缺少体液而感到口渴。

只有在一段时间之后，在下端的肠道内各种成分才能再次达到平衡（见右图，两边的钠离子和水分子浓度相同），共同进入血液。由于这种时间上的滞后性，高渗饮料不能用来快速补水。

低渗饮料（渗透浓度低于 285mOsmol/L）

低渗饮料中的溶质粒子浓度低于血液中的浓度。如果是饮用极度低渗饮料（其钠离子浓度远低于血液中的浓度），在特殊的转运机制的作用下，血液中的钠会被转运到肠道中，于是人体对水分的吸收反而延迟了。但普通的轻度低渗饮料则不同（见右图）：水分子迅速流入钠离子浓度略高的血液中。轻度低渗饮料因此成为迅速补充水分的最佳选择。

因此，运动者在训练中必须密切关注自身的钠平衡。血液中钠含量偏低会造成运动者疲劳、力量明显下降、头痛、恶心以及抽筋等。每一个曾经在高温中进行耐力训练的运动者应该对这些症状都很熟悉。对那些必须在脱水状态下进行训练的力量训练者来说，也是如此。

当血液中缺乏盐分、运动者却饮用了大量低渗饮料（溶质浓度低于人体内环境浓度的饮料，比如钠含量极低的德国自来水）时，血液会因为补水太快而被稀释（图6和图7）。

这也是运动员在运动后不适合用德国自来水进行补液的原因。相比人类的血液来说，德国自来水的钠含量太低了。

意识到这一点很重要，因为统计数据显示，运动者血液中盐分含量过低的最常见原因正是饮用了过量的淡水。如果身体因此出现了问题，那就是患上了所谓的低钠血症，它也被称为"水中毒"。在这种情况下，即使是强健的肾脏也无法一次性将多余的水分全部排出。此时，尿量会明显增加，严重时甚至会达到每小时 1 升左右[1]。

图 7　运动时汗液的成分

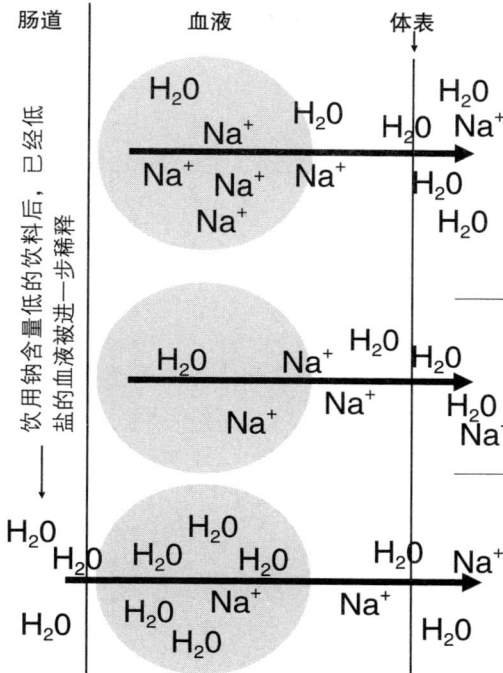

肠道　　　血液　　　体表

饮用钠含量低的饮料后，已经低盐的血液被进一步稀释

H_2O　Na^+　H_2O　Na^+　Na^+　Na^+　H_2O　Na^+　H_2O　H_2O　Na^+　H_2O　H_2O

在负荷训练一开始的 60~90 分钟里，排汗时水（H_2O）比电解质（以 Na^+ 为例）更快地从血液流到体表：汗液是低渗液体，其中的电解质含量比血液中的低（左图中体表的水分子多于钠离子）。因此，出汗的过程使得血液中的盐分含量更高（左图中，血液中的钠离子多于水分子）。在实际中，开始训练的 1 小时内无须用等渗饮料补充钠离子，不过适当补充水分还是有意义的

H_2O　Na^+　H_2O　Na^+　Na^+　H_2O　Na^+

经过数小时的训练，由于排汗，"钠离子缓慢流失"的问题就变得突出了：随着时间的流逝，血液中的盐分含量逐渐降到中等偏低的范围内。在实际中，如果训练持续数小时，那么给身体同时补充电解质和水分就很有必要

H_2O　H_2O　H_2O　H_2O　H_2O　H_2O　Na^+　Na^+　H_2O　H_2O　Na^+　H_2O

出汗数小时后，血液中的钠离子含量已经很低，此时若饮用大量的极度低渗饮料（比如德国自来水），就有可能造成血液的进一步稀释（左图中血液中的水分子太多而钠离子太少）并导致一系列健康问题。这一情况通常发生在较热时持续数小时的超负荷耐力训练中

　　极其严重时，大脑中的水平衡会被打破，因而可能触发痉挛甚至危及生命。在 2002 年波士顿马拉松比赛中，一名女运动员由于喝了太多低渗饮料（1 小时内饮用了大约 3 升）而不幸去世[36]。

　　由类似的事件可知，如果运动者在开始运动之前就已经处于低血钠的状态，那么他面临的健康风险就非常大，而上文提到的女运动员在起跑的时候，她体内的水平衡和电解质平衡就已经被打破了（也就是说她已经脱水了）。这一案例对女性健身者来说更具有警示意义。女性健身者为了追求苗条的身材，往往过度关注自己的体重，因此会选择使用利尿剂和泻药等，并且进行长时间的训练，饮用大量的低渗饮料。这样做会造成严重的健康问题。

　　如果健美运动员因滥用利尿剂而将大量钠离子排出体外，并且在训练得汗流浃背后饮用大量的纯净水（不含矿物质的水），那么，那名可怜的马拉松女运动员所遭遇的悲剧很可能再次上演（事实上，健美运动史上已经有很多这样的事例了）。

　　另一方面，对耐力竞技比赛的研究已经证实，人体在摄入大量德国自来水后并不一定会出现电解质紊乱的情况。同样，当血液中的电解质浓度发生轻微变化时，其所造成的后果也因人而异。例如，在进行了超长时间的耐力训练后，至多有 30% 的运动者患上了低钠血症[44]。也就是说，只有少数人受到了影响。虽然理论和实际存在巨大的差异，但是运动者也不可掉以轻心，低估适当补充水分和电解质的重要性。这些研究结果其实

只能说明，为什么人们平常在健身房做完运动后，饮用普通的矿泉水就可以补充足够的水分和电解质了。

根据上述内容我们可以得出另一个结论：与（广告中）通常的说法相矛盾的是，进行一次普通的健身训练（60~90分钟）并不会使人体血液中的电解质大量流失[45]（图6和图7）。进行普通的训练后，健身者没有必要补充等渗饮料，除非他在开始训练之前身体就处于脱水状态。但另一方面，我们要注意运动补水。健身者不仅在开始健身之前要保证身体内的水平衡，在健身过程中更要定时补水——外界环境越热，就越要及时补水。肌肉丰满的人往往体表面积更大，所以他们在温度较高的环境中流失水分的速度更快。

我们可以通过观察运动者的运动表现来验证在运动中进行有规律补水这个建议的科学性。大量科学实验证明，运动者在进行高强度训练20~30秒后，其运动成绩会因为脱水而下降[46]。仅仅是做一组高强度的杠铃练习动作，就可以改变运动者体内的水平衡状态[47]。一项关于正在受训的力量训练者的研究显示，在因流汗而失去占体重1.5%的水分的情况下，力量训练者卧推能举起的最大重量会明显减小[40]。但失水对训练成绩的不良影响可以通过休息2小时以及适当地补充水分来消除。

一项最新的研究表明，运动者在训练时若失水过多，其体内会分泌较多的应激激素，比如皮质醇，并且减少分泌具有增肌作用的睾酮[48]。此外，运动者体内的碳水化合物代谢以及脂肪代谢都会受到失水的影响。从这一点来说，希望在健身房里提高运动成绩的健身者应该特别注意：当身体失水超过体重的3%时，它要耗费16~24小时才能恢复[1]。因此，前一晚洗桑拿的时间过长有可能影响第二天的运动成绩。

对健美运动员来讲，训练之后迅速补充水分和电解质也具有非常重要的意义：训练造成的体内水分失衡会降低骨骼肌合成肌糖原的能力，也会减缓氨基酸进入肌细胞的速度[49]。人体内的水分失衡甚至还有可能造成肌肉萎缩，而水分供给良好的话则可以抑制肌蛋白的分解[50, 51, 52]。因此，为了更快地增肌，及时补充水分和盐分至关重要。

我们应该破除对某些固有观念的迷信。坊间流传一种做法，即在耐力训练和赛前准备中，运动者除了要补水外，还要摄入更大剂量的食盐。这种做法严重的话会导致人体内水分和盐分的失衡。为了保证身体机能最佳以及身体持久健康，我们不建议这样做。

小结：肌肉丰满的运动者体表面积更大，出汗更多。因为身体内水分和电解质的流失不仅会在训练中影响运动者的运动成绩，而且会影响其肌肉的增长，所以运动者在每次训练开始时就要补充水分和电解质。这做起来其实很简单，按照建议量适时地饮用饮料即可。如果训练不超过90分钟，并且运动者不处于减脂节食期或并未脱水，那么运动者在训练时饮用适量的矿泉水就足够了。极度低渗饮料不适合用于补充水分，如果饮用量太大，严重的话可能会危及生命。

1.7 市面上的运动饮料

当今市场上，在各种广告铺天盖地的宣传下，琳琅满目的运动饮料吸引了越来越多的消费者。总的来说，所有运动饮料的主要成分都是一样的，无非是碳水化合物（糖分）、电解质和水。它们之间的区别主要体现在所添加的电解质及碳水化合物的种类和含量上；一部分产品还加入了维生素等营养素。早些时候，运动饮料中添加的碳水化合物主要是葡萄糖，而今添加的主要是所谓的低聚糖（第2章）。因为人体排汗时并不会流失糖分，所以在饮料中添加这种成分其实有些多余。饮料中的低聚糖大概有以下两种作用：第一，改善饮料的口味（味道好的饮料往往卖得更好）；第二，稳定血糖水平。这对旨在提高成绩的耐力训练者颇有意义，从体外摄入的碳水化合物可作为其身体重要的、效果非常稳定的能量来源[43]。

在健美训练和力量训练中，脱水和过热是家常便饭。因此，对力量训练者来说，补充水分意义重大。负重训练超过90分钟且训练环境温度较高的话，你就要注意补充电解质：就算是资深运动员，此时也会感觉体内钠离子的流失越来越明显，尽管流失的量仍在安全阈值之内（图6和图7）。因此，单组训练的时间越长，你就越要重视钠离子的补充。

运动饮料中理想的钠含量至少应为400毫克/升。如果你使用的是粉剂，则必须严格按照说明书上的剂量取用，因为精确的钠浓度至关重要。在运动饮料中添加维生素和钠以外的电解质并没有实际意义，因为它们既不能帮助运动员在运动中补水，也不能提高其运动成绩[2, 53]。目前并没有关于运动饮料成分的明文规定，所以市场上的运动饮料五花八门。我们在此必须说明的一点是，一些添加了丰富的维生素和矿物质的运动饮料，因溶质总量一定而势必降低钠含量，所以其中的钠含量并不理想[2, 53]。

在饮料中添加镁可能会因为渗透作用而造成肠道的不适。另外，在高强度训练中，由新陈代谢而产生的乳酸堆积会导致循环系统中原本的镁离子浓度和钾离子浓度发生改变，此时通过饮料补充大量的镁并无好处。在运动饮料中，"非钠电解质"含量的理想上限是：钾和钙为200~250毫克/升，镁为75~125毫克/升[53]。根据自身的身体反应做出选择，总归是判断一种运动饮料好坏与否的最佳方法。

运动饮料中添加的蛋白质基本组成物质氨基酸会减缓胃排空速度以及水分子被血液吸收的速度，降低运动成绩。某些饮料所含的中链甘油三酯（第3章）不仅不能帮助运动员提高运动成绩，在某些情况下甚至会起反作用。

在2003年进行的德国生态测试认证中，检测团队十分客观地检测了市面上形形色色的运动饮料，结果惨不忍睹：在23种被测产品中，没有一种获得"最佳"的评级，只有两种产品因含有较为合适的碳水化合物以及钠含量达标而获得了"优秀"的评级[31]。

小结：在运动者进行耐力训练时，运动饮料确实有其积极作用。此外，在健美训练中，若将健美训练与后续的心肺功能有氧训练相结合，运动者身体承受负荷的时间加长了，其体内电解质的流失情况可想而知。同样的情况在训练环境温度较高或者运动者正在执行严格的节食计划时也会出现。当体内电解质大量流失时，饮用适量的运动饮料是必要的。然而，这并不能说明运动饮料比富钠矿泉水或混合果汁更为人体更有效地补充水分和电解质。我们更该考虑普通运动者进行耐力训练的目的，他们更多的是为了减脂，而不是为了取得最好的比赛成绩或打破纪录。

1.8 力量训练的最佳补液

在这里我们再总结一下适当补充水分和电解质的好处：

• 避免身体因缺水和过热而产生的负面影响（无法集中注意力、疲惫和可能发生的心血管问题等）；

• 避免影响运动成绩，比如可以负荷的最大重量；

• 避免脱水带来的血液中应激激素水平的升高；

• 使因运动引起的睾酮水平上升保持在一个适当的水平；

• 保证营养素可以被输送到细胞中，以使身体在训练后尽快恢复到最佳状态。

1.8.1 训练中喝什么？

前面已经多次提到，健身者平时在健身房训练时，饮用普通的、合适的矿泉水就能保证训练效果不受影响。训练带来的体温过高的情况也可以通过饮用这些饮料而消除。所谓"合适的矿泉水"是指富含钠离子（400~1100毫克/升，见第24页补充文献《此水非彼水！》）且最好不含或只含有对运动饮料而言最重要的是，具有快速补水能力、含有适当的电解质和能提供能量的糖分，以及不含其他无用的物质。每个人的训练目标不同，因此不同的人应该选择不同的饮料。

进行了 60~90 分钟的训练且训练之前正常饮水者。此类人需要通过饮料快速补水以散热，并且推动循环系统运转以提高训练效果。此时他们应该饮用轻度低渗或等渗的饮料。因为这些饮料能加快胃排空速度，快速从肠道进入血液。富含钠（400~1100 毫克 / 升）的无气矿泉水，或者将矿泉水和水果原汁按照 2:1 至 3:1 的比例混合的混合果汁可以满足上述要求。建议大多数去健身房的运动者饮用上述饮料。

进行了超过 90 分钟的训练、训练环境温度高、训练之前已经处于脱水状态的运动者以及运动新手等。此类人需要加大电解质的补充力度，饮料中的钠含量应该达到 400~1100 毫克 / 升并且尽量接近上限。然而，当饮料中的钠含量超过 800 毫克 / 升时，由于饮料太浓，会让人感觉太咸。在这种情况下，矿泉水加水果原汁（1:1 至 2:1）的混合果汁可以在保证口感的同时为人体提供足量的电解质。这种配比正确的混合果汁通常可以与大部分市售的葡萄糖 – 电解质饮料相媲美。

耐力训练者。为了能在训练中保持身体机能的稳定，耐力训练者有必要适时补充碳水化合物。要想让碳水化合物快速进入血液，饮料中碳水化合物的含量只能在 2%~8% 之间：如果饮料中加入的碳水化合物是普通的食糖（蔗糖），那么食糖含量为 7% 时最利于其渗透进血液；如果使用的是葡萄糖，则要把含量控制在 4%~5%。因此，购买饮料时，应该关注其营养成分表中的信息。添加了麦芽糊精的饮料（第 2 章）甚至在其糖分达到 17% 时依然是等渗的。这种饮料从肠道进入血液的速度较慢，但是能为人体提供更多的能量。

注意：选择饮料时务必考虑个人的实际情况！例如，你训练的目的是减脂，那么碳水化合物的补充就完全没有必要（第 4 章）。当然，也要考虑个人的偏好和生理特性。有些人会对果汁中含有的果酸过敏。果酸会减少人体对水分的吸收，这对大多数人来说不会造成什么问题，但如果有些人有胃肠道功能紊乱的困扰，就要重视这个问题了。进行耐力训练时，市售的葡萄糖 – 电解质饮料可以发挥很好的作用。选择最适合自己的运动饮料的最好方法是不断尝试。健身者可以参考上述内容挑选适合自己的运动饮料。

极少量碳水化合物的矿泉水。富含钠离子的德国矿泉水品牌有汉平泉特饮牌（Heppinger extra，每升含有 651 毫克钠）、于伯京根泉牌（Überkinger Quelle，每升含有 1180 毫克钠）和阿波黎纳里斯牌（Apollinaris，每升含有 747 毫克钠）等。

从实际情况来看，当矿泉水中的钠离子浓度接近给定的上限时，这些矿泉水的口感会十分咸涩。然而，从另一方面来看，这些盐分较高的饮料的一大好处便是可以减少运动者在训练过程中的排尿量。当然，如何选择全凭个人喜好。

进行力量训练时，如果持续时间很长（组数较多），或者在其后附加长时间的有氧训练，那么你就必须非常重视电解质的补充了。碳水化合物也能在长时间的训练中为运动者达到预定的训练效果提供非常好的保障。一种理想的水分和电解质补充剂，是按照水与水果原汁 1:1 至 3:1 的比例调配的混合果汁，这种果汁并不比市售的功能饮料逊色[54]。

市面上流行的一些饮料通常钠含量不足，因此不太适合那些进行艰苦训练的健身房常客。选购运动饮料时请注意阅读标签上的营养成分表。

小结：对大多数运动者来说，运动过程中饮用富含钠（含量为400~1100毫克/升）而少含或不含碳水化合物的矿泉水就足够了。当训练强度增高或时间增长时，你要记住，等渗饮料可以快速补充电解质，而轻度低渗饮料则能特别快地让身体重新达到水分平衡的状态。

1.8.2 若训练时长适中，补充电解质可在训练后进行

运动者如果训练时长适中，那么可在训练后补充电解质。训练结束后，运动者应该立即通过摄入适量的营养素来补充失去的电解质。在大多数情况下，补充电解质不成问题，因为训练会令人胃口大开，运动者通过食物通常就能摄取足够的营养素了。拿钠的补充来说，一顿普通的饭菜就可以提供2~3克钠。如果一天吃三顿，那么运动者在训练中流失的钠通过其中的一顿饭就可以补回来。德国人每日食盐的摄入量已经远远超过了官方的建议值[24, 56]。

小结：进行力量训练的运动者通常不会存在长期钠匮乏的问题，尤其是当他在训练中以及训练后饮用了合适的饮料时。

运动者训练后进餐所能补充的电解质比在训练中失去的多。然而也有例外，比如运动者同时服用利尿剂或正在实行较严苛的饮食法。

1.8.3 训练后喝什么？

运动后优先考虑饮用的饮料不仅应该含有钠，还应该含有适量的钙和镁。当饮料中的镁含量超过200毫克/升、钙含量超过100毫克/升时，它就是理想的运动饮料。

在训练后饮用混合果汁也有非常大的益处。混合果汁是加水稀释后的水果原汁，含有水果中的有益成分（比如某些特定的维生素）。它口味香甜，所以在训练后饮用混合果汁对运动者来说可谓一大享受。同时，果汁中的碳水化合物能引发肌糖原的再生，触发胰岛素的分泌，由此生成的胰岛素将促使碳水化合物以及矿物质向肌细胞内运输。

定期更换果汁的品种将为人体带来丰富多样的植物性营养素（比如赋予果汁特殊色泽的物质）。这些营养素对人体健康十分有益（第7章）。不过，从另一方面来说，果汁的高热量会给处于节食期的运动者带来困扰，这让运动者面临两难的局面。因此，健身者和健美运动员应该在训练结束后饮用混合果汁。

不训练时，除了矿泉水和茶以外，蔬菜汁也是个不错的选择。在这里，我们要注意区分真正的蔬菜汁、蔬菜鸡尾酒（混合蔬菜

食盐与高血压

如果你多次就医后测得的血压舒张压 ≥ 90 毫米汞柱或收缩压 ≥ 140 毫米汞柱，按照当今的标准来看，就可以认为你患有高血压了。在德国，由高血压引发的心脏、血管、大脑、肾脏等方面的疾病是最普遍的疾病，几乎每四人中就有一人罹患此类疾病，更甚者每两人中就有一人患有高血压。

高血压对人体是一种潜在的危险，因为它在很长一段时间内都不会造成任何人体可以感知的问题。引起高血压的原因多种多样。超过 90% 的高血压患者的病因与遗传有关，同时还有超重、运动不足、酒精和尼古丁摄入过量等病因。大多数患者都在中年时发病。饮食习惯常常也是引发高血压的重要原因，比如食盐的摄入量过大。钠是防腐剂和调味剂的必要成分，这使得德国人的平均钠摄入量约为官方建议值的 6 倍。

然而，食盐摄入量的大小在不同人身上引发高血压的概率是不同的。造成高血压的因素还有很多，其中一部分因素目前还不确定。不过可以肯定的是，进行有规律的锻炼的运动者患高血压的风险明显较小，特别是当他们将运动和合理饮食相结合以及将力量训练和规律的耐力训练相结合时。如果你被诊断患有高血压，那就要及时进行治疗，此时减少食盐的摄入明显有益。不过，这种方法需要长期坚持，而人们很难做到长期坚持低盐饮食。

汁，此类产品中往往添加了水果汁）和蔬菜饮料（至少包含 40% 的蔬菜汁）。通常蔬菜汁中会添加香料和食盐。蔬菜汁在运动者的减脂阶段十分有用：蔬菜中的植物营养素对人体健康大有裨益，可以改善人体水平衡，而且热量极低。1 升番茄汁大约含有 180 千卡的热量。大多数蔬菜汁中的食盐含量较高，不过想要提高运动成绩的运动员在运动之后正好需要这个。而在实际生活中，蔬菜汁最大的缺点在于，它的味道让许多人无法接受！

高渗饮料，比如加糖的水果水、软饮料或功能饮料都含有极高的热量，对运动者来说饮用这类饮料没有其他积极作用，反而会增加体脂。因此，这种饮料不论是用作运动者训练中的补液还是用作日常解渴的饮品都没有什么意义。

小结：训练结束后，饮用富含钠、最好也含有钙和镁的矿泉水非常有用。此外，如果运动者能接受混合果汁或者蔬菜汁的口味，在运动结束后用它们来补充水分最好不过了。在日常生活中，解渴的最佳饮料是水、茶以及其他低热量的饮品。

1.9 含咖啡因的饮料对运动者的影响

咖啡树（最常见树种为阿拉比卡咖啡树）最早来源于埃塞俄比亚。按照传统，那里的人们从 15 世纪起就开始将喝咖啡当作日常生活的一部分。咖啡是德国人钟爱的饮料，而咖啡因是全世界使用最频繁的药物。平均每个德国人每年要喝掉 145 升热咖啡[57]。

咖啡因会加快身体中水分的排出，因此运动者需要考虑含咖啡因的饮料对身体内水平衡的影响。我们经常会听到一种说法：不应该将含咖啡因的饮料的摄入量计入每日饮水量中来评估身体的水平衡情况。许多年前有一些科学家曾经做过实验并且证实，摄入大量咖啡因后，人体内的水平衡并不会受到负面的影响。然而，人体是否会受到负面影响还应考虑习惯的因素[58]。从前的实验并没有考虑到这个因素，或者在进行实验之前没有设置较长的等待期，以便让习惯了咖啡因的受试者在长时间停用咖啡后，其身体重新

水果原汁：水果原汁是所有果汁饮料中水果成分含量最高的（100%）。法律规定这种果汁必须是未经稀释的水果制品，可以直接饮用或者用来制造下一级产品。这样的二次产品包括纯果汁。它的标签上会注明"来自水果浓缩汁"，也就是说在灌装前将水果浓缩汁加水稀释还原到与水果原汁的浓度一致。还原时，除水以外，只允许加入浓缩时提取出的果香成分。水果原汁质量上乘，应该作为首选饮料。

水果汁：不同的水果制成的水果汁中水果原汁的含量在 25%~50% 之间。水果汁实际上就是用糖水冲调的果汁（糖的含量通常在 40~80 克/升），其中有些果汁中还有可能添加了加工成浆状的果肉。

水果露：在这种果汁产品中，水果原汁的含量在 6%（柑橘类水果）到 30%（浆果及核果类水果）之间。水果露中糖类的添加不受法律限制（通常大约为 100 克/升），并且允许添加非水果原有的香精。

水果水：此类饮料中水果原汁的含量至少为水果露中水果原汁含量的一半。其中允许添加大量其他物质（比如咖啡因）。

对咖啡因的利尿作用变得敏感。

如果一个人长期习惯性地摄入咖啡因，他的身体就会形成新的平衡，以缓解咖啡因对身体内水平衡造成的不利影响。在这种情况下，他就可以将含咖啡因饮料的摄入量计算到每日为维持水平衡而饮用的总饮水量中了。这种考量不仅适用于咖啡，也适用于绿茶或者红茶[59]。

不过，这个实验也有其局限性，因为它的实验对象不是运动者，严格来说并不能将其结论直接套用到运动者身上。因此，经验丰富的研究者综合大量已取得的研究成果，针对运动者提出每日咖啡因摄入量不超过 300毫克的建议（不同饮料和食品中咖啡因的含量参考表 4），并一再提醒运动者要注意日常的水平衡调节。

对运动者来说，这也意味着不能用含咖啡因的饮料作为运动后的水分补充剂。如果一个人已经处于缺水的状态，就更不能用含咖啡因的饮料来补水了。但在日常生活中，运动者可以畅快地享用咖啡，并将喝入的咖啡量纳入每日饮水量。

运动者还应该注意，身体缓解咖啡因的不利影响是以损失细胞外液中的水分为代价的（图 2）。健美运动员可能会对此很感兴趣，因为他们恰恰想要减少肌肉和皮肤之间的组织液，以使肌肉看起来更硬朗、更棱角分明。因此，有时候咖啡因也可以被当作一种温和的利尿剂。

小结：运动者训练后应该使用不含咖啡因的饮料来补充身体流失的水分。这是一天中唯一不能将含咖啡因饮料的摄入量计入每日饮水量的时刻。在适当饮水后（补水），当身体水平衡重新建立或者体内水分充足时，运动者就可以喝咖啡并将饮用量计入每日饮水量了。

下面我们来探讨一下咖啡因作用下运动成绩与矿物质平衡之间的关系。

咖啡因是否会对运动成绩产生影响这一问题总能引起科学家们的讨论。例如在过去的一段时间里，关于摄入咖啡因导致运动后肌糖原的再生出现问题的报告越来越多。然而，更新的研究却推翻了这些结论[61]。总的来说，咖啡因有提高运动成绩的作用，特别是在耐力运动领域[62]。最近的一项研究还表明，受试者如果按照每千克体重 5 毫克的标

表4　不同饮料和食品中咖啡因的含量[60, 78]

饮料和食品	咖啡因（单位：毫克）
·一杯过滤式咖啡（0.2升）	61~200
·一杯速溶咖啡（0.2升）	53~144
·一杯意式浓缩咖啡（0.05升）	50~60
·一杯红茶（0.2升）	12~75
·一杯绿茶（0.25升）	12~75
·一杯可口可乐（0.2升）	23~70
·一杯可可（0.2升）	8~21
·一杯冰茶（0.2升）	6~30
·一瓶功能饮料（0.25升）	80
·黑巧克力（100克）	10~80

准摄入咖啡因后立即进行卧推训练，卧推的成绩有可能会提高（由此可得出推论，其他常规训练的成绩也有可能因此提高）[63]。不过，我们推测运动成绩之所以会提高，是因为受试者并没有持续摄入咖啡因。

人们通过功能饮料大量摄入咖啡因时，有可能会对身体造成危害。目前已经有很多在大量饮用此类饮料之后进行极限训练而造成运动者死亡的案例[75]。至于这些死亡案例是否真的与此类功能饮料有关，至今仍未找到确切的证据，特别是在欧洲各国规定的可销售的此类饮料中咖啡因的比例十分不同的情况下。不管怎么样，人体绝不能肆无忌惮地摄入咖啡因。同时摄入咖啡因和高浓度的酒精还有可能造成更大的危害[75]。从矿物质平衡的角度来看，健康的人如果体内水分平衡、营养均衡，那么规律地摄入咖啡因不会对其造成任何不利影响。这个论点有事实做支撑：瑞士2005年度营养报告披露，咖啡已经成为日常生活中人体所需的钙和镁的重要来源[76]。但人们仍然不宜过度饮用咖啡，也即在长期饮用的情况下，每人每日饮用的咖啡量尽量控制在3~4杯。

小结：只要不过量，喜爱咖啡的人尽可以放心地享用。每天喝3~4杯咖啡一般不会对人体健康造成任何影响。从目前的研究来看——至少是对健康的人来说——饮用适量的咖啡没有任何害处。咖啡因对提高运动成绩以及加快人体新陈代谢作用的大小则与个人的身体条件、摄入咖啡因的频率以及剂量有关。

1.10 酒精对运动者的影响

德国成年男性每天摄入的热量中有5%~7%来自酒精，而女性每天摄入的热量中有1%~3%来自酒精[56]！这一发现表明，一部分德国人的酒精摄入明显过量，并且会因此引发健康问题。根据目前德国、瑞士和奥地利的营养学观点，男性每天摄入20克酒精、女性每天摄入10克酒精对健康来说是无害的[24]。20克酒精的摄入量相当于喝大约0.5升啤酒或者0.25升葡萄酒。

人体摄入的大约95%的酒精会在能量代谢，也就是ATP代谢中被分解，而剩下的大约5%的酒精则通过呼吸被蒸发了。酒精分解时会产生有毒的代谢产物，这些有毒物质在过量饮酒的情况下会造成人们已知的多种脏器损伤。然而，少量的酒精摄入则被认为对心血管系统有益。但这并不适用于所有人群。女性需要特别注意的是，经常摄入酒精可能会增加罹患乳腺癌及其他癌症的风险[79]，这是因为酒精会影响某些雌激素的代谢。此外，酒精也被怀疑是其他一系列癌症的诱因[56, 79]。

对进行力量训练的运动者来说（如果他们也喝酒的话），有三个关于酒精饮料的问题要了解清楚：酒精对人体水平衡和营养平衡有何影响？酒精如何影响激素代谢？酒精在能量代谢中扮演什么样的角色？对绝大多数运动员来说，酒精饮料并不适合用来补充体内流失的水分。对健美比赛的研究显示，如果直接饮用过滤式咖啡，那么咖啡因起效最快。如果咖啡中还含有糖、牛奶或者咖啡粉残余等，咖啡因起效就慢。茶叶中的咖啡因因与某些物质（比如茶多酚）结合，起效也较慢，这恰好解释了茶为什么较为温和却拥有持久的提神效果。血液中咖啡因的浓度会在饮用咖啡约 1 小时后达到峰值，半衰期则发生在饮用咖啡后的 3~7 小时（肝脏分解咖啡因的能力因人而异）。抽烟会加快体内咖啡因的分解速度。如果喝咖啡的同时喝一杯葡萄柚汁，咖啡因的功效就会被延长。果汁中的某种物质会减缓咖啡因的分解速度。

咖啡因对人体大脑皮层、循环系统和呼吸中枢有兴奋作用，从而削弱疲劳感，让人能够集中注意力。此外，它还能影响大脑中的某些信号物质并因此令人精神振奋。基于咖啡因的这些作用，长期喝咖啡会在一定程度上让人上瘾，而咖啡因带来的生理上的兴奋感会逐渐变弱。长期喝咖啡的人在突然停止饮用咖啡后会出现某些戒断症状。

过量饮用咖啡则会适得其反，让人手抖、心悸、不安、注意力涣散、恶心和尿急等。而咖啡对胃肠道排空的促进作用则被许多人视为其较大的优点。

喝咖啡会导致血压升高，并且——除了过滤式咖啡——会改变血脂浓度。从理论上讲，喝咖啡会增加罹患心血管疾病的风险。然而，许多大型实验已经证明事实并非如此。某个最新的观察实验表明，规律的咖啡摄入甚至能够降低患肝癌的风险，并且还可以避免饮用者患上糖尿病。

对运动者来说，咖啡因的兴奋作用可以帮助他们在较大负荷的训练，比如蹲举和硬拉等中增强力量和集中注意力。按每千克体重 3~13 毫克的剂量摄入咖啡因通常就能提高训练成绩，当然具体摄入剂量因人而异。咖啡因还可以促使脂肪细胞排出脂肪，节约体内的碳水化合物，并且很可能在某些力量训练中增强人的耐力。一些实验还显示，按每千克体重 5~9 毫克的剂量摄入咖啡因有助于提高人体骨骼肌的爆发力。因此，对某些要进行大负荷训练的运动者来说，可以考虑用咖啡来提升成绩。

与早前的观点相反的是，咖啡因对体脂的作用并不会产生耐受性。由咖啡因促成的脂肪细胞中脂肪的释放在 15~20 分钟内就可以测得，然而咖啡因并不会促进这些被释放出来的脂肪的代谢。不要忘记，成功减脂的首要条件是体内的能量平衡为负！具体内容请参考第 3 章。从 2004 年初起，国际奥林匹克委员会不再将咖啡因定为兴奋剂。

30% 的女性健美运动员和 75% 的男性健美运动员从未喝过酒 [37]。普通运动员在训练阶段平均每日建议摄入的酒精量也只有 5 克 [80]。要知道，酒精会加快肾脏排出水分的速度，并且会严重扰乱血液中的矿物质平衡。人体内受酒精影响最严重的矿物质有镁、锌和钾，而可以预见的后果包括身体无力和抽筋等。长期摄入酒精还可能造成人体内维生素 B_1、B_6 和叶酸以及许多其他微量营养素的缺乏。

有些广告宣传，在运动后可以用无醇啤酒来补充水分。这种啤酒通常含有大量麦芽糖和麦芽糊精（约 50 克 / 升，第 2 章），并且含有少量的钠（约 50 毫克 / 升）。总的来说，无醇啤酒应该可以算作低渗饮料。它会加快人体的泌尿速度，所以补充电解质和水分的效果有限。不过这种饮料的味道不错。

接下来要回答酒精如何直接和长期影响力量训练中运动者的体力恢复以及激素平衡的问题。我们可以设想一下，两个年轻人在参加晚上的酒会之前打算下午去健身房练练肌肉，那么问题来了，过量酒精的摄入会如何影响他们训练之后的体力恢复情况呢？一项研究旨在回答这个问题，研究者观察了资深运动者在进行力量训练之后血液中较高浓度的酒精对激素变化的影响[81]。其中最重要的一项发现是，偶尔一次的饮酒行为会延长因训练而造成的应激激素皮质醇的分泌：运动本身会造成人体内皮质醇水平在20~40分钟内上升，而大量酒精的摄入则会使皮质醇水平在训练结束后的60~120分钟内继续上升。这项发现验证了前人的研究成果，并且对实践来说具有某种指导意义[81]。

单次饮酒行为对人体内睾酮的分泌并没有明显的影响。但可以推断的是，大量酒精的摄入会影响运动者训练后的体力恢复。例如，运动加饮酒会阻碍肌糖原的再生[82]。因此，我们上文提到的那两个年轻人可能不能从本次健身房锻炼中获得理想的肌肉增长。

习惯性饮酒和规律性饮酒也会对骨骼肌产生直接的负面影响。动物实验显示，在一定量的酒精的作用下，动物体内Ⅱb型骨骼肌纤维中的睾酮受体受到明显抑制，这种肌纤维是肌肉的组成成分之一，一般会在力量训练中发挥重要作用[83]。但即使进行力量训练也无法抑制这种因酒精引起的睾酮受体的减少。从动物实验中获得的研究成果是否适用于人体，目前还不得而知。但至少医生们能够确定，慢性酒精中毒的症状除了各种身体机能失调以外，大多还伴随着明显的肌肉萎缩。另外，已经为大众所知的是，长期大量饮酒还会影响人体内的氮平衡，而氮平衡是衡量蛋白质新陈代谢（第5章）的标尺[84]。

小结：上面简短的内容并没有对"酒精与力量训练之间的关系"这一宏大的命题展开充分的讨论，只有"过量饮酒会影响力量训练后的体力恢复"这个说法得到了所列文献的支持。

本书将多次提醒读者，早在帕拉塞尔苏斯[①]所处的年代，人们就知道"剂量决定毒性"——只要剂量足，万物皆有毒。这句话同样适用于酒精。

---

① 帕拉塞尔苏斯（paracelsus），中世纪瑞士医学家。

2. 碳水化合物

2.1 引言

了解一些糖代谢的基础知识，无论是对想要增肌的健美运动员，还是对想要减脂的普通健身者来说，都能在很大程度上提升他们的运动成绩。不仅如此，本章所介绍的知识还有助于运动者今后在面对形形色色的营养补充剂广告和健身杂志上的言论时保持头脑清醒。

碳水化合物是生物体最重要的能量来源。每克碳水化合物含有 4.1 千卡热量，虽然与每克蛋白质所含的热量相当，但是这两种基本营养素还存在许多差别。

碳水化合物除了能够快速燃烧为生物体提供能量以外，还承担着其他数不清的生理功能。由于篇幅有限，关于碳水化合物的其他生理功能，本书只在个别情况下展开论述。对碳水化合物的代谢最感兴趣的应该是力量训练者。碳水化合物的代谢与人体内某种最有影响力的激素息息相关，这种激素就是胰岛素。我们将在下文中对其进行详细阐述。

碳水化合物的衍生物包括膳食纤维、代糖（包括甜味剂）等，本章都会有所介绍。这些衍生物对力量训练者的膳食营养均衡来说十分重要。

2.2 什么是碳水化合物？

为了在接下来的讨论中避免不必要的误会，我们先要弄清碳水化合物的几个名称。第一个要说的就是"糖"。图书和杂志中会出现各种各样的糖，而我们日常生活中所说的"糖"是指烹饪时使用的普通的结晶蔗糖。

在营养学中，"糖"所指的却不是日常生活中常说的蔗糖晶体，而是指所有的短链碳水化合物，或者涵盖人类饮食中所涉及的所有碳水化合物。

不要被上面复杂的概念吓到。本书中的"糖"即所有碳水化合物的总称。请务必记住这一点，否则可能会在阅读中产生误解。

2.3 碳水化合物的构成

下面我们先介绍碳水化合物的构成。别担心，这里只会谈到碳水化合物的几个最重要的代表。了解这些知识对日常生活和锻炼都有重大意义：我们往往可以根据糖的结构来推测出它们在新陈代谢中的作用。此外，作为推崇健康饮食的运动者，我们在日常生活中经常会遇到一些容易混淆的词，诸如葡萄糖、右旋糖、蔗糖、麦芽糊精等。这些词听上去就很专业，更别提我们能马上将它们对号入座了。因此，我们就从这些专业名词的有趣背景着手介绍碳水化合物。你可以在阅读完下文后对上述名词进行理解和归类。

2.3.1 单糖

单糖，正如其名，是构成各种糖分子的基本单位。单糖对生物体非常重要，因为生物体内只能运输单糖分子。所有的长链碳水化合物都要先被分解为单糖，然后才能被运到血液中去。

在长链碳水化合物进入血液前将其分解为单糖的专门的工具（"分子剪刀"，即生物酶）存在于消化道中胃以下的肠道中。图 8 揭示了碳水化合物的分解过程。对进行力量训练的运动者来说，饮食中的单糖主要包括葡萄糖、果糖和半乳糖。

图 8 碳水化合物的消化原理

1. 唾液也含有消化酶，因此碳水化合物的分解在口腔中就已开始

2. 摄入的碳水化合物经食道进入胃中

3. 胃排空（食糜从胃至小肠）速度影响整个消化过程的速度

食物，比如面包含有的长链碳水化合物被唾液和消化液中的消化酶分解，直到大部分的碳水化合物转化为双糖。双糖会被肠黏膜上的酶分解为单糖。最终只有单糖才能被特殊的转运蛋白运送进血液中并参与新陈代谢

食物中的果糖、半乳糖和葡萄糖本身就是单糖，因此它们可以直接从小肠进入血液

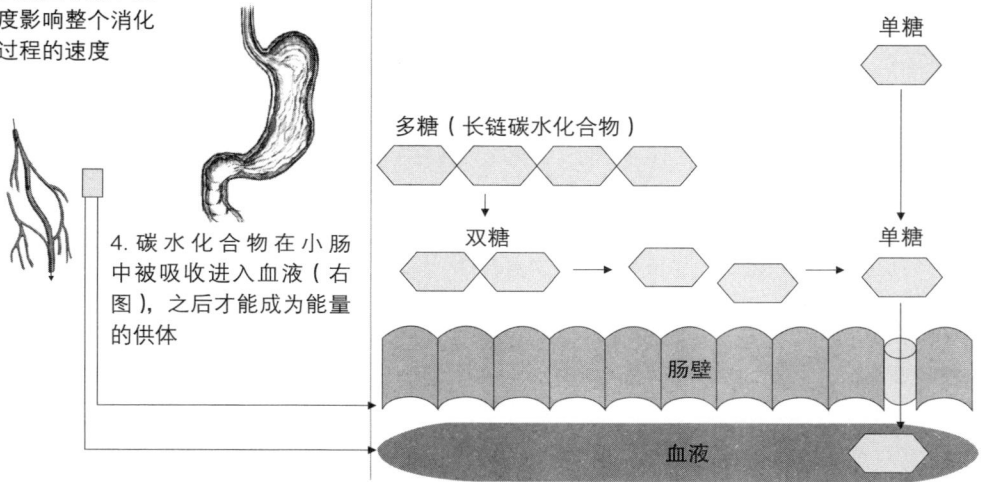

4. 碳水化合物在小肠中被吸收进入血液（右图），之后才能成为能量的供体

多糖（长链碳水化合物）

双糖

单糖

单糖

单糖

肠壁

血液

2.3.1.1 葡萄糖是最重要的单糖

葡萄糖是人体内的"糖货币"，因为其他所有从食物中获取的碳水化合物在进入血液之前，都要先经消化道转化为葡萄糖，然后才能参与到能量代谢的过程中去。各种水果里含有大量葡萄糖，还有一些食品在加工过程中被添加了糖浆形式的葡萄糖。

右旋糖指长链碳水化合物淀粉在生物体内被分解时产生的右旋葡萄糖。右旋糖也可以通过工业制造的手段得到。我们通常可以直接口服右旋糖来迅速补充能量。

注意：虽然上面这两个名词的叫法不同，但实际上它们的分子结构完全一样，右旋糖也属于葡萄糖。它们在代谢过程中的作用以及对胰岛素分泌的影响是完全相同的。

到达肠道后，葡萄糖在忙碌的葡萄糖转运蛋白的帮助下穿过肠壁，并在最短的时间内为人体提供能量以及准备执行其他生理功能。因此，口服葡萄糖之后，人体的血糖水平将迅速升高，然后又会在激素的作用下显著下降。口服葡萄糖后有些人可能会产生饥饿感并且出现低血糖等症状，具体反应因人而异。

2.3.1.2 果糖究竟有没有益处？

果糖（在广告里常常被描述为"来自水果的甜蜜味道"）同样来自纯天然的植物性食物，人们也可以在市面上买到精加工的果糖结晶产品。果糖与葡萄糖的区别不仅仅在于分子的空间结构，更在于它们在新陈代谢过程中所起的作用。

核糖：一种特殊的单糖，由葡萄糖转化而成，也被用作营养补充剂 [1, 2, 3, 4, 5, 6, 7, 8, 9, 10]

ATP 是细胞的能量货币（图 1）。在 ATP 分子形成的过程中，自然界中天然存在的单糖——核糖扮演了重要的角色。人体在糖代谢的过程中很容易就能合成核糖，特别是在能量正平衡的情况下。合成核糖所需的原料就是葡萄糖。

肌肉中 ATP 的存储容量十分有限，这些 ATP 只能为处于高度紧张状态下的身体提供几秒的能量（第 6 章）。因此，人体在运动中尽快合成新的 ATP 十分重要。核糖作为营养补充剂的原理在于，如果身体内参与合成 ATP 的重要糖类物质供过于求，那么将能改善运动者体内的能量平衡。而摄入核糖后身体表现出来的却是：在连续几天的高强度训练后，体内的 ATP 可能会在 72 小时或更长的时间内都没有得到改善——低于正常水平；在一个训练日内，进行多组短跑练习，并且每组练习之间只间隔很短的时间，也会产生类似的情况；同样的情况还会在一次健美训练中练习组数太多的时候出现。

人体可以通过多种新陈代谢来补充 ATP。可是过去的很多实验都已经证明，这些补充 ATP 的方法——在实验中的训练强度下——有时可能奏效太慢，无法在短时间内为人体补充足够的能量。对大鼠肌肉进行的研究显示，摄入核糖确实有助于 ATP 的形成。理论上，提前储备 ATP 也就意味着训练时所要消耗的 ATP 已经提前准备好了，因而会改善训练效果和提高训练成绩。在健身房里，训练效果的改善也就相当于肌肉力量的增长，长远来看，也就意味着肌肉

的增加。从这个角度来看，核糖对健美者和力量训练者十分重要。那么，针对核糖进行的相关实验又会得出什么样的结论呢？

核糖这种特殊的单糖的作用主要通过一些用时短且需要爆发力的运动项目来测试，比如不同距离的短跑。虽然这些实验水平不一，实验对象既有运动新手也有资深运动员，但无一例外都没有得出核糖可以提高运动成绩的结论。最新的科研报告也一致认为，就目前的科学水平来看，核糖不属于真正有效的营养补充剂。换句话说，迄今为止还没有足够权威的实验结果来支撑核糖对健美训练和力量训练具有促进作用这一观点。

有一个实验对健美者来说意义重大，这个实验全部由运动经验丰富的体育专业学生参与。虽然实验的设计和执行都近乎完美，但它最终依然未能证实核糖的效果。在另一个邀请了资深力量训练者参与的实验中，核糖与其他补充剂一同被测试，研究人员同样未能观察到它有任何明显的增肌效果。一个可能的原因是，核糖被人体吸收后就被肝脏快速代谢了，以至于肌肉根本就没有机会获得核糖的帮助。然而，并不是所有的研究都支持这种解释。

目前还没有发现核糖的副作用，哪怕一天内摄入超过 100 克核糖也没关系。在实验中，受试者往往每天要摄入 20~30 克核糖，分多次服用，有时受试者会出现血糖降低的现象。如果你想尝试用核糖作为补充剂，那么建议你将核糖和其他的碳水化合物一起使用。

进入人体之后，果糖同样要通过肠壁上特殊的转运蛋白进入血液循环中。然而，果糖的转运机制十分迟滞，所以果糖进入血液的速度明显较慢。果糖还需要在肝脏中进一步转化为葡萄糖或其他代谢分子。

果糖历经的所有生理生化步骤都要花费一定的时间，因此果糖为人体提供能量的速度明显比葡萄糖慢。这也是果糖成为许多糖

尿病患者的专用糖的原因：它引起血糖升高的速度明显较慢、较平缓，因此几乎不会触发胰岛素的分泌。

2.3.1.3 鲜为人知的半乳糖

半乳糖的化学结构是乳糖分子的一半。乳制品是人体摄入半乳糖的最主要的食物来源。半乳糖的代谢不会对胰岛素造成影响，而且半乳糖要先在肝脏中被进一步加工；如

果糖对致力于塑身的力量训练者有益吗？ [11, 12, 13, 14, 15, 16, 17, 18, 19, 20]

由于果糖几乎不会改变胰岛素的分泌水平，运动者常常会产生疑问——是否不该将果糖作为最常用的蔗糖替代品？考虑到胰岛素会抑制脂肪分解，有一些人就热衷于只摄入果糖，因为理论上讲这样做既不会形成脂肪，又不会干扰体内储备的脂肪的分解。

然而，不同的研究均显示，大量摄入高纯度果糖既不能有效塑身，也不利于人体健康。过量的果糖进入人体之后，有一部分会被转化为葡萄糖或肝糖原。其余的果糖则通过某些特定的新陈代谢途径进行代谢，这有可能会对机体的酸碱平衡造成影响，还有可能影响肝脏的蛋白质代谢。当人体处于能量正平衡时，过量摄入的果糖中的大部分会被用于形成新的脂肪。肝脏吸收大量果糖后，经过某种新陈代谢，果糖会不依赖于胰岛素而大规模地促进脂肪的形成。

在一个著名的实验中，被持续喂食果糖的小鼠最后患上了脂肪肝。人长期摄入大量果糖也会造成血脂增高以及体脂增加。果糖刺激了肝脏中脂肪颗粒的形成，这些颗粒进入血液，或者被供给脂肪细胞，或者为不同器官提供能量。更重要的是，众所周知果糖不会让人产生饱腹感，因此食用果糖时人们很容易就会摄入过量，因而变胖。

不过，上述关于果糖的不利影响，主要是对那些吃得太多而运动太少的人而言的。目前还不清楚进行刻苦训练的力量训练者是否也需要考虑过量摄入果糖的副作用，因为他们身体的新陈代谢一般都很好。有一种猜测是，他们可能很少会受到果糖的不良影响（当然，这也要看具体的摄入量）。不管怎样，事实证明，过量摄入果糖对注意饮食健康的运动者来说也不会产生任何益处。

当然了，每天摄入适量的果糖，比如 25~50 克，对人体也绝不会有任何坏处。如果你每天通过饮食摄入的果糖的量大致在这个范围内，那就不需要有任何担心。这也是我们每天可以吃很多水果的原因：水果中的果糖通常较少，还不至于影响人体的新陈代谢。不过某些含糖量高的水果除外，特别是当你经常大量食用时，比如每天吃 1 千克甜葡萄。

对一些体质比较敏感的人来说，大量摄入果糖后，由于它从肠道进入血液的速度较慢，这个过程可能会造成腹部的不适。有些人会因此出现吸收不良的问题。这两种情况都会影响力量训练者的运动成绩。

小结：对力量训练者来说，大量摄入果糖或者食用为糖尿病患者特制的果糖食品并没有任何好处。相反，多吃一些水果倒是大有裨益。摄入果糖要遵循适量原则，人体通过正常的新陈代谢就能将摄入的果糖轻松地代谢掉。

果要参与机体的能量平衡，半乳糖也需要先被转化为葡萄糖。除此之外，半乳糖还有其他的生理功能。

2.3.2 双糖

双糖（又叫二糖），顾名思义，由两个相同或者不同的单糖组分结合而成。双糖的两个单糖组分分离后才能进入血液并参与到人体的新陈代谢中去。对力量训练者来说，最具代表性的双糖有蔗糖、麦芽糖和乳糖。

2.3.2.1 蔗糖是最常见的双糖

蔗糖分子由一个葡萄糖残基和一个果糖残基组成。蔗糖来自自然界中的某些植物，是我们生活中最常用的糖，俗称白砂糖。在欧洲，蔗糖最主要的来源是甜菜，而在有些国家它的主要来源是甘蔗。

另一种大家熟悉的蔗糖是红糖。然而，红糖并不单指某一种特定的糖，根据制造工艺的不同红糖可以分为不同的种类，它涵盖了蔗糖的许多衍生产品。红糖的颜色有可能是专门制作出来的，也有可能是在生产过程中自然产生的（焦糖化反应也能给蔗糖带来褐色的外观）。虽然民间有很多关于红糖好处的说法，但事实上它对人来说并没有什么特殊的作用。

蔗糖在生活中有很多不同的形式，比如白砂糖、精糖、方糖、糖霜、糖胶、冰糖、赤砂糖、糖粉、火钳酒糖[①]、果酱糖[②]、装饰糖、香草糖等。

枫糖浆也含有大量的蔗糖。在美国，枫糖浆作为纯天然或者加工过的甜味剂十分受欢迎。记住，与葡萄糖一样，蔗糖虽有五花八门的名称，但其分子结构却始终只有一种。因此，人体对这些糖的代谢是完全一样的——无论蔗糖以什么样的形式被摄入人体内，对负责代谢它的酶来说都是一回事。酶可不认各式各样的叫法，只认摄入的糖的空间结构。

在日常生活中，蔗糖除了主要提供甜味以外，还被用作防腐剂以及天然的色素和香精等。比较典型的例子是甜菜糖浆，它可以为一些食物（包括面包）提供褐色的外观，而消费者在看到食物深色的外观时，会认为该食物富含膳食纤维，从而激发购买的欲望。

蔗糖和淀粉是普通消费者日常生活中摄入量最大的碳水化合物。在这里我们要特别强调的是，绝大多数高热量的软饮料含有蔗糖，比如水果水。从蔗糖的分子组成来看，水果水中的热量一半来自其所含的果糖成分，一半来自葡萄糖。因此，常喝水果水类软饮料的人将大量摄入这两种碳水化合物——其摄入量远高于食用固态食物（比如水果）时所摄入的糖分。

2.3.2.2 麦芽糖可引起胰岛素的大量分泌

麦芽糖由两个彼此相连的葡萄糖残基组成，在小肠内会被某种酶迅速分解为葡萄糖。之后，小肠内高效的葡萄糖转运机制被触发，血糖水平因此迅速上升，其上升的迅猛程度甚至超过吃一顿纯葡萄糖食物带来的效果。麦芽糖也可以作为淀粉的分解产物而存在，还存在于普通的啤酒和无醇啤酒中。

2.3.2.3 乳糖的常见副作用

顾名思义，乳糖主要存在于乳制品中，因此它在大部分运动者的日常生活中扮演着重要的角色。乳糖是公认的对血糖和胰岛素水平影响最小的糖。

关于体内乳糖增加会导致健美运动员皮下水分潴留（浮肿）的说法，并没有强有力的科学依据。也许这种错误的认知来源于众所周知的事实——控制碳水化合物的摄入可以使运动者看上去更硬朗。

乳糖分子由一个葡萄糖残基和一个与之相连的半乳糖残基组成。乳糖在肠道内会被分解为上述两个单糖分子（原理见图8）。催化这个分解反应的酶就是所谓的乳糖酶，它是位于肠道内的乳糖分解工具。

与乳糖相关的一个很重要的概念是人们通常所说的"乳糖不耐受"。乳糖不耐受的问题在许多健身者身上都会出现，所以我们在这里做一个简短的介绍[24, 25, 26]。对大多数人来说，在母乳喂养结束之后，体内乳糖酶的活性会下降到初始水平的1/10。然而不同的人种之间却存在着明显的差异。例如，许多白种人即使在成年之后依然拥有消化和吸收大量乳糖的能力。

对乳糖不耐症患者（约15%的德国人患有乳糖不耐症）来说，情况却不是这样。乳糖不耐症不是过敏反应（对乳制品过敏指对乳蛋白过敏，而非对乳糖过敏），而是肠道内

---

① 德国用来调制火钳酒的一种宝塔形的糖块。
② 德国用来制作果酱和果子冻的大块蔗糖结晶。

蜂蜜对力量训练的效果 [21, 22, 23]

我们经常听到某些糖类制品，比如蜂蜜、红糖或者甜菜糖浆富含维生素和矿物质的说法。然而，这些糖类制品中的微量营养素对消费者来说并没有什么实际意义，因为它们含量甚微，而这些糖类制品却有极高的热量。

我们先来了解一下蜂蜜。花蜜被蜜蜂自身分泌的转化酶转化分解后形成蜂蜜。蜂蜜可以是液态、固态或结晶态的。蜂蜜的种类很多，原始的花蜜和蜂巢中的原蜜是有区别的，此外还有一些经过加工的蜂蜜衍生产品。德国人平均每人每年要消费1.4千克蜂蜜，位列世界第一。德国法律规定，蜂蜜中既不允许添加任何添加物，也不允许去除任何成分。

蜂蜜是一种高度浓缩的糖，其80%的成分是可以被人体迅速消化吸收的碳水化合物，因此它也是一种高热量食品。花蜜富含的蔗糖在蜜蜂的加工下被分解为果糖和葡萄糖，因此果糖和葡萄糖就是蜂蜜的主要成分。在最终的蜂蜜成品中，蔗糖只占5%~10%，此外还有少量的麦芽糖和其他碳水化合物。因为蜂蜜中的水分高达20%，所以100克蜂蜜仅有大约330千卡热量。比较而言，100克纯糖（不含水！）则有大约410千卡热量。由于蜂蜜的甜度更高，用它取代白砂糖作为代糖时，理论上人体应该可以减少摄入一些热量。但很多运动者根本不使用白砂糖作为食物甜味的来源，所以用蜂蜜取代白砂糖只对那些吃糖比较多

的人才有意义。蜂蜜有不同的品种，其血糖指数大约为55。

蜂蜜能提供以易被吸收的碳水化合物形式存在的热量，而其矿物质以及维生素的含量却少到可以忽略不计。比如说，一个人要喝下4千克蜂蜜，才能满足身体对维生素C的日需求。蜂蜜中的其他微量营养素也存在相似的情况。

蜂蜜中某些特殊成分的功效常常为人称道，比如传言说蜂蜜有杀菌作用。又有传言说，如果在加工过程中蜂蜜的温度不超过某个界限，那么其中的一些蛋白质（酶）成分就可以保持活性并为人体利用。除此之外，蜂蜜还含有若干种有机酸、少量氨基酸和多种天然物质。不得不提的还有蜂王浆——对崇尚自然疗法的人来说，蜂王浆几乎无所不能。因此在自然疗法领域，蜂蜜也被鼓吹得神乎其神。然而，经过科学研究，研究人员并没有发现蜂蜜有上述传说中的特殊功效。相反，不要忘了，蜂蜜含有高热量。

总的来说，对力量训练者而言，用蜂蜜取代普通白砂糖几乎没有任何特别的益处。蜂蜜所含有的微量营养素实在太少，不足以抵消大量食用蜂蜜所带来的负面影响。至于蜂蜜的其他特殊功效，则需要每个运动者自行判断，以确定蜂蜜是否真的对自己有效。不过，蜂蜜浓郁的香气与口味确实令人欲罢不能，这是绝对的加分项！

分解乳糖的酶活性非正常地下降甚至完全消失。造成乳糖不耐受的原因可能是先天的（十分罕见），也有可能是后天的（由某种病毒感染引起）。乳糖不耐症的症状和治疗方式多种多样，多与消化道有关。

没有被分解的乳糖将到达肠道后段，在这里被肠道内菌群分解为不同的代谢产物。这些代谢产物过量时，便会造成一系列的不适，比如腹胀放屁、腹部绞痛和腹泻等。不过，这些症状的严重程度与所摄入的乳糖量

并没有直接关系。也就是说，有些人要摄入许多乳糖才会引发严重的问题，而有些人只要摄入一丁点儿乳糖就会如此。每个人到底能承受多少乳糖，只能靠自己摸索，官方无法给出参考值。

在实际生活中，乳糖不耐症患者可以尝试食用少量的发酵乳制品（比如酸奶、凝乳等）。在这些发酵乳制品中，原先所含有的乳糖已经大部分或全部经发酵转化为乳酸，剩余的乳糖非常少。如果一个人体内乳糖酶的

活性尚未完全消失，那他完全能够消化酸奶中剩余的少量乳糖。乳糖不耐症患者也可以大胆尝试一定量的软质奶酪或硬质奶酪。除此之外，市面上还有低乳糖乳制品和乳糖酶制剂等出售。

只有当乳糖不耐症的症状十分严重时，运动者才应完全放弃牛奶及其他乳制品，因为对运动者来说，乳制品是营养价值极高的食品。牛奶中含有优质蛋白质，而且，大多数人如果每天没有食用一定量的乳制品，那么他很难从日常饮食中摄入足够的钙，除非他长期服用钙补充剂。从补钙的角度来看，豆奶根本无法取代牛奶——尽管豆制品含有许多其他的营养。尤其对女性运动者来说，乳制品长期食用不足会增加年老后患骨质疏松症的风险。如果她们还长期采用低热量饮食法，那么情况会更糟糕。

此外，大量的跟踪研究还发现，大量食用乳制品的人发生超重和罹患 2 型糖尿病的概率较小[25]。关于这一点，我们在后文还会详细阐述。

2.3.3 多糖

多糖（中链和长链碳水化合物）由多个彼此相连的单糖残基组成。多糖可以按照以下方法分类：可消化与不可消化、动物多糖与植物多糖、天然多糖与人工合成多糖等。多糖的具体分类十分复杂，我们不多讲述。在此我们将着重介绍几种对运动者来说至关重要的、具有代表性的多糖。

如图 8 所示，多糖需要被分解为单糖之后才能被人体的转运系统转运到血液中。

2.3.3.1 低聚糖

低聚糖（又叫寡糖）由 3~10 个单糖残基彼此连接而成。低聚糖通常不能被人体消化吸收。在日常生活中，运动者所接触到的低聚糖往往来自豆类和豆制品，比如墨西哥辣豆酱。

如今，日常生活中的低聚糖，即所谓的有助于消化的益生元（第 40 页补充文献《益生元》）的摄入量越来越大。许多运动饮料和含糖饮料中也添加了一些易于消化吸收的、能为运动者快速提供能量的低聚糖。不可消化的低聚糖往往存在于豆类中，它们是造成肠道胀气的罪魁祸首。

2.3.3.2 淀粉

多达 100 000 个葡萄糖残基以特定的方式连接在一起形成的长链碳水化合物就是植物淀粉。这种特殊的糖链结构便是碳水化合物在植物性食物中的存储方式。薯类蔬菜和谷物通常是植物淀粉的主要来源。当然也有动物淀粉，它不是别的，正是健身圈里经常提到的糖原：大量葡萄糖残基在糖原中以另外一种特殊的方式彼此连接。

欧洲市场上常见的肉源动物也和人类一样，可以将从饲料中摄入的多余的碳水化合物以肝糖原和肌糖原的形式储存在体内。因为在屠宰和肉类熟成的过程中，糖原储备会被破坏，所以理论上我们通常见到的猪排、牛排、鱼片等肉类产品中碳水化合物的含量极低。

其他种类的多糖往往被保留在植物性食物中，或者为了某种特殊的目的通过技术手段被加工。人工合成的多糖大多由天然淀粉衍生而成。人们从成本较低的植物中提取出大量淀粉，然后用物理、化学和生化工艺对其进行加工，从而制造了庞大的淀粉衍生物家族。这些淀粉衍生物往往被用于食品和药剂的成型。

在用工业方法制成的淀粉产品中，最常见的应该属运动者非常熟悉的麦芽糊精了。它的分子也是由葡萄糖残基组成的链状结构，但不像淀粉或糖原分子那么长而有分支。利用某些特殊的酶可以合成麦芽糊精，它可以迅速为机体提供能量。麦芽糊精易被人体吸收，所以受到某些特殊竞技领域的耐力运动

表 5　重要的糖类

中文名称	英文名称	种类	备注
葡萄糖	Glucose，Dextrose	单糖	生物体中的"糖货币"
核糖	Ribose	单糖	遗传物质 RNA 的骨架成分，也是 ATP 的重要组成成分，亦可作为一种营养补充剂
果糖	Fructose	单糖	糖尿病患者常用的营养性代糖
半乳糖	Galactose	单糖	乳糖的组成成分
蔗糖（包括红糖）	Saccharose，Sucrose	由果糖和葡萄糖组成的双糖	在食品加工中被广泛应用
麦芽糖	Maltose	由两个葡萄糖组成的双糖	能迅速进入血液循环
乳糖	Lactose	由葡萄糖和半乳糖组成的双糖	会令乳糖不耐症患者持久不适
低聚糖	Oligosaccharide	由 3~10 个单糖组成的多糖	豆类中的低聚糖会造成胀气
植物淀粉	Plant polysaccha-ride	由大量单糖以特殊形式连接而成的多糖	种类繁多，有天然存在的，也有人工合成的
动物淀粉（糖原）	Glycogen	由大量单糖以特殊形式连接而成的多糖	糖原对运动者有重要意义，但只能通过自身合成

员的欢迎。而对健美者和力量训练者来说，麦芽糊精没有什么特别的优点。

2.3.4 复合碳水化合物[①]与健美

单糖以各种各样的方式组合成长链碳水化合物。比如说纤维素，它是许多植物细胞壁的组成成分，也和淀粉或者糖原一样，由无数葡萄糖残基连接而成。因为其特殊的空间结构，纤维素不能被人体以图 8 所示的常规模式消化和吸收——它能避开消化作用。食物中还有许多其他的成分也不能被人体消化，其中最重要的代表物见表 6。

早前，人们认为膳食纤维属于食物中对人体没有用的部分，因此在德语中被称为"Ballaststoffe"[②]。这个名称沿用至今。如今，随着人们对膳食纤维认识的逐渐加深，德语中也出现了比如"Faserstoffe"（纤维物质）和"Nahrungsfaser"（食物纤维）等叫法。

在诸如全麦面包之类的食品中，不可消化的膳食纤维通常与可消化的碳水化合物共存。因为这类食品既能提供可消化的碳水化

---

① 复合碳水化合物，又称复杂碳水化合物。
② 德语 Ballast 意为"压载"，所以 Ballaststoffe 也有"多余物质"的意思。

表6 膳食纤维的种类以及富含膳食纤维的食物[27, 28]

膳食纤维	代表物	食物来源或用途
水溶性膳食纤维	果胶、植酸	来源于水果、蔬菜、大米、燕麦麸等
水不溶性膳食纤维	纤维素、半纤维素、木质素	多来源于小麦、黑麦、燕麦、大麦、大米，少量存在于水果和蔬菜中
具特殊性质的其他膳食纤维	阿拉伯胶、植物黏液、海藻多糖	常用作食品添加剂
	抗性淀粉①	通常在煮熟的土豆冷却时产生——烹煮土豆时裂解的淀粉在冷却的过程中结构发生了变化，因此其中一部分淀粉无法被消化

合物，也能提供不可消化的碳水化合物，所以人们常统称其为复合碳水化合物。

膳食纤维可以逃过小肠的分解作用，被原封不动地送到靠后的肠段，也就是大肠里。在这里，膳食纤维被大肠菌群部分地转化为短链脂肪酸（第3章）。这些特殊的脂肪是给肠壁黏膜供能的物质之一，也有一部分会进入肝脏。因为膳食纤维能为机体提供能量，所以我们也应该将它以2千卡/克的标准计入每日热量摄入总量中去。

对人类有重要意义的膳食纤维都来自植物性食物，它们能躲过口腔、胃和小肠的消化作用。这一特性可能是多种多样的膳食纤维唯一的共同点了。事实上，把很多不同的物质统称为膳食纤维是一种高度概括的做法。

为了更准确地判断膳食纤维对运动者的健康和运动效果的影响，我们必须对膳食纤维进行正确的分类。最常见的分类方式就是看它是否具有水溶性（表6）。然而，这种分类方式却不能说明膳食纤维对人体的新陈代谢的作用[29]。

膳食纤维对人体有多种多样的功效，下面是其对运动者的效用。

胰岛素代谢方面。膳食纤维能发挥众多功效主要基于它的吸水性，因此它会在消化道内膨胀。这会减慢胃排空速度，并因此对人体血糖水平和胰岛素平衡产生有利的影响：含复合碳水化合物的食物中可消化的碳水化合物因此延迟进入肠道，进入血液就更慢了。例如，食用一片全麦面包后，全麦面包中的膳食纤维会在一定程度上减慢胃排空速度，使得其中可消化的碳水化合物进入肠道和血液的速度也变慢，从而使血糖水平上升的速度得到控制。

水溶性膳食纤维（表6）对血糖水平上升的延迟作用只限于几小时[28]，而水不溶性膳食纤维相对来说可以延迟更长的时间：德国波茨坦饮食营养研究所的马丁·魏克特教授通过实验发现，人们在吃下一块富含某种膳食纤维的燕麦面包24小时之后身体对胰岛素更敏感了[30]。

体重方面。由于胃排空速度减缓，加上

---

① 抗性淀粉是指从结构上看属于淀粉，而从性质上看更类似纤维的一类很难被消化降解的淀粉。抗性淀粉和膳食纤维都属于复合碳水化合物。

特殊的膳食纤维可否作为减脂辅助剂? [37, 38, 39, 40, 41, 42, 43, 44]

某些不可消化的碳水化合物确实会在肠道内吸附一些营养素并与它们一同被排出体外。因此，几年前市面上就出现了一些有助于减脂的膳食补充剂，这些产品便是利用了某些特殊的膳食纤维的作用——膳食纤维会吸附肠道中来自食物的脂肪，使其不被机体吸收和储存，而随粪便被排出体外。在这些特殊的膳食纤维中，最为人熟知的便是壳聚糖，它是一种不可消化的碳水化合物，因从贝类的壳中提取出而得名。药店出售的、因电视广告狂轰滥炸而家喻户晓的某些减脂产品，其有效成分就是壳聚糖。

这些产品的生产商往往靠一些样本较少甚至实施过程存在问题的实验的结果来"证明"其产品的有效性，而这"有效性"主要是靠所谓的"对使用者的观察研究"而得到的。对外行来说这很像真正意义上的科学研究，但事实上完全不是那么回事。所谓的"对使用者的观察研究"往往不能像真正的科学研究那样严格遵循实验所必备的标准和要求，充其量只能算是出于营销目的的软广告。这种所谓的观察研究在科学上没有任何说服力。

针对壳聚糖的减脂作用而进行的真正的科学研究发现，壳聚糖在减脂方面最多只能发挥一丁点儿作用。比如说，男性受试者需要在长达 7 个月的时间里每天摄入大量壳聚糖，才能减去 500 克体脂。这也就相当于每天少摄入约 2 克脂肪。对女性受试者来说，壳聚糖则没有任何效果。更新的研究成果普遍强烈质疑壳聚糖的减脂功效。近年来，越来越多的研究在壳聚糖功效的判断上达成一致。

这样的结论同样适用于那些因增强了人的饱腹感就被认为可以让人变得苗条而美丽的物质。

那么，为什么许多人在服用了壳聚糖等营养胶囊后体重确实减轻了呢？这其实很容易理解，当一个人开始使用一种减脂产品时，他会不由自主地按照更严苛的减脂食谱饮食并且加大运动强度。如果将壳聚糖和安慰剂进行比较研究并由此来判定它们的减脂功效，那么结果一定会让人对壳聚糖大失所望。

不过，壳聚糖倒还有一个优点，那就是目前还没有研究成果说它对人体健康有任何害处。有些人服用壳聚糖后偶有胃肠道不适，比如胀气，不过这倒也无害。

运动者要想清楚，自己是否愿意购买一种没有任何明确减脂功效的"安慰剂"。

食物中的膳食纤维会增加人进食时咀嚼的次数，这会在不知不觉中减少进食量并让人获得长时间的饱腹感[31]。大量的膳食纤维会刺激胃肠道产生饱腹的信号，或者说，它会将"饥饿激素"和"饱腹激素"的比例调整到有利于人体健康的状态[32, 33, 29, 34]。科学家在一项有 25 000 名德国人参与的实验中发现，规律地食用全麦食品、水果和蔬菜能够抑制体重增加[35, 36]。

健康方面。某些膳食纤维的急剧膨胀会使胃肠道蠕动加剧，促进排便。相比于不含膳食纤维的食物，含膳食纤维食物中的膳食纤维缩短了食物和粪便中的毒素与肠黏膜的接触时间。因此，毒素几乎没有机会发挥它们的毒害作用。这也可以解释为什么人们认为膳食纤维有利于肠道健康。

前文已经提到，在大肠菌群分解膳食纤维的过程中会产生短链脂肪酸。这些脂肪对肠黏膜上皮细胞来说具有一定的保护作用。有实验表明，大量摄入膳食纤维可能有利于预防肠癌。肠癌是目前德国第二大恶性肿瘤。然而，目前还没有研究已经证实膳食纤维真的能够预防肠癌[45, 46, 47, 48]。

膳食纤维对肠道的益处还可以理解为，它能促进肠道内有益菌的生长，抑制有害菌的繁衍。人们常说的益生元就能够靶向地引

益生元 [49, 50, 51, 52, 53, 54]

人类的肠道内有 400 多种细菌，其中一些细菌对健康十分有益。某些特殊的碳水化合物被称作益生元，因为它们在小肠内无法被消化，而在大肠内则可以促进有益细菌的繁殖。一种比较具有代表性的益生元就是在洋葱、大蒜、大葱、芦笋、香蕉、燕麦、小麦、洋蓟或菊芋中常见的菊糖或其分解产物低聚果糖。这些特殊的益生元往往被制成营养补充剂出售，或者被添加进各种食品，比如酸奶中。

在人体实验中，益生元表现出对便秘或者腹泻的缓解功效。特别是在服用抗生素时（因为抗生素往往会造成腹泻），增加益生元的摄入量将保护肠道菌群。运动者也时常遇到肠道不适的问题，此时可以考虑用益生元进行调理。

不仅如此，益生元还可以促进人体对钙、铁和镁的吸收。益生元在某些情况下有助于维持这些元素在体内的平衡。规律地服用益生元还可以促进人体对几种水溶性维生素的吸收。此外，在动物实验中，益生元还被观察到有降低血脂的作用，这一点在人体实验中也得到了证实。不过，这种作用只在那些胆固醇水平较高的人身上体现。益生元还有一个重要作用，那就是在动物实验中发现它可以降低患大肠癌的风险。并且，摄入益生元之后机体的免疫力也得到了提升。

要特别强调的是，益生元的许多作用都是通过对儿童的观察得出的。此外许多结论都是基于动物实验或者基于小规模、不完整的实验得出的。上文提到的益生元的功效还没有被充分地论证。只有进行更多的相关实验，我们才能确定益生元是否真的有这些功效。不过，摄入益生元对人体来说并没有任何害处，所以运动者不妨自己尝试一下。

通常，每天正常的饮食能给人体带来 3~11 克益生元，此外再摄入 5 克左右的益生元即可对人体健康带来益处。要想提升消化功能，则需要摄入 8 克菊糖或低聚果糖。只有每天规律地摄入益生元，才能观察到其效果。规律地摄入益生元 2 周后，肠道菌群的状况就会有明显的改善。

如果决定将益生元作为营养补充剂，或者食用含益生元的食物，则每一餐都应至少摄入 1.5 克（三餐共摄入 5 克）益生元。迄今为止还没有发现规律地摄入益生元会给人体带来任何负面影响。在极个别情况下，曾观察到有人摄入益生元后有胀气和腹痛的症状。

发这个过程。此外，膳食纤维促进胆固醇的排出也颇有意义。胆固醇是食物中的一种类脂成分，对循环系统可能会产生危害（第 3 章）。食物中的胆固醇能够借助膳食纤维更多地通过粪便排出体外。

2.3.4.1 膳食纤维可以预防疾病吗？

我们已经介绍了膳食纤维的许多优点。然而，如果膳食纤维不能降低人们患心肌梗死、中风、糖尿病或肠癌的风险，那么研究结果中它所谓的降低血脂、减轻体重、稳定血糖水平或者保护肠壁细胞的作用又有什么意义呢？根据膳食纤维假说，膳食纤维摄入量与文明病密切相关——膳食纤维摄入越少，文明病就越普遍。在实际生活中，一些观察研究确实发现，长期大量摄入膳食纤维的人罹患肠癌、动脉硬化、心肌梗死或者代谢类疾病的概率较小。

特别有效的膳食纤维主要是水不溶性的，尤其是谷物膳食纤维 [55, 29]：一项有 16 万人参加的大型研究发现，摄入较多水不溶性谷物膳食纤维的受试者患病的概率最小。甚至一些原本糖代谢紊乱的受试者在摄入膳食纤维后，其病症得到了有效的控制 [56, 15]。

这也是官方宣传日常生活中多食用全麦谷物的原因。德国营养协会目前推荐的膳食纤维摄入量是每天不少于 30 克 [57]。理想的摄入量则应是每天每摄入 1000 千卡热量即包含 10 克膳食纤维。也就是说，如果一名力量训练者每天需摄入4000千卡热量，那么相应地他就要摄入40克膳食纤维。根据调查得出的德国人均膳食纤维摄入量见图9。

很显然，德国人的膳食纤维摄入量低于理想情况。职业运动员和有健康意识的健身者的膳食纤维摄入量通常高于平均水平。对这部分人来说，德国营养协会推荐的膳食纤维日均摄入量可能偏低。

另一方面，根据我们的经验，在日常生活中许多健美运动员膳食纤维的摄入量都不够。对参加健美比赛的运动员的一系列观察研究也支持了我们的猜测：国家级女运动员每天只摄入5~13克膳食纤维，而同水平的男运动员的日均摄入量则为9~18克，比女运动员的略高[58, 59, 60]。

在此，我们给出一条衡量膳食纤维摄入量的简单法则：饮食结构越单一、在饮食上越严苛，摄入的膳食纤维通常就越少。幸好已经有研究证明，尽管运动员赛前的饮食计划十分严苛，但是丰富的菜色完全可以满足人体对膳食纤维的需求[61]。

在实际生活中，运动者在膳食纤维摄入方面存在各种不足。因此，我们在此向所有读者呼吁，请尽可能多地摄入膳食纤维[55]！

运动者实行低碳饮食法①时，膳食纤维的摄入量也会随之减少，长期如此的话则必须警惕。不过，如果只是短期实行这种饮食法，那么膳食纤维的摄入不足不会给人体健康造成太大的问题。人们可以有针对性地选择食物，既保证碳水化合物的摄入被控制在低水平，也确保能摄入足够的膳食纤维。

图9 德国男性和女性膳食纤维的平均摄入水平[57, 51]

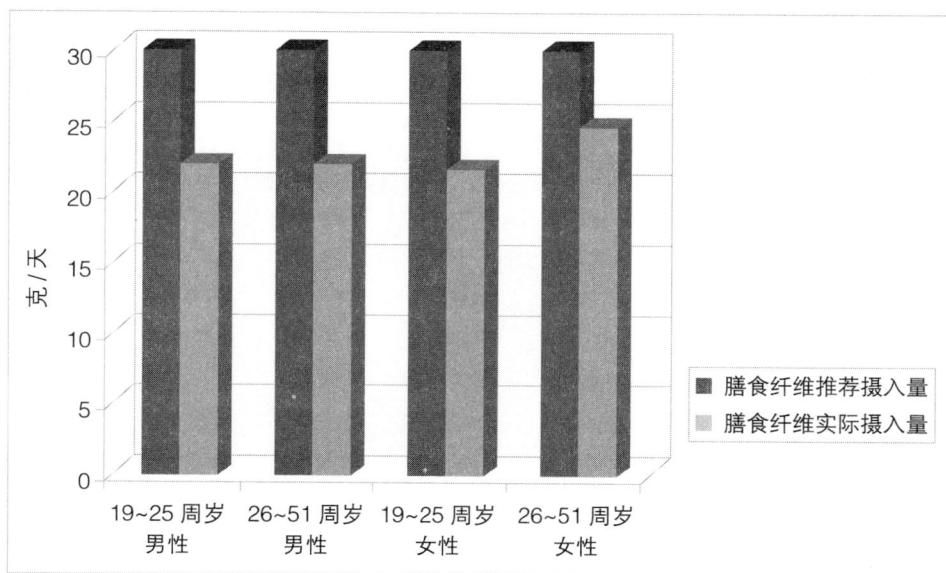

克/天

- 膳食纤维推荐摄入量
- 膳食纤维实际摄入量

19~25周岁男性　26~51周岁男性　19~25周岁女性　26~51周岁女性

---

① 本书中，低碳饮食法、高脂饮食法、高脂低碳饮食法以及阿特金斯饮食法，均指低碳水化合物、高脂肪的饮食方法。作者在文中采用了不同叫法以避免行文死板。

2.3.4.2 膳食纤维的副作用

很少有人知道，膳食纤维也能对人体产生一些副作用。具体见图 10。

膳食纤维在胃肠道中会吸附各种物质，加快它们随粪便被排出体外的速度。这就会导致某些矿物质未经人体吸收就已流失。不过总的来说，大量摄入膳食纤维的人还能从他们的饮食中吸收很多有利于人体健康的元素，会比摄入膳食纤维较少的人获得更多的营养。因此，力量训练者并不需要担心大量摄入膳食纤维会对矿物质吸收产生影响。

小结：从目前的研究成果来看，膳食纤维对人体健康有很多好处。大量研究显示，膳食纤维为维护心脏、新陈代谢和心血管系统健康做出了很大的贡献。对运动者来说，膳食纤维最大的好处可能在于它所带来的饱腹感。膳食纤维是否具有一些特殊功效，比如

被当作一种益生元，还有待进一步研究。

某些书建议人们不要食用全麦谷物，这么做意味着水不溶性膳食纤维将长期摄入不足。从营养医学目前的研究成果来看，这种做法不值得提倡。膳食纤维虽然并非完美之物，但与它对人体健康所带来的益处相比，它的副作用几乎可以忽略不计。健美运动员和普通健美者通常都存在膳食纤维摄入不足的问题，请不要忘记那条法则：饮食结构越单一、在饮食上越严苛，摄入的膳食纤维通常就越少。

2.4 德国人摄入碳水化合物的种类和分量

在我们开始讲碳水化合物对新陈代谢的作用之前，应该了解一下德国人摄入碳水化合物的种类和分量。只有了解了全局，才能

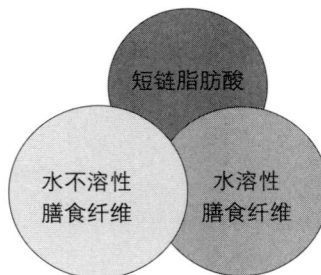

图 10　膳食纤维的红与黑（根据文献［27，62，29］修改）

正面作用
· 吸水膨胀；
· 调节"饱腹激素"和"饥饿激素"水平（让人产生饱腹感）；
· 对肠道菌群和肠黏膜有益；
· 吸附并促进氨的排出，减轻肝脏和肾脏负担；
· 减轻体重；

负面作用
· 吸附并促进脂溶性维生素、常量元素和微量元素的排出；
· 妨碍人体吸收其他必需营养素；
· 形成更多的气体，导致肠道胀气、放屁和腹痛（均为暂时现象）；

短链脂肪酸

水不溶性膳食纤维

水溶性膳食纤维

· 降低罹患 2 型糖尿病的风险；
· 提高胰岛素敏感性；
· 加快食物通过肠道的速度

· 降低餐后血糖水平；
· 降低血脂水平（吸附胆固醇并促进其排出）；
· 加快食物通过肠道的速度（吸附更多水分，增加大便量）；
· 减慢胃排空速度

提出有效的改进建议。

图 11 中列出的数据来自德国权威的营养报告。虽然这些数据不是针对健美者得出的，但它们至少有一些参考价值。从图中读者不难看出，各组中摄入的大约一半的碳水化合物都来自单糖以及短链碳水化合物。其他有西式饮食习惯的国家的居民碳水化合物的摄入情况与德国的情况具有高度相似性。

在美国，蔗糖的每日人均摄入量甚至达到 200 克[63, 64]！美国人每日能消耗这么多短链碳水化合物，还要归功于他们爱喝的含糖水果水。

此外，电视广告总是喜欢宣传低脂甜食是高脂甜食的替代品。其实，所谓的低脂食品因含有大量短链碳水化合物而有很高的热量，而且易于被消化和吸收。因此，要食用很多低脂食品才能维持饱腹感，这样自然就会对身材产生影响了。

相反，由于已经养成了良好的饮食习惯，运动者往往能够避免摄入过多的短链碳水化合物。特别是力量训练者，在减脂阶段一定要特别注意减少短链碳水化合物的摄入。基于参加健美比赛的男性和女性运动员进行的一些研究证实了上述观点[58, 60]。不过，在增肌阶段，很多力量训练者会主动摄入大量的短链碳水化合物。虽然这种做法在训练结束后的恢复期内确实有一定的效果，但总的来说力量训练者还是不要摄入太多。

小结：德国人比较偏爱体积小、含糖量高的食物，并且很明显，他们摄入的短链碳水化合物过多。虽然他们每日摄入的一半碳水化合物是多糖，但膳食纤维的摄入量明显不足，因为每日摄入的碳水化合物的主要来源是精制面粉。由于所处的训练阶段和所拥有的营养知识水平不同，力量训练者也不同程度地存在上述问题。

图 11　德国居民碳水化合物的平均摄入量以及各种成分的比例关系（单位：克/天）[57, 51]

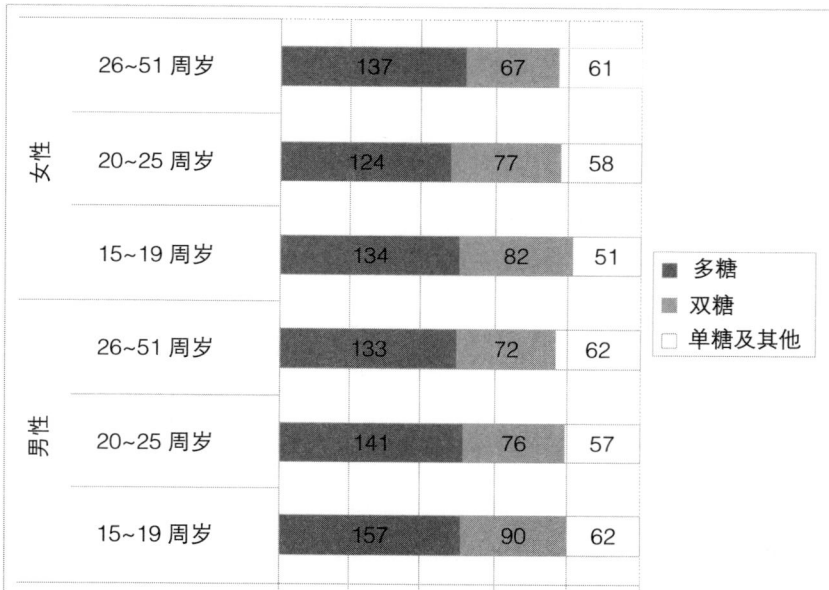

		多糖	双糖	单糖及其他
女性	26~51 周岁	137	67	61
	20~25 周岁	124	77	58
	15~19 周岁	134	82	51
男性	26~51 周岁	133	72	62
	20~25 周岁	141	76	57
	15~19 周岁	157	90	62

2.5 碳水化合物与力量训练

碳水化合物的主要作用就是为机体提供能量。葡萄糖是生物体内最重要的"糖货币"，因为它能够被所有类型的细胞利用。碳水化合物在有氧和无氧的情况下都可以进行燃烧。与其他营养素（如蛋白质和脂肪）相比，碳水化合物以 ATP 的形式更迅速地为机体提供新陈代谢所需的能量[65]。

如果一个人在进行普通的力量训练时实行低碳饮食法，那么其体内本来可以快速供能的葡萄糖就会大大减少，这也可以解释为什么有的训练者体重难以增加。

血糖对人类维持生存具有决定性意义。对健康的人来说，血糖值总是稳定在某个范围内，不会下降太多。我们的大脑、神经系统、红细胞以及其他许多细胞组织的正常运转都依赖血糖，因为它们无法用葡萄糖以外的其他营养素作为其能量来源。这些器官和组织每天要消耗大约 130 克葡萄糖。当血糖值下降太多（低血糖）时，大脑功能就会受到影响。机体在低血糖的情况下会触发预警机制，具体表现为手抖、全身乏力、出汗增多、心跳加速、注意力涣散、暴躁易怒、严重饥饿等症状。

因为葡萄糖承担着如此重要的使命，我们的机体时刻运转，希望能从食物中获取足够的补给。身体也可以使用储存的能量（糖原）来满足紧急状况下的能量需求。当人体长期处于能量负平衡（饥饿或节食）的状态时，大量的肌蛋白会被分解以生成葡萄糖（糖异生作用[①]），从而维持神经组织和其他细胞的正常运转。在这种情况下，骨骼肌就成为其他器官的间接糖供应者。在连续几天甚至数周的无碳饮食后，人体便会习惯这种新陈代谢的新状况。此时，糖异生作用效率提高，肌蛋白消耗速度变慢。

人体因为有自行合成葡萄糖的能力，所以也不一定非要摄入碳水化合物。碳水化合物不是人体必需营养素。这就是运动者使用低碳饮食法却不会对健康造成影响的原因。

当新陈代谢中的碳水化合物过剩时，比如吃了一大碗面条后，机体暂时不需要的糖便以糖原的形式被储存起来了：每餐饭后肝脏会储存 80~150 克葡萄糖。在夜里，肝脏便开始平缓地释放先前储存的葡萄糖，从而使人体在睡眠中保持稳定的血糖水平。血液是将这些糖分运送到各个器官的介质。肝糖原的储备满负荷之后，基本上刚好可以满足人体一夜的需求，一夜之后肝脏储存的糖原即被消耗殆尽[66]。

骨骼肌的糖原储备能力比肝脏强得多。一顿正餐（高碳）后，骨骼肌可以储存约 500 克葡萄糖，运动者则能储存更多。这些糖原主要用于高强度的训练。对健美运动员来说，肌糖原的储备特别重要。一方面，肌糖原是力量训练中最重要的能量来源；另一方面，通过饮食骨骼肌储存了足够的水和糖原，这样它就可以在短时间内真正地"膨胀"起来（第 11 页补充文献《细胞的水平衡——增肌产品如何影响肌肉增长》）。

骨骼肌与肝脏中的糖原代谢的最大区别在于：肌肉储存的葡萄糖只能被肌细胞自己利用，不能进入血液并供给其他器官。

肌肉供氧不足时，也可以在无氧的状态下为自己提供能量。此时，肌肉通过无氧糖酵解将乳酸释放到血液中。每一名运动者都对这种因高强度训练而造成的酸痛感再熟悉不过了。乳酸分子会经血液循环到达肝脏，在那里被分解。

---

① 糖异生作用指体内由简单的非糖前体合成葡萄糖的过程，或者说糖类在体内的重新合成过程。

碳水化合物与肌肉的体积 [61, 67, 68]

在实行合理的增肌饮食法的前提下，规律的力量训练与体重增加之间的关系原则上可以总结如下：当运动者摄入足够的碳水化合物后，肌肉会先将水和糖原储存起来，此外还会慢慢开始合成肌蛋白。但合成的肌蛋白与吸收的水分相比，明显少了很多。这与肌肉本身的构造有关：肌肉的70%由水构成（第1章）。

即使从事的体育项目和自身肌肉体积不同，一名运动员体内最多能储存1千克肌糖原，或者说相当于每千克体重储存8~10克肌糖原。因为每1克肌糖原可以将大约3克水带入肌细胞内，在实行以增肌为目的的高碳饮食法时，先增长的2~5千克体重主要来自水和糖原。这种短时间内体重的迅速增加就是人们所希望的增肌的效果。

现在，我们假设一名体重100千克、训练有素的健美运动员能储存大约1000克糖原。将糖原所吸附的水分算在内的话，他能在极短的时间内增肌4千克！可以想见，他的身体外形会因此发生显著的改变。相反，当肌肉在高强度的训练中流失了350克肌糖原时，同时也会流失大约1升其所吸附的水分，肌肉看上去就变得平一些。为了让肌肉在24小时内重新储满肌糖原，运动者必须在训练结束后的1小时内按照每千克体重5~10克的比例摄入可快速吸收碳水化合物。健美运动员通常采用每千克体重5克碳水化合物的标准。对大多数运动者来说，这是碳水化合物摄入的一般标准，不过每个人都可以通过不断尝试找到能让自己达到最佳训练效果的分量。总的来说，有针对性的饮食总是能帮助人们获得良好的训练效果。

多项研究显示，注意饮食的同时摄入肌酸能使体重在几周内继续增加数千克。这说明，那些急需在短时间内快速增肌的运动者要转变观念：要想快速增肌，就要进行有针对性的力量训练、摄入丰富的碳水化合物和大量的水分以及——如果愿意的话——补充肌酸。如果能严格实行上述方法，我们前面提到的那名100千克的运动员的体内就可以在短短几周新增很多肌蛋白，从而增加4~8千克肌肉。

你很容易就能知道增肌是否成功——只需要一台体重秤和一根皮尺。增肌成功即意味着两种测量标准——体重和围度——都很理想。当肌肉组织内储满了糖原和水分时，运动者在进行多组重复动作的训练时，肌肉会有明显的泵感，这也是增肌成功的标志。

在这个过程中，丙酮酸——人类新陈代谢的关键物质——扮演了一个核心角色。对大多数力量训练者来说，丙酮酸更多的是作为一种营养补充剂被熟知。

2.6 碳水化合物究竟会使人矫健苗条还是迟缓臃肿？

几乎所有想增肌减脂的人都会对碳水化合物的作用产生疑问。纵览五花八门的运动杂志，我们可以发现，大众对碳水化合物的看法出现了两种极端。一方是碳水化合物的推崇者，他们认为只要饮食中脂肪含量低就可以达到减脂塑身的目的。因此，为了能量充沛、训练高效，就必须大量摄入碳水化合物。耐力训练者往往是高碳饮食法的支持者，也有很多力量训练者声称他们从高碳饮食中获得了诸多好处。另一方则是低碳党，他们也有一番自己的理论。阿特金斯饮食法的拥趸们就认为，通往苗条身材的道路应该是用脂肪和蛋白质铺就的。还有一个门派则认为，既要尽可能少地摄入碳水化合物，也要少摄入脂肪，但要增大蛋白质的摄入量。这种观点在健美圈里也很流行。

介于上述两个极端观点之间的，是比较中立的血糖指数饮食法派别，他们并不是将所有碳水化合物都拒之门外，而是选择性地

什么是丙酮酸？它能否作为力量训练的补充剂？ [36, 69, 70, 71, 72, 73, 74, 75, 76]

丙酮酸是促成人体内生化反应的关键物质，因为它是联系多种重要的新陈代谢途径的纽带。举个例子，人在节食时，体内的氨基酸会从肌肉中释放出来并转化成一种特殊的物质——L-丙氨酸。L-丙氨酸经血液到达肝脏，在这里转化为丙酮酸。在接下来的糖异生过程中，丙酮酸生成葡萄糖，由此为其他器官供能。通过这种方式，肌肉扮演了间接糖供应者的角色。不过对力量训练者来说，这也意味着损失了宝贵的功能蛋白，代价太大。人在饥饿的情况下，肌肉会通过这种方式为大脑提供最基本的保障，因为没有糖分大脑就无法运行。

另一方面，人体摄入大量碳水化合物时也会生成大量丙酮酸，因为它是葡萄糖降解的最核心的中间产物。因此无论是饥饿还是饱腹，我们都不必担心身体会缺乏丙酮酸。

那么，这种物质为什么能成为运动者的营养补充剂呢？一系列动物实验发现，在摄入丙酮酸后，实验动物的体重得到了有效的控制，并且耐力也可能得到了加强。一些针对超重和不爱运动的人的小型实验也发现，丙酮酸具有改善身体成分（脂肪含量和去脂体重）比例和肌肉耐力的作用。另一个人体实验则发现，丙酮酸让受试者的体重得到了有效的控制。不过，目前还不能证明丙酮酸能够提升专业运动员和不爱运动的人的运动能力。在一个迄今为止设计和执行最严格的实验中，平时不爱运动的女性受试者接受了全身力量训练以及走步训练。该实验发现，连续30天

每天摄入10克丙酮酸钙的观察组并没有表现出这种物质对受试者的运动能力、体重、体脂和肌肉产生了任何影响。脂肪的燃烧量在摄入丙酮酸后甚至还有所下降。因此，这种补充剂对血脂可能存在不利的影响。

丙酮酸的生产商往往建议运动者每日服用的剂量为3~6克，而在科研实验中丙酮酸的日摄入量曾达到过53克。这个剂量可能会对胃造成影响，多名受试者曾因这个问题退出实验。因此，丙酮酸还有一个副作用，那就是会造成胃部胀气。

在另一个实验中，研究人员尝试验证丙酮酸被口服后究竟能否到达血液。结果是，受试者虽然服用了大量的丙酮酸，研究人员却未能检测到其血液中丙酮酸含量的变化。肠道和血液系统之间的拦路虎便是肝脏，它将所有的丙酮酸都代谢掉了。然而，丙酮酸只有经过血液才能到达骨骼肌，所以增强人体对碳水化合物的吸收和代谢才是正途。其实，原则上只要简单地提高饮食中碳水化合物的含量就可以获得丙酮酸能带来的全部益处。因此，从理性的角度来看，我们没有理由放弃富含碳水化合物的食物而去选择价格昂贵且口味不佳的丙酮酸产品。长期大量地购买丙酮酸产品的费用将是生活中的一笔巨大的开支。

所有的权威科学实验的结论都不看好丙酮酸的作用，尤其是对规律地进行力量训练和耐力训练的人来说。从动物实验中得出的结论只有在某些特定情况下才适用于人类！此外，目前尚不能排除丙酮酸补充剂对血脂有负面影响。

使用。可以说蒙蒂尼亚克[①]就属于这一派。区域饮食法[②]的推崇者只希望人们稍稍降低碳水化合物的摄入比例，但是摄入的碳水化合物必须是"高价值"的。所谓的"高价值"指这些碳水化合物几乎不会触发胰岛素的分泌，并因此可以减少脂肪在体内的聚积。

---

① 法国营养学家、作家蒙蒂尼亚克创造了针对超重者的"蒙蒂尼亚克饮食法"。

② 区域饮食法由美国生物化学博士、前麻省理工学院科学研究员巴里·西尔斯博士创造，是一套调节人体激素分泌的饮食体系，需要人按比例摄入蛋白质、碳水化合物和脂肪，使胰岛素水平保持在特定区间，以达到减脂健身的目的。

除此之外，我们还常听说所谓的"合成代谢饮食法"以及传说中的"复合日策略"[①]。这些饮食法都提倡先暂停或减少摄入碳水化合物，再增加碳水化合物的摄入，以这种交替的方式达到瘦身的目的（即后文提到的"循环饮食法"）。

五花八门的理论令运动者一头雾水：我们到底该相信谁？上文这些围绕着碳水化合物的说法能有一个定论吗？上文提到的理论中有适用于碳水化合物的新陈代谢的吗？

下文将尝试解答以下问题。在体脂调节的过程中，低脂饮食究竟扮演着什么样的角色？力量训练者能否从低脂饮食中受益？复合碳水化合物真的比蔗糖更能让人变瘦吗？什么是血糖指数（GI），什么是血糖负荷（GL）[②]？了解这些概念对减脂者和运动者是否真的有帮助？

后文我们会介绍循环饮食法、合成代谢饮食法和低碳饮食法等。

2.7 低脂高碳饮食法

前人已经对低脂高碳饮食法（饮食中脂肪比例较小而碳水化合物比例较大）进行了详尽的阐述[77]。很遗憾，时至今日关于碳水化合物以及它在体脂形成过程中所扮演的角色的相关说法仍未有定论。因此，我们有必要重拾这个话题，探讨一下目前学界在这方面的最新研究成果。

在某些杂志对碳水化合物与形体美的关系的讨论中，家猪常被提起，因为它只吃含大量淀粉的土豆或者谷物就那么容易变胖。类似的情形也发生在大鼠和小鼠身上。以此类推，人是否只要摄入碳水化合物就会长出很多脂肪呢？然而，根据不同的科学实验我

们发现，人体中负责将碳水化合物合成为脂肪的酶，其活性远远低于动物体中的。因此，一般人只能在一定的限度内将碳水化合物转化为体脂。只有在长期大量摄入碳水化合物的情况下，人体才可能生成更多的脂肪。这个例子也提醒我们，从动物身上获得的关于新陈代谢的经验和结论，推及人体时要慎重。

因此，我们也就不难理解为什么在许多跟踪观察研究中，科学家通过对大量受试者的观察发现，大量摄入碳水化合物的人往往比大量摄入脂肪的人苗条一些[78, 79]。为了进一步探究这一问题，科学家又在实验室里开展了实验。他们让受试者摄入过量的碳水化合物，然后用复杂的技术手段密切监视受试者体内新陈代谢的过程。最后他们发现，一个健康的人在短时间内摄入大量碳水化合物并不会造成体脂大量且迅速增加[80, 81, 82, 83]。同时他们也发现，人体总能将摄入的过量的碳水化合物及时分解和消化掉。

在上述实验中，受试者最多曾一次性摄入 500 克碳水化合物。这相当于 1.3 千克全麦黑麦面包、700 克生的面粉制品、690 克生糙米或者 2.5 千克成熟或熟透了的香蕉内碳水化合物的含量。在摄入 500 克碳水化合物的情况下，有 350 克也即 70% 的碳水化合物直接以糖原的形式被储存了下来。在接下来的几小时里，这些糖原中的很大一部分会被燃烧掉（大约 135 克）。于是，刚刚吃下去的碳水化合物成为人体首要的能量来源，体内原有脂肪的消耗也就减少了。此外，在实验中，进食会引起人体体温升高（食物热效应），于是通过饮食所摄入的热量有一部分以代谢热能的形式外散到周围环境中去了。

人体内碳水化合物到体脂的转化其实十

---

① 又叫高碳日策略，详见本书第 7 章。
② 血糖指数又叫升糖指数、血糖生成指数。血糖负荷又叫升糖负荷、血糖负荷指数。

HCA 能否阻断碳水化合物转化为脂肪？ [39, 94, 95, 96, 97, 98, 99, 100, 101]

HCA（Hydroxycitric Acid，羟基柠檬酸）是一种植物提取物，来自一种叫藤黄果的印度水果，常被用作燃脂剂。根据细胞实验和动物实验，HCA 的主要功能是阻断碳水化合物生成脂肪。此外，HCA 可能还具有抑制食欲的功效，而且使实验动物的耐力提高了，并且使得运动过程中燃脂率更高以及肌糖原储备更充分等。

这些发现当然令运动者振奋不已。不过我们必须注意，在一些动物实验中，HCA 是被直接注射到血液中的，这样能保证所用剂量的 HCA 全部发挥作用。如果经过胃肠道进入血液，人体对 HCA 的吸收效果将大打折扣，尽管研发人员试图研发出新的 HCA 产品以改善这个问题。通常情况下，应在用餐前 30~60 分钟摄入 HCA，因为研究者在动物实验中发现，稍长的时间间隔会使 HCA 的效果更好。此外，研究者在一些动物实验中观察到，虽然胃肠道对 HCA 的吸收效率较低，但 HCA 也有一些正面效果。然而，胃肠道对 HCA 的吸收效率低并不能解释为什么其在人体实验中得出的结论和动物实验中得出的结论相互矛盾。

当然，如果人体实验中的绝大多数受试者都在节食，那这个实验就没有任何意义了。因为只有在人营养过剩（碳水化合物摄入过多）的情况下，HCA 阻断碳水化合物合成体脂的新陈代谢才会发挥作用，人在节食的话 HCA 则无法发挥作用。在一个持续 12 周的实验中，受试者每天都摄入 1.5 克纯 HCA，实验结束后研究人员未能观察到他们的体重和体脂率发生任何变化。发表了相关科研论文的几名研究者认为，HCA 在人体和其他动物身体中产生的效果截然不同是因为两者的摄入量不同。不过，我们更愿意相信是因为人与其他动物的新陈代谢存在差异。

当下还有一种说法，即 HCA 会通过生热的方式将人体内更多的热量从体表散发出去。尽管有一个不太高明的实验想要证明上述论点，但 HCA 对人体能量平衡的影响至今也未能得证实。另一个有别于其他实验且设计精良的实验通过验血发现，从饮料中摄取的大量的 HCA 确实抵达了血液，但是没有证据证明其会对静止状态下或者耐力训练过程中的脂肪燃烧产生影响。至于它能否抑制食欲，不同的实验得出的结论相互矛盾。

因为 HCA 具有阻断碳水化合物转化为脂肪的功效，所以在利用碳水化合物增重的阶段，比如希望改善所增长的肌肉与脂肪的比例时，摄入 HCA 似乎能事半功倍。然而，HCA 究竟在运动者处于增重阶段时如何发挥功效，还缺乏实验证明。总的来说，目前 HCA 对运动者的功效还属于未确定状态。不过有一点可以肯定，那就是长期摄入 HCA 对人体无害，尽管有报告说它会引起胃肠道不适、头痛等。因此，运动者需要自己决定，是否真的要把辛辛苦苦赚来的钱花在一种功能不确定的补充剂上。

分有限。例如，一次性摄入 500 克碳水化合物会增长 2~9 克体脂（不同的实验得到的结果不同）[84, 85, 86, 87]。

小结：短时间内，一顿含 500 克碳水化合物的饕餮大餐并不会造成体脂大幅增加。因此，偶尔放开吃一顿没什么问题，就是再吃一袋小熊糖也不用担心。不过我们还是要记住，人体内有足够的碳水化合物来提供能量时，就会减少脂肪的燃烧。因此，运动者大吃一顿后最好锻炼一下或者稍微节食一段时间，以便将体内多余的碳水化合物消耗掉并清空糖原储备，为下一次储存能量做好准备。

那么，人体长期处于能量正平衡或长期过量摄入碳水化合物会造成什么后果呢？其实，这种现象在美国、德国等国家司空见惯：这些国家的人在正常饮食之外，还常喝很甜的饮料（如可乐、水果水、冰茶、水果露等）来解渴，这使得他们的日均热量和碳水化合物摄入量居高不下。

关于这个话题，早先有一个实验到今天

还不失其重要意义[88]。这个实验证明，人体在过量摄入碳水化合物后造成的体脂堆积在一段时间后才开始明显。受试者在长达 7 天的"育肥期"里，每天摄入的热量从 3600 千卡到 4900 千卡不等，饮食中碳水化合物的比例为 86%，而脂肪的比例为 3%，于是平均每天有 500 克碳水化合物以糖原的形式被储存在体内，同时有 150 克脂肪被合成。

乍一看，这个数值确实挺高，然而当我们仔细考量这个实验的前提时就会发现，受试者需要在实验开始后的 3 天里执行某种"碳水化合物清空程序"，即同时训练与实行高脂低碳饮食法。紧接着便是连续 7 天的能量正平衡的"育肥期"：前两天超量摄入碳水化合物，这时肝脏和肌肉的糖原储备已达 500 克的满负荷状态，再摄入的糖分人体就无法分解和储存了，于是碳水化合物将开始合成越来越多的脂肪。为期 10 天的实验结束后，受试者人均增加了 1.1 千克体脂、2~3 千克含水糖原和 650 克肌肉。

在另一个设计相似的较新的实验中，男性受试者在 21 天内摄入了超量的脂肪或碳水化合物，最终获得的实验结果也验证了上述发现[89]。更多的研究表明，当饮食中脂肪的含量过低（低于 10%）并用含碳水化合物的饮料来补充能量时，由碳水化合物合成新体脂的风险就会增加。在这种营养过剩的情况下，复合碳水化合物极有可能减缓体脂的合成速度[90, 91, 92, 93]。

最后，如今已经公认的是，当人体内营养过剩的情况持续几天后，体脂的合成就与摄入的是过多的脂肪还是过多的碳水化合物完全无关了，而取决于体内的能量平衡[89]。

小结：对长期摄入过量碳水化合物的情况，人体的新陈代谢往往有一个适应阶段（具体时间根据实际情况而定，一般是 1~2 天），适应之后才开始大量地将碳水化合物转化为

体脂。这种现象在运动较少的人以及爱喝含碳水化合物的饮料（含糖饮料）的人身上尤为明显。当你长期实行低脂饮食法时，一旦体内碳水化合物摄入过量，就更会刺激体脂的合成——这种情形在运动较少的人身上更明显。这里有一个颠扑不破的真理：若要体重持续增加，必须保证热量的摄入过量！

2.7.1 以减脂为目的的低脂高碳饮食法

运动者通常遇到的问题都与白砂糖或蔗糖有关。我们常听到的说法是，食用蔗糖在很大程度上会妨碍减脂。这种理论的根据便是，与长链碳水化合物相比，蔗糖能使胰岛素分泌得更多。

在前面我们已经介绍过，一个蔗糖分子由一个葡萄糖残基和一个果糖残基组成。蔗糖作为一种双糖，在小肠内会被大量分解为它的两个组分：葡萄糖会快速进入血液中，而果糖则缓慢地跟随其后。不仅如此，果糖必须在肝脏将其辛苦地转化为葡萄糖后，才能参与其他的新陈代谢过程。

因此，服用蔗糖所造成的胰岛素水平上升的速度没有服用纯葡萄糖快，相关研究已经证明了这一点。人体摄入蔗糖之后胰岛素分泌水平的高低取决于蔗糖以怎样的形式被摄入。比如说，通过喝水果水所摄入的蔗糖比吃固态食物所摄入的蔗糖发挥作用的速度更快。另外，食物含有的蔗糖根本不会造成人体胰岛素水平的急剧变化。

许多健康食品，比如各种各样的蔬菜，也含有一定量的蔗糖。其实重要的是，大部分蔬菜在提供蔗糖的同时也能提供膳食纤维，膳食纤维能减缓人体对糖分的吸收。不过，总的来说，蔬菜中的糖分十分有限，并且蔬菜中大量的水分也"稀释"了其所含的热量。

想要饮食健康，重要的不仅仅是关注蔗糖的含量，更重要的是正确选择食物！

接下来，让我们摆脱这些枯燥的理论，来解答一个比较实际的问题：偶尔吃一次含糖量很高的甜品会不会破坏正在进行的低脂饮食进程？

有一个耗费巨资、由欧洲多个著名研究中心共同参与的实验，我们可以从它的实验报告里得到上面那个问题的答案[102]：290名超重或者肥胖并且不爱运动的男性和女性受试者在6个月的时间里执行了一种低脂饮食法：每日摄入的热量中，有50%~55%来自碳水化合物，25%~30%来自脂肪，其余的则来自蛋白质。在两个实验组受试者每日的碳水化合物摄入中，蔗糖的含量分别为150克和80克。

只要能满足上述规定的营养物质的摄入标准，受试者可以敞开肚皮享用美食。他们每日所获得的食物的唯一区别便是蔗糖的含量不同，研究人员在整个实验期间严格监控受试者是否遵循了这个要求。

6个月后，两组受试者体脂的减少量基本一致，都在1~2千克。这要归功于实验中热量摄入总量的下降。最后，与预先设想的一样，受试者体脂减少也是因为他们在实验期间所摄入的脂肪比之前饮食不健康时摄入的少。至于他们所摄入的膳食纤维，本来认为它可以在制造饱腹感和抑制胰岛素分泌等方面发挥积极作用，然而根据对两组受试者的观察我们没有发现膳食纤维的相关作用。

从上述实验我们可以做出以下总结。首先，低脂高碳饮食法适用于减脂，当然，它对那些喜欢低热量食物的人也很有意义。其次，对减脂来说，如果人体内能量保持平衡并且蔗糖以固态食物的形式被摄入，那么摄入的蔗糖多点儿少点儿也无所谓。

在这里我们要强调的是，上述实验中提供给受试者的含碳水化合物的食物是固态食物，而不是含糖饮料。固态食物有一个特性，

那就是可以维持较长时间的饱腹感。这一点是富含热量的含糖饮料所不具备的。人类对含糖饮料中的热量缺乏敏感性，在喝了很多含糖饮料之后依旧会大吃特吃[15]。换句话说，像水果水或者水果露这样的含糖饮料并不能制造饱腹感，因此它们偷偷地往每日的正常饮食中"添砖加瓦"，悄无声息地为每日的能量平衡增添不必要的负担。

实验中加入了变量——"饱腹元素"膳食纤维，这是对低脂高碳饮食法进行的改良。因为膳食纤维很容易让人产生饱腹感，这种改良过的饮食法比纯粹的低热量饮食法更容易让人坚持[103]。不过，这种调整饮食的策略只能在很短的一段时间内有效，并且人们所期盼的减脂的目标要经过很长时间才能达成，而且上面已经提到过，它的减脂效果其实很一般。但是至少，这种效果在人未进行大量运动的情况下确实是存在的。一些总结了所有现存的、正规的低脂高碳饮食研究的综述性文章也支持上述观点[104, 105, 106, 107, 108]。从现实角度看，经改良的含膳食纤维的低脂高碳饮食法最适合用于控制和稳定体重。一项规模最大（涉及将近50 000名受试者）的观察研究表明，坚持低脂饮食的话，人的体重可以在7年多的时间里保持稳定[109]。

作为运动者，要想实行比较宽松的低脂高碳饮食法并取得一定的成效，应该优先选择复合碳水化合物（比如水果、豆类和其他蔬菜等），并且有节制地吃一些全麦食品——以吃饱为原则。这些食物体积大，含水量又高，因此热量相对较低。当与低脂、高蛋白食物一起食用时，它们可以迅速并且持久地给人饱腹感。

小结：在日常生活中我们要牢记，在热量摄入总量不变的前提下，无所谓以什么样的形式摄入碳水化合物：摄入1克蔗糖并不会比摄入1克淀粉的增肥效果更明显。这并

不奇怪，因为不同的碳水化合物含有的热量是一样的。

在刚开始实行改良过的低脂高碳饮食法的时候，能减脂1~2千克，但见效缓慢。对大多数人来说，这种饮食法更适合用来保持体重的长期稳定。可以放心大胆吃的食物有水果、全麦食品豆类和其他蔬菜。运动者要想吃点儿甜品放松一下的话，最好与正餐一起吃，并且在训练后赶紧吃，但是要杜绝饮用任何含糖饮料。

2.7.2 健美运动和健身中的低脂高碳饮食法

迄今为止低脂高碳饮食方面的研究大都针对非运动人群。与运动者相比，这些人的骨骼肌明显更不发达，糖原储备能力和燃脂能力都较差，他们增肌时需要的能量自然也更少一些。同理，他们维持基础代谢和功能代谢的最低能量需求也比运动者低得多（第6章）。因此，根据经验来说，低脂高碳饮食法对运动者应该更有效。但运动者不仅仅要注意脂肪在食物所含成分中的占比，还要注意蛋白质的摄入量。

然而，对健美运动员来说，低脂高碳饮食法远远不像上面描述的那么有效，也不能获得持久的良好效果。在执行该饮食法的过程中，他们常常会逐渐减少碳水化合物的摄入，并且增加蛋白质的摄入。于是一开始所看到的一些成效也逐渐消失了，这正是因为他们没能坚持严格执行低脂高碳饮食法。人们在执行低脂饮食法的过程中经常会大打折扣，一项著名的研究发现，实行该饮食法的人一个月后饮食中的脂肪含量就从10%升高到27%，而一年后竟升高到35%[110]。然而，这并不仅仅是因为人们不够自律，另一个重要的原因是人体代谢的自我调节。不过，在实行该饮食法的后期，配合更为严格和更高

强度的训练的话，健美运动员往往可以获得不错的效果（第7章）。

从健美运动员那里得来的研究结论令人印象深刻。从这些研究里我们发现，虽然运动员每天按照每千克体重4克碳水化合物的标准摄入碳水化合物，却依然有望达到体脂率变得极低的目标（男性为4%~7%，女性为9%~13%），当然前提是他们只摄入极少的脂肪并且不断提高训练强度[58, 59, 60, 61, 111]。从食物中摄入的脂肪占他们每天摄入的热量的6%~18%，也就是每天摄入12.5~60克脂肪。

当然，严苛的低脂饮食法并不能满足每一名运动者的需求。人们应该自己去探索最适合自己的方法。长久保持最佳成绩的关键可能并不是一味坚持某种单一的饮食法，而是不断寻求改变。

小结：与普遍存在的误解不同，碳水化合物并不是一种必然会让人肥胖的物质。不过，它也不会自动让人产生饱腹感或者变得苗条。它的作用如何更多取决于每个人的新陈代谢状况。臭名昭著的蔗糖其实并不会比长链碳水化合物更快使人变胖；事实上，会不会变胖在于人们对食物的选择。比如说，以饱腹为标准食用含碳水化合物的食物，同时限制脂肪的摄入，这能在一定程度上降低体脂率。研究已经证明，健美运动员如果严格执行低脂饮食法并配合有效的训练，就有望达到体脂率变得极低的目标。

2.8 低 GI 值饮食法与塑造腹肌

如今媒体反复提及所谓的"低血糖指数饮食法"，人们应该对"血糖指数"这个概念（或者至少对它的简写 GI 或 GLYX）并不陌生。可以说这种"不陌生"并不是偶然的，因为健身行业的商家们早已利用 GLYX 的概念为相关产品（比如介绍 GLYX 的图书、特殊的GLYX 食品等）设计并实施了一整套市场营销

方案。健身行业的各种媒体和健身达人们也早就开始大肆宣传这一套新颖的理论了。

在这里，我们先介绍一下 GLYX 的相关基础知识，然后对其在力量训练方面的应用进行严谨的探讨。

2.8.1 血糖指数的定义

食物中的碳水化合物能多快被机体利用，取决于胃肠道的消化速度。我们知道，食物中的碳水化合物既有单糖的形式，也有多糖的形式，而后者需要在消化道内被降解为单糖后才能被人体吸收（图 8）。

过去有一种理论认为，长链碳水化合物由于消化过程比较漫长，比单糖提升血糖水平的速度慢。但我们也知道，尽管果糖也属于单糖，却几乎不会影响人体的血糖水平和胰岛素水平。与上述理论矛盾的另一个事实是，如果食物以恰当的方式烹饪，那么淀粉中大量的碳水化合物可以在进入人体后非常迅速地到达血液。比如说，刚刚煮好的土豆所含的碳水化合物在进入人体后很快就会到达血液，尽管土豆所含的淀粉主要是长链碳水化合物。因此，人们不得不设法找到一个标准，它可以反映不同食物被摄入后人体血糖水平和胰岛素水平上升的速度。只有这样，我们才能真正从科学的角度对食物进行研究，客观地比较它们的不同之处。

1981 年，詹金斯首次提出了"血糖指数"（GI）的概念[112]。这个概念反映的是碳水化合物到达血液的速度。为了更好地理解这个概念，我们可以给出一个更精确的定义：当 50 克某种食物被吃下后，血糖水平在数小时内先上升后又下降的情况。所观察到的结果将与食用 50 克参考食物（通常是葡萄糖或者白面包）所得到的血糖变化曲线做比较。白面包的标准血糖指数，即 GI 值为 70，葡萄糖的则为 100。

若一名受试者吃一份土豆泥后测得血糖指数为 85，那么我们就知道，土豆泥中的淀粉能比白面包更快提高血糖水平，比纯葡萄糖则要慢一些。

众多受试者参与了大量此类实验，吃下了形形色色的食物并被记录下他们的生理指标，从而有了我们今天项目丰富的血糖指数表。根据这些数据，我们可以把食物分成高血糖指数食物和低血糖指数食物两大类。这两者的区别，打个比方来说，前者是将糖分快速"射"入血液中的，而后者则是将糖分慢慢"滴"入血液中的。

2.8.2 血糖负荷的定义

"血糖负荷"（GL）这个概念是从血糖指数引申而来的。人们在提到不同食物的血糖指数时通常会忘记一点：饭后血糖升高的程度也与所吃食物的总量有关，因为后者决定了人体摄入碳水化合物的总量。举例来说，市售的补充能量的葡萄糖含片的 GI 值是 100。可是如果一个人只吃下半片，也就是约 3 克含片，虽然它本身的 GI 值非常高，但由于摄入的剂量实在太少，并不会对血糖水平产生任何影响。

在实际生活中，"摄入量"这个因素对血糖水平的影响很大，所以科学家引入了"血糖负荷"这一概念。计算 GL 值时，人们既要考虑食物中可吸收碳水化合物的总量，又要考虑它们的 GI 值。我们举个例子来做进一步的说明[113]。

白面包的 GI 值为 70，100 克白面包含有大约 46 克可吸收碳水化合物，所以它的 GL 值为：$70 \times 46 \div 100 \approx 32$。葡萄糖的 GI 值为 100，在 1 片约 6 克的葡萄糖含片里，所有成分均可被吸收，所以它的 GL 值可以这样计算：$100 \times 6 \div 100 = 6$。

从上述结果我们可以知道，尽管葡萄糖

的 GI 值比白面包高，但因为这两份食物中可吸收碳水化合物的量有明显的差别，所以人们吃下这份白面包后血糖水平和胰岛素水平的升高幅度更大。综上所述，我们可以看出血糖指数和血糖负荷的区别在于血糖指数只能表示一种食物本身的升糖能力，而血糖负荷能同时衡量食物的种类以及所摄入的量。

现在我们已经了解了血糖指数和血糖负荷这两个概念，那么接下来如何将这两个概念运用到实际生活中去呢？现有的科学研究能否证明这两个概念能引导人们健康生活呢？当血糖指数或者血糖负荷多大时算是过高或者过低？这两个概念对经常进行大负荷训练的运动者那极其高效的新陈代谢又有什么意义？下面我们就来探讨一下上述问题。

2.8.3 血糖指数、血糖负荷与健康

健康人的血糖水平是由多种激素精确调控的。在这些激素里，最重要的就是胰岛素：当人摄入碳水化合物后，胰腺会立刻分泌胰岛素，胰岛素能提高肌细胞表面葡萄糖转运载体的数量，从而促进涌入血液的葡萄糖进入肌细胞。进食完后，人体摄入的 80% 的碳水化合物会被输送至肌细胞中进行加工[114]！正是胰岛素的这一作用使人体血糖水平得到下降。

糖尿病等疾病会极大干扰上述过程。在这类疾病中，最常见的便是 2 型糖尿病，早先它也被叫作"成人发病型糖尿病"。如今，因为超重和缺乏运动的情况越来越普遍，病人年龄逐渐年轻化，所以它又被称为"富贵病"。人们必须对这种疾病足够重视，因为它总是在潜移默化中发病，而且在病程晚期许多患者往往会遭受心脏病、中风、失明、肾衰竭、脚或腿部截肢以及不可逆转的神经损伤等的折磨。

那么饮食、超重和 2 型糖尿病之间到底存在什么关系呢？其实，2 型糖尿病的根源就在于，由饮食过量造成的脂肪细胞过于饱和，以及由缺乏运动造成的肌细胞对胰岛素的敏感性降低（胰岛素抵抗）。很久以前，胰岛素抵抗的现象可能还是维持生存的法宝：在石器时代，生存压力（食物短缺、极度饥饿）迫使人类的脂肪细胞为满足能量需求将大量脂肪释放到血液中。这些"游离脂肪酸"不仅是重要的供能物质，同时还是重要的信使——通知肌肉组织人体正处于饥饿状态。

与大脑和红细胞不同，肌肉可以暂时不使用血糖所提供的能量，而以脂肪细胞提供的脂肪作为能量来源。当肌肉通过升高的血脂水平得到身体饥饿的信息后，便会进入胰岛素抵抗状态，以便在这种紧急情况下将血液中所剩不多的糖分让给大脑。这是一种自我保护功能，因为只有大脑存活了，肌肉才能存活。带有这种"节约基因"的人类自然成了生存高手，能够更好地应付突发的饥荒和巨大的体力负荷[115]。于是物竞天择，有胰岛素抵抗能力的人类存活了下来并繁衍了后代，也就是今天的我们。

但是，直到大约 100 年前，人类营养过剩的问题简直到了难以想象的程度，直到今天绝大多数人还存在这个问题。石器时代人类所经历的觅食，以及后来人类所进行的播种和收割的农业劳作，总与体力劳动紧密相连：自己动手才能丰衣足食！因此，当食物有短暂盈余的时候，将能量以脂肪和糖原的形式储备在体内就显得意义重大，这些能量很快就会在之后的体力劳动中派上用场。

可如今，人类甚至不需要迈动一步，就可以开着车在人气火爆的汽车餐厅里买到一个高脂肪的汉堡包或者一大杯高热量的可乐。可惜的是，我们的遗传基因还没有迅速适应这种食物富足的生活状态[116]。昔日的生存本领如今成为一种负担，我们身体的节能功

能目前面临一个无解的难题：当一个人在快餐店大快朵颐之后，其肌细胞和脂肪细胞几乎快被所储备的能量撑爆了；此时胰岛素轻声细语地提醒它们别再继续吃了，它们却充耳不闻；自然而然地，胰岛素信号变成啰唆的"祥林嫂"，胰岛素超量分泌，只为将血糖水平控制在健康的范围内。

于是，胰腺必须加班加点生产更多的胰岛素。长年累月的过劳工作最终造成胰腺罢工，因此许多糖尿病患者必须自行注射胰岛素。因为糖尿病患者的血糖水平很难像健康人那样得到完美的控制，而且这种病症往往潜伏期很长，所以人体的循环系统会受到严重的损害。心血管功能持续失调会导致大脑、心脏、眼睛、肾脏和脚部受损。

可以这样理解糖尿病与血糖指数或者血糖负荷之间的关系：高 GI 值的可快速吸收碳水化合物可以在很短的时间内急剧升高血糖水平，而高 GI 值的食物体积通常都很小，它们很难让人产生饱腹感，所以摄入量势必很大；再加上食用者运动量不足，身体处于能量正平衡状态，于是体内就形成了脂肪堆积。

通过一个长达 8 年并有 52 000 名女性参与的观察实验我们发现，凡是大量饮用了软饮料（含糖的水果水、可乐等）的受试者的体重都明显地增加了[117]。不仅如此，这部分人患 2 型糖尿病的概率明显更大。在另一个有 30 000 多名中年男性和中年女性参与的观察实验中，在前 4 年我们就发现，如果长期食用 GI 值较低的食物，尽管饮食中碳水化合物的比例依然很高，仍有可能降低患 2 型糖尿病的风险。

综上所述，合理运用血糖指数和血糖负荷这两个概念，确实能为人体健康带来很多积极的作用。因此，许多健康杂志和相关媒体都乐于为这两个概念做宣传。

2.8.4 血糖指数的另一面

我们开始深入了解血糖指数和血糖负荷时，会发现这两个概念背后存在一些它的推崇者们往往不愿提及的问题。我们将在这里补全这些缺失的信息。

问题一：不同商家印发的血糖指数对照表差别较大[113, 119]。出现这种现象的原因可能是存在两种不同的参照（标准）食品，也就是葡萄糖和白面包。例如，一个研究小组通过与白面包的 GI 值进行比较来确定苹果的血糖指数，而另一个研究小组则利用葡萄糖的 GI 值作为基准，那么苹果就会有两个不同的 GI 值。

问题二：同一种食物由于所用的烹调方式不同导致最终食物的 GI 值不同[113, 119]。纯土豆淀粉基本上是无法被消化的，所以其 GI 值很低。如果将土豆放入水中并将水加热至 100℃，那么土豆的 GI 值将大幅提高。因为在水煮过程中水分子进入土豆淀粉的结构中后，淀粉微粒胀裂，这就给消化酶提供了更大的作用面积，于是土豆的 GI 值就变得很高。将煮熟的土豆冷却一会儿后，淀粉结构会发生新变化，土豆的 GI 值又会下降。

土豆泥的 GI 值比水煮土豆更高，因为食物本身的微粒大小也会影响其 GI 值。例如，当食物微粒比较大时，胃排空速度就会较慢，碳水化合物就会以很慢的速度进入肠道并被人体吸收，血糖水平上升的速度自然就十分平缓。

于是我们知道，土豆淀粉、生土豆、煮熟的土豆、煮熟以后放凉的土豆、土豆泥等的 GI 值都明显不同。这种现象同样也发生在胡萝卜上：生胡萝卜的 GI 值大约为 16，而去皮的胡萝卜的 GI 值为 32，煮熟的胡萝卜的 GI 值又变成 49，而在一个没有说明烹调方法的实验中胡萝卜的 GI 值居然为 92。这几个例子告诉我们，GI 值的变化莫测使得统一确定某种食物的升糖能力变得难上加难。要想解决这个问题，我们需要绘制一张非常详细的表格。

问题三：食物的品种以及成熟度不同也会导致其 GI 值不同[113, 119, 120]。对自然生长的植物性食物来说，其碳水化合物的组成以及糖分含量可能与其品种和生长环境都有关。因此，同一种植物性食物的 GI 值往往不同：泰国大米和德国大米的 GI 值就略有不同。一根熟透的香蕉因为单糖含量极高而具有很高的 GI 值，而还没成熟的同一种香蕉的 GI 值就没有那么高。这种区别几乎适用于所有的水果和蔬菜。因此，对这类食物来说，所谓的血糖指数对照表提供的数据的价值也就很有限了。

问题四：饮食结构也会影响其中某种食物的 GI 值[113, 119]。一顿正餐所含有的脂肪、膳食纤维和蛋白质等都会明显降低其中某一种食物的 GI 值，因为它们都会造成胃排空速度减慢。由此，某种知名的巧克力棒的 GI 值就只有 65，尽管它含有大量可快速吸收碳水化合物。如果一个人吃了一顿营养丰富的正餐，那么血糖指数对照表上的那些数值就没有任何参考意义了。事实上，如果一顿饭的营养丰富多样，那么我们通常可以认为这顿饭总的 GI 值比较低。

第五个问题也是最大的问题[121]：受试者的个体差异和测试时间的不同导致测得的同一种食物的 GI 值不同。不容忽视的是，不同的人在吃下完全相同的食物后测得的食物的 GI 值会明显不同。血糖指数对照表中给出的那些数值都忽略了个体差异性，所以基本上对个人来说参考意义不大。不仅如此，就算是同一个受试者连续两天吃下同样的食物，这两天所测得的食物的 GI 值也可能会有23%~54% 的偏差。即使是在同一天，在对其他影响因素进行严格管控的情况下，一名受试者中午和晚上吃下完全相同的食物，测得的食物的 GI 值也不同。这也就说明，食物的 GI 值与个体因素和进食时间密切相关。

还有一点要强调的是，受试人群并没有统一的标准：由偏瘦或偏胖的人甚至是糖尿病患者测得的食物的 GI 值当然是不同的。除此之外，观察时长——是一次性、几周还是更长时间——所造成的差异也不容忽视。

小结：要谨慎使用市面上的血糖指数对照表。除此之外还要记住，当我们用富含膳食纤维、脂肪或蛋白质的食物搭配某种 GI 值原本较高的食物时，它的实际 GI 值会明显下降。此外，GI 值的高低还与食物的烹调方式、品种、产地以及成熟度有关。

2.8.5 血糖指数的实际意义

读到这里，你一定会产生一个疑问：既然在现实生活中同一种食物的血糖指数不是固定不变的，那我们如何从那些持续多年的各式各样的观察实验中确定血糖指数的实际意义呢？

观察实验的结论常常会受到一些干扰因素的影响。饮食搭配恰当，比如多吃水果、蔬菜和全麦食品等，测得的 GI 值往往比较低。注重饮食的人往往不吸烟，会规律地运动，并且保持一种健康的生活方式。这很可能才是上文提到的在对血糖指数进行的研究中观察到的某些人患 2 型糖尿病和超重概率较小的根源所在。当然了，那些研究人员自己也了解实情，并且会利用一定的控制手段来避免实验结果受到一定的影响。不过，观察实验永远无法规避所有的干扰因素。在某一个实验中留下的不确定的问题，只能通过特定的后续研究来解决。

因此，只摄入 GI 值较低的食物，而不搭配健康的生活方式，能否给身体带来持久的好处，科学上暂时还没有明确的答案[122, 123]。这一点对运动者来说尤为重要。不过，在生活中有意识地选择 GI 值或 GL 值较低的食物，也就意味着多吃水果、蔬菜和全麦食品。只有合理使用血糖指数对照表，我们才能制订出更健康、更科学的食谱。

小结：在不考虑生活方式健康与否、减脂与否以及运动与否等因素的前提下，低 GI 值或低 GL 值饮食能否一直有利于人体健康，目前的科学研究尚不能给出明确的答复。然而，只有谨慎地使用血糖指数对照表，它对我们规划健康合理的日常食谱才具有指导意义。

2.8.6 血糖指数、血糖负荷与力量训练中的减脂

健身界如此关注血糖指数的最主要原因，自然是希望借此来帮助人们轻松拥有苗条的身材。高 GI 值的可快速吸收碳水化合物会在健康人的体内触发胰岛素的大量分泌。由于胰岛素会抑制脂肪分解，长期大量摄入高 GI 值食物势必导致体重快速增加，或者说，如果你正在减脂节食的话，此时体脂将融解得更慢。

相反，低 GI 值食物触发分泌的胰岛素要少得多，因此人体内的燃脂率更高，减脂自然更轻松，这就是引入 GI 值这个概念来帮助减脂的理论基础。

摄入可快速吸收碳水化合物后所引起的体内胰岛素的激增，可以在很短的时间内使血糖水平迅速回落，从而引发突然的低血糖（也叫饥厥）。大量分泌的胰岛素同时会阻断脂肪细胞向外释放脂肪分子，从而导致能量供应受限。为保持能量平衡，身体会做出相应的反应——从感觉饥饿到发生低血糖综合征，遇到这种情况人们通常会赶紧补充可快速吸收碳水化合物，因此刚才发生的一切就会再次重演。频繁的进食导致体内胰岛素水

平剧烈波动，这会让体内的脂肪变得更多，从而阻碍减脂。

还有一个观点就是，血液中频繁的胰岛素渴求会引起胰岛素抵抗，进一步引发胰岛素的长期大量分泌，阻碍脂肪的分解。

上述观点有哪些科学依据呢？大鼠实验证明，在长期摄入低 GI 值饲料后，大鼠的脂肪组织的增加速度减缓，脂肪细胞变小，胰岛素抵抗得到缓解[124, 125]。在糖代谢紊乱的人身上，我们同样发现了低 GI 值饮食法对人体健康的有利影响[126, 127]。由此科学家深受鼓舞，开始研究低 GI 值饮食法对健康人的作用。这些研究侧重于低 GI 值饮食法对体重、身体成分、每日热量盈亏情况、胃口、饱腹感以及饭后新陈代谢质量的影响。

下文将对这些研究成果进行总结[128, 129, 130, 131, 132, 133, 134, 135, 136, 137, 138, 139, 140, 141, 142]。不过，我们要注意区别两种基本实验条件：其一，针对欲减脂者的低 GI 值饮食法是在总体减少热量摄入的前提下进行的；其二，在某几个实验中，受试者可以尽情地食用低 GI 值食物（吃到十分饱）。这个差别非常重要，因为我们已经从多条渠道了解到，热量摄入的减少会引起新陈代谢的深刻变化，这种变化与低 GI 值饮食法所产生的效果无关。

现在让我们借一个十分可靠的研究项目来探讨利用低 GI 值饮食法减脂的话题。之所以借用这项研究，是因为其领头人布兰德·米勒教授在德国波茨坦饮食营养研究所举办过一场主题为"低 GI 值饮食法"的、令人印象深刻的讲座。该研究所临床营养部门的领头人、夏里特医院内分泌科主任医师 A. F. H. 普法伊费尔教授对此评价说：布兰德·米勒女士明确强调了在进行饮食研究时，不要草率地从血糖指数对照表上直接取用食物的 GI 值，而要亲自测定。

来自不同国家的同种食物的 GI 值也可能

相差很大，比如澳大利亚白面包和德国白面包的 GI 值就不同。基于美国数据分析得出的血糖指数对照表，即使抛开本就存在的概念弱化问题，也只有部分数据具有参考价值。因此，布兰德·米勒教授多年前就根据她的研究，制订了一份最完整的国际通用的血糖指数对照表，我们在本书中所列举的各种食物的 GI 值均来自这份表格[143]。

与许多研究不一样的是，布兰德·米勒教授在自己的饮食研究中使用的是自测的 GI值，这使得她的实验结果非常有说服力。现在，让我们来介绍一下这个实验[137]。这个实验的受试者为 129 名身体健康的肥胖者，实验时长为 12 周。实验比较了 4 种低脂低热量饮食法。有两组受试者食用的食物富含碳水化合物（食物中 55% 的热量来自碳水化合物），其中一组食用的食物的 GI 值较高，另一组食用的食物的 GI 值较低。另外两组受试者食用的食物富含蛋白质但所含碳水化合物较少（食物中 25% 的热量来自蛋白质，45%的来自碳水化合物），同样也是一组食用的食物的 GI 值较高，另一组食用的食物的 GI 值较低。4 组食物的总热量完全相同。受试者通过特别为他们设计的"颜色编码法"① 来购买必需的食物，这让所有受试者的进食行为得到了控制。

实验结束后，研究人员对 4 组受试者的体重减少量进行了比较，发现不仅低 GI 值高碳组受试者取得了明显的减重成效，高 GI 值高蛋白组中也有很多受试者减重明显。此外，这两组体脂量的减少也最明显。但是，这两组中男性受试者的减重和减脂效果都不明显，导致这两组最后的实验结果与另外两组的结果没有明显差别。

但是，从这个实验中我们可以得出以下结论：对减重来说最重要的是减少热量的摄入。此外，本次实验结果也证明，食用低 GI值食物确实能让体脂有比较明显的下降，但前提是每日必须大量摄入碳水化合物（占摄入总热量的 55%）。一旦受试者的饮食开始改为低碳、高蛋白饮食，低 GI 值食物对减脂就不再有促进作用了！

GI 值对体脂的影响至少在那些不爱运动的受试者身上表现出与日常饮食结构的强相关性。其对力量训练者体脂的影响尚不得而知。大家可以记住一个简单的原则：只有把碳水化合物作为日常热量摄入的主要来源，GI值和 GL 值对力量训练者来说才有意义。如果采用的是高蛋白饮食或者高脂饮食，它们就没什么意义，无论摄入的那少量碳水化合物是快速吸收型的还是慢速吸收型的。

布兰德·米勒教授的实验结果中还有一个引人注目的发现是，采用低 GI 值饮食法的女性和采用高蛋白饮食法的女性，都比采用高碳高 GI 值饮食法的女性多减了 80% 的体脂。因此，也许低 GI 值饮食或者低碳、高蛋白饮食对不爱运动的女性来说减脂效果更好。

我们收集了当下所有关于低 GI 值饮食法的研究资料，得出以下结论。根据两项最新研究，受试者在采用低 GI 值饮食法的第一个月，相较采用低脂饮食法的人来说，体重会明显下降[140, 141]。一项总括性的研究声称，相较于低脂高碳饮食法，低 GI 值饮食法具有一定的优越性[144]。但是，低 GI 值饮食法的这些可能存在的好处还不能在所有的研究中得到印证[129, 131, 132, 133, 134, 135, 136, 137, 138, 139, 142]。特别是对坚持运动的运动者来说，低 GI 值饮食法是否真的有效还无法证实。如果人们想

---

① 文献［137］中提到这个方法，研究者称其为"a color-coded 'shop' system"，指用不同的颜色标记属于各种饮食法的食物。

用低 GI 值饮食法来减重，就应该多吃含碳水化合物的食物。严格实行低 GI 值饮食法在减脂的第一个月就能取得切实的成效。

关于体脂：低 GI 值饮食法对体脂的作用有据可查[144]。然而它与低脂高碳饮食法相比只在一定程度上具有优越性——采用前者比采用后者平均能多减 1 千克体脂。根据一项较新的研究，采用低 GI 值饮食法的前 12 周受试者的体脂率确实有所下降，但在实行 9 个月后就与低脂饮食组的情况没有任何差别了[140]。在保持体脂稳定性方面，与低脂高碳饮食组的受试者相比，低 GI 值饮食组的受试者从长远看也没有取得更好的效果[142]。我们尚不清楚低 GI 值饮食法是否会对新陈代谢效率远超平均水平的运动者产生特殊的效果。

关于热量盈亏情况：有两项研究证明，采用低 GI 值饮食法的受试者的基础代谢水平有少许下降[128, 132]。血糖指数饮食法的"耗能效应"每天大约可以让人多消耗 80 千卡能量，但这种耗能效应会受到时长的限制。一个超过 18 个月的实验证明，随着时间的推移，耗能效应会渐渐消失。

另一方面，低 GI 值食物通常体积较大，能带来良好而持久的饱腹感，从而有效降低体脂率。这种效果能否长期存在，或者说，到什么时间节点身体的反调控机制会开始占上风，尚待研究[145, 146, 130, 132, 134, 138, 147]。小结：低 GI 值饮食法会降低人体基础代谢水平，尽管它无法像采用低脂高碳饮食法那样快速减重，但是它能在一定时间内促进脂肪的分解。

关于去脂体重：在一个较早的实验中，人们发现低 GI 值饮食法对氮平衡有积极的影响，这可能对增肌大有帮助[128]。这一发现自然鼓励力量训练者去尝试采用低 GI 值饮食法。然而，还没有正规实验证明它在蛋白质代谢中大有作为。在布兰德·米勒教授的研究中，研究人员也没有发现它对蛋白质代谢

有事半功倍的功效[133, 137]。一个周期很短的实验认为它虽然对蛋白质代谢有持续的影响，但最终效果不大[140]。小结：眼下没有确切的证据证明，低 GI 值饮食法与其他饮食法相比具有更好的增肌效果。

关于胰岛素水平和胰岛素抵抗：令人惊讶的是，血糖指数饮食法对胰岛素的具体作用至今都没有定论[148]。两项针对肥胖者的研究声称，如果受试者在采用血糖指数饮食法之前就已经存在胰岛素平衡紊乱的情况，那么他在实行该饮食法初期就能减去更多的脂肪[135, 139]。这主要是针对已经存在新陈代谢病理性变化且不爱运动的人群而言的。因此，这些结论对运动者来说意义不大。在那些针对健康人的实验中，尽管他们实行的是高 GI 值饮食法，研究人员却没有发现他们体内胰岛素抵抗有所改善。长期研究（受试者实行了长达 18 个月的低 GI 值饮食法！）也否定了低 GI 值饮食法能够使体重明显下降的说法[134, 137, 138, 139, 141, 142]。在此我们给出一条明确的指导意见：从长远来看，只有体内处于能量负平衡才有助于减脂。

采用血糖指数饮食法时，只有初期才会产生良好的效果，尽管理论上来说它可以调控胰岛素水平，但是实际上这种方法只能在一段时间内有效。小结：目前人们猜测，对新陈代谢紊乱的超重者来说，采用低 GI 值饮食法能降低他们体内胰岛素的分泌水平，从而获得减脂的效果。但是，身体存在自我调控机制，这会抵消低 GI 值饮食法所引起的胰岛素分泌的变化。区域饮食法也存在同样的情况[110, 149]，这种方法由巴里·西尔斯创造，是以控制人体内胰岛素水平为基础的。

另一方面，旨在减少热量摄入的节食减肥法早前就被指出，其实它能够大大提高胰岛素工作的效率。因此，用哪种方式减少热量摄入并不重要，只要体脂减少，无论如何

都对人体内的胰岛素平衡有积极作用。对积极运动的力量训练者来说，这意味着他只要减少热量摄入且刻苦训练，就能达到减脂的目的，而他只需借助这些方法就可以大大改善他体内的胰岛素平衡情况，低 GI 值饮食法那点儿微不足道的功效完全可以忽略不计。

因此我们要明白，胰岛素其实一直都是替罪羊，我们不该因为它在运用节食减肥法时不利于减脂而指摘它。其实最终对减脂有效的还是能量负平衡，是它让我们的体重发生了变化！

小结：低 GI 值和低 GL 值食物对脂肪分解的作用在大部分研究中已经得到了证实。这些研究都指出，仅从目前的观察来看，这种作用非常小，而且还是诸多因素叠加的结果，比如增加蛋白质摄入就会改变效果。食物的 GI 值和 GL 值对力量训练者来说，意义主要在于告诉他们应将饮食的重心放在碳水化合物上。严格来说，低 GI 值饮食法对身体成分比例的改变作用建立在大量摄入含水量高、体积大、膳食纤维含量高、能量密度小、饱腹感强的食物的基础上。因此，采用低 GI 值饮食法的前一个月里体脂率可能会在一定程度上降低，但是这种降低持续不了多久。此外，基础代谢的改变对减脂也会产生影响。

2.8.7 力量训练中的低 GI 值饮食法

迄今为止，无论就提高人体健康水平还是就减脂而言，GLYX 理论都存在薄弱之处。但力量训练者因此就该对 GLYX 理论置之不理吗？事实上并非如此。关于低 GI 值饮食法有利于调整人体血脂水平的说法已在多项研究中得到印证[12, 129, 133, 134, 137, 139, 140, 144]。正如前面已经提到的，合理使用血糖指数对照表有利于饮食习惯的良性改变。然而，根据知名学者的意见，GI 值和 GL 值只能作为日常食物选择的参考标准。他们不赞成人们根

据 GLYX 理论建立一种全新的饮食习惯，因为血糖指数饮食法对人体健康的影响尚无定论。血糖指数对照表只能作为一种参考，帮助人们制订一份健康生活食谱[147]。那些年纪稍长的运动者和为了提升运动成绩而服用对心血管有不良影响的药物的运动员对此应特别关注。

引入 GLYX 理论的另一个间接好处在于，它能指导运动者在训练后用高 GI 值的可快速吸收碳水化合物来促进身体恢复（此时身体处于营养物质窗口期）。运动后，人体内最重要的糖类利用者——骨骼肌——的胰岛素敏感性非常强。对身体恢复和增肌来说，此时摄入高 GI 值碳水化合物益处多多。有些人因此会有意识地利用高 GI 值食物所引发的、健身达人一直抗拒的胰岛素强分泌效应来达到增肌的目的。

2.8.8 GLYX 理论在力量训练者日常生活中的应用

以运动者为检测对象获得的食物的 GI 值和 GL 值以及由此制作的食物血糖指数对照表本应让 GLYX 理论在日常生活中得到有效应用，但令人遗憾的是，目前并没有任何这样的数据，所以也没有现成的例子可供使用。

想尝试低 GI 值饮食法的力量训练者应该遵循如下原则：只在刚完成训练的那一刻才允许摄入大量可快速吸收碳水化合物。一天中其他时间段则优先选择低 GI 值食物。

为了有效执行这条简单的原则，力量训练者必须做到自己心中有数，清楚地知道自己在一天中的什么时刻应该选择哪些食物。为此他们至少应该能粗略地区分哪些食物的 GI 值较高，哪些的适中，而哪些的较低。

但是，现在已有的食物血糖指数对照表千差万别，没有统一的标准来告诉我们哪些食物属于高 GI 值或者高 GL 值食物，哪些不

属于。也完全没有适合运动者的对照表，长久以来自然也就没人能够算出自己的每日热量摄入量，然后计算出 GL 值，以此来衡量自己是否过于贪享口腹之欲。

一位在运动营养学领域颇有经验的女科学家前段时间在有针对性的研究的基础上提出了一个 GI 值分级标准，它很有概括性，颇有参考价值[150]。具体分级如下（根据文献[150]修改）：GI 值小于等于 40 的属于低 GI 值食物，GI 值为 41~64 的属于中等 GI 值食物，GI 值大于等于 65 的属于高 GI 值食物。

GL 值则被认为与摄入的热量总量有关：高 GL 值（比如每摄入 1000 千卡热量 GL 值为 89）食物将所有 GI 值大于等于 65 的食物一网打尽，包括糖果、运动饮料、烤土豆、小熊糖、葡萄干面包或者白面包[150]。这些食物只能作为偶尔的"小放纵"享用，或者在运动后赶快食用。那些有营养价值的高 GI 值食物（比如土豆）仍在运动员的食谱中保留着，但是它们的食用时间也要安排在运动后。

也有许多中等 GI 值食物因其营养价值较高而在日常生活中被广泛食用，比如全麦面包和糙米。橙汁也属于营养价值很高的中等 GI 值饮料，适合与矿泉水混合制成低 GI 值混合果汁。

理想的低 GI 值食物，比如水果、坚果、瘦肉、蛋类、鱼类、低脂乳制品、豆类和其他蔬菜几乎不会触发胰岛素的分泌。一项大型研究证明了上述观点，受试者的血糖指数在摄入大量水果和乳制品后依旧特别平稳[151]。

表 7 对使用者来说是实用性很强的食物选择指南，但同时我们也应该明白，仅仅把 GI 值和 GL 值作为日常饮食的营养指标是没有任何意义的：薯片和糙米的 GI 值几乎相同，每份薯片甚至比 150 克糙米的 GL 值还要低（表 7），但没人会因此把薯片当成营养价值很高的食物。

小结：要想尝试血糖指数饮食法，完全可以每天都吃营养丰富的低 GI 值食物，直到吃饱。食物的 GI 值分级可以帮助人们挑选出对健康有利的食物。此外，对运动者来说，低 GI 值饮食法的益处在于，在训练后的窗口期，人们可以通过摄入可快速吸收碳水化合物让身体获得良好的恢复。权威的食物血糖指数对照表使食物的选择变得更加容易。高 GI 值、高营养价值的食物，比如烤土豆，特别适合在训练后食用。根据低 GI 值饮食法，运动者在训练后还可以立刻小小地放纵一下，比如吃一根巧克力棒。

2.9 胰岛素与碳水化合物

人体内信号分子（激素及其衍生物）的紧密协同作用影响着身体对运动的适应性反应，乃至运动成绩。在一次筋疲力尽的健身训练之后，人体内的信号分子，比如睾酮、胰岛素、皮质醇、甲状腺素、生长激素以及其他许多物质，指挥肌肉内的糖原再生、免疫行为、功能蛋白的调整以及其他各项生理活动，使它们有条不紊地相互配合。营养素的及时供给在上述过程中起到了决定性作用。因此，我们要在这里详细阐述一下胰岛素的功能以及它在运动中的意义。胰岛素的主要对抗因子是同样由胰腺分泌的胰高血糖素，它的分泌与胰岛素的分泌情况有关。总的来说，胰岛素与胰高血糖素的作用相反，因此将它们分开讨论是不可取的。

2.9.1 胰岛素的功能

胰岛素的功能之多令人不可思议。人体中有 150 个基因的活性受它影响[152]。胰岛素的分泌主要由摄入高 GI 值碳水化合物，即可快速吸收碳水化合物引起。食用的食物的 GL 值越高，就会有越多的胰岛素从胰腺中释放出来。

表7　不同食物的 GI 值和 GL 值 [26, 113, 143]

食物研究	项目数	GI 值	分量（克）	可吸收碳水化合物分量（克）	GL 值
玉米片	1	81±3	30	26	21
混合麦片（品牌 Wheetabix，产地法国）	1	55±10	30	19	10
麦片粥（水煮燕麦片）	8	58±4	250	22	13
麦片粥（速食燕麦片）	2	66±1	250	26	17
白面包（小麦）	6	70±0	30	14	10
全麦面包（小麦）	13	71±2	30	13	9
全麦面包（黑麦）	4	58±6	30	14	8
长粒大米（煮熟）	10	56±2	150	41	23
糙米（煮熟）	3	55±5	150	33	18
细意大利面（白汁，煮 10~15 分钟）	7	44±3	180	48	21
全麦细意大利面	2	37±5	180	42	16
小米（煮熟）	1	71±10	150	36	25
小麦（煮熟）	4	41±3	50（未煮熟）	34	14
西瓜	1	72±13	120	6	4
菠萝	2	59±8	120	13	7
猕猴桃	2	53±6	120	12	6
香蕉	10	52±4	120	24	12
葡萄	2	46±3	120	18	8
橙子	6	42±3	120	11	5
桃子	2	42±14	120	11	5
苹果	6	38±2	120	15	6
梨	4	38±2	120	11	4
土豆泥（速食）	6	85±3	150	20	17
土豆（煮熟）	7	56~101	150	17~26	11~18
土豆（烤熟）	4	85±12	150	30	26
甜玉米（煮熟）	6	54±4	80	17	9

食物研究	项目数	GI 值	分量（克）	可吸收碳水化合物分量（克）	GL 值
芸豆（罐头）	1	52±0	150	17	9
绿豌豆（冷冻食品，煮熟）	3	48±5	80	7	3
绿扁豆（煮熟）	3	30±4	150	17	5
布丁	2	44±4	100	16	7
乳酸饮料（低脂，百香果口味）	1	38±4	200	29	11
可可饮料（含低脂牛奶）	1	34±4	250	26	9
牛奶（全脂）	5	27±4	250	12	3
伊索思达（Isostar）饮料（Isostar，欧洲运动饮料品牌）	1	70±15	250	18	13
芬达	1	68±6	250	34	23
橙汁	2	50±4	250	26	13
苹果汁（澄清）	3	40±1	250	28	11
沾有巧克力榛果酱的法棍面包	1	72±8	70	37	27
爆米花（不加糖）	2	72±17	20	11	8
马尔斯（Mars）巧克力棒	2	65±3	60	40	26
薯片	2	54±3	50	21	11
蜂蜜	11	55±5	25	18	10
食糖	10	68±5	10	10	7

「±」表示测量偏差，比如 81±3 表示 GI 值从 78 至 84 不等。

低 GL 值饮食法应用举例：一名运动者，午餐时吃下 360 克全麦细意大利面，其 GI 值大约为 37（属低 GI 值食物），相应的 GL 值为 2×16=32；如果他吃的是 300 克糙米，其 GI 值大约为 55（属中等 GI 值食物），相应的 GL 值为 2×18=36。

小结：两种食物的 GL 值差不多，因此对胰岛素分泌水平的影响基本一样，而全麦细意大利面的分量更大。

运动后的高 GL 值饮食法应用举例：运动者在健身房进行高强度训练后，立刻吃下 2 根标准大小的熟香蕉，然后直接回家，立刻开始进餐——吃下 300 克烤土豆；二者的 GL 值总和达到 76，从而触发胰岛素大量分泌，这么做正好能让运动者在运动后一小时内体力恢复得更好。

胰岛素的核心职责之一就是参与储存食物中的热量，以应付可能的食物短缺。这种由进食引起的胰岛素分泌能够立刻终止体内原来储存的脂肪、碳水化合物和蛋白质的分解。换句话说，胰岛素的大量分泌和进食行为是紧密相连的。通过吸收作用，营养素从肠道进入机体内，为身体提供所需的能量。这样一来，短时间内身体就不需要使用储备的能量。胰岛素的任务就是使这些生理活动完美协调地进行。胰岛素同样也作用于循环系统，血管的广泛分布使身体获得的营养素以尽可能快的速度到达目标器官[153]。图 12 形象地阐明了这些生理过程。

进食后，骨骼肌成为糖代谢的最主要场所。人们发现，一顿饭中 80% 的糖类物质都为肌肉所吸收[114]。这个过程主要依托于胰岛素的分泌。健美运动员常常利用胰岛素能促进肌糖原再生这一功能来增肌和恢复体力。此外，胰岛素不但能刺激肌蛋白的合成（合成代谢），还能阻断训练后肌蛋白的分解（抗分解代谢）[155]。

身体承受巨大负荷后，血液中的应激激素水平升高，于是在训练期间整个身体都在使用储备的能量。如果运动者在运动结束后立即摄入大量的可快速吸收碳水化合物以恢复体力，那么由此分泌出的胰岛素会明显削弱先前释放的应激激素水平，这不但会促进肌糖原再生，还对免疫系统大有裨益。

胰岛素还对电解质平衡具有重要作用。胰岛素能促进矿物质，比如钾离子或镁离子进入肌肉。此外，它还能留住肾脏中的钠离子。钠是食盐的组成成分，正如我们所知，一个钠离子能结合很多个水分子。

这就是为什么实行禁食疗法和低碳饮食法会引起脱水和低血压，因为它们会导致胰岛素水平降低。这两种方法之所以能使运动者的肌肉看起来更分明，就是因为细胞外的水分——也就是皮肤和肌肉之间的水分——流失了。胰岛素还参与了胃口和饱腹感的调控工作。

除碳水化合物以外，还有几种氨基酸会影响胰岛素的分泌。举例来说，一名健美运动员食用了一份用蛋白粉溶于水而制成的蛋白质奶昔。虽然这种奶昔不含碳水化合物，但还是会促进一定量的胰岛素分泌，因为几种特定的氨基酸也能在胰腺中发挥类似于葡萄糖的作用。血糖水平因此下降。这真是事与愿违。幸好胰岛素的对头——胰高血糖素开始发挥作用，通过特殊的生理过程使得肝脏释放更多的葡萄糖，从而稳定了血糖水平。

对实际应用来说，此举有两个重要的意义。第一，稳定的血糖水平减轻了强烈的饥饿感，这可以在一定程度上解释为什么富含蛋白质的食物容易带来饱腹感[156]。第二，人们可以在训练后，将适当的蛋白质和可快速吸收碳水化合物混合起来制成饮料或者菜肴，来达到刺激胰岛素大量分泌的效果，从而加快体力恢复和肌肉增长[157]。

少为人知的是，在空腹状态下，血液也含有少量的胰岛素。这是有重要生理学意义的，因为如果没有这种基础胰岛素，人们在实行禁食疗法或者低碳饮食法时便无法维生。如果机体缺乏基础胰岛素，也不施加外源性胰岛素，一段时间后机体必然死亡：脂肪代谢和电解质平衡完全被破坏，机体将发生致死性酸中毒。这种致病条件下出现的极端的分解代谢非胰岛素不能阻断。

我们不希望发生的是，持续的高胰岛素分泌水平阻碍体脂的分解，对身材产生不好的影响。这些问题我们在前文中已经阐述过，现在我们应该很清楚，体脂的增加还是减少最终要看能量平衡的情况。

因为胰岛素能阻止脂肪的代谢，它有时被称为"催肥激素"，并因此被怀疑是导致糖尿病患者超重的原因，因为糖尿病患者会使用外源性胰岛素进行治疗。然而这些人的新陈代谢是非常紊乱的，不能拿他们的情况与健康人相比，更不能与以提高运动成绩为目的的运动者相比。胰岛素作为药物被用在现代临床治疗中时，因它常常不能与机体的营

图 12　胰岛素的功能（根据文献［154］修改）

从食物中获取的糖分随血液从胃肠道来到胰腺，再到达对胰岛素敏感的目标器官和组织：肝脏、脂肪组织和肌肉

在胰腺中的一些特定细胞中，糖分使胰岛素大量分泌并进入血液。短时间内到达这里的糖分（可快速吸收碳水化合物）越多，就有越多的胰岛素被释放。某几种氨基酸和脂肪也能引起胰岛素分泌，但是规模明显小得多

1. 胃肠道　　　　　　　2. 胰腺

胰岛素

3. 血管系统

根据"营养物质自由通行"的原则，胰岛素经由为器官和组织提供养分的血管系统扩散开来

7. 大脑

胰岛素参与了饱腹感的产生

5. 肌肉

4. 脂肪组织

6. 肝脏

・阻断体脂的分解，从而使脂肪短时间内停止燃烧
・促进脂肪积累
・持续升高的胰岛素水平以及相关的热量过度摄入导致肥胖

・促进糖分吸收以及糖分以糖原形式储存
・引发肌肉吸收氨基酸，阻止蛋白质分解
・促进肌肉对矿物质，如钾、镁的吸收
・对运动后肌肉的恢复有积极作用

・抑制蛋白质和其他前体合成葡萄糖，以及抑制葡萄糖从肝脏向血液的释放
・影响肝脏中的脂肪代谢
・促进机体摄入碳水化合物后合成肝糖原
・肝脏能吸收胰岛素并将之分解

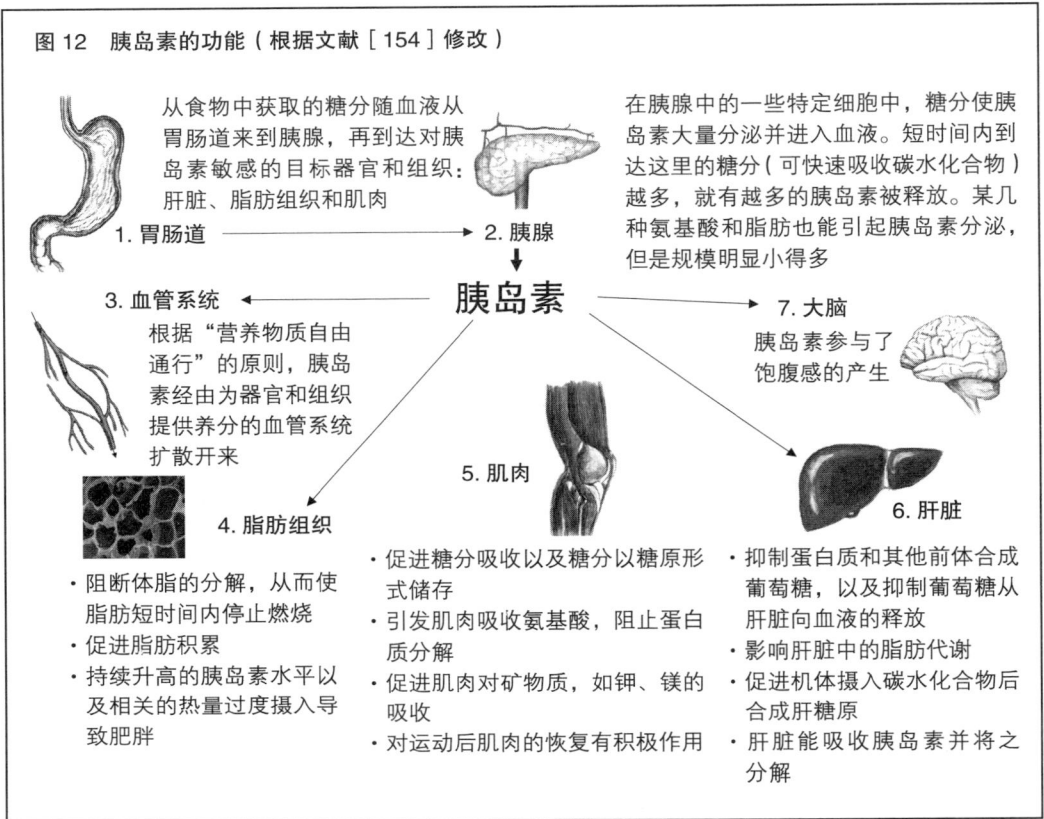

养吸收协调一致，很容易对患者的体重产生特别不利的影响［158］。

小结：由胰岛素的功能我们发现，对运动者来说，胰岛素是一把双刃剑。它有助于运动者增肌，却不利于运动者控制体脂。

2.9.2 胰岛素与力量训练

已故的自行车赛职业运动员马尔科·潘塔尼在 2001 年闹出的毒品丑闻说明，职业运动员很清楚胰岛素具有兴奋作用［159］。相关医学报道也指出，在体育运动界胰岛素滥用现象非常普遍［160］。尤其是在力量运动界和健美界，胰岛素长久以来被大范围地使用。人们随随便便就可以在各种网站、论坛或相关文献中找到一些关于胰岛素作用的不可靠的信息，并且因轻信这些信息而过量摄入胰岛

素，但是滥用胰岛素有快速致死的危险。

人们一直都在寻找如何既能高效发挥胰岛素的增肌功能而又不使体脂增长失去控制的方法。低 GI 值饮食法以及合成代谢饮食法可以认为是人们为了切实解决上述问题而做出的努力。

尤其是力量训练者，他们尝尽各种方法以利用胰岛素的功效来满足自己的需求。理论上来说，从前文中我们已经得知，高胰岛素分泌水平既不会使人发胖也不会引起胰岛素抵抗。发胖和引起胰岛素抵抗这两种情况只有在许多其他因素的共同影响下才会发生，这些因素包括：基因不良、营养过剩以及运动缺乏。

另外，为了高效增肌，足够的热量摄入是必不可少的。要想拥有饱满的肌肉并且不

使用药物，那就只有通过摄入足够的碳水化合物才能实现。无论从哪个角度看，对绝大多数的力量训练者来说，他们尽管可以调节体内的胰岛素平衡，但也很难获得完美的增肌效果[161]。要想增肌，他们还需要始终如一的刻苦训练、智慧、坚持和自律。尽管如此，还有几个要点是人们用自然方式调节胰岛素平衡时必须考虑的。

在一天之中骨骼肌的胰岛素敏感性是起伏波动的，这一点在实际应用中很有意义。身体处于自然状态时，胰岛素的作用在早上最弱，傍晚好一些，中午则是很多人对胰岛素最敏感的时候。但是运动可以明显改变这种情况。

从胰岛素代谢的角度来看，对运动者最有意义的时间点是运动后。此时，细胞内的能量储备刚刚被耗光，能量补给急需尽快跟上。诸多科学实验已经证实了运动后是肌肉中胰岛素敏感性最强的时间段：进行高强度的训练后肌肉的胰岛素敏感性在至少24小时内都是明显增强的[162]。

一项调查研究的数据显示，规律的力量训练与耐力训练所引起的胰岛素敏感性的变化情况非常相似[163]。一方面，进行力量训练能够增肌，肌肉量的增加在一定程度上给胰岛素提供了更大的结合面积。但是另一方面，肌细胞胰岛素敏感性的增强是不依赖于肌肉量的增加的。这种情况同样会在健康人群和糖代谢失调人群，也就是胰岛素抵抗患者或者糖尿病患者身上出现。

我们观察到，频繁的、轻量级的、多组的力量训练（每周3~5次，每次多组，训练强度只是最大负荷重量的40%~60%）能以23%~48%的幅度增强肌细胞胰岛素的敏感性[163]，具体增长幅度取决于起始值。高强度但组数少的训练也能增强肌细胞胰岛素的敏感性，但是效果没有这么好。

想要通过最大限度地优化胰岛素对肌肉的作用来得到理想身体成分比例的运动者，要么进行多组重复训练和增加去健身房的次数，要么在高强度但短暂的重量训练后额外进行规律的耐力训练。

建立在胰岛素代谢基础上的训练效果能持续72小时。美国糖尿病协会因此提出最新的建议：除了耐力训练外，还可以进行规律的力量训练，每两次训练的间隔时间不超过3天[164]。

为了最大限度地利用胰岛素的功效，运动者除了进行规律的力量训练和耐力训练以外，还可以借助适当的进餐时间（运动后的第一餐的时间具有决定性意义）以及健康的饮食结构来增强胰岛素的作用。也就是说，增肌阶段体内就不该产生太多脂肪，否则过饱和的脂肪细胞——尤其是当它们位于腹肌下面的内脏区域时（形成众所周知的啤酒肚）——会迅速产生胰岛素抵抗并通过复杂的生理过程将其传递给肌肉。规律的运动在很大程度上会引发胰岛素抵抗[163]。如果再加上规律的小型耐力训练，则加了一道保险。

小结：如果力量训练者遵循以下三条原则，便可掌控胰岛素并让其发挥良好功效：一是进行规律的力量训练，二是增加耐力训练，三是坚持健康饮食。为了保持肌肉的最佳胰岛素敏感性，每两次训练的时间间隔不要超过3天。健康的体脂水平也有助于平衡胰岛素水平。

2.9.3 胰岛素增敏剂与运动

长久以来，鼓吹胰岛素对骨骼肌的良好功效是健美界和力量运动界密集营销的一大手段。几乎所有畅销的运动杂志都推出所谓的"胰岛素增敏剂"。它是一类营养补充剂的总称，能够增强胰岛素对目标器官的作用。这类补充剂的原理基于，在胰岛素敏感性较强的情况下，胰腺只需分泌很少的胰岛素就可以获得良好的效果。这就使得令人讨厌的肥膘更容易被减掉。理论上，使用了胰岛素增敏剂的肌肉会对胰岛素更加敏感，能够更好地利用身体获得的营养物质，促成图12中所列举的那些正面作用。总而言之，胰岛素增敏剂可以促使人体内的营养物质不进入脂肪组织而进入肌肉组织。

使用胰岛素增敏剂时还需考虑运动中常见的肌肉疼痛的情况。权威研究已经证实，胰岛素的作用会因肌肉疼痛而暂时性地减弱。因此，运动杂志中偶有报道称，进行高强度训练的力量训练者，如果服用胰岛素增敏剂，身体就会得到更好的恢复。考虑到上述问题，硫酸氧钒、几种铬化合物、松醇和 α-硫辛酸等被作为胰岛素增敏剂推入市场。接下来，我们将以严谨的态度探讨一下与这些胰岛素增敏剂相关的情况。

首先是关于肌肉疼痛降低胰岛素功效的问题。在这里，力量训练中的具体动作类型扮演了重要角色，因为根据实验，只有在达到"制动效应"的训练中才会发生因肌肉疼痛而导致的胰岛素作用减弱的问题[165, 166]。在健身房里，这种制动效应往往出现在做渐降组动作时。这些被描述为"退让性训练"的动作，也就是诸如哑铃飞鸟、斜板卷腹、挺髋蹲等的动作，主要用于强化拉伸。

实际上，人们会本能地规避剧烈的肌肉疼痛。当组织损伤到达一定的强度临界点时，机体会开始大力进行损伤的修复，一直进行肌肉的再生。因此，理智一点儿的健身者不必过于担心自己会因训练而导致产生胰岛素抵抗。

反对在肌肉疼痛时服用胰岛素增敏剂的最重要的原因如下。多个实验获得了一致的结论：无论是健康人、胰岛素代谢紊乱者，还是资深运动者，经过多天规律的力量训练，都能增强肌肉胰岛素的敏感性[162, 163, 164, 167]。如果肌肉疼痛真的会导致胰岛素作用减弱，那么想得到这么一致的实验结果是完全不可能的。运动的正面效应远远大于它可能带来的负面影响。

上面提及的关于肌肉疼痛对胰岛素作用影响的问题针对的是刚开始进行运动以及对新的训练强度尚未适应的人群。相反我们也发现，长达数周的、规律的力量训练能够增强肌肉胰岛素的敏感性[167]。因此，运动新手在高强度的训练下骨骼肌胰岛素的敏感性极可能会先在一定程度上减弱，然后很快运动的正面效应就会占上风。规律的运动不可能导致肌肉胰岛素的敏感性突然减弱[168, 169]。因此，胰岛素增敏剂对那些进行规律运动的人没有意义。对此还没有任何一个正规实验能够证明，胰岛素增敏剂在肌肉疼痛时有刺激肌肉再生的功效。

运动新手千万不要在训练后发生肌肉疼痛时，因为怀疑会产生胰岛素抵抗而只摄入较少的碳水化合物。较新的研究证明，运动后发生了组织损伤时，碳水化合物会离开肌肉组织，去向特定的免疫细胞[169]。高强度训练后如果发生了组织损伤，就会引起炎症反应（第8章）。被激活的免疫细胞需要大量的糖分才能挣脱肌肉组织，这样势必导致糖原储备减少。因此，伴有肌肉疼痛的高强度训练后人体将需要更多的碳水化合物。在筋疲力尽、肌肉酸痛的健身训练后，运动者只有按照大概每千克体重5克的比例摄入碳水化合物，才能在一天之内将糖原储备恢复到初始水平[170]。这些做法对处于增肌阶段的运动者有重要意义，因为他们此时正需要通过糖原为肌肉吸收尽可能多的水分。

接下来我们来探讨硫酸氧钒及类似物质的作用的问题。人们认为胰岛素增敏剂对运动者来说具有正面作用，其实是建立在很不严谨的假设的前提下的。元素钒确实能够在产生胰岛素抵抗的实验动物的肝脏、肌肉和脂肪组织中发挥胰岛素的作用[161]。很长时间以来，因为其有毒，钒一直没有在人体实验中被使用过，直到对人体无害的化合物硫酸氧钒被发现。硫酸氧钒对2型糖尿病患者来说很可能具有积极作用。但是，对那些将来有可能发展成2型糖尿病的肥胖者来说，它并无好处[171]。一方面，糖尿病高危患者不能从硫酸氧钒那里受益；另一方面，运动可以显著增强肌肉胰岛素的敏感性，所以运动者无须指望硫酸氧钒。

那些对在运动中使用营养补充剂持开放态度的科学家甚至也支持上述观点[172]。一个相关的正规实验证明，没有发现规律地服用硫酸氧钒12周的力量训练者在减脂和增肌方面有什么改善[173]。

胰岛素增敏剂中另一种知名的代表物质是微量元素铬。这种元素在运动圈中通常以化合物吡啶甲酸铬和烟酸铬的形式为人知晓。几个设计得很糟糕并因此饱受批评的针对运动者的实验曾经让人产生希望，这些实验得出结论称含铬化合物能够以提高肌肉量、降低脂肪量的方式来优化运动者的身体成分比例[161]。在这些实验中，铬应该是通过影响所谓的耐糖因子而有效地控制胰岛素的作用的。然而，经过对迄今为止所有相关研究的更仔细的审阅，我们发现，那些严谨的实验并没有观察到铬对身体成分比例产生任何预期的效果[39, 161, 172, 174, 175, 176]。运动新手和较年长的运动者也不能指望通过铬补充剂和规律的力量训练获得什么好处[177]。一项新近的引人注目的研究称，甚至是糖尿病患者也不能从铬补充剂那里获得任何好处[178]。而且我们还不能确定，长期摄入铬对身体真的毫无害处[37, 175]。

松醇是另一种被宣称对胰岛素代谢具有"高效作用"的物质。它是一种特殊的单糖，大量存在于豆制品和豆类中。前沿领域进行的动物实验又让运动者寄希望于会有新的补充剂来提高他们的运动成绩。在一个设计精良的实验中，老人们服用松醇6周后，没有发现它对胰岛素代谢有任何作用[179]。胰岛素代谢紊乱者服用松醇也没有任何反应[180]。目前尚无针对运动者尤其是力量训练者的实验，没有关于其功效的科学证明，也就不指望其能在力量训练者那对胰岛素更敏感的肌肉（与普通人的肌肉相比）上产生作用了。

最后我们来谈一谈α-硫辛酸。这种物质经常被使用在糖尿病的临床治疗中。然而，它在治疗糖尿病中发挥的作用并不是优化胰岛素的功效，而更多的是用来修复糖尿病造成的神经损伤。治疗时可以考虑静脉注射，让药物经静脉直接进入血管。这主要应用在治疗的开始阶段。

其实，α-硫辛酸也具有增强胰岛素功效的特性，但它主要作用在糖尿病患者的身上[181, 182]。α-硫辛酸作为药物注入身体后，糖尿病患者甚至偶尔会发生低血糖的现象。进行规律训练的运动者能否通过摄入α-硫辛酸来增强原本就很出色的肌肉胰岛素的敏感性，值得怀疑。迄今为止还没有权威的研究对此提供证明。

根据药房出售的片剂型α-硫辛酸制剂的药物说明书，摄入该药物过量时（每片600毫克，对成年人来说超过10片即为过量）确有可能中毒，必须进行相应的治疗。生产商亦声明，将大剂量的该药物与酒精一同服用甚至可能致人死亡。

不过，营养补充剂中允许添加的α-硫辛酸的量是有限制的，所以摄入过量的问题几乎不可能发生。但是运动者必须考虑，是否有必要为作用不明确却可能有损健康的东西浪费金钱。除了上面提到的药物，还有一肉桂来自樟科樟属的若干种常绿乔木的树皮，这些树皮被剥下后经发酵和干燥制成我们熟知的肉桂。经济价值最高的是锡兰肉桂。肉桂通常以肉桂卷、肉桂段或者肉桂片的形式出售。

肉桂不仅可以作为香料为食物增香，还有一个重大的作用，那就是对机体糖代谢产生影响。

一项著名的研究指出，肉桂中的某种成分有类似于胰岛素的功效。在进一步的实验中，人们发现肉桂可以提高餐后的胰岛素分泌水平。为此，人们检验了这种香料对 2 型糖尿病患者新陈代谢的影响：将 60 名受试者分为两组，实验组受试者每日餐后服用 1.3 克或 6 克的胶囊形式的肉桂粉，对照组则服用相应剂量的含有面粉的胶囊作为安慰剂。在 60 天的实验里，受试者进行正常饮食并定期服用药物。40 天后，实验组的受试者空腹血糖值下降了 18%~29%，血脂值亦有所降低。对照组则没有任何变化。研究人员根据实验结果推论出，每日食用肉桂能够改善 2 型糖尿病患者的新陈代谢。但是，相关的进一步研究却得到了相反的结论，因此就目前的研究成果来说，肉桂对糖尿病患者的新陈代谢是否具有改善作用尚没有定论。

尽管如此，一些健身杂志还是仅根据那些正面的研究成果就大力推荐运动者将肌酸和肉桂一同服用。因为胰岛素能够明显提高肌酸在肌肉内的储存水平，而肉桂似乎能改善胰岛素的分泌水平或者功效，所以乍听起来这样做似乎非常有道理。但是没有证据证明，肉桂与肌酸结合使用对运动者有切实的功效。我们也尚不清楚，通过规律运动本就拥有高于一般水平的胰岛素敏感性的健身者究竟能从肉桂中获得什么好处。从糖尿病患者身上获得的研究成果绝不能原样照搬到力量训练者身上。目前想提供精确的肉桂每日摄入量也是不可能的，因为就上面的实验来说，摄入肉桂的总剂量无论是高是低，都会得到相似的结果。我们还需进行更大范围和更长时间的实验，才能给出明确的推荐意见。要想给运动者提出建议则必须进行有针对性的实验，因为他们的新陈代谢情况明显比普通人的好。

在烹饪时加入一定量的肉桂以提香，这丝毫没有坏处，但是肉桂摄入的剂量过高则会产生各种副作用，心跳加速、排便增多、呼吸加速以及大量出汗等都曾见诸记载。摄入的肉桂过多还可能引起嗜睡。此外还有报道称，肉桂会引起皮肤和黏膜的过敏反应。不要在发生不明原因的高热和胃肠道溃疡时使用大剂量的肉桂。动物实验显示，肉桂含有的黄樟素有致癌作用。而樟属另外一些树种的树皮中含有的香豆素，作为一种天然香料，理论上也有一些副作用。我们不排除人体在长期过量摄入这些物质后会产生不良反应的情况。

系列广告承诺能够增强胰岛素功效的其他产品，运动者在决定使用前都要三思。要时刻保持清醒，因为这类产品一般都价格不菲。

小结：最有效的胰岛素增敏剂就是坚持进行的、规律的耐力训练和力量训练。最好将这两种训练方式相结合以获得最佳效果。目前的研究否定了胰岛素增敏剂胶囊或药丸能够改善力量训练者的胰岛素敏感性，并以此让营养物质在体内重新分布，从而获得更理想的身体成分比例。不能完全排除某种胰岛素增敏剂会对身体有害，尤其是在使用不当的情况下。

2.10 力量训练与代糖

甜味剂经常会出现在一些媒体的报道中，这些报道无一例外总是配以诸如此类的大字标题：甜味剂非但不能使人身材变好，反而会使人变胖，甚至有可能致癌！这类物质尽管声名狼藉，却在一片反对声中继续被广泛应用。许多力量训练者也因希望拥有更苗条的腰身而使用代糖，所以我们在此将严格地查验这些说法的真伪。

下文将回答如下问题：什么是代糖？它们具有哪些特性？使用代糖会对身体成分有哪些影响？长期使用人工甜味剂是否会对运动者的健康产生影响？有证据证明人工甜味剂会引发饥饿感吗？当运动者考虑在饮食中添加人工甜味剂时，他会在哪些方面受益？

2.10.1 营养性代糖与非营养性代糖（甜味剂）的区别

从食品法的角度，营养性代糖与非营养性代糖（甜味剂）是有严格区别的：营养性代糖含有热量，甜味剂则不含，或者说因为甜味剂的用量太少，所以追究它们所含的热量没有任何意义。然而，人们经常把这两种物质放在一起说，因为它们都不影响胰岛素的分泌，因此经常被添加在糖尿病患者的特殊饮食中。

一些健身者因为营养性代糖不会引起胰岛素的分泌，就以为吃下一块无糖巧克力不会生成脂肪，这其实是个谬论。因为如果人摄入了太多的热量，那么多余的热量迟早会储存在体内，也就是脂肪细胞中。从这个角度看，摄入营养性代糖并不划算。为了进一步讨论，我们必须引入"甜度"这个概念。

2.10.2 什么是食品的甜度？

关于食品的甜度规定如下：使用最广泛的甜味物质蔗糖的甜度被定为100%，所有其他甜味物质与蔗糖相比较得出的百分比值即它们的甜度。正如从表8中所知的，根据这种方法，果糖的甜度是130%。

果糖比蔗糖的甜度高了30%。为使一杯茶或咖啡变甜，如果原本应加3勺蔗糖，那么加2勺果糖就够了。

甜味剂（表8）的甜度更加惊人。理论上，

如果坚持将热饮中的普通蔗糖用甜味剂代替，那么一年下来人体摄入的热量将大大减少。这样一来，我们可能真的找到了一个减脂的好办法。

然而，在人们为了身材考虑而使用这些代糖之前，应该搞清楚长期使用这些物质是否对人体健康毫无负面影响。

2.10.3 代糖的副作用

很少有人知道的是，每一种甜味剂在上市之前都必须经过立法部门批准[190]。想要被立法部门批准必须满足两个前提条件：第一，必须符合人类食用安全标准；第二，待上市的甜味剂给消费者带来的好处必须是市场上已经存在的代糖所不具备的。这乍听起来有点儿不近人情，但是其实非常合理。甜味剂共同的优点就是，能给人带来甜味却不含热量，然而少数几种甜味剂也有缺点，比如缺乏热稳定性、有奇怪的异味或后味、甜味效果起效慢等等。没有一种甜味剂能完全满足五花八门的食品的甜味要求。因此，不同的食品需要使用不同的甜味剂。

甜味剂的安全性如何呢？我们必须通过大量的实验来进行检验[190]。比如通过动物实验来确定每日服用多大的剂量对生命体是无害的，确定之后才能将取得的成果应用到人体上。当然，我们必须慎之又慎，因为动物体和人体之间存在巨大的差异。

为了确保食品安全，独立的专业机构经常重新检测甜味剂的安全性。相关专业人士会考虑在人身上出现的所有病症是否与甜味剂的长期使用有关[193]。例如，20世纪70年代，公开的研究怀疑一种叫甜蜜素的甜味剂有致癌的风险。人们因此耗费大量人力物力对它进行了一系列的研究，然而仍未得到确切结论。最近欧盟委员会又一次对甜蜜素进行了严格的检验，但是最新的研究成果仍然不能证明在允许摄入的剂量范围内使用甜蜜素对人体有害。

很久以来糖精一直被人怀疑会致癌——膀胱癌。2002 年一项对目前已知的所有科学数据进行的再次深入研究仍不能证明，长期摄入糖精对人体有害[194]。

摄入的甜味剂阿斯巴甜会在人体的新陈代谢过程中产生少量有毒的杂醇，这一点早已为人知。甜味剂的反对者根据这一点，强调人工甜味剂具有普遍的危害性。很少有人提及的是，要想在摄入阿斯巴甜后检测到其因生成杂醇而产生的毒副作用，一个体重 60 千克的人必须一次喝下 240~600 升以阿斯巴甜为唯一甜味来源的饮料[13]！

目前，关于阿斯巴甜又有了与健康相关的新发现。最近的大量动物实验发现，雌性大鼠如果终生摄入确定剂量的阿斯巴甜，患上某种癌症的概率更大[13]。然而与预期相反的是，大鼠们的寿命并没有缩短。如果人们把动物摄取的剂量按比例换算成适合人体的剂量，经常摄入阿斯巴甜的孩子的摄入量就超过了上述动物实验中严格设置的上限值，而摄入量在这个上限值以内对成年人来说没有任何危险。欧洲食品安全局认为，根据目前的研究成果，成年人不必担心摄入阿斯巴甜后的安全问题[195]。

尽管各种担心都合情合理，但总的来说人们必须承认，食品中使用的甜味剂给人类健康带来的风险从目前的科学研究来看都是非常小的。同时，由于食品加工技术的进步，市场上出现了越来越多的甜味剂，由此产生了多种甜味剂混合使用的方式。一种食品中经常混合添加不同类型的甜味剂，单独使用一种甜味剂的情况越来越少。因此，食品中某一种甜味剂超过限定的最大剂量的情况几乎不太可能出现[13, 190, 193]。

混合使用甜味剂还有一个好处，就是它们能够增进彼此的甜度。因此，食品中所添加的甜味剂的总量会进一步减少。基于目前的研究成果，我们可以说，成年人日常的甜味剂摄入量并没有达到表 8 中所给出的最大剂量[191]。

我们举例来说，1.5 升健怡可乐含有大约 950 毫克阿斯巴甜。一个体重 70 千克的成年人，根据表 8，每天最多可以摄入 2800 毫克阿斯巴甜而不必担心有损健康。就算此人每天喝两大瓶，也就是 3 升健怡可乐，也就摄入了 1900 毫克阿斯巴甜，这个剂量远远小于限定的最大剂量。而大多数人平均每天一般只摄入 140~700 毫克阿斯巴甜，因而阿斯巴甜的潜在健康风险极小[195, 196]。

对依然心存担忧的消费者来说，即使按照最新动物实验得出的结论——那些实验建议的甜味剂食用上限值比表 8 中的低得多——体重为 70 千克的人仍然可以毫无压力地日饮 1.5 升健怡可乐，就算这样做摄入的甜味剂剂量离安全阈值也还远着呢[197]。大多数力量训练者的体重远超 70 千克，所以阿斯巴甜就更不太可能对他们的健康造成损害了。

另外，就算偶尔一次摄入剂量超过所谓的最大剂量也无须担心。只有持续超剂量摄入才有危险可言。我们还可以这样想，这些形形色色的产品上市越久，其安全性和应用的相关研究就越全，也就越可以放心食用了。

除了甜味剂，营养性代糖也会在人们大量摄入时产生一定的副作用。由于营养性代糖固有的特性，人们大量摄入后主要会出现腹痛和腹泻的现象。因此，如果某种食品含有 10% 或更多的营养性代糖，生产商就必须在包装上给予相应的警示。小结：人工甜味剂是一类处于严格管控并定期被重新评估的食品添加剂，对成年人来说摄入人工甜味剂是安全无虞的。就目前的研究成果来说，在最大摄入剂量值以内的摄入量对人体不会产

表 8　德国食品工业使用的甜味剂和营养性代糖 [21, 22, 189, 190, 191, 192]	
甜味剂	营养性代糖
糖精：不存在于自然界中。甜度是蔗糖的 400 倍。原样随尿液排出，不含热量。浓度较大时有金属味和苦味。安全剂量：每千克体重 5 毫克	**果糖**：从化学角度看，它是代糖中唯一一种真正的糖。每克含热量 4.1 千卡，甜度为（蔗糖的）130%
甜蜜素：不存在于自然界中。甜度是蔗糖的 40 倍。不久前欧盟委员会刚刚重新检测过此产品。按每千克体重不超过 7 毫克的标准摄入时无须有任何顾虑	**山梨糖醇**：天然存在，比如梨就含有山梨糖醇。每克含热量约 2.6 千卡，甜度为 50%~70%
阿斯巴甜：不存在于自然界中，是一种人工合成的多肽类衍生物。甜度大约是蔗糖的 200 倍。能提供热量，但因使用剂量极小，对人体能量平衡不会有影响。热不稳定！日均摄入量不应超过每千克体重 40 毫克。含阿斯巴甜的食品必须注明"内含苯丙氨酸"	**木糖醇**：主要存在于某几种特定的植物中。每克含热量约 2.4 千卡。会被人体以极缓慢的速度吸收，常用于临床营养品中。甜度为 100%
安赛蜜钾：不存在于自然界中。不会在体内代谢，随尿液排出，亦不为人体提供热量。甜度大约是蔗糖的 200 倍。大剂量使用时甜度会下降并伴有金属味。体重为 60 千克的人每日最大摄入量为 540 毫克	**异麦芽糖醇（又名益寿糖）**：不存在于自然界中。每克含热量约 2 千卡，甜度为 50%。常与甜味剂一起使用
索马甜：从非洲竹芋的假种皮中提取的天然甜味蛋白质。可作为蛋白质被身体吸收利用，因此能提供热量。甜度极高，是蔗糖的 2500 倍，因而用量极微，绝对安全	**麦芽糖醇**：不存在于自然界中。每克含热量约 2.1 千卡，甜度为 50%。常与甜味剂一同使用
新橙皮苷二氢查耳酮：从柑橘类水果的外果皮中提取。甜度大约是蔗糖的 600 倍。其中的热量含量可忽略不计。有薄荷味	**甘露糖醇**：不存在于自然界中。每克含热量约 1.6 千卡，甜度为 50%。常与甜味剂一同使用
蔗糖素：不存在于自然界中。甜度是蔗糖的 500~600 倍，不含热量。安全剂量：每日每千克体重 15 毫克	**乳糖醇**：不存在于自然界中。每克含热量约 2 千卡，甜度为 50%。常与甜味剂一同使用
阿斯巴甜安赛蜜盐：不存在于自然界。性质比阿斯巴甜更稳定，甜度大约是蔗糖的 350 倍	

生不良影响。任何有关生命健康的探讨，都不能离开剂量谈毒性！摄入营养性代糖会引起一些不良反应，虽然人体偶尔会产生强烈的不适感——胃肠道会先有不适感，但是其本质是无害的。

2.10.4　代糖会令人变胖还是变瘦？

　　健身者对代糖非常感兴趣，因为它们有助于减少日常生活中的热量摄入。那么，规律摄入甜味剂或营养性代糖真的能有助于减脂吗?举例来说,如果一个人每天只通过 4 杯咖啡摄入糖分,当他用甜味剂代替蔗糖后,一年大约能少摄入 23 400 千卡热量,即相当于大约减少 3 千克脂肪[198]。这看起来非常棒,因为操作起来非常容易。然而我们必须根据相关的研究成果探寻一下这一说法背后的理论基础。

2.10.4.1 营养性代糖的效果

我们先来谈一谈营养性代糖。这个很容易论述,因为每克营养性代糖含有 2~4 千卡热量,与其他形形色色的糖类相比,并不能真正地大幅度减少热量的摄入(表8)。下面我们来简短地谈谈几种有代表性的营养性代糖。从能量平衡的角度来看,果糖只有在运动者极其节制地使用的时候,才能给他们带来好处。

含热量较低的营养性代糖,比如甘露糖醇或者山梨糖醇,不易被人体消化,并且能迅速导致腹痛和腹泻。而且这些物质的甜度有的并不比蔗糖高,人们也不能指望通过较小的剂量来达到减少热量摄入的目的。此外,一些用代糖增甜的食品通常脂肪含量很高。给糖尿病患者吃的无糖巧克力的热量主要来自它所含的大分量的脂肪,所以无糖巧克力的热量与市售的普通牛奶巧克力的差不多。

因此,官方提供的营养参考意见并没有将营养性代糖列入糖尿病患者的食谱[15, 19]。我们还知道,如果生活方式很健康,仅仅摄入少量的蔗糖(每天最多 50 克)不会给糖尿病患者的新陈代谢造成困扰,更不用说是健康人群甚至热爱运动的人群了。

小结:如果对糖代谢和脂肪代谢已经有严重问题的病人来说,营养性代糖和相应的无糖食品都无法给他们带来特别的好处的话,那么对那些积极运动的运动者来说就更没有什么意义了。

2.10.4.2 人工甜味剂的效果

人工甜味剂的情况与营养性代糖有些不同,因为它们不是含有较少的热量,而是几乎完全不含热量(表8)。这对固态食物来说可能没有多大意义,但对含糖饮料(软饮料)来说却意义重大。在德国,含糖饮料对肥胖的发生"贡献"了极大的力量,而从理论上来说人工甜味剂能帮助无数肥胖者拥有更好的身材[13]。

就像我们前面已经提到的,含糖饮料不具有饱腹效果,所以人们即使已经以喝可乐的形式摄入了很多热量,也不会因此而少吃一些固态食物[16]。对喜欢喝含糖可乐、冰茶或类似饮料的运动者来说,如果他不再喝这些饮料了,取而代之的是喝添加了人工甜味剂的饮料,那么他的体重就一定会下降吗?

甜味剂的反对者喜欢说的一个观点是，人工甜味剂会增进人的食欲，吃得多了自然而然会长胖。他们的理论依据是，甜味剂有刺激胃口的功效，它们甚至会被添加在猪饲料里。在家畜饲料里添加甜味剂确实能够改善饲料的味道，从而在一定程度上让家畜吃得更多[199]。然而，甜味剂只在饲养家畜的某个特定阶段才被使用，因此催肥的效果不该记到甜味剂的头上[199]。

尽管如此，还是有大量的报道信誓旦旦地宣称，甜味剂会使人胃口大开——它们应该是触发了胰岛素的分泌，从而引起饥饿感。关于这个问题有一系列基于不同的动物的实验，然而这一系列的实验得出的结论互相矛盾，因此甜味剂是否会使人胃口大开在科学上依旧没有定论[199]。德国波茨坦饮食营养研究所的一项研究发现，长期规律地摄入人工甜味剂的小鼠，其血液中的胰岛素水平确实有所提高[14]。尽管如此，在实验结束时，小鼠的体重并没有增加，它们也并没有比没有摄入人工甜味剂的对照组的小鼠吃得更多。

几个以人为对象的短期实验发现，服用甜味剂确实会增进人的食欲，但是更多的已有实验得出的结论都与之相反[146]。还有一些进行多年的跟踪观察研究发现，超重者比一般人更频繁地使用甜味剂，由此"敏锐地"得出结论——甜味剂影响了胰岛素的分泌水平，从而导致体脂增加。但是我们要知道，肥胖者更频繁地选择人工甜味剂，是为了对抗体重的持续增长[200]，这并不能证明甜味剂会使人胃口大增。总的来说，目前没有明确的证据证明，甜味剂会导致人体摄入的热量增多。

想要减脂的力量训练者现在仍未得到确切的答案，即人工甜味剂是否真的能帮助他们的身体向着更硬朗的方向发展。现在我们用数据来回答这个问题，一个持续10周、有41名超重的男性和女性参加的实验显示，在正常饮食的情况下，用人工甜味剂取代普通糖类，致使受试者平均体重减少1千克，脂肪减少0.3千克[146]。而摄入普通糖类的对照组，在同样长的时间内受试者的体重增加了1.6千克，其中1.3千克是脂肪的重量。

对照组受试者的主要糖类来源是含糖饮料。它们占了受试者食糖摄入量的70%，因此实验期间受试者在没有饱腹感的情况下摄入了大量的多余热量。他们的身体成分比例发生不良改变的原因就此也就很清楚了。此外，目前的研究成果还显示，人们如果一边吃饭一边喝含糖饮料，就会摄入更多的热量[201]。因此，快餐店为搭配饭菜而提供的超大杯含糖饮料，要不要喝就值得大家慎重考虑了。

总结眼下所有的研究结果，我们就会发现，人工甜味剂有助于维持体重[193]。美国饮食协会和美国糖尿病协会甚至由此给出了相关的参考意见，以指导消费者在日常生活中合理有效地使用人工甜味剂[17, 191]。

针对力量训练者和减脂者的相关实验更是证明，那些关于甜味剂能够引起胰岛素分泌和胃口大增的观点可以就此退出舞台了。具体实验结论如下：使用了人工甜味剂的轻饮料既有助于满足人对甜味的渴望，又有助于减少人体热量的摄入。如果含糖饮料里添加的是人工甜味剂，那么深受喜爱的水果水就不用再为日常热量的过量摄入买单了。有意识地主动保持良好身材的健身者应该尽量少喝含糖饮料。这里的含糖饮料包括所有知名的水果水（热量低的水果水除外）及相关产品（可乐混合饮料等），此外还包括含糖的冰茶、水果露、罐装咖啡等等。选择饮料时最好根据营养成分标签上的糖、蔗糖等字样进行筛选。

水果原汁也属于含糖饮料。它能极大地增加人体的热量摄入。正如第1章所提到的，

轻食品真的轻吗？ [202, 203, 204]

越来越多的轻食品出现在超市的货架上。各种"轻""无糖""低糖"的说法使消费者以为，人们食用这些东西真的只会对身材和健康带来好处。可遗憾的是，这些概念后面总是隐藏着不同的含义——容易吸收的、松软而充满空气的、低热量的、低脂的、少碳酸的或少咖啡因的等——所有这些特性都可以被一个"轻"字概括，这种混乱的局面一直到近年才受到法律规范。然而，如果一瓶所谓的轻酸奶不含糖但富含脂肪，因而可能比那些普通酸奶含有更多的热量，那它对减脂来说意义何在呢？因此，造成这种混乱的原因是缺少对"轻"字的准确解释。

2007年7月以来，一项新的欧盟法规生效了，终结了上面这种混淆消费者视听的营销把戏。对"轻食品"的新说明如下。例如，对消费者常常看到的"低热量"的字样，相关食品生产商必须真的做到"低热量"——每100克食品最多只能含有40千卡热量或每100毫升饮料最多含有20千卡热量。自称"低热量"的食品必须比同类普通产品的热量低至少30%，而"零热量"的产品，每100毫升最多只能含有4千卡热量。

轻食品中的糖分通常被人工甜味剂所代替。作为低糖食品，每100克最多只能含有5克人工甜味剂，或者每100毫升饮料最多只能含有2.5克人工甜味剂。而食品包装上的"无糖"标识则意味着每100克食品或每100毫升饮料中人工甜味剂的含量必须少于0.5克。

食物中的脂肪成分可以通过较高的水分含量或者使用特殊的淀粉类物质而有针对性地减少。"低脂"的字样将只能在下列情况下使用：每100克食品最多含3克脂肪，或者每100毫升饮料最多含1.5克脂肪。生产商只有明确地列出该食品与传统产品的区别，并且确保它的某种物质的含量与传统产品的相比减少了至少30%时，才能在食品包装上标注"轻"的字样。

如果食品上有"Diet"的字样，它绝对不是含有较少热量的意思。所谓的Diet食品指有特殊营养目的的食品，比如针对某种疾病的食品。专门为糖尿病患者制作的食品不添加蔗糖，而仅仅添加果糖（根据最新科研成果，这种做法合适与否尚待商榷）。

低热量食物在日常生活中对有意保持身材的力量训练者真的有用吗？只能说在一定程度上有用。反对经常摄入低热量食物的一个重要论点是，食用低热量食物会使许多消费者失去自控力——"反正食物里的热量少，那我可以吃两块嘛！"这就是问题所在。所谓的低热量酸奶本身也含有热量，当人们用吃2杯轻酸奶代替吃1杯普通酸奶时，最终还是摄入了更多的热量，不但没有获得可能的好处，还多花了钱。

但对添加了不含热量的人工甜味剂的水果水来说，就不会发生这种情况。相关的研究证明，想保持身材的人可以选择轻饮料。研究显示，轻饮料有助于减少热量的摄入。运动者在面对固态食物时就必须多加考虑，因为它们往往包含足够的热量，不利于人体的能量平衡。但是，"轻"和"低热量"不代表可以无节制地大吃特吃。

水果原汁有很多益处，因为它实质上是液态的水果。我们应该有针对性地使用它，比如在训练期间，将它与矿泉水混合制成混合果汁饮用。研究表明，水果原汁并不会对糖代谢带来不利影响[16]。但运动者在日常生活中摄入太多的水果原汁也会使体重增加，因此我们并不推荐运动者喝太多水果原汁。还要强调的是，在固态或质地黏稠的食物（比如水果酸奶）中添加人工甜味剂，基本不会对身材带来好处。虽然在固态食物中使用人工甜味剂在一定程度上也减少了热量的摄入，但是与在饮料中使用相比，对身材的改善效果还是差远了。尽管如此，还是有几种添加了甜味剂的固态食物对力量训练者相当有吸引力，可能它们有助于满足训练者对甜味的渴望，尤其是他们在减脂节食期间。一个很好的例子就是关于前职业健美运动员马库斯·鲁尔的，从他的一段训练视频中我们看到，他去超市购物时选择了一种添加了人工甜味剂的苹果酱。

最后，我们还要解决一个常被提及的问题，那就是一个人如果只把食物中的普通糖分替换成人工甜味剂，而饮食的其他方面保持不变，能持续地减重吗？正如上面提过的研究所显示的，在最理想的情况下，使用这个方法实现体重和体脂的小幅减少是可能的。这种情况主要发生在从普通糖类到人工甜味剂的转换过程中。而当身体迅速习惯了新的能量平衡，体脂的减少就会停止。

在饮料和其他食品中添加人工甜味剂的最重要的意义在于，这有助于运动者避免不必要的体脂增长。早前一项以肥胖妇女为实验对象的研究显示，食用较多的含人工甜味剂的食品，并配合有意识保持体形的生活方式，有助于在快速高效地减重后，缩小减脂"溜溜球效应"（即减肥反弹现象）的幅度。3年后，摄入人工甜味剂组的受试者体重一开始下降了10千克，之后又反弹了4.6千克；而对照组的受试者则反弹了9.4千克[205]。进一步的实验肯定了人工甜味剂这种维持体重的功效[206]。

目前的科学证据都支持人工甜味剂有助于保持减脂成果的说法[193]。最后我们还要记住，关于这个主题所进行的研究还没有专门针对运动者的。因此，这里涉及的所有结论都只能有所保留地推及运动人群。

小结：就目前的科学研究来看，人工甜味剂的添加确实能够改善人的身体成分比例。它们主要通过"零热量"摄入来避免人体体重的不必要增加。这些结论主要是针对轻饮料而言的，虽然其效甚微，但是从常远来看还是有意义的。被人们反复提及的那些认为甜味剂会让人嘴馋乃至体重增加的理论，对人们来说没有任何意义。

3. 脂肪和类脂——生命必需的化合物家族

3.1 引言

膳食脂肪在人们享用美食时贡献极大：作为香味的载体，赋予千变万化的菜肴以独特的味道。它还能改变食物的稠度以影响口感。香甜可口、油而不腻正是各式各样的甜点带给人们的感受，甜点也因此为人们所喜爱。膳食脂肪不仅丰富了生活的滋味，还能为人们提供能量。尤其是脂类家族[①]中的某些成员，它们是生命必需的营养物质，人类必须定期从外界摄取。若摄入不足，那么不仅会损害身体健康，也会影响运动者的运动效能。

以上理由应该足以说服运动者多摄入脂肪了。但重视身材的人还应重点阅读一下接下来的内容，因为为数不少的健身积极分子由于害怕腰部出现"游泳圈"，将那些油啊、香肠啊甚至含油脂较多的鱼类和坚果都从日常菜单中剔除了；与之相反，有众多健身者为了减脂增肌，尝试各种高脂饮食法。这些方法效果如何？本章我们将以实实在在的科研数据为基础，对这些方法进行分析和鉴别。

不论是脂溶性维生素、胆固醇、类固醇激素还是各种各样的营养补充剂——这些物质都与脂类的新陈代谢密切相关，并经常在相关的专业报刊上引发讨论。因此，对此有兴趣的运动者应该对脂类物质进行全面的了解。

本章将介绍脂类家族中几种关键的代表物质，以及它们对人体健康和运动效能的重要意义，同时还将对形形色色的营养补充剂，如中链甘油三酯（MCT）、共轭亚油酸（CLA）、γ-亚麻酸（GLA）和ω-3脂肪酸等做出严谨的评价。

本章最后还有一个十分重要的话题：我们将极其详尽地科学评估阿特金斯饮食法中各种著名的高脂饮食法。

3.2 脂肪的基本特性

下面这个在日常生活中极为常见的现象将有助于大家了解脂肪的基本特性：我们把一茶匙食油倒进一杯水中，会看到油与水泾渭分明。这很明显地体现了几乎所有脂类物质的基本特性——不溶于水，也即水不溶性。正是这种特性使脂肪成为生命必需营养素。因为细胞膜主要由脂类物质（包括膳食脂肪）构成，于是我们的体液以特定的方式分布在细胞周围，形成界限分明的细胞内水环境（胞内空间）和细胞外水环境（胞外空间，图2）。

正是这种体液的特殊区隔连同其中溶解的矿物质，形成了神经系统功能的物质基础。神经系统通过一种由微弱的电脉冲形成的"语言"与肌肉系统相互传递信息。如果没有脂肪的特殊性质——水不溶性，这个过程是无法完成的。

然而，脂肪以及由它所构建的细胞膜因其特殊的形态而很容易遭到破坏。例如，它们会被新陈代谢中累积的活性分子，即所谓

[①] 脂类家族包括脂肪和类脂两大类，它们主要由碳、氢、氧三种元素组成，有的类脂还含有磷、氮等元素。脂肪是由甘油和脂肪酸合成的甘油酯，对人来说，脂肪可以分为体内脂肪和膳食脂肪。对于膳食脂肪，人们一般将常温下呈液态的称作油，常温下呈固态的称作脂，并将两者统称为油脂；而科学文献常将两者统称为脂肪。类脂包括磷脂和固醇等。

的活性氧（自由基）氧化，从而导致功能失调。机体因此必须采取保护性措施来抵抗自由基。扮演这种"身体卫士"角色的物质有维生素 A、维生素 E 和 β-胡萝卜素（它因作为维生素 A 的前体而知名）等。它们也属于脂类家族，除了作为细胞膜的保护者以外，还有其他一系列功能（第 8 章）。

3.3 脂肪的构成和消化

不溶于水的脂肪给消化道出了一道难题：脂肪必须先被运送进血管里，然后在人体循环系统的帮助下被运送到身体需要的任何地方去，但众所周知的是血液的主要成分是水。因此，在我们开始研究脂肪对力量训练者的重要意义之前，有必要简短地说明一下膳食脂肪是如何进入身体内部的。

所有脂肪的消化过程都大同小异。膳食脂肪先从口到达胃，在那里进行精细的分割，原本较大的脂肪块被分割成细小的乳滴。这个过程的意义在于：为肠道中的消化酶提供一个尽可能大的作用表面积以利于脂肪的吸收。此外，由于到达肠道的都是较小的乳滴，这就降低了下一步消化的难度。乳滴和胃黏膜的接触作用使得食糜向肠道的转移较为缓慢，这就是油腻多脂的食物消化得慢的缘故。同时，这也会影响食物中其他营养成分的吸收和利用。

举一个日常生活中很常见的例子。薯片是高油脂食品，同时也含有很多碳水化合物。当人吃下一份薯片后，其中含有的大量油脂会使碳水化合物进入循环系统的速度变得很慢。因此，人的血糖水平上升曲线十分平稳，表现得就像吃的是低 GI 值食物（表 7）一样。

乳滴在长途跋涉后抵达小肠，然后被送进淋巴管和血管。然而，这个过程不会像之前那样容易。它们必须首先经过一种特殊的"预加工"处理。脂肪分子由长短不一的脂肪酸长链连接在某种载体物质上构成。这些载体多种多样，食物中最常见的就是甘油，它又叫丙三醇。甘油能够连接 3 个脂肪酸分子而生成甘油三酯，即 1 个甘油分子做载体，上面连接 3 条脂肪酸链（图 13）。

在肠道内，脂肪酸链在特定的消化酶（"分子剪刀"）的帮助下，从甘油分子的相应部位脱离，这是它们进入血管的前提条件。游离的脂肪酸链到达肠壁内侧后，在这里进行特殊的"包装"[①]，然后借助一定的转运蛋白进入毛细淋巴管，再到达血管。在那里它们目标明确地前往靶器官或组织，比如肝脏、脂肪细胞或肌肉。

3.4 脂肪是燃料、能量储备形式和构成身体的基础物质

膳食脂肪到达靶器官后，就在那里被继续加工。它将如何被加工，一方面取决于人体新陈代谢的状况，另一方面取决于脂肪酸本身的形态。短链脂肪酸和中链脂肪酸（MCT）只能作为能量供体被立刻燃烧分解掉。长链脂肪酸虽然同样能够提供能量，但它们还有多种多样的其他用途。它们能够被储存在体内特殊的"脂肪仓库"——主要是我们熟知的脂肪细胞中，以应付紧急情况下的能量需求。脂肪作为能量储备是机体必然的选择：每克富含长链脂肪酸的脂肪能提供 9.3 千卡能量，是每克蛋白质和碳水化合物提供的能量的 2 倍多。生物体之所以以脂肪而非以蛋白质和碳水化合物的形式储存多余的能量，就是因为脂肪的能量密度大，占据的空间小。

与糖原不同，脂肪的储存几乎无须结合

---

① 所谓"包装"指长链脂肪酸再次被酯化成甘油三酯，与胆固醇、脂蛋白、磷脂结合成乳糜微粒进入淋巴系统。

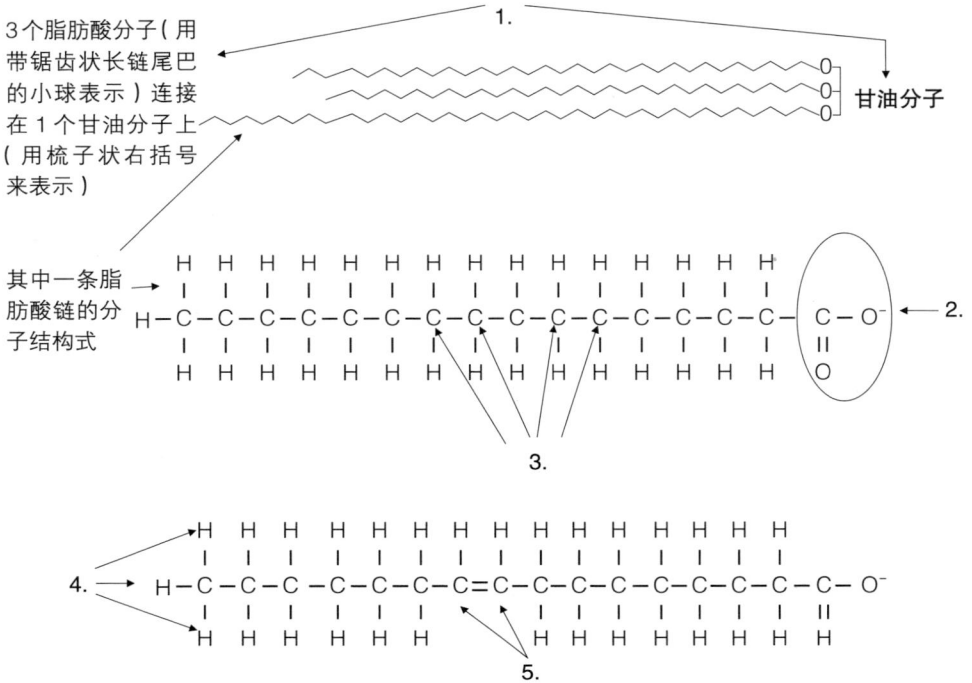

图 13　脂肪分子的构成

3个脂肪酸分子（用带锯齿状长链尾巴的小球表示）连接在1个甘油分子上（用梳子状右括号来表示）

1.

甘油分子

其中一条脂肪酸链的分子结构式

2.

3.

4.

5.

1. 甘油三酯的示意图：1个甘油分子（右上）连接3条脂肪酸链。3条锯齿状长链的不同长度表明，1个甘油分子可以同时与3个不同的脂肪酸分子结合

2. 长链末端是一个碳酸根（−COO⁻，右中），所以得名脂肪"酸"。这个基团是脂肪酸与脂肪的载体物质——甘油的结合部位

3. 脂肪酸分子的骨架是一条碳链。碳原子（C）的数目越多，脂肪酸的水不溶性就越强。例如，橄榄油、乳制品、鱼类或肉类中存在的长链脂肪酸皆因此而不能溶于水，而短链的脂类分子可能溶于水

4. 如果每一个碳原子都结合了尽可能多的氢原子（H）——酸根离子除外，这样的脂肪酸就属于饱和脂肪酸（因为碳原子的每一个共价键都被氢原子占据了）

5. 如果碳链上某一位置的碳原子有空余的共价键没有被氢原子占据，这样的脂肪酸就是单不饱和脂肪酸。如果碳链上多个位置都存在这种情况，这样的脂肪酸就属于多不饱和脂肪酸。不饱和脂肪酸对人体健康的作用不同于饱和脂肪酸

脂肪的分类：脂肪不同于脂肪酸！一种脂肪，比如橄榄油，由无数个甘油单元组成，每一个甘油单元连接着不同的脂肪酸链。根据甘油单元携带的脂肪酸主要是饱和的、单不饱和的还是多不饱和的，脂肪表现为黄油或菜籽油等不同形式。橄榄油的甘油单元主要连接着单不饱和脂肪酸

额外的水分子。因此，自然界中的生物体选择脂肪作为储能物质，这样较小的空间内能储存大量的脂肪。当一个人的体脂率处于健康状态时，体脂作为"能量储备库"大约含有 100 000 千卡能量，并且在体内分布合理，不会影响身体主人的日常活动。而如果这 100 000 千卡能量以糖原的形式储存在体内，那么纯粹从体重角度说的话，一个原本普通身材的人的体重会再增加 68 千克。

男性的健康体脂率在 15% 左右，女性的

我们可以利用脂肪的消化过程来治疗肥胖症。赛尼可等①生产的减肥药奥利司他片含有的有效成分是四氢利泼斯汀（即奥利司他），它能够抑制肠道里的脂肪消化酶，而后者正是负责将脂肪酸从载体分子——甘油上裂解下来的生物酶。基于这个功能，大约有 1/3 的膳食脂肪在体内不参与代谢，直接随粪便排出体外。举例来说，一个大号速食汉堡（250 克）含有 36 克脂肪。如果你餐前服用一片奥利司他，就会有大约 12 克脂肪（折合 112 千卡能量）被原封不动地排出体外。如果你再吃上一份薯条、一大杯奶昔和一个苹果派，就将再摄入 100 克脂肪。服用奥利司他片后，依然有大约 1/3 的脂肪不会被吸收进血液。但是，这些脂肪会不知不觉地流出体外，在内裤上留下痕迹，甚至还可能引起腹痛。这种副作用迫使使用者在规律服药期间，非常自律地坚持低脂饮食。这在理论上是个优点，但在实践中效果如何呢？

一项大型研究以 3300 名 2 型糖尿病潜在患者为实验对象，共历时 4 年，期间受试者坚持低脂饮食法和健康的生活方式，并且其中一部分人服用奥利司他（实验组），余下的人服用安慰剂（对照组）。4 年后，只有极少数的受试者患上了糖尿病，看来低脂饮食和健康的生活方式本身就对预防糖尿病十分有效。实验组受试者的患病

率比对照组的低 3%。力量训练者可以从这项研究中得到几点启示。第一，实验证明，低脂饮食配合体力活动能在一定程度上降低糖尿病的发病率，或者说至少能延迟糖尿病的发作。至于高脂饮食法的效果，目前还没有这样的定论。

第二，从研究中我们发现，即使不服用药物，受试者连续 4 年坚持低脂饮食，也能减重 3 千克。这再次验证了第 2 章中已经提到的低脂饮食能稳定体重的观点。

第三，对照组中只有 1/3 受试者将低脂饮食坚持到底，其他人则半途而废，因为长期采取低脂饮食的确太单调了。相反，实验组有 1/2 的受试者将低脂饮食坚持了整整 4 年。正是药物给予的额外动力促使他们更严格地长期坚持采用这种饮食方法。运动者根本无须通过服用这种减肥药物来获得动力。规律的训练、定好的比赛计划、一年一度的海滩度假等都能提供至少同样效力的动力。

第四，如果一种物质被用作减肥药，它最好不仅能减重，还能避免让使用者患上因肥胖导致的疾病以及避免疾病带来的后果。前文已经提到过的营养补充剂壳聚糖，它的作用原理和功效都与奥利司他相近，但其科学性还有待证明。许多广告中常见的其他脂肪消化抑制类减肥药的情况也都与奥利司他片相似。

则在 25% 左右。然而，年龄、健康状况、运动能力都会影响对体脂率的评估。规律的体力活动和注重健身的生活方式让运动者即使年纪很大了，体脂率仍能保持在较低水平。运动员能够通过节食和训练相结合的方式让他们的体脂率暂时降到安全值下限（5%）附近，正常情况下这不会对健康产生任何负面影响。体内允许存在的垃圾脂肪最多为 1.0~1.5 千克（约为男性体脂含量的 2%，女

性体脂含量的 3%）[2]。

此外，女性在怀孕时会增加 5%~8% 的体脂，这是女性特有的脂肪储存方式。女性如果大幅度减脂，就会破坏体内的激素平衡，这往往会引起月经不调及其他不良后果。根据针对女性健美运动员进行的研究我们发现，同样的问题在力量训练者身上也存在[3]。而在增肌阶段，女性健美运动员必须在短时间内把体脂率降到极低。

---

① 赛尼可、罗氏鲜、赛乐西、伊宁曼、艾丽、雅塑等，均为不同生产商注册的商品品牌。

生物体中的长链脂肪酸除了是一种燃料，还是细胞膜的基本组成成分以及内脏的保护层。此外，脂肪层对身体具有强大的保暖防寒的作用。

3.5 脂肪酸是信号分子的前体

嵌在细胞膜上的某些脂肪酸是某些特殊信号分子的前体，能够迅速转化为成熟的信号分子。具有高度特异性的生物酶能够根据构型、长度和表面特征识别出这些不同寻常的脂肪酸。因此，这些脂肪酸在身体需要时会离开细胞膜，然后被酶改变结构，生成高效的信号分子（如类二十烷酸[①]）。加快血流速度、诱导炎症细胞以及发热和疼痛的出现，都是这类特殊的脂类信号分子的作用方式。另外，一些类二十烷酸分子则能抑制这些生理过程。

因此，脂肪酸在免疫系统的信息交流以及细胞结构方面承担重要的职能。上文提到的具有高度特异性的生物酶，只能对某些特定的长链脂肪酸起作用，后文我们会详细介绍这些特定的长链脂肪酸。机体本身不能合成这些特定的脂肪酸，它们又不能被其他物质替代，所以我们必须从食物中规律地摄取。

小结：绝大多数脂类物质最重要的特性是水不溶性，水不溶性使得脂肪的消化过程十分复杂。脂肪酸的形态决定了它在人体中的作用。脂肪酸不仅是燃料和构成人体的基础物质，也在不同细胞间的信息传递中扮演重要的角色。

3.6 最重要的脂类家族成员

与碳水化合物一样，脂肪酸的功能也与它的结构有关。由此我们把脂肪酸分为短链脂肪酸、中链脂肪酸和长链脂肪酸三大类。根据报刊在讨论脂类物质时经常提到的"饱和度"的概念，我们又将脂肪酸分为饱和脂肪酸、单不饱和脂肪酸和多不饱和脂肪酸三大类（图13）。

3.6.1 短链脂肪酸

短链脂肪酸碳链中的碳原子少于6个，因为其碳链短（图13），所以比其他脂肪酸更易溶于水。牛奶含有少量短链脂肪酸，另外肠道菌群也可以利用膳食纤维生成短链脂肪酸（第2章）。

短链脂肪酸能直接进入血液，无须承受上面所描述的烦琐的消化过程，可以直接为生物体提供能量。

3.6.2 中链脂肪酸

根据德国居民饮食状况，一名年轻男性每天能以牛奶和其他乳制品的形式从食物中获得大约2克的中链脂肪酸（MCT）[4]。力量训练者和健美运动员常把MCT作为营养补充剂。

MCT碳链较短，也属于可溶于水的脂肪酸，因此它不能延缓胃排空速度，而会被迅速消化，然后直接进入血液。接下来它像碳水化合物一样被迅速燃烧，不能作为储能脂肪。每克MCT为人体提供的能量（8千卡）比每克长链脂肪酸提供的能量（9千卡）稍少。

此外，摄入MCT后人体会发生明显的生热效应[②]——MCT为人体提供的一部分能量就这样以热能的形式辐射到周围的环境中去。同时，MCT还能抑制食欲[5, 6]。

这听起来对刻苦训练的力量训练者意义

---

① 又名类花生酸，是哺乳动物体内产生的一大类激素类物质的统称。它们参与许多生理过程的调节控制，诸如促进炎症反应、参与生殖过程、促进血小板凝聚和平滑肌收缩等。

② 又叫食物热效应，指由进食引起能量消耗增加的现象。体温升高是生热效应的外在表现。

重大：这是一种机体不能充分利用的脂肪，它会直接在体内燃烧，几乎不能在体内储存，理论上来说这最适合用来减脂了。不仅如此，运动者处于增肌阶段时，MCT 还能作为极好的能量来源，且不会让人肚子上长出讨厌的"游泳圈"。

从理论上来说，MCT 能迅速为正在训练的运动者提供能量（与碳水化合物的作用类似），因而能够节约体内的糖原，从而使运动者在进行高强度的训练时坚持得更久一些。因此，对采用低碳饮食法的同时又进行高强度训练的人来说，MCT 似乎是一种理想的碳水化合物替代品。就像广告里说的那样，MCT 在健身领域备受推崇。然而，对以提升运动成绩为宗旨的力量训练者来说，MCT 的功效到底如何呢？

在此我们先要弄清楚 MCT 所具有的抑制食欲和生热效应这两种特性是否真的强效到能减重。

许多实验都已证明，一次性摄入 15~66 克 MCT 后人体会明显发热。这种现象不仅在受试者随饮食一同摄入 MCT 时会发生，在空腹摄入时也会发生[6、7、8、9]。再加上 MCT 本身的热量略低，所以对机体来说它的能量可利用量也很少。理论上，人体一天摄入 50 克 MCT 能产生 80 千卡能量[10]。

然而，目前已知的关于 MCT 和体热辐射的研究结果是相互矛盾的。其中最引人注意的是，研究得出结论称 MCT 有益于人体的能量平衡，但这种益处总是会在一个月后变得不明显，这说明这种正面效果是有时效性的。不过这也合乎逻辑，因为我们的身体在能量不足时会启动"节能程序"以应付这种非正常状况。

某些研究还宣称，MCT 会抑制食欲。大量摄入 MCT 时，体内的酮体会大量增加。酮体是一种脂类衍生物，人在饥饿时或采用

高脂饮食法时体内会大量生成酮体。有人认为体内酮体增多会导致食欲减退，这可以很好地解释 MCT 所具有的饱腹效果。人在用 MCT 做补充剂的同时配合运动的话，体内酮体的合成效率会提高[11]。目前所有的研究成果都显示，MCT 确实可以增强饱腹感，但是这种效果会在几周后渐渐消失，因为身体适应了新的饮食状况[6]。

综合所有已知实验我们得出如下结论。MCT 对体重的影响只发生在摄入后的前 4 周——如果真的会起作用的话[6、10、12]。4 周后，实验组受试者摄入 MCT 的效果与没有摄入 MCT 的对照组受试者的相比就没有任何差别了。MCT 对体脂的影响就更值得商榷了，尚无以力量训练者为实验对象的此类研究。因为证据不足，从目前的科研水平来看，MCT 的减脂效果暂时被定为无效[12]。

关于 MCT 与增肌的关系，人们应该先考虑下面这个问题。如果 MCT 在体内直接燃烧而不作为体脂储存起来，那么它能够为人体提供相当可观的能量。在运动者能量过剩的增肌阶段，它是身体优先使用的能量来源，相应地，身体会更少地使用碳水化合物以及其他膳食脂肪和体脂。这就意味着，MCT 不能保证只增肌不增脂！其实，最终还是体内的能量平衡情况决定体脂是会增加还是减少。

目前还没有针对 MCT 与运动者增肌之间的关系的研究。所有关于这方面的结论（广告里的）都只是基于理论上的假设和推断得来的。

人们还会问，MCT 能否至少在运动者进行训练的时候提升运动效能，因为理论上它能节约糖原。然而，根据几项研究的结果来看，人在运动时，身体每小时只能消耗 6~9 克 MCT[13]。因此，它对运动效能的提升效果微弱到难以被检测出来。大多数针对运动者的研究都证明了这一点，因此，MCT 能够

提高运动者的运动效能这一说法还需要打个问号[11, 14, 15, 16]。如果 MCT 真的能够提升运动效能，那么很可能主要是在耐力训练领域。

还有就是，在大多数情况下运动者所允许摄入的 MCT 的安全剂量实在是太小，由此获得的效果不值一提。一次摄入大剂量的 MCT 会导致突发性的剧烈腹痛和腹泻。如果慢慢增大摄入剂量的话，许多人最后能承受的每日 MCT 摄入量为 100 多克。但是根据我的经验，有相当多的运动者尽管花了很长时间试图适应每日比 30 克多一点儿的剂量，还是会出现胃肠道不适的情况，最后反而会影响运动效能[17]。

总之，运动领域的资深专家都认为，MCT 对提升运动效能来说效果不明确或没有效果[13, 16, 17, 18, 19, 20, 21]。

下面我们必须来阐明一下 MCT 对人体健康的影响。在一个长达 3 周的实验中，实验组受试者每日 MCT 摄入量为 70 克，对照组受试者摄入葵花籽油，最后研究人员发现 MCT 对受试者的血脂水平会产生负面影响[22]。这可能意味着，摄入 MCT 有增加心血管疾病发生的风险。然而，这种影响与受试者的饮食习惯、MCT 补充剂的质量密切相关。

如果把 MCT 和健康脂肪酸一同摄入，MCT 的那些潜在的负面影响就有可能被抵消[23]。目前我们还不能只根据少数几个实验就对 MCT 对血脂的长期影响以及引发心血管疾病的风险情况下定论。

最后还要注意的是，与长链脂肪酸相比，MCT 的熔点低得多，所谓的"烟点"①大约在 130℃，不能被加热到太高温度。因此，MCT 虽然含有相对比较低的热量，其产品却不适合用来烹饪食物。此外，它的口感也比一般的脂肪酸的差一些。

小结：如果真的能减重的话，MCT 也只能在减脂的前几周给肥胖者一些安慰。几周之后，人体的适应机制被激活，MCT 不会再对减重有任何助益。从目前的研究成果来看，MCT 的效果受到人们的强烈质疑。特别是对力量训练者来说，目前尚没有相关的研究数据能证明 MCT 对他们有效。MCT 最主要的副作用就是会产生腹痛和腹泻，一部分人可以通过慢慢增加摄入量来消除这些副作用。不能完全排除连续几周摄入 MCT 会对血脂产生不良影响的可能性，其长期效果尚不明确。如果运动者决定将 MCT 作为补充剂，那么使用时间不要超过几周，并且要与其他健康的脂肪酸一同摄入。

3.6.3 长链脂肪酸

长链脂肪酸在人类饮食中最为常见，某些长链脂肪酸对人体健康至关重要。

3.6.3.1 饱和脂肪酸

饱和脂肪酸在室温下是固态，食品中只有全脂牛奶和奶油是例外，尽管它们中的饱和脂肪酸含量极高，但是由于它们与其他成分发生了相互作用，因而呈液态。

饱和脂肪酸大量存在于动物性食物中。香肠以及各种乳制品，如奶酪、黄油、全脂牛奶或奶油，都能为人体提供饱和脂肪酸，因此这些产品也能以饱和脂肪酸的形式为人体提供大量能量。还有一些植物性食物，比如可可脂，富含饱和脂肪酸。可可脂也因此被称为隐性脂肪，多存在于加工类食品中。

饱和脂肪酸一般被认为是不健康的。人们认为肥胖、高血压、血管疾病、糖尿病、心肌梗死、中风甚至癌症的发生都与它有关。而重视健康的力量训练者对它特别关注，因为在增肌阶段，许多人都要从饮食中摄入比

---

① 指油脂在不通风的条件下被加热到产生油烟时的温度。

正常情况多得多的脂肪。此外，许多训练者都在尝试高脂饮食法，这时他们就不可避免地要摄入大比例的饱和脂肪酸。

因为缺乏权威的实验证据，一直到前几年人们都还认为长期坚持高脂饮食会对健康有害。然而，最近的研究成果改变了人们的这一看法。现在我们知道，只有大量摄入饱和脂肪酸，再加上缺乏运动和过量摄入热量，才会损害人体健康[12]。在不同的情况下，高脂饮食甚至会给人的新陈代谢带来益处[12, 24]。具体我们在后文再详述。

坚持规律训练的运动者，特别是那些在力量训练中搭配了耐力训练的运动者，完全可以比官方建议值多摄入 5%~10% 的脂肪（包括饱和脂肪），而不用担心会造成健康问题[4, 12]。关于运动效能，目前还没有研究能够证明，运动者在进行健美训练或者力量训练期间增加饱和脂肪酸的摄入究竟是有害还是有利。然而，在针对耐力训练者的研究中，我们没有发现高脂饮食会对他们的运动效能带来任何正面效果，因而大家对它在力量训练中的作用也不要报任何期望。因为在进行力量训练时，脂肪不是训练者主要的能量来源[25, 26]。另外不能不提的是饱和脂肪酸对不同激素系统，比如胰岛素样生长因子（IGF）①的影响。如果日常饮食中脂肪含量过低，同时其中的饱和脂肪酸含量也过低，具有合成代谢效应②的性激素睾酮的水平就会下降，最多时它能下降 20%[39]。相应地，资深力量训练者饮食中较高含量的饱和脂肪酸能够提高他们体内结合睾酮和游离睾酮的水平[40]。

然而根据这项研究，进行高强度训练的训练者即使不采用高脂饮食法，也可以获得饱和脂肪酸给人体带来的好处。在饮食结构中脂肪含量相对较低的情况下，虽然参加实验的力量训练者日常摄入的热量中只有 25% 来自脂肪，但他们的睾酮水平显著提高了[40]。这项研究采用的是低脂饮食法中的一个改良食谱，这种饮食法摒弃了所有看得见的脂肪以及含脂甜点，受试者只吃极瘦的肉、鱼、脱脂乳制品，以及脂肪含量极低的食物，如大米、根茎类蔬菜和全麦食品等。

使用这种饮食法提升睾酮水平甚至比使用高脂饮食法效果还好。此外，进行高强度的基础训练，并且摄入适量的膳食脂肪，能使运动者体内有效的游离睾酮的含量高于平均水平，其效果比那些只运动或者只使用饮食法的效果都更好[40]。

为健康着想，力量训练者在实际生活中应该适度地摄入脂肪，摄入量占日均热量摄入量的 30%~35% 就足够了。这样，在增肌阶段，他们体内重要的信号物质，比如睾酮或 IGF-1 就总能保持在理想水平。

规律地食用健康的植物油、坚果以及一些含有油脂的鱼类③，都可以算作低脂饮食。因为从一整年来看，运动者的脂肪摄入量本来就大约在这个范围内，所以对大多数运动者来说低脂饮食也不算是一种限制。然而，竞技比赛前的准备阶段是例外。如果一名运动员想要实行低脂饮食法，最好不要长期将脂肪摄入量降低到日常热量摄入量的 25% 以下。对男性和女性职业健美运动员的研究显示，他们在赛前的准备阶段，经常存在摄入脂肪过少的情况[3, 47, 48, 49, 50]。至少那些不

---

① 也称"促生长因子"，是一类促进细胞生长、具有类似于胰岛素的代谢效应的因子。

② 又叫同化效应，指生命体从外界摄取营养，并把它们转化为自身物质和能量的过程。对力量训练者来说，合成代谢效应的主要外在表现就是肌肉和力量的增长。

③ 比如金枪鱼、鲑鱼、鳗鲡、鲱鱼、沙丁鱼、鲤鱼等。

胰岛素样生长因子 –1（IGF–1）[27, 28, 29, 30, 31, 32, 33, 34, 35, 36, 37, 38]

IGF–1 是胰岛素样生长因子 –1（Insulin Like Growth Factor–1）的缩写。它是一种信号物质，在生长激素分泌后 28 小时内由肝脏释放到血液中。人类的肌肉也能够合成 IGF–1。那些在动作的还原阶段需要发力控制的大容量力量训练①就能促进 IGF–1 的合成以及功效的发挥。运动者体内的 IGF–1 水平通常较高，因为它的含量与肌肉量相关。

IGF–1 在由运动引起的身体适应性反应②中扮演着重要的角色，因为它能促进增肌。例如，IGF–1 能促进肌卫星细胞的激活。肌卫星细胞位于肌纤维的边缘，受到力量训练的刺激之后，它会促进肌纤维增厚。

有活性的 IGF–1 分子是游离状态的，这样它们才能到达受体位点。血液中的 IGF–1 结合蛋白（IGFBP）有助于调控 IGF–1 的功能。IGF–1 和 IGFBP 都会受到人体营养状况的影响，从而影响运动者的新陈代谢。能量正平衡会促进 IGF–1 的分泌和发挥作用，这可能可以解释为什么运动者在增肌阶段会本能地增加热量摄入。相反，能量负平衡会减弱 IGF–1 的功效，因此，人在减脂节食时期肌肉的增长会减缓。其实，某些营养素，比如饱和脂肪酸和必需氨基酸，都能促进 IGF–1 的分泌。然而，主要还是能量平衡起决定性作用。因此，运动者完全可以通过使体内能量处于正平衡状态来提高体内 IGF–1 的水平。此外，IGF–1 受体的数量也可以通过典型的增肌力量训练得到增加。

有些运动者从运动和饮食中获得的 IGF–1 不能达到他们想要的效果，他们就服用能够提高运动成绩的药物——外源性 IGF–1。外源性 IGF–1 可以用来进行科学研究和治疗疾病。有些病人不能生成有效的生长激素受体，IGF–1 就可以作为药物来治疗这种疾病。然而，外源性 IGF–1 非常昂贵，因此在运动领域，一些人会用胰岛素作为它的廉价替代品。胰岛素能够与 IGF–1 的受体结合，此外还存在一种"双受体"，它既可以与 IGF–1 结合也可以与胰岛素结合。胰岛素与 IGF–1 受体结合的能力是 IGF–1 与其受体结合能力的 1/700，结合后发挥的效果也不如后者，所以必须摄入较大剂量的胰岛素才能得到满意的效果。

从健康的角度来看，营养过剩以及由此产生的 IGF–1 水平过高与某些癌症，尤其是大肠癌的发生和癌细胞扩散有关。1999 年德国一共有 57 000 例大肠癌患者，其中 30 000 人因此死亡。IGF–1 也与乳腺癌的发生有关。许多癌细胞都有 IGF–1 受体。因此，我们奉劝运动者，只能为促进增肌而阶段性地大量摄入脂肪，不要让体内的能量长期处于正平衡状态。此外，注意稳定体脂率，不要让其升高。

补充外源性睾酮的运动员应该坚持摄入一定量的脂肪，并配合科学合理的训练，这样在减脂期间就不必担心因睾酮水平下降而影响运动成绩了。

小结：饱和脂肪酸主要存在于动物性食物中。如果日常摄入的热量中饱和脂肪酸的比例过大，再加上缺乏运动和营养过剩，人体健康就会受到损害。相反，运动者因生活方式健康而完全可以摄入更多的脂肪——包括饱和脂肪。摄入较多的脂肪虽然不会直接提高运动者的运动成绩，但可以促进运动者体内具有合成代谢效应的激素的出现。与普

---

① 大容量训练（volume training）指健美训练或力量训练中，对每一个肌肉群采取多个动作、每个动作重复多组数的训练方式，这经常会产生"肌肉燃烧"的效果或"泵感"。一次大容量训练时长一般在 90 分钟以内。这种训练方式在健身运动中最为常见，经常用于增肌。

② 适应性反应指细胞和组织在适应各种刺激因子和环境改变时，其相应的功能和形态会随之发生改变。常见的适应性反应包括肥大、增生、萎缩等。

遍观念不同的是，典型的高脂饮食法对提高激素的这种效应并不是必需的。为了身体产生合成代谢效应，饮食中的脂肪含量不要低于日常热量摄入量的25%。

3.6.3.2 单不饱和脂肪酸

单不饱和脂肪酸在室温下是液态的，它们的碳链骨架中的某一个位置没有被氢原子完全占据（图13）。

单不饱和脂肪酸主要因地中海美食而为大众所熟知。人们一听到"地中海美食"这几个字就会立刻联想到橄榄油，很多人甚至在自家的厨房里常备着它。某些坚果同样是单不饱和脂肪酸的重要来源，某些植物性食物，比如牛油果中更是含有大量单不饱和脂肪酸。一种直到近几年才为人熟知的单不饱和脂肪酸来源是菜籽油。这种油因为含有单不饱和脂肪酸而与橄榄油一样健康，而且它还具有其他的营养价值[51, 52]。

令人惊讶的是，动物性食物中单不饱和脂肪酸的含量也非常高。肉制品的脂肪质量与动物的饲养方式密切相关，比如散养动物的脂肪就是优质脂肪，因为其中单不饱和脂肪酸的含量较高[53, 54, 55, 56]。

研究人员在人体不同的组织中也发现了我们经常大量摄入的那些单不饱和脂肪酸。在一个著名的实验中，实验对象每天摄入的主要是含有饱和脂肪酸（也就是动物性脂肪）和单不饱和脂肪酸（橄榄油或者菜籽油）[57]的脂肪。坚持实行这种饮食法3个月之后，研究人员提取实验对象的肌肉组织样本进行检测后发现，肌肉中脂肪酸的组成情况与食物中的高度一致。

人们吃下的脂肪会进入肌肉并在那里发挥持久的作用。通过进一步的研究我们发现，肌细胞的细胞膜中单不饱和脂肪酸的含量升高能够增强胰岛素的功效[58, 59]。这一结论可能对那些不爱运动的人更有意义。运动者体内的胰岛素平衡本来就比普通人强，他们能否也从单不饱和脂肪酸中获得这方面的好处，我们尚不清楚[26]。其实，这些例子已经足够用来向人们证明，膳食脂肪在人体新陈代谢中发挥着多么重要的作用。

单不饱和脂肪酸对力量训练者来说有一个特别的好处，那就是它能像它的同族化合物饱和脂肪酸那样，提高血液中游离睾酮的水平[40, 60]。如果再配合规律的增肌基础训练，这种效果还会更好。实行低脂饮食法、进行艰苦训练、摄入单不饱和脂肪酸，这三者有效配合能确保人体内的睾酮含量达到最理想的水平。

单不饱和脂肪酸与饱和脂肪酸含有的热量相当，因此其减脂的效果也和其他长链脂肪酸一样。然而一项独立研究显示，如果实验组的受试者的饮食中有较高含量的单不饱和脂肪酸，那么他们的上半身和下半身将以同等幅度减脂[61]。而对照组的受试者（实行低脂高碳饮食法）更多的却是从下半身减去脂肪。这是否意味着力量训练者可以通过低脂高碳饮食有针对性地减少髋部、臀部和大腿上的脂肪，目前还有待证明。而且这个实验的对象不是运动者，所以不能将实验结果简单地照搬到运动者身上。如果是本就比普通人更加矫健的运动者想要强化减脂，那么只是偏重摄入单不饱和脂肪酸可能不会得到任何特别的好处[12]。

从促进身体健康的角度来看则是另一番情形：富含单不饱和脂肪酸的油类经常是媒体关注的焦点。例如，根据细胞实验，橄榄油的益处最近又受到了质疑。虽然实验设计存在缺陷，因而所得出的结论完全站不住脚，但是部分媒体还是将其作为重大发现而大肆宣扬[52]。

事实上，根据大多数研究，单不饱和脂肪酸确实能减少动脉硬化和高血压的发生，

睾酮及其受体与力量训练的关系 [37, 41, 42, 43, 32, 44, 40, 45, 46]

睾酮是雄性激素，它的主要功能包括促进肌蛋白合成以及抑制肌蛋白降解。另外，睾酮与其他信号物质协同作用可以改变脂肪细胞的充盈状态，这一点对健身者特别重要。从长期来看，睾酮能加快腹部皮肤的脂肪细胞的脂肪排空速度，可能同样也能延缓脂肪细胞变充盈的过程。

只进行典型的增肌训练就能在短期内将睾酮水平最多提高 30%，当然这种增肌训练至少要包含针对下半身的基础训练，比如杠铃深蹲。男性运动者的身体对此反应特别灵敏。但是也有研究指出，女性运动者也会因进行规律的力量训练而使体内游离睾酮的水平升高。这些效果在运动者度过 10 周的适应阶段后就能显出来，而有两年以上运动经验的资深运动者由此获得的效果最为理想。

从训练方式来看，如果运动者进行力量训练时只使用最大负荷重量的 60%~80%，并且中间穿插 1~2 分钟的休息，就能获得良好的效果。

训练的组数，也就是运动量也与睾酮的短暂提高有关。根据目前的研究，一套复合型基础动作必须做至少 4 组才能使睾酮水平暂时升高到前面提到的水平。对资深运动者来说，大容量训练可以使睾酮的高水平状态维持得更久一点儿。然而这种训练只适合连续进行几周，之后运动者就应该暂时更换另一种训练方式，否则会导致过度训练（第 124 页补充文献《过度训练》），毁掉原本获得的良好效果。

进行多组训练还能增大睾酮受体的密度。此外，运动者在动作的还原阶段，即使负荷物缓慢而有控制地回到初始位置时，其体内睾酮受体的数量能够进一步增加。但是，注意不要过度训练，因为从某一个临界点（具体因人而异）开始，睾酮及其受体的水平就不会再提高了，接下来的运动只会使身体超负荷。运动者必须通过不断的实践找到自己的身体在训练强度方面的临界点。

从而保护心脏和血管。有一个现象能够印证这一结论：地中海地区的居民如果坚持传统的地中海式饮食，则很少会因心血管疾病而早逝[62]。另一方面，地中海地区那些受典型的西欧饮食影响的居民，如果不爱运动，那他们一样容易变胖，并由此患上相关的疾病，甚至早逝[63]。现在我们甚至可以确定，饮食中富含单不饱和脂肪酸能够在一定程度上预防乳腺癌的发生[12]。

然而，上面的结论都是从整体上对地中海式饮食进行的研究中获得的，而不是从单独对橄榄油或者菜籽油进行的研究中获得的[64, 65, 66, 63, 62, 67, 68]，从后期进行的数据分析中我们才看出这些功效与单不饱和脂肪酸的关系。为了更健康，人们不仅要尽可能多

地在日常饮食中使用橄榄油或者菜籽油，还要坚持地中海式生活方式，即多运动，多吃鱼类、水果和蔬菜（第 7 章）。

如果有人认为单不饱和脂肪酸的功效与地中海式生活方式无关，那么我们有必要来解释一下其中的原理：单不饱和脂肪酸很容易就能将饱和脂肪酸从细胞膜上"挤"下来并取而代之，人体内的一些生化过程也因此发生改变，从而有助于保持血管壁的弹性并抑制炎症反应[69, 70]。此外，当人们更多地摄入单不饱和脂肪酸而非饱和脂肪酸时，血液中不健康的 LDL[①]—胆固醇水平会下降。目前已经能够证明大量摄入单不饱和脂肪酸对运动者的健康有益。这对服用能提高运动成绩的药物的运动者来说尤为重要，因为同化雄

---

① LDL 为低密度脂蛋白，它能将胆固醇颗粒运载到细胞中，从而使胆固醇在动脉壁上堆积，引起动脉硬化。

性类固醇①类药物恰恰会随着时间的推移逐渐对心脏和血管产生不良影响[71]。

如果运动者下决心开始长期坚持高脂低碳饮食，那么饮食中引入大比例的单不饱和脂肪酸是一种很棒的做法。其实，在高碳饮食中用单不饱和脂肪酸代替饱和脂肪酸同样有效，因为前者抑制了常常发生的血液中HDL②水平的下降。例如，在一个实验中，当实验对象以食用坚果的方式增加单不饱和脂肪酸的摄入量后，4周内我们就观察到其血脂值发生了良性改变[62]。

小结：随食物摄入的脂肪酸在短时间内就能在肌肉中被发现，并在那里大量参与人体的新陈代谢。运动者即使在饮食中摄入大量单不饱和脂肪酸，也完全无须担心其会对健康造成影响。如果一个人想要长期实行高脂饮食法，那么他摄入的膳食脂肪应该大部分都来自富含单不饱和脂肪酸的食物。运动者实行低脂高碳饮食法时，同样可以选择橄榄油或其他富含单不饱和脂肪酸的食物以达到保持健康的目的，只要减少膳食脂肪的总摄入量即可。

单不饱和脂肪酸还能将运动者血液中有效的游离睾酮稳定在较高的水平。如果配合大量运动，这种作用会进一步加强。另外，单不饱和脂肪酸极可能在减脂方面并没有任何特殊的效果，而且也要被计入日热量摄入总量中去。对运动者来说，总体上坚持地中海式饮食，规律地食用橄榄油和菜籽油，除了能维持良好的睾酮水平外，还能保护心血管系统。相反，如果仅仅是食用橄榄油或菜籽油，那么效果将大打折扣。

3.6.3.3 多不饱和脂肪酸：ω-3脂肪酸和ω-6脂肪酸

食油含有多种多不饱和脂肪酸，在室温下呈液态。正如图13所呈现的那样，多不饱和脂肪酸就是碳链上的多个位点没有被氢原子完全占据的脂肪酸。这一点意义重大，因为根据氢原子"缺席"的位点，多不饱和脂肪酸可被分为ω-3脂肪酸和ω-6脂肪酸两大类。相信每个人几乎都曾在报刊和电视上听到过这两个词。

多不饱和脂肪酸和其他长链脂肪酸一样，也是细胞膜的基本组成物质。在那里，它们能在需要时挺身而出，参与免疫系统的信息交流和炎症因子的形成。简单来说，ω-6脂肪酸促进了炎症的发生，而它的近亲ω-3脂肪酸却能延缓身体自我防卫机制中那些不利的过度反应，以及抑制由此产生的炎症。

此外，ω-3脂肪酸和ω-6脂肪酸能长期影响血液的流动和凝固的情况，进而影响血管腔的宽窄、血压以及血脂水平。

多不饱和脂肪酸在人体的新陈代谢中也起到至关重要的作用。与某些科普读物所宣扬的完全相反的是，人们已经确定某些多不饱和脂肪酸是生命必需的营养素。如果我们不从食物中摄取足够多的这些物质，时间一长身体就会患上各种缺乏症。亚油酸（一种ω-6脂肪酸）和α-亚麻酸（一种ω-3脂肪酸衍生物，英文缩写为ALA）都不能由身体自行合成。人体每天需要摄入5~10克亚油酸以及1克ALA。理论上来说，每天食用1勺普通食油就可以满足上述需求，从而避免相关缺乏症的产生，让人体保持健康[4]。

正常饮食的成年人的体脂中储存着至少

---

① 同化雄性类固醇指与睾酮化学结构相似的一类激素，常被用作提高运动成绩的药物。
② HDL为高密度脂蛋白，能把胆固醇、LDL等有害物质从身体组织运输到肝脏进行分解，具有抗动脉硬化的效果，俗称"血管清道夫"。

GLA：具有特殊新陈代谢途径的 ω-6 脂肪酸 [77, 78]

对资深力量训练者来说，最熟悉的 ω-6 脂肪酸代表物可能就是 GLA（γ-亚麻酸）了。它有时会作为营养补充剂，以月见草油或者琉璃苣油胶囊的形式出售。它是一种 ω-6 脂肪酸衍生物，在体内经一条不常见的专属于它的新陈代谢旁路进行分解。GLA 具有一定的抑制炎症发生的

作用，因此常被用来治疗皮肤炎等疾病。根据目前的研究，GLA 的作用还存在诸多不确定性。

对力量训练者和健身者来说，服用 GLA 补充剂可能没什么效果，除非其身体正处于缺乏多不饱和脂肪酸的状态，但这种情况也可以通过食用其他的普通植物油来改善。

500 克亚油酸和 25 克 ALA，当人体在很长一段时间多不饱和脂肪酸摄入不足时，这些存量可以用来补充身体所需。而身体真正缺乏这些营养物质的情况充其量只会在发生疾病或者实行完全无脂饮食（人为造成的）时出现 [4]。这也合乎情理，因为我们的祖先经常长时间忍饥挨饿，如果体内没有一定的储存，就会不断陷入缺乏亚油酸和 ALA 的境地，并由此造成体力不足，进而使得生存概率大大变小。

植物性多不饱和脂肪酸中最耀眼的明星就是 ALA。ALA 的主要食物来源有亚麻籽油、菜籽油、核桃油、核桃和夏威夷果。马齿苋、西蓝花、大麻和一些其他植物中也含有一定量的 ALA，但因含量较低而对人体意义不大。鹿肉和羊肉也是 ALA 的来源 [72]。此外，有机牛肉和有机乳制品含有较大比例的 ω-3 脂肪酸 [53, 54, 55, 56, 72]。来自高山牧场的高山奶酪① 所含有的 ω-3 脂肪酸是普通切达干酪② 的 4 倍 [73]。如果对猪进行有针对性的饲养，这样的猪肉同样会富集一定量的 ω-3 脂肪酸 [74]。

所谓的高不饱和 ω-3 脂肪酸指碳链极长且有极多个位点发生氢不饱和现象的 ω-3 脂肪酸。它只存在于动物性食物，主要是冷水鱼中。这些鱼所在环境的温度越低，它们

体内高不饱和脂肪酸的含量就越高。另外，ALA 能在生物体内部分地转化成长链的高不饱和 ω-3 脂肪酸，然而在人体中这种转化规模极小 [75]。我们摄入 10~20 克 ALA 才能生成 1 克高不饱和 ω-3 脂肪酸 [76]。

现在我们从运动者的角度来了解一下多不饱和脂肪酸可能的好处。对此我们不仅要了解 ω-3 脂肪酸的相关知识，还要了解它的近亲 ω-6 脂肪酸。含 ω-6 脂肪酸的油类主要有玉米胚芽油、红花籽油和葵花籽油。ω-6 脂肪酸能对人体血脂水平带来益处，还能极有效地降低血液中不健康的 LDL-胆固醇的水平。可惜它同样也会降低对人体具有保护作用的 HDL-胆固醇的水平。这一负面作用会在不利条件下促使心血管疾病的发生，科学家已经在几项跟踪观察研究中发现了这样的案例 [12]。

因此，摄入量非常重要。我们绝不可能将这两种脂肪酸中的某一种——ω-3 脂肪酸或 ω-6 脂肪酸完全从饮食中剔除，而应该通过选择合适的食物，将这两种脂肪酸在新陈代谢中的水平调整到一个恰当的比例。

德国和美国的常见食物都给这两个国家的居民提供了较多的 ω-6 脂肪酸，但是所提供的 ω-3 脂肪酸相对来说太少。德国居民饮

---

① 高山奶酪专指以阿尔卑斯山牧场中的奶牛、山羊或绵羊的奶为原料制成的硬质熟奶酪。
② 切达干酪是一种鼓状的干奶酪，直径约 38 厘米，颜色从白色到浅黄色不等，最初产于英国。

食中 ω-3 脂肪酸与 ω-6 脂肪酸的比例目前在 1:8 至 1:7 之间，美国居民饮食中两者的比例甚至小到 1:20。从健康的角度讲，这两者理想的比值应至少为 1:5[4, 79, 12]。但是不要担心，这并不意味着人们现在必须费力调整他们未来膳食脂肪的摄入。有健康意识的运动者只需在他们的日常饮食中选择含较多 ω-3 脂肪酸而含较少 ω-6 脂肪酸的食物。如何在现实生活中更好地选择食物，请参考第 7 章。

现在我们已经从科学的角度证明了，人类可以通过多摄入长链的 ω-3 脂肪酸来减少血管病变和过早发生的心脏猝死情况[12]。其中一个有力的证据就是，嵌合在心肌细胞的细胞膜上的 ω-3 脂肪酸能够减少心律不齐的发生[80]。ω-3 脂肪酸还被认为能预防高血压、中风以及肠癌。

对 ω-3 脂肪酸的研究起源于对格陵兰岛原住民因纽特人（又称爱斯基摩人，但这个叫法含有贬义）的研究。因纽特人终生遵循高脂高蛋白的饮食，但是他们的健康状况却非常好。与丹麦普通居民相比，他们的心肌梗死发生率明显低得多[81, 82]。因纽特人在生活中进行超量的体力活动，仅仅这一点就能使他们的寿命变长[83]。此外，因纽特人每天通过食用冷水鱼和海豹肉获得大量 ω-3 脂肪酸，以至于在他们的饮食中 ω-3 脂肪酸和 ω-6 脂肪酸的摄入比例高达 1:1！而与之相比，丹麦居民饮食中 ω-6 脂肪酸的含量明显更高。

如今格陵兰岛原住民的饮食也深受西欧饮食文化的影响，因此因纽特人患心脏疾病的概率也在上升。这说明，因纽特人并不是通过特殊的保护性遗传机制——因为这不可能在几十年内轻易改变——而显然是通过原始的生活方式和饮食结构来给心脏和血管以更好的保护。

这个意义重大的发现引发科学家对此进行了一系列大型跟踪观察研究，他们最后得到了一个结论——多吃鱼就有延年益寿的功效[84, 85, 86, 87, 88, 89]。只要坚持每天吃至少 30 克鱼，就能有效保护心血管，这一结论已经被长达 20 年的观察研究所证明。

在上述跟踪观察研究中，鱼类作为食物显现出许多突出的益处，然而与延长寿命最有关的因素可能还是 ω-3 脂肪酸的含量。在一个非常著名的实验中，11 000 名已经患有心肌梗死的病人将 ω-3 脂肪酸作为药物服用，一段时间后检查摄入的 ω-3 脂肪酸是否真的会对心血管起到保护作用[90, 91]。

心肌梗死患者是这项研究的实验对象，他们的心脏病发病率甚至死亡率都极高。在 3 年多的研究中，仅仅每日服用 1 克 ω-3 脂肪酸就让病人的总体死亡率下降了 20%。这个实验中 80% 以上的受试者选择通过地中海式饮食来保护自己的心脏，最终这些受试者的死亡率确实下降了，且直接摄入 ω-3 脂肪酸的效果比这还要明显得多[92]。

还有一项类似的临床研究证明了 ω-3 脂肪酸作为药物的效果，但另一项更新的研究却不能证明它的药用效果[93, 94]。后面这项研究甚至发现 ω-3 脂肪酸可能会对人体产生负面影响。

这些结论矛盾的原因很可能是，不同研究的实验对象的患病风险不同。不是所有的人都同样适合用 ω-3 脂肪酸作为营养补充剂或药物！这个观点强调的是，ω-3 脂肪酸可能会与其他药物相互影响。例如，病人正规律地服用某种降低血液黏度的药物，如再摄入 ω-3 脂肪酸就会增加出血风险[95]。

有人提出批评称，上述某些关于 ω-3 脂肪酸的研究在设计上存在太多缺陷，直接以胶囊形式或作为药物服用 ω-3 脂肪酸并不一定效果更好[96]。而从运动者的角度来看，问题在于，迄今为止，鱼油补充剂都只是在理想情况下对特定的病人有效，而对健康人乃至运动者是否有效还没有足够的证据。有保护心脏功效的、富含 ω-3 脂肪酸的地中海式饮食对健康人和运动者来说是更好的选择。

不爱吃鱼的人经常会选择服用 ω-3 脂肪酸补充剂。然而现在还没人知道，健康人长年将 ω-3 脂肪酸作为药物或补充剂服用，是否会对健康产生不利影响[97, 72]，尤其是在大剂量服用的情况下。因此我们建议，不爱吃鱼的人可以多摄入植物性 ω-3 脂肪酸来代替直接服用相关胶囊类产品。至少有实验证明，有患心脏病风险的受试者在实行地中海式饮食法时，以菜籽油的形式摄入 ω-3 脂肪酸，取到了良好的效果[66]。通过食物摄取 ω-3 脂肪酸也不存在剂量超标的危险。另外，形形色色的 ω-3 脂肪酸制剂之间有时存在很大差别，比如说有的属于药物，有的却属于营养补充剂。

关于 ω-3 脂肪酸能否提高运动效能的问题，可供参考的信息如下。多不饱和脂肪酸会比饱和或单不饱和脂肪酸更快燃烧，此外它们还能在肝脏中通过复杂的新陈代谢过程抑制体脂的合成[12, 98, 99]。然而这些正面效应在人身上可能还没大到能够发挥明显作用的地步。从目前的研究来看，我们还无法确定大量摄入多不饱和脂肪酸能够促进体脂的快速分解[12]。

动物实验进一步证实，多食用海鱼之后，肌细胞细胞膜上的 ω-3 脂肪酸含量确实更高，这能够增强胰岛素的功效。与单不饱和脂肪酸的作用一样，这一作用对糖代谢失调的人群特别有意义[12, 26]。ω-3 脂肪酸还能通过延缓炎症发生的方式影响机体自身的免疫系统，从而促进运动后体力的恢复。其中还存在太多需要解决的问题，所以目前我们不能为运动者提供精确的参考意见。

小结：ω-3 脂肪酸可能不能明显提高力量训练者的运动效能，但是可能可以促进运动者体力的恢复以及增强其身体免疫功能。此外，偏重 ω-3 脂肪酸的地中海式饮食对运动者的健康有好处。通过健康的饮食所摄入的 ω-3 脂肪酸的分量就再适合不过了，长期过少或过多摄入 ω-3 脂肪酸都对人体健康不利！过多摄入 ω-3 脂肪酸不一定更利于健康，这是运动者在服用此类补充剂时要注意的问题。

3.6.3.4 反式脂肪酸

反式脂肪酸经常在电视和运动杂志上出现，对它的歪曲也屡见不鲜。因此，我们很有必要基于目前的科研成果，为运动者介绍一下反式脂肪酸。

反式脂肪酸指具有特殊空间结构的不饱和脂肪酸。在食品包装上，生产商更常用"氢化""部分氢化"来代替"反式"这个说法。

因为我们体内的酶能够依靠空间结构来识别食物成分，这就导致人体在摄入反式脂肪酸后，因其结构特性而让某些新陈代谢发生改变。例如，在脂肪代谢中，反式脂肪酸能使不健康的 LDL-胆固醇的水平不合理地上升，同时使具有保护功能的 HDL-胆固醇的水平下降。血脂水平也会因为大量摄入反式脂肪酸而受到不良影响[100]。我们目前可以确定，反式脂肪酸会增加发生动脉硬化的风险，并因此导致心脏病的发病率提高[12]。

长年过量摄入反式脂肪酸是否会增加肥胖以及患高血压、糖尿病或者癌症的风险，目前尚不清楚[100]。然而可以确定的是，反式脂肪酸会在人体内引起氧化压力，通过产生自由基来对身体造成可能的伤害。耶拿大学营养生理学研究所的研究显示，正常情况下，德国人反式脂肪酸的摄入量不足以导致这种情况的发生，更大的摄入量才会损害人体健康。而美国和加拿大的情况则不同[101]。

德国人平均每日摄入 2~3 克的反式脂肪酸[100, 101]。从整个欧洲来看，男性每日摄入量在 1~7 克间波动，女性则为每日 2~4 克[102]，偶有摄入量更高的个例。反式脂肪酸摄入量最小的是地中海地区的居民。

反式脂肪酸主要存在于加工类食品中。众所周知，脂肪最适合添加到食品中，少量的脂肪就可以让食物的口感和味道变得更好。而由于某些植物油价格比较低，工厂会尽可能地借助油脂氢化这种食品加工技术来增强它们的稳定性，然后用它生产相应的食品。这种氢化或者部分氢化的油脂的发明，使得植物油变得容易涂抹，人造黄油①就是这样产生的。此外，在自家厨房里，对植物油进行过度加热也会产生反式脂肪酸，但是选择合适的油可以避免这种情况的发生。

反式脂肪酸也在自然界中存在，主要存在于反刍动物的乳制品和肉制品中，比如牛奶、牛油等。然而，吃这些食品对人来说是毫无坏处的，甚至有科学证明有规律地饮用牛奶对健康大有裨益[103, 104]。在此运动者要注意，广告中常见的 CLA（第 92 页补充文献《共轭亚油酸（CLA）是具有合成代谢效应的反式脂肪酸的类似物？》）也是一种反式脂肪酸。

根据在全欧洲范围内进行的研究项目 TRANS-FAIR，冰激凌、速冻比萨、速食千层面、巧克力、速溶咖啡粉和速食汤料等都是含有反式脂肪酸的典型食品[102]。正如上面所提到的，反刍动物的乳制品和肉制品也"贡献"了一部分反式脂肪酸。

含反式脂肪酸的加工类食品主要是那些添加了用于烘焙的人造黄油的食品，如酥皮面包、面包干、蛋糕、肉饼、各式小糕点、微波爆米花、油炸面包丁、威化饼干和薯条等[102, 118]。不过，我们通过选择合适的食物就能轻而易举地控制反式脂肪酸的摄入量（表 9）。

健身者一般都会避免食用反式脂肪酸含量很高的食品，只在某些特定的场合才必须摄入，但在这种情况下的摄入量通常会很大。力量训练者在大多数时间都坚持健康饮食，这是避免长期过量摄入反式脂肪酸最重要的方法。

相关研究还指出，食品加工工艺的进步更有助于减少反式脂肪酸给人体健康带来的伤害[102]。

小结：长期大量摄入反式脂肪酸对人体心血管系统的健康状况十分不利。我们必须警惕带有"氢化植物油"②字样的食品。食用高温加热过的油脂也会增加反式脂肪酸的摄入。食物中最主要的反式脂肪酸来源是烘焙食品和薯条。这类食品只能偶尔尝尝。对运动者来说，总体上坚持健康的生活方式，偶尔食用此类食品的话，所摄入的反式脂肪酸就不会对身体造成太大的问题。

3.7 类脂一族的重要代表物

对力量训练者来说，类脂③一族的代表物，除了脂溶性维生素（第 8 章）外，还有胆固醇以及几种可作为营养补充剂的物质。胆固醇与血脂水平密切相关，对那些有家族

---

① 人造黄油还被称为植物黄油、人工奶油以及玛琪琳（音译）和麦琪林（音译）等。

② 氢化植物油是反式脂肪酸的俗名，其他类似的名称还包括部分氢化植物油、氢化脂肪、部分氢化脂肪、植物性酥油、起酥油、人造牛油、人造黄油、人造奶油、植脂末等，大家购买时要注意识别。

③ 类脂是一类在结构和性质上与油脂类似的天然化合物，但在它们的结构中除脂肪酸和醇类基团外，还有非脂成分。类脂种类繁多，包括蜡、磷脂、萜类和甾族化合物。目前"类脂"一词渐渐被"复合脂质"或"复合酯类"所取代。本书因偏重于科普，仍采取流传度较高的旧称"类脂"。

共轭亚油酸（CLA）是具有合成代谢效应的反式脂肪酸的类似物？ [12, 21, 56, 78, 102, 105, 106, 107, 108, 109, 110, 111, 112, 113, 114, 115, 116, 117]

CLA 是一种多不饱和的、具有特殊空间结构的反式脂肪酸的类似物。CLA 出现在反刍动物的消化道和乳腺中，因此它天然存在于牛肉和牛奶制品中。家畜的散养会促进 CLA 的生成。一个正常饮食的人每日大约摄入 0.25~0.4 克 CLA，其中 90% 是顺 9, 反 11-CLA。如果将它作为补充剂的话，一般剂量是每日 2~7 克。

20 世纪 90 年代中期，CLA 作为营养补充剂横空出世。在青少年期小鼠身上，CLA 明显促进了小鼠体脂的降解和肌肉量的增加。健身杂志上的图片让整个健身界陷入疯狂，健身达人们纷纷去购买这种想象中具有合成代谢效应的药品，结果不久后人们大失所望。

在生物体中，有活性的 CLA 主要是顺 9, 反 11-CLA 和反 10, 顺 12-CLA。根据动物实验，前者对人体健康有正面效果，后者则与身体成分比例的改变有关。过去有人解释称，因市售的药剂中反 10, 顺 12-CLA 含量太低才导致药效不明显。当人类有能力生产出纯度更高的 CLA 产品时，又对它的功效重新燃起了希望。目前为止只有几个关于 CLA 的人体实验，且各实验的质量相差较大。我们即使放松评判标准，还是在这些实验中发现，CLA 的作用无论是在体脂含量还是在去脂体重方面都不明显。而那些严格而正规的长期实验没能发现它的持久效果也就不足为奇了。一项最新的研究也没有发现 CLA 具有稳定体重（在减脂节食后抑制体重的反弹）的效果。

我们在几年前进行了一项专门针对力量训练者的可行性研究，在长达 6 个月的服用 CLA 补充剂阶段，无论是运动新手，还是在资深运动者身上，我们都没有发现 CLA 对肌肉生长、脂肪降解或者重要的合成代谢类激素（比如 IGF-1）含量提高等有有说服力的功效。在另一个针对力量训练者的正规实验中，我们同样没有发现 CLA 的明显效果。一个最近的实验发现 CLA 对力量训练新手具有极为微弱的正面效果。

还有讨论说，实验中的受试者的 CLA 摄入量与小鼠的相比并不小，但仍没能证明 CLA 对人有效。不要忘了，动物与人之间通常存在代谢差异，并且迄今为止 CLA 只在青少年期动物身上见效。另外，剂量过大并非没有问题，用有助于改善身体成分比例的反 10, 顺 12-CLA 制成的高浓缩制剂会给人带来各种副作用。在受试者服用 4 个月后，从实验数据来看它对体内胰岛素的平衡无益，还会让体质较差的人的代谢调控变差。另一个可能的副作用是会引起血脂升高，此外还经常造成胃肠道不适。正反面的证据说明，CLA 的效果受很多因素（诸如补充剂成分、持续服用时间以及服用者的年龄、身体状况和饮食结构等）的影响。CLA 在免疫系统方面显示出的几种积极效果，现在下定论还为时过早。

小结：目前尚不能完全排除 CLA 会对健身者的健康造成影响的情况。许多问题还有待解决。

遗传心血管疾病史的、需在增肌阶段摄入大量热量的、吸烟的和服用提高运动成绩的药物的运动者来说尤为重要。

对力量训练者来说，胆固醇还有其他重要意义：它是合成所有类固醇激素①（如睾酮、雌性激素、皮质醇）、维生素 D 以及脂肪消化所必需的胆汁酸盐的前体物质。对人体健康和运动效能来说，胆固醇也至关重要。

在德语地区，青少年和成年人通过饮食摄入的胆固醇每日有 0.2~0.4 克 [79]。自然界中只有动物有能力自行合成胆固醇，而人类

---

① 类固醇激素又称甾体激素，它在维持生命、调节性功能、促进机体发展、进行免疫调节、治疗皮肤疾病及控制生育等方面有明确的作用，具有极重要的医药价值。

表 9　在生活中减少反式脂肪酸摄入的实用小贴士 [102, 118, 119]

- 少摄入脂肪，自然也就能少摄入反式脂肪酸。
- 优先选用健康的食油，并且采用低脂烹饪法（特别是在烹饪那些本身就已经富含油脂的食材时）。
- 加工类食品的标签上如果带有"氢化植物油"和"部分氢化植物油"等字样，则表明它们含有反式脂肪酸。
- 坚持使用营养价值高的油，比如菜籽油、亚麻籽油或橄榄油，它们有利于脂肪的新陈代谢以及有助于人体代谢平衡。
- 要想使用涂抹用黄油，最好选择低脂人造黄油，它通常不含反式脂肪酸。目前德国市售的大多数杯装人造黄油几乎都不含反式脂肪酸。只有那些用来制作加工类食品的烘焙用人造黄油含有大量反式脂肪酸。
- 涂抹类的含脂甜食，比如巧克力榛果酱，以及某些面包涂抹酱都含有反式脂肪酸。我们当然不必完全弃之不吃，但要有节制地食用。这条原则同样适用于方便食品、零食以及类似的食品。
- 规律的耐力训练对血脂很有好处。在力量训练后添加一次小型耐力训练就可以锦上添花。这种做法特别适合那些年纪较大的运动者、滥用药物者、吸烟者以及有家族遗传心血管疾病史的人士。

可以通过食用动物性食物来获得外源性胆固醇。这些通过饮食摄入的胆固醇对在医生那里所测得的血脂值没有明显的影响，它们进入体内后大约只有一半可被利用。而且，只有大约 50% 的人在长期从食物中大量摄入胆固醇的情况下，其血脂水平降低了[12]。

关于心血管健康方面还有一点要记住，那就是就算我们极力限制食用富含胆固醇的食物，最多也只能让血液中的胆固醇水平降低 10%~15%[120]。

对健康和激素合成意义更大的是在人体的肝脏和肠道中自行合成的那部分胆固醇，人体每日能合成 0.6~0.9 克。许多因素，甚至是部分相互制约的因素都能促进人体内胆固醇的合成，比如能量正平衡或者摄入大量饱和脂肪酸。

有趣的是，某些健身者在增肌阶段每周吃多达 81 个鸡蛋，而且饮食也很少顾及心血管的健康（每日大约摄入 5700 千卡热量，其中至少含有 200 克膳食脂肪），可即使他们的胆固醇摄入量如此之大，在跟踪观察中研究人员也基本没有发现他们的血脂水平出现过高的情况[121, 122, 123]，甚至还发现这种饮食对影响血脂值的某几项因素起到了正面作用！相关的研究人员认为这和规律的运动有关。但是，这种现象只发生在没有使用外源性类固醇激素的健身者身上。

那些有家族遗传心脏病史的健身者，尤其是还服用了提高运动成绩的药物甚至长期吸烟的健身者应该时时刻刻关注自己的胆固醇摄入量。这部分人最好定期体检以监控自己的身体状况。

现在有一种新型的、能够阻断胆固醇在肠道内的吸收的药物，它的功效证明了食物中的胆固醇还是能对血脂水平产生一定影响的。植物固醇①也能对血脂产生影响，但是是产生正面影响。它被添加在某几种人造黄油中，因其出色的心血管保护功效而被电视广告宣传得家喻户晓[120, 124]。然而，规律摄入此类产品是否真的能够降低患病率而不仅

---

① 植物固醇是广泛存在于蔬菜、水果等植物的细胞膜中的活性成分，主要包括豆固醇、谷固醇和酵母固醇。它们能与胆固醇竞争小肠吸收位点，从而抑制人体对胆固醇的吸收。

磷脂酰丝氨酸和磷脂酰胆碱能够提升运动效能吗？ [37, 129, 130]

磷脂酰丝氨酸和磷脂酰胆碱都属于带有磷酸基团的类脂。健康人的体内能够自行合成这两种物质，而且合成量能充分满足人体的需要，因此它们不属于必需营养素。

磷脂酰胆碱是细胞膜的组成成分，能够影响神经功能。此外，它对肝脏功能和细胞生长都有重要意义。

通过实验人们发现，人体血液中磷脂酰胆碱的水平会在高强度的耐力训练后降低，如果运动者服用磷脂酰胆碱补充剂的话，可以避免这种情况的发生。于是人们大力研究这种营养补充剂是否具有提升运动效能的作用，结果显示：在绝大多数情况下，艰苦训练并不会耗光体内的磷脂酰胆碱。根据目前的研究水平，磷脂酰胆碱对运动效能的影响尚不明确。从几项研究中我们发现，磷脂酰胆碱补充剂对运动后的心跳频率、血液中的乳酸水平以及其他几个参考因素都有影响，但如果最终运动效能没有得到提高的话，这些改变对运动者来说也就没有实际意义。

磷脂酰丝氨酸同样存在于细胞膜中，对神经功能也有影响。此外磷脂酰丝氨酸能改变某些信号物质的功能，还作为一种抗氧化剂对机体起作用。人体内一般有 60 克磷脂酰丝氨酸，其中一半在大脑内，少数存在于骨骼肌和心肌内。我们每日通过饮食能够摄入大约 0.13 克磷脂酰丝氨酸，蛋黄、肉类和内脏是其主要的食物来源。

一份权威的科研报告显示，如果把磷脂酰丝氨酸作为营养补充剂（0.8 克），受试者进行高强度训练后，其体内分解代谢类压力激素——皮质醇水平下降了近 1/3。在带有耐力测试的实验中，受试者的运动疲劳甚至也得到了缓解。人们对力量训练者进行了同样的研究，但是结果远远不足以证明磷脂酰丝氨酸的功效，因为这个实验没有测试它对肌肉和力量增长的影响。总之，目前的研究结果还是矛盾重重。

还要注意的是，一定量的皮质醇对肌肉增长和身体的其他适应性反应来说是必不可少的。例如，运动者进行艰苦训练后，其体内受伤肌肉组织先进行分解，为后面生成新肌肉做准备。在这些生理过程中，免疫系统的细胞发挥着至关重要的作用，它们的活性就受皮质醇的调控。健身者的健身效果也是被良好调控的皮质醇的功效的体现，但是体内长期超高的皮质醇水平对健康是不利的。

那些经常食用肉类和蛋类的人，不要指望磷脂酰丝氨酸能带来明显的功效——这也许可以在一定程度上解释那些实验结果为什么相互矛盾。

从前，用作营养补充剂的磷脂酰丝氨酸是从牛的大脑中提取的，因为疯牛病的缘故，近些年来都改为从大豆中提取。将磷脂酰丝氨酸作为补充剂服用的话，每日剂量通常为 0.1~0.8 克。大剂量服用磷脂酰丝氨酸补充剂会使身体散发类似于鱼腥味的体味。

小结：对健美运动员、力量训练者或健身者来说，目前还没有足够权威的理论来证明可以将磷脂酰丝氨酸和磷脂酰胆碱这两种物质作为营养补充剂服用。但是有必要说明的是，根据目前的研究成果，想尝试这两种补充剂的人也不必担心服用它们会产生不良影响。

仅是美化血脂数值，甚至它会不会对健康带来一定的危害，都还有待研究[125, 126]。

以提升运动效能为宗旨的运动者千万不要被某些专业杂志时不时发表的谬论欺骗，相信大量摄入胆固醇能够自动提升睾酮水平。正如我们上面已经明确说明的，力量训练者适当摄入脂肪并结合科学合理的运动，就能获得良好的体内激素环境。但是这也只能在一定程度上影响体内的激素水平，因为激素的合成是受到机体精细调控的，外界影响都只是次要的。

因此，我们要对那些添加了诸如 β-蜕

皮甾酮、异黄酮或菝葜①成分的营养补充剂所标榜的功效持保留态度。这些植物性物质虽然能够通过影响体内类固醇激素的平衡而促进肌肉增长，但是对其有效性下定论还为时过早，目前只有很少的、不够正规的实验可供参考[21,127]。

过去几年得到的这些令人不满意的数据急需一项针对资深运动者的、规划严谨的新研究项目的出现。然而也有人强烈质疑，诸如甲氧基异黄酮、蜕皮甾酮或者硫酸多糖（CSP-3，来自一种叫作囊链藻的褐藻）之类的物质，无论是在力量增长还是在增肌减脂方面，对运动者是否真的有效[128]。

小结：胆固醇是类固醇激素、维生素 D、胆汁酸盐的前体物质。类似的植物性物质被作为合成代谢类营养补充剂出售，然而其功效尚未得到证明。对许多人来说，膳食胆固醇对血脂的不利影响明显小于饱和脂肪酸或者反式脂肪酸。然而作为有健康观念的运动者，我们不该对胆固醇的摄入掉以轻心。

3.8 德国居民摄入脂肪的种类和数量

在为运动者介绍高脂饮食法之前，我们有必要简要探讨一下德国居民通常情况下摄入脂肪的种类和数量。15~51 岁的德国男性和女性平均每日摄入 80~100 克膳食脂肪[79]（图 14）。这相当于他们每日热量摄入总量的33%~38%。而德国营养协会建议，每日脂肪摄入量最好限制在每日热量摄入总量的 30%以内。然而这个建议值也取决于每日体力活动的强度、膳食脂肪的品质、热量的摄入情况、个人健康状况以及身体成分比例[4,12]。根据美国官方的指导意见，每日热量摄入中20%~35% 的热量来自脂肪是毫无问题的[131]。运动者可以从这些信息里得出一个结论：较大的脂肪摄入量对体重和健康来说并不必然

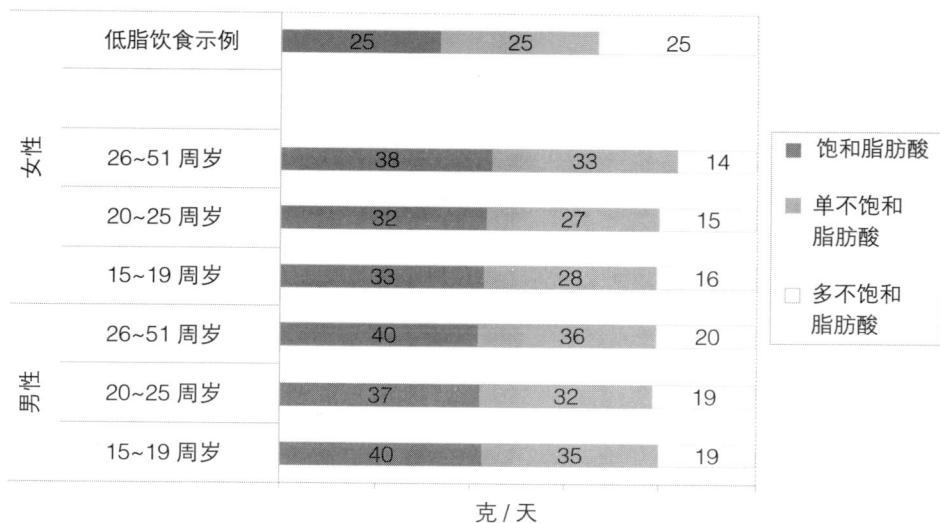

图 14　德国居民脂肪摄入情况[79]

低脂饮食示例　25　25　25

女性
26~51 周岁　38　33　14
20~25 周岁　32　27　15
15~19 周岁　33　28　16

男性
26~51 周岁　40　36　20
20~25 周岁　37　32　19
15~19 周岁　40　35　19

■ 饱和脂肪酸

▨ 单不饱和脂肪酸

□ 多不饱和脂肪酸

克/天

---

① 菝葜是一种植物，有降血糖、消炎镇痛、抗肿瘤和抗菌的功效。

带来负面影响。科学家一致认为，只要积极运动了，就可以增加脂肪的摄入。

某些健美运动员在比赛或减脂阶段只摄入极少的膳食脂肪[3, 47, 48, 49, 50]。与此相反，力量训练者在增肌阶段每日却要摄入 200 克甚至更多的脂肪[122, 123]。

摄入的脂肪与体重之间的关系如下：按照经验，运动者在增肌阶段，每日可按照每千克体重 1~2 克的标准摄入膳食脂肪；而在减脂阶段，摄入标准仅为 0.3~0.5 克。

除了规律的体力活动，一个人长期摄入的脂肪的种类也非常重要。在前面的章节中我们已经知道，为了健康和运动效能着想，我们最好增加单不饱和脂肪酸的摄入量。但是在现实生活中我们并没有做到。

有相当一部分的德国男性和女性更喜欢食用含饱和脂肪酸的食品。这对运动者来说倒无所谓，但也不是最好的做法。根据 2004 年度营养报告，德国人对多不饱和脂肪酸的摄入相当不足（图 14），也即 ω-3 脂肪酸和 ω-6 脂肪酸的摄入不足。正如我们已经了解到的那样，二者摄入的良好比例应该是 ω-3 脂肪酸的摄入量更大一些。

3.9 力量训练者与高脂低碳饮食法

对脂肪代谢这个话题最感兴趣的人，其实是想要把自己的体脂率一下降到能呈现完美身材的健身房常客们。众所周知，职业健美运动员在赛季之前也会特别关注这个话题，而那些雄心勃勃的健身者全年刻苦运动就是为了能在炎热的夏季大秀肌肉。

关于营养和脂肪代谢我们在上一章中已经进行了详细的讨论，然而那是从碳水化合物的角度来说的。接下来我们将以严谨的态度探讨一下高脂低碳饮食法。这里有两个关键性问题：第一，高脂低碳饮食法真的有效吗？第二，长期坚持实行这种饮食法是否会对运动者的健康产生不利影响？

3.9.1 低碳饮食法的起源与发展

近些年来，阿特金斯饮食法、迈阿密饮食法① 以及其他各种低碳减肥疗法席卷了整个欧洲（当然也包括德语地区）。与此同时，1/3 的美国人也在时刻计算碳水化合物而非热量的摄入量[132]。这股风潮甚至让美国的鸡蛋价格翻了倍，也让牛肉价格上涨了 50%[132]。

极端的低碳饮食法最早出现在 19 世纪 60 年代，由英国人威廉·班廷爵士创立。这种特殊的饮食方法被已故的美国医生罗伯特·C.阿特金斯博士发扬光大。阿特金斯博士从 20 世纪 70 年代开始强力推广经他严格改良的低碳饮食法，这种饮食法因此也被称为阿特金斯饮食法。阿特金斯饮食法以及类似的改良方法还常被叫作生酮饮食法。

阿特金斯饮食法到今天仍然十分流行，相关图书不时登上热销排行榜。这些年，在健身界、健美界和力量训练界，并没有新的改良版本的低碳饮食法出现。即使有新饮食法诞生，其内核也不是阿特金斯式的，而是其他类型的饮食方法。其中最著名的就是所谓的合成代谢饮食法。它不是典型的低碳饮食法，因为它通常将高碳饮食和低碳饮食有规律地交替进行。而阿特金斯饮食法和其他较早的低碳饮食法要求人们必须长期坚持摄入很少的碳水化合物。合成代谢饮食法其实是循环饮食法（第 7 章）的改良版。一直没

---

① 迈阿密饮食法属于低碳饮食法，即根据食物的 GI 值选择可以食用的碳水化合物。这种饮食法从根本上说就是只选择那些会使血糖缓慢上升的"好碳水化合物"。此饮食法的优点是实行者不必挨饿，无须计算摄入的热量，同时不用过于偏重肉类，还可以改善胆固醇及胰岛素水平，降低患心血管疾病和糖尿病的风险。

有人对这种有趣的方法进行过相关的科学研究，因为与低碳饮食法相比，合成代谢饮食法及与其类似的方法还有许多需要完善的地方。接下来，我们在探讨阿特金斯饮食法时也会从科学的角度一并探讨这些不同的饮食法，即便它们在某些方面存在巨大差异以及对它们的评价存在局限。

3.9.1.1 阿特金斯饮食法的理论基础

低碳饮食法的所有衍生方法都建立在对胰岛素进行调控的基础上。毫无疑问，作为信号物质的胰岛素在脂肪细胞的充盈过程中扮演了重要角色。胰岛素最重要的功能就是在饭后促进体内所有的储能部位尽可能地储满能量（图12）。此外，胰岛素还能激活脂蛋白脂肪酶的活性。这个念起来像在说绕口令的物质是一种活性很强的代谢辅助因子，它能识别在血液中游离的脂肪载体并与之结合，然后负责把载体上的脂肪转运到脂肪细胞中去。这样做的后果就是，令人讨厌的赘肉变多了。

同时，胰岛素会抑制一种对运动者来说非常重要的新陈代谢参与酶，即对胰岛素敏感的甘油三酯水解酶：在饥饿状态下或在运动过程中，这种酶有助于平时储存在体内的脂肪的分解。分解后的游离脂肪酸在血液的携带下到达靶器官（主要是骨骼肌和肝脏）。在那里，它们被燃烧或者被用于其他用途。而较高水平的胰岛素的存在大大阻碍了脂肪从储存部位的释放。

脂肪细胞变充盈的理想前提条件是高胰岛素水平和能量过剩这两种情况同时存在，即摄入了能量密度极大且富含可快速吸收碳水化合物的食物。低碳饮食派的理念在于，通过竭尽所能地减少碳水化合物的摄入来将胰岛素水平控制在尽可能低的状态，这在理论上会极大地推动自体脂肪的分解。

其实，每天只摄入 100~150 克碳水化合物就算是低碳饮食了[133]。然而，过去的很多科学研究只允许受试者每天摄入 20~70 克碳水化合物，这么严格的标准与阿特金斯饮食法要求的一致[134, 135, 136]。

这种标准在现实生活中就相当于把脂肪和蛋白质作为膳食营养成分的全部，可以无限制地摄入。低碳饮食法要求实行者优先选择那些富含蛋白质的食物，如鱼、蛋、低糖乳制品（酸奶、奶酪）、坚果、香肠和肉类，而水果、面包、谷类和土豆等几乎被它全部剔除。此外，它还要求实行者只食用少量蔬菜，而且是不含淀粉的蔬菜。

这种饮食法实行几天之后，人体内原本储备的碳水化合物大部分都被消耗掉了；如果再配合艰苦的运动，那么这一排碳过程将进一步加速[26]。减少的糖原储备传递给身体一个信号：必须最大限度地燃烧脂肪[137, 133]。而那些只能依赖碳水化合物提供能量的组织和器官，比如神经细胞、红细胞以及眼睛的晶状体，将通过糖异生作用获得它们需要的葡萄糖。糖异生作用发生在肝脏和肾脏中，这个作用发生时虽然在起初的几天里会大量消耗蛋白质来合成葡萄糖，却能使血糖水平一直保持在健康的范围内。因此，即使实行极端的低碳饮食法，人们也很少会出现严重的低血糖现象。

由于阿特金斯饮食法导致胰岛素水平较低，脂肪的释放规模在几天后将大到令人不可思议——大量脂肪酸从脂肪细胞中流失。这些大量"逃逸"的能量载体在血液中游离，导致很多器官都几乎把它作为唯一的能量来源。

而在正处于工作状态的骨骼肌里，碳水化合物的大量减少让骨骼肌退而求其次地选择使用脂肪燃烧供应的能量。一般来说，糖类供给的缺乏会使 ATP 的合成变慢，这在进行高强度训练时会严重影响运动效能。

在肝脏中，如果脂肪没有得到充分燃烧，

就会出现大量脂肪分解留下的脂肪碎片。因为这些脂肪碎片中含有的能量不可能凭空消失——脂肪碎片要么被降解要么被储存，而肝脏又是新陈代谢的控制中心。为了能够利用这些多出来的脂肪碎片，一种被称为"生酮作用"的新陈代谢旁路被激活了（这就是生酮饮食法的由来）。通过这条代谢旁路，不完全分解的脂肪酸形成了酮体，在为期数周的机体适应过程之后，酮体能被肌肉，甚至部分地被大脑作为能量供体利用。

阿特金斯博士在推广他的饮食法时，很长时间内的主要论据就是这种方法能促进生酮作用的发生。酮体除了被身体作为能量供体大量利用以外，还会随尿液大量排出体外，甚至还会通过肺部呼吸少量排出（由此产生了特殊的口气）。因为脂肪中含有的能量有部分作为酮体被排出体外，并且身体几乎不能以除脂肪酸和酮体以外的形式燃烧能量，此外脂肪在体内的储存也被强烈抑制，所以在实行阿特金斯饮食法时，摄入多少热量并不重要。这就是阿特金斯饮食法的理论基础。

在此必须提到的一点是，在实行适度的低碳饮食法时，也就是每天碳水化合物摄入量的上限为150克时，人体内不会有酮体产生。尽管如此，脂肪分解的速度还是会明显加快，这一点我们稍后再谈。

3.9.1.2 阿特金斯饮食法能增肌吗?

健身圈中高脂低碳饮食法的推崇者们认为，实行这一饮食法能够给体内创造一个类似于合成代谢效应的激素环境，因此运动者可以轻而易举地减脂并增肌。如果是这样，某些与合成代谢有关的信号物质（我们在本章中已经提到过，比如睾酮、IGF-1和生长激素等）的水平，在实行高脂饮食法后应该显著升高。

体内这些信号物质的含量的确会随营养物质的摄入和排出而发生改变，这一点毋庸置疑。现在让我们更加详细地讨论一下高脂饮食对这些信号物质的作用。我们先来介绍下面这个实验：12名健康且体重正常但不爱运动的男性受试者实行了长达6周的极端低碳饮食，他们的身体所受到的影响被研究人员观察和记录了下来[138]。受试者按如下规则改变他们的饮食结构：原来他们每日热量摄入总量的50%都来自碳水化合物，在实验期间这一比例剧降到8%。另外，实验还设置了对照组，对照组的8名男性受试者依然正常饮食。

结果显示，皮质醇、IGF-1、甲状腺激素的活性形式T3以及游离睾酮和结合睾酮都完全不受低碳饮食的影响。甲状腺激素的储存形式T4水平则明显升高。与预期的一致，低碳饮食对胰岛素的影响最大，胰岛素在血液中的含量下降了大约30%。这直接导致了实验组受试者的平均体脂减少了3.4千克，改变相当明显，而他们的去脂体重（注意不要和纯肌肉质量混淆）则增加了1.1千克。

高脂饮食法能够影响身体成分比例以及改变激素平衡的说法，与这个实验的结果是相符合的，至少对不运动的人来说是这样。然而，高脂饮食法真的胜过其他饮食法吗？

现在我们来谈一谈高脂饮食的合成代谢效应。资深的力量训练者摄入的膳食脂肪占每日热量摄入总量的25%左右，就能让体内游离睾酮的水平自然地达到最高[40]（如上所述）。像某些极端的低碳饮食法要求的那样，脂肪摄入量占每日热量摄入总量的60%是完全没有必要的。与人们的预期相反的是，不同的研究都证明，高脂饮食对不运动的人的睾酮水平完全没有影响[139, 140, 138]。这可能是因为，人们在实行极端的低碳饮食法的时候往往会摄入超量的蛋白质[141]。许多针对力量训练者的研究一致证明，摄入过多蛋白质会降低睾酮水平[40, 60]。

实行阿特金斯饮食法时，大量摄入蛋白质所产生的效果（降低游离睾酮的水平）可能会与大量摄入膳食脂肪的效果（提升游离睾酮的水平）相互抵消。另外，就像在上述实验中发生的那样，体脂的大幅减少同样会减缓睾酮水平的下降。在丰盈的脂肪细胞里，某些能将睾酮转化为雌性激素的具有特异性的酶非常活跃。体脂流失的同时，这个转化的过程就会明显变慢[142]，结果自然能让睾酮水平稳定或略有提高。

此外，实行低碳饮食法时人体内摄入的膳食纤维通常也较少，这可能同样能小幅度增加游离睾酮的比例[143, 144]。还有就是，低碳饮食的食谱中通常包含很多肉类和鱼类，它们能给运动者带来很有用的锌元素。这种矿物质会参与阻断睾酮向雌性激素转化的过程[142]。不过，因为力量训练者通常至少在增肌阶段和减脂阶段要额外服用锌补充剂（第8章），所以对他们来说，低碳饮食法的最后一个好处可能没什么意义。

综合所有因素，我们就能明白为什么在上面介绍的实验里，在实行低碳饮食法时受试者体内的睾酮水平是稳定的。而在一项针对力量训练者进行的研究中，低脂饮食搭配摄入单不饱和脂肪酸能够持续提高游离睾酮的水平。这说明在日常生活中，至少在睾酮方面，高脂饮食并没有明显的合成代谢效应。

从增肌角度来看，高脂低碳饮食法的最大缺点在于，有着最强合成代谢效应的信号物质——胰岛素总是保持在较低水平。这对增肌来说是"副作用"，对减脂来说却是主要原因。还没有严谨正规的科学实验能够证明，实行高脂低碳饮食法后，力量训练者的力量和肌能能有所增加，这可比测定激素水平更有实际意义。

至此，某些细心的读者可能会提出异议，在上文某个研究低碳饮食法的实验中，年轻男性的去脂体重毕竟增加了 1.1 千克。同样，不运动的人在从普通饮食转换成高蛋白饮食的过程中，也会在一定程度上增加去脂体重（与在德国波茨坦饮食营养研究所马丁·魏克特教授所领导的 PROFIMET 项目中所观察到的一样，该研究成果在本书写作时正准备发表）。按照研究人员的说法，不实行低碳饮食法同样可以获得这样的效果，也就是说，增肌与实行阿特金斯饮食法带来的体内激素环境的改变无关[138, 145]。

从科学的角度看来，低碳饮食法具有明显的增肌效果至少到目前为止还只是一种理论构想，尚未得到科学证明。那些原本就长期服用类固醇类激素以提高运动成绩的人对此无所谓。但对不服用药物、埋头苦练的人来说，这个信息将决定他是否会采用低碳饮食法。

从减脂的角度来看，在实行低碳饮食法时观察到的甲状腺激素 T4 水平的上升对脂肪降解没什么作用。身体有需求时，正常情况下大量存在的 T4 随时可以转化为有活性的 T3①，而人体内的 T3 水平在实行低碳饮食法期间保持不变。此外，人体内甲状腺激素的活性在正常情况下是被精细调控的。从长远来看，试图通过饮食或者运动的方式对其施加外在影响几乎是不可能的[37]。

低碳饮食法能使胰岛素水平保持在非常低的状态，这一点无须赘述。这种效果虽然也可以借助血糖指数饮食法来达到，但是采用阿特金斯饮食法的效果更显著。本小节一开始就提到的那个实验的研究人员将获得的减脂成果完全归功于实行低碳饮食法期间剧降的胰岛素水平[138, 145]。然而，不要忘记，

---

① 甲状腺激素 T3 具有多种生理功能，在脂肪代谢中，它能促进脂肪酸氧化，增强其他因子对脂肪的分解作用。

只有在能量负平衡的情况下，运动者才能利用较低的胰岛素水平达到减脂的目的。

基于以上这些研究结论，我们期望在接下来对阿特金斯饮食法与其他饮食法的比较中获得以下结论：阿特金斯饮食法在减重和减脂方面的效果可能比人们所知道的其他饮食法的都好。当然，阿特金斯饮食法特别有利于增肌这一点是没有科学依据的。

3.9.1.3 阿特金斯饮食法与其他饮食法的比较

力量训练者总是对体内的激素水平非常在意，然而他们经常忽视的是，体内原本的激素水平对增肌和减脂才是最自然的。为了能客观评价某种饮食法对自然增肌和减脂的效果，我们需要极具说服力的研究方法。直到前几年，这样的实验还很少，然而现在情况不同了。对力量训练者来说，当今的科学水平可以给出关于高脂低碳饮食法效果的比较严谨的说法。

在几个短期实验中，研究人员对一些严苛的低碳饮食法（受试者每日只摄入 20~70 克碳水化合物）进行了研究，这些实验为期最长为 6 个 月[146, 147, 148, 149, 150, 151, 152, 153, 154, 155]。在这些实验里，研究人员比较了阿特金斯饮食法与相较而言热量摄入总量较小的低脂高碳饮食法。在阿特金斯饮食法组，受试者的体重减少量为 3~10 千克，而低脂高碳饮食法组受试者的体重减少量为 2~7 千克。基于这个发现，科学家目前得出的共识是，在减重方面，高脂低碳饮食法（阿特金斯饮食法）的效果优于低脂

高碳饮食法——至少在 6 个月内是这样的。

但是实验期间受试者的退出率高达 50%，这一点值得我们深思。实验结束时，坚持到最后的受试者的人数有时少到难以得出有效结论的程度[12]。

最新的实验结果虽然令人印象深刻，但是仍然没能回答一个问题，那就是靠采用阿特金斯饮食法减重的效果能否稳定下来。于是，人们又进行了几个长达一年的长期实验，在此期间受试者每天被允许最多摄入 20~30 克碳水化合物[156, 157]。第一个长期实验显示，在 6 个月内低碳饮食法所引起的受试者体重下降的情况更为明显；然而一年之后，低脂饮食法和低碳饮食法的效果就没有任何差别了。第二个长期实验得出的结论与第一个的完全相同。

更有趣的是与此相关的另外两个同样为期一年的实验，实验中研究人员比较了阿特金斯饮食法、奥尼什饮食法①（极度低脂）、慧俪轻体减肥法②（控制热量）、LEARN 减肥法③（适度低脂）以及区域饮食法（高蛋白、低碳水化合物、控制胰岛素，与低 GI 值饮食法类似）[158, 159]。其中的第一个实验明确发现，通过所有饮食法所获得的减重效果——无论使用的是哪种方法——一年之后都归于同样的结果：受试者的体重减轻了 2~3 千克。

这个实验得到的关键性结论是，饮食法越苛刻，提前退出的受试者就越多。无论是在极度低脂的奥尼什饮食法组，还是在极度低碳的阿特金斯饮食法组，都有半数的受试

---

① 奥尼什饮食法由美国医生迪安·奥尼什创立，该饮食法的原则是高纤维、极低脂肪，摄入的脂肪只占摄入总热量的 1/10。

② 慧俪轻体是一家健康减重咨询机构。它创立了一个已经获得专利的"饮食棒点系统"，由运动学家和营养学家对常见食物进行棒点值评定，保证使用者在营养全面的情况下科学地减重。

③ 在"LEARN"中，L、E、A、R、N 这 5 个字母分别代表 Lifestyle（生活方式）、Exercise（运动）、Attitude（态度）、Relationship（人际关系）和 Nutrition（营养）。这一减肥法的理念在于减重者不仅要控制食物摄入，也要树立对减肥的科学态度、养成健康的生活方式以及建立良好的人际关系。

者提前"举白旗投降"。而另外三组的饮食控制略微宽松一点儿，因而只有大约30%的受试者中途退出。将这个结论推及到现实中我们可以说，人们只有找到一种最适合自己、长期来看并不那么严苛的饮食法，才更容易取得持久的成功（第7章）。

第二个为期一年的饮食法比较实验的结果有几点与第一个实验的不同[159]：在阿特金斯饮食法组中，前6个月受试者的体重会更明显地下降，6个月后开始缓慢回升。然而一年之后阿特金斯饮食法仍有优势，因为受试者的体重虽然会发生一定的反弹，但是最终减少了4.7千克。总而言之，阿特金斯饮食法组的受试者比其他组的多减了2~3千克。在这个实验中，受试者的毅力明显更强。

该实验与第一个饮食法比较实验的区别主要在于，这一次，如果受试者能够坚持到实验结束，就可以得到金钱上的奖励，这让他们动力十足。

迄今为止唯一一个长达两年的饮食法比较实验，也将低碳饮食法与低脂饮食法、地中海式饮食法进行了比较[160]：受试者在实验开始时每天摄入20克碳水化合物。随着实验的深入进行，饮食规则渐渐变得宽松，到实验后期时受试者每天最多可以摄入120克碳水化合物。

低碳饮食法组有78%的受试者坚持到了实验结束，并且他们的体重在两年内总共减掉5.5千克。低脂饮食法组有90%的受试者坚持到了最后，他们的体重平均减掉3.3千克，与低碳饮食法组相比效果差很多。

地中海式饮食法组受试者的减重情况只比低碳饮食法组的差一点点，其中有85%的受试者坚持到了最后。更重要的是，三组中受试者体重的减轻几乎都是在前6个月内实现的，在后面的时段里，受试者的体重都维持稳定或略微减轻。

对减脂动力足的人来说，使用低碳饮食法的效果极可能比低脂饮食法的要好，而且这种良好效果能够长期保持。然而，实行阿特金斯饮食法显然需要人们拥有更大的毅力，从它那极高的退出率我们就能看出。但是在实行过程中，随着时间的推移，略微增加碳水化合物的摄入量既能帮助人们坚持下去，也不会影响最终的减重效果。至此，以实践为目的的力量训练者可以明确以下几点。

第一，关于减重的效果。很明显，阿特金斯饮食法与其他大多数被检测的饮食法（低脂饮食法、减少热量的混合膳食法①、胰岛素控制法等）相比，至少在前6个月内，在减重方面有明显优势。受试者初始体重越高，这种饮食法的效果就越明显。此外，坚持得越久，效果自然也越好。

第二，关于效果的持久性。大多数研究证明，坚持某一种饮食法12个月后，采用哪种饮食法都无所谓了。对减重效果的维持起决定作用的是这种饮食结构能否让你更好地坚持下去。另外要注意，至今为止只有一项研究多年来一直在跟踪检验阿特金斯饮食法的效果。而如果人们有足够的动力，就能把采用阿特金斯饮食法取得的效果一直保持下去。

第三，关于毅力。这一点与上面的话题有交集。强大的动力本身就有助于人们将自己选择的饮食法坚持下去。然而，饮食法的条件越苛刻（包括阿特金斯饮食法在内），实行者半途而废的概率就越大。新的研究证明，无论人们选择的是较极端的还是较宽松的低碳饮食法，这都不重要，只要能坚持下去，长远来看就能取得较好的效果。

---

① 混合膳食法要求人们一日膳食中的各种营养素品种齐全，且营养素之间的比例恰当。

3.9.1.4 高脂饮食期间身体成分比例的变化

对一个重视运动效能的力量训练者来说，成功减重只是获得理想身材的众多要素之一，更重要的是要知道自己减掉的是什么，也就是说，这些减掉的"肉"里都包含哪些成分。想了解清楚这些，我们就得把几个相关实验的结果拿出来仔细地分析一下。

令人惊讶的是，只有很少的研究人员在研究结果中明确说明了他们的实验对象减掉了身体中的哪些成分。大多数（但不是全部！）短期研究显示，实行低碳饮食法时受试者的体脂减少量比实行低脂高碳饮食法时大得多 [146, 149, 151, 153, 154, 155]：低碳饮食法能让受试者平均减掉 2~6 千克体脂，而低脂高碳饮食法则能让受试者平均减掉 1.5~5 千克体脂。一项最近的、高水平的调查研究因此得出结论：与低脂高碳饮食相比，为期 12 周的低碳饮食能让人平均多减去 2 千克体脂 [141]。如果人们坚持更长时间（远比 12 周长）的低碳饮食，那么减去的体脂几乎高达 6 千克！

如果把时间延长到一年或更久，则是另外一番情景：按照科学的标准，阿特金斯饮食法在减脂方面并没有明显的优势 [159]。到目前为止，几项为期两年的研究虽然没有直接测定受试者的身体成分，但是测定了受试者血液中某几种与体脂改变成呈正相关的分子 [160]。从它们的成果来看，阿特金斯饮食法不太可能在减脂方面有长期的特殊优势。

在健身者特别关注的减脂方面，我们已经得出了明确的结论：与其他饮食法相比，低碳饮食法在实行的 6 个月内有明显的优势，至少在严格实行的情况下是如此；之后，低脂饮食法紧随其后，与低碳饮食法的差距慢慢缩小，大约一年以后两者的差距完全消失。此外，研究结果还显示，每天只允许人摄入 30 克碳水化合物的极端的低碳饮食法与每天允许人摄入 150 克的适度的低碳饮食法相比，

前者在减脂效果上并没有绝对的优势 [161]。

如果人体摄入的热量总量极少（比如每天摄入 800 千卡或更少），阿特金斯饮食法在减脂方面就不存在任何优势了 [162]。摄入的热量总量减少所引发的效应太强，以至于饮食法通过影响胰岛素水平带来的额外效应可以忽略不计。

如何评价阿特金斯饮食法对去脂体重（即身体水分和肌肉的重量）的影响呢？在本章关于激素与高脂低碳饮食法的讨论中我们已经猜测，高脂低碳饮食可能不像它所宣传的那样具有合成代谢效应。少数针对这个问题进行的研究明确显示，阿特金斯饮食法的实行者在去脂体重方面确实多减少了 1~4 千克 [149, 151, 152, 153, 154]，甚至在热量摄入总量减少的情况下也是如此。而实行高碳饮食法的人在热量摄入总量减少的情况下平均只损失了 1~2 千克去脂体重。

低碳饮食法到底会让实行者减掉多少去脂体重，受各种因素的影响。首先，实行者能坚持低碳饮食法多久是一个重要因素。如果实行者只坚持了 12 周，那么他的去脂体重只会多减少 0.5 千克 [141]。但是，如果实行者在坚持为期 12 周的低碳饮食时配合摄入充足的蛋白质（按照每天每千克体重至少摄入 1 克蛋白质的标准），就能基本抵消肌肉因低碳饮食带来的损失 [141]！在现实生活中，几乎所有健身者的蛋白质摄入量都能达到这种饮食法所要求的最低标准。

人们在实行阿特金斯饮食法的第一周还会发生水分流失的情况，水分流失最多达 3 千克（低碳饮食法最适合用来在短期内脱水！），因此在该饮食法实行的最初阶段人体损失肌蛋白的程度其实处于可控的范围内。此外，如果在低碳饮食中加入较高含量的单不饱和脂肪酸，那么可以进一步稳定去脂体重 [154]。

如果动力十足的健身者坚持使用阿特金斯饮食法 12 周以上，那么发生大规模肌蛋白溶解的概率就会变大，这样一来去脂体重至少会减少 2 千克。在实行 3 个月以上的低碳饮食法时，大多数运动者即使蛋白质摄入足够充足，还是不能完全避免一定程度的肌肉损失，至少在不服用提高运动成绩的药物的情况下是这样。高蛋白饮食能够将肌肉损失维持在很低的水平，当然这也与具体的训练方式和个人身体素质密切相关。

现在，我们有必要讨论一下低碳饮食法与增重和能量正平衡的相关问题。很遗憾，在这方面目前还没有针对力量训练者的、权威的研究。但是，关于这个话题有几个有趣的、针对不爱运动的普通人进行的"脂肪过度摄入实验"。研究显示，如果人们远超身体需求地过度摄入热量，并且使用阿特金斯饮食法，即使不运动，其去脂体重也一定会增加。受试者在超高脂饮食期间，2~3 周内去脂体重增加了大约 1 千克[163, 164]，但与此同时受试者还增加了大约 1 千克脂肪。

如果受试者同时还进行力量训练，那么其去脂体重与脂肪的比例可能会变得更好（尤其是对运动新手来说，因为众所周知他们的潜力更大）。但在实行阿特金斯饮食法时，就无法利用碳水化合物增肌了。

循环饮食法（比如合成代谢饮食法等）有针对性地在低碳饮食的基础上加入了高碳饮食，弥补了典型的阿特金斯饮食法的结构缺陷（第 7 章）。

目前所有的研究都明确指出，在饮食中热量平衡比碳水化合物与脂肪的比例更为重要。这一重要的结论不仅对那些想要减脂的普通人有用，对那些想要增肌的运动者也有意义。同时还能确定的是，只要摄入足够多的热量，即使实行阿特金斯饮食法，体内的脂肪也能迅速积累。

3.9.1.5 总结与说明

为了综合分析所有版本的低碳饮食法的比较实验的结果，我们查阅了上面提到的所有研究，然后提炼出了以下几个非常重要的结论[134, 165, 166, 78, 141, 136, 133]。

第一，大多数实行低碳饮食法的人会自觉减少自己的热量摄入总量[146]。原因多种多样，最重要的是：阿特金斯饮食中蛋白质的含量通常非常高，这很容易让人产生饱腹感。最新研究显示，至少在 4 个月以内，这个原因在体脂降解中起了决定性作用[153]。

有些人认为，是实行阿特金斯饮食法时体内产生的大量酮体让人胃口不佳，然而最近的研究显示，酮体对饱腹感的影响可以说微乎其微[161]。

可以确定的是，在生酮作用最强时，人体每天能够经排尿和呼吸失去 100 千卡热量。例如，在一个较早的实验中，实行生酮饮食法的受试者每天以尿酮的形式流失 16~32 千卡热量，但这实在不足以解释为何阿特金斯法在减脂方面作用显著[162]。

在摄入碳水化合物很少的情况下，人体并不能用其他营养物质，也就是蛋白质和脂肪来完全补足少摄入的那部分热量[12]。举例来说，如果面包吃得少，所需的涂抹酱（黄油或软质奶酪）自然就少，这意味着人体摄入的热量减少。低碳饮食法在实行后期的效果之所以减弱，主要是因为饮食结构非常单一，实行者在坚持一段时间后，不断地被美味诱惑而打破饮食计划。但是，至少在实行的最初阶段，阿特金斯饮食法对人体热量摄入的持续影响而能保证实行者获得非常好的减脂效果。

到底只是热量摄入量减少起了作用，还是极度减少碳水化合物摄入的同时摄入高蛋白给人体的新陈代谢带来了特殊的好处，至今还不清楚[165, 166]。最近的一系列实验显示，减少摄入碳水化合物除了能让体内能量呈负平衡外，对人体新陈代谢并没有任何特别的好处[161, 154]。因此，低碳饮食法之所以有助于减脂，热量摄入总量减少这个因素所占的分量非常重，这一点毋庸置疑，除非将来有明确的反对证据。

关于增肌效果大家要记住，阿特金斯饮食法会让实行者胃口不佳，尤其是那些本来就不喜欢这种饮食口味的运动者，他们更难有好胃口，这不利于增肌。

在此我们还应考虑一个重要的因素，那就是这些研究是不是针对力量训练者进行的。而就目前的研究来看，针对阿特金斯饮食法进行的研究的实验对象无一例外都不是力量训练者，部分实验对象甚至本身就有严重的代谢问题。研究记录中也没有受试者进行高质量和规律运动的情况。这样的好处就是，只有饮食法被放在台面上进行研究。然而健身者、健美运动员和力量训练者就无法直接利用这些实验结果。因此，胰岛素功能很强的力量训练者从阿特金斯饮食法中所能获得的效果有可能不如那些患有代谢疾病的人或者肥胖者所获得的。从这些研究中我们发现，这两类人的确受益匪浅。

总而言之，上面提到的所有结论，健身者都只能作为参考。不过这些研究倒是为他们提供了可借鉴的理论基础，让他们不至于像几年前一样，完全依靠猜测和个人断言进行选择。有兴趣的人可以从目前已有的研究资料中获得对自己有价值的信息。

关于肌肉量，低碳饮食法的实行者体内胰岛素和碳水化合物极度缺乏，从反面再一次证明了它的强烈的合成代谢效应。在实行低碳饮食法的同时减少热量摄入总量的情况下也是如此。那些处于减脂阶段、肌肉量原本就难以维持的运动者，实行低碳饮食法的时长要尽可能短（最多 3 个月）。另外，运动

者坚持阿特金斯饮食法的时间越长，就越要保证摄入充足的蛋白质，这样可以在有效减脂的同时尽可能地减少肌肉的损失。

这也证明，关于阿特金斯饮食法及其他类似饮食法能引起强烈合成代谢效应的说法不值一提。虽然借助阿特金斯饮食法，实行者在热量摄入过量时能够增加去脂体重，却可能导致肌肉与脂肪按糟糕的比例一同增长。至少对参与了"脂肪过度摄入实验"的不爱运动的人来说是这样的。因此，对大多数力量训练者来说，想要通过阿特金斯饮食法来达到理想的增肌效果似乎不太可能。

其实，对运动者来说有一个从实际经验中得来的高效增肌的好方法，那就是适度或较宽松地限制碳水化合物的摄入（每天最多摄入 150~300 克），同时摄入充足的膳食蛋白质、营养价值高的脂肪以及按照科学的计划训练。增肌改良版的循环饮食法（第 7 章）也可以高效增肌。

胰岛素在减脂方面起至关重要的作用。然而，实行控制胰岛素水平的 GLYX 饮食法或其他类似的饮食法通常不能像实行阿特金斯饮食法那样获得出色的脂肪分解效果。人们只有极大限度地减少食用含碳水化合物的食物，才能期待胰岛素水平低到能产生减脂的效果。根据目前的研究成果，要想达到这个目的，每天 120~150 克绝对是允许摄入碳水化合物的上限范围了。在这个范围之内，每个人都必须亲自测试，从而得出最适合自己的摄入量。阿特金斯饮食法的实行者能获得较好的脂肪分解效果的最重要原因就是低碳饮食所导致的胃口不佳。然而，它的减脂效果会在半年后减弱。此外，运动者缺乏自律意识也是它效果减弱的一大原因。

低碳饮食法对那些肌肉增长稳定但减脂非常困难的运动者来说是一个很好的选择，至少当他们能够很好地接受这种饮食方式时

是如此。为了获得理想的效果，坚持实行这一饮食法的时长要达到 12 周至 6 个月。这种饮食法还有一个加分项，那就是它能短暂地增加身体的排水量，使减脂效果特别明显，从而使实行者大受鼓舞。

3.9.2 低碳饮食法与运动效能

正如我们在第 2 章里所说的，实行低碳饮食法时经常会发生下面的情况：如果在实行阿特金斯饮食法的同时进行高强度的健身训练，本应由大量葡萄糖承担的快速能量供给的速度会减慢，因此运动者有时会因过早地产生运动性疲劳而不得不中断训练。然而，这种现象的出现与进行力量训练的方式关系极大。许多运动者在进行额外添加的耐力训练时，也经常会发生这种情况。

我们前面已经提到，在碳水化合物缺乏的情况下，人体的新陈代谢会迅速把主要供能物质转换成脂肪。例如，耐力训练者每天按照每千克体重 3 克的标准摄入碳水化合物，两天后，他们的身体就会将脂肪作为新的主要能量供体[167]。还有，自行车运动员在训练的同时连续实行适度的低碳饮食法 5 天，其体脂消耗就会明显增加[168]。即使这些运动员在第 6 天恢复高碳饮食，他们再进行耐力训练时，身体仍然会选择消耗较多的脂肪酸和较少的葡萄糖——供能物质转换后的新陈代谢方式仍在继续。这种转换不会影响自行车运动员的运动效能。

关于运动效能我们发现，在上面的两项研究中，受试者的运动都是中等强度的，其脂肪能够完美地满足身体的能量需求，运动效能因此不会受到影响。

一个针对资深跑步者的长期实验显示，如果将他们饮食中的脂肪含量提高到 40% 以上，同时减少碳水化合物的摄入，持续 4 周后，受试者会先自发地减少热量摄入（这与

在不爱运动的人身上的发现完全一样！）。即使这项研究加入了严格检测受试者可承受的最大负荷的测试，他们的耐力训练成绩还是提高了 14%[169]。可以说，适度减少摄入碳水化合物不会使运动者耐力训练的效能降低，甚至对资深耐力训练者来说，其运动效能还有可能提升。与此相符的是，先让运动者进行为期两天的碳水化合物排空（每天只允许摄入 100 克碳水化合物），再让他们用功率自行车进行 45 分钟的高强度测试，同样也没有发现低碳饮食对他们运动效能产生不利影响[170]。由此可以看出，我们的身体在碳水化合物供应减少的情况下，仍然能够在短时间和相当紧张的状态下保持个人最佳的运动效能[171]。目前我们推断，有一部分人即使在碳水化合物摄入较少的情况下也能保持自己最佳的运动效能，但是其他人可能就不是这样了[26]。对低碳饮食法感兴趣的读者要先知道自己属于哪种情况。

这里要注意，在上面提到的关于低碳饮食法与运动效能的研究中，受试者的碳水化合物供给量并不像实行阿特金斯饮食法时的那么小。因此，很可能在实行极端的低碳饮食法时，运动者的耐力成绩会陡降。然而，这又与某几个实行极端的低碳饮食法的实验的结果矛盾。它们的结果更多显示的是，如果人们先度过 3 周或 4 周的适应阶段（在此期间运动效能会短暂下降），那么再实行极端的低碳饮食法时他们的耐力训练成绩至少不会明显下降。运动新手和资深运动者在这方面的表现是一样的[172]。在人们实行阿特金斯饮食法时，体内充足的蛋白质和热量供应会对训练效能的保持很有帮助[170, 172, 133]。

绝大多数健身者进行有氧训练的目的只是减脂，对这部分人来说，耐力训练效能短暂下降无关紧要。

我们更应关注下面几项调查研究的结果。

这些研究的结果显示，运动者应该特别注意实行低碳饮食法时自己身体中的矿物质平衡情况[172, 133]。尤其是在实行低碳饮食法的第一周，人体内的矿物质水平会发生剧烈的波动。众所周知，胰岛素对钾、钠、镁（图12）等矿物质的新陈代谢有很大的影响。特别是钠元素，在实行低碳饮食法初期它会被大量排出体外，而这会造成机体严重缺水[173, 146]。这恰恰对运动效能非常不利，通过第1章的阅读读者应该对此有所了解了。另外，如果实行低碳饮食法的运动者很注意保持体内电解质的平衡，那很有可能会对增肌有所帮助[133]。详情请参考第1章。

在此我们还要考虑一个很重要的问题，那就是低碳饮食对力量训练成绩的影响。很遗憾，对此还没有太多的相关研究，但是下面的信息对读者可能有所帮助[25, 39]：在健身训练中运动者会不会力竭主要取决于其运动量（组数）和运动强度（所承受的重量），其间身体发生的各种新陈代谢反应最终导致肌肉疲劳。

我们来分析一下实际生活中一次典型的健身训练：运动者承受的重量为其最大负荷能力的60%~90%，上半身动作重复8~12次，下半身动作重复10~15次，组间休息1~3分钟。运动者使用这种训练方式的话，第一组结束时就会耗光其体内肌细胞中肌酸的储备。我们还知道，在这种重复8~12次的高强度训练中，最多有80%的能量来自糖原储备。如果糖原储备不足，运动者的运动效能就会提前下降。

此外，大约从第三组开始，运动者的相关肌肉组织就开始酸痛，这也是导致疲劳的原因之一。此外，最近我们发现，训练中发生的肌细胞的钙平衡失调是导致运动者筋疲力尽的关键因素[174]。如果正在实行低碳饮食法的运动者进行了一次10~15组的典型的

大容量训练，其体内的糖原储备就会先被彻底耗光，最终运动者将不得不终止训练。

关于实行低碳饮食法时的力量训练情况我们得出了几个在实践中非常重要的结论：如果运动者偏向于较大重量和较少重复次数（4~6次）且每次都达到肌肉极限的高强度训练法，如训练组数较少或适中的高强度训练法（H.I.T）、麦克·门策的重型训练法以及基泽健身法，那么即使他们实行低碳饮食法，其运动效能也不一定会下降。

然而，与耐力训练的情况一样，我们也可以推断，有的人在实行低碳饮食法时其运动效能会出现较大幅度的下降，尽管在用H.I.T、重型训练法以及基泽训练法进行训练的时候，他们的动作重复次数较少；而有的人的运动效能在此情况下不会下降。此外，也有研究显示，明显减少碳水化合物的摄入可能导致运动者缺乏训练热情[175]。这些人体内有能量储备可以开启训练，却没有动力去进行训练，同时还经常伴有情绪波动。

如果在实行低碳饮食法的同时，进行多组数、多次数的大容量训练，那么几乎每名运动者都迟早会遇到因体内糖原缺乏而导致的运动效能下降的情况。即使限量摄入碳水化合物只进行了两天，运动者再进行各种训练时，还是不能达到平常很容易就能达到的动作的重复次数，成绩下降幅度也超过了20%[25]。如果这些人在低碳阶段后即摄入大量碳水化合物，完成的动作组数最多能增加39%，动作重复次数最多可以增加34%，而能够坚持的运动时长则最多能延长41%[25]！

另外，运动者在进行大容量训练时，短期的低碳饮食不一定必然导致其运动效能下降[176]。如果在为期两天的碳清空程序之前运动者体内的糖原储备充足，比如饱餐一天再实行低碳饮食法，其运动效能下滑的可能性就会小得多。这对循环饮食法的支持者来

说是个好消息。

　　如果实行低碳饮食法的时间长于一周则又是另外一番情景。在一个正规实验里，一组资深力量训练者在 7 天里执行了极低热量且极低脂的饮食方案，但是按照每天每千克体重 1.6 克的标准摄入蛋白质和按照每天每千克体重 2 克的标准摄入碳水化合物 [177]，这相当于一种适度的低碳饮食。第二组力量训练者也依照这种方案饮食，但与第一组有一个重要区别，那就是他们被允许摄入更多的碳水化合物。摄入碳水化合物较少的组（第一组）的受试者即使有足够的时间来适应新情况，将脂肪作为新的能量供体，其大肌肉群的耐力还是明显下降了。摄入碳水化合物较多的组（第二组）的受试者的肌肉耐力却几乎没有下降。

　　不同的是，两组受试者的小肌肉群（这里指二头肌）的运动效能均没有受到任何影响 [177]。出现这一现象的原因可能是，为时一周的研究时长太短了——在长期低碳的情况下，小肌肉群的运动效能也极可能会下降。

　　上面的实验结果说明，对以塑身为目的的力量训练者来说碳水化合物十分重要，尤其是从长远来看。当运动者一天要进行多次

---

　　① 在进行复合训练时，大块的肌肉可能会被较弱的肌肉群拖累——由于后者力量不足而导致大块肌肉训练不到位。所以人们会在正式训练之前，先针对大块肌肉进行训练，这就是预疲劳训练法。

　　② 压迫式呼吸是呼吸的一种方式，在大力呼气时，通过有意识地闭合喉头部位的气管，使呼气受到抑制。

训练的时候，碳水化合物就更重要了，比如竞技比赛前的准备阶段就是如此。在大量训练中和身体缺乏碳补给的情况下，肌肉急需的糖可以先由蛋白质或其他前体物质合成。然而用这种方式的话，机体每天只能自行合成 200 克葡萄糖，其中的大部分要供给大脑和红细胞[133]。虽然在身体处于低碳时，处于静息状态的肌肉本身也含有一定的糖原，但在进行规律和高强度的运动时，这些"救命本钱"会迅速被消耗殆尽[178, 133]。因此大家要牢记，进行多组数的大容量训练需要很多碳水化合物的支持，尤其是在运动导致肌肉酸痛的时候[39]。

现在，对阿特金斯饮食法感兴趣的运动者可以得到哪些结论呢？由于在大多数情况下，低碳饮食法只能用来减脂而不能用来增肌，我们建议大家使用这种饮食法时，采取高强度而非大容量训练的方式来获得肌肉，并且同时搭配一定的耐力训练。使用这种方法有多个好处，一是力量训练效能不会因缺乏碳水化合物而过分降低。二是在较短的训练时间内，压力激素（主要是皮质醇）的水平不会不合比例地上升，这有利于人体合成在低碳饮食下很难获得的肌蛋白。三是阿特金斯饮食法的减脂效果非常好，即使运动者只添加少量的耐力训练也能获得良好的减脂效果。较少的有氧运动能使压力激素保持在对肌蛋白合成有利的水平，从而更好地维持肌肉量。

如果你把实行阿特金斯饮食法的时长控制在 3 个月左右，与此同时大量摄入蛋白质并注意保持体内的电解质平衡，那么你的面貌绝对会焕然一新。在高脂低碳饮食期间额外服用肌酸通常来说也是很好的，因为这样至少可以消除一个会导致运动疲劳的因素。

有必要一提的是，如果进行典型的力量耐力[①] 训练（重复次数多、组间间隔短），那么在实行低碳饮食法时运动者的运动效能肯定会明显下降，因为在进行这种训练时身体会极大限度地依赖糖原，以它作为能量来源。

大多数力量训练者在实行低碳饮食法的最初阶段，其力量训练效能不会大幅降低。然而在人体缺乏胰岛素的情况下，体力恢复能力会下降，从长远来看力量训练效能也会随之降低。此外，在实行低碳饮食法时，人体内的游离睾酮水平也不会上升到理想的水平，而它对力量训练中运动者能够承受多大的负荷至关重要。因此，低碳饮食法并不太适合用来实现力量增长或者提高力量耐力。

上面给出的建议只能作为参考供运动者在实践中检验。此外要注意的是，使用能提高运动成绩的药物的运动者在实行阿特金斯饮食法后肯定又是另外一番情景，极可能比不服药的运动者获得更好的效果。

关于实行低碳饮食法时进行的耐力训练情况，具体如下。肌肉需要 2~5 天来适应以脂肪为主要能量供体的新情况，机体完全适应低碳饮食大约 4 周的时间。只要运动者注意保持体内的电解质平衡、摄入足够的热量和适量的蛋白质，在实行低碳饮食法时完全可以进行适当强度的耐力训练。

关于实行低碳饮食法时进行的健美训练和力量训练情况，具体如下。运动者选择短时、高强度、少量的训练的话，最初其力量训练效能不会大幅降低，然而从长远来看其身体恢复能力会受到影响，还是会导致运动效能降低。

要想用阿特金斯饮食法达到理想的减脂效果，最好同时进行短时间、高强度的力量训练并配合有针对性的耐力训练。阿特金斯

---

① 力量耐力指肌肉长时间克服阻力的能力。

饮食法对肌肉和力量的促进作用是非常有限的，如果运动者在使用这种饮食法的同时进行大容量的力量训练，长远来看其运动效能肯定会降低。同样的结论也适用于力量耐力训练。

3.9.3 阿特金斯饮食法的副作用

过去，高脂低碳饮食法一直不能获得官方的认同，因为人们猜想，酮体水平的提高和水盐平衡状态的改变会给胰岛素代谢、肾脏、肝脏乃至肠道带来负担[134]。事实上，直到今天人们还不能确定，从长远来看，也就是多年之后，大量摄入脂肪到底会对健康产生怎样的影响。但是保持传统生活方式的原住民，比如因纽特人，因为要进行大量的体力活动，所以总体来说非常健康，即使他们大量摄入脂肪和蛋白质也并没有对健康造成影响[172]。

近些年来，为了能够更加客观地评价阿特金斯饮食法，科学家进行了一些为期两年的实验，试图通过这些实验来证明高脂低碳饮食法的安全性，最终得到的实验结论很有说服力且相当一致。一方面，要求大量摄入脂肪的阿特金斯饮食法能对某些血脂数值和新陈代谢指标产生良好的影响；另一方面，它也会带来一些不良后果，比如血液中不健康的LDL-胆固醇含量上升[134, 136, 179]。而通过比较包括阿特金斯饮食法在内的各种饮食法对人体健康的好处和坏处，我们发现，至少在1~2年内，这些饮食法对健康的影响的差别不大。

最近的大规模跟踪观察研究甚至让人产生期望[180, 181]：如果吃下的大部分都是植物性食物，那么高脂高蛋白饮食甚至可能对健康产生有益的影响。然而，想要通过这些研究证明阿特金斯饮食法的长期安全性，证据还不够充分，我们必须谨慎对待。此外，我们还必须考虑到，几乎所有对高脂饮食进行的研究中的受试者都处于能量负平衡的状态，这才导致体重下降。在迄今为止所有对低碳饮食法进行的研究中，持续时间最长的一项研究中也存在这种情况[160]。众所周知，体重下降对健康是有利的，这很可能会掩盖阿特金斯饮食法对健康的不利影响[146]。

在增肌阶段，运动者实行阿特金斯饮食法且长期能量过剩的话，会得到什么样的结果目前还不明确。如果运动者有家族遗传心血管疾病或癌症疾病史，或大量吸烟饮酒，或服用能提高运动成绩的药物，结果就更无法确定了。

从运动者的角度来看，针对耐力训练者的研究显示，饮食中的脂肪含量较高至少在短期内不会对他们的健康造成影响[169]。此外，因为体力活动能够延长寿命，特别是耐力训练能够促进心脏健康，运动者不必过于担心实行一定期限的低碳饮食法会影响自己的健康[182, 83]。

换句话说，无论低碳饮食法会对身体产生什么样的不利影响，积极向上、健康和谐的生活方式都可以将这种影响抵消。几个针对运动者的实验还指出，适当提高膳食中的脂肪含量对免疫系统有明显的促进作用[171]。即使运动者日常摄入的一半热量都来自脂肪，至今为止也没有证据能够证明这对健康不利[171]。

还有两点我们必须在这里指明。第一，实行低碳饮食法时，实行者的精神状态和情绪会受到负面影响，尤其是在最初阶段。而这关系到他们投入训练的热情[161]。那些在日常工作中必须高度集中注意力的人，要考虑自身对减少碳水化合物摄入的承受能力。此外，某些人的血糖值天生就不稳定，所以这些人在实行低碳饮食法时，上述情况会更严重。第二，可想而知，极端的低碳饮食不可能为人体提供全面的营养。人体会缺乏某些营养成分，比如膳食纤维或者部分微量营养素（维生素和矿物质），所以实行极端的低碳饮食法的人要多吃水果[179]。从这个角度来看，实行阿特金斯饮食法会让人体缺乏营养，长期实行的话会对身体不利。如何补充相应的微量营养素请向营养专家咨询。

小结：长期实行阿特金斯饮食法的安全性目前仍不明确。根据现有的研究，在人体热量摄入总量减少、能量供给平衡的前提下，这种饮食法在一两年内即使对有代谢疾病的人来说也是安全和有效的。

4. 燃脂运动

前文我们已经从低脂饮食和低碳饮食的角度深入探讨了减脂的问题，现在我们要从运动的角度探讨这个重要的命题。

在健身房里我们常听到有人这样问：怎样的运动才是完美的燃脂运动呢？尽管想要减脂的众多健身者的个人情况千差万别，但他们从健身教练那里得到的训练计划却极为相似。很显然，运动员和一周只花 2~3 天时间去健身房锻炼的普通健身者的训练计划应该完全不同。此外，对减脂特别重要的是否同时配合实行饮食法。而饮食法的选择也会影响训练计划的制订（读者可以回忆一下低碳饮食法等相关知识）。

因此，本章尝试告诉运动者如何尽可能高效地燃脂。运动者要想从下文中找到适合自己的燃脂运动，就要先了解脂肪燃烧的基本特点。因此，我们先要来阐述一下这部分内容。

4.1 进行燃脂运动时身体里发生了什么？

对健身者来说，首要的任务就是将皮肤下堆积的脂肪燃烧掉，因为这样才能让肌肉轮廓尽可能立体地展现出来。为此，区分两个基本的生理过程至关重要：一个过程是脂肪酸分子从脂肪组织进入血液的释放过程（即所谓的"脂肪溶解"）；另一个过程是脂肪酸分子在肌细胞线粒体中的燃烧过程（即所谓的"脂肪酸氧化"或者"脂肪酸代谢"）。这两个生理过程紧密相关，却完全不同。

在某些特定的条件下，从脂肪细胞里释放的脂肪酸比实际在肌肉（它在能够利用脂肪的所有组织和器官中扮演最重要的角色）

中能够燃烧掉的多。多释放出来的那部分脂肪酸大多被肝脏吸收，然后被用于其他地方，比如合成酮体，或者以特定的方式被包装，然后被定向地送回脂肪细胞或其他组织和器官中去。

体脂要想作为能量被消耗，必须满足一定的条件，即脂肪酸分子在脂肪细胞中是与载体物质——甘油结合的（图 13）。如果运动者为了变瘦想要燃烧掉体脂，脂肪酸分子必须先从甘油分子上脱离下来。这个脱离的过程是在体内大量信号物质的指令下完成的。胰岛素水平较低就是必要条件之一（第 3 章）。除此以外，血液中较高水平的肾上腺素、去甲肾上腺素、甲状腺激素的活性形式 T3、生长激素、胰高血糖素、睾酮和其他许多信号分子都在这个过程中扮演了重要角色。

脂肪酸从载体上脱离下来以后，就被释放到血管系统中。在那里它们被装载到专门的转运蛋白上，然后被送入骨骼肌中。进入肌细胞后，它们会到达一定的位点，在那里最终被代谢生成 ATP。

这一番周折对人体来说是值得的，因为只要体内有足够的氧气，每克脂肪比每克蛋白质或碳水化合物产生的 ATP 多得多，也就是说脂肪酸具有很高的热量值。然而，脂肪酸比葡萄糖需要花费更多的时间才能燃烧，同时也需要耗费更多的氧气。在脂肪燃烧的过程中，经常被作为脂肪助燃剂售卖的左旋肉碱起至关重要的作用。因此在这里，我们要谈一谈这种在健身领域中经常被使用的运动补充剂。

在人体内，左旋肉碱在铁元素、烟酸、维生素 B_6 和维生素 C 的参与下，由两个氨基目前的研究显示，不同的运动方式激活不同的激素系统，从而对脂肪燃烧产生不同的影响。例如，众所周知，重量适度、多组数、组间间歇短（大约1分钟）的力量训练会激发压力激素（比如肾上腺素和去甲肾上腺素）以及生长激素的大量分泌。我们还知道，肾上腺素和去甲肾上腺素尤其能够短暂地提高燃脂率（其中的一个原因是它们能够在运动期间强烈地抑制胰岛素的功效），而生长激素则会在一段时间后起作用，因此生长激素刺激脂肪燃烧的效果更持久。

要想通过运动获得更高的燃脂率，身体则要迅速并大量地分泌压力激素，与此同时持续释放生长激素。组间间歇短的大容量力量训练能够提高乳酸水平并强烈激发生长激素的分泌。在训练快结束时进行多次重复的所谓燃脂动作或"膨胀

训练"（也就是做几次半程动作）①以及加入"强迫次数训练"②同样能达到刺激生长激素分泌的目的。

训练中使用的器械不能太轻，因为训练强度也是促进压力激素分泌的因素之一。在训练前进行心理调适和摄入咖啡因同样有所裨益。另外，训练中睾酮的释放有利于提高肾上腺素和去甲肾上腺素的水平。

利用激素提高燃脂率的诀窍在于巧妙地平衡训练组数、训练强度和组间间歇时间，这一方面可以获得理想的燃脂率，另一方面也不会造成过度训练（第124页补充文献《过度训练》）。过度训练由压力激素水平持续过高引起，会导致运动者损失更多的肌肉。具体请参考第86页补充文献《睾酮及其受体与力量训练的关系》。

酸分子结合而形成。左旋肉碱的自体产量大约为每24小时0.02克，轻轻松松就能满足一个健康人的日常需求[3]。因为身体本身就能产生足量的左旋肉碱，所以它既不属于维生素也不属于其他任何一种人体必需营养素。只有当患某种疾病时，身体才会出现左旋肉碱缺乏的症状，它才成为维持生命的必需营养素，患者必须以药物的形式进行补充[3]。

左旋肉碱也可以通过食物摄取，最主要的食物来源是肉类（肉类的拉丁文名为carnis，是左旋肉碱的英文名称的来源）。除此以外，禽类、鱼类和乳制品也能够提供一定量的左旋肉碱[4]。素食者每天大约能够从食物中获得0.01克左旋肉碱，而肉食者每天大约能获得0.1克。

左旋肉碱最重要的生理功能就是将长链脂肪酸运输到它们的燃烧位点。因此，它经常被当作营养补充剂售卖，用来帮助人们减脂。然而，左旋肉碱必须满足以下条件才能算得上是一种有效的脂肪助燃剂。第一，作为营养补充剂的左旋肉碱在被摄入人体后必须能够大量地被它的靶组织，也就是肌肉吸收，只有这样才能充分发挥预期的功效。第二，左旋肉碱必须能够促进体脂合成ATP。第三，左旋肉碱对脂肪燃烧的促进作用必须大到确实能够检测到赘肉在消减的程度（对运动者来说这是它能成为脂肪助燃剂最重要的条件）。

人体内左旋肉碱的新陈代谢过程非常复杂，所以在这里，我们只向读者呈现一些从

---

① 膨胀训练指运动者在做完正常训练的最后一次动作后再做2~3次的半程动作，这么做能使更多的血液进入工作中的肌肉，从而使毛细血管膨胀并产生大量乳酸，让运动者产生肌肉酸胀的感觉。

② 强迫次数训练指运动者在做每组最后一两个动作时感觉困难的阶段，由同伴帮助完成动作，这种训练方法因动作的完成带有"强迫性"而得名。

重要的调查研究中获得的与实践相关的关键结论[3, 5, 4, 6, 7, 8]。

一个健康人体内含有大约 20 克左旋肉碱。健身者刻苦锻炼的骨骼肌是它最重要的靶器官，同时也是它主要的储存场所：我们体内大约 95%（也就是 19 克）的左旋肉碱都储存于此。

运动者不必担心左旋肉碱的流失。虽然高强度的训练会导致某种左旋肉碱结合产物在肌细胞内延迟出现，使得人们有时测到其在细胞内的浓度暂时降低，但是人们绝不会因此就患上左旋肉碱缺乏症[4, 7]。尽管大家都知道这一点，但流行的营销广告还是声称，运动者在左旋肉碱流失较多时身体会受到不良影响。

迄今为止，在科学研究中受试者所使用的左旋肉碱的剂量是每天 2~6 克，服用周期从 1 个月到 6 个月不等[4, 7]。然而，一次1~2 克的摄入量对人体来说是没有意义的：人体摄入的左旋肉碱最多只有 18% 能够到达血液，如果考虑到全部的物质代谢过程，摄入1 克左旋肉碱的话，身体只能得到 0.08 克。

左旋肉碱的摄入遵循一条简单的法则：剂量越大，利用率就越低。大剂量摄入左旋肉碱的问题在于，血液中左旋肉碱的水平一旦超过某个阈值，肾脏就会迅速把多余的通过尿液排出体外——大家看到这种补充剂高昂的价格时一定要牢牢记住这一点[8]！那些试图通过补充左旋肉碱来使身体获益的人如果在日常生活中经常小剂量服用左旋肉碱的话，从理论上来说这样做性价比最佳。

左旋肉碱进入人体后，遇到的难题就是如何才能到达靶组织——肌肉。人们猜测，长期服用的话可能会使肌肉中的左旋肉碱储备得到一定的提高，但是这个想法迄今为止没得到证明[8]。这很可能是因为肌肉对左旋肉碱的吸收过于缓慢，人体几乎不能通过

服用补充剂的形式快速提高它在肌肉中的含量。根据目前的研究结果，如果能提高的话，最多也只能提高 1%~2%。即使左旋肉碱在肌肉中的含量真的提高了，至少从理论上来说这么低的含量对促进脂肪燃烧也太微不足道了。就左旋肉碱能否促进脂肪燃烧这个问题，我们下面将进行详细阐述。

不同的左旋肉碱产品的质量存在天壤之别。有一项研究检测了多种左旋肉碱产品的质量，其中有 12 种的左旋肉碱含量只有产品标签上标注的 52% 左右，此外还有 5 种产品质量奇差[7]。

健美者、健身者或力量训练者自身能够合成足够多的左旋肉碱，即使进行高强度训练也不必担心会患上左旋肉碱缺乏症。外源性左旋肉碱最终能否到达肌肉尚待研究，而运动者增加左旋肉碱的服用剂量无疑是无用的。此外，市售左旋肉碱产品的质量参差不齐。

运动者想将左旋肉碱作为营养补充剂还有一个要了解清楚的问题，那就是肌肉只需极少量的左旋肉碱就可以实现脂肪的完美燃烧[8]（图 15）。

左旋肉碱产品生产商常用的营销策略是，公布一些肾病患者、新陈代谢失调者以及长期营养不良的人被左旋肉碱治愈的研究案例。然而，这些研究的结果对健康人来说是毫无意义的，因为不同人群体内代谢的状况不可相提并论。广告当然不会特意指明这里边的差别。相关的动物实验或细胞实验也存在类似问题，它们虽然有助于阐明复杂的生化过程，却绝不能代替在健康人身上进行的、经严格把控的临床研究。

另外，有少数几个值得关注的实验证明了左旋肉碱具有万众期待的促进脂肪燃烧的功效。例如，一个针对健康人的为期 10 天的实验显示，受试者一天 3 次，每次摄入 1 克左旋肉碱，在非运动状态下其体脂的利用率

提高了[9]。其他几个针对运动者的实验进一步发现，如果人体摄入了左旋肉碱且处于运动状态，也能促进人体将体脂作为能量供体进行燃烧[10, 11, 12, 13]。但这少数几个实验与下面的一些调查研究所得出的结论相悖，后者在综合目前所有的研究结果后，没有发现左旋肉碱真的能够加快脂肪的燃烧速度[7, 8]。在一项实验样品昂贵的有关左旋肉碱的研究中，研究人员使用了被特异性标记①的脂肪酸，这样就可以观察活体内的脂肪代谢过程：在两小时的耐力测试中，尽管受试者每天摄入5克左旋肉碱，研究人员也并没有检测到

它对脂肪代谢有任何作用[14]。一个较新的、在权威专家的监督下进行的实验也证明了这一点[15]。

这些实验结果并不令人惊讶，因为肌肉中的脂肪燃烧所需的左旋肉碱极少，健康人完全可以自给自足（图15）。因此，目前我们仍不清楚增加骨骼肌中左旋肉碱的含量（如果真能实现的话）能否真的在健康的运动者处于静息或运动状态时促进其体内的脂肪燃烧。因为各人的身体状况不同，所以左旋肉碱可能会对某些人产生效果。另外我们已经知道，从前不运动的人在开始规律运动后的

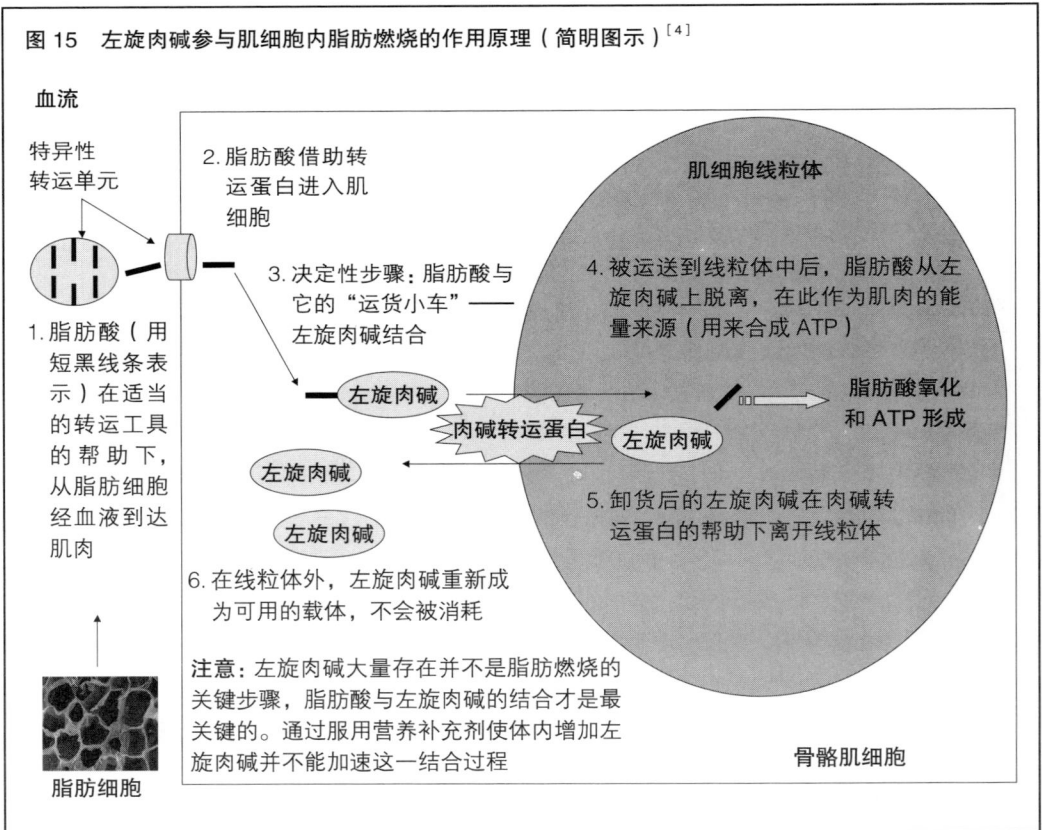

图15　左旋肉碱参与肌细胞内脂肪燃烧的作用原理（简明图示）[4]

血流

特异性转运单元

1.脂肪酸（用短黑线条表示）在适当的转运工具的帮助下，从脂肪细胞经血液到达肌肉

脂肪细胞

2.脂肪酸借助转运蛋白进入肌细胞

3.决定性步骤：脂肪酸与它的"运货小车"——左旋肉碱结合

左旋肉碱

肉碱转运蛋白

左旋肉碱

左旋肉碱

6.在线粒体外，左旋肉碱重新成为可用的载体，不会被消耗

注意：左旋肉碱大量存在并不是脂肪燃烧的关键步骤，脂肪酸与左旋肉碱的结合才是最关键的。通过服用营养补充剂使体内增加左旋肉碱并不能加速这一结合过程

肌细胞线粒体

4.被运送到线粒体中后，脂肪酸从左旋肉碱上脱离，在此作为肌肉的能量来源（用来合成ATP）

左旋肉碱

脂肪酸氧化和ATP形成

5.卸货后的左旋肉碱在肉碱转运蛋白的帮助下离开线粒体

骨骼肌细胞

---

　① 　进行特异性标记是指在生物学研究中，将某些特殊的、易被一定技术手段检测出来的物质结合到待研究的分子上，利用标记物的特性来提供被研究对象信息的一种实验方法。常用的标记物有荧光物质或者同位素。

很短一段时间内，肌肉就能适应新的代谢状况，将体脂作为能量供体，根本无须摄入左旋肉碱来促进这个适应性过程。不过，也正如生产商经常宣扬的那样，如果人体内缺乏左旋肉碱，上述适应性过程不可能实现。

此外，如果左旋肉碱因具有所谓的助燃功效而确实有助于减脂，那么人体摄入左旋肉碱一段时间后，体脂必然能被检测到有所减少，这可比检测燃脂率更能引起健身者的兴趣。但是根据几项研究的结果，实验室能够测得的摄入左旋肉碱后的体脂减少值在实际生活中实在是微不足道。

颇有意思的是唯一一个由一家权威的运动杂志全权策划并严格执行的实验，它致力于在健康人身上获得这个问题的答案[16]。36名平均年龄为27岁的女性，其体脂率大约为35%。在两个月内，他们以每天2次、每次2克的剂量摄入左旋肉碱或服用安慰剂。所有的受试者每周都快走4次，每次快走30分钟，并且不使用任何饮食法。

这样，实验中就只有两个变量：耐力训练以及左旋肉碱补充剂。尽管受试者均认真配合实验，但是到实验结束时，既没有人的体重减轻了，也没有人的身体成分比例发生了较大的变化。研究人员只检测到受试者在静息状态下的基础代谢率有所提高，然而在这一方面安慰剂组和左旋肉碱组的情况没有任何差别。

从很多方面来看这个实验都很有意思。第一，实验对象是左旋肉碱生产商最主要的目标客户群，因为她们中的大多数人体重或多或少都有些超标，并且都想要借助温和的运动并配合摄入左旋肉碱的方法减脂。而研究得到的结果很现实，正如我们通过实验看到的这样，每周2小时低强度的运动，在不配合饮食法的情况下，顶多只能保持体脂率不变，几乎不能真正有效地改善身材。要想仅仅通过运动来达到大幅减脂的目的，就必须进行高强度和更高频率的运动。而且，如果不同时调整饮食结构的话，那么在大多数情况下运动效能即使能提升也很有限[17, 18, 19, 20]（见下文）。

第二，在这个实验中我们发现受试者的基础代谢率提高了，这显然证明了受试者确实坚持执行了她们的运动计划。然而作为运动的回报，她们的饭量明显增加了，因此体内的能量达到新的平衡，最终体重和体脂没有变化。

此外，这个实验证明，无论有没有摄入左旋肉碱，当人处于静息状态时脂肪燃烧的情况都没有改变。当人处于运动状态时情况是否可能改变，虽然根据目前的研究来看还不能确定，但是最终结论应该跟静息状态下的是一样的。正如曾经的几项研究的结果显示的那样，当人运动时体内的左旋肉碱即使能够使能量供体从碳水化合物转换为脂肪，这一功效也实在是微不足道，因为它根本无法通过体重或体脂的变化呈现出来。因此，左旋肉碱的功效（即使它真的有利于减脂）对健身者来说没有实际意义！

还有一个在德国进行的实验研究了在人节食时左旋肉碱对身体成分比例的影响。结果与前面的研究结果没有任何不同：左旋肉碱没有任何作用[21, 22]。在这个实验中，40名体重严重超标的受试者在3个月的时间内，每天摄入3克左旋肉碱或服用3克安慰剂。同时，这些受试者还要实行一种大幅度减少热量摄入的饮食法。12周后，两组受试者平均都减去了10千克体脂，显示出令人钦佩的主观能动性和自律性。

虽然我们要谨慎地看待这项研究的结果，因为它没有被完全公开（实验的设计和执行没有经过严格的审查），但它还是有足够的说服力，至少人们可以凭此推测，即使在严格

左旋肉碱对运动的其他所谓功效 [24, 5, 25, 4, 26, 7, 27, 8, 28, 29, 30, 15, 31, 32]

有几个实验显示，左旋肉碱能够提高耐力训练者的最大摄氧量、对抗肌肉酸痛、节约糖原、促进运动后的身体恢复。但也有大量实验的结论与上述结论相悖。因为这些林林总总的实验在设计上截然不同，也就是说，在实验对象、合作者、服用剂量、服药周期、评估标准以及制剂的产品质量方面均有不同，我们很难将它们进行横向比较，所以左旋肉碱的上述功效只能说目前尚不明确。此领域大多数资深专家都支持这个观点。

与此相关的还有一个有意义的话题，那就是左旋肉碱对运动者的运动成绩（比如游泳速度）的影响。但本来这方面的相关研究就很少，而这种效果只有在极少数情况下（高质量的实验中）被证明存在。如果使用左旋肉碱不能提高运动成绩，那么补充它的意义何在呢？

举例来说，力量训练者都对训练后的身体恢复特别关注。然而只有少数几个执行情况较良好的实验测试了左旋肉碱对健美训练和力量训练的效果。在一个著名的实验中，10 名训练有素的力量训练者历时 3 周，每天服用 2 克左旋肉碱酒石酸盐（一种特殊的左旋肉碱化合物）或安慰剂。研究人员在受试者进行高强度的深蹲训练（5 组，每组重复 15~20 次，重量为最大承受重量的 50%，组间间歇 2 分钟）前后，都对他们进行了各种测试，其中一部分测试相当复杂。结果显示，使用左旋肉碱能够降低肌肉损伤的程度，加快身体恢复的速度。此外，肌肉酸痛的持续时间也缩短了。

这个实验的研究人员推断，左旋肉碱可以使供养工作肌的血管扩张，从而以这种方式在力量训练过程中使更多氧气成比例地到达肌细胞中。在训练期间，如果正在工作的肌肉供氧不足，一般在几秒至几分钟后，肌细胞就会发生能量短缺（即 ATP 缺乏），然后与其他生理过程一起，导致细胞膜以及膜上各种功能蛋白受损，最终导致整个肌肉受损。之后在血液中可以发现肌细胞的组成成分，人们可以通过测定这些成分在一定程度上反推出肌肉因训练导致的受损程度。

左旋肉碱不仅可能通过改善血液供应来降低肌肉受损的程度，还可能通过增加营养物质的供应而促进身体恢复。有零星的研究支持这些正面的发现，还有一个最新的实验也是如此。此外，人们还发现左旋肉碱能对某些信号物质，比如 IGF-1 系统产生正面的影响。

这些理论上的效果在现实中是否真的存在（左旋肉碱对加快肌肉增长和力量增长有切实可测的效果）至今还不完全清楚，我们缺乏相应的研究证据。运动者必须自行判断是否要为这些还不确定的效果花费金钱。此外，那种认为把左旋肉碱添加到蛋白粉中就能促进健康的运动者更好地利用蛋白质并以此增肌的言论，完全缺乏理论依据。

节食的前提下，左旋肉碱也没有任何功效。

最终，这些疑点重重的数据使得许多知名学者认为，尽管进行了几十年的研究，左旋肉碱对运动者在燃脂方面的功效最多只能算作尚待确定——目前还没有明确的数据能够证明 [4, 7, 8, 23]。

总而言之，关于左旋肉碱能帮助脂肪燃烧这个说法，我们只能说广告最爱宣传这种补充剂的减脂功效，然而针对这个说法目前只有一项比较权威的研究，而且最终该研究获得的结果是负面的。只在某些特定的条件下、某些特定的人体内，左旋肉碱才有可能使碳水化合物燃烧转换成脂肪燃烧；而在实际生活中，这种效果小到可以忽略不计。左旋肉碱也并没有显示出能使体内能量转换提高的功效。迄今为止左旋肉碱能被证明的效果都非常小且持续时间很短，想减脂的广大健身者不能对其寄予希望，因为它可能只起到心理安慰的作用。

如果读者还是想亲自尝试一下左旋肉碱

的功效，那么体重 70 千克的人指望得到点儿效果，每日至少需要摄入 2~3.5 克左旋肉碱。更强健的运动者还需要更大的剂量。

下面谈一下左旋肉碱的安全性问题。如果只在短时间内（一个月左右）摄入左旋肉碱，那就再安全不过了[33]。每日摄入量多于 4 克会引起恶心和腹泻。在上面提到的针对超重妇女的研究中，有半数受试者身上出现了这些副作用。其中甚至有 4 人因持续腹泻而不得不退出实验，另外 5 人的症状在几天后自行消失[16]。这些副作用并不会产生生命危险，只会让使用者不适。

为确保生命安全，我们保守地建议，左旋肉碱的每日摄入量不要超过 5 克，连续服用时间不要超过 4 周[5]。但是，由于现在有广泛的数据基础，多年以来世界范围内都没有出现因使用左旋肉碱而受到严重伤害的报道，我们可以推测，长期服用也不会对人体健康造成较大的危害。基于动物实验的结论，每天摄入 630 克左旋肉碱才可能导致中毒[29]。

小结：以营养补充剂的形式摄入的左旋肉碱因在骨骼肌中吸收缓慢而不能在体内储存——它的作用位点几乎没有增多。另外，当左旋肉碱在血液中的含量超过一定数值时，它会随尿液排出体外。研究中所使用的左旋肉碱的剂量在每日 2~6 克。从科学的角度看，左旋肉碱在加速脂肪代谢方面并没有明显的效果。在历经 20 年的研究后，就目前的研究结果来看，我们最多只能说左旋肉碱的效果仍不明确。尽管如此，左旋肉碱仍然被商家当作减脂辅助剂大肆宣传，而迄今为止完全公开的几项相关研究都不能为此提供哪怕一点点的证明。

左旋肉碱还有一些被人热议的功效，比如节约糖原、减少乳酸形成以及影响肌肉再生等。虽然目前有一定的证据能够证明左旋肉碱的一些对力量训练者来说很有意义的功

效，但是至今仍没有它能增肌的明确证据。左旋肉碱对人体健康来说是安全的，然而大量摄入会引起腹痛和腹泻。

4.2 为运动供能的脂肪储备

下面我们将逐个分析那些有助于减脂的因素，从而让运动者尽量使用最精准的训练手段来达到减脂的目的。同时，我们要探讨一下健美运动员和力量训练者很看重的耐力训练。

脂肪燃烧的程度如何主要取决于正在工作的肌细胞是否被供给了足够的脂肪酸。脂肪酸有不同的来源：一部分当然来自皮下脂肪（比如腹部、臀部和大腿的皮下脂肪），还有一部分来自围绕在内脏周围的脂肪，它们能使腹壁向前明显凸起，形成我们熟知的"啤酒肚"。此外，肝脏能通过血液向肌肉定向输送搭载脂肪的载体，肌肉本身也储有脂肪。

在这里人们可能会发现，由于人体内的脂肪储备甚多，总是有足够的脂肪酸可用于脂肪燃烧。简而言之，燃脂率下降的理由永远不会是脂肪短缺。对健身者来说重要的是，要知道并非所有部位的脂肪都会按照同样的速度分解。不同部位的脂肪的分解速度快慢在很大程度上取决于个人的体质和性别。第 119 页补充文献《局部减脂可能实现吗？》将详细阐述这个问题。

4.3 完美燃脂

运动的三大要素包括运动频率、运动时长以及运动强度（剧烈程度），运动者可以利用这三点来对体内脂肪的燃烧施加影响。

运动者所选择的运动强度与他能将运动坚持多久密切相关：没有人能连续冲刺两小时！因此，每名运动者都会有意或无意地从三个方面来开展自己的耐力训练（表 10）。第一，运动者从一开始就会选择某一运动强

表 10　健美运动和健身运动中耐力训练强度的分级[44, 45]

	训练强度	目标心率与最大心率[①]的百分比	自身感觉（以资深运动者的感觉为衡量标准）
体力恢复	极低强度	低于 60%	运动者几乎没有加快呼吸，在运动过程中可以长时间毫不费力地交谈。当时长不超过 30 分钟并选择温和的运动方式时，此强度的耐力训练可以促进体力恢复，比如骑自行车（慢跑不属于这个范围！）
耐力训练 1	低强度	60%~75%	运动者略微加快呼吸，然而不会感觉不适。拥有一般的意志力就可以将此强度的训练坚持数小时之久。会流汗，但是仍可以交谈
耐力训练 1/2	中等强度	75%~85%	运动者明显加快呼吸。一次只能用一两句较长的句子进行交流。明显流汗，需要一定的意志力才能长时间保持所要求的速度
耐力训练 2	高强度	85%~95%	运动者严重气短，必须用较强的意志力才能保持运动节奏。几乎不能交谈，流汗多，肌肉因无氧糖酵解增强而出现令人不适的酸痛感。强烈口渴，需要用冷却手段调节体温
耐力竞技比赛	极高强度	大于 95%	运动者心跳和呼吸频率几乎达到极限，需要铁一般的意志力来维持这种强度的训练。同时乳酸的大量积累导致强烈的不适感。健美运动员和健身者不需要进行这种强度的运动，只有以竞技比赛为目的的耐力训练者才需要

度作为目标。比如，先在心率表上设定好参数，然后看自己能将所选的耐力运动坚持多久——"今天我要以每分钟 160 次心跳的强度慢跑，看看能跑多远！"

第二，运动者可能会制订一定时长的训练计划（比如"今天我要做一小时有氧运动！"），但没有给予运动强度过多的关注。第三种情况可能就是上面两个指标的结合："今天我要尝试以每分钟 140 次的心跳频率跑 45 分钟！"

除了运动强度和运动时长，最后一个重要的指标就是运动频率，即在一周或一个月的时间内，运动者按照上面提到的运动指标运动了多少次。

脂肪分解说到底只有两个核心问题：第一，作为健身者或者健美运动员，你如何使这三大运动指标彼此协调以消耗尽可能多的能量？第二，如何运动才能使消耗的能量主要由体脂提供？例如，一名运动者在一次耐力训练中消耗了 350 千卡能量，他自然希望

---

① 最大心率指运动者在最大负荷强度下，其耗氧量和心率不能继续提高时所达到的最高水平的心率。

局部减脂可能实现吗? [34, 35, 36, 37, 38, 39, 40, 41]

局部减脂指针对身体特定部位进行减脂。比如说,人们借助大量的腹部运动试图减少腹部的皮下脂肪。然而大多数研究证明,这么做并没有用。要想获得真正明显可见的减脂效果,人体内必须制造一个绝对的能量赤字环境,因为在营养缺乏的时候,脂肪是最重要的能量储备。能量赤字是如何产生的,是通过节食、运动还是二者相结合,并不重要。

如果运动者体内形成了一个绝对的能量赤字环境,其体内不同部位的脂肪就将按照某些规则被逐步消耗:位于腹肌下面、将腹壁强烈地向上拱起的内脏脂肪,用上面提到的每种手段(无论是减少热量摄入还是进行运动)都可以减去。换句话说,"大名鼎鼎"的啤酒肚通过运动或者减少热量摄入的饮食就可以很容易地被减掉。

腹部皮肤下的脂肪虽然通常比内脏脂肪少得多,却很难被减掉。进行规律的、尽可能高强度的运动对减掉这部分脂肪非常有帮助。在几项相关研究中,艰苦的力量训练能高效地减掉这部分脂肪。

大腿和臀部的皮下脂肪也很难被减掉,尤其是对女性来说。单纯的运动很难对这两个部位的脂肪起作用,大多数情况下必须额外配合饮食习惯的改变。结合使用饮食法和耐力训练对减掉这部分脂肪尤其有效。

个人体质和其他一些因素(比如激素平衡)总是在身体特定部位减脂的过程中扮演重要角色。人们应该认识到这一点,以免因失望而过早放弃。

在现实中人们应该已经了解到,通过有针对性的训练实现腹部和臀部这些问题部位的定点减脂是不可能的。不过,脂肪下面的肌肉变得紧绷一些可能会造成一种脂肪被减掉的假象,好像是运动者进行的那些专门训练带来的效果。

在针对竞技性健美运动员的研究中,研究人员用超声波测量了运动员在比赛准备阶段皮下的脂肪层,证明了借助高强度健美训练和有氧运动以及严苛的低脂饮食法,皮下脂肪可以被极大程度地减掉,而肌肉围度不会减小太多。只要运动者严格将这三种方法结合使用,就可以获得最好的塑身效果。

在此还有几句简短的题外话:越来越流行的所谓"溶脂针"其实是卵磷脂、脱氧胆酸盐和乙醇的混合试剂,商家承诺只需将它直接注射到问题部位就能获得局部减脂的效果,使用者完全不需要运动。然而一项新近的使用了超声波检测的研究得出结论,这种神秘的针剂根本就不能有效而持久地减去"马裤部位"①的脂肪组织,还会使注射部位发炎。

这些能量中的大部分来自体脂。相反,运动者不希望身体将蛋白质和碳水化合物作为能量来源,因为它们有助于运动者获得饱满的肌肉和出色的力量效能。

4.3.1 运动强度的意义

众所周知,肌肉在人处于空腹和静息状态下(比如在夜间睡觉时)主要以脂肪酸为

能量供体 [42, 43]。理论上,人在什么也不做时,体内也有脂肪在燃烧。那我们为什么还要努力运动呢?

人处于静息和空腹状态下时,虽然脂肪酸是优先使用的能量供体,但脂肪分解过程进行得相当缓慢,因为身体不活动时能量需求较少。为了加快燃脂,许多想要减脂的人选择了运动。在考虑运动对减脂的作用时,

---

① "马裤部位"是德语中的一种比喻说法,指臀部和大腿外侧脂肪过多,看起来就像穿了条臀部和大腿部位较为宽松的骑马裤。

如何掌握健美和健身运动中耐力训练的强度

为了达到燃脂的目的，人们在耐力训练期间通常会努力达到某一确定的目标强度，我们可以通过不同的方法大致限定这一强度。

所谓的呼吸量测定法能够提供可靠的结果。原理上，呼吸量测定法的执行与心电图运动负荷测试一样，运动者只需戴上一个呼吸面罩，面罩与一套测量系统相连，这样就可以持续测定运动者的呼吸频率、呼吸量、氧气摄入量和二氧化碳排放量。对运动者来说，测定呼出二氧化碳与吸入氧气的比例非常重要，因为由此可以计算出个人在一定的心跳频率下，脂肪和碳水化合物燃烧的程度。呼吸量测定法对科学研究人员和专业运动员都很有意义。对健身者和健美者来说，它不是进行高效燃脂训练必须使用的方法。

为测定耐力训练的目标强度，还可使用所谓的乳酸诊断法。研究人员测定某名运动者在一定的训练强度下体内合成的乳酸量，并将其与同时测得的心率值建立联系。这样借助于心率表，运动者将来就可以在为他个人设定的耐力训练的目标强度内进行训练。在运动保健医生的帮助下，这个方法原则上对每个人都适用，然而它成本较高，而且也不是进行高效燃脂训练必须使用的方法。

如果健美者或健身者想要借助心率表来把握耐力训练的强度，有很多更实惠的方法可以选择。方法之一就是使用一个简单的公式——所谓的 Lagerstrøm 公式。这个公式的变式能够为个人在进行耐力训练时提供可使用的运动心率的参考值。Lagerstrøm 公式的优点在于，它将静息心率（最好在清晨起床前测量）、运动经验和运动者的年龄都考虑在内了。

耐力训练目标心率的参考值 = 清晨静息心率 +（220−2/3× 年龄 − 清晨静息心率）× 健身系数

有关健身系数的规定如下：身体健康的运动新手为 0.6，每周大约进行两次耐力训练的健康的人为 0.65，运动精英和竞技运动员（一周有 4 天要进行系统训练）为 0.7，高水平竞技运动员和职业运动员为 0.75。

例如，一名 30 岁的运动者，清晨静息心率是每分钟 60 次，每周进行两次耐力训练，计算方法如下：他的个人运动心率参考值 =60+（220−2/3×30−60）×0.65，即 60+（220−20−60）×0.65=60+91=151 次 / 分钟。

然而，人们在使用这个公式时要慎重，因为简易公式提供的总是近似值，没有明确的针对性。在这里，我们为运动者提供一个用来测定个人最大心率的更为个性化的方法。但是这个方法的一个重要前提就是，运动者的健康状况必须非常好，因为他要一次性达到个人运动负荷的极限；如果他健康状况不好，就很容易因此发生生命危险。

这个测试得在跑步机上进行。运动者要先轻松地慢跑几分钟来热身。这时如果出现疼痛或其他不适，测试就不要再进行下去。相反，如果运动者感觉良好，在短暂热身后，就要阶梯式地提高自己的速度，每次提高 2 千米 / 小时，以每一级别的速度分别跑 3 分钟。运动者以这种方式不断提速，直至达到个人运动负荷的极限，心跳频率不再随着速度等级的提高而加快。这样他就测得了自己的个人最大心率，根据表 10（目标心率与最大心率的百分比），接下来就能够得出他在进行低强度、中等强度和高强度运动时目标心率的范围了。例如，在跑步机测试中运动者测得的最大心率为 180 次 / 分钟，那么运动者今后在为燃脂进行中等强度的有氧运动时，他的个人目标心率范围为 135 次 / 分钟（180 次 / 分钟 ×75%）至 153 次 / 分钟（180 次 / 分钟 ×85%）。

跑步机测试法的优点在于，传送带一直在脚下转动，运动者无法不自觉地减慢速度。而其缺点是容易出错，尤其是运动者没有强迫自己达到个人运动负荷的极限时，这时得到的数值就是不精确的。此外还存在一定的受伤风险，尤其是对体重较大的运动者来说。如果人们想要进行这个测试，就应该先在一定程度上熟悉跑步。

这里有一条放之四海而皆准的建议：当人们用心率表来控制运动强度的时候，至少要花 5~10 分钟来逐步达到自己的目标心率范围。运动较少和年纪较大的运动者尤其要牢记这个忠告，以免发生不必要的运动过量的情况。

还有一点同样需要在这里强调一下：有经验的运动者完全无须用心率表来衡量耐力训练是否足够高效。对他们来说，运动是一种个人感受，健美运动与赛跑纪录或比赛用时无关，凭个人的感觉来完成有氧运动就足够了。表10为资深运动者提供了重要的参考依据。

我们应该区分以下两种情况：一是运动期间燃脂率提高；二是运动导致体内新陈代谢被强烈激活，这会在接下来的时间里使身体的基础代谢率提高。第二种现象在下文被称作"后燃脂效应"或"后燃效应"。

我们从前面的章节已经知道，脂肪酸只有在氧气足够的前提下才能作为燃料被完美地利用。然而，在极度紧张的运动负荷下，氧气供应对实现理想脂肪燃烧来说通常是不足的，工作中的肌细胞不得不动用另外的能量来源——主要是碳水化合物。有兴趣的读者在此要特别关注训练强度和训练调控的相关话题。

肌肉优先选择燃烧脂肪酸这一能力会随着运动经验的增加而增强。换句话说，肌细胞通过规律的运动渐渐学会如何将脂肪酸作为能量来源完美地利用。耐力训练领域的竞技运动员因此甚至能在承受超高强度负荷时，极大限度地调动脂肪酸作为能量来源[46, 47]。在健身房里，这种情况尤其会在那些不仅进行力量训练、还在运动计划里额外加入规律的有氧运动的健身者身上出现（图16）。由此再一次证明，运动能够促进脂肪燃烧，特别是能够让肌肉在静息状态下提高脂肪酸的利用率。不过这种效果的大小很大程度上取决于个人的运动资历和其他影响因素。因此，我们必须来验证一下，在不同的前提条件下，哪种运动强度最有利于促进脂肪分解。

一些精心设计的实验检测了在运动状态下身体选择燃料的方式，为上面的问题提供了合适的理论基础：这些研究的结果显示，当运动强度低或极低时，脂肪酸也能够高效地从脂肪细胞释放并进入血液，然后被燃烧掉（图17）[48, 49]。

从低强度的耐力训练也能使脂肪高效燃烧这一事实我们可以推导出，这种训练强度应该特别适合作为健美者的目标。然而，实际能燃烧多少脂肪主要取决于人体所需的能量总量，可是在低强度的耐力训练中，以分钟计算的话燃烧的脂肪非常少。但是，如果规律地进行低强度的耐力训练并且每次训练长达数小时，正如进行典型的耐力训练（耐力训练1）那样，运动者的能量需求就会大幅提高，一段时间后，他身上的赘肉就会明显减少[48, 43]。

我们可以肯定的是，在进行极低强度的耐力训练时，人体会从脂肪细胞中释放大量脂肪酸，但同时能量消耗相对来说却很低。因此，人们只有增加诸如惬意的自行车骑行或其他相似强度的训练的训练时长和训练频率，才能消耗掉足够的能量，从而达到明显减脂的目的。

低强度的耐力训练的优点是，选择合适的训练方式（比如温和的自行车骑行、走路或游泳）不容易使身体受伤。此外，如果每周不花太多时间来进行训练，也就几乎不会产生过度训练的风险。例如，无论是对运动新手还是资深运动者来说，40分钟低强度的耐力训练都不会影响他们体内皮质醇的水平，而后者是一种有可能导致肌肉溶解的激素[50]。同时，低强度的耐力训练能让人很轻松地坚持下去，因而执行过程中的自律性能

图 16　静息状态下运动者和不运动者体内供能物质的使用情况

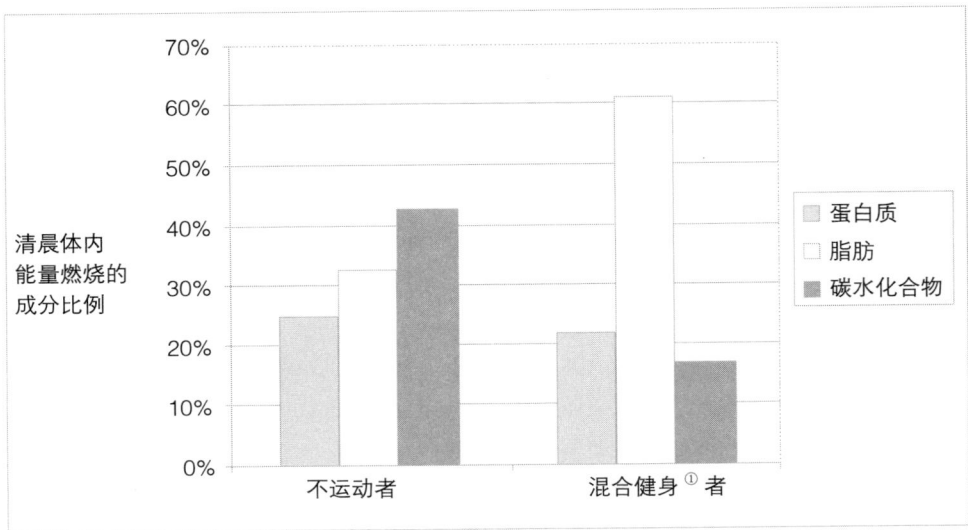

清晨体内
能量燃烧的
成分比例

图例：
蛋白质
脂肪
碳水化合物

横轴：不运动者　　混合健身 [①] 者

纵轴：0% ~ 70%

在此介绍的运动者（男性，身高 1.88 米，体重 102 千克，年龄 31 岁，每周运动 6~7 小时，体脂率在非赛季很少高于 15%），多年来将每周 3~4 次的力量训练与规律的有氧运动（每周最多 300 分钟，两者交替进行）结合。他那健硕而训练有素的肌肉每天的能量需求大约为 3700 千卡，这使他的身体即使在静息状态下也能优先将脂肪作为能量供体使用。

由图可知，经过夜间禁食，这名运动者清晨的基础代谢测量结果显示，与同等条件下的不运动者相比，他当下的能量消耗明显更多地来自体脂（自测数据，通过间接能量测量仪测定）。

够得到很好的保证。

在中等强度的耐力训练中，肌肉本身储备的脂肪开始扮演更重要的角色（图 17）。这种肌肉内的脂肪微滴又叫肌内甘油三酯或肌内三酰甘油（IMTG），为资深耐力训练者体内的高燃脂率做出了巨大的贡献 [55, 56]。健身者或健美者在耐力训练期间被燃烧的脂肪的很大一部分也都来自这些肌肉内储备的脂肪微滴。根据最新的数据，与图 17 的结论相反，在低强度的耐力训练中，也有相当一部分被燃烧的脂肪来自 IMTG。可以说，在任何一种情况下 IMTG 对健身者来说都是一个意义重大的能量来源 [43, 49]。

对实践来说最重要的是，中等强度的耐力训练不仅能够燃烧大量脂肪酸，同时还明显能消耗更多的能量：事实上，至少在理论上，这个级别的训练强度所引发的脂肪燃烧与能量消耗的比例最佳，脂肪因此能获得最理想的降解 [57]。尽管如此，人们还是不能过于期待奇迹的发生，因为在中等强度的训练下，人体每分钟也只能分解 0.5~1 克脂肪，具体数值由运动者的性别、运动状态和年龄

① 混合健身又叫全面健身、交叉健身。它不以身体塑身为主要目标，不强调孤立的肌肉训练，而以获得某种运动能力为目标。这种健身方法通常通过多组快速而爆发力强的动作来锻炼人的力量、耐力、爆发力、协调性和柔韧性等，从而增强体能和运动能力。

图 17　运动者在不同运动强度下体内供能物质的使用情况（根据文献［48］修改）

身体摄氧量
占最大摄氧
量的百分比

肌肉中储备
的碳水化合
物（糖原）

肌肉中储备
的脂肪微滴

来自脂肪细
胞的脂肪酸

血糖

25%

65%

85%

0%　　20%　　40%　　60%　　80%　　100%

消耗的能量

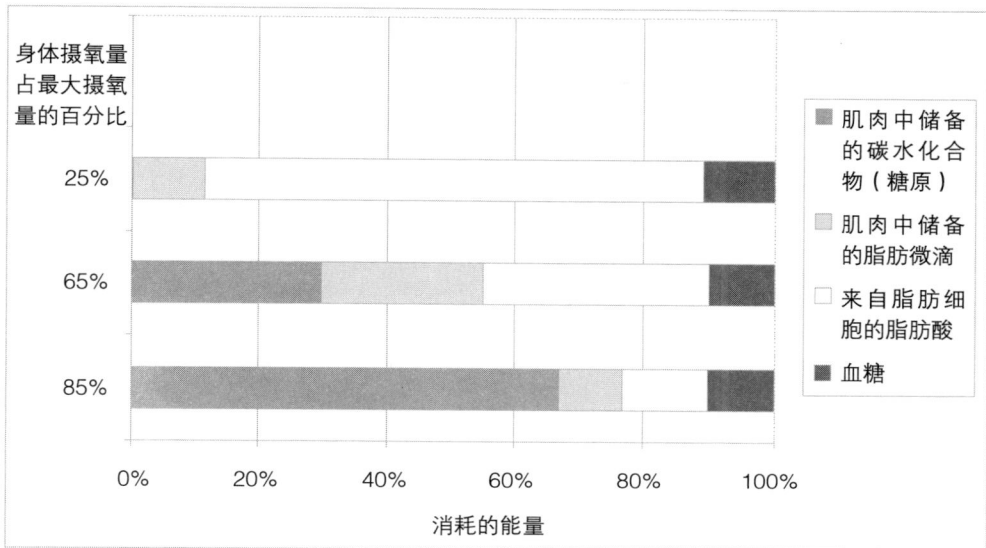

　　运动者在运动过程中身体摄氧量占其自身最大摄氧量的百分比可作为衡量运动强度的参数。本图显示了在进行不同强度的耐力训练期间，由脂肪酸（分别来自脂肪细胞和肌内脂肪）、糖原和血糖所提供的能量的占比情况。在进行低强度（上方的柱形）和中等强度（中间的柱形）的运动时，运动时长为 2 小时。在进行高强度（下方的柱形）的运动时，运动者因为运动疲劳而不得不提前终止训练。本图结论来自进行规律运动的运动者。

决定[47]。

　　中等强度的耐力训练的优点是，在这种强度下，至少在人们选择了合适的训练方式（比如骑自行车）时，受伤的风险很低，尤其是对体重较大的运动者来说。中等强度的耐力训练也可能导致运动者过度训练，但这种情况只发生在他们进行高强度力量训练后额外进行频繁和大量中等强度的耐力训练时。运动者在这种情况下还会因免疫系统持续受到压力而容易感冒。

　　理论上来说，在增肌阶段进行中等强度的耐力训练是适宜的，但要注意的是运动量要足够。因为运动者很难将较大容量的中等强度的耐力训练坚持下去，尤其是那些本来就抗拒进行规律性耐力训练的健身者。

　　从图 17 中我们可以清楚地看到，对力量训练者和减脂者来说，当运动强度为高或极高时，脂肪酸不再是主要的能量供体。然而同时很明显的是，最新的研究也非常明确地指出，在极高的运动强度下，脂肪利用也绝不会自动削弱[58, 59, 60]。并且这时人体内的能量消耗非常大。

　　运动者在进行高强度运动时体脂的降解究竟能达到什么程度，当然取决于他们是否坚持运动了。图 17 也再次告诉我们，在高强度耐力训练和健美训练中，肌肉内储存的碳水化合物（即肌糖原）是主要的能量来源。

　　根据我们在图 17 中看到的，只进行高强度训练而不过于关注肌肉实际使用什么供能物质，从能量平衡的角度看可行吗？这个想

过度训练 [51, 52, 53, 54]

　　过度训练指运动者在有规律地进行训练（大多为强化型训练）的过程中，其力量效能降低了。真正的因过度训练而导致的效能下降，典型表现就是运动者在休息几周后仍不能恢复体力。相反，如果短暂休息以及明显减少运动量就足以恢复体力，在那之后运动者直接感觉到运动效能在提升，这种情况叫作短期过度训练。

　　超负荷经常被资深运动者作为提升运动成绩的手段，这个策略叫作超负荷训练或过载训练。然而，运动者在使用这种训练策略前要深思熟虑，要慎重，不要走到真正患上过度训练综合征这一步。一次极高强度的超负荷训练最多只能持续1~3周。另外，不要频繁使用这个策略，因为过度训练总是源于压力和身体恢复之间的不平衡。从训练计划来看，过度训练大多是由运动强度持续过高、运动量在太短时间内急剧增加、训练内容单一或两次训练之间恢复体力的时间不够充分引起的。

　　然而，"压力"不仅仅指运动压力，来自工作和私人生活的压力也会对身体有明显的影响。工作压力较大的人（比如工作实行倒班制的工人）、面临重要考试的人（学生、学徒）或者工作之余还要负担繁重的家务的人，都要特别关注过度训练的问题。

　　过度训练不仅仅表现为运动效能降低（比如进行较低负荷的运动时肌肉也感觉异常"沉重"），还表现为一系列伴随症状，如睡眠失调、头痛、静息心率升高和最大心率下降、肌肉和肌腱不适且被感染和受伤风险加大，甚至表现为严重的情绪波动乃至抑郁。运动热情明显丧失是进一步的表现。有些运动者会感觉食欲旺盛，而另一些人却胃口不佳。这种综合征的外在表现差异很大，也没有特异性。因此，运动者非常有必要排除那些同样有这些外在症状的疾病（如甲状腺失调、缺铁性贫血、心肌炎等）。当不适感在休息之后没有减弱反而增强时，运动者就极有可能患上了过度训练综合征。

　　当出现过度训练综合征症状一段时间之后或各种激素和代谢指标明显改变时，用来诊断过度训练综合征的检测参数就不够可靠和有用了。运动者运动效能降低并且感觉"哪里不对劲儿"一般可以作为诊断的依据。

　　过度训练综合征的早期诊断和预防意义重大，因为除了长期暂停训练而进行休息之外，目前对过度训练还没有任何经科学证明有效的治疗方法，包括各种药物和营养补充剂。

　　总的来说，当人们安排年度训练计划时，应预留足够的休息时间。一年只休息几次、每次连续休息一两周就相当于没有休息！此外，可以在高强度训练和恢复性训练之间规律地切换，比如所有的肌肉群按照一次高强度训练一次低强度训练或者一次高强度训练两次低强度训练的规律来训练，以防过度训练。另一个方法就是每4~8周就改变一下训练强度。以不休息来提高运动负荷总是伴随着各种危险，尤其是在短时间内大幅度提高运动负荷的情况下。每周总要留出一天用来休养生息。

　　如果自己已经感觉过度训练了，再把运动量降到最低或者使用强迫次数训练法和膨胀训练法就没有意义了。换言之，此时运动者应该将训练强度和训练容量大幅度地降低一段时间。运动者最好学会自己检查身体，一旦出现过度训练的苗头就赶紧停止力量训练1~2周。休息期间可以进行一些低强度、小负荷的运动，比如骑自行车和游泳，以促进身体恢复。此外，还应保证充足的睡眠和均衡的饮食。休息期间饮食计划要宽松一些，因为严苛的饮食也会额外引发压力，最终适得其反。

　　法还是有一定道理的，我们将在下文继续阐述。但是一个重要的反对观点就是，事实上，许多运动积极分子的高强度耐力训练——至少在开始时——几乎很少超过10~20分钟。这么短的训练时间意味着，即使每分钟的能量转换率都很高，一次训练下来体内的总能量需求也远远低于那些强度中等但持续时间长得多的训练。此外，规律的力量训练就相当于高强度的力量训练。运动者再面对一份高强度耐力训练计划表时，其运动热忱肯定会迅速消失[61]。

我们还要强调的是，普通人在很长一段时间内只能承受一定运动量的高强度训练，否则会导致过度训练，造成身体抵抗力下降乃至身体受伤。高强度的有氧运动，比如间歇性冲刺跑，即使在没有过度训练和节食的情况下，也存在不可低估的令人受伤的风险。如果一名运动者想要在自己的运动计划表里加入这类运动，就应该优先选择那些对关节和韧带的负荷尽可能小的运动方式；进行间歇性训练的话，可以优先选择受伤风险较小的功率自行车。此外，要一步步摸索出适合自己的运动强度，并科学地协调好这项运动的运动频率和运动计划表中的其他内容。

在节食期间，运动者进行规律而艰苦的有氧运动并且配合高强度的力量训练，将加速肌肉溶解：因为在节食时，高强度耐力训练所消耗的血糖（图17）的来源之一是氨基酸的分解，而这些氨基酸主要来自肌蛋白。这种情况主要发生在运动者实行低碳饮食法，特别是长期实行的时候。

相反，如果一名运动者因其出色的身体恢复能力和十足的动力，能够很好地坚持高频率的高强度训练，那么高强度力量训练与高强度耐力训练二者结合将使他获得超好的减脂效果，这也并非罕事。

小结：健美者和健身者进行耐力训练原则上只有两个目的——消耗足够多的能量和尽可能多地用体脂来给身体供能。为此他们需要先设定理想的训练强度。虽然体脂在耐力训练强度较低的情况下仍能作为其高效的能量来源，但是在这种情况下身体消耗的能量总量太少，如果不进行大量运动，情况不会得到根本性改善。与我们普遍以为的相反，人在进行高强度运动时，脂肪分解并没有完全停止，运动安排得合理甚至能更好地促进脂肪分解。

高强度耐力训练因导致过度训练和身体受伤的风险很大，运动者在进行这种训练时需要用自己的运动经验来协调其余的运动计划。因此，关于完美燃脂，从科学的角度说，中等强度的耐力训练能够使能量与体脂的消耗比例最理想，同时令运动者受伤的风险很小。运动者在进行中等强度的运动时身体在运动过程中每分钟可以分解 0.5~1 克体脂。

4.3.2 运动时长的意义

除了运动强度以外，运动时长自然也能决定人体内到底有多少脂肪酸被燃烧了。一般来说，运动者一次运动的时间越长，脂肪酸在所消耗掉的能量总量中所占的比例就越高（图18）。

在一次低强度的耐力训练（温和的自行车骑行）的前半小时里，最先能够观察到的是燃脂率的陡然上升[43]。如果此人继续运动，在接下来的 150 分钟里，燃脂率将一直保持上升，然而上升幅度将明显比开始时平缓。进行低强度的耐力训练 3 个多小时后，燃脂率将不再提升，而持续保持在高水平[43]。

下面这种做法对减脂很有帮助：从较短的运动时长（如 10~20 分钟）开始，有氧运动的持续时间一次比一次略微延长，比如每次延长 1~5 分钟。每次耐力训练的目标时长在理想情况下至少是 60 分钟，最差也要保持在 30~60 分钟[62]。

如果在力量训练之后进行有氧运动，那么有氧运动持续 30~60 分钟对许多运动者来说就足够了。因为人体的适应性反应是不可避免的，所以燃脂率会在一段时间后渐渐下降。这时，逐步延长耐力训练的时长不失为

图 18　在 2 小时的低强度运动中，人体内的 4 种能量来源：从脂肪细胞释放的脂肪酸、肌内脂肪微滴（IMTG）、肌糖原和血糖（根据文献［55］绘制）

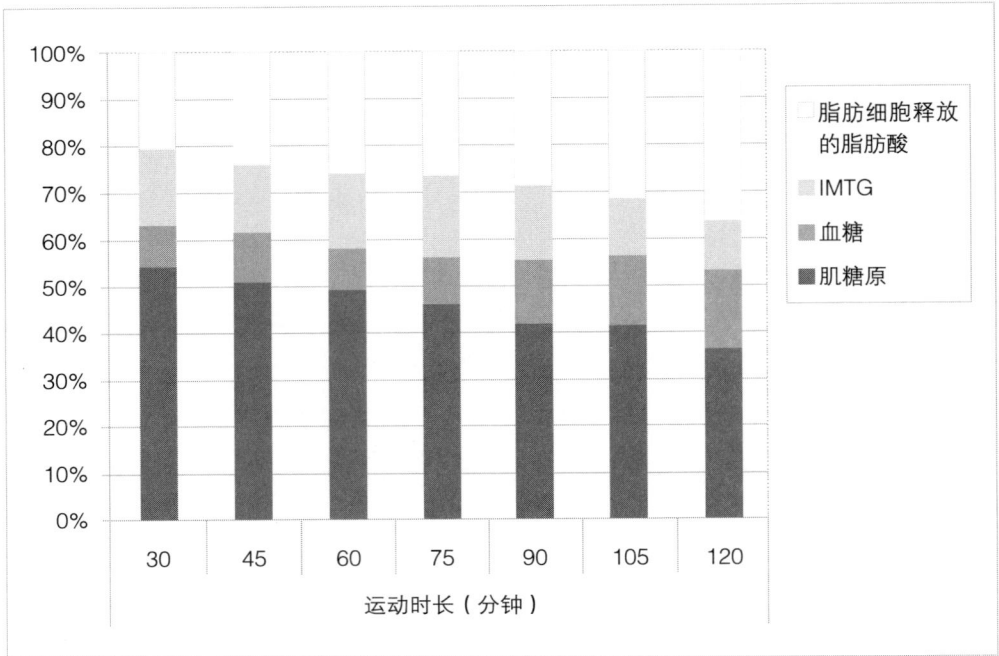

随着运动时间的延长，肌糖原作为能量供体的贡献越来越小，而脂肪越发成为关键的能量供体。

一个好办法。不爱运动的人在选择进行较长时间的运动时要特别谨慎，最好采取渐进的方式[63]。精心安排的训练计划可以将人锻炼成一台真正的"燃脂机器"：比如超长耐力训练者在运动期间每分钟燃脂多达 1 克[63, 62]！

小结：一次训练的时间越长，燃烧掉的体脂占能量总消耗量的比例就越大。运动者必须逐步适应较长的运动时长，恪守"慢慢开始，慢慢提升"的原则。运动时长最好从每次 10~20 分钟开始，逐步延长到每次大约 60 分钟。运动者在关注运动时长外，还必须合理地协调影响运动的其他要素，以免发生过度训练、免疫能力下降、肌肉降解和身体损伤的情况。

4.3.3　如何最大限度地燃脂？

迄今为止，我们只关注了在一次运动中脂肪的代谢情况，而没有探究几周或几个月之后，这种运动是否真的使体脂积蓄部位明显萎缩了。如果在实际生活中皮下脂肪并没有真正减少，那么在实验中测量某种运动强度下的最大脂肪燃烧量又有什么意义呢？现在我们根据精心挑选的研究报告来探讨一下，就减脂而言，是否就像许多健身教练严格规定的那样，有氧运动必须在一个被严格规定的强度范围内进行。

接下来我们将先探讨一下运动是否真的能让体脂明显减少，然后进一步探讨在节食条件下哪种运动方式最适合减脂。此外，我们还没有深入了解第三个运动要素，也就是运动频率，所以我们将在下文中进行补充。最后我们要看一看，进行规律的运动将在多大程度上帮助人们保持已经取得的减脂效果。

4.4 不节食条件下的燃脂

仅仅通过运动减脂对许多人来说是一段令人沮丧的经历。当前的研究显示，大多数人能够获得的最好减脂效果为每12周减重2千克左右[18]。但在某些情况下，人们完全可以在不节食的条件下仅仅通过运动减去更多的体脂。

而对运动者来说，想要获得同样的效果最多要花16个月的时间。如果人们愿意花这么久的时间，那么在不节食的情况下，只凭借规律的运动最多可以减去5千克体脂[64]。然而，为了达到这个目标，人们必须进行每周5天、每次45分钟中等强度的运动。反过来，那些想要在尽可能短的时间内取得明显减脂效果的人，如果不配合实行饮食法，仅依靠中等强度的运动恐怕是不够的。例如，受试者进行为期3个月、每周3天的中等强度的有氧运动，在不同时采用饮食法的情况下，其体脂率不会明显降低[65]。

较高的运动强度对减脂来说效果又怎样呢？几名科学家从20世纪90年代初就开始了一个大型跟踪观察实验并最终证实，如果人们尽可能频繁地进行高强度的运动，那他们的皮下脂肪就会很少[66]。事实上许多研究显示，高强度的运动确实能够使运动者在不节食的前提下有效减脂[19]：在设计良好的实验中，受试者越是进行大量的艰苦训练，其体脂的减少就越明显。例如，在一项为期8个月的研究中，受试者坚持进行高强度的慢跑后，大约减掉了5千克赘肉。对这种强度的运动来说，受试者每周运动4次就够了[67]。

在其他研究项目中，这种强度的运动也都取得了非常好的减脂效果[35, 68, 69, 70, 71, 72]。

实验数据还显示，高强度的运动在体脂分解方面——至少在不配合实行饮食法的情况下——比中等强度的运动效果更好，同时花费的时间更短。很明显，高强度的运动特别适用于消除皮下脂肪组织（第119页补充文献《局部减脂可能实现吗？》）。如果不想让减脂进程过早地止步不前，就要有更进一步的训练计划。这意味着，运动者在进行每一次的运动时，无论是在运动强度还是在运动时长上，都至少要有极小幅度的提升。此外，还可以插入所谓的间歇性训练，交替做时间极短、强度高的练习和放松练习，这对减脂非常有效：15周的间歇性训练所获得的减脂（皮下脂肪）效果与借助普通的、循序渐进的耐力训练所获得的效果一样好[73]。

使用间歇性训练的实验组的受试者总体上投入了明显少得多的时间就取得了同样好的效果。不过，如果一个减脂者总是保持间歇性训练的强度，不试着进阶，那么间歇性训练的优势就会渐渐消失[74, 75]。

在这里我们要通过一个例子更详细地说一下不配合实行饮食法的高强度运动的特殊效果[76]：这项研究的出色之处主要在于，重要的干扰因素，比如日常活动和饮食习惯都被严格控制了。此外，人们不仅掌握了白天进行运动对脂肪燃烧的影响，还掌握了睡眠期间的燃脂情况（后燃效应）。男性和女性受试者每周进行3次功率自行车训练，一共训练了14周，为了让从前不爱运动的受试者能够适应相应的训练负荷，训练强度从实验开始后慢慢提升。

从第3周开始，受试者开始进行间歇性训练：在高强度训练的3分钟里，受试者必须拼命踩动踏板，以至于肌肉内的乳酸合成明显提高，然后进行5分钟低强度的训练以放松身体。

训练难度在接下来的几周里持续提升，受试者每次训练的强度都在提高，持续时间都在延长。如此7周后，受试者的体脂减少了0.7千克，然后在接下来的7周里又减少了2.4千克。不要忘了，这个结果是在没有配合节食的情况下得到的！

更有意思的是，训练强度的持续提高导致受试者在训练以外的时间里——即睡眠期间和日常活动期间的燃脂率也提高了。肌肉也因此增长了不止2千克。然而，随着时间的推移，受试者本身的新陈代谢会对抗这些生理变化，尽管不断提升的耐力训练计划在继续执行，在第二个为期7周的周期里，他们白天和夜间原本较高的燃脂率渐渐降低了。虽然后燃效应不佳，但是受试者白天的有氧运动仍然非常高效，以至于减掉了上文所说的2.4千克体脂。

另外一项研究也得到了类似的结果[69]。在这项研究中，受试者每周进行4次运动，在40周内减去了3.6千克体脂，同时增加了将近3千克肌肉。在研究期间，研究人员主要延长了受试者的运动时长（一直延长到每次运动时长长达90分钟），此外他们还试图尽可能地加快受试者的跑步速度，因为他们在准备一项半程马拉松赛。

积极的健身者可以从上面的实验中了解到以下几点信息。第一，每周必须进行3~4次高强度的运动，才能在不配合实行饮食法的情况下获得明显的减脂效果。第二，循序渐进的运动方式是必需的，可以通过进阶的方式——不断提升运动强度，增加运动时长和运动频率来达到这个目的。如果从一开始，运动者就把训练计划定成每周进行3~4次运动，那么他就必须改变运动的强度和时长。

如果运动者想减掉很多体脂，那么考虑花一年多的时间来减脂则比较合理。在这一年多的时间里，运动者可以将减脂期分在不连续的多个月份，并且将较长时间的平台期穿插其中。身体一定会采取对抗措施以试图减少对其储备能量的大量消耗，因此减脂的进程随时都会停滞。这延长了减脂期的时长。

每个曾经节食过的人都肯定对这种情况再熟悉不过了，因为从某个时间点开始，体重就进入了平台期。平台期之后会开始新的减脂期，此时体重会再一次减轻几千克。减脂期之间的平台期意义重大，人们在此期间完全可以在一定程度上保持已经取得的减脂效果。在一项研究中，受试者在长达7个月左右的平台期里，其体重在原本减掉3.6千克体脂的基础上平均只反弹了约1千克[69]。正如我们下面将看到的，规律的运动在此期间发挥了决定性的作用。

在这里，我们还要谈一谈不节食情况下低强度的耐力训练（每周进行3次、每次1小时的自行车骑行就是一种低强度的有氧运动）。在最近的一项研究中，这种训练方式也能在运动期间提高受试者的燃脂率，然而效果不明显，不足以使受试者的体脂减少[65]。因此，这一研究结果证明，在大多数情况下不配合实行饮食法而进行低强度的耐力训练不足以减掉体脂。不过，运动新手和每周花大量时间进行低强度的有氧运动的人除外。

另外，在不配合实行饮食法的情况下，运动者想要尽可能持久地减脂，不管是优先选择力量塑身还是艰苦的耐力训练都不重要，起决定作用的还是循序渐进、不断进阶的运动方式。不配合实行饮食法的、严格执行的高质量力量训练对减脂很有效。特别是容量大（每次训练20~30组）和间歇短的力量耐力训练，这种训练主要由大肌肉群的动作组成，已被科学研究证明能有效减脂[77]。运动者采取这种训练方式时，每次运动时长的上限在45~60分钟之间，而且必须很好地做到循序渐进。相关研究中的女性受试者因此在一年的时间内，尽管没有进行节食，也依然减掉了 3 千克多的体脂，其他研究也支持这一结论[68, 78, 79]。

我们要记住，即使不配合实行饮食法，目标明确的、循序渐进的力量训练也适合用来减脂，不过训练计划中必须强调力量耐力和大运动量。

我们必须再次提醒运动者注意，前面提到的研究成果主要只针对原来不运动的人群，并且有几项研究涵盖了年龄较大的人群或超重者。因此，大部分研究所得到的结果可能只能在一定程度上推及积极运动的健身者。

然而，一个质量很高的实验给健身者带来了希望[80]。实验要求年轻并积极运动的男性训练 3 周，第一组受试者进行耐力训练，第二组受试者进行多组数的力量训练，第三组受试者将这两种运动方式结合。实验期间，受试者的热量摄入量保持不变，并且不节食。三组受试者的训练都是循序渐进的，并且训练计划中有连续进阶的设计，受试者必须不断用更高的标准要求自己。

3 周后三组受试者都明显减掉了体脂：纯力量组受试者减掉了 800 克，纯耐力组受试者减掉了 2 千克，而结合组受试者减掉的体脂甚至达到了 2.6 千克。由此证明，只要运动者采取的训练方式是足够严苛且不断进阶的，即使他不采用饮食法，在 2~3 个月的时间内也能减去几千克体脂。不过，在这个过程中，运动者要绝对保持能使他们的体脂率稳定不变的饮食习惯。运动者无论如何都不能把艰苦训练当作可以无节制地大吃大喝的借口，否则将来会大失所望。

力量训练和耐力训练结合的训练方式在不配合实行饮食法的情况下对减脂特别有效，此外运动者如果采用科学的训练计划和饮食计划（吃运动餐！），那么甚至有可能增加少量肌肉。

小结：如果只关注那些注重运动期间身体燃脂率的研究，那么运动者想要有效减脂就必须尽可能频繁地进行中等强度的有氧运动。然而，那些更关注体脂实际减少量的研究让我们以不同的视角看待减脂的问题。在不节食的情况下，运动者要想仅仅凭借中等强度的运动就获得明显的减脂效果，就必须进行每周多达 5 天、每次约 45 分钟的有氧运动。而且，为了获得相应的效果，最多要花 16 个月的时间。

相反，在不节食的条件下，运动者进行高强度的运动就省时多了：每周只进行 3~4 天高强度的运动就可以获得理想的效果，坚持下去的话在一年内最多能减掉 5 千克的体脂。然而，为了使减脂进程不那么快就停滞，运动者必须一直保持如此高强度的运动，以保证肌肉燃烧一直高效进行。

对减脂来说，首先，无论是采取高强度的耐力训练（比如间歇性训练）还是采取大容量的力量训练（尤其是力量耐力领域）都不重要。如果决定采取将两种训练方式结合的方式，那么运动者进行规律的力量训练就已经满足了对高强度的要求，在进行有氧运动时可以采取中等强度。当运动者采取这种方式而燃脂率不再能提高的时候，就要慢慢提升耐力训练的强度。反过来，要想在不节食的情况下只通过低强度的耐力训练获得明显的减脂效果，运动者就必须有极大的运动量。

4.5 节食条件下的最佳燃脂效果

要想在尽可能短的时间内取得明显的减脂效果，就很难绕开节食：规律运动加上热量摄入减少，永远是短时间内实现减脂的最有效途径。相关的科学研究均证明了这一方法的有效性，而且这种方法已被纳入医药协会有关肥胖症治疗的官方参考意见中[81, 20]。

对力量训练的实际观察也证明了这一点。不同的饮食法配合运动，其效果会在不同的时间段后达到巅峰。

如果人们首先仅仅考虑对减重的影响，那么从各项研究来看是这样的：在节食的条件下，运动强度的作用似乎是次要的。无论受试者进行的是时间短而强度高的运动还是时间长而强度较低的运动，他们的体重减少情况几乎没有任何差别[82, 83]。

对健美者和健身者来说，不可避免会产生这样的疑问，那就是在不同的运动条件下体脂会如何改变。例如，一个为期 20 周的实验比较了在节食的情况下，一周进行 3 次中等强度和较低强度的耐力训练会如何影响体脂率[39]。对照组的受试者按照以上两组（中等强度耐力训练组和较低强度耐力训练组）的饮食结构进食，但是不运动。三组受试者在饮食上每周都少摄入了约 2800 千卡热量。最终三组受试者减少的脂肪量没有太大的差别，都减少了 7~8 千克。但是两组运动组的优势在于，无论是进行中等强度还是较低强度的训练，有氧运动都有针对性地促进了其腹部皮下脂肪的减少。

另一项研究的结果也支持这一发现，该研究对健美者来说特别有意义，因为它检测了节食条件下力量训练对体脂的影响[38]：在这项研究里，所有的受试者都实行了 16 周的低脂饮食。在这些受试者中，有的只改变了饮食结构，有的额外进行力量训练或耐力训练，并且运动强度有所差别。所有的受试者每天都比前一天少摄入大约 1000 千卡热量。最终，所有受试者都减掉了 7.5~10.5 千克体脂，并且男性和女性的情况是一样的。每周进行 3 次艰苦的力量训练能够持久地减少皮下脂肪。

值得一提的是，节食条件下皮下脂肪的减少还与运动频率相关。运动者每周至少进行 3~4 次的耐力训练对减少皮下脂肪特别有效[37]。人们在不节食的情况下确定具体的运动频率同样非常有意义。这些结论也适用于力量训练。

还有一些与实践有关的知识要在这里向运动者介绍：人们在实行非常严苛的低脂饮食法并结合极大量的运动时，在最短时间内就能让体脂极为明显地减少。刻苦训练的女军人每天摄入 1500 千卡热量（大约 170 克碳水化合物），在 5 天内就减掉了 2 千克多的体脂[34]！为此，该受试者每天必须进行数小时的训练，其能量缺口达到每天 11 000 千卡左右！很显然，采取这种训练方式时，受试者的运动强度必须主要保持在低强度至中等强度的范围。

我们挑选出的一些研究结果显示，如果受试者一周进行 3 次训练（力量训练或耐力训练均可），并且每周减少摄入 2800~7000 千卡热量，那么在 4~5 个月内他们能够减掉 7~10 千克体脂。

至少在实行低脂饮食法时是这样的。节食期间体脂降解的幅度几乎与运动强度无关。如果人们在节食期间选择有氧运动，那么可以采取低强度的有氧运动，但运动应安排得更频繁并且每次持续的时间更长。如果不想进行有氧运动，可以在节食状态下只进行力量训练，这样做同样能达到减脂的目标。

人们在实行低碳饮食法时情况又会如何呢？也要采取同样的运动方式吗？正如我们所知，低碳饮食本身的减脂效果已经非常好，所以人们必须采取专门的运动方式，以防损失太多肌肉。要想在低碳条件下使脂肪最大限度地燃烧，进行低强度或中等强度的、60 分钟以内的有氧运动就足够了[84, 85, 86]。

我们也知道，在人体处于低碳状态时，脂肪是其最主要的能量供体。在碳水化合物供给受限的情况下，运动者体内的新陈代谢系统会在 2~5 天后将脂肪调整成为新的主要燃料[87, 85, 86]。例如，原本不运动的人在进行了 7 周的低碳饮食外加有氧运动（每周 4 次）后，其燃脂率会明显升高[84]。

很遗憾，几乎没有实验来检验在低碳饮食的情况下如何安排力量训练才能获得最好的减脂效果。有一项研究比较了仅仅实行低碳饮食法（每天摄入大约 30 克碳水化合物）、低碳饮食配合耐力训练和配合力量训练这三种情况的减脂效果，得到的结果如下。超重且原本不运动的受试者每天只能通过饮食摄入 1200 千卡热量，8 周后，三个组，即单纯节食组、节食配合耐力训练组以及节食配合力量训练组的受试者的体脂减少量为 6.7~7.2 千克[88]。额外的训练，无论是耐力训练还是力量训练，都没有给体脂降解带来什么促进作用。然而，节食配合力量训练组受试者的去脂体重总共只减轻了约 1 千克，而节食配合耐力训练组受试者的去脂体重减轻了 2 千克，单纯节食组受试者的去脂体重则减轻了将近 3 千克。

有趣的是，在这项研究里，无论是进行耐力训练还是力量训练，受试者每周都只训练 3 天，每次只持续大约半小时。考虑到实验时间这么短（8 周），这些训练配合低碳饮食的效果显得非同一般。此外，短暂而高强度的全身力量训练被证明适合在低碳条件下用来维持肌肉量，而饮食结构的调整主要负责促进体脂的有效降解。上面所提及的这项研究的所有受试者每天只摄入了 70 克蛋白质，如果他们摄入更多的蛋白质，就能更有效地抵抗肌肉分解。

我们继续来探讨一下，低碳饮食的效果是否可以通过延长耐力训练的时间而得到进一步加强。受试者在 6 周内每天通过饮食摄入 1000 千卡热量，每天被允许摄入 40 克或 115 克碳水化合物[89]。这两种情况都属于低碳饮食，一个是极端的低碳饮食，一个是适度的低碳饮食。此外，受试者的饮食还是低脂的（每天摄入 30~60 克脂肪）。

除了这些严格的饮食条件外，受试者每周还要进行 14 小时的耐力训练。实验设计得如此严苛，效果自然非常显著：仅用 6 周时间，两组实行低碳饮食法的受试者都减掉了 7~9 千克体脂。然而，实行生酮饮食法的那一组[①]受试者多减去了 1 千克去脂体重，而适度低碳组受试者的肌肉量保持不变。

将低碳饮食的时长限制在 6 周以内，是为了在大量运动且热量摄入减少的情况下，尽量避免受试者去脂体重的损失。然而在这项研究里，蛋白质的摄入量也小于每天每千克体重 1 克蛋白质的标准。如果受试者能摄入更多的膳食蛋白质，其身体成分比例肯定会更好。

现在我们能够回答长时间有氧运动能否加强低碳饮食的效果这个问题了。毫无疑问，温和的耐力训练能够维持乃至增强生酮饮食的效果，但是这种训练的频率必须高，时长也必须长。

低强度耐力训练情况下运动量的重要意义也在实行低碳饮食法的同时明显减少热量摄入的条件下得到了证实[90]：在这种条件下，以步行为运动方式（大约每周 6 小时），配合简短的力量训练，能够使超重者每 3 个月最多减少 16 千克体脂！在低碳饮食的情况下，较低强度的有氧运动能让人更好地坚持，这种运动理念更加人性化。

总之，根据这些结论我们建议，运动者在实行低碳饮食法的前提下，为保持肌肉，可以优先选择比较简短的力量训练，同时配

① 在这里指该实验中每天摄入 40 克碳水化合物的那一组，因为生酮饮食属于极端的低碳饮食。

合大量的、低强度的、尽可能频繁的有氧运动。这种运动方式尤其适合与不仅减少了碳水化合物，也极大减少了热量摄入的饮食法搭配使用。

在此，我们还要介绍一种在健美界很少被探讨的饮食法，即所谓的极低热量饮食法（VLCD）。严格来说，它也是低碳饮食法的一种变体，但同时要求人们摄入的热量和脂肪都极少。市售的极低热量代餐大多是以粉末、即食食品和能量棒的形式出现的。这些产品的配方被法律严格规定了，因此不同品牌的产品配方几乎没有任何差别[91]（第7章），只在剂型和口味方面存在或多或少的区别。

极低热量饮食的一个重要特点就是，人们每天只能摄入800千卡或更少的热量[91]。此外人们也可以用日常食物而非减脂代餐来实行极低热量饮食法，然而这种饮食法对力量训练者的效果至今还没有通过研究得到检验。另外，莫罗·迪帕斯奎尔博士是用日常食物制作极低热量减脂餐来进行健身的支持者，详情参见其著作《极端饮食法》（Die Radikal-Diät，诺瓦天赋出版社出版）。

要想在最短时间内减重，极低热量饮食法无疑是一种高效的方法[92]。但另一方面，目前几乎没有将这种特殊的饮食法和规律的力量训练相结合进行实验的研究。有一项对健身者非常重要的研究我们有必要在这里提一下[93]：超重的受试者在12周的时间里，以喝减脂饮料的形式每天摄入800千卡热量。第一组受试者进行每周4天的、循序渐进的有氧运动，最后阶段每次训练时长达到60分钟。第二组受试者则进行每周3次的大容量力量训练，每次训练总共包括大约40组动作，每组动作重复8~12次，组间休息仅仅1分钟，这就使得这种力量训练具有力量耐力训练的特征。

3个月后两组受试者都获得了非常明显的减脂效果：体重减轻了12.8~14.5千克。在肌肉量方面，两组受试者有明显的差异：进行了力量训练的第二组受试者在整个实验期间肌肉减少量不到1千克，而进行了耐力训练的第二组受试者减去了大约4千克去脂体重。然而我们注意到，也有许多研究发现，低脂饮食配合耐力训练完全没有让受试者的肌肉量减少，甚至有助于肌肉量的保持[93, 19]。一次针对46项研究的评定显示，在体内能量处于负平衡的减脂阶段，进行耐力训练有助于阻止肌肉萎缩[94]。

也有研究显示，在节食的条件下，力量训练在保持肌肉量方面并不总是比耐力训练更加有效[95, 90, 96, 19]。这些研究结果之所以相互矛盾，原因在于不同饮食结构下受试者的蛋白质摄入量不同，当然也在于人们所用的训练方式不同。我们由此可以推断，无论采取什么样的训练方式，保证蛋白质含量的饮食法能在很大程度上防止肌肉降解。

对追求运动效果的健身者来说，前面的研究已经证明，无论如何，要想在最短的时间内最大限度地减脂，极低热量饮食法胜过其他饮食法。在一个为期90天的实验期间，受试者正是通过这种方法减脂18千克，这在界内引起了轰动[97]！

然而，这种级别的减脂效果只对那些初始体脂非常高的人才有现实意义，力量训练圈中也有某些适合这种饮食法的特例。人们在用极低热量饮食法减脂成功后，如果没有将自己的饮食习惯从根本上进行调整，很快就会长胖[92]，此外还会出现一些副作用。因此，极低热量饮食法对普通运动者来说肯定不是一个很好的选择。在开始实行此饮食法之前，运动者无论如何都要做个身体检查。而且在实行这种饮食法的过程中，提前放弃的人的比例十分大（读者应该还记得，饮食法越苛刻，半途而废的概率就越大[98]）！

为了不让读者失望，我们必须再强调一个事实：为了尽可能长久地保持减脂效果，即使在节食的情况下，大家也不能中途放弃循序渐进的运动方式。在坚持运动的过程中，使用哪种饮食法原则上并不重要，因为脂肪降解迟早会停止。这个观点尤其适用于运动者的体脂率已经低到能在舞台上炫耀的时候。为了证明这一点，我们很幸运地找到了一项专门针对健美女运动员的研究[99]：这些有天赋的运动员在赛前准备阶段开始时，其体脂率平均为18.3%，到比赛那天，这个百分比要缩减到12.7%。

在力量训练过程中，女运动员身体的每个部位都要做2~3组动作，每组重复10~12次，最后再加一组动作并重复6次；一周训练5~6天。并且在力量训练的前2个月中，运动员每周要进行6~7小时的耐力训练。最后一个月，耐力训练的时长逐步延长到了每周10~12小时。通过这种训练所获得的改变令人瞩目：女运动员的体重平均减轻了5.8千克，其中4.4千克来自体脂；其余的1.4千克为去脂成分，主要是水分。

尽管耐力训练强度极高，女运动员却没有发生肌蛋白损失的情况，同时还明显减掉了体脂。而且研究人员可以证明，女运动员获得的这个成果与药物无关（执行实验的研究人员做了相关检测）。有些读者也许要质疑，12周内减掉4.4千克体脂并不是很多——至少和前面某些研究结果相比。就这一点我们可以明确地回答，女运动员的体脂率在比赛准备阶段之初就已经非常低了。初始体脂率越低，减脂就越困难！

从实际来看，最重要的信息可能是下面这条：迄今为止从科学的角度来看，没有证据能够证明，将力量训练和耐力训练相结合能够带来最理想的塑身效果。对超重的运动新手来说，只进行力量训练与只进行耐力训练，或将二者结合起来进行训练，就减脂而言效果一样[97, 95, 90]。但是女健美运动员和她们的男性同行与超重的运动新手处在完全不同的减脂阶段，上面的研究已经明确地证明了，循序渐进的力量训练与耐力训练的结合在初始体脂率很低的前提下是多么有效。

然而不得不说的是，出众的减脂效果不仅仅与初始体脂率和初始体重有关，还与人们的性别、年龄、天生体质、运动经验、肌肉量、肌纤维分布（快肌纤维与慢肌纤维的比例）以及其他许多因素有关。总之，我们可以得出结论，对初始体脂率本就十分低的人来说，循序渐进的运动方式是进一步减脂的关键，在节食期也是如此。

小结：如果读者想要把刚刚获得的这些知识尽可能地应用到实际生活中，以下是我们总结的几大要点。要想在相当短的时间内高效减脂，对大多数运动者来说，只能通过运动加节食的方法来实现。初始体脂率越低，就越难获得明显的减脂效果。为了体脂率能符合健美界和健身领域所要求的标准，人们必须接受极高的运动要求和严格的饮食限制。

基本上到现在为止所有提到的饮食方法，从低脂饮食法到热量总量减少的混合膳食法，以及极端和适度的低碳饮食法、极低热量饮食法，都适用于减脂。额外配合运动比仅仅调整饮食能更快地达到减脂的目的。饮食法的效果在很多情况下可以通过规律地运动得到加强。例如，几名受试者在大约13周的时间内最多减脂18千克。不过我们要知道，大多数人都不能取得像刚才介绍过的某些实验中那么好的减脂效果，因为那些受试者要么是运动新手，要么是初始体脂率极高的严重肥胖者。

科学研究已经证明，在实行低碳饮食法和极低热量饮食法的情况下，单纯进行力量训练就可以有针对性地减脂，而高强度的力量耐力训练尤其有效。然而在严苛的饮食条件下，人们事实上很难将这种训练方式坚持下去。在采用低碳饮食或极低热量饮食时，最合适的训练方式可能就是将低强度、长时间的耐力训练和短时间内大负荷的力量训练结合起来。

随着时间的推移，身体的新陈代谢渐渐适应了身体主人正在减脂这一状况，减脂的效果就会受到限制。从长远来说，在节食的条件下，人们要一直采取循序渐进的运动方式：时间逐渐变长、强度逐渐变大或频率逐渐变高。一般来说，运动者会将这三个因素结合起来使用。减脂特别困难的人以及尽管节食却没能达到某一减脂目标的人，尤其要通过增加运动量（增加力量训练的组数，延长耐力训练的时间）来获得新的进步。

两种训练方式——耐力训练和力量训练都能减少节食期间肌肉的损失，但是力量训练效果更好。无论选择哪种训练方式，都要注意保证优质蛋白质的充足摄入。

4.6 如何保持体脂率？

绝大多数人都有足够的毅力来使体脂率降低，或者至少暂时地降低。然而，只有很少的人能将已经取得的减脂效果保持多年不变[100]。

人们将减脂后的反弹现象称为"溜溜球效应"，目前有很多教大家有效对抗这种效应的方法。其实，对抗溜溜球效应最主要的方法就是规律地运动！一项较大型的研究最近证明，减脂成功之后运动量越大，减脂的效果就保持得越好[101]。"要想保持苗条，必须坚持运动"这个理论在今天已经成为用医学手段治疗肥胖症的一条重要的参考意见[20]。

现在，我们专门来看一下耐力训练对防止减脂后体重反弹的作用。减脂卓有成效以后，许多力量训练者的体脂率会不可避免地

再次升高，因为他们很难长期坚持过于严苛的饮食，甚至有时还会暴饮暴食。但是我们观察到，如果在积极减脂后继续进行一定的耐力训练，体重反弹的可能性就小得多。这其实很好理解，因为至少对非健身人士来说，规律的耐力训练是保持体脂率稳定的最有效的方法之一（图19）。

从图19我们可以清楚地看出，合理的有氧运动非常有助于控制体脂率。那么问题来了，人们要进行多频繁和多艰苦的训练，才能使体脂率保持稳定呢？

几乎每家健身房都有几个成员喜欢用低强度的耐力训练来稳定他们的体脂率。这些人大多不太关注力量训练。他们经常在椭圆机上运动45分钟，其间还能毫不费力地看健身房提供的杂志，然后在高位下拉器上或者大腿内收机上随随便便运动两下。这些人还经常抱怨自己没有进步。

没有进步一点儿也不奇怪，因为低强度的耐力训练只有在有限的情况下才能让体脂稳定[103, 104, 65, 105, 106]。在德国的饮食结构下，人们每天进行60~90分钟的适度训练（比如走路等），理论上来说至少就可以保持体重稳定[107, 108, 109]。这对那些前期体脂大幅度降低的人尤其适用[110]。如果考虑到普通人在进行一小时低强度的耐力训练时大约能消耗30克体脂，那么这么做就很有现实意义了。

原则上，进行低强度的有氧运动也可以稳定体脂率——一些每周花大量时间进行低强度耐力训练的运动者就是活生生的证据。然而，长期坚持这么大的运动量对大部分健身者来说不太现实，这也是大部分人所不愿意的。

我们要记住，耐力训练确实有助于稳定体脂率。但是单纯的有氧运动，尤其是当运动强度很低时，如果人们想通过这样的运动保持很低的体脂率，那每天就必须坚持运动

数小时之久。健身者几乎都不愿意为了保持体脂率而只做有氧运动。因此，我们把目光放远，考虑一下如何提高运动后身体的新陈代谢率。

要想在运动后尽可能长的时间内获得显著的后燃效应，一个有效的办法就是进行较高强度的运动。规律的力量训练本身就属于高强度的运动，在适当的训练计划下，能够对运动者身体的日常能量平衡产生明显的效

果：它能增肌，从而使身体在静息状态下的能量需求得到根本性提高[61]（第6章）。相关研究显示，进行规律的力量训练确实有助于保持脂肪降解的成果[103, 104, 77]。

另一方面，对德国健身房里的普通健身者的调查显示，进行规律的力量训练不能保证对每一个人体脂率的保持都具有良好的效果[111]。许多力量训练者似乎并不知道如何制订训练计划以使训练更为科学。

图 19　节食期后规律的耐力训练对稳定体重的作用（根据文献［102］绘制）

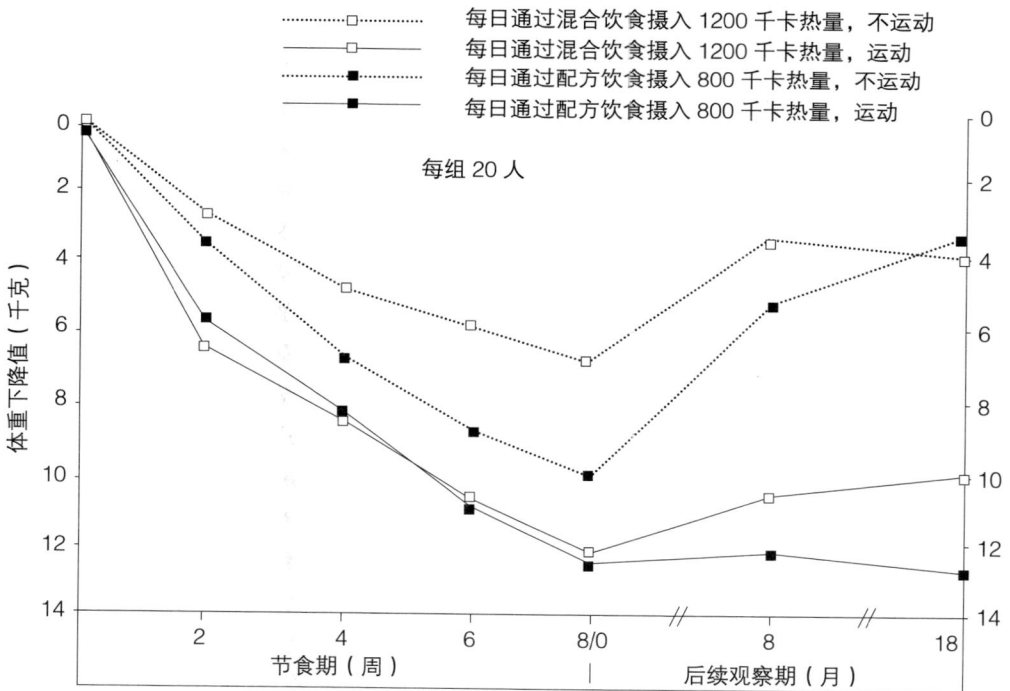

每日通过混合饮食摄入 1200 千卡热量，不运动
每日通过混合饮食摄入 1200 千卡热量，运动
每日通过配方饮食摄入 800 千卡热量，不运动
每日通过配方饮食摄入 800 千卡热量，运动

每组 20 人

体重下降值（千克）

节食期（周）　　　后续观察期（月）

本研究的实验对象为波士顿的警官。他们被分成四组，第一、二组人采用为期 8 周的低热量混合饮食，每日摄入热量为 1200 千卡。第三、四组人采用每日摄入 800 千卡热量的极低热量饮食。此外，第一、三组的受试者额外进行每周 3 天、每天 35~60 分钟的中等强度至高强度的耐力训练（每周共消耗大约 1500 千卡热量），而第二、四组的受试者不运动。

不难看出，进行耐力训练有助于节食期间的

减重：无论采用哪种饮食法，两个运动组受试者的体重都减少得比不运动组的多。

更有意思的是节食期之后的后续观察期：只有那些继续运动的人，在节食后的 18 个月内还继续保持体重的稳定，而不运动的人体重迅速反弹。在更为持久的后续观察期中研究人员发现，规律运动的受试者的体重甚至直到节食结束后的 36 个月仍然保持稳定（这一部分的数据未在图中显示）。

为什么不从力量训练和耐力训练这两个领域各取所长来更好地保持体脂率呢？换句话说，在健身或健美领域中讨论耐力训练到底有没有价值没有任何意义，因为对大多数运动者来说，将这两种训练方式结合使用就能为稳定体脂率提供完美的解决方案。

为此有氧运动必须以合理的时长、足够的频率和适当的强度进行。对大多数人来说，一周3次、每次至少半小时的中等强度的运动就是一个很好的参考指标。虽然现实中会有很多干扰因素，但运动者还是要坚持采用适当的饮食法。不过，如果运动者在训练中合理地添加耐力训练，那就可以大大降低对热量摄入限制的要求，并且有助于消除"小小放纵"对体脂造成的影响。

尽管有许多确凿的证据已经证明了有氧运动对健身的意义，批评者还是提出了许多反对意见，他们认为规律的耐力训练对增肌毫无益处。对此我们要记住，不仅是耐力训练，运动者进行力量训练也一样会损害肌肉的增长。因此，关键是制订一个既有利于身体恢复又能与运动者目前的饮食结构合理搭配的训练计划。在体脂保持期间，额外进行适当的有氧运动绝对不会对肌肉的增长毫无益处。

小结：不仅是单纯的力量训练，单纯的耐力训练也适用于稳定体脂率。为了将体脂率控制在尽可能低的水平，对大多数运动者（尤其是那些很难稳定体脂率的运动者）来说将力量训练和耐力训练这两种训练方式相结合是最理想的方法。另外，每种不恰当的训练方式都会导致过度训练、损害肌肉增长，从而使身体受伤。

反过来，运动者如果为了稳定体脂而只进行力量训练，那么必须制订周密的训练计划以取得良好的效果。

4.7 有关燃脂运动的几个问题

对许多运动者来说，去健身房主要就是为了减脂。因此，我们在这里要解答几个关于减脂的总被提及且总是引发争议的问题。

4.7.1 先进行力量训练然后进行耐力训练？

最新的研究数据显示，运动者在进行力量训练后紧接着（也就是在力量训练后的20分钟内）进行适当强度的有氧运动的话，燃脂率最高[2]。

相关研究对三组受试者进行了比较：第一组受试者只进行力量训练（一共6个动作，每个动作做3~4组，每组重复10次，组间休息1分钟）；第二组受试者在进行同样的力量训练后，紧接着进行60分钟低强度的耐力训练；第三组受试者进行的力量训练与耐力训练与第二组的相同，只不过他们是在做完力量训练后休息2小时再进行耐力训练。

这项研究显示，就燃脂而言，至少对平时运动较少的人来说，效果最好的是在力量训练后直接骑功率自行车的那一组受试者。不过，只有做完力量训练后最多进行30~45分钟的耐力训练才能取得最佳效果。运动者如果进行更长时间的耐力训练，无论是直接在力量训练完后进行，还是休息一段时间再进行，效果都一样。

上述方法长时间使用的话是否会渐渐失效，不再引发明显的脂肪分解，目前还没有科学证据。很可能最后它的效果会小到在实际生活中没有任何意义，这个问题还有待研究。但从实际来看，人们日常在健身房健身时已经在力量训练之后直接进行有氧运动了。不管怎样，这么做总不会错得太离谱。

小结：将力量训练与耐力训练相结合在实际生活中非常有用，因为由此可能获得更好的减脂效果。尽管还缺乏科学证据，但我还是要向运动者真诚地推荐这种方法，因为用它来减脂不会对身体造成任何负面影响。

4.7.2 空腹状态下进行耐力训练燃脂更有效？

在空腹和静息状态下，肌肉主要调取脂肪作为其能量供体[42]。从新陈代谢的角度来看，人在 6~12 小时内没有进食就是处于空腹状态[112]。

空腹运动的理念在于，经过夜间的禁食，人们在清晨运动时，体脂会作为主要的能量供体被消耗。事实上，夜间的禁食足以提高清晨进行中等强度耐力训练时的燃脂率[113]。不止如此，人们在清晨起床后立刻进行力量训练也可以使燃脂率明显提高[114]。然而，这种体脂燃烧的优势大小完全取决于运动时长：只有在空腹状态下进行 15~60 分钟的短时运动，才能促进体脂燃烧。

相反，如果运动者打算进行更长时间的晨练，无论是空腹还是已经吃了早餐，即使早餐时碳水化合物的摄入量很大，脂肪燃烧的程度都是一样的[115, 113]！如果运动者打算在晨练前摄入碳水化合物，那么应该优先选择那些低 GI 值的、含碳水化合物的食物（表7）。研究显示，如果采取这个策略，那么运动者在接下来的运动中脂肪的燃烧将几乎不会受到影响[116]。如果运动者在运动前食用高蛋白食物，那么接下来的脂肪燃烧甚至完全不会受到影响[117]。

总之，超过 60 分钟的运动能够抵消运动前摄入的碳水化合物对脂肪燃烧的不利影响。如果人们在早餐中优先选择低 GI 值的、含碳水化合物的食物，那么在接下来的运动中，脂肪的燃烧只会在极小的程度上受到影响。而高蛋白早餐则完全不会干扰脂肪燃烧。

这些做法对耐力训练者和有一定运动经

验的健身者尤其有效。不过，读者在深受鼓舞打算开始晨练之前还应该知道，这些相关的实验至今为止只测量了燃烧的脂肪量，还没有在实际生活中得到检验——在进行数周的空腹运动后，运动者的体脂率是否真的有所下降[115]。也就是说，空腹运动的所谓好处迄今为止还只在理论上成立[62]。

与能对体脂产生明显影响的三要素——运动强度、运动时长和运动频率相比，空腹运动对健身者外形的改变无论如何都只是次要的。

然而，空腹运动对健身者来说有一个绝对的好处：健身者在晨练之后按每千克体重约 5 克的标准直接摄入碳水化合物，其胰岛素分泌水平将远超平均水平。一项以正在运动的运动者为实验对象的研究发现，上述做法降低了人体内有可能导致肌肉分解的压力激素皮质醇的水平，与此同时肌肉中的糖原将超常规地大量储存[118]。运动者按每千克体重约 5 克的标准摄入的碳水化合物将在运动后 4 小时内被分派给身体中相应的部位。运动者如果清晨空腹运动并搭配食用高碳高蛋白高 GI 值食物，其肌肉将完美"爆发"。

接下来我们谈谈空腹运动和咖啡因的关系。为了进一步提高空腹晨练的燃脂率，健身者都喜欢在健身过程中饮用咖啡或以其他方式摄入咖啡因。然而，摄入咖啡因与空腹运动相结合是否真的能促进脂肪燃烧，从而对运动者明显有益，目前还值得怀疑。在 8 周的实验期内，受试者服用咖啡因片剂并配合中等强度的耐力训练，结果其体脂率并没有发生变化[119]。但是，如果受试者在运动前按每千克体重约 6 毫克的剂量摄入咖啡因，则可以测出受试者的运动效能有所提高[120]。这么做有助于提高运动者的最大可承受负荷，让某些人在清晨举得起更大的重量。

此外，还有一些运动者服用绿茶提取物

胶囊以促进晨练期间脂肪的燃烧。虽然有少量迹象证明这种做法能促进体脂的利用[121]，但就像摄入咖啡因一样，人们在服用这种胶囊数周之后是否真能减脂，迄今为止尚未得到证明。极有可能在服用很短的一段时间以后，人体的新陈代谢就开启了反调节程序以对抗绿茶的作用。

小结：清晨空腹进行力量训练或者耐力训练，科学研究已经证明这种做法可以提高脂肪作为燃料的利用率，但是在一段时间后，这种做法是否真的能够促进体脂的明显减少，目前的研究还没有定论。

晨练前食用碳水化合物含量很高的食物会阻碍脂肪的燃烧，尤其当运动不足 60 分钟的时候。优先选用低 GI 值的、含碳水化合物的食物能够削弱碳水化合物对脂肪燃烧的阻碍作用。如果运动者在晨练前食用只含蛋白质的食物，则完全不会干扰脂肪的燃烧。

额外摄入咖啡因虽然能够促进脂肪从储存位点释放，但是长远来看不会促进脂肪超常分解。至今尚无足够的证据证明绿茶提取物是一种有效的燃脂剂。

人们在清晨空腹运动，随后吃早餐时摄入大量高 GI 值的碳水化合物和蛋白质，能够为肌肉增长创造一个最有利的激素环境。这种做法已经被证明能够实现糖原的大量储存，从而使肌肉充满泵感。

4.7.3 运动过程中摄入碳水化合物会阻碍脂肪燃烧？

我们早就知道，在以成绩为导向的耐力训练中，以凝胶状代餐或能量棒的形式摄入的碳水化合物可以提高运动效能[47]。这一观点因此也给健身者和力量训练者带来启发：为保持精力充沛，在进行力量训练时要增加碳水化合物的补充（第 196 页补充文献《训练期间摄入碳水化合物会给力量训练者带来特别的好处吗？》）。

但是，不同的人对力量训练的目标设置差别很大。有些人认为拥有高度发达的肌肉和尽可能完美的身材最重要，而有些人却把增重和增长力量放在首位。然而，当涉及减脂时，读者会问：在日常健身时摄入含糖饮料或者其他含碳水化合物的食物合适吗？很遗憾，在运动期间摄入的碳水化合物是否会阻碍脂肪燃烧，关于这个问题的见解繁多，而且是否真的会阻碍脂肪燃烧受许多因素的影响[122, 123, 124, 125, 117, 126, 118]。

在这里我们不能一一列举出所有的影响因素，但是知道下面几个要点对我们来说应该就足够了。运动期间摄入的碳水化合物确实会阻碍脂肪燃烧，尤其是当运动时长小于 1 小时的时候。如果运动者不只在运动期间，还在运动之前很短的时间内摄入了碳水化合物，那么这种阻碍作用尤其严重。相反，在长时间的运动中，碳水化合物对脂肪降解的干扰作用不再重要。

当人们空腹运动，然后在运动过程中摄入一些碳水化合物时，脂肪燃烧受影响的程度要低一些。此外，运动强度以及运动经验，即运动者是新手还是老手也很重要。

在这里有一点非常重要：如果运动者一直都实行高脂低碳饮食法，那么在长时间运动的情况下，增加碳水化合物的摄入并不必然导致燃脂率的下降。由此可以设想，有些运动者在低碳饮食期间，几乎不能将高强度的运动坚持到底。如果这些运动者在日常运动的过程中，仅仅为了完成高强度的运动目标而少量摄入碳水化合物，且在其余时间都严格限制碳水化合物的摄入，那么他们甚至能够获得比完全不摄入碳水化合物更好的运动效果。当运动者将力量训练与耐力训练结合起来并且进行大量运动的时候，这种方法尤其有效。

然而，这种方法缺乏科研数据的支持，感兴趣的人可以亲自检验，看它是否适合自己。那些既注重运动效能又想要最大限度减脂的健身者，如果在运动期间尽可能地限制碳水化合物的摄入，仍然可能获得最好的效果。当然，最终还是体内能量平衡的状况决定脂肪"缩水"的情况，大家永远也不要忘记这一点！

小结：运动者在运动期间摄入的碳水化合物会降低燃脂率。但是至今仍不清楚，在严格节食的情况下，这种影响到底有多大。对容易低血糖的人或在运动过程中特别容易受低碳饮食影响的运动者来说，在运动过程中摄入少许碳水化合物甚至可以提高燃脂率。最终对脂肪降解程度起决定性作用的还是体内能量平衡的状况。

4.7.4 进行力量训练会消耗掉肌内脂肪吗？

注重身材的力量训练者因为极度渴望六块腹肌而对肌内脂肪的作用尤其感兴趣。但是，肌内脂肪真的能够帮助他们实现这个目标吗？

近年来的研究和调查证明了肌内脂肪微滴（IMTG）对运动者所起的作用[127, 128, 56]。在这里我们简述一下 IMTG 的基本作用（不能保证全面）。在采集狩猎的时代，IMTG 是人体内非常重要的能量载体，因为当人体内没有或只有极少的碳水化合物时，它是除糖原以外的第二种即用燃料。IMTG 就在肌肉内，在人体紧急需要能量时无须通过血液特地运送过来。在战斗或逃跑状态下，身体需要迅速供能，IMTG 可以即刻作为供能物质被使用。在那个年代，肌内脂肪储备充足是一种生存优势。

通过节食排空肌内脂肪在原则上是可以做到的，但为此人们必须采用十分严苛的饮食法，比如极低热量饮食法[129, 130, 131]。与它原本存在的作用一样，在体力消耗时，肌内脂肪优先被分解：正在运动的运动者体内高效燃烧的脂肪，主要来自 IMTG[43, 56]（图 17 和图 18）。空腹运动时这种情况更加显著[55]。

例如，在几项较新的研究里，研究人员证明，一次 45 分钟的、典型的大容量健身训练（每个肌肉群有 16 组动作，每组动作重复 10 次，组间休息 2 分钟）就能将肌纤维内 IMTG 的含量减少大约 1/3[114]。进行一次力量耐力训练（时长 30 分钟，每组动作重复 6~12 次，组间休息 1 分钟）所获得的效果也相似。在运动过程中，当肌内脂肪的含量本就很高的时候，人体尤其会选择优先使用肌内脂肪[132]。

我们还发现，在进行高强度的力量训练时，人体内的脂肪，尤其是肌细胞内的脂肪将被消耗。此外，这个发现能支持上面的研究结果，即进行规律的力量训练是减脂的有效方法。高强度的耐力训练自然也是。

就像补充糖原一样，人体在运动后必须重新补充 IMTG，并且 IMTG 可以通过不同的途径得到补充。最重要的补充方式就是饮食。不同的研究显示，人在进行耐力训练后，人体内肌细胞中的脂肪含量下降了 25%~60%，而肌细胞再次充盈则主要依靠膳食脂肪[133, 55]。只含有 10% 的脂肪的低脂饮食几乎不能在运动后的 3 天内使肌细胞内的脂肪储备重新恢复到初始值。运动者只有在运动后食用脂肪含量至少为 35% 的食物，22 小时后其肌肉内的"脂肪库"才能被重新填满，70 小时后脂肪含量甚至能增长到超过初始值[133]。人体内肌内脂肪的储备与糖原的储备很相似。

这是一个对运动者来说特别有意义的特性，因为在实行高脂低碳饮食法时，运动者所摄取的相当一部分膳食脂肪在运动后都成了 IMTG[134]。对耐力训练者来说，肌内脂肪在 3 小时令人筋疲力尽的运动之后充当了营养库[134, 135]：这项研究中的实验对象在运动结束后，以每千克体重 7 克碳水化合物和每千克体重 3 克脂肪的标准食用高热量食物，如此持续一天半。前面运动中被消耗一空的肌肉就像海绵一样又汲取了食物提供的营养。肌肉储存脂肪的能力比储存来自碳水化合物的糖原高 50% 以上。

训练有素的肌肉可以在短时间内充当过剩的碳水化合物的临时仓库，这并不是新闻（第 2 章），当然肌肉也同样可以这样储存膳食脂肪，而且储存能力还更出色！享用一顿大餐之后，受试者被要求在实验室内进行第二次耐力训练。于是，刚刚在肌肉内储存的脂肪立刻又被燃烧掉了。体内储备的糖原也是如此。这一脂肪排空的过程当然不仅可以通过耐力训练实现，也可以通过一定的力量训练实现，已经有研究证明了肌内脂肪会因力量耐力训练而减少[132, 136]。

这是一个大好消息，因为人们可以把这一结论直接用到日常生活中。健身者应该能从下面的例子中受到启发。假设一名运动者进行了一周高强度的运动，并严格实行某种饮食法。周五晚上他做了很多组高强度的腿部复合练习，甚至之后又在功率自行车上锻炼了 1 小时。现在他感觉又累又饿，看了一眼镜子里的自己，觉得相当满意。于是他决定用"欺骗日"来犒劳自己，随心所欲地大吃一顿他渴望的美食。

他先去了一家大型快餐连锁店，然后从便利店带回一大盒冰激凌。周六他吃的也是类似的食物。到了周日早晨，他的肌肉已经十分饱满，皮肤和皮下的血管和筋脉鼓胀得像要爆裂一般，然而他渐渐变得心虚：如果不把自己的饮食赶紧拉回正轨，他担心整整一周的艰苦训练就全打了水漂。因此，周日晚上他决定，接下来的一周要"将功抵过"——

进行高强度的力量训练，并加入有氧运动。

这个例子中的运动者与上面实验中的实验对象并无不同，他们都是先刻苦训练，然后摄入充足的营养物质来填满肌肉，使其泵感十足。不仅是碳水化合物，膳食脂肪也会从脂肪细胞改道来支援肌细胞。肌肉量越多，碳水化合物和脂肪在其中的临时储存空间就越大。在新的训练开始后，这些暂时储存的营养物质就又被拿出来利用。

IMTG 还给那些平日里不忍放弃甜食的人提供一个特别的好处：在艰苦训练结束后直接吃下高脂食物，比如一根巧克力棒，其中含有的约 50% 的脂肪将直接被肌肉吸收，而非去充盈脂肪细胞[137]。值得一提的是，进行耐力训练还能够促进脂肪从血液进入肌肉：位于血管壁上的生物酶能将血液中的脂肪分子引出来并将其运往肌肉，而耐力训练可以将这种酶激活[138]。同时，运动强度越高，运动对脂肪代谢的影响就越持久。这意味着，运动者如果在日常生活中不能或者不能完全割舍甜食，那么可以在每次训练后享用它，因为甜食中含有的脂肪不会轻易在那些我们不希望它沉积的身体部位储存起来，而会被临时储存在肌肉中。

正如第 2 章提到的，这些策略当然只能在一定程度上对运动者有所帮助。因此，我们在高兴之余也要注意，如果持续过量地摄入碳水化合物，那么之前的训练并不能确保每个人都不增长脂肪。

小结：我们现在有大量的新老证据来证明，高强度的运动确实对减脂有帮助，而且有利于随后对减脂效果的保持。此外，这个结论又一次验证了下面的观点：从调控脂肪代谢的角度看，两种训练方式——力量训练和耐力训练都有其合理性。然而，进行力量训练主要能让人增长尽可能多的肌肉。在日常的生活和运动中，更多的肌肉能够给营养物质提供更大的储存空间，并且能够消耗更多的能量。

IMTG 在肌肉中随时可以作为燃料为人体供能，在身体运动的过程中会被优先使用，并且会在因运动而效率增强的燃脂过程中充当主力军。人们可以通过饮食补充"肌内脂肪库"，它还能充当营养库，并使得相应的能量不去脂肪细胞，而去肌细胞。在这里，肌内脂肪将在不久后被运动中的身体调动。配合科学合理的饮食法（比如循环饮食法），运动者可以尽可能地使这种特殊的营养物质在肌肉中多多储备并为己所用，如此一来还能使体脂率保持在尽可能低的水平。

4.7.5 结束语

运动者能否高效燃脂（体脂到底是增加还是减少），最终还是得由体内能量平衡的状况来一锤定音。人们可以对运动期间身体主要调用哪种燃料施加一定的影响，而体内能量库存（脂肪细胞、IMTG、血糖或糖原）的补充从长远来看还是要通过饮食实现。如果运动者长期吃得太多，那么其不希望脂肪充盈的身体部位的脂肪组织将明显增多。此外不可否认的是，减脂能力的大小在一定程度上取决于个人的体质[62]。这就是有些健身者必须付出更多的努力才能高效减脂的原因。

要想改变个人体质，除了服用能提高运动成绩的药物别无他法。因此，运动者更应将注意力集中在如何在个人体质的基础上使自己的减脂效果最好。合理安排运动是唯一经过科学证明的、可以真正持久有效地改善燃脂率的途径，市场上那些形形色色的营养补充剂可不是[62]！目前非常流行的、大肆宣传的甩脂机制造的所谓"运动"可不属于我们提到的有效途径，它可完全不像广告商宣扬的那样——它根本不能引发脂肪代谢[139]。

5. 蛋白质——生命的基石

5.1 引言

蛋白质是力量训练领域最常被提及的营养素。在这一章我们将重点探讨蛋白质摄入与增肌和减脂的关系，以及运动者到底需要摄入多少蛋白质的问题。我们也会谈到摄入过多的蛋白质可能会对健康产生的影响。此外，我们还会从各种角度谈及营养补充剂。在本章末尾，读者还将对与蛋白质代谢密切相关的酸碱平衡问题有简单的了解。像以前一样，我们先来阐述一下相关的理论知识。

5.2 氨基酸与蛋白质

与高分子的碳水化合物相似，蛋白质也是由一长串基本结构单位——氨基酸构成。常常阅读健美相关图书或参与健身话题讨论的人对氨基酸也许并不陌生。氨基酸家族有很多成员，其中有约 20 种氨基酸对人体的新陈代谢有重要意义。我们可以从（生物）化学的角度对氨基酸进行分类。比如从化学结构来看，我们可以将氨基酸分成 D 型氨基酸和 L 型氨基酸，只有 L 型氨基酸对人类有重要意义。

然而，对氨基酸最常用的分类方法则是根据我们是否必须从食物中摄取来分类的：在原始社会，人类几乎无法通过食物获取某些种类的氨基酸（现在这些氨基酸对人体来说属于非必需氨基酸），因此人体必须"学会"利用体内的新陈代谢将它们制造出来。而人类只有在特定的条件下才会从外界摄取非必需氨基酸，比如在特定的发育阶段或病理状态下。

人体内有 9 种特定的氨基酸，人类必须规律地、以恰当的比例通过食物来获取，因此它们被叫作必需氨基酸。它们是 L-组氨酸、L-异亮氨酸、L-亮氨酸、L-赖氨酸、L-甲硫氨酸、L-苯丙氨酸、L-苏氨酸、L-色氨酸以及 L-缬氨酸。另一方面，现在我们已经知道，在这些氨基酸中，除了 L-赖氨酸和 L-苏氨酸，其他的氨基酸都能够在合适的条件下由前体分子在人体内合成一小部分。因此，严格来说，只有 L-赖氨酸和 L-苏氨酸才是真正的生命必需氨基酸[1]。但对日常生活来说，这么细的分类并没有太大的意义。

氨基酸如何构成蛋白质呢？具体过程是这样的：我们细胞中的遗传物质含有体内全部蛋白质的"建造蓝图"①，在它的指导下，不同的氨基酸按照一定的顺序彼此相连，最后形成蛋白质复杂的三维空间结构。而具有三维空间结构的蛋白质扮演起体内各种功能性分子的角色，所以人们又称蛋白质为"分子工具"。

通过下面这个例子我们也许能够更好地理解这一过程。在运动之后，肌肉中因运动负荷而受损的结构蛋白需要得到修复。最终的理想状态就是，修复之余形成了大量功能良好的肌蛋白，从而能在将来保护肌肉免受伤害。为了达到这个目标，形象地说，在肌细胞的细胞核中储存的相关蛋白质的"建造蓝图"会被找出来并被誊写②，形成的"图纸副本"（mRNA）会被运输到细胞内"负责

---

① 即细胞核内由 DNA 承载的遗传密码。
② 生物学上把这个过程叫作"从 DNA 到 mRNA 的转录"。

建筑施工的相关部门"（核糖体）。在此，新的功能良好的肌蛋白得以形成。睾酮会加速这些过程，还负责促进形成更多的"图纸副本"。由一个个氨基酸分子相互连接形成肌蛋白的过程需要充足的能量。在正常的条件下，人体内每天的基础代谢中有 20% 的能量都被用于合成蛋白质[1]。有规律的力量训练还会使这个比例更大。这就是运动者带着增肌的热切愿望密切关注自身热量摄入的原因之一。我们将在下面对此做更详细的介绍。

5.3 蛋白质的功能

蛋白质（Protein）这个词来源于古希腊语"proteno"，意为"最重要的"。这种说法并非毫无依据，因为蛋白质是生命得以形成的最主要的功能分子。不同的氨基酸在生物体新陈代谢的过程中有着各种各样的用途。图 20 为我们展示了蛋白质代谢的大体过程——蛋白质在新陈代谢过程中承担的几乎所有重要的生理任务，或者说至少需要蛋白质参与其中的生理过程。蛋白质的主要功能如下。

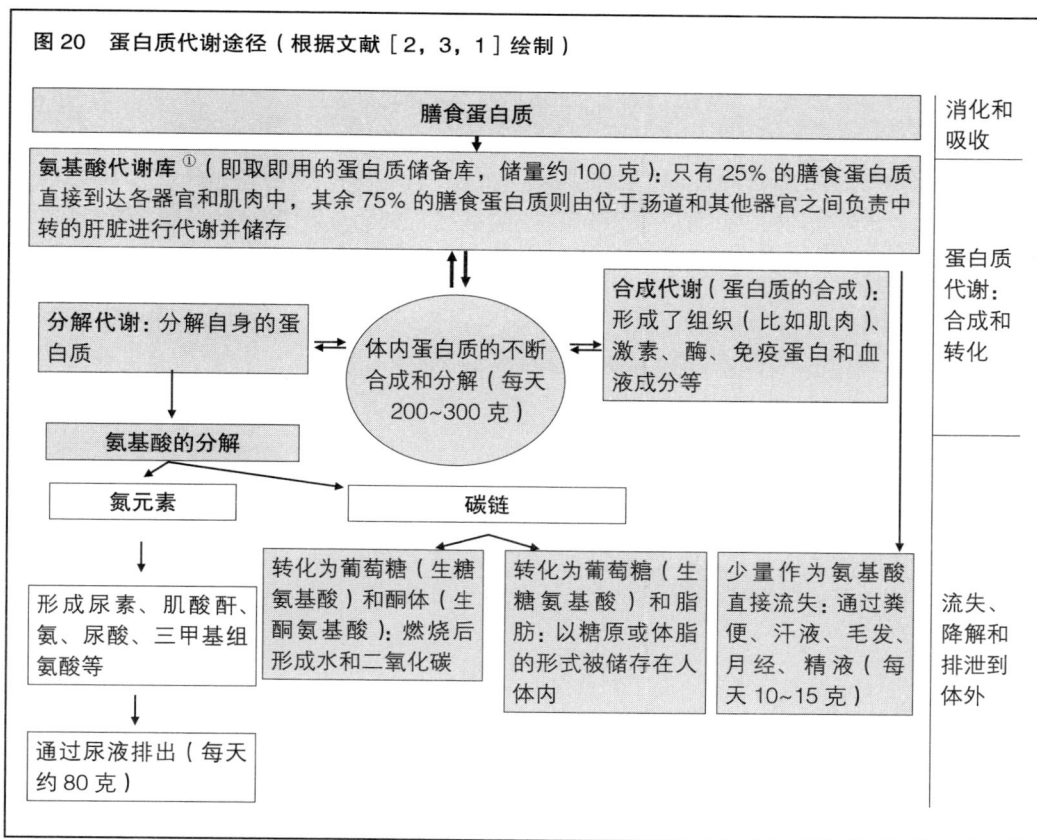

图 20　蛋白质代谢途径（根据文献［2，3，1］绘制）

膳食蛋白质　消化和吸收

氨基酸代谢库 ①（即取即用的蛋白质储备库，储量约 100 克）：只有 25% 的膳食蛋白质直接到达各器官和肌肉中，其余 75% 的膳食蛋白质则由位于肠道和其他器官之间负责中转的肝脏进行代谢并储存

分解代谢：分解自身的蛋白质

体内蛋白质的不断合成和分解（每天 200~300 克）

合成代谢（蛋白质的合成）：形成了组织（比如肌肉）、激素、酶、免疫蛋白和血液成分等

蛋白质代谢：合成和转化

氨基酸的分解

氮元素　　**碳链**

形成尿素、肌酸酐、氨、尿酸、三甲基组氨酸等

转化为葡萄糖（生糖氨基酸）和酮体（生酮氨基酸）；燃烧后形成水和二氧化碳

转化为葡萄糖（生糖氨基酸）和脂肪；以糖原或体脂的形式被储存在人体内

少量作为氨基酸直接流失：通过粪便、汗液、毛发、月经、精液（每天 10~15 克）

流失、降解和排泄到体外

通过尿液排出（每天约 80 克）

---

① 通过摄入膳食蛋白质获得的氨基酸、通过自体蛋白质分解产生的氨基酸以及体内自行合成的氨基酸，是人体内氨基酸的三大主要来源，所有这些氨基酸分布于身体各处参与代谢，被统称为体内的"氨基酸代谢库"。

第一，蛋白质是人体重要的基本组成成分。身体含有的全部蛋白质中，有1/3属于胶原蛋白家族，它们广泛存在于人体的关节、皮肤、骨骼、肌腱和肌肉中。

第二，蛋白质是体内无数功能性分子的物质基础：氨基酸和由它形成的化合物可作为信号分子。其他一些蛋白质则负责某些物质——比如脂肪或维生素分子——在血液中的运输。此外，蛋白质在肌肉收缩过程中也扮演关键的角色。而肌肉的新陈代谢所必需的某些分子以及负责肌细胞中氧分子运输的肌红蛋白，也都属于蛋白质，它们直接或间接地参与扩大肌肉的横截面积。蛋白质的不可替代还体现在可作为血液中氧分子的载体（即血红蛋白）或免疫系统的抗体上。胃和肠道内的消化液中同样含有丰富的蛋白质：每天约有70克蛋白质被消化系统释放到肠道中，然后又被人体吸收。此外，蛋白质的功能保证了整个新陈代谢过程的平稳进行，甚至酸碱平衡的调控都需要无数种蛋白质协助完成。

第三，蛋白质因其平均4.1千卡/克的大能量密度而不得不经常作为能量供体。这一点至关重要。因为正如图20所示，蛋白质不仅能够随着食物进入并储存在体内，也会从人体直接排出。人们在过度训练或实行特定的饮食法（比如低碳饮食法）的情况下，体内能量供给就会不足，此时体内储备的蛋白质就要负责提供大量能量。令健美运动员和健身者烦恼的是，在这种情况下，提供蛋白质最重要的"仓库"之一就是骨骼肌。

人体内的蛋白质每分每秒都在进行合成和分解，即生生不息、相辅相成地进行合成代谢和分解代谢（图20）。每天体内有200多克的蛋白质被转化。即使在身体处于休息的状态下，每天也有约75克肌蛋白被分解，然后被重新合成。然而在正常情况下，只有极

少数的蛋白质会离开肌细胞，而肌细胞在新陈代谢平衡的前提下又会被填满。这一动态平衡确保了身体的新陈代谢功能能够对外界的刺激时刻做出高度灵敏的反应，比如应对运动对人体带来的挑战[4]。

人们在运动之后能够通过均衡的饮食为身体提供更多的氨基酸，并将其用于肌蛋白的合成。而这最终与氮元素的特殊化学性质密切相关，我们的（肌）细胞为行使其功能迫切地需要氮元素。氨基酸的特别之处就在于，它是人体中最重要的可利用氮源。因此，氮平衡就是一把标尺，可以用来评估当下一个人体内是蛋白质合成占优势还是蛋白质分解占优势，或者体内正处于合成代谢状态还是分解代谢状态。

但是，正氮平衡并不意味着肌肉会自动生成。正如某些针对力量训练者的研究所显示的，氮平衡只能在一定程度上反映运动者对蛋白质的需求[5, 6]。因此，我们在评估那些关于蛋白质在健美运动和力量训练中作用的研究时，总要质问一下，受试者在达到正氮平衡的同时是否真正获得了可测量的肌肉增长。饮食中过剩的氨基酸进入人体后，在执行其他生理功能之前，会去填充体内的氨基酸代谢库（图20）。在激素环境合适时，氨基酸也会用于合成更多的自体蛋白质。但这种合成不仅包括肌蛋白的合成，也可能包括重要的血液蛋白质或肝脏蛋白质的合成。

极度过量摄入膳食蛋白质时，氨基酸代谢库的吸收能力以及身体合成新蛋白质的能力会难以应对这种情况。因此，体内蛋白质供过于求会导致更多能量流失（图20）。

小结：膳食中的氨基酸是人体内氮元素的来源。人体的几乎每一种功能都受到由氨基酸构成的蛋白质的直接或间接影响。人体每天要转化大量蛋白质，这会消耗大量能量。根据体内蛋白质更多处于合成状态还是分解

状态，我们可以称体内正处于正氮平衡、氮平衡或负氮平衡状态。运动者为了增肌，要努力使体内形成正氮平衡、合成代谢占上风的新陈代谢环境。为此，运动者关键是要有针对性地训练、合理地休息以及摄入充足的热量和膳食蛋白质。

5.4 蛋白质的生物价

不同的食物含有不同的氨基酸，这一点毋庸置疑。动物性蛋白和植物性蛋白之间存在明显的差异。例如，鸡蛋中氨基酸的成分与芸豆或麦粒中氨基酸的成分是不同的。我们可以进一步推测，某种食物中的氨基酸构成与人体内的氨基酸构成越相似，这种膳食蛋白质对人体就越有益。而膳食蛋白质的质量如何也取决于其中含量最低的那种必需氨基酸，也就是所谓的限制氨基酸。一种用来评估膳食蛋白质质量的常用方法是确定其生物学价值（简称生物价，BV）。生物价能够用来判断不同膳食蛋白质被机体摄入后，可在多大程度上被转化为自体蛋白质。

生物价的基准值为一个完整的鸡蛋（全鸡蛋）中所含有的蛋白质的生物价，它多少带点儿强制性地被规定为 100。如果身体摄入的某种膳食蛋白质的量比作为基准的全鸡蛋少，但也足以维持机体平衡，那么该膳食蛋白质的生物价就大于 100，乳清蛋白[①] 就是如此。反过来，如果一种膳食蛋白质的生物价小于全鸡蛋的生物价，那么我们为了保持体内平衡，必须更多地摄入这种蛋白质，小麦蛋白就是如此。

"生物价"这个概念的优点在于，它考虑到了不同膳食蛋白质的消化特点。当然，这一概念也有缺陷。但是，目前生物价至少在

欧洲范围内是被最广泛采用的评价蛋白质质量的指标。因此，它足以用来作为运动者的日常参考。

不同的膳食蛋白质可以补充不同的氨基酸。有针对性地搭配膳食可以使食物的生物价高于单一动物性蛋白。最典型的就是土豆和鸡蛋的组合。这可以追溯到科弗兰尼的经典实验[7]。土豆和鸡蛋的组合，也即 600 克土豆加一个全鸡蛋的生物价高达 136（表 11）。这个组合的功效是惊人的：一个不从事体育运动的成年人每天只需 30~40 克这样的蛋白质就可以实现体内的氮平衡！

根据正确的比例换算，想要获得 40 克土豆和鸡蛋组合的蛋白质，我们需要食用约 1.2 千克带皮的熟土豆和 2 个鸡蛋，这大约含有 1000 千卡热量。之所以需要这么多土豆，是因为土豆中的蛋白质虽然极为优质，但含量却很低。

在这里我们顺便提一下，还有许多其他方法可以用来评估膳食蛋白质的价值。一个典型的方法就是测定所谓的蛋白质功效比值（PER）。这种方法是将幼年期动物的生长速度与此阶段它对某种膳食蛋白质的需求量建立联系，从而评估该蛋白质对身体组织生长的效用。动物在相应的生长阶段对含某种蛋白质的食物的需求量越低，这种蛋白质的价值就越高。当然，这样得到的评估结果往往不能直接应用在人身上。从运动者的角度来看，使用不同的评估手段得到的膳食蛋白质的价值参数截然不同。我们不能将通过方法 A 得出的结果与通过方法 B 得出的结果进行简单的比较。此外，在人身上进行的那些评估测试往往需要巨额的实验经费。当某营养补充剂生产商声称他们生产的蛋白粉具有极

---

① 乳清蛋白是从牛奶中提取的许多种蛋白质的混合物，包括 α-乳白蛋白、β-乳球蛋白、免疫球蛋白、乳铁蛋白等。它实际上是上述各种成分的综合，并且各种成分相互作用。

知的蛋白质的最高生物价为 136，广告所宣传的产品的生物价若大于这个数值，要么它是通过其他方法测出的，要么它是生产商随便捏造的。

我们已经看到，一个不从事体育运动的成年人如果坚持食用土豆和鸡蛋，每天只需 30~40 克这样的蛋白质就可以维持身体的氮平衡。这对每天摄入蛋白质达 300 克甚至在特殊情况下摄入更多的健美训练者而言简直少得难以想象。本小节的第一个重要知识点就是，高价值的膳食蛋白质使维持氮平衡所需的每日蛋白质摄入量大大减小。换句话说，一种膳食蛋白质的生物价越高，我们在减脂节食的同时为维持肌肉量所需的蛋白质就越少。这一说法不是凭空捏造出来的，而是在有关减重疗法的研究中被切切实实证明了的（图 21）。

从图 21 中我们可以清楚地看到，完全禁食 4 周可以使体重明显下降，但同时去脂体重也明显下降。在禁食期间，从肌肉中析出大量氨基酸，它们紧接着在能量代谢的过程中流失（图 20）。

而乳清饮料饮食法组却完全是另外一番景象。这种饮料虽然每天只提供较少的蛋白质，但因这些蛋白质具有极高的营养价值，能够使运动者在减重阶段的肌肉损失小得多。尽管蛋白质的摄入量小，但高生物价的乳清蛋白却极有针对性地使得去脂体重相对稳定。

令人印象最为深刻的是适量蛋白质饮食法所产生的效果。这种饮食法本质上属于极低热量饮食法，后者我们在讨论减脂的时候已经提到过。在实行适量蛋白质饮食法时，受试者摄入了适当剂量的高价值蛋白质（尽管从健美运动员的角度，所谓的适当剂量仍然是极少量的）。从图 21 中我们可以看到，这种情况下受试者的肌肉基本没有被损耗。这种饮食法与适当的力量训练相配合，可以

高的营养价值时，我们需要考虑评估其产品营养价值的手段。由于迄今为止为大众所熟

图 21 　重度肥胖患者在 4 周内通过不同饮食法所减体重的成分构成（根据文献 [9] 修改）

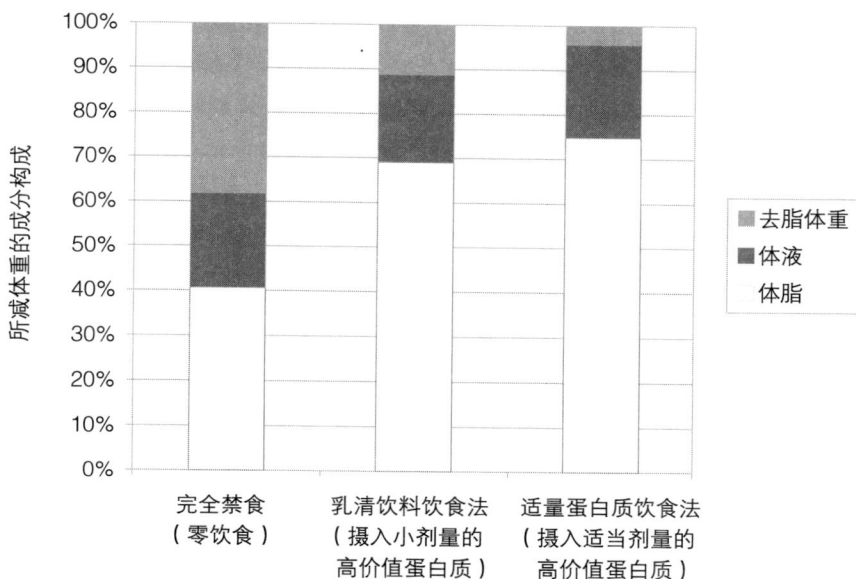

在节食期间，摄入高价值蛋白质会使更多的体脂被分解。完全禁食（零饮食）组：40 名患者平均减掉 12.5 千克体重；乳清饮料饮食法组：10 名患者平均减掉 9.8 千克体重；适量蛋白质饮食法（本质上属于极低热量饮食法）组：10 名患者平均减掉 11.7 千克体重。

将肌肉的损耗控制在最小范围[14]。在能量负平衡的减脂阶段，运动者在训练之余补充高价值的蛋白质尤为重要。

　　本小节的第二个知识点是，运动者摄入的蛋白质价值越高，那么原则上，在减脂节食期间为了维持肌肉量所需的蛋白质就越少。生物价这种参数为运动者在减脂阶段制订饮食计划提供了有益的参考。例如，运动者长期进行低碳饮食时，这种参数就具有非常大的实际意义。那么，在运动者的增肌阶段，我们该如何评判生物价的作用呢？所有运动者一日三餐都必须严格关注这种参数并且只允许摄入高价值的蛋白质吗？

　　令人庆幸的是，事实并非如此。我们来回忆一下前文提到的氨基酸代谢库（图 20）。

一日三餐中过剩的蛋白质以即取即用的形式被储存在氨基酸代谢库中。此外，自体蛋白质的持续降解所产生的氨基酸也会来到代谢库中。如果运动者通过一顿饭摄入了价值相对较低的蛋白质——比如只吃了几片干面包（谷物蛋白）——那么由于这顿饭而导致的氨基酸摄入种类不全会或多或少地通过氨基酸代谢库的供应得以弥补，因此自体蛋白质的合成就能够不间断地进行。然而，这条途径只能在有限的情况下并且在比较短的时间内发挥效力。此外，我们还必须确保体内能量的供应是足够的。

　　好消息是，就像我们在增肌阶段常做的那样，如果我们在每天各个时间段都保证摄入足量的蛋白质和热量，并确保所摄入的蛋

乳清饮料 [10, 11, 12, 13]

乳清在制作奶酪和凝乳的过程中产生。往牛奶中添加酶或乳酸菌后，牛奶凝结成块。在凝结过程中牛奶的水溶性部分与水不溶性部分相互分离：水不溶性部分叫凝乳，主要由酪蛋白和脂肪组成，可用来制作奶酪；水溶性部分则是乳清。

乳清是一种营养价值高的食物，含多种营养素，比如乳清蛋白、矿物质和维生素。另外，因为它每100毫升才含0.2克脂肪，所以几乎无脂，同时热量很低（每100毫升乳清饮料的热量约为25千卡）。而且每100毫升乳清含不到5克的糖（主要为乳糖），这也说明它是相当低碳的。

力量训练者特别关注乳清中的蛋白质。尽管每100毫升乳清饮料中的乳清蛋白少于1克，但乳清蛋白的生物价很高，其有效成分主要是支链氨基酸和含硫氨基酸。

乳清蛋白家族主要包括乳球蛋白、β-乳清蛋白和牛血清白蛋白等，还有特殊的免疫蛋白以及其他蛋白。另外，乳清还含有所谓的次要蛋白，比如乳铁蛋白和转铁蛋白。一些乳清蛋白具有能与其他营养素结合的特性，因而能促进矿物质（比如铁）的吸收。

此外，乳清蛋白所谓的支持免疫系统功能的作用对人体的意义还待科学的证明，因为迄今为止这一作用只在动物实验或细胞实验中得以证实。这一作用针对运动者尚无具有说服力的数据。

牛奶中含有的许多矿物质，比如钙、磷、钾或钠，都存留在乳清中。钙，这种在德国被认为是问题营养素的元素（第8章）在乳清中的含量极高——每100毫升乳清中就有60~100毫克钙，并且它们极易被人体吸收。

很少有人知道，每100毫升乳清中还有大约8微克的碘，这个含量是非常可观的。在德国，在碘的供给上，乳制品贡献很大，乳清饮料甚至可以改善运动者体内的碘平衡状况。此外，乳清含有大量B族维生素。

乳清饮料不仅是有助于运动者保持健康和促进健身效果的高价值营养源，也是良好的解渴剂和减脂帮手。它含有大量钙和其他有益的营养素，这使减脂变得更容易。但是，乳糖不耐受症患者（第2章）在饮用乳清饮料时需谨慎。

白质包括不同来源的动物性蛋白和植物性蛋白，那么一般来说我们在此阶段就不必过多地考虑所摄入的蛋白质的价值[7]。

然而，这一原则也有例外，那就是运动者运动前后的饮食。研究表明，如果运动者在运动后1~3小时内摄入必需氨基酸，那就可以极大限度地刺激蛋白质的合成。

在肌细胞中，必需氨基酸的量是调控肌蛋白合成的因素之一[5, 16]。运动者体内有充足的必需氨基酸在运动后较短的时间内尤其重要（图22）。原则上，体内有几克高价值的蛋白质就足以获得最佳的增肌效果。而如果此时同时摄入氨基酸与碳水化合物，那么增肌效果将更明显[17, 18, 19, 20, 5, 21, 16]。我们

之后还将看到，运动者在运动前摄入蛋白质也会对增肌产生重要影响[5]。

当然，必需氨基酸主要存在于高价值的膳食蛋白质中，所以对增肌阶段运动者在运动前后的饮食来说，生物价这种参数有重要的意义。

小结：生物价这种参数表明了膳食蛋白质在进入机体后可被用于合成自体蛋白质的程度。动物性蛋白和植物性蛋白相结合能够产生最高的价值。膳食蛋白质的价值越高，人体用它来达到氮平衡或正氮平衡的需求量就越小。这对减脂阶段的饮食尤其重要：研究表明，优先食用含有高价值的蛋白质的食物可以明显减少肌肉中蛋白质的分解。将此

图 22　运动后肌蛋白的合成提高（根据文献［15，16］绘制）

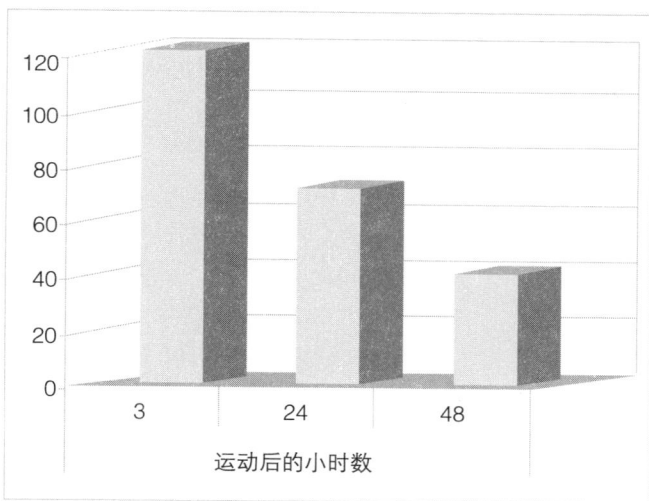

本图显示，运动后的 48 小时内，人体内肌蛋白的合成先大幅提高，而后逐渐下降。当运动者体内作为肌蛋白合成原料的高价值的蛋白质和能量尽可能充分地提前准备好后，增肌效果就会得到优化。相关研究证实了这一理论。

与力量训练恰当地结合，效果将更理想。

在增肌阶段，生物价这种参数的意义重大。由于人体内有氨基酸代谢库时刻补充缺少的蛋白质，人们在增肌阶段完全可以间隔数小时才摄入不同来源的蛋白质。运动前后是例外，在这段时间里，运动者摄入含较多必需氨基酸的高价值的蛋白质可以使肌蛋白成倍增加。在节食期间，运动前后适量摄入高价值的蛋白质对抑制肌肉降解意义重大。

5.5 蛋白质的消化

力量训练者为什么要关注蛋白质的消化？答案非常简单，蛋白质的消化是我们在探讨各种蛋白质补充剂时绕不开的话题，因此我们在此先探讨一下。

除了一些游离氨基酸、蛋白质片段（也就是多肽）和其他一些含氮的化合物之外，普通食物中主要含有的都是完整的蛋白质。人们通过饮食摄入的蛋白质正如上文提到的那样，具有三维空间结构。胃酸使这个复杂的、在酸性物质中不稳定的结构发生变化（变

性），为消化酶提供了作用位点。

为了使读者更好地理解蛋白质变性的过程，我们来看一看食物的烹饪过程：鸡蛋煮熟后，鸡蛋中的蛋白质构造发生了变化——蛋白和蛋黄凝固了。也就是说，不仅仅是在人体的消化过程中，在烹饪过程中膳食蛋白质也会变性，从而更易在消化道中被水解。

蛋白质在消化道内发生进一步变性之后，小肠中出现长短不一的氨基酸链（即多肽和寡肽）。在与肠道黏膜上的消化酶和被胰脏释放的消化酶相遇后，它们被分解成更短的片段（即二肽和三肽）和游离氨基酸。然后，肠壁上一系列具有特异性的转运蛋白将它们送入血液循环系统。有趣的是，人体中还有针对较长肽链的高效转运系统，这使得少量完整的蛋白质分子也可以被人体吸收。

这里我们将举几个例子来解释为什么这个过程对运动者来说很有意义。第一，很多生产商会向运动者兜售酶制剂（比如从菠萝或木瓜中提取的酶），并承诺这些产品会促进减脂，甚至还在一定程度上有助于治疗运动

损伤。其实，酶制剂中的有效成分就是带有三维空间结构的完整的蛋白质分子。因此，它们要想在人体内发挥效用，先要安然无恙地进入血液循环系统。

酶制剂的抗酸外衣虽然可以避免它受到胃酸的强烈腐蚀，但问题依旧存在：小肠中虎视眈眈的蛋白消化酶都在严阵以待，准备分解被运动者吞入体内的酶制剂。这个现象并不稀奇。当然，因为肠黏膜上有可以运输少量完整蛋白质分子的转运蛋白，确实会有一定量的酶制剂完整地进入机体内部。就因为这，商家就理直气壮地宣传，声称酶制剂确实能促进脂肪燃烧[22]。

第二，在商家出售的蛋白粉中大部分蛋白质或多或少已经裂解（即经过预先消化，也称"水解"）了。因此，它们也被称为蛋白质水解产物，其中多达40%的成分是二肽和三肽[23]。这使得它们能够被迅速吸收并进入血液循环系统，然后进入肌肉。

正如上文提到的，肠黏膜上存在着针对多肽的特异性转运蛋白。因此，蛋白粉并不需要被完全分解为单个氨基酸才能快速进入机体。甚至恰恰相反，如果人们以短肽链的形式摄入大量的蛋白质水解产物，某些情况下人体吸收它们的速度甚至比吸收游离氨基酸还快。转运系统每次在转运多肽时，总是会同时转运多个氨基酸残基，而非一个一个地依次转运。

在混合饮食的情况下，膳食蛋白质的平均消化率为96%。它们在消化系统中的损耗微乎其微。因此我们可以说，具备健康消化功能的运动者通过普通饮食获取蛋白质就已经足够了。从这个角度来看，食用蛋白粉甚至氨基酸产品并没有什么益处：补充剂虽然能够被人体更快吸收，但并不能被人体完全吸收[24, 3]。在一定的前提下，膳食蛋白质的消化速度是影响肌蛋白新陈代谢的重要因素[16]。

因此，接下来我们要对在运动领域常被提及的快速消化蛋白和缓释蛋白进行探讨。

与快速消化蛋白和缓释蛋白这个令人振奋的话题有关的是法国科学家伊夫·布瓦里精心设计的著名实验。这个实验先是证明了，人们在摄入乳清蛋白后的几小时内，自体蛋白质的合成提高了68%，而摄入酪蛋白后只提高了31%[25]。这项研究引来众多关注，《体育杂志》（Sport Revue）分别于2002年5月和6月刊发了对布瓦里先生的采访。

我们在继续讨论这个话题之前，要简短介绍一下乳清蛋白和酪蛋白。乳清蛋白是牛奶蛋白中水溶性部分的统称（第148页补充文献《乳清饮料》）。其主要成分为经常作为营养补充剂的乳白蛋白。

乳清蛋白有很高的生物价（表11），能够被迅速消化，生成相对较多的支链氨基酸（最重要的是L-亮氨酸）。乳清蛋白如此易消化，是因为作为球状蛋白质的它会在消化系统中酸和酶的作用下展开，形成松散的结构，从而快速通过胃肠道。

目前，快速可消化性以及含有大量支链氨基酸被视为乳清蛋白能够促进自体蛋白质合成的两大主因[16]。然而，乳清蛋白的这一促进作用只能持续很短的时间，与此同时蛋白质代谢中的分解代谢（图20）几乎没有减弱。而且人们发现，L-亮氨酸更多用于能量代谢和燃烧。

酪蛋白占牛奶蛋白的80%，含有高达8%的矿物质（主要为钙和磷酸盐），水溶性较差，生物价较低（表11），但含有较多的L-谷氨酰胺及其衍生物[26]。

人体消化酪蛋白的速度极为缓慢，原因之一在于，酪蛋白含有具传递信号的功能的短肽，后者会直接抑制消化过程[28]。上面提到的布瓦里先生的实验最终显示：其实酪蛋白比乳清蛋白更有效，因为在实验结束时，运动者最常使用的乳清蛋白产品常以蛋白粉或氨基酸胶囊和片剂的形式存在，英文名称为 Lactalbumin 或 Whey。

正如我们所知，"乳清蛋白"包含各种不同的成分（第148页补充文献《乳清饮料》）。用乳清生产乳清蛋白制剂可以通过技术手段对蛋白质进行浓缩，其中最重要的步骤就是超滤，从而得到乳清蛋白浓缩物。人们还可以通过其他技术手段获得乳清蛋白水解物（在这种产品中，部分蛋白质已经被提前水解，从而能够更快地被人体吸收）或乳清蛋白分离物（这种产品含有较少的乳糖和脂肪，并含有一些对免疫系统有益的蛋白质）。通常情况下，乳清蛋白浓缩物、水解物和分离物的价格依次增高。但是我们还不能确定的是，当运动者按时按量服用这些产品时，价格更高的产品是否具有更强的功效。

我们可以确定的是，乳清蛋白制剂极可能为追求运动效能的力量训练者提供一定的帮助（见正文），而乳清蛋白分离物较其他乳清蛋白产品的优势至今都没有得到证实。

酪蛋白组受试者体内的自体蛋白质合成更加显著。这个结论令不少力量训练者大为惊讶，因为人们一直认为乳清蛋白才是这两种蛋白质中更有用的。

我们如果只看这个实验的结果，的确会推测出，从增肌角度来看酪蛋白是运动者的最优选择。但是，正如各位读者猜到的那样，事实并没有这么简单。我们再深究一下就会发现，布瓦里先生的实验其实没有专门测量新的肌蛋白的合成量，而只测量了全部自体蛋白质的合成量 [25]。

因此，我们在此需要回忆一下在本章开头为读者介绍的基础知识。我们已经知道，每天新合成的自体蛋白质有很多种类。比如每天体内有 1/3 新合成的蛋白质是白蛋白，它是一种由肝脏制造的血浆蛋白，并承担至关重要的生理功能 [29]。

尽管骨骼肌系统体积庞大，但每天新蛋白质的合成量只占全身蛋白质总量的30%，规律的力量训练甚至还会在一定程度上抑制肌蛋白的合成 [30, 16]。换句话说，在布瓦里先生的实验中，受试者所摄入的酪蛋白也许只是激发了肝脏中蛋白质的合成，而对肌蛋白毫无作用——没有人事后去验证这个推测。

从这个角度而言，这个实验对健美者和健身者来说其实并没有太大意义。

现在我们再来看一看这个实验中另外一个重要的争议点，那就是该实验并没有在受试者进行力量训练后检验酪蛋白与乳清蛋白的功效。蒂普顿的研究小组试图填补这一学术空白，研究人员在受试者运动后一小时分别让他们摄入了20克乳清蛋白和20克酪蛋白，并在第一时间测量力量训练者最关注的肌蛋白的合成量 [31]。这个实验对健身者来说很有意义，因为商家总是鼓吹，在运动前后专门摄入快速消化蛋白或者缓释蛋白对增肌有奇效。事实证明，这两种蛋白质效果一样，酪蛋白和乳清蛋白都能刺激肌肉生长。

但是要注意的是，蒂普顿先生是以运动新手为实验对象的，而资深运动者体内的新陈代谢情况可能与运动新手体内的不同，所以这项研究结果对资深运动者到底有多大意义尚不清楚。

此外，以增肌为目标的运动者在运动后的第一餐很少会只摄入蛋白质，他们至少还会补充一些碳水化合物。为了弥补前面研究中对热量和碳水化合物的忽视，另外一个研究小组设计了一个新实验 [32]：由于热量的摄入会严重影响蛋白质的合成率，因此在这个实验中，受试者在摄入了受到严格控制的酪蛋白或乳清蛋白的同时还摄入了一定的碳水化合物和脂肪。

从这项研究中我们获得的最重要的结论如下。一方面，受试者由于额外摄入了热量，其体内蛋白质的合成量明显比之前只摄入蛋白质时大。另一方面我们推测，如果人们在正常进餐时摄入乳清蛋白，那么它的消化速度会明显减缓。但即使如此，当人们一次摄入 30~40 克乳清蛋白时，体内蛋白质的合成量也还是明显比平均水平大。而且在这种情况下，乳清蛋白对蛋白质合成的作用是优于酪蛋白的[16]。

根据上面所说的最后一项研究，人们摄入"乳清蛋白加热量（主要是碳水化合物）"时体内蛋白质的合成速度将高于平均水平。但这个实验由于实验时间短和缺少力量训练方面的内容，并不能代表运动者真实的增肌情况。不过，近来其他的一些研究已经证实了这种做法适用于力量训练者。"乳清蛋白加热量"大大提高了运动者肌蛋白的合成率。健美者在运动的同时摄入 50 克乳清蛋白，10 周后获得的肌肉增长和力量增长的效果明显比摄入酪蛋白好[33, 34]。

关于这场看起来是乳清蛋白占上风的"乳＆酪之争"，这里还需要明确强调的是，同时摄入这两种蛋白质也许是最有效的方法。至少对资深运动者来说这种方法看起来是有效的：运动者在连续 10 周、每周 4 天的训练周期中，乳清蛋白加酪蛋白的摄入使肌肉的增长达到最大值[35]。这种方法操作起来也非常简单，将乳清蛋白粉与含有酪蛋白的牛奶一起服用即可。

我们要记住，前面所有的研究都表明，能够快速消化的乳清蛋白对运动者很有好处，尤其是当它在运动者运动前后被随餐服用以及与酪蛋白结合服用的时候。然而，我们也必须正视这些研究的一系列局限性：其中许多研究规模较小或在设计上有一定的缺陷。此外，这些研究还缺少与普通饮食下的情况的直接比较。因此，目前还不能对快速消化蛋白和缓释蛋白盖棺论定。那些试图发掘一切可能的方法以提升自己的运动效能的运动者可以考虑服用相关产品。

现在我们来尝试将获得的知识运用到实际中去。第一个小建议是，运动者不要在早上空腹运动（这也和大多数实验的条件相符），可以在下班后运动。白天，我们通常可以多次食用那些对身体的运动适应性有好处的食物，运动之前的那顿饭尤其重要。这个观点得自下面这个实验。研究人员已经证实，运动者在运动前几分钟摄入仅仅 6 克必需氨基酸以及 35 克可快速吸收碳水化合物，就可以为肌肉系统提供氨基酸，还可以大大增强细胞对氨基酸的吸收能力[36]。

运动前进餐比在运动后直接并只摄入高价值的蛋白质更有效，还可以在人们运动的过程中改善体内的蛋白质平衡。从长远来看，这种方法被证明可以促使肌肉明显增长[5]。

力求提高运动成绩的健身者如果有针对性地、合理地安排运动前后的多次进餐，就可以获得最好的效果。表 12 为我们提供了切实可行的方法。

运动者在运动后 60 分钟内第一次用餐，可能会获得特别好的增肌效果[16]。而运动者在运动后直接摄入高价值的蛋白质（比如饮用含有乳清蛋白的脱脂牛奶）和一些碳水化合物，可能会有意外的惊喜——增肌效果会更好[46]。

但是，使用这种方法时在蛋白质和碳水化合物的摄入量上有一定的限制。如果摄入量超过一定的阈值，蛋白质的合成就会受限。至少对乳清蛋白而言，有效的单次摄入量为 30~40

表 12　为获得最佳增肌效果，根据营养窗口期原则制订的运动前后的饮食指导方案（根据文献［37，
38，39，5，40，41，42，16，43，44，45］修改）

	运动前饮食（运动前 15~30 分钟）	运动后即刻饮食（最迟在 运动后一小时）	训练后两小时内饮食
氨基酸/ 蛋白质	摄入至少 6 克必需氨基 酸或少量高生物价的蛋 白质，比如饮用含有乳 清蛋白的脱脂牛奶。注 意：此餐必须是低脂的	摄入至少 6 克必需氨基酸， 比如饮用含有乳清蛋白的 脱脂牛奶。多项研究显示， 摄入 30~40 克乳清蛋白极 为有效，但运动者应缓慢 摄入。注意：为了加快胃 排空，此餐必须是低脂的	摄入缓释蛋白，比如食用 凝乳加土豆或土豆加鸡蛋
碳水化合物	按每千克体重 1 克的标 准摄入	按每千克体重 1.2 克的标 准摄入高 GI 值碳水化合物	按每千克体重 1.2 克的标 准摄入高 GI 值碳水化合物
肌酸	剂量根据个人运动目标 和耐受性而定，摄入约 5 克、最多 10 克一水 肌酸	剂量根据个人运动目标和 耐受性而定，摄入约 5 克、 最多 10 克一水肌酸	无须额外摄入

这里的饮食方案只是为那些绞尽脑汁要提高运动成绩的运动者设计的。只进行少量力量训练的健身者无须使用任何营养补充剂！由于某些研究已经证明了摄入酪蛋白具有明显的功效，在运动前后食用凝乳、酸奶或乳酪等并摄入一些碳水化合物，是非常有效的取代方案。

克[16]。如果是以乳清饮料的形式摄入乳清蛋白，运动者可以在运动结束后立即饮用。

此外，运动者要想取得更好的运动成绩，那么也要对酪蛋白给予一定的关注[43]。我们不必通过服用市售的蛋白粉摄入酪蛋白，而只需要食用一些价格实惠而蛋白质价值高的食物，比如牛奶、凝乳、酸奶或奶酪。

按每千克体重 1 克的标准，在运动前后立即摄入以及在运动后的 1 小时内摄入可快速吸收碳水化合物，可以明显抑制肌肉分解，并大大促进肌肉快速和明显地增长[47, 48, 49]。在这种情况下，大量分泌的胰岛素促进了氨基酸向工作中的肌肉运输，为蛋白质合成奠定了基础[50, 51]（表 12）。正如表 12 建议的那样，同时摄入适量的蛋白质和较大剂量的碳水化合物能最大限度地刺激胰岛素的分泌[52, 51]。

此外，健身者使用这种方法可以让肌肉内糖原的储备达到最大。对增肌来说，糖原的积累是最重要的。运动后，肌肉中糖原的快速积累过程就开始了[53, 41]。这个过程主要发生在运动后的 30~60 分钟内。研究证明，当人在运动后按每千克体重 1.2 克的标准摄入碳水化合物时，肌肉系统中糖原的积累速度就能达到最大[39, 41]。

若要在运动后 24 小时内使肌肉中的糖原储备完全恢复，运动者则需要每天按每千克体重 8~10 克的标准摄入碳水化合物。这个参考值尤其适合耐力训练者。而那些不怎么运动的人以及运动量相对有限的健身者每天只需按每千克体重 5~6 克的标准摄入碳水化合

对力量训练者来说，凝乳特别适合食用：100 克凝乳含有 68 千卡热量、12.2 克蛋白质、3.9 克碳水化合物和不到 1 克的脂肪，因此它是极好的蛋白质来源，又是天然的低碳食品。不能不提的是，它还富含钙元素和微量营养素。

凝乳的另一个优点是价格实惠。然而，对许多运动者来说，它最大的缺点是质地太稠、口味过酸。在这里我有一个小办法可以用来消除脱脂凝乳令人难以忍受的缺点，并让我们尽情享受它带来的益处：导致脱脂凝乳浓稠的是它最重要的蛋白质成分——酪蛋白。这种特殊的蛋白质能与钙发生反应。因此，如果我们将 250 克脱脂凝乳放入碗中，再加入一小勺含有碳酸的矿泉水，凝乳的结构马上就会发生变化，持续搅拌后它很快会变成奶油状，然后我们将它与一小杯任何口味的酸奶混合，这样脱脂凝乳就变得可口了。250 克脱脂凝乳与 125 克香草口味的酸奶混合，可

以为运动者提供约 310 千卡热量、35 克蛋白质、32 克碳水化合物和 6 克脂肪。运动者可以按照自己的需求通过调整脱脂凝乳与酸奶等的比例调控需补充的营养素的量。比如说，我们选择一种含糖少的酸奶，那么混合物中碳水化合物的含量就会低很多。

我们也可以发挥自己的想象力，在脱脂凝乳中加入水果、坚果或药草来进一步改善口味。要想让脱脂凝乳的口味更浓郁或者更香甜，我们还可以加入一小撮盐或甜味剂。加一点儿蜂蜜也会让它更可口。

因为凝乳消化缓慢且蛋白质含量高，人们食用后会产生饱腹感。同时，凝乳还能在进入人体很长一段时间内持续为肌肉提供氨基酸。

脱脂凝乳适合加入低脂饮食食谱，也可加入低碳饮食食谱。

物，就可以补足他们的肌糖原储备[39, 54]。特别是当人们像表 12 中建议的那样额外摄入快速消化蛋白时，这个参考值尤为适合。

正如我们近来知道的那样，肌糖原比缓慢合成的蛋白质更有助于促进增肌（第 11 页补充文献《细胞的水平衡——增肌产品如何影响肌肉增长》和第 45 页补充文献《碳水化合物与肌肉的体积》）。若要显著增加肌肉量，不仅要在运动前后补充足量的蛋白质，还要注意碳水化合物的摄入。

如果一个难以进步者[①]运动后其体内很难快速补足肌糖原储备，这里有一种已被证实有效但比较极端的方法适合他：运动后除了根据表 12 中的建议补充相应物质之外，可以在几小时内每隔 30 分钟额外摄入 40~80 克

可快速吸收碳水化合物。这是一个能最大限度补充肌糖原的有效策略[55, 39, 41]。

这种方法的弊端在于，规律地使用这种方法相当于在用碳水化合物催肥，人们将面临体脂明显增加的风险（第 2 章）。因此，这种方法主要适用于难以进步者，普通运动者也可以偶尔使用。难以进步者在运动前后的营养物质窗口期要特别注意高价值蛋白质的补充，并尝试摸索出最适合自己的碳水化合物摄入量。

正如表 12 所考虑到的那样，人们在运动后的营养物质窗口期还需要补充肌酸。如果有人对表 12 所提到的肌酸补充还不是很清楚，或者在肌酸摄入上有困难，可以在第 6 章中找到合适的建议。

---

① 难以进步者（Hardgainer），指在进行健美运动时投入很多精力却难以获得肌肉的人。这与个人体质有关，也与后天的营养不充足和运动方式不恰当有关。与之相对的是 Easygainer。

在实际运用时，这里所提供的方法不仅可以使运动新手和资深运动者体内的蛋白质合成明显增强，更有意义的是，人们在使用这些方法一段时间后，他们的去脂体重也将明显增加[56, 19, 57, 42, 5, 16, 58, 45, 44]！

对如何补充快速消化蛋白和缓释蛋白以达到有效增肌的问题，我们虽然已经讲得很清楚了，但在实行饮食法方面它们的价值还有待验证。对此读者先要知道的是，我们建议通过补充乳清蛋白来增加饱腹感[59, 60]。在增肌阶段，这种蛋白质可以让运动者体内的肌肉和脂肪的比例达到完美[34]。

此外，我们发现了酪蛋白的作用。在一个长达12周的实验中，作为实验对象的警员在实行高蛋白饮食法的同时进行力量训练，最后减脂成功[61]。本实验还同时比较了使用乳清蛋白和酪蛋白的差异。结果显示，摄入酪蛋白可以使人体内的脂肪总量显著减少（减少量达7千克，而摄入乳清蛋白则使脂肪减少4.2千克），并使去脂体重显著增加（摄入酪蛋白使去脂体重增加4千克，而摄入乳清蛋白后去脂体重则增加了2千克），同时受试者的力量也得到了加强。

但是在此实验中受试者使用的是市售的酪蛋白补充剂，且研究人员因此就认为实验效果来自酪蛋白。然而，目前还没有人将这种产品与乳制品直接进行比较。根据目前的知识水平，食用乳制品毫无疑问可以优化身体成分的比例[62]。因此，一盒极为普通的凝乳一点儿也不比市售的酪蛋白补充剂逊色。关于运动者在节食时应该使用乳清蛋白还是酪蛋白，我们总结如下：两种蛋白质的功效都很好，但对比来看，酪蛋白的功效也许更好一些。这对乳制品爱好者来说是个好消息！

小结：在增肌阶段，快速消化蛋白极可能可以帮助以提高成绩为目标的运动者优化增肌效果，尤其是当他们在运动前后有目的

地一同摄入可快速吸收碳水化合物、肌酸和快速消化蛋白时。而如果运动者额外搭配缓释酪蛋白，最终将获得更加显著的增肌效果。这种方法主要适用于以提高成绩为宗旨、竭尽全力追求更好的运动效果的运动者。

在运动者的减脂节食期，乳清蛋白和酪蛋白在增加去脂体重和减少脂肪这两方面的功效都很突出，而就目前的研究来看，将两者直接进行比较的实验结果显示，酪蛋白的功效相对更好。

5.6 力量训练中的蛋白质和氨基酸

除了刚才提到的酪蛋白和乳清蛋白之外，还有很多具有类似功效的物质（如作为氨基酸"近亲"的肌酸和左旋肉碱）常常被媒体大肆宣扬。前面我们已经就左旋肉碱做过深入讨论，而读者将在讨论能量平衡的相关内容（第6章）中对肌酸有更深入的了解。

下面，我们来谈谈如何辨别市场上形形色色的蛋白质补充剂。在开始讨论这个话题之前，我们要了解一个基本问题——如何看待各种蛋白质补充剂与普通的膳食蛋白质。

5.6.1 选择补充剂还是食物？

我们在前面已经证实，与膳食蛋白质相比，那些买来的蛋白质水解产物，即蛋白粉并不能被身体更充分地吸收。然而，某些生产商声称他们能够证明，与来自加工食品和日常食物的氨基酸相比，来自蛋白质水解产物的氨基酸能够更快地进入血液。于是，一些商家对此大肆宣传，称它们的产品能更快地在人体内营造一个合成代谢环境。正如我们所说，运动前后短时间内补充蛋白质及其他营养素，从根本上来说的确有利于肌肉生长。而一项设计严密的研究还证实了，服用必需氨基酸补充剂比食用正常的膳食能够更显著地促进肌蛋白的生长[46]。

由于普通膳食与营养补充剂的消化速度是可以测得的，某个实验的研究人员认为，更快涌入体内的氨基酸使得肌肉中有更多的蛋白质被合成。在他们看来，缓释蛋白更多激发的是肝脏内而非肌肉内蛋白质的合成。这个研究小组还比较了必需氨基酸补充剂和乳清蛋白补充剂，并得出结论称，前者在刺激肌蛋白合成方面有微小的优势[63]。

根据这些研究，我们能够很容易地得出结论：必需氨基酸补充剂对增肌的促进作用的确比普通食物更明显。但我们不能不假思索地全盘接受这一结论，因为这些研究并没有考虑力量训练的情况。它们更多的是为了研究各种蛋白质补充剂在防止资深运动者经常发生的肌肉降解方面的效用。此外，虽然我们可以看到服用氨基酸产品可以一次性地刺激肌蛋白的合成，但没人知道，在使用这种产品几周后，能否用皮尺和体重秤测出肌肉增长的真实效果，也没人知道，身体是否会开启某种"反调节程序"来对抗补充剂的作用。

总而言之，我们不能将这些研究成果直接运用到运动者身上，因为正如我们之后将看到的，资深运动者体内的蛋白质代谢原本就是特别经济和高效的。

与此相反的是，我们有最新和确切的证据证明，运动者在运动前后有规律地摄入普通的乳制品不仅可以改善体内的氮平衡，还能促进肌肉生长[64, 65, 66]。乳制品在这方面的效果甚至比大豆蛋白质水解产物更好。在此再强调一遍，钱包瘪瘪的健身者和健美者要想增肌，只需要在运动前后补充低脂乳制品和可快速吸收碳水化合物即可。

小结： 对力量训练者来说，我们还无法证实，从长远来看，蛋白质补充剂比普通食物能更有效地促进他们的肌肉生长。甚至蛋奶素食者在安排饮食时，也不必担心自己会因蛋白质缺乏而导致运动效能受损。

5.6.2 明胶水解物可用于治疗关节劳损？

明胶水解物及其类似产品面世已久，是力量训练者等运动者常用的补充剂。相关杂志常常推荐运动者服用这类补充剂以保护和修复他们过度劳损的关节软骨、韧带和肌腱。

这类产品从本质上来说不是别的，正是一种经过复杂加工的、可以被人食用的动物

氨基葡萄糖对关节有保护作用？[79，80]

氨基葡萄糖是蛋白质与糖分子相互结合的一种特殊化合物，一些研究认为它可以保护运动者的关节软骨。

背景知识：软骨组织本身就含有糖蛋白，糖蛋白对关节的润滑非常重要。规律地摄入氨基葡萄糖应该能够促进这类物质的合成。此外，氨基葡萄糖还可能抑制某些炎症反应。

氨基葡萄糖及其类似产品经常被运动者用来修复和预防因运动负荷过大而导致的关节劳损。然而，新的研究却对这些产品的效用提出了质疑。一个最新的、严格执行的、尤其重要的是独立于生产商的（！）临床实验证明，氨基葡萄糖长久以来被鼓吹的疗效根本就不存在，至少从患有相关退行性疾病的患者身上来看是这样的。因

此，氨基葡萄糖对年轻而运动能力强的运动者的效用同样也是不确定的。

此外，运动者还应该明白，即使氨基葡萄糖真的存在积极的效用，也是在运动者服用了极大剂量——与药品所允许含有的剂量一样大的前提下才起作用。而营养补充剂中的氨基葡萄糖，根据法律规定其剂量很小，所以服用相关营养补充剂是否真的有利于关节功能尚待确定。

根据德国联邦风险评估研究所的研究，氨基葡萄糖对人体健康的具体影响尚不明确。人们在服用相关产品后可能会出现过敏反应。氨基葡萄糖是否会对人体糖代谢带来不利影响，我们也不得而知。

结缔组织蛋白。它的氨基酸成分与人类运动器官中蛋白质的氨基酸成分极为相似。由于这种相似性，我们规律地服用这些明胶产品可以刺激结缔组织和软骨蛋白的再生，从而促进身体恢复、预防运动损伤和加快伤口愈合速度。

明胶本身的生物价是相当低的（表11），人们单独服用明胶以促进自体蛋白质的合成其实并不合适。因此，我们必须将它与其他膳食蛋白质联合服用，这对健身者来说当然很容易，因为他们都重视蛋白质的补充。在这里，我们还要提出一个对运动者来说至关重要的问题：在均衡饮食的前提下，明胶补充剂真的对因运动而受损的身体有益吗？

关节劳损一般来说是由许多因素导致的：首先是运动器官过度负荷和被错误使用，这常常发生在高强度的健美和健身训练、举重训练以及奥运会举重比赛中。特别是在不正确的训练计划的指导下，运动员在比赛期间和比赛前的准备阶段都会出现关节劳损的问题。骨骼畸形也是运动器官受损的重要原因。

此外，合成软骨蛋白所需的氨基酸供应不足也是人们常讨论的运动器官受损的原因。在细胞实验和动物实验中，研究人员用特异性标记的方法标记明胶蛋白的氨基酸组分，然后观察它们被机体吸收、在软骨组织中积累甚至刺激该处蛋白质合成的全过程[70，71]。但是，单凭这一点并不能证明明胶具有特殊的营养生理功效。身体会将每一次进食所摄入的氨基酸都用于合成软骨蛋白[72]。我们不得不问，是否有证据证明关节劳损患者在规律地服用明胶产品后有明显的疗效？

事实上，虽然相关的研究有很多，但是有利于明胶的证据却不多。我们详细分析了相关的临床研究，得到的结论并不一致[73]。原因之一就是，许多此类研究的设计和实验过程都是有缺陷的，这会降低它们的可信度。但是，仍有一些研究人员坚信明胶水解物对关节劳损具有很好的疗效[74]。

即使我们现在假设明胶产品确实对关节劳损患者有一定的正面作用，但下面这个问题依然得不到解答：它对运动者来说效用如

何？因为每个人都知道，从80岁的患者身上得来的研究成果不能直接照搬到运动者身上。因此，生产商试图补救——开展了一次针对奥运基地运动员的产品使用调研[75]。正如我们在前面所说的，这一类的跟踪观察在普通民众看来很像科学研究，但实际上它们与科学研究毫无关系。这类观察调研不具备严格的科学实验所要求的所有特征，不过是巧妙伪装的营销手段[76]。

因此，至今没有可信的证据能够证明，明胶产品对一般的运动者或者力量训练者有益。即使这些产品对运动者真的有所帮助，他们也必须科学安排自己的训练和休整计划。

避免运动损伤最保险的做法就是运用正规的训练技术和适当安排休息时间。例如，对长跑运动员的研究显示，即使他们常年进行规律的长距离跑步，也不一定会明显加大关节劳损的风险[77, 78]。对此起决定性作用的，更多的是训练的经验和技巧，以及个人的体质。

这些信息在力量训练者看来，也许暗含着更应去优化训练计划而非依靠补充剂来预防关节受损的意思。但是我们也必须公正地说，使用明胶产品治疗关节劳损，副作用小且花费相对较低。

小结：根据现阶段的研究成果，明胶产品对力量训练者在预防运动损伤和促进运动恢复方面的具体作用仍不得而知。运动者认真安排训练和休息计划以及注意运用正规的训练技术，对身体安全来说更为重要。然而，明胶产品副作用小且价格相对较低。至于氨基葡萄糖及其类似产品对运动者关节的保护作用，至今仍无法确定（第157页补充文献《氨基葡萄糖对关节有保护作用？》）。

5.6.3 支链氨基酸、L-谷氨酰胺及其他

上述多个实验都证明了服用乳清蛋白可以有效刺激肌肉的生长，这在一定程度上归功于乳清蛋白中含有的大量的支链氨基酸（缩写为BCAA，是L-亮氨酸、L-异亮氨酸和L-缬氨酸的统称）。虽然健身房里的大多数健身者都听说过这个词，但是很少有人知道这些特殊的氨基酸对健身者和健美者来说到底意味着什么。因此，我们在这里深入探讨一下。

人们在食用蛋白餐后，通常情况下肌肉系统内的氨基酸水平只能在一定范围内上升，因为肝脏在某种程度上作为过滤器，起到了肠道和肌肉之间的联通调节作用（图20）。但BCAA不会被肝脏过滤，它能够直接进入骨骼肌，为身体所用。

在细胞实验和动物实验中，BCAA在肌蛋白合成过程中扮演了重要的"中间人"的角色[21, 81]。此外我们知道，运动和低碳饮食会加快体内BCAA的新陈代谢进程[82]。完全禁食（零饮食）也会加快它的代谢进程。从20世纪70年代起，BCAA有时就被称为除脂肪和碳水化合物以外的"第三种肌肉燃料"[23]。在分解代谢条件下，由BCAA生成的L-丙氨酸从肌肉中释放，到达肝脏后用于葡萄糖的再生，以此为那些依赖糖的身体组织和器官提供养分。BCAA不断从肌肉组织中析出，以确保这个对生命来说至关重要的物质源泉不至于干涸（图23）。

从理论上来说，BCAA的不断释放会使骨骼肌明显萎缩，因为BCAA是蛋白质合成的物质基础。基于这一生化原理，许多生产商将BCAA作为抗分解代谢和促进合成代谢的补充剂来售卖。另外，有些商家宣称在人们进行超长时间的耐力训练时，BCAA能防止因大脑的新陈代谢受到影响而造成的过早力竭[83, 23]。但是我们最近得知，运动过程中体内BCAA的消耗量增加并不足以使肌肉发生明显的降解[23, 81]。此外，资深运动者的

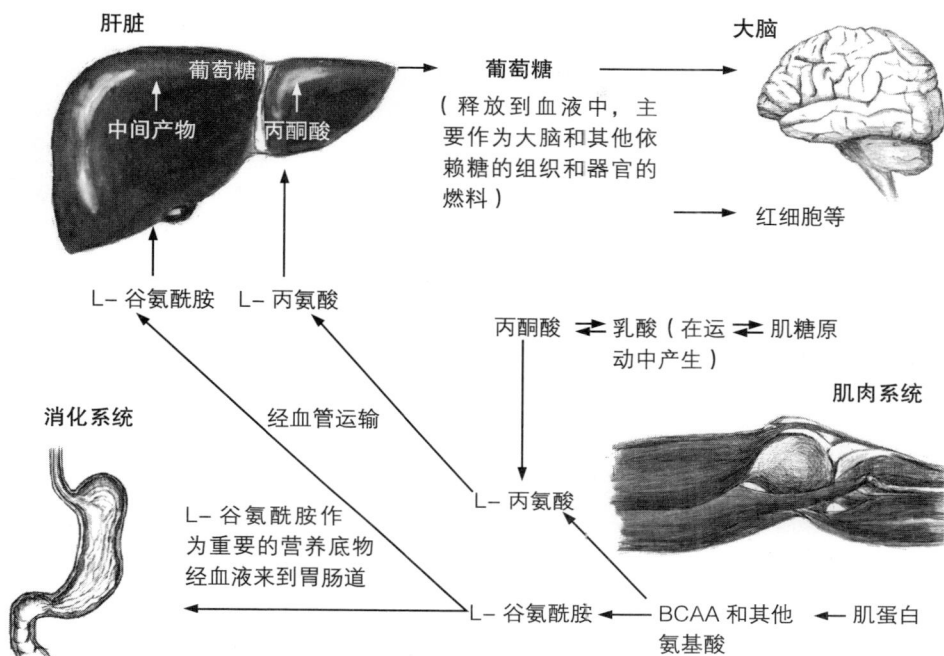

图 23　BCAA 和 L- 谷氨酰胺在能量代谢中的作用（根据文献［2］修改）

经过各种生化过程，BCAA 将氮元素传递给丙酮酸，从而形成 L- 丙氨酸。L- 丙氨酸经血液来到肝脏，在这里形成葡萄糖，然后提供给那些依赖葡萄糖供能的器官和组织。L- 谷氨酰胺也可以形成葡萄糖，还能为肠壁细胞提供营养。在饥饿状态下，上图所示过程会被加强。

BCAA 代谢比普通人的更为"经济"［4］。

通常情况下，运动过程中体内用来生成能量的氨基酸，其含量在所有被使用的能量物质中只占 5%~6%［84，4］。例如，运动员参加一次马拉松比赛（42.195 千米）只会消耗20 克氨基酸［85］！而人们在进行健美训练和力量训练时所需的能量远没有跑马拉松消耗的多，所以我们完全可以放心，规律的力量训练并不会使肌肉大量分解，至少在热量摄入适当的情况下是不会的。

至少从理论上来说，在人们实行严苛的低热量饮食法的条件下、在人们过度训练或进行大量耐力训练时以及在运动新手身上，人体内的代谢情况各不相同。是否有证据证明人们在实行高蛋白饮食法的同时额外服用BCAA 补充剂会产生明显的功效呢？虽然一个以人为实验对象的实验显示，受试者服用BCAA 补充剂数周且进行长时间训练后，有时会出现肌细胞损伤减少的情况［86］。但是这些肌肉损伤是根据某些血象值确定的，将这些数值作为唯一的证据是没有说服力的。此外，至今为止没有明确的证据证明在补充 BCAA之后，力量训练者的肌肉会明显增长。

许多研究人员认为，目前的科学数据不足以证明 BCAA 补充剂在实践中具有真正重要的功效［23］。由于证据不足，美国和加拿大的医生在很早前就劝告大家不要再使用BCAA 补充剂［87］。

犹豫不决的运动者在做出决定之前可以再看看以下事实：动物性蛋白的 BCAA 含量为 15%~25%[83, 43]。如果一名体重为 100 千克的运动者根据他的饮食计划，每天按照每千克体重 3 克的标准摄入蛋白质，那么他仅通过饮食至少就可以获得 45 克 BCAA[23]。如果他每天按照每千克体重 2 克的标准摄入蛋白质，那么他每天至少能获得 30 克 BCAA。如果他在训练后吃下 300 克鸡胸肉，那么他就摄入了约 1.4 克 L-缬氨酸、1.1 克 L-异亮氨酸和 2.0 克 L-亮氨酸，以及大量其他重要的营养素。与此相对的是，一家知名生产商生产的 BCAA 补充剂每片约含 0.2 克 L-缬氨酸、0.3 克 L-异亮氨酸和 0.3 克 L-亮氨酸（训练后的推荐剂量是 5 片，也就是约含 1.1 克 L-缬氨酸、1.6 克 L-异亮氨酸和 1.4 克 L-亮氨酸）。

如果运动者还不确定通过饮食能否获取足够的 BCAA，那么他在决定购买市售补充剂之前应该考虑以下问题：在大多数研究中，研究人员每天提供给运动者的 BCAA 补充剂剂量为 5~30 克——这一剂量超过了通过日常饮食能摄入的量。尽管运动者摄入的补充剂剂量很大，但是我们通过绝大多数实验的结论发现它并没有任何效果。既然服用如此大剂量的补充剂也不会带来任何功效，那么 BCAA 补充剂对运动者来说就是多余的，当然前提是饮食本身已经含有充足的蛋白质。

此外，特别依赖补充剂的健身者应该记住，有针对性地补充乳清蛋白和酪蛋白足以使他们的肌肉最大限度地生长。在乳清蛋白产品中加入 BCAA 和 L-谷氨酰胺并不能进一步提升健身者的健身效能[35]。乳清蛋白中含有的 BCAA 对处于进步阶段的健身者的肌肉生长来说已经足够了，因此健身者额外服用 BCAA 产品并不能获得更好的效果。事实上研究已经证明，肌肉合成蛋白质时所需要的

包括 BCAA 在内的必需氨基酸在数量上是有限的[81]。

只添加大剂量 L-亮氨酸而非 BCAA 的乳清蛋白和碳水化合物的混合饮料，就能给运动新手带来不少益处。在一个很有价值的实验中，原本不运动的受试者在进行 45 分钟的力量训练后，分别喝了一杯纯碳水化合物饮料、一杯乳清蛋白-碳水化合物混合饮料以及一杯额外添加了 L-亮氨酸的乳清蛋白-碳水化合物混合饮料[51]。后两杯混合饮料都比纯碳水化合物饮料更能促进肌蛋白的合成（单纯的碳水化合物就只能起到抗分解代谢和延缓肌蛋白降解的作用）。在这个实验中，添加的 L-亮氨酸会推动肌蛋白合成的小幅提升。

产生这个现象也许是因为，和资深运动者相比，运动新手还不具有完全适应力量训练的蛋白质代谢能力。然而上面提到的蛋白质合成的小幅提升是否会带来能用卷尺测得出的明显的肌肉增长，我们尚不清楚。也许添加 L-亮氨酸所产生的效果太微弱，以至于我们在实际生活中感受不到任何变化。大多数急于提高运动效能的新手在运动前后补充乳清蛋白和碳水化合物就可以使运动效果达到最好。

对资深运动者来说，在运动前后补充了原本就富含 L-亮氨酸的乳清蛋白后，再饮用添加了 L-亮氨酸的蛋白质-碳水化合物混合饮料就几乎不会产生任何明显的效果了。正如前面提到的，训练者的肌肉不能利用过多的 L-亮氨酸。依照表 12 中的建议去补充蛋白质，对一个追求运动成绩的运动者来说，已经是现有科学水平下为达到个人最理想的成绩所能做到的极限了。

BCAA 和 L-亮氨酸的安全性依然是未知的。由实验结果来看，似乎一个健康人每天服用 BCAA 补充剂的剂量可以达到 60 克（在饮食之外），而不必担心产生任何不利于健

康的风险[83]。但是，在动物实验中，摄入过量的纯L-亮氨酸会导致氨基酸代谢失衡[82]。这个发现对人类是否具有意义至今仍没有结论。为安全起见，如果我们想补充氨基酸，那就服用乳清蛋白产品吧。它可以为人体带来各种好处，并且含有合理比例的BCAA。

在此，我们恰好可以向读者介绍一种BCAA的近似物，即HMB（β-羟基-β-甲基丁酸盐）。20世纪90年代中期，尼森通过一项研究证明，人们规律地服用HMB3~7周并配合相应的运动，可以明显促进肌肉生长和力量增长——至少对原本不运动的人来说是如此[88]。也正是在20世纪90年代中期，HMB首次出现在德国营养补充剂市场上。

这一切的做法基于，HMB是L-亮氨酸的代谢衍生物。从生物化学的角度来看，在肌蛋白合成过程中，L-亮氨酸扮演着关键的角色[21, 81]。特别是在人们进行高强度的训练时，HMB能够抑制肌肉损伤并具备抗分解代谢的功能，从而有助于肌肉的显著增长[89]。但是，迄今为止并没有任何实验能够证明HMB对肌肉损伤或肌肉疼痛的客观积极效用，甚至在特别敏感的运动新手身上也没有效果[90]。

这些研究得出的结论相互矛盾，我们尝试来找出原因。读者要知道的是，至今为止几乎只有尼森带领的研究小组证明了HMB的功效[88, 91, 92]。他甚至在2003年声称，HMB是市场上唯一一种可以与肌酸媲美并且已被科学证实了的、具有增肌效果的补充剂[93]。

但是，除尼森之外的研究人员却从未证实过HMB的上述功效，即使是在受试者大剂量摄入HBM的情况下[94, 95, 96, 97, 98]。无论是在去脂体重还是在体脂率或力量增长方面，对力量训练者进行的独立研究都完全没

能证明HMB具有有益的效果。这也与大多数健身房常客在亲身尝试摄入HMB之后所汇报的情况相符。

因此，所有认真操作的调查研究都得出了一致结论，即从现阶段的研究数据来看，HMB并不能产生有益的功效[99]。最终我们可以认为，是L-亮氨酸本身而非它的代谢衍生物对蛋白质合成起到了促进作用[23, 81]。但是，L-亮氨酸的作用也是有限的——正如上文所论证的——过多摄入L-亮氨酸效果不会更好，特别是对资深运动者来说。在运动前后的短暂窗口期补充乳清蛋白和酪蛋白，对以提高运动效能为目标的力量训练者来说永远是最好的选择。

迄今为止还没有发现人们在使用HMB几周后身体受到了伤害[99]。尼森甚至认为摄入HMB对人体健康有利[100]。在此我们不打算做过多的评论，我们认为每个人必须自己来决定是否该为这样一种补充剂掏腰包。

要使我们这场讨论圆满结束，还要提及一种在运动圈中被多方追捧的氨基酸。见多识广的运动者也许已经猜到是什么了——它就是条件必需氨基酸①L-谷氨酰胺。就像之前一样，我们先来对这种物质做个简介。L-谷氨酰胺具有许多核心生理功能。它占氨基酸代谢库的20%，在蛋白质合成中扮演关键的角色，参与调节体内的酸碱平衡，是许多细胞（比如消化系统和免疫系统中的细胞）的重要燃料，并有助于人体饥饿状态下葡萄糖的合成，从而稳定血糖水平[101, 102, 103]（图23）。此外，L-谷氨酰胺是不同器官之间氮元素的传递者，帮助身体排出由蛋白质代谢产生的有毒的氨，为遗传物质的合成提供底物，支持抗氧化防御系统，促进胰岛素从胰脏的分泌，是大脑中某些信号物质产生的基础[101, 102]。

---

① 条件必需氨基酸指人体虽然能够合成，但通常不能满足正常需要的氨基酸，因此又被称为"半必需氨基酸"。

对健美者和健身者来说尤为重要的是，L-谷氨酰胺占肌肉中氨基酸含量的 50% 以上。体内 90% 以上的 L-谷氨酰胺都积聚在骨骼肌中，骨骼肌系统因此成为 L-谷氨酰胺的控制中心：在分解代谢中，为了制造葡萄糖，从肌肉释放到血液的氨基酸中有 60% 是 L-谷氨酰胺和 L-丙氨酸[102]（图 23）。

然而，主要是以下几个原因让 L-谷氨酰胺引起了运动者的关注：L-谷氨酰胺能够优化肌细胞的水环境并使肌肉鼓胀（增肌）；L-谷氨酰胺还可以通过促进增加肌肉内的糖原储备以达到增肌效果；L-谷氨酰胺能改善肌细胞的含水量，从而促进肌蛋白的合成；规律地补充 L-谷氨酰胺还可以促进运动者力量的增强。此外，L-谷氨酰胺和 BCAA 一样，可以抑制因运动和节食造成的肌肉降解（抗分解代谢作用），还能够增强免疫系统的功能，从而使身体避免出现过度训练综合征。

在运动产业中，L-谷氨酰胺作为合成代谢类或抗分解代谢类产品被推入市场，具有促进肌肉生长和力量增强、促使肌细胞体积变得最大和增强免疫系统功能的功效。后面我们将谈到它对运动者免疫系统的影响（第 8 章），在此我们先来看看 L-谷氨酰胺的其他功效。

我们在前文中多次提及肌肉含水量这个话题（第 11 页补充文献《细胞的水平衡——增肌产品如何影响肌肉增长》和第 45 页补充文献《碳水化合物与肌肉的体积》）。我们来简要回顾一下。简单来说，1 千克人体骨骼肌由约 230 克蛋白质、120 克从外界积聚到肌细胞的水分和 650 克细胞内液组成[101]。总之，肌肉的 70% 以上是水，只有约 20% 是蛋白质。能够使大量水分进入肌细胞的物质，就能使肌肉体积显著增大。毫无疑问，碳水化合物具有这一作用。肌肉发达的健身者的身体通

过糖原可以使 2~4 千克水分进入肌肉——并且这个过程可以在极短的时间内完成。

除碳水化合物外，L-谷氨酰胺也可以使更多的水分进入肌肉系统，这同样有助于运动者获得强壮的肌肉。此外，细胞学研究表明，细胞通过 L-谷氨酰胺结合更多的水是蛋白质合成的起始信号[101]。也就是说，如果一名运动者规律地摄入大剂量的 L-谷氨酰胺，并因此在肌细胞内聚积了更多的水分子，那么理论上这会激发肌蛋白的合成。

此外，L-谷氨酰胺可以增强肌肉储备糖原的能力，这也使得更多的水分进入肌肉。从这个角度来看，由 L-谷氨酰胺、肌酸和碳水化合物组成的混合物应该可以说是增肌的终极配方了。

现在让我们来看几项针对力量训练者进行的研究，它们针对这些让运动者充满希望的理论给出了一些结论。我们先要明确两点。第一，实验中使用的 L-谷氨酰胺的剂量是多少？答案是每日 8~42 克，且大多数实验中的受试者是通过日常饮食之外的补充剂摄入 L-谷氨酰胺的。我们由此就可以提出第二个问题：欧洲人每日通过正常饮食能够摄入多少 L-谷氨酰胺？人们一般通过饮食能摄入 4 克 L-谷氨酰胺，如果采用高蛋白饮食法则能摄入 7 克甚至更多的 L-谷氨酰胺[101]。乳制品中的酪蛋白或全麦食品中的小麦蛋白都富含 L-谷氨酰胺。

尽管 L-谷氨酰胺在力量训练者中的知名度很高，但遗憾的是针对它进行的研究只有极少数具有说服力。运动者在补充 L-谷氨酰胺并进行规律的力量训练 6 周后，既没发现他们的力量显著增强了，也没发现他们肌肉增长的效果更好了[104]。同样，资深运动者在一次性补充大剂量的 L-谷氨酰胺后，也没能增加他们仰卧推举和腿部推举的最大重复次数[105]。有经验的力量训练者服用 L-谷氨

酰胺和肌酸 8 周，并结合不断进阶的力量训练，最终其力量和肌肉的增长并没有高于平均水平[106]。在另一项研究中，受试者以氨基酸混合物的形式摄入 L-谷氨酰胺，这么做也没能促进其力量增长[107]。

基于这些实验，研究人员纷纷得出结论：由于 L-谷氨酰胺的功效至今都没能得到证明，对运动者来说它不能作为一种有效的膳食补充剂[108]，就更不用谈它的促合成代谢和抗分解代谢功效了。

这个结论是相当发人深省的，并且会使不少运动者感到惊讶。这是因为，那些曾发现 L-谷氨酰胺有益的实验的实验对象是新陈代谢严重失调的、必须通过人工补给营养的病人[109, 103]。细胞实验和动物实验虽然证实了 L-谷氨酰胺的功效，然而这些功效都要在特定和恒定的条件下才能得以发挥[103]。在健身杂志中，上述实验结果常常被用来证明 L-谷氨酰胺在物质代谢中的作用，从基本原理上说这当然没错。但是，我们不能将这些实验结果直接运用到力量训练者身上，刚刚提到的实验就是一个很好的例子。我们应该一直坚持去获取真正有效的数据，这样，追求运动效果的运动者才能根据这些有力的理论做出调整，从而获得超常的新陈代谢率。

我们再来简短地谈一谈糖原储备与 L-谷氨酰胺的关系，因为这里面有一些对运动者而言非常重要的信息。我们在上文中已经提到过，糖原在肌肉中的快速积累发生在运动后的 30~60 分钟。耐力训练者通常只有按每千克体重 8~10 克的标准摄入碳水化合物，才能保证他们的肌糖原在 24 小时内能被重新补足。而健身者和其他力量训练者每天按每千克体重 5 克的标准摄入碳水化合物就足够了。在这里 L-谷氨酰胺可能提供给运动者一个重要的好处：运动后，立刻通过含碳水化合物的饮料补充 8 克 L-谷氨酰胺就可以促进肌糖

原的再生。因此，正如我们通常所建议的那样，力量训练者无须摄入那么多的碳水化合物[110, 85]。而且实际上，我们不必为此摄入纯 L-谷氨酰胺，同时摄入可快速吸收碳水化合物和乳制品中的快速消化蛋白效果同样很好[111, 112]。目前已经有研究证明这种方法也适用于资深力量训练者[113]。

一项被多次提及的实验证实了这种说法，该实验在资深力量训练者身上证明，同时摄入乳清蛋白和酪蛋白对肌肉生长而言比其他方法（包括摄入乳清蛋白和 L-谷氨酰胺的组合）更为有效。为了最大限度地补充肌糖原储备，健身者除了要补充蛋白质和 L-谷氨酰胺外，每天还至少要按每千克体重 4~5 克的标准补充碳水化合物。其中大部分物质，正如表 12 所示，需要在运动前后极短的时间内补充。

让我们来总结一下，L-谷氨酰胺唯一被证实的、对力量训练者有一定意义的功效，就是它可以在摄入相对较少碳水化合物的情况下增加肌糖原的储备。为此我们可以专门摄入 L-谷氨酰胺，但这不是必需的，因为目前已经证实牛奶蛋白的水解产物也具有相关的功效。如果运动者决定用 L-谷氨酰胺作为补充剂，那么他应该注意以下几点。L-谷氨酰胺在游离状态下不太稳定，而作为多肽（也就是与其他氨基酸相结合）其稳定性会更好。这在用静脉注射的方式为需要管饲饮食的病人补充氨基酸时是很有意义的[109]。要想通过消化系统吸收 L-谷氨酰胺，给药方式同样很重要，但是还没有针对运动者的专门研究。如果将 L-谷氨酰胺溶于液体后摄入，它极有可能立即被机体直接吸收。

L-谷氨酰胺也是一种安全的补充剂，至少对一个体重 70 千克的人来说，一次性摄入 30~40 克 L-谷氨酰胺应该不会产生任何问题[103]。

市场上还存在一系列其他氨基酸混合物产品，生产商宣称它们具有各种功效。例如，广告经常宣传，摄入氨基酸可以刺激生长激素分泌。无须进一步讨论我们就可以承认，在特定前提下摄入氨基酸确实能够促进生长激素分泌[114]。但至今没有一项可信的研究表明，这种方法在任何情况下都可以使运动者获得可测的增肌或减脂效果。

另外一种氨基酸——牛磺酸也不时出现在运动杂志中，有兴趣的读者可以从下面的补充文献《牛磺酸及其作用》中获得相关的信息。要想了解其他氨基酸和蛋白质，读者可以查阅专为力量训练者提供的相关文献[119]。

小结：从科学角度出发，关于 BCAA、L-亮氨酸、HMB、L-谷氨酰胺、牛磺酸和其他氨基酸与运动的关系的研究多如牛毛。从根

牛磺酸及其作用[3, 115, 116, 117, 118]

牛磺酸是一种氨基酸衍生物。它在含硫氨基酸的新陈代谢过程中生成，在体内的日产量只有几毫克。在维生素 B_6 的参与下，它主要在大脑和肝脏中合成。牛磺酸并非必需营养素，不必通过膳食来补充。蛋白质合成也用不到牛磺酸，牛磺酸另有特殊的生理任务。牛磺酸在人体中有特定的储存位点，血液中可测到的它的含量不能说明它的供给情况。

我们每天通过混合饮食可以补充约 200 毫克牛磺酸。鱼，特别是金枪鱼是牛磺酸含量最丰富的食物来源。当然，其他动物性食物，比如肉类或牛奶，也含有牛磺酸。

目前我们还不能确定运动者是否比普通人需要更多的牛磺酸。根据现有的研究数据来看，运动者可能不需要多摄入牛磺酸。对运动者来说有用的信息是，肌肉内牛磺酸的含量会随着年龄的增长而降低，在超过 90 分钟的耐力训练之后，牛磺酸会直接从肌肉中流失。健美运动员体内牛磺酸的含量有时会降低，这是否有特殊的意义尚不得而知。

我们已经在男性身上发现，牛磺酸会通过汗液流失。此外，就牛磺酸通过汗液流失的量而言，运动者流失的比不运动者流失的小得多，这可能是由身体的适应性反应造成的。

许多饮料和食品中添加了牛磺酸，健身者也是从那些称牛磺酸能影响肌细胞体积的广告中了解到的。牛磺酸还有一个特别重要的功能就是参与细胞内钙离子的新陈代谢。此外，它在胆汁的

新陈代谢中也扮演重要的角色。它能够作用于细胞膜，具有抗氧化的特性。这种抗氧化特性对运动者是否有实际功效尚待验证，因为运动者进行规律的运动就能强烈激发机体自身的抗氧化防御机制（第 8 章）。

牛磺酸在动物实验中所显示的能够在运动中加强骨骼肌活性的作用，迄今为止尚未在针对力量训练者进行的研究中发现。就连它常常被大肆宣传的能让人增强注意力和保持清醒的作用也只是理论上的，并且它只有在耐力训练者进行 90 分钟以上的运动后才可能起作用。

我们来总结一下，多数与牛磺酸有关的发现来自动物实验，因此只能在一定条件下适用于人体，更遑论直接用在运动者身上了。直接针对普通人或运动者进行的实验很少，而且有一部分实验是以原本不运动的人为实验对象的。因此，我们在评估这些实验的结果时要十分谨慎。另外，在人们规律地服用牛磺酸时，人体可能会像对咖啡因一样产生依赖作用。目前还没有关于大剂量服用牛磺酸是否安全的确切答案。在动物实验中，牛磺酸在动物大脑某一区域积累会产生各种副作用。

在实际生活中，广告宣传的牛磺酸的所谓提升运动效能的作用，从科学角度来说没有任何可靠的依据。人们在服用某些牛磺酸产品后，感受到的那些"功效"可能只是一种安慰剂效应，也可能是因为这些产品含有咖啡因。另外，牛磺酸不在国际奥委会所列的兴奋剂名单上。

本上来说，健身者只要在一定程度上重视自己饮食的规律性和多样性，就无须服用这些补充剂。

BCAA对人体的新陈代谢具有重要作用，在蛋白质、碳水化合物和能量供应不足的情况下可能具有一定的抗分解代谢功效。但对力量训练者而言，尚缺少有说服力的实验来证明，在规律地服用BCAA之后他们的肌肉能明显增长或力量能明显增强。也许原因在于，力量训练者已经通过饮食获得了含有BCAA的大量蛋白质，以至于额外服用补充剂他们的身体也不会有反应了。

L-谷氨酰胺的情况与之类似。L-谷氨酰胺被广为称道的多种特殊功效中，只有促进糖原储备这一点经得起严格考证，而运动者在运动后立刻补充蛋白质水解物和碳水化合物同样可以达到这个目的。反对将L-谷氨酰胺作为补充剂的最有力的论据是，资深力量训练者在同时补充乳清蛋白、酪蛋白和碳水化合物后获得的增肌效果比补充BCAA和L-谷氨酰胺好。而迄今为止，其他诸如L-亮氨酸及其衍生物HMB或牛磺酸的相关科学依据都只能说非常单薄。如果追求运动效果的运动者已经照表12的建议做了，那么他也许已经能最大限度地获得应有的效果了。额外补充的氨基酸完全不能进一步提升运动者的运动效能！

5.7 蛋白质需求

如何补充蛋白质在运动圈，特别是在力量训练圈内是一个敏感的话题。我们在就健身者和其他力量训练者的蛋白质需求量达成一致之前，应该建立一个理性的讨论基础。也就是说，我们要先知道，专业协会认为一名不运动者每天需要摄入多少蛋白质，以及普通德国人实际平均每天摄入多少蛋白质。这样就有了比较的基础，我们才可以推导出力量训练者的蛋白质需求量。

长久以来有一个问题一直引发人们的激烈讨论，那就是德国人每天需要摄入多少蛋白质，以及蛋白质摄入的临界值达到多少才会让人体因长期过度摄入蛋白质而健康受损。瑞士、奥地利和德国的专业协会都认为，对不运动者和运动者来说，每天按每千克体重0.8克的标准摄入蛋白质就已足够——当然前提是体内的能量供应充足[120, 121]。因此，一名体重为100千克的健身者若想最大限度地增长肌肉与力量，每天需要摄入80克蛋白质和足够的热量。美国营养协会目前推荐的蛋白质摄入量也是这么多[122, 6, 43]。

我们可以肯定的是，如果某种膳食蛋白质的生物价很高，人体对该蛋白质的需求量就会小一些。专业协会已经考虑到了这个问题。如果我们上面所举例子中的那名健身者只摄入极高价值的膳食蛋白质，根据专业协会的意见，他要实现自身目标每天就只需摄入60克蛋白质和足够的热量[121]。根据欧盟官方的建议，我们每天摄入的热量中最多10%的热量来自含蛋白质的食物就可以了。但是在德国，膳食蛋白质的摄入量实际上远高于此（图24）。

5.7.1 力量训练者的蛋白质需求

关于运动者，特别是力量训练者对蛋白质的需求量的问题一直颇有争议，至今仍没有定论[120, 55, 39, 124, 125, 5, 4, 6, 16, 43]。

在此领域经验丰富的专家建议，运动者每天应按每千克体重1.2~2.2克的标准摄入蛋白质。我们在对此做出评价之前，需要解释一下，为什么力量训练者的蛋白质需求量比普通人的大。此外，我们还要看看实际生活中运动者平均每天摄入多少蛋白质。在此基础上，讨论大量摄入蛋白质对力量训练者的好处与坏处才有意义。

图 24　德国居民蛋白质平均摄入量与推荐摄入量的比较 [120, 123]

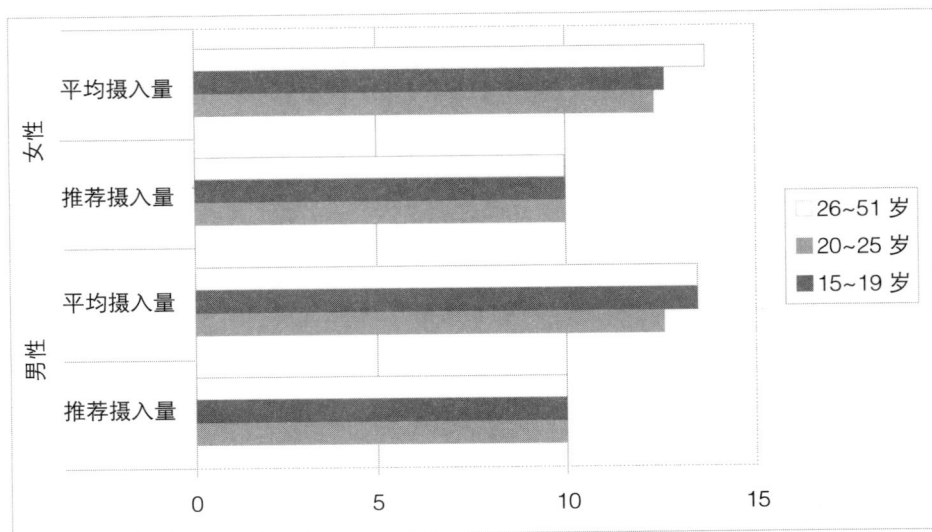

为什么力量训练者的蛋白质需求量大，许多读者也许对此感到困惑，所以我们先来了解一下。其实大家很容易就能理解：健身者和力量训练者希望肌肉生长，而肌肉主要由蛋白质构成，需求自然会增多！当然原理也许没有这么简单。力量训练者的蛋白质需求量也并不是一个固定值，而是取决于许多因素。图 25 大体总结了一些重要的因素。

我们从图 25 可知，决定蛋白质需求量的因素中有不可变因素，比如运动者的年龄。但是，对运动者来说更重要的是那些通过人为施加影响可以调控的可变因素。在日常生活中，有经验的力量训练者会根据身体所显示的问题"凭直觉"调节自己的蛋白质摄入量。他们的年均蛋白质摄入量是相当大的。因为他们手头没有可靠的测量仪器来测出应该摄入的蛋白质的最小值，且测出的数值确实可信可行，而摄入这么多的蛋白质又不会影响他们运动效能的提升，所以许多人宁愿多摄入一些蛋白质来确保运动效能不会降低。

总结那些关于运动者蛋白质摄入量的权威研究可以得知，男性平均每天按每千克体重 1.8 克的标准摄入蛋白质，而女性按每千克体重 1.2 克的标准就比较合适 [4]。这个参数对耐力训练者和力量训练者都适用。如果你是致力于获得最好的运动效果的运动者，那么蛋白质的摄入量就要更大：在增肌阶段每天需要按每千克体重 2.0~2.7 克的标准摄入蛋白质，在比赛期间摄入量要达到 2.1~3.0 克 [126, 127, 128, 129, 130, 131, 132]。而在实际生活中，有时候人们的蛋白质摄入量会更大 [133]。

实际上，运动者的蛋白质摄入量——和不运动者一样（图 24）——远大于推荐摄入量。我们要搞清楚为什么运动者出于经验会摄入比官方推荐摄入量多得多的蛋白质？这里有三个重要的原因。第一，运动者担心自己的高强度训练会消耗肌肉，试图通过补充大量蛋白质来防止辛苦练成的肌肉降解。第二，多数运动者认为，要想增肌就要补充大量蛋白质。第三，一些健身者和节食者发现，

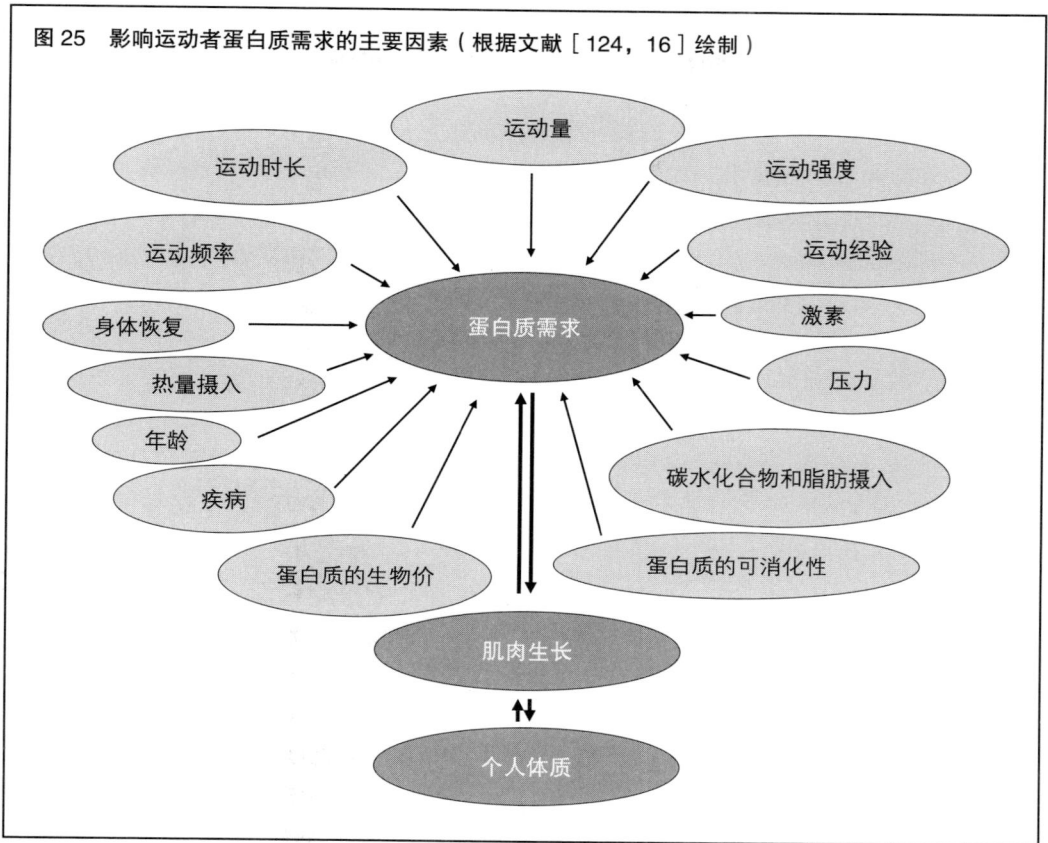

图 25 影响运动者蛋白质需求的主要因素（根据文献［124，16］绘制）

运动量

运动时长

运动强度

运动频率

运动经验

身体恢复

蛋白质需求

激素

热量摄入

压力

年龄

疾病

碳水化合物和脂肪摄入

蛋白质的生物价

蛋白质的可消化性

肌肉生长

个人体质

日常饮食中的蛋白质含量较高可以明显优化身体成分比例。我们需要严格审视这些观点。

5.7.2 力量训练者是否需要大量补充蛋白质？

之前我们已经谈过运动中氨基酸的消耗问题。同时我们也已经证明，运动者运动时体内的蛋白质并不是能量的主要来源。运动员跑完全程马拉松只需消耗 20 克氨基酸，我们从这个事实可以知道，对力量训练者来说，在进行规律训练的情况下无须补充大量蛋白质[85]。在普遍大量补充蛋白质的健美、举重、大力士比赛或健身领域，莫不如是。

运动者在减脂节食期间摄入较多的蛋白质会出现什么问题呢？在热量摄入缩减的前提下，人体内蛋白质的分解会明显加强。许多人忽视了一些饮食法本身就会使肌肉损失。在此，我们可以再看看图 21。我们通过该图可知，4 周的完全禁食会导致去脂体重明显下降。如果我们补充的是高生物价的蛋白质，那么只需摄入较少的量就可以将肌蛋白的降解控制在较低水平。

在运动者进行规律且艰苦的训练时，其体内的蛋白质需求也许会增加，然而这对普遍地、规律地服用蛋白质补充剂的健身者而言却不适用。

让我们再来回顾一下低碳饮食法。人们在实行低碳饮食法时，体内的蛋白质需求量就会增加，否则可能会导致去脂体重明显下降。人们如果实行低碳饮食法 12 周以上，那么这一点尤为重要。但是同时要说明的是，人们每天只需按每千克体重约 1 克的标准补充蛋白质就足以弥补低碳饮食所带来的消极影响。因此，力量训练圈内普遍存在的大量摄入蛋白质的行为是不恰当的。

小结：力量训练者只有在同时进行规律的力量训练和极其艰苦的耐力训练时，体内的蛋白质需求量才会增加，但这并不是当下健身者和力量训练者普遍和大量补充蛋白质的理由。对处于减脂节食期甚至低碳饮食期的运动者来说也是如此。

5.7.3 增肌、能量平衡与蛋白质摄入

如果问健身房里的健身者："你们为什么补充这么多蛋白质？"也许最普遍的回应会是："因为我要增肌！"当然，这个理由在一定程度上是成立的。因为要想实现高效增肌，最重要的就是规律的训练、足量的膳食蛋白质和合理的能量供给[133]。由于热量、蛋白质与增肌密不可分，在这里我们提前对下一章的内容做简单的了解，在了解蛋白质的同时也谈一谈膳食中的热量。

我们先来看一个案例。假设一名有经验的、不服用能提高成绩的药物的、体重为 90 千克的健身者计划在为期 8 周的增肌阶段获得 2 千克纯肌肉。根据肌肉内蛋白质、糖原和脂肪的含量，1 千克骨骼肌含有的热量在 1400~1600 千卡之间[134]。那么，计划增长 2 千克肌肉所需的"原料能量"就在 2800~3200 千卡之间。

我们知道，增肌需要大量能量！人体要合成 1 克肌肉需要燃烧 5~8 千卡能量。肌蛋白合成过程中 2 个氨基酸分子连接一次就需要 4 个 ATP 分子[135]。因此，那名健身者还要为他所想增长的 2 千克肌肉额外提供 10 000~16 000 千卡能量[134]。

运动本身甚至也需要消耗能量。为简单起见，我们假设这名健身者每周运动 3 天，每天进行一个多小时的力量训练。如果将他的休息时间从训练总时间中剔除，那么粗略算来他每次运动的时间为 30 分钟。根据通用的数据资料，体重 90 千克的男性在 30 分钟高强度的运动中大约要消耗 280 千卡能量。那么一周 3 次的运动则需要 840 千卡能量，2 个月则一共需要 6700 千卡能量。

那蛋白质需求量呢？假如这名健身者每周平均增加 250 克去脂体重，并且考虑到肌肉中只有 20% 的成分是蛋白质，那么他每周只需要再补充 50 克膳食蛋白质就足够了。也就是说，在每天身体的基本需求之外，我们这名健身者在他的增肌阶段，平均每天还需要额外补充 7~8 克膳食蛋白质和 370 千卡热量（它们提供的总能量中，120 千卡用于运动消耗，230 千卡用于肌肉合成，50 千卡是"原料能量"）。

这个例子可以让运动者知道两点。第一，增肌并不需要如许多健身者所做的那样摄入那么多的蛋白质。即使运动者每天需要额外补充的热量全部以蛋白质的形式摄入——甚至加上一点儿富余量，他每天也顶多需要摄入 200 克蛋白质，相当于每千克体重 2.2 克。

第二，到现在我们应该明白，对增肌来说摄入热量至少与摄入蛋白质一样重要。针对运动者的调查和高质量的研究都强调，运动者的能量平衡状况对其蛋白质需求量具有决定性影响[124, 125, 39, 16]。

在这些认知的基础上我们得出结论，大多数健身者若要获得合理的肌肉生长率，每天最多摄入 500 千卡热量就可以了。在运动量极大的情况下，比如运动者在增肌的同时还进行超长时间的耐力训练，或增加力量训练的组数等，那么他每天需要额外摄入的热量至多为 1000 千卡[55]。只有极少数运动者在增肌阶段每天需要每千克体重 50 千卡以上

的热量，即一名体重为 120 千克的高水平力量训练者在增肌阶段每天必须摄入 6000 千卡以上的热量。

除热量外，碳水化合物的摄入也影响着蛋白质的需求量。我们很早就知道，机体使用碳水化合物的话可以节约蛋白质。如果在运动后，运动者马上摄入充足的可快速吸收碳水化合物（按照表 12 中的建议量摄入），蛋白质的降解就会受到抑制[39, 4, 51]。碳水化合物的摄入不仅直接影响运动者的肌肉围度，还具有抗分解代谢的功效。如果蛋白质降解减少，那么需要摄入的蛋白质自然就少了。

这可以很好地解释之前我们的结论，同时还解释了为什么运动者在实行低碳饮食法时体内膳食蛋白质的需求量会增加，因为此时碳水化合物的抗分解代谢作用不能充分发挥。关于蛋白质的需求量和增肌的关系，最重要的我们还没有提及，那就是运动新手和资深运动者的蛋白质需求量是不同的！若干对运动者具有指导意义的实验显示，人们开始进行力量训练后，体内的蛋白质需求量会增加（图 26）。

实验中，运动新手的蛋白质需求量在刚开始训练时会增加。训练 3 周之后，尽管蛋白质的摄入量不变，但其体内的蛋白质会重新回归平衡状态[136, 125]。我们能明显看出，

图 26　某一训练项目前后人体内的氮平衡走势（根据文献［136，125］修改）

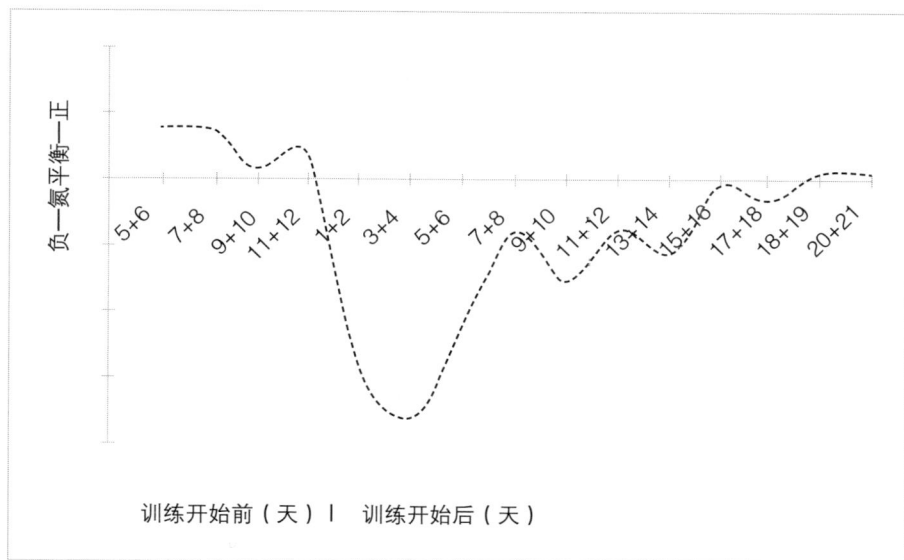

我们从上图不难看出，本实验中的运动新手在训练前的 12 天内体内处于正氮平衡状态，而他开始训练后，体内的正氮平衡状态迅速转变为负氮平衡状态。

训练一段时间后出现了令人惊喜的变化：尽管受试者的饮食结构没有改变（蛋白质摄入量也不变），在实验结束时他们体内的负氮平衡状态还是慢慢转变为了氮平衡状态。我们可以猜测，

如果实验时间更长，受试者体内也许会慢慢回归正氮平衡状态，因为受试者的身体可能开始了蛋白质的合成。

结论：在训练压力下，人体内的新陈代谢已经学会了适应压力，并开启了节约蛋白质的程序。基于更为"经济"的氨基酸平衡，尽管饮食结构不变，机体至少可以维持氮平衡，当然前提是体内能量供应充足。

在训练的压力之下，人体内新陈代谢的适应性将被激活，在很短时间内机体就能更"经济"地利用所摄入的膳食蛋白质了。

这一结论并不仅仅是理论上的，已经有权威实验证实，在相应的训练项目开始后，在能确保蛋白质和热量摄入满足人体基本需求的基础上，尽管受试者没有增加蛋白质摄入量，但是在一个月之后他们的肌肉和力量明显增长了[137, 138, 5, 4, 43]。

从这项研究的结果中我们可以得出结论，在训练开始后的几周里，运动新手需要多关注他们的蛋白质摄入量。而对资深力量训练者来说，如果他们进行了一段较长时间松散的训练后重新开始一个艰苦的训练项目，那么也应该注意这一点。

了解了这些重要的影响因素后，我们来看看本小节的核心内容：人们想要实现完美增肌究竟需要摄入多少蛋白质。我们还是先来看一个例子。这是一项关于运动新手的独立研究，受试者的训练项目与其他可能影响实验结果的条件完全一致[137]，唯一的区别在于他们摄入的补充剂的种类不同：一个小组的受试者在一个月内坚持摄入蛋白质补充剂，而另一个小组的受试者则摄入同等剂量的碳水化合物补充剂。两种膳食补充剂的热量都约为 4 千卡 / 克，因此两个小组的受试者每天摄入的热量是相同的。然而，摄入碳水化合物补充剂的受试者每天的摄入量是每千克体重 1.4 克，而摄入蛋白质补充剂的受试者每天的摄入量是每千克体重 2.6 克。实验结束后，所有受试者都获得了力量和肌肉的明显增长，而且令人惊讶的是，他们的情况没有任何差别。这个实验告诉我们，每天每千克体重约 1.4 克蛋白质就是恰当的蛋白质基础摄入量。在保证基础摄入量的前提下，人体额外需要的热量以什么样的形式摄入对增肌而言并不重要，重要的是这些热量是否都被人体吸收了。而这个实验又一次强调了，增肌既需要热量也需要蛋白质，二者缺一不可！另一个实验的结果几乎与此完全一致[138]。

因此，我们需要牢记，只要确保每天按每千克体重 1.4 克的标准摄入了蛋白质以及能量供应充足，人体就可以既达到正氮平衡，又获得肌肉和力量的明显增长[139, 140, 141, 16]。对大多数力量训练者来说，每天每千克体重1.4 克膳食蛋白质的摄入量可以作为其蛋白质摄入的最低要求。

那么问题来了，在一定的情况下，人们摄入更多的蛋白质是否能够获得更好的增肌效果呢？从某些专业机构和有经验的、运动医学专业的医生那里我们得到的建议是，对致力于获得更好成效的力量训练者来说，每天应按每千克体重 1.8 克的标准摄入膳食蛋白质[55, 124, 4, 54]。个别学者甚至认为这些力量训练者每天应按每千克体重 2 克甚至更多的标准摄入[16, 43]。但是专业人士也强调，如果热量摄入增加，就不必大量补充蛋白质。此外，运动经验和实际的训练计划也会影响运动者的蛋白质摄入量（图 25）！

尽管体内蛋白质过剩时人体会加快蛋白质的周转和代谢，也就是自体蛋白质的合成和分解（图 20），但这对增肌毫无意义。上面提到的也正是健身者和其他运动者长久以来所做的：当体内处于能量负平衡状态，同时运动者进行艰苦训练时（备赛节食阶段、减脂阶段），他们会增加蛋白质的摄入。反过来当运动者在能量供给充足、运动量不大时，比如在增肌阶段，就不需要摄入那么多的蛋白质。

如果运动者有运动经验，并且摄入了足够的热量和碳水化合物，那每天就应按每千克体重 1.4~1.8 克的标准摄入蛋白质。但运动者如果正在实行低碳饮食法或其他严苛的饮食法，并且同时进行大量的运动，那么可以将蛋白质摄入量增加到每天每千克体重 2 克。需要注意的是，这些参考意见只适用于身体健康的成年人！

根据科学研究我们一致认为，原则上来说运动者不需要蛋白粉就可以满足自身对蛋白质的需求，我们在前文已经提到过。而我们之所以建议运动者在训练前后补充乳清蛋白，仅仅是因为这种蛋白质越来越多的特殊功效被科学证明了。其实乳清蛋白还有很多尚待研究的地方，因此我们只建议那些不想放过任何一种补充剂的运动者去试一试乳清蛋白。蛋白质补充剂绝非不可或缺。许多运动者之所以使用这些产品并不是为了它们所谓的功效，而可能只是为了享受尝试新鲜事物的乐趣。

小结：力量训练者若想获得完美的增肌效果，就需要摄入足够的蛋白质和热量。两者存在密切的联系。在资深运动者开始艰苦的训练和运动新手开始运动时，他们的蛋白质需求量才会增加。而碳水化合物的摄入会影响他们对膳食蛋白质的需求。通常情况下，运动者每天按每千克体重 1.4~1.8 克的标准摄入蛋白质就够了。在减脂节食，比如采用低碳饮食法期间或其他需要摄入蛋白质的情况下，运动者可以按每天每千克体重 2 克的标准补充蛋白质。

还有几个因素至少在理论上能够影响肌肉生长，并与蛋白质的摄入密切相关。那么我们该如何大量补充蛋白质呢？

接下来的内容对"自然健身者"①特别有意义。早在第 3 章中，我们就已经认识到，摄入过多蛋白质有时会使血液中的睾酮水平下降[142, 143]。这反而会适得其反。从另一个角度来看，高强度的训练搭配充足的膳食脂肪会使游离睾酮的水平超常规地升高[143]。在这一点上，单不饱和脂肪酸和饱和脂肪酸的效果一样好，因此从健康角度考虑我们推荐运动者摄入单不饱和脂肪酸[142, 143]。与此相反，当一个人每天饮食中的脂肪含量不足 25%，也就是实行极低脂饮食法时，其体内的睾酮水平就会下降，甚至会降至 20%[39]。简单来说就是，我们只要同时摄入足够的健康脂肪，就可以毫无顾忌地摄入较大量的蛋白质。当运动者处于增肌阶段时这么做是没有任何问题的，但如果他正处于极度控制脂肪含量的备赛节食期就不能这么做了[128]。运动者可以通过制订有针对性的饮食计划来解决这一难题，比如先实行几天高脂饮食，再实行几天低脂饮食（循环饮食法）。

健身者还要关注自身的蛋白质摄入模式，也就是在特定的时间点有计划地摄入膳食蛋白质。

最著名的蛋白质摄入模式是蛋白质循环摄取法。这意味着，力量训练者并不是在一个月或一周内的每天都摄入等量的蛋白质，蛋白质的摄入量会在较高和较低之间来回变化。这样做的意义在于，通过提高人体内新陈代谢过程中蛋白质的利用率，达到优化肌肉生长的目的。阿恩特和阿尔贝斯深入探讨了这个问题，并在严格评估实验数据之后得出结论：蛋白质循环摄取法并不能给想要增肌的健身者带来益处[119]。

其实运动者已经对另一种蛋白质摄入模式有所了解了，那就是在运动前后摄入高价值的蛋白质。正如我们已经看到的，这种策略颇有成效。

但是，不仅仅是运动者在训练时摄入蛋白质会影响增肌，他们训练之余的饮食也会

①　"自然健身者"又称"天然健身者"，指不使用类固醇类激素和其他能提高运动成绩的药物的健身人群，他们通过科学的训练、饮食和合理的休息，最大限度地促进自身同化激素的分泌，从而加快体力恢复、促进肌肉和力量增长。

对肌肉生长产生影响。很多力量训练者通过每天少食多餐来尽可能地稳定血液中氨基酸的含量，并且坚信，只要稳定氨基酸含量就可以达到理想的增肌效果。可是，因为肝脏会截获来自肠道的多余的膳食氨基酸，血液中氨基酸的水平不会过高（除非蛋白质中有非常多的 BCAA[①]）。而如果我们少量多次地摄入蛋白质，那么肝脏的截获功能就会在一定程度上失效，因此理论上来说血液中氨基酸的含量可以维持在较高水平[16]。

然而，这对肌肉生长真的有意义吗？其实并没有！我们现在已经知道，人们只有间歇性地补充氨基酸，才能最有效地刺激肌蛋白的合成。在一个有趣的实验中，受试者摄入氨基酸时采用了典型的少食多餐的方式，即研究人员通过静脉注射为受试者供应一定量的氨基酸，使其血液中氨基酸的含量持续稳定在理想范围内[144]。实验结果显示，在实验前 90 分钟内，受试者体内肌蛋白的合成确实如预料般地增强了。之后，受试者尽管血液中存在大量氨基酸，但其体内蛋白质的合成却渐渐回落到初始水平。这意味着，运动者希望血液中氨基酸的含量不断增高其实并没有实际意义，因为在某个临界点肌肉生长就会达到峰值，之后甚至会受到抑制。血液中氨基酸的含量稍微增高才是我们想要的。

有一个实验还告诉我们，人们每餐按每千克体重约 0.5 克的标准补充蛋白质就可以使体内的蛋白质合成率达到最大[32]。这个实验针对的也是不运动人群，但其中不仅有年轻人还有相对年长的人，从这些人身上得出的实验结果是一致的。力量训练者的蛋白质理想摄入量可能要在此基础上增加一些，但是能通过实验获得一个基础性的参考值依然是件值得高兴的事。

根据这个参考值，一名体重为 100 千克的健身者每餐需要摄入 50 克蛋白质。但是这个数值是否适用于所有种类的膳食蛋白质尚待确定，因为膳食蛋白质分为快速消化蛋白和缓释蛋白，它们存在巨大的差异。遗憾的是，至今还没有相关的权威研究，因此我们只能暂时以这个平均值为准。

根据现有的知识，每餐同时摄入快速消化蛋白与缓释蛋白以获得尽可能高的生物价（表 11）可能是最好的做法，特别是运动者在减脂节食期间。如果运动者两餐的间隔时间为 4 小时（训练后的窗口期除外，特殊情况另行处理，参见表 12），那么他应该能获得最理想的肌肉生长。遗憾的是，我们还不能就每餐间隔时间给出更为精准的数值，但也许运动者愿意自己尝试着找出答案。

另外，如果一个人某天摄入超量的蛋白质，那么我们第二天就能在他体内测到合成代谢效应和抗分解代谢效应[145]。因此对力量训练者来说，在训练后第一餐提高蛋白质的摄入量是有重要意义的。在减脂阶段和比赛期间，运动者在睡前摄入蛋白质也会有所帮助，因为有证据证明，这种方法可以更好地防止肌肉损失[146]。

小结：研究证明，运动者摄入大量蛋白质会对其体内的睾酮水平产生不利影响。然而，如果他们同时摄入充足的膳食脂肪，这个问题就会迎刃而解。与运动者在运动前后有针对性地增加蛋白质的摄入量相比，所谓的蛋白质循环摄取法并不能给力量训练者带来益处。血液中稳定的氨基酸水平可能并不会对肌肉生长带来好处。对运动者来说，每餐按每千克体重 0.5 克的标准摄入蛋白质，且将快速消化蛋白和缓释蛋白搭配以获得尽可能高的生物价，与此同时两餐的时间间隔尽量长

---

① BCAA 可以不经肝脏直接进入骨骼肌。

一些，这样将帮助他获得最理想的增肌效果。

运动者尽量在训练结束后的短时间内就享用训练后的第一餐，这样做能给他们带来益处。此外，训练后运动者可以补充大量蛋白质。在减脂阶段，运动者睡前摄入较多的蛋白质也许可以更好地稳定自己的去脂体重。

5.7.4 吃蛋白，变苗条

我们已经确定，力量训练者和健身者出于三大原因需要摄入比官方推荐量更多的蛋白质。第一，为了弥补训练导致的肌肉分解。第二，为了完美增肌。然而，这两个原因还不足以解释为什么他们在实际中每天按每千克重 3 克的标准大剂量摄入蛋白质。尽管有力量训练方面的专家建议运动者注意蛋白质的需求量，但是仅仅用促进肌肉生长这个原因来解释超量摄入蛋白质这一行为并不能让人信服。因为正如我们所见的，只要运动者膳食蛋白质摄入量达到某一个数值——每天每千克体重约 1.4 克，其肌肉生长就不会因为能量来源不同而受影响。碳水化合物或脂肪都可以用来提供人体所需的能量。

而力量训练者习惯性地大量补充蛋白质的第三个也是最重要的原因是：运动者根据经验认为，当人体补充很多膳食蛋白质后，身体成分的比例会得到改善——脂肪含量会更少。我们看一下新陈代谢的过程，就可以明白为什么会发生这样的情况：过剩的蛋白质在体内会有一部分转化为葡萄糖或酮体，然后被身体储存起来或直接燃烧掉（图 20）。理论上，氨基酸也可以转化为体脂，但是人体中的这种转化方式几乎不会发挥作用[147]。然而，我们的身体会适应氨基酸大量增加的状况，氨基酸过量时身体就会优先调用它作为能量供体。

当大量氨基酸被优先作为能量供体，本该用来燃烧的体脂自然就节省下来了。从理论上来说，蛋白质过量摄入会促进体脂的增加，但是这种情况在实际中很少会发生，原因就是：一方面，在进餐后数小时内，蛋白质会产生食物热效应，身体会将其以热量的形式辐射到环境中去；另一方面，膳食蛋白质能够让人产生强烈的饱腹感。

我们先来谈一谈食物热效应（第 6 章）。在一个有趣的实验中，实验组受试者每天实行高蛋白的区域饮食法，按每千克体重 2 克的标准摄入蛋白质，对照组的受试者则采用适当的碳水化合物食谱[148]。实验结果是，实验组受试者所产生的体热辐射是对照组受试者的 2 倍多。此外，实验组受试者摄入大量蛋白质后产生的较强的生热效应一直延续到餐后 4~5 小时，而对照组受试者摄入碳水化合物后的生热效应则仅能延续 1~2 小时。这个实验的研究人员还指出，在其他类似的实验中，受试者在大量摄入蛋白质后产生的生热效应甚至可以延续到餐后 7~9 小时。据此我们可以得出结论，由于每餐饭中热量和蛋白质的含量不同，身体向环境辐射的热量在 40~90 千卡。

上面这个实验只提供了一天的实验数据。那么就存在一个问题：当大量摄入蛋白质这一行为持续几周或几个月时，上述结论是否还成立？一项很好的概括性研究将一系列重要实验的结果综合起来，得出以下结论[149]：人们摄入膳食蛋白质能使餐后人体内的生热效应提高 20%~35%，在某些实验中，较大的蛋白质摄入量甚至能使生热效应延续 36 小时！换算过来的话，每天人体辐射的热量可以高达 300 千卡。健身者要想达到这个目标，每天以膳食蛋白质的形式摄入的热量要占热量摄入总量的 30% 或者更高。

上述结论一方面很好地解释了健身者或健美者为什么信奉"吃蛋白，变苗条"这句口号，尤其是在减脂阶段，他们要坚持每天按每千克体重 2~3 克甚至更多的标准摄入蛋白质[128, 129, 132]。另一方面，运动者虽坚持摄入大量蛋白质但摄入的蛋白质生物价太低的话，从长远来看他们得到的效果依然无法让自己满意。

此外，我们要注意的是，摄入大量蛋白质并不能使所有人都产生明显的生热效应，而且这种效应会随着时间的推移而逐渐减弱[150, 151, 149, 152]。总的来说，大多数健身者通过饮食摄入大量蛋白质能够激发身体在用餐后产生热辐射。如果没有发生这种现象，要么是运动者摄入的蛋白质太少，要么就是体质的原因，抑或是身体的新陈代谢已经适应了新情况。

现在我们来谈一谈蛋白质的摄入量和饱腹感的关系。目前关于这个话题的研究非常复杂[153, 59, 149, 154, 155]，因此我们只讨论最重要的几点。有证据证明，在减脂节食期间，运动者摄入充足的膳食蛋白质可以更好地维持血糖水平[156]。理论上来说，这样一来运动者既可以避免低血糖，又可以减少饭量。

此外，膳食蛋白质还会影响某些特定的饱腹信号分子的活性，从而产生延缓和减少进食的效果[157, 158, 149, 155, 159]。在这方面，可能不是所有的膳食蛋白质都会产生这样的效果[157]。我们已经知道，酪蛋白和乳清蛋白都有利于减脂，而酪蛋白似乎更有效些[61]。但是至今仍不能确定的是，这些效果能否长久保持，是否有些人会对某种特定的膳食蛋白质特别敏感或者完全不敏感[160]。总之，对运动者来说，若想获得理想的效果，无论如何最重要的都是摄入充足的膳食蛋白质[153, 155]。人们每一餐蛋白质的摄入量会严重影响饱腹感。一顿饭 50 克蛋白质是实验中受试者所摄入的量，这个量也可以作为人们在实际生活中的参考值[59]。在上一节末尾我们所建议的每餐每千克体重 0.5 克的蛋白质摄入量同样

可以使大多数健身者达到预期目标。

为了不使广大读者变成蛋白质狂热分子或产生任何误解，我们必须在这里说明，因为关于蛋白质和饱腹感的关系的实验的结果并不一致，所以人们在摄入大量蛋白质后极可能会如本书经常描述的那样，在一定时间内效果极好，但是之后效果就会因人体适应性反应而慢慢减弱。例如，在一个实验中，某些人长时间以来适应了蛋白质的大量摄入（每天每千克体重 2 克），一段时间后就不会持续获得原来那么强的饱腹感[161]。不过，这个实验在设计上存在缺陷。

另外一些关于蛋白质和饱腹感关系的实验同样显示，大量摄入蛋白质并不会在任何情况下都让人产生饱腹感，也并非对每个人都有效[151, 149, 157]。相反，也有一些人会因摄入大量蛋白质而长时间获得饱腹感，并且其体脂率会受到持久的影响[155]。

这些实验结果矛盾的原因，除了每个人体质不同之外，也和所摄入的蛋白质是来自固态食物还是液态饮料有关[162, 163, 164]。根据经验，固态食物中的蛋白质给人带来的饱腹感更持久一些。对此，研究人员在未来还有很多问题需要探讨。在实践中，对运动者来说更好的做法可能是，全年的蛋白质摄入量不要一成不变，至少从理论上来说是如此。例如，在开始减脂前，运动者可以少摄入一些膳食蛋白质（比如按每天每千克体重 1.4 克的标准摄入），而能量缺口则由其他营养素来填补，从而保证肌肉稳定增长。而在之后的节食期间则可以增加蛋白质的摄入量，以获得蛋白质带来的所有好处。

此外，我们也知道，一般来说规律地食用牛奶制品能够使体脂率降低[165, 166]。显然，牛奶中大量存在的钙离子扮演了重要的角色。钙补充剂对体脂率的影响就没有牛奶制品明显，看来牛奶中的其他成分也起了作用。从

这个角度而言，规律地食用低脂凝乳对重视身材的运动者来说不失为一个很好的方法。

在实践中，膳食蛋白质除了能让人产生饱腹感和生热效应之外，还有实验证实，过剩的蛋白质还会参与自体蛋白质的重构，这需要消耗大量的能量[121]（图20）。此外，由于膳食蛋白质会激发体内的多种新陈代谢，一些研究者认为注重蛋白质的饮食会显著促进人体的代谢[167, 135]。

现在我们有一系列理由来回答，为什么人们摄入充足的膳食蛋白质能够在保证肌肉含量稳定的前提下降低体脂率。当然，只有那些以人为实验对象的研究才能准确解答这个问题。读者可以简略地回顾一下前文涉及低碳饮食法的内容。我们已经知道，在前6个月内，低碳饮食法相比其他减肥疗法是有一定的优越性的。也许之所以会这样，主要并不是因为低碳饮食，而是因为摄入的大量蛋白质起了至关重要的作用。然而，前文提到的低碳饮食法并不仅仅让运动者在摄入少量碳水化合物的基础上摄入大量的蛋白质，同时也包括摄入大量脂肪。

我们下面要解答的问题是：富含蛋白质同时含有适量碳水化合物和少量脂肪的饮食，也就是所谓的低脂均衡碳高蛋白饮食，是否对注重身材的力量训练者同样有效？

建立在这个原则基础上的著名的减肥疗法主要包括蛋白质动力饮食法①、限糖饮食法②、CSIRO饮食法③和区域饮食法[168, 169]

（将血糖指数和低脂均衡碳高蛋白的饮食结合起来）。为了检验上述减肥疗法是否真正有效，科学家进行了大量实验。与以往实验相同的是，这些实验的对象各种各样，实验条件五花八门[170, 171, 172, 173, 174, 175, 176, 177, 178, 150, 179, 180, 181, 158, 182, 155, 183, 184]。所有这些饮食法都要求其中约30%的热量来自蛋白质，30%~40%的热量来自膳食脂肪，剩下的30%~40%的热量来自碳水化合物。这些饮食法与低碳饮食法相比，所要求的碳水化合物的比例大得多，这是它们之间最大的差别。受试者实行这些饮食法一周至一年不等，可以减脂3~9千克！很多实验都已证明这种低脂均衡碳高蛋白的饮食比低碳饮食效果好，而且没有一个得出了反面的结果。

权威科学家认为，低脂均衡碳高蛋白饮食法至少从中短期来看效果很好[149, 169]。在此我们还要向大家指出的是，如果健美者或健身者无限制地食用低脂高蛋白的食物，如白干酪、低脂凝乳或火鸡胸肉，将增强高蛋白饮食的效果。上述一些实验就已经证明，只有不限量地摄入低脂高蛋白的食物，蛋白质的饱腹作用才能充分体现[173, 180, 155, 149]。如果受试者在饥饿时可以随心所欲地食用富含蛋白质的食物，有时一天就可以自然而然地减少摄入400千卡热量[155]。因为人们在摄入大量的膳食蛋白质后，就不会再想吃其他高热量的食物了。如此一段时间后，人体又会对富含蛋白质的食物产生排斥感（所以

① 蛋白质动力饮食法由迈克尔博士和玛丽·丹·伊兹创造。该饮食法的原理是减少食用现代加工食品，特别是谷物、糖和乳制品以保证健康。他们认为，避免食用这些加工食品有助于治疗漏肠综合征，减少体内的甘油三酯，降低血压和血糖，改善体内的HDL-胆固醇水平。

② 限糖饮食法由H. 莱顿·斯图尔德等人创造，其重点是去除食物中含有的精制碳水化合物（如白砂糖、精米和精面等）以及那些GI值特别高的食物（如马铃薯和胡萝卜）。

③ CSIRO饮食法由澳大利亚科技及工业研究组织（CSIRO）创造。该饮食法的宗旨是，每天摄入适量的优质蛋白质（如鸡肉和鱼肉）以抵抗饥饿感；同时搭配丰富的水果、蔬菜和有氧运动，使身体在健康减重的同时获得全面营养，避免肌肉损失。

会自发地吃得更少）。

人们坚持实行富含蛋白质的低脂饮食法4~16周、最多6个月时，就会获得最好的效果。但要他们坚持更长时间，他们的自律性和毅力就会下降。一些实验证明，最多在一年之后，这种饮食法与其他碳水化合物饮食法在效果上就没有差别了，与高脂低碳饮食法也十分接近。低脂均衡碳高蛋白饮食法对那些配合规律的力量训练和耐力训练的运动新手来说，效果尤其显著[158]。相较于其他方法，高蛋白饮食与运动相结合的效果明显更胜一筹。使用这种方法几乎不会造成肌肉损失。

我们再把目光投向健美和健身领域。相关研究显示，在赛前准备过程中，运动者会采用极度低脂和高蛋白的饮食模式，并且结合大量的训练[127, 128, 129, 131, 185]。从营养学的

角度来看，低脂均衡碳高蛋白饮食法是非常重要的饮食法之一。

无论运动者个人偏向于使用哪种方法，上面的内容都可以清楚地解释大多数人的做法——力量训练者普遍摄入大量的、有时甚至超量的蛋白质，这么做首先能控制食欲，其次还对新陈代谢有益，可以使许多人获得更好的肌肉-体脂比例[6]。图27概述了高蛋白饮食促进低体脂率实现的过程。

此外，节食结束后，运动者摄入大量蛋白质对体脂的保持也非常有益[186, 180]。DIOGENES研究项目得出的研究数据证实了这一点，至少德国波茨坦饮食营养研究所所做实验的实验对象是如此[187]。这个结论是否适用于所有人，还有待验证。研究所的马丁·魏克特教授领头的研究项目PROFIMET目前尚未发表研究成果，但值得我们期待。

图27 摄入大量膳食蛋白质能使体脂率尽可能变低

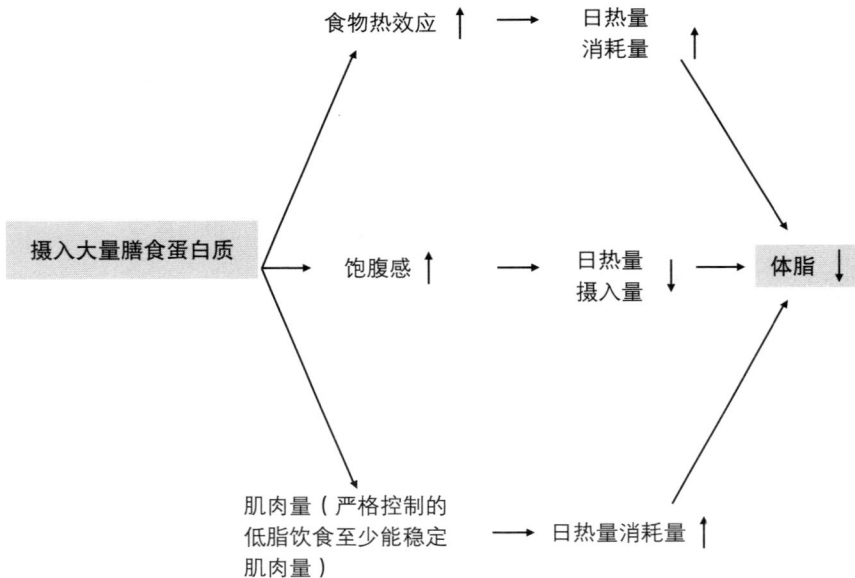

食物热效应 ↑ ——→ 日热量消耗量 ↑

摄入大量膳食蛋白质 → 饱腹感 ↑ ——→ 日热量摄入量 ↓ ——→ 体脂 ↓

肌肉量（严格控制的低脂饮食至少能稳定肌肉量）——→ 日热量消耗量 ↑

运动者摄入大量膳食蛋白质除了能产生饱腹感和食物热效应，还对肌肉量有重要影响。

小结：高蛋白饮食能发挥特殊功效主要在于它能使运动者产生饱腹感、增加运动者的体热辐射和可能促进运动者的新陈代谢。高蛋白饮食法，不管是低碳高蛋白饮食法还是低脂均衡碳高蛋白饮食法，抑或其他常用的饮食法，实际上都最多只能在 6 个月内获得明显的减脂效果。研究显示，人们严格实行低脂均衡碳高蛋白饮食法 4~16 周获得的减脂效果最好。人们如果将这种方法与相应的训练相结合，减脂效果将更明显。这种改良的饮食法的优势在于它能将肌肉降解控制在最小限度内。当人们每天摄入的热量中有 30%~40% 来源于碳水化合物时，身体的生理功能不会受到任何影响，减脂效果也不会打折扣。饮食中另外 30%~40% 的热量由蛋白质提供，20%~30% 的热量则由脂肪提供。另外，早前有研究证明，摄入大量蛋白质有助于保持体脂稳定。

5.8 蛋白质对人体健康的影响

详细讨论了如何大量摄入蛋白质之后，我们还面临一个问题，那就是力量训练者持续大量摄入蛋白质是否会有健康方面的隐患。

欧洲和美国的专业协会一直强调，并没有科学实验能够证明持续摄入大量蛋白质会损害人体健康[120, 140, 188]。但是一些学者和医生担心，如果人们按每天每千克体重高于 2 克的标准摄入蛋白质，那么很多食物会被剔除出食谱（带来饮食结构单一的风险）；而人体摄入的食物品种单一的话，一些血液指标就会出现异常（这意味着心血管疾病的患病风险增大）；人体摄入膳食纤维过少时，就会出现便秘等消化系统问题；人们食用香肠和红肉过多、水果和蔬菜过少时，一些癌症的患病风险就会增大；并且，大量摄入蛋白质还可能导致人体出现胰岛素抵抗、肾功能变差、肾结石高发的问题；此外，血液过酸会

使更多的钙通过尿液流失，理论上会对骨骼健康造成危害[120, 168, 149, 169, 54]。

虽然这一系列的担忧不能完全归咎于高蛋白饮食，但是我们在选择食物时还是需要想一想，哪些做法可能会引发上述问题。我们要考虑到，在实行极端的低碳饮食法，也就是阿特金斯饮食法期间，人们几乎完全排除某类食物（比如水果或全麦食品），导致膳食纤维、某些维生素和矿物质摄入不足，从而可能引起营养缺乏。阿特金斯饮食法提倡的饮食并不是营养全面的。不过，大多数人都无法长期坚持这种饮食法，所以它最终不会对人体造成太大危害[169]。而低脂均衡碳高蛋白饮食法要求碳水化合物比例较大，就不存在让人营养缺乏的问题，其食谱中有丰富的食物可供人们选择，这样人们可以充分补充膳食纤维和微量营养素。按照这种方法饮食的话，人体内某些营养素的供应状况可能会比普通饮食时更好[182]。

第一，我们来谈谈单一饮食结构会导致人体内血液指标异常的问题。阿特金斯饮食法提倡多食用动物性食物，这样会导致人体摄入过多的饱和脂肪酸、盐分以及其他无用的成分。不健康的 LDL-胆固醇也会因此增多（第 3 章）。另一方面，没有一项研究显示，人们在实行低脂均衡碳高蛋白饮食法后，血脂值或其他风险指标发生了不利的变化。情况甚至刚好相反！多数研究显示，人们在实行这种饮食法后身体发生了令人欣喜的变化[150, 179, 149, 181, 182]。就血脂值来说，某些植物性蛋白来源，比如大豆，甚至被证明具有稳定血脂的功效。总的来说，从健康角度来看，近两年有越来越多的证据证明了膳食蛋白质的功效[189]。尤其是当人们既注重蛋白质的摄入，同时配合运动时，其体脂会明显减少。

第二，我们谈谈高蛋白饮食中膳食纤维摄入过少会导致便秘的问题。人们食用过多

的动物性食物确实会有这种隐患[169]。不过，有针对性地选择食物再补充足够的水分，就可以消除这种隐患。请注意，大家最好不要使用通便药物！

第三，关于食用太多香肠和红肉、太少水果和蔬菜会增加某些癌症的患病风险的问题。出现这个问题的前提是，人们将阿特金斯饮食法或其他单一的饮食法坚持实行几年甚至十几年，而这几乎是不可能的。当然，保持尽可能正常的体脂率，优先选择禽类、蛋类、鱼类和乳制品而非香肠类食品，并且注意多运动和多吃各种水果、蔬菜，就可以避免上述问题[169, 190]。

第四，关于大量摄入蛋白质会引发胰岛素抵抗的问题。事实上，血液中大量存在的氨基酸在某些情况下会影响胰岛素功能的发挥[191, 192]。不过，运动者因为进行规律的运动而使体内的胰岛素敏感性较强，所以完全不必担心这个问题。

最后，关于摄入大量蛋白质会影响肾功能，常引发肾结石的问题。较新的概括性研究显示，肾功能健康的成年人在选择实行高蛋白饮食法或阿特金斯饮食法后不必担心肾脏健康会受到影响[149]。健康的成年人摄入的蛋白质长期占每日热量摄入总量的35%，这一比例已经被美国营养协会认可[122]。

如果一个人的肾功能已经存在问题，那么对他来说，每日膳食蛋白质的摄入量最好控制在每千克体重0.8克比较好。据此美国糖尿病协会认为，糖尿病患者的蛋白质摄入量占每日热量摄入总量的15%~20%是完全没有问题的[193]。目前还没有证据能够证明高蛋白饮食会对健康人的肾功能造成不良的影响[194, 150, 179, 181, 182]。一项针对常年训练的运动者的研究显示，即使运动者每日按每千克体重2.8克的标准摄入膳食蛋白质，也不能证明他们的肾功能会受到不良的影响[140]。因此，大多数力量训练者不必担心这方面的健康问题。

然而，人们摄入过多蛋白质后，无论如何都必须多喝水。如果人们在摄入大量蛋白质的同时喝水很少，那么整个机体，尤其是肝脏和肾脏的负担就会加重。摄入大量蛋白质后，力量训练者会比不运动者产生更多的尿素和其他排泄产物，这些物质都会进入尿液（图20）。然而研究显示，力量训练者的排尿量比普通人只多25%，这就给肾脏带来了不必要的压力[24]。

因此，普通的健身者应该大量增加每日饮水量，甚至可以成倍增加。至于具体的饮水量，我们可以借鉴第1章中给出的推荐值。摄入的蛋白质越多，健身者就越要在一天中多次补充适当的饮料。这一点很重要，因为摄入大量蛋白质会使敏感人群罹患尿路结石的风险增大[149]。大量的水分可以稀释尿液，从而避免发生这种情况。

膳食蛋白质的过度摄入会导致血液过酸，理论上来说这样做会打破人体内的钙平衡并损害骨骼健康，尤其在人们实行极度低碳饮食法（比如阿特金斯饮食法）的同时摄入大量蛋白质时，他们体内的新陈代谢会产生更多的酸性物质。可想而知，体内多余的酸性物质会将骨骼中的钙离析出来，然后二者随尿液一起排出体外。骨骼在这种长期的脱钙过程中会变得疏松，这在理论上增大了骨骼脆裂的风险。对这个问题，接下来我们还会详细讨论。我们还是先来简述一下体内的酸碱平衡情况。

酸和碱都属于电解质家族，与人体内的水平衡密切相关。人体内的酸碱平衡因其极为复杂的过程而在运动领域鲜为人知。酸碱平衡之所以重要，需要力量训练者进一步关注，不仅是因为它与蛋白质摄入或者骨骼健康有关，还有其他很多的原因[195]。

不管是在环法自行车赛中努力攀上一道

陡峭的关口，还是在健身房里努力达到负重深蹲的最大重复次数，有一点对运动者来说是一样的：在运动中肌肉会产生一种强烈的灼烧感，运动者会上气不接下气，腿像灌了铅一样越来越沉重，在达到个人极限时就只能停下来。此刻，酸碱平衡的作用远超我们的想象。

在运动者进行高强度训练时，体内的氧气供给满足不了工作中的肌肉的需求。而肌肉在使用氧气时，对营养物质的利用最为经济。氧气充足是所有需要长时间坚持的运动的基础（比如长达几小时的自行车骑行）。如果某一刻氧气的供应不能满足当时身体的需求，肌肉就会出现所谓的供氧不足的情况。在这种情况下，只有一种营养物质还可以使肌肉保持活性，那就是葡萄糖。正如我们从第 2 章所了解到的，葡萄糖在无氧情况下仍可以在人体中暂时进行转化（即无氧糖酵解过程）。人体内有大量葡萄糖可供短时间内使用。在无氧糖酵解过程中，肌肉中的酸性物质会不断积累（乳酸形成），这会使某些功能蛋白失效[196]。人体的新陈代谢只有在 pH 值被严格调控的环境里才能正常运行，pH 值即使只是轻微地下降也会影响细胞功能的发挥。运动时肌肉中有过多的乳酸生成时，该处肌肉就会"罢工"，这在生活中很常见。

肌肉中生成的过多的酸性物质进入血管后，会使人不舒服，甚至会让人恶心和呕吐。因此，肌肉中积累的酸性物质需要立刻被缓冲掉。

缓冲物质是一种能够捕获酸或碱而使体液的 pH 值稳定的物质。人体中有各种具不同特性的缓冲体系①，它主要可以分为细胞内缓冲体系和细胞外缓冲体系。后者中的主要代表物质就是血色素，即血红蛋白。在体内，它在卸载掉自己运送的氧分子后，可以将肌细胞中积累的酸性物质带到肺中。酸在肺中通过一系列特定的生理生化反应生成二氧化碳。二氧化碳的产生就意味着身体将酸性物质通过呼吸排出了体外。碳酸缓冲体系的优点在于它强大的反应能力和巨大的容量。可以想见，人在剧烈运动后的气喘吁吁就是这些反应在体内发生的结果。除了二氧化碳和血红蛋白，体内还有其他缓冲物质用来稳定 pH 值。人在运动之后身体会回收或重新制造这些物质。肾脏承担了这项重要工作的一部分，它能非常主动地排出酸性物质。而肝脏则作为枢纽将蛋白质代谢与酸碱平衡联系起来，并且能合成新的缓冲物质以及为肾脏排酸提供前体物质（图 28）。

根据身体需求，肾脏可以极大限度地提高经由尿液排酸的效率，但这需要一定的时间。特别是在体内长期酸或碱过剩（比如由饮食引起酸碱过剩）的情况下，肾脏发挥功能就显得尤其重要。尿液此时也会变得酸性更强或碱性更强。但这并不是血液中酸碱平衡的情况，随着酸性物质通过尿液排出，血液的 pH 值基本保持稳定。因为我们的机体总是会及时做出调整，所以通常情况下，体内 pH 值异常的情况只会持续较短的时间。

在这里我们要强调的是，健康人的机体不需要任何主观意识的参与就可以出色地完成体内 pH 值的调控任务（不然人类是不可能生存到今天的）！尽管如此，一些运动者仍以补充剂的形式摄入缓冲物质，试图以此来提高他们的运动成绩。最有名的缓冲物补充剂是碳

①　缓冲体系指由弱酸及其弱酸盐或弱碱及其弱碱盐所组成的溶液系统，能在一定程度上中和外来的少量酸或碱。血液中重要的缓冲体系有三组：碳酸缓冲体系、磷酸缓冲体系和蛋白质缓冲体系。正是这些缓冲体系的存在维持体内环境的 pH 值基本不变。

图 28　酸碱平衡示意图

血液中酸性物质的浓度过高时，大脑调节人体呼吸，然后人体通过一系列生化反应将酸性物质排出体外。如果酸性物质继续在体内积聚，大脑会通过调节神经中枢而让人产生恶心的感觉

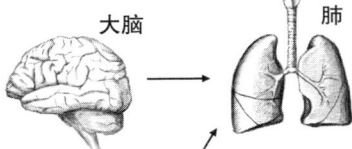

肝脏

肝脏负责分解乳酸，制造更多的缓冲物质，为肾脏排酸过程提供前体物质，使下一步排酸过程变得简单

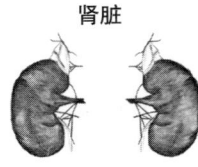

大脑　　　　肺

肾脏

饮食带来的体内酸过剩情况主要由肾脏来调节。同样，体内碱过剩时也由肾脏负责调节

稳定的 pH 值
（7.37~7.44）

运动中形成的酸性物质会通过血液流向肺

· 肺对体内酸的突然过剩反应最快，并能通过一系列生化反应最终让酸性物质以二氧化碳的形式排出体外。这也是进行高强度运动后人会气喘吁吁的原因
· 体内长期酸过剩或碱过剩时由肾脏来调节酸碱平衡，但是肾脏要达到最佳适应状态需要一定的时间
· 不同的缓冲体系与肺、肾脏和肝脏紧密合作，相互补充，甚至阶段性地相互替代，使体内的 pH 值在维持生命所需的狭窄范围内保持稳定——完全无须我们主观调控

肌肉

在高强度运动后肌肉中的酸性物质会不断增多

低碳、富含蛋白质和磷酸盐的饮食同禁食一样，会引起人体内酸的累积

　衡量体内酸碱度的关键性测量指标就是 pH 值，它反映了血液和所有体液中酸性物质或碱性物质的浓度。由于体内所有的器官只有在被精确调控的酸碱浓度下才能无障碍地工作，人体在进化过程中产生了大量彼此关联的缓冲体系来负责调节体内的 pH 值：健康人体的 pH 值被精确调控到小数点后两位！pH 值短时间内迅速改变到 6.8 以下或 7.8 以上是不利于维持生命的。

酸氢钠、L-谷氨酰胺、β-丙氨酸和肌酸。

　　不同的研究证明，在进行相应测试之前受试者如果按每千克体重 0.3~0.5 克的标准摄入碳酸氢钠，就可以使最大负荷下的运动功率提高到 30~240 焦耳 / 秒[197]。本测试中受试者承受最大负荷的持续时间①与健身者做完一组训练动作的时间相近，有些健身者由此就认为服用碳酸氢钠能提升运动效能。

　　然而，就此展开的实验却无法验证上述观点。实验组的男性力量训练者按每千克体重 0.3 克的标准摄入碳酸氢钠之后，进行腿部推举练习[198]。与服用安慰剂（并非碳酸氢钠）的对照组受试者相比，实验组受试者的最大重复次数并没有增加。由此可见，试图通过摄入碳酸氢钠来增强运动效能的方法是完全行不通的。同样，资深健身者一次性摄入大剂量的 L-谷氨酰胺，他们仰卧推举或腿部推举的最大重复次数也没有增加[105]。由于 L-谷氨酰胺在肾脏排酸的过程中能起一定的作用，人们之前确实期待它对运动效能的提高

---

①　根据文献［197］，持续时间为 90 秒。

也有帮助。

针对健身和酸碱平衡的关系进行的概括性研究得出以下结论：我们至今尚不清楚，运动者在进行力量训练时肌肉产生的酸痛感与肌肉失灵到底有多大联系[199]。毕竟还有其他原因可以导致肌肉疲劳，比如肌酸和ATP储备不足（第6章）。

我们认为，尽管在同等时间内冲刺跑和力量训练一样会使运动者产生运动疲劳，但是它们的压力模式是不同的。因此，也许摄入碳酸氢钠或L-谷氨酰胺会对冲刺跑有一定的帮助。从现有的研究来看，服用这些补充剂对力量训练者来说是没有意义的，但是补充肌酸则另当别论[199, 108]（第6章）。摄入碳酸氢钠会产生一些副作用，比如胃胀、恶心或腹泻[200]，还可能会导致肾结石！

酸碱平衡失调是造成运动疲劳的原因吗？一个最新的实验似乎已经证实了下面这个观点：典型的力量耐力训练并不能明显提高肌肉系统的缓冲能力[201]。但是，必定还有其他因素造成运动者进入这种疲劳状态，因为我们在健美运动员的大腿肌肉中发现，缓冲物质肌肽的含量提高到前所未有的水平，这是对规律的高强度训练适应的结果[118]。但是，如果受试者并非常年按竞技比赛标准进行训练，而只是进行为期10周的力量训练，其肌肉内的肌肽缓冲物的含量不会发生变化[202]。由此看来，好像是训练强度造成了这种肌肽含量的差异。

肌肽是肌细胞内的缓冲物质，通常情况下，它占肌肉中全部缓冲物质的9%[196]，而健美运动员体内的肌肽含量高达20%[118]！

肌肽是一种二肽，是由两个氨基酸残基构成的蛋白质类似物。运动者开始关注这种特殊物质是因为早前的研究证明，如果运动者规律地进行力量训练，其体内就会含有较多的肌肽[203, 204, 205]。短跑运动员、划船运动员、健身者和健美者都是如此。

刚开始人们认为，肌肽只会在所谓的快肌纤维中增多[196]。今天我们发现，至少在得到相应的外源性补充的时候，肌肽不仅会在快肌纤维也会在慢肌纤维中积累[206]。因此，我们在这里有必要提及一种与此相关的、最近常被讨论的营养补充剂——β-丙氨酸。

肌肽通过消化系统被身体吸收（比如以肌肽胶囊的形式被服下）后很难被身体利用。而β-丙氨酸则被证明可以很好地增加肌肉中肌肽的含量[207, 206, 202]。β-丙氨酸是肌肉中合成肌肽不可或缺的前体物质。我们的机体可以自己合成一定数量的β-丙氨酸，其实不必从外界补充（否则至今为止的研究中就不会出现它在运动者肌肉中含量增多的情况了）。但是确实存在一些迹象，那就是运动者似乎可以通过补充β-丙氨酸获得较好的运动效果。

在几项研究中，受试者每天补充6克β-丙氨酸，如此数周后他们在耐力训练中疲劳感确实延迟出现了，从而可以完成更大的训练量[206, 208]。但是，上述研究规模很小，在一定程度上是不精确的。在其他研究中，短跑运动员在补充β-丙氨酸之后，尽管其运动效能在实验室中经检测是提高了，但是在实际短跑中却没有任何进步[209]。像这种只能在实验室中测到的运动效能的提高，又有什么意义呢？

还有一些力量训练者会感兴趣的研究：资深力量训练者在连续30天、每天服用5克β-丙氨酸之后，做健身训练中最典型的深蹲动作时，重复次数可以增加22%，并且他的力量也增强了[210]。原本未受过训练的体育专业学生在每天补充6克β-丙氨酸并进行10周的力量训练之后，其运动效能没有明显提高，身体成分也没有发生任何改变[202]。

总之，如果一名资深运动者原本就训练

得很刻苦，那么他的身体会在某一个时间点完全适应训练压力并合成足够的肌肽。此外我们不要忘记，肌肉中还有80%~90%的其他缓冲物质。关于β-丙氨酸的研究结论尽管很吸引人，但是远不足以证明β-丙氨酸作为补充剂的明确作用。

除了运动和补充剂之外，饮食也会对体内的酸碱平衡产生明显的影响。如果我们看一下关于农耕时代之前人类祖先饮食方式的研究，就会发现，在过去很长的历史时期里，我们的祖先只能食用偏碱性的食物[211, 212]。那时人们的饮食中虽然有一部分是动物性食物，并且人们因此摄入的含硫氨基酸会促进体内新陈代谢中酸性物质的生成，但同时他们食用的大量植物根茎和果实也对其体内的酸碱平衡产生了重大影响，因而总体来说体内的碱性物质过量。时至今日，水果、蔬菜以及用它们制成的果蔬汁仍然是食物中碱性物质的重要来源。富含动物性蛋白和磷酸盐的食物则是混合饮食中酸性物质的主要来源。实行高蛋白饮食法或禁食也会促进体内新陈代谢过程中酸性物质的大量生成。因此，一些杂志推荐的所谓的机体排毒实际就是食用能促进碱性物质生成的食物或补充剂。

即使在实行极端的饮食法，即基本无碳、富含蛋白质并因此导致酸性物质产生的饮食的情况下——人体新陈代谢过程中酸性物质的产量也只是肾脏每日最高以及持续排酸量的1/3~1/2（参见生物化学和生理学教材）。因此，健康的人完全可以适应由饮食带来的"酸负担"。随着年龄的增长，人的肾功能会衰退，肾脏的排酸能力也会减弱。一些研究者认为，这可能导致慢性酸中毒[213, 214]。

因此，西方饮食结构常被指责说会对人体骨骼系统产生负面影响[215]。于是我们又要回到蛋白质的副作用这个话题上来。从理论上来说，人们摄入过多动物性蛋白的确会引起体内酸过剩，从而导致骨骼脱钙和脆裂（骨质疏松症）。由于老年妇女更常患有伴随严重骨骼脆裂的骨质疏松症，并且注重身材的女性运动者（易患有进食障碍和营养不良）的骨代谢也常常出现问题，弄清楚蛋白质的副作用就显得尤为重要[216, 217]。

一些研究证明了蛋白质会导致骨骼脱钙，而另一些研究却并没有发现这两者之间的联系[218, 219]。某些研究甚至认为摄入大量蛋白质可以保护骨骼[220]。这也很好理解，因为骨骼中除了矿物质之外，还有大部分的成分是蛋白质。因实行高蛋白饮食法而对骨骼产生负面影响的主要是钙摄入过少的人群[221]。

正常情况下，人体中的矿物质会不断在骨骼中沉积，到人大约25岁时，会达到所谓的峰值骨密度。之后，骨骼就会发生生理性损耗，骨骼中储存的物质将渐渐流失。大量摄入钙元素、保证营养全面和坚持运动（主要是进行力量训练）会使峰值骨密度达到最大，从而增强骨骼的稳定性[221]。肌肉也能为骨骼提供保护[217]。低钙饮食、吸烟和缺乏运动都对健康不利。就这些而言，长期坚持高蛋白饮食的力量训练者可以说身体是非常健康的[43]。此外，我们从上述关于蛋白质的研究中找不到其对骨骼和钙代谢有严重负面影响的论据[177, 181, 182]。因此，进行骨骼和钙代谢研究的学者认为，蛋白质摄入不足比蛋白质摄入过多对骨骼的危害更大[217]。

目前还无法用科学证据来证明不同饮食结构中酸碱平衡的重要性。经常被鼓吹的碱性补充剂也可能给身体带来不良影响。这些碱性物质的摄入会使大量多余的碱通过肾脏排出，相应的尿液就呈碱性。就跟酸过剩会使身体有负担一样，尿液碱化也可能使体质敏感的人患上肾结石！如果有人坚持认为，出于健康的原因，他必须用碱性物质来中和那些吃下去的高蛋白和偏酸性的美味，那么他至少要喝足够的水。总之，我们提倡运动者实行富含水果和蔬菜的、营养全面的饮食，每天还要坚持食用牛奶制品，以使体内的钙水平达到理想状态。

小结：人们认为摄入大量蛋白质会引发不少健康问题，但是迄今为止很少有科学研究证明这两者之间的联系。并且，运动者很少会出现这些健康问题。只有常年实行极为单一的饮食法的人才需要担心这么做会引发健康问题，即肾功能、骨骼健康和酸碱平衡方面的问题。

人们常说的所谓食物"偏酸"的问题，与其说是因为人们摄入了大量的蛋白质，还不如说是摄入的钙以及食用的水果和蔬菜过少引起的。从德国人的饮食习惯来看，他们想要通过饮食补充适量的钙，最好的方式就是坚持长期食用牛奶制品。人们每天喝牛奶以及进行适当的运动就可以维护骨骼健康。这种方法在人们实行适度的低碳高蛋白饮食法时同样适用。

碱性物质补充剂既不能提升运动者的运动效能，也不能维护他们的健康。我们有很多理由相信，要想达到上面这两个目的，最好的方法就是多吃蔬菜和水果。

即使运动者长期按每天每千克体重2.8克的标准摄入蛋白质，其肾功能也不会受到伤害。但是很多运动者在摄入大量蛋白质后喝水太少，这就应该好好注意了。运动者按每天每千克体重2克的标准摄入蛋白质在任何情况下都是安全的，但从长远来看，运动者是否有必要这么做或者这么做是否真的有效，我们暂且不谈。

6. 健身运动中的能量平衡

通过上一章的学习，我们越来越明白，无论运动者是在增肌阶段还是在减脂阶段，能量平衡都是决定性的影响因素。在与营养物质复杂的协同作用中，在受基因和激素影响的前提下，能量平衡最终决定了身体是否要激活脂肪干细胞以生成新的脂肪细胞。

我们将在本章对肌酸这一在力量训练中被运动者广泛使用的营养补充剂进行深入的探讨。另外，我们还将讨论运动者在实际生活中遇到的各种问题，比如如何估算自身的能量需求。我们感兴趣的话题还有，运动如何影响食物热效应、基础代谢和活动代谢，而饥饿感和饱腹感又扮演了什么样的角色。

本章会让我们在一定程度上理解为什么一些运动者可以看起来很轻松地实现自己的训练目标和瘦身目标，而另一些运动者却要付出极大的努力才能获得一点点进步。

6.1 运动者的能量需求是可测的

运动者的能量需求不断变化，它受年龄、性别、身体成分比例、运动强度以及其他一系列因素的影响。能量是一个很难表述清楚的物理概念。如何使能量在我们的日常生活中变得具体呢？我们需要一些对比的数值，运动者由此可以确定哪些食物是应该在增肌或者减脂阶段优先选择的，应该食用多少，而哪些食物是应该舍弃的。

食物进入人体后会被分解成它最基本的组成成分，即水、二氧化碳和矿物质。人们通常使用所谓的能量测量仪来测量食物所含的热量，它其实是一个燃烧室，能够测出食物在物理学上的热值①。但是需要注意的是，食物在人体新陈代谢过程中释放的热值，即所谓的生理学热值，并不完全等同于物理学热值[1]。

我们的身体能够一步步分解食物中的营养物质，使之成为二氧化碳和水，但是不能彻底地利用所有的营养物质。例如，身体通过排便排出含有能量的食物残渣时，就造成了能量流失。再例如，人体的新陈代谢只能将蛋白质降解为尿素，然后尿素会随尿液排出体外。尿素中含有的残余能量也因此不可挽回地从身体中排出了（图20）。

通过燃烧室测得的数值与我们体内燃烧过程所获得的热量值并不完全等同。但是，热量表注意到了这些不同，因此正如我们在日常生活中所看到的那样，有众所周知的蛋白质、碳水化合物、脂肪和酒精等的平均热值。图29给出了营养物质热值的概览，同时还有关于营养的其他知识。

人体内的燃烧过程同样可以测量。我们都知道，燃烧需要氧气。人体新陈代谢的过程同样需要氧气。通过确定吸入和呼出的氧气以及呼出的二氧化碳的量，我们可以计算出人体转化了多少能量，甚至可以往回推导出燃烧过程中身体调用蛋白质、碳水化合物和脂肪作为燃烧物质的百分比大概是多少（图16）。在日常生活中，这些测量结果以千卡或千焦为单位。1千卡相当于4.19千焦。

许多食品包装上或自行车测力计上显示的数值就是以千卡或千焦为单位的。

小结：食物提供碳水化合物、脂肪、蛋白

---

① 热值，也可称作燃烧值。

图 29　力量训练中营养补充剂的作用及食物中基本营养素的平均热值[2, 3, 4, 5, 6]

预防可能的供给不足：微量营养素（维生素、常量元素和微量元素）

延缓疲劳和促进身体恢复：蛋白质浓缩物、碳水化合物浓缩物、凝胶

维持水平衡和延缓疲劳：等渗饮料

以特殊原理提升运动效能：左旋肉碱、咖啡因、L－谷氨酰胺、BCAA、CLA

营养补充剂的作用（举例）

膳食内含物	蛋白质	碳水化合物	脂肪	膳食纤维	酒精	微量营养素（维生素、常量元素和微量元素）
热值（千卡）	4.1	4.1	9.3	2	7	0
在人体内的主要职责	合成自体蛋白质或燃烧	优先燃烧或者作为糖原储存，促进体脂积累	燃烧或者作为体脂储存在体内	通过细菌转化成短链脂肪酸并燃烧	即时燃烧	分别对激素系统、肾脏和消化系统等进行各种复杂的调节活动
体内重要储存区	氨基酸代谢库、肌肉组织	以糖原的形式储存在肝脏和骨骼肌中	皮下组织、体腔和骨骼肌	无	无	分别储存于血液、体脂、肝脏、骨骼和其他组织中
官方建议摄入量	每日热量摄入总量的10%~15%	每日热量摄入总量的50%以上	每日热量摄入总量的30%	每食用含1000千卡热量的食物应包括10克膳食纤维，每天至少摄入30克	谨慎摄入	不同微量营养素的官方建议摄入量不同，一般为近似值或预估值
食物来源	乳制品、肉类、鱼类、蛋类、豆类	谷物、水果、土豆及其他蔬菜	黄油、植物油及其他含有脂肪的食物	水果、全麦、豆类及其他蔬菜	红酒、香槟、啤酒、含酒精的饮料	动物性食物和植物性食物

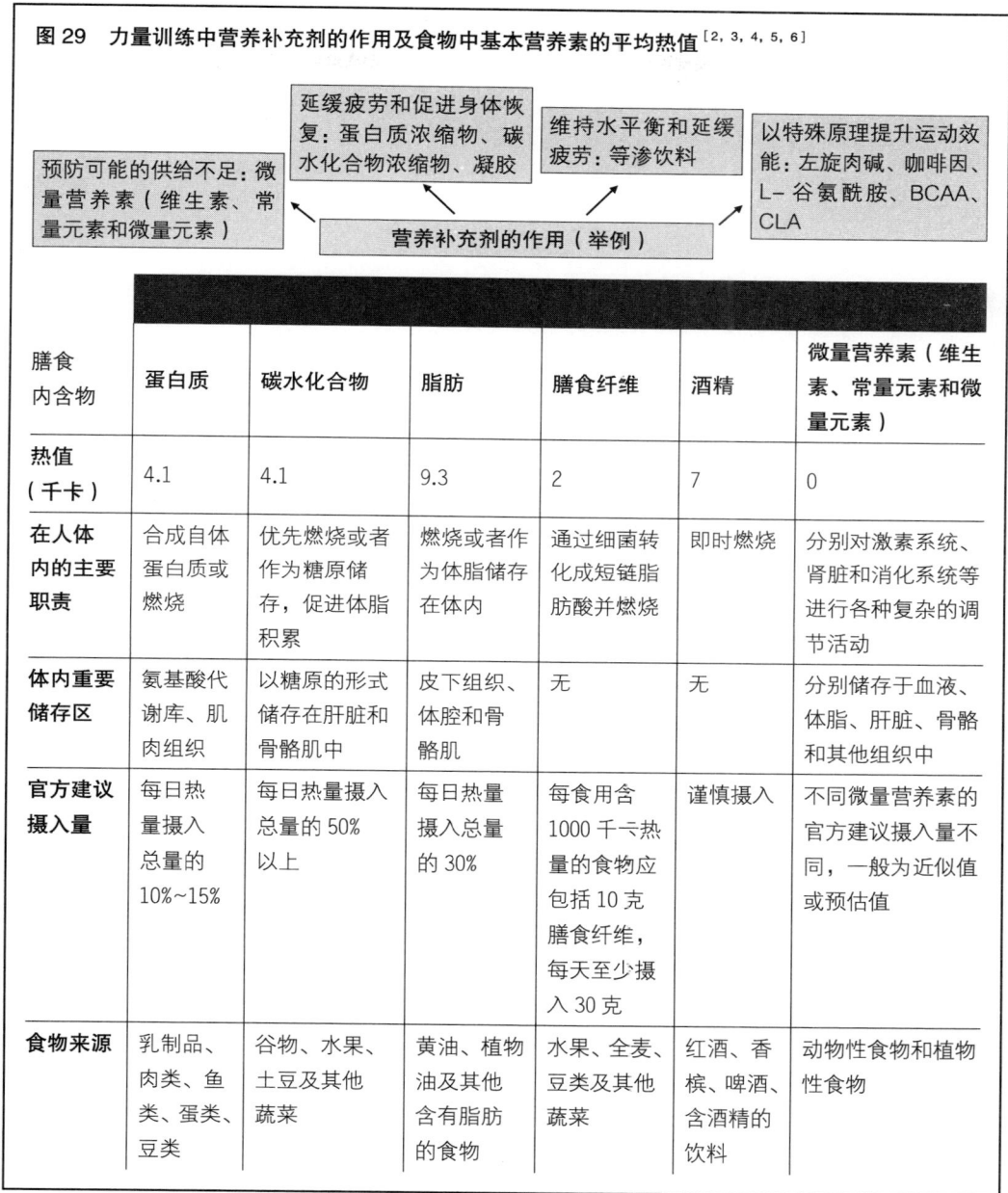

质、酒精和膳食纤维，人体的新陈代谢使这些物质最后都转化为能量被人体利用。我们既可以测出食物本身的热值，也可以了解它在人体内的燃烧过程。此外，需要强调的是，物理学热值和生理学热值并不完全相同。我们在绘制热量表时已经考虑到了这一点。食物的热量一般以千卡为单位。

6.2 ATP 是新陈代谢的能量基础

日常生活中最常使用的能量（这里指热量）单位是千卡，而人体内的新陈代谢需要一个物质基础才能良好地运转。

生物学中，"能量"意味着所有能够合成 ATP 的分子、参与能量转换的所有营养物质——蛋白质、脂肪、碳水化合物和酒精。它们都能够被身体利用，生成同一种物质，即 ATP（图 1）。食物中的热量在消化系统中被运输，之后进入血液或淋巴系统，然后到达不同的器官，最后要么直接转化为 ATP，要么以自体蛋白质、糖原或脂肪的形式储存，供以后使用。根据新陈代谢的情况，不同底物能够生成数量不一的 ATP。图 30 粗略地展示了这种情况。

对运动者而言，所有的能量储备，也就是脂肪、糖原、自体蛋白质，都很重要，我们已经了解了它们的新陈代谢过程。现在，我们要将目光聚焦于以下两个问题：在力量

训练过程中人体如何生成 ATP？在这个过程中我们应该注意什么？

6.2.1 运动负荷下 ATP 的生成

在运动过程中，肌肉可以将表 13 中所列举的各种营养物质作为 ATP 的主要供体。我们已经详尽地阐述了如何燃脂的问题。在这里，我们侧重探讨以健美塑身为目的的力量训练。

当一名运动者练习仰卧推举，刚开始时他的动作总是很顺畅——当然根据推举的重量，会有些许差别。多次重复之后，工作中的肌肉中的磷酸肌酸就会被用光，这样处于极度紧张状态下的肌肉就缺乏足够的氧气供应。如果这名运动者选择继续练习该动作，

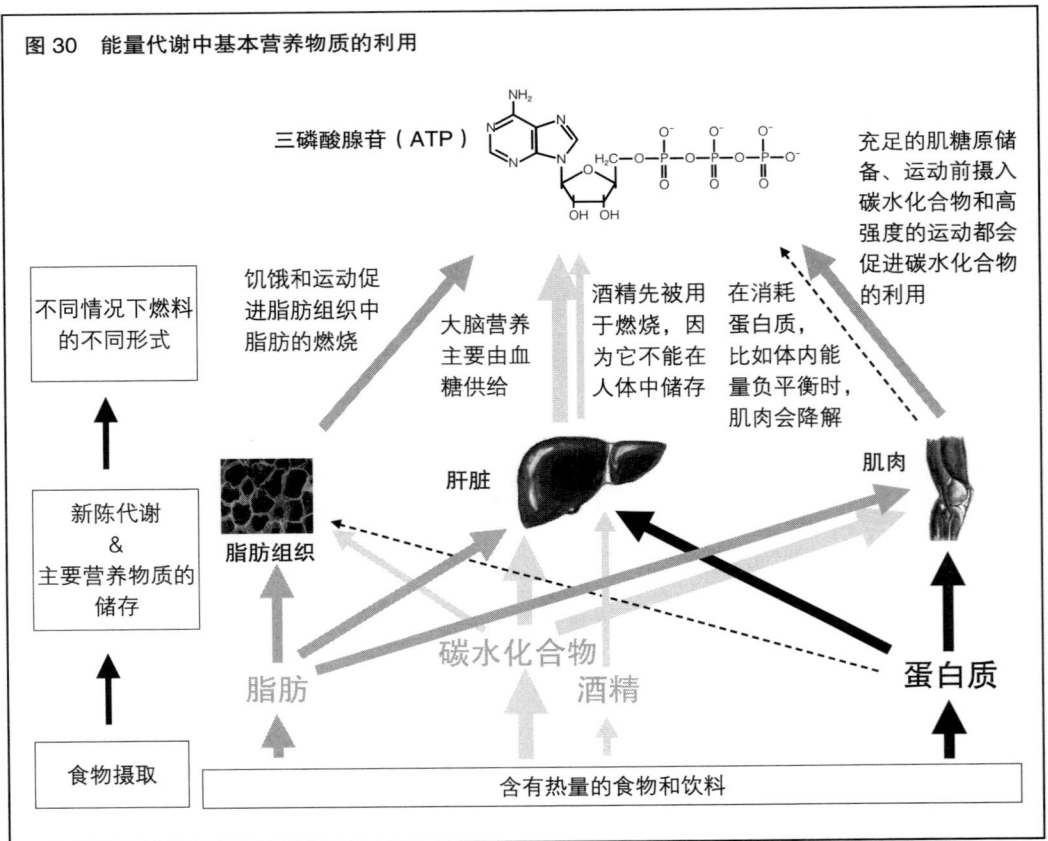

图 30　能量代谢中基本营养物质的利用

三磷酸腺苷（ATP）

充足的肌糖原储备、运动前摄入碳水化合物和高强度的运动都会促进碳水化合物的利用

不同情况下燃料的不同形式

饥饿和运动促进脂肪组织中脂肪的燃烧

大脑营养主要由血糖供给

酒精先被用于燃烧，因为它不能在人体中储存

在消耗蛋白质，比如体内能量负平衡时，肌肉会降解

新陈代谢 & 主要营养物质的储存

脂肪组织

肝脏

肌肉

食物摄取

脂肪　　碳水化合物　　酒精　　蛋白质

含有热量的食物和饮料

那么从这一时间点开始，其体内的无氧糖酵解过程将加剧。从理论上来说，该运动者应该还能练习一段时间（最多 3 分钟，具体参见表 13）。但是很快，该新陈代谢途径会用种种机制使运动者不得不中断练习。

我们注意到，在典型的力量训练或健美训练中，使用磷酸肌酸和进行无氧糖酵解是生成 ATP 的两条最重要的新陈代谢途径[8]！

6.2.2 ATP 产生过程中肌酸的作用

在这一节中，我们关注的不仅仅是肌酸在运动过程中作为 ATP 合成者的这一特性。肌酸可以说是力量训练中最为有效的补充剂。

下面我们将从科学的角度探讨一下这一观点，并由此给出如何最大限度优化肌酸的使用的建议。

6.2.2.1 力量训练与肌酸

肌酸作为一种物质，早在 19 世纪 40 年代就被发现。20 世纪 70 年代，苏联和东方阵营中的其他国家开始尝试将这一物质运用到运动效能的提升上[9]。而研究的突破出现在 1990 年前后[10]。自此，很多运动者通过服用一水肌酸来提高运动成绩[11, 9, 12]。2000 年，美国运动补充剂产业的总产值约为 140 亿美元，其中一水肌酸就占了 2 亿美元[11]。在普及度方面，数据显示，2001 年美国约有 6%

表 13　健身者肌肉中重要的 ATP 供体（根据文献［7］修改）

主要的能量供体和由此产生的各种 ATP 合成方式和效率	**磷酸肌酸**：在无乳酸产生和无氧的情况下转化为肌酸	**葡萄糖**的无氧燃烧，有乳酸形成	**葡萄糖**的有氧燃烧，无乳酸形成	**脂肪**的燃烧（需要大量的氧气）
每分钟 ATP 的最大合成量	最多 58 千卡	36~54 千卡	约 18 千卡	约 9 千卡
运动过程中可提供的能量	在没有提前服用肌酸补充剂的情况下，肌肉中储存的肌酸只能提供 4~5 千卡能量	糖原可提供 50~70 千卡能量	通过此新陈代谢途径一般可以提供 1500~1800 千卡能量	一般可提供 2500~2800 千卡能量
受此限制的运动时长	最多 30 秒	最多 3 分钟	3~90 分钟	运动者运动 60 分钟后脂肪就一直为主要供能物质
运动强度	力量举重、奥林匹克举重、重复次数较少的典型力量训练（由于动作速度不同，重复次数为 1~6 次）	典型的增肌或力量耐力训练，能重复 6~30 次或更多（取决于动作速度）	有氧运动	长达数小时的有氧运动

注意：我们不应该孤立地看待这几条新陈代谢途径，而要记住，它们之间的过渡是自然而然发生的。

的热衷运动的年轻人为了提高运动成绩而服用肌酸产品。男性比女性使用的频率高。而与预想一致的是，肌酸的使用在普通的力量训练和爆发性力量训练领域最为普遍[13]。

6.2.2.2 肌酸的生化原理

肌酸是肌肉能量平衡中的核心物质。肌细胞储存 ATP 的能力很弱，一次储存的能量只能支持 1~2 秒的运动[10]。因此，人体要源源不断地生产 ATP（图 30 和图 1）。由于无氧条件下碳水化合物的燃烧（无氧糖酵解）需要一定的启动时间，在这段时间内肌酸就扮演了临时替代者的角色。因此，人体中 95% 的肌酸在骨骼肌中就不足为奇了[9, 12]。其余的肌酸则储存在不同的器官内[11]。

动物性食物每天可以为人体提供的肌酸约为 1 克，还有 1 克由人体在肝脏、肾脏和胰腺中自行生产。每天约有 2 克肌酸被排出体外。因此，对健康的人来说体内的肌酸是平衡的。肌酸是以肌酸酐的形式通过肾脏被排出体外的（图 31）。

人体自行合成肌酸的过程从肾脏开始，在那里由特定的氨基酸形成肌酸的前体分子。前体分子通过转运系统到达肝脏，肝脏是肌酸本体分子形成的地方。然后，肌酸本体分子在骨骼肌系统中才最终形成了肌酸的有效形式——磷酸肌酸。

肌酸的自体合成受到不同因素的影响。从食物中摄取的肌酸会抑制自体合成肌酸，而睾酮、生长激素和甲状腺激素则能促进自体合成肌酸。禁食也会对肌酸的自体合成产生影响。

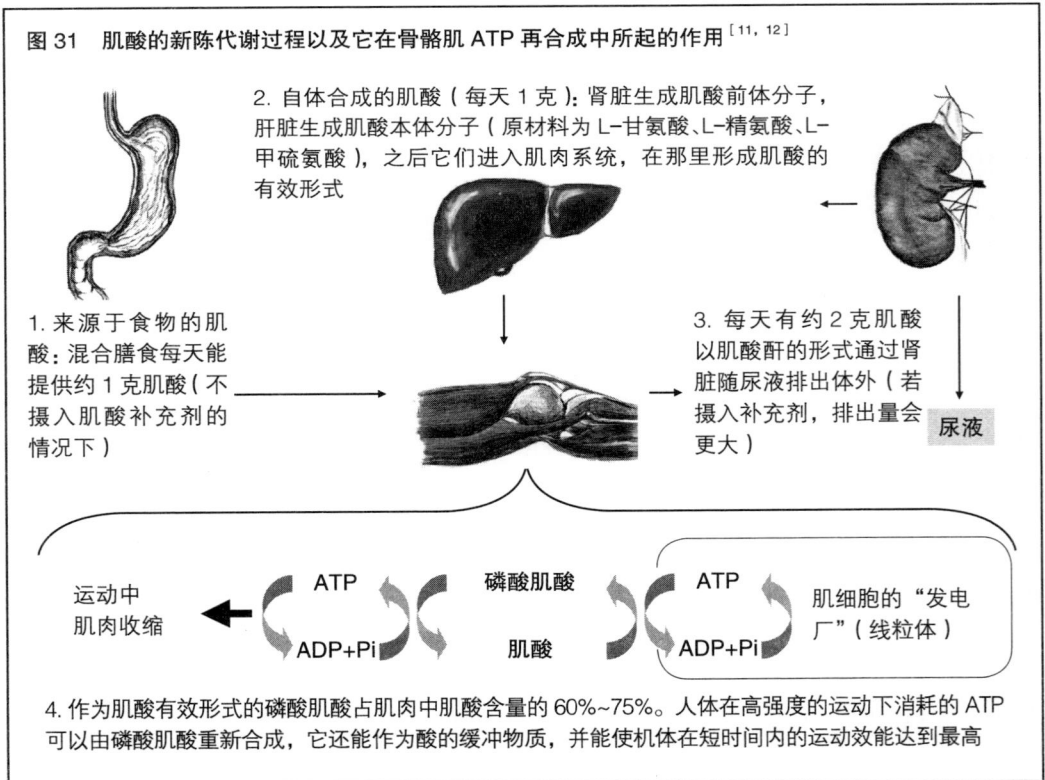

图 31　肌酸的新陈代谢过程以及它在骨骼肌 ATP 再合成中所起的作用[11, 12]

2. 自体合成的肌酸（每天 1 克）：肾脏生成肌酸前体分子，肝脏生成肌酸本体分子（原材料为 L-甘氨酸、L-精氨酸、L-甲硫氨酸），之后它们进入肌肉系统，在那里形成肌酸的有效形式

1. 来源于食物的肌酸：混合膳食每天能提供约 1 克肌酸（不摄入肌酸补充剂的情况下）

3. 每天有约 2 克肌酸以肌酸酐的形式通过肾脏随尿液排出体外（若摄入补充剂，排出量会更大）

尿液

运动中肌肉收缩

ATP

ADP+Pi

磷酸肌酸

肌酸

ATP

ADP+Pi

肌细胞的"发电厂"（线粒体）

4. 作为肌酸有效形式的磷酸肌酸占肌肉中肌酸含量的 60%~75%。人体在高强度的运动下消耗的 ATP 可以由磷酸肌酸重新合成，它还能作为酸的缓冲物质，并能使机体在短时间内的运动效能达到最高

6.2.2.3 肌酸的补充方法

到目前为止，补充肌酸主要有以下几种方法[12]。第一种就是所谓的"冲击法"。这是一种最传统的方法。运动者每天补充 20~30 克肌酸，分 4~6 小份摄入，连续补充 5~7 天。冲击期结束后，运动者最好连续 4~6 周每天摄入 3~5 克肌酸（维持期）。用这种方法补充肌酸的话，吃肉较多的运动者肌肉中的肌酸含量能够增加 10%~20%，而吃肉较少的甚至可以增加 40%。

准确地说，运动者使用冲击法摄入肌酸时理想的剂量是每千克体重 0.3 克，即体重为 100 千克的人每天应补充 30 克肌酸。如果我们不以总体重而以去脂体重来计算，那么摄入量将更为精确[12]：按照这种算法，在冲击期，运动者每 24 小时需按每千克去脂体重 0.25 克的标准摄入肌酸。一名重 90 千克的运动者，其体脂率为 10%，去脂体重则约为 80 千克，那么他在冲击期每天需要补充约 20 克肌酸。如果在此期间他额外有针对性地摄入可快速吸收碳水化合物或蛋白质，那么冲击期可以缩短到 2~3 天。

多数使用者会坚持摄入肌酸数周或数月，然后停用一段时间。停用期大多为几周，有时长达一个月或更长时间。这背后的思路是：肌酸在肌肉中的储备会因持续的大剂量摄入而减少。运动者在使用肌酸 4~6 周之后，即使继续摄入，它在肌肉中的含量也会回落到初始值[12]。原因在于，负责将肌酸从血液中运送到肌细胞内的特定转运物质的数量几乎不会增加，因此不能够解决肌酸分子过多而超出运载负荷的问题。于是，作为补充剂摄入的过量肌酸会直接通过肾脏被排出体外。与此同时，肌肉依然以每天 2 克的速度消耗肌酸，于是肌酸储备渐渐减少（图 31）。人们只有在摄入肌酸一段时间后停用几周，肌肉才能重新储存更多的肌酸。

还有一种补充肌酸的方法可以延缓或推迟肌酸储备减少这种情况，那就是"循环法"。使用这种方法时，运动者需要每隔 3~4 周连续 3~5 天摄入较大剂量的肌酸。其余时间段肌酸的摄入量与维持期的一样，即每天 3~5 克。研究数据表明，这种方法至少可以暂时应对肌肉中肌酸储备减少的问题[12]。敏感人群可能会因为肌酸的渗透特性而腹泻。如果运动者出于这个原因不能承受这么大的剂量，也不一定要完全放弃使用肌酸，延长使用时间即可。

要想让肌肉中充满肌酸，运动者连续 28 天、每天摄入 3 克肌酸就足够了。要想明显感到肌酸对肌肉体积和身体力量的作用，大多数运动者每天至少要摄入 6 克肌酸[12]，而且要坚持使用 12 周以上。

我们建议敏感人群将每天要摄入的肌酸分成若干小份服用，小份的剂量甚至可以少到每份 0.5 克。

6.2.2.4 消化系统中肌酸的吸收

一水肌酸在一定程度上溶于水。它经常被添加到饮料中或制成胶囊。肠道中肌酸的吸收取决于各种因素，比如肠壁的瞬时血流量。因为人体将肌酸从肠道转运到血液的能力是有限的，所以人体对肌酸的吸收情况与肌酸的摄入量有关：每次最多摄入 10 克肌酸能使肌酸在肠道内被快速吸收[11]。每次摄入 10 克以上就会延长肌酸被吸收的时间，并可能产生副作用，比如腹泻和胀气。这个剂量当然只能作为参考，有一定的浮动空间。

6.2.2.5 肌肉系统中肌酸的富集

肌酸进入血液后，会分散到红细胞、心肌和骨骼肌中去。对健身者来说，肌酸进入肌肉最为重要。肌酸在肌肉系统内的富集是受机体精细调控的。对力量训练者非常重要的快肌纤维可以储存更多的肌酸[14, 9]。这也可以在一定程度上解释为什么有些运动者服用肌酸的效果更好，因为每个运动者的肌纤维分布不同，并且这种差异受遗传因素的影响，是天生的。此外，肌肉多的人可以储存更多的肌酸[11]。这对强壮的运动者来说是个好消息！

肌肉系统储存肌酸的能力在摄入肌酸的冲击期开始的前几天里最为强大。但是，我们应该注意的是，骨骼肌的储存容量是有限的：一个成年人的肌肉只能储存 120~160 克肌酸[11, 12]。

认识到这一点极为重要，因为广告有时会造成误解，让人们认为他们可以凭借某种肌酸产品或分子形式提高肌酸在肌肉中的最大存储量。事实上并非如此[15, 16]！至今还没有足够可靠的证据证明，在增加肌肉内肌酸储备这方面，还有什么补充剂比一水肌酸的作用更大[12]。新产品顶多能够加快机体对肌酸的吸收，也就是说，使容量有限的肌肉更快被肌酸填满。但是肌肉对肌酸的净储备量是相同的。因此，每个人都要衡量一下，为这种产品掏腰包是否值得。

但另一方面，某些信号物质确实可以增加肌肉中肌酸的储备量。IGF-1 是生长激素发挥作用所必需的一种活性因子，可以将肌肉对肌酸的吸收提高 40%~60%，而 T3——甲状腺激素的活性形式可以将肌肉对肌酸的吸收提高 300%[11]。

还有所谓的拟交感药物，比如克仑特罗或麻黄素，也能够增加肌酸的储备量[11]。然而，这些结论都是从细胞实验中获得的。因此，它们对实践到底有多大意义尚不确定。运动者不应被错误的结论蒙蔽双眼，认为肌细胞内肌酸的含量可以通过额外摄入一些所谓的有效物质而无限量地增加！而且从某一个临界点开始，过多的肌酸会对肌细胞造成危害。当然，机体有强大的适应机制来对抗这种可能的危害。因此，肌细胞只能在一定

限度内储存肌酸。

对力量训练者来说重要的是，在冲击期进行高强度的训练可以使肌肉内肌酸的储备量增加 10% 以上[17, 11]。运动者在摄入肌酸的较短时间内补充可快速吸收碳水化合物可以获得更好的效果，因为胰岛素同样能够促进肌肉内肌酸的储存[18]。人们每摄入 100 克葡萄糖时补充 5 克肌酸，可以明显提高肌肉中肌酸的储备量，那些选择仅仅服用肌酸补充剂却得不到满意效果的人可以试一试这种方法[19]。

还有一个实验的研究人员将 50 克葡萄糖和 50 克牛奶蛋白的混合物作为一种"促吸收基质"，它特别有效地促进了肌肉对肌酸的吸收[19]：从这个实验的记录可以看到，受试者将 5 克肌酸与不含热量的温饮料一起服用，30 分钟后要么摄入 100 克碳水化合物，要么摄入 50 克碳水化合物和 50 克蛋白质的混合物。当肌酸按比例慢慢地被吸收到血液中后，我们要尽可能地使其与因进食而刺激生成的胰岛素共同存在于血液中[16]。为此，我们需要调整进食的时间——即先补充肌酸，30 分钟后补充碳水化合物或碳水化合物和蛋白质的混合物。补充肌酸但至今收效甚微的运动者不妨尝试一下这种方法。

额外补充蛋白质和碳水化合物的混合物或者仅仅补充碳水化合物也会带来一些弊端。受试者在冲击期每天补充 20 克肌酸，分 4 次摄入[19]。每摄入 5 克肌酸就会因一起食用的"促吸收基质"而摄入 400 千卡热量，因此在冲击期受试者每天要额外摄入 1600 千卡热量。但是从另一方面看，肌肉储满肌酸只要 2~3 天，也就是说，只饮用这种高热量饮料 2~3 天，总的来说不会产生任何问题，但在个别情况下运动者需要格外注意。

另外，一项更新的研究显示，运动者每天按每千克体重 1 克的标准与肌酸一起摄入

葡萄糖两次（不超过两次），就可以在最短的时间内达到最佳的储存效果[20]。对容易长胖或者处于减脂阶段的人来说，这种方法更为合适。

表12尝试将这些信息整合起来：推荐运动者摄入5~10克肌酸，并按每千克体重1克的标准配合摄入葡萄糖以及高价值的乳清蛋白。摄入较少的肌酸能确保其顺畅地进入血液循环系统。

要想使效果臻于完美，就在摄入蛋白质和碳水化合物的混合物的30分钟前将肌酸溶入温水或茶水中服用。运动者在日常进行训练时可以这样做：在训练前一小时摄入10克肌酸；半小时后，也就是训练开始前半小时，饮用含乳清蛋白和葡萄糖的饮料；训练结束后立即再次摄入10克肌酸，半小时之后饮用含蛋白质和碳水化合物的饮料。然后，在较短的时间间隔后，吃一顿能够提供碳水化合物和蛋白质的营养大餐。

运动者要严格遵守这一整套程序，不过上面给出的剂量都只是参考值。运动者必须通过亲自尝试找到真正适合自己的剂量。此外，根据我们的经验，并非所有人的消化系统都能适应这种方法。另外，这种方法也告诉我们，将蛋白质和可快速吸收碳水化合物搭配使用比单独使用碳水化合物更能提高胰岛素的分泌水平[19]。这无论是对肌酸吸收还是对肌肉增长来说都是有利的。正如前文所介绍的，我们有确凿的证据证明，这样做并非只停留在理论层面，运动者通过这种方法确实可以真正地促进肌肉的增长。当然了，这种方法要在训练日使用。

当运动者经过一段时间的冲击期，感觉肌肉储满了肌酸，就可以进入维持期。运动者在维持期的肌酸摄入量不应超过每千克体重0.07克，只有这样才能获得最佳效果。例如，一名体重为100千克的运动者在维持期

的肌酸摄入量不能超过7克。

运动者在维持期既可以在运动之后一次性摄入一天所需的肌酸，也可以在运动前后分两次摄入。比如上面提到的这名体重100千克的运动者，他可以在运动前摄入3克，运动后摄入4克。并且在非训练日，他还要因服用了肌酸而在午餐吃富含碳水化合物的食物。这是因为，即使他没有运动，其身体在中午时也对胰岛素很敏感。

6.2.2.6 通过肌酸增重和增肌

科学已经证明，摄入肌酸可能会让人的体重平均增加1~2千克。所参加的比赛对体重等级有严格规定的运动员更加要注意这个问题[11, 21, 12]。

关于增重，肌酸能在三个方面起作用。第一，它能将水分子带入肌肉，使肌肉膨胀起来。第二，它能促使骨骼肌储存更多的糖原，而糖原有利于扩大肌肉体积。这两个特性足以使运动者的肌肉系统在其进行高强度的训练时饱满鼓胀，获得令人难以置信的强烈的泵感。第三，肌酸还能刺激肌蛋白合成。

早前就有研究指出，肌酸可以促进体内储水[10, 21]。一项针对女性和男性力量训练者的较新研究通过出色的研究技术证明，体液在肌酸的作用下会显著增加，并且主要积聚在肌细胞内[22]。我们已经讨论过这对短期内增重有多重要（第11页补充文献《细胞的水平衡——增肌产品如何影响肌肉增长》）。然而，并非所有通过肌酸储存的水都会进入肌细胞[22]。因此，如果健美运动员在比赛前服用肌酸，有时会使身体浮肿。每个人在摄入肌酸后反应如何，需要自己去摸索。并且在增重阶段浮肿不算什么大问题。

肌酸分子不仅能将水分子带入肌肉系统，还可以提高肌肉储存糖原的能力[23]。在肌酸的帮助下，肌糖原的含量可以增加23%甚至更多，尤其是当糖原储备已经在几天前因低

碳饮食和运动被排空之后[24]。我们可以利用这一方法增加体内的糖原储备。

由于每克糖原能在骨骼肌内结合大约 3 克水，深受欢迎的肌酸补充剂在增重方面就拥有了巨大的潜力。肌肉结合的水可以帮助运动者在最短时间内增加去脂体重，对想快速增肌的运动者来说，这种方法值得一试（第 45 页补充文献《碳水化合物与肌肉的体积》）。

肌酸的作用不仅在于使骨骼肌内的储水量达到最大。有明确的证据证明，长时间摄入肌酸后，人体内的肌蛋白合成会提高[23]。例如，如果运动者在补充肌酸的同时结合力量训练，那么不同的肌纤维的体积会明显增大。到底是肌酸直接促进了肌蛋白的合成，还是肌酸带来的肌肉储水量增加促进了肌蛋白的合成，或是训练强度的增加帮助了肌肉生长，至今仍未确定[11, 25, 12]。对运动者来说，原因是什么并不重要，知道肌酸确实能起作用就足够了。

一般来说，运动者在服用肌酸期间，提高训练强度能对增肌起明显的促进作用，因此想要增重的运动者最好在服用肌酸时配合负重训练[23, 12, 26]。相关研究显示，力量训练者在摄入肌酸 12 周并同时进行艰苦的力量训练后，其去脂体重可以增加 4 千克以上，而那些只进行训练、不服用肌酸的运动者的去脂体重仅增加了 2 千克[11]。运动者如果按照这里的建议，同时摄入肌酸与足量的碳水化合物和高价值的蛋白质，就可以使体重增长达到极限[27, 26]。

6.2.2.7 肌酸作用下力量与运动效能的提升

关于肌酸对运动效能的作用近年来已有很多研究，目前它对力量训练者的作用已经得到证实。在大量关于肌酸与运动的关系的研究中，很大一部分是认可这种补充剂的作用的[12]。

肌酸提升运动效能的生理学原理如下。

举例来说，一名健身者在训练开始时就进行大重量的杠铃平板卧推，其肌肉中的 ATP 储备在几秒内就会耗尽，此时磷酸肌酸必须出来维持正在工作的肌肉中的 ATP 水平（图 31 和表 13）。但是它也只能维持一小段时间，只能让运动员再做有限的几次推举。随后发生的典型状况就是肌肉"罢工"了——在肌肉开始燃烧糖和脂肪之前，就无法再运动了。运动者体内的 ATP 和磷酸肌酸储备只能支持其进行短时间、高强度的运动，比如重复次数较少（1~5 次）的力量训练或举重练习（表 13）。从这个角度来看，我们很容易理解为什么肌酸在举重运动员和力量训练者中这么受欢迎。肌酸之所以能起到积极作用，有可能是因为它能够对肌肉新陈代谢过程中生成的酸性物质起缓冲作用。

下面这项研究印证了这一观点[28, 23, 9]：在连续摄入肌酸 5 天后，运动者在做大重量硬举时的力量明显增强。在进一步的研究中，力量训练者在实验开始时每组动作重复 6 次，随着训练强度的增加，在 6 周后力量训练者每组动作只能重复 2 次。在这一力量训练结束后，服用肌酸的受试者的增肌效果更好。

其他概括性研究表明，力量训练者在服用肌酸期间可以完成更多组数的负重练习。此外，服用肌酸后，运动者在进行基础训练，比如仰卧推举或腿部推举时，其力量会有所增加[28, 25, 9, 29]。当训练包含高强度的训练单元时，运动者更能从肌酸中获益。此外，摄入肌酸还可以增加运动者做不同动作的重复次数，在进行大容量训练时摄入肌酸甚至可能会降低过度训练的风险[23]。

今天人们认为，运动者在服用肌酸的冲击期，即在开始服用的几天到几周内能够使力量获得显著增长——如果运动者之后再次出现力量增长的情况，就可能缘于肌酸引起的肌肉增长。此外还有研究指出，要使力量大幅增长，运动者不能仅仅补充肌酸，还要将它与碳水化合物和蛋白质搭配服用，并且在训练前后的短暂窗口期内补充肌酸[26]。

6.2.2.8 肌酸产品新配方

我们已经多次产生一个疑问，即以新的混合形式服用肌酸时，其效果是否会更好。近年来市面上出现了各种新配方的肌酸产品，这些新产品在肌肉中的富集能力或在促进力量与体重增长方面的效果可能比一水肌酸好。

新产品（比如肌酸与肉桂提取物或与松醇制成的混合物）的价格自然更高。这些添加的物质可以增强肌肉对胰岛素的敏感性，从而使更多的肌酸分子进入肌肉系统。刻苦训练的力量训练者的肌肉本就比普通人的肌肉对胰岛素的敏感性强，这类补充剂对他们是否真的有效，我们尚不清楚（第2章）。正如我们上文已经说过的，这些混合物的效果即使真如广告宣传的那么好，与一水肌酸相比，它们也顶多只能让使用者提前获得效果（也就是吸收期更短）。

市面上还有其他肌酸混合物，比如肌酸-HMB、肌酸-丙酮酸、肌酸-血清、磷酸肌酸、肌酸-碳酸氢钠、肌酸-镁螯合物、肌酸-L-精氨酸或肌酸乙酯。有几项前沿研究试图证明，在一定前提下某些肌酸产品在力量训练或耐力训练领域有一定的效果[30, 31, 32]。肌酸与甘油或肌酸与β-丙氨酸的结合可以明显增加运动者体内的储水量和去脂体重[12]。但大多数实验证明，新型肌酸产品并没有给运动者带来特别的好处[33, 34, 35]。

总之我们可以认为，至今为止新型肌酸产品的作用还缺乏科学依据，尤其是缺乏较长时间的和对资深运动人群的观察数据。据此，运动营养协会认为，同时使用一水肌酸和可快速吸收碳水化合物以及蛋白质仍然是目前最好的方法[12]。

6.2.2.9 咖啡因与肌酸

一项研究表明，人们将咖啡因与肌酸一同摄入的话会抑制由肌酸引起的运动效能的提升[36]。但是，咖啡因并不会阻碍肌肉中肌酸的储存。这个著名的肌酸-咖啡因实验存在的问题是，受试者的肌肉虽然对其摄入的肌酸有反应，但是与其他实验相比，受试者肌肉中肌酸的储备量却少得多。这个情况不仅发生在摄入咖啡因的那一组受试者身上，也发生在没有摄入咖啡因的受试者身上。这就让我们产生一个疑问：这个实验是不是存在一定的缺陷，而实验报告并没有记录下来？

这个被引用很多次的肌酸-咖啡因实验存在的第二个问题是，它没有直接测试运动者力量训练的成绩，而采取了实验室中的某种效能测试。因此，在实际训练中咖啡因是否会阻碍由肌酸促成的力量增长仍有待确定。要与肌酸一起摄入咖啡因还是在摄入肌酸之后摄入咖啡因，也许也是一个重要的影响因素。再说，肌酸并非对所有运动者都有效。每2~5个人中就有一个人在服用肌酸补充剂后没有任何反应，因此人们如果在摄入肌酸后其运动效能没有得到提升，并不见得都是咖啡因的问题。

关于肌酸与咖啡因之争，这里提供一个折中的方法。如果一名运动者在服用肌酸期间不想放弃自己心爱的咖啡，那就尽管喝吧，享受当下。因为咖啡因不会阻碍肌酸进入肌肉系统和抑制增重，所以不会在运动者增加去脂体重方面引发大问题[36, 37]。如果运动者还想获得因肌酸引起的力量增长，那么他可以在下一个冲击期暂停咖啡因的摄入，然后观察一下这么做后自己的力量能否立刻超常地增强。

如果运动者能够顺利度过肌酸冲击期，那么之后摄入的咖啡因甚至可以使其运动效能显著提升：在一个设计精良的实验中，受试者先进入肌酸冲击期。这个阶段结束后，受试者在训练前一小时摄入咖啡因，研究人员发现在之后的耐力测试中他的运动效能有所提升[37]。这一结果对力量训练者有多大的借鉴意义我们暂且不论。无论如何，这个实验告诉健身者：目前还不能直接断定咖啡因会抑制肌酸对运动效能的提升。

6.2.2.10 肌酸产品的质量

产品质量至关重要。在欧洲市场上，有大量肌酸产品的成分是存在一定问题的。为了避免使用后失望，我们必须选择质量上乘的产品。这样，看中成绩的运动者如果对肌酸产品的效果不满意，可以先排除产品质量存在问题这一因素。一些生产商的产品已经通过了相关机构的认证，他们因而就此进行大力宣传。

6.2.2.11 肌酸的副作用

肌酸的副作用主要包括：对肝脏和肾脏的损害、电解质紊乱导致的肌肉痉挛、胫骨肌肉疼痛、受伤风险加大、肠胃问题和体重增加[12]。关于肌酸可能会导致癌症的说法也时有讨论。

20世纪90年代末期，人们对肌酸可能损害肾功能的担忧越来越强烈。这缘于一些著名的事件，在这些事件中运动者服用肌酸后出现了肾功能失调的问题[12]，甚至还有多起死亡案例[21]。但是之后我们了解到，在这些案例中，运动者要么在摄入肌酸之前就已有健康问题，要么在摄入肌酸的同时还摄入了其他物质或采用了对健康有害的方法[11]。在全世界广泛使用肌酸这么多年后的今天，我们认为，如果每日肌酸摄入量不大于25克，至少对年轻和健康的人来说，即使他们长期摄入也不会对其肾脏造成损害[38, 39, 9, 12]。但是在摄入肌酸后，血液中的肌酸酐含量会升高，所以运动者在做血液检查之前，有必要告知医生自己曾摄入过肌酸，否则可能会造成误诊。

此外，最近还有几项关于肌酸安全性的研究，其结论是：肌酸对肝脏和肌肉功能没有损害[40, 9]。服用肌酸后人体在新陈代谢过程中会产生致癌物质这一话题曾一度被人们讨论，但是后来这种怀疑也被排除了[11, 41]。

有少数报道称，一些运动者在摄入肌酸后会产生肌肉痉挛、肌肉硬化以及致伤风险加大的后果[21]。这些说法至今为止还未经科学的调查研究证实[9]。但是在高温环境下运动以及在大量出汗的情况下，专家常常建议运动者不要摄入肌酸，从而避免痉挛和扭伤的风险。但是最新的研究又显示，肌酸甚至有助于维持高温环境下的身体水平衡[42]。如果运动者在服用肌酸后产生疼痛，那么他当然应该放弃服用这一补充剂。但是这种情况发生的概率比我们预想中的小。

人们最常提及的肌酸的副作用是腹痛和腹泻。这些副作用的强烈程度取决于肌酸的摄入量以及人们将肌酸与哪些成分一起服用。如果用温水或茶（低渗饮料）送服小剂量肌酸，多数人的身体是可以承受的。服用肌酸后摄入碳水化合物和蛋白质可以避免肌酸副作用的产生。在采取正确的服用方法和充分考虑个人身体条件的前提下，大多数人服用肌酸后不会产生任何副作用[9]。

这里要指出的是，曾有运动员在服用一些掺入类固醇类激素的肌酸产品后在比赛中的兴奋剂检测结果呈阳性[43, 21]。某研究发现，被检测的139种肌酸产品中，至少有10%的产品含有兴奋剂[21]！但肌酸产品本身属于食品而非药品，它不在国际奥委会列出的兴奋剂名单上[21]。

小结：肌酸是人体内原本就存在的物质，是在新陈代谢过程中由氨基酸生成的。人们也可以通过饮食获取肌酸，并且每天通过肾脏会流失一定量的肌酸。因此，在正常情况下，肌酸的摄入、自体合成和排出之间是平衡的。肌酸是肌肉在高强度的运动下重要的ATP供体。有许多不同的服用肌酸方法，其中最重要的是冲击法、循环法和长期小剂量的持续摄入法。由于肌酸有一定的水溶性并且人体对其转运能力较低，每次小剂量摄入肌酸可以使其更快地从肠道进入血液。

健康人的肌肉系统能储存120~160克肌酸。各种因素会促进或抑制肌酸的储存。运动配合服用可快速吸收碳水化合物和蛋白质可以促进肌酸的储存，胰岛素在其中扮演了关键的角色。肌酸可以将水分子带入肌肉中，可以使骨骼肌储存更多的糖原，还能激发肌蛋白的合成。这些因素使得很多使用者在短时间内就获得了明显的增肌效果。数以百计的研究证明，肌酸确实能够提高运动者的运动效能，使运动者在进行基础的力量训练时明显地增长力量、增加每组动作的可重复次数以及可完成的总组数。新型肌酸产品的效果还没有得到科学证实，而专业协会认为同时摄入一水肌酸、可快速吸收碳水化合物以及蛋白质是增加肌肉中肌酸储备的最佳策略。

咖啡因对肌酸作用的影响一直都没有被证实。服用质量上乘的肌酸产品非常重要。过去，掺入类固醇类激素的肌酸产品曾多次导致运动员的兴奋剂检测呈阳性。经过近20年的应用，我们认为肌酸对健康人群是非常安全的，科学合理且短期服用肌酸产品不会产生严重的副作用。敏感人群在大剂量服用肌酸后会腹泻和腹痛。肌酸只对50%~80%的使用者有效。

6.2.3 碳水化合物是除肌酸外最重要的肌肉燃料

对肌酸进行详细阐述后，我们重新回到这次讨论的出发点，也就是下面这个问题：对健美者或健身者来说，在典型的力量训练过程中哪些能量物质最为重要。很显然，除了肌酸，就是碳水化合物了。

对人体而言，使用碳水化合物比燃烧脂肪更经济划算。因此，在高强度的训练中（每组动作重复8~12次的力量训练），当身体需要在短时间内释放大量能量时，糖原就要负责提供80%以上的ATP，这就与碳水化合物有关了[44]。

与此相关的无氧糖酵解过程主要有两个弊端。其一，虽然人体通过无氧糖酵解可以快速获得能量（每分钟最多可达54千卡，参见表13），但是与有氧糖酵解相比每个葡萄糖分子产生的能量要少得多。其二，众所周知，人体通过这种方式使用碳水化合物会产生乳酸。尽管如此，碳水化合物仍然是人们在进行高强度的力量训练时肌肉最重要的燃料。这使许多运动者受到启发：应该在进行力量训练期间摄入更多的碳水化合物。下一页的补充文献可以为读者提供这方面的信息。

小结：在训练过程中是否要摄入碳水化合物，取决于个人的运动目标和自身条件。如果是在典型的塑身健美运动中，运动者要完成多组数、每组动作重复6~15次的大容量训练或处于低碳饮食期，那么他在训练期间摄入一些碳水化合物可以获得一定的好处。低血糖的运动者也适合这么做。

不想放过任何能让自己进步的机会的难以进步者，可以在训练期间喝乳清蛋白和碳水化合物的混合饮料，以此获得一定的抗分解代谢效果，从长远来看这可以促进肌肉增长。在训练前后特定的时机摄入充足的营养素，对大多数力量训练者来说已经足以获得最佳训练效果了。但是，并非每一名运动者在做硬举或深蹲等高强度的练习时饮用这类饮料都有效。

希望最大限度增肌的运动者无须考虑使用那些效果尚待确定的抗分解代谢物质，比

训练期间摄入碳水化合物会给力量训练者带来特别的好处吗? [45, 46, 8, 47, 44, 48, 49, 50, 51]

在运动过程中,糖的无氧燃烧(无氧糖酵解)十分重要,所以人们想到要在训练期间摄入更多的碳水化合物。两个支持此做法的理由是:第一,这样人们不会在运动中提前疲劳,从而避免突然力竭的现象的出现;第二,在运动期间摄入抗分解代谢的碳水化合物也许能促进增肌。

我们先来谈谈第一个理由。运动者如果在训练期间没有实行低碳饮食法,那么他体内的糖原储备通常情况下是充足的,这些储备可以支撑其进行60~90分钟的训练。人们在进行极度耗费力量的高强度训练时,体内的无氧糖酵解会增强数倍。这个现象促使我们查阅了一些探讨力量训练中碳水化合物功效的实验报告。有几名运动医学专家基于这些实验得到的结论是:运动者在进行大容量训练,即动作多、组数多和重复次数多的训练时,在组间补充一些碳水化合物可以解决运动效能下降的问题。但是一项较新的、很贴近实际的研究显示,力量训练者在进行大容量训练时并没有从饮用含碳水化合物的饮料这一行为中获得任何益处。

由此我们可以得出结论:在实际训练中,运动者如果在训练前适当进餐,总体上注重均衡饮食,一般来说就不需要在力量训练的过程中额外补充碳水化合物。不过,个别有低血糖倾向或因实行低碳饮食法而出现运动效能明显下降的人除外。即使在训练过程中摄入碳水化合物,运动者也不必担心他正在实行的低碳饮食法的效果会打折扣,因为在进行高强度的训练时胰岛素的作用会大大削弱。在实行低碳饮食法的前提下,运动者在运动过程中喝一杯果汁就可以有不错的效果。

关于第二个理由:运动者在训练期间补充碳水化合物甚至配合摄入蛋白质,真的会促进肌肉增长吗?对此有这样一项权威研究:研究人员让力量训练新手在训练期间分别饮用纯碳水化合物饮料、零热量饮料、氨基酸饮料以及碳水化合物与氨基酸的混合饮料,并比较它们的效果。受试者在训练期间连续数周饮用饮料,最后研究人员检测这些饮料对受试者激素水平和肌蛋白平衡的影响。结果显示,训练中饮用纯碳水化合物以及氨基酸和碳水化合物混合饮料的受试者体内的皮质醇水平分别下降了11%和7%。相反,饮用零热量饮料的受试者在训练后其皮质醇水平最多可提升105%。然而,只有碳水化合物和氨基酸的混合饮料真正抑制了肌肉的降解,效果一直延续到训练后的48小时!

因此,我们可以得出结论,运动者在训练期间摄入碳水化合物这个简单的方法可以使其体内的皮质醇水平明显下降。此外,这个实验还证明,运动者如果在摄入碳水化合物的同时摄入一些蛋白质,确实能够有效防止肌肉降解。

然而,我们还没有探讨的问题是:运动者在训练前后特定的时机补充膳食是否还不足以优化肌肉增长,此时饮用运动饮料是否会带来实际可测的好处?其实,大多数运动者通过运动前后特定的时机进行膳食补充已能获得最佳的运动效果。对难以进步者来说,这种方法倒也值得一试。与此同时尚不明确的是实验中的方法是否对资深运动者同样适用,因为实验对象是运动新手,众所周知二者的新陈代谢能力完全不同。

如磷脂酰丝氨酸。因为我们已经知道,运动者在运动前、运动中和运动后仅靠摄入可快速吸收碳水化合物,就能使分解代谢类激素皮质醇的水平大大降低了。

6.3 能量平衡

我们每个人都需要能量,不仅运动时需要能量,维持所有日常活动也都需要能量。甚至我们什么都不做时身体的新陈代谢也要消耗能量,也就是说,维持最基本的生理功能（比如呼吸活动或神经活动）也需要消耗能量。为了满足这些能量需求，我们必须进食。人体一方面通过饮食摄入能量，另一方面在不停地消耗能量，如此就产生了能量平衡（表14）。

如果体内长期处于能量正平衡状态——我们吃的比需要的多——我们就会长胖。反过来，如果我们在数周甚至数月内通过饮食摄入的能量都很少，那么体重就会下降。人类进食总是会被一些感觉，比如胃口、饥饿感和饱腹感等影响。我们将在下文详细阐述这些因素。

能量摄入与能量需求相对。我们先来看看，力量训练者体内的能量需求是怎样的。

6.3.1 能量需求

由图32可知，我们日常的能量需求主要用于基础代谢、活动代谢和食物热效应三种。我们现在来分别讲解一下图中构成人体能量需求的每一部分内容，并着重指出那些对追求运动成绩的健身者来说最重要的知识点。

6.3.2 活动代谢

活动代谢既受日常活动的影响，也受体育运动的影响（图32）。也就是说，活动代谢消耗的能量包括一个人每天所有活动所需的能量，比如人们走路去上班、穿衣服或者在书桌前坐着时都在进行活动代谢。也就是说，人们在日常生活中哪怕只是爬一级楼梯也是在进行活动代谢，这些活动对人体能量平衡产生的影响不容低估[56]。

与普通人以坐为主的日常活动不同，运动者在进行高强度的训练期间，能量需求量特别大。读者可以快速回顾一下脂肪燃烧的相关内容。在第3章我们曾经提到过，运动者若想减脂，必须制订一个强度不断提升的训练计划。进阶训练最重要的意义在于，它能使运动者的活动代谢水平逐步提高。

每个人当然都会在某个时间点达到他的极限，此时运动效果将止步不前。因此，有些运动者会将减脂划分成不同的阶段，在减脂间隔期尽可能地保持已经取得的效果。减脂成功的健身者或健美者都遵循这个准则。

6.3.3 基础代谢

基础代谢为身体所有的基础生理功能提供能量，占我们每日所需能量的大部分（图32和表14）。我们知道，在一个人的生长阶段，其基础代谢水平和燃脂率通常会下降[57, 58]。人们在实行严苛的饮食法期间，基础代谢水平也会下降。不过，节食常常会使肌肉降解——完全禁食者更要注意这个问题[55]（图21）。最新研究甚至显示，即使人们已经很久没有节食，它造成的基础代谢水平的下降还是会持

表14

能量摄入	能量需求
食物为人体提供能量的形式：	人体需要能量以维持基础代谢和活动代谢
·蛋白质	·基础代谢：保证身体基本功能，比如用能量来
·碳水化合物，包括膳食纤维	稳定体温和进行呼吸等
·脂肪	·活动代谢：指将能量用于身体活动（包括运
·酒精	动）。此外，妊娠期、哺乳期和身体生长期所
	需要的能量也属于活动代谢所需的能量

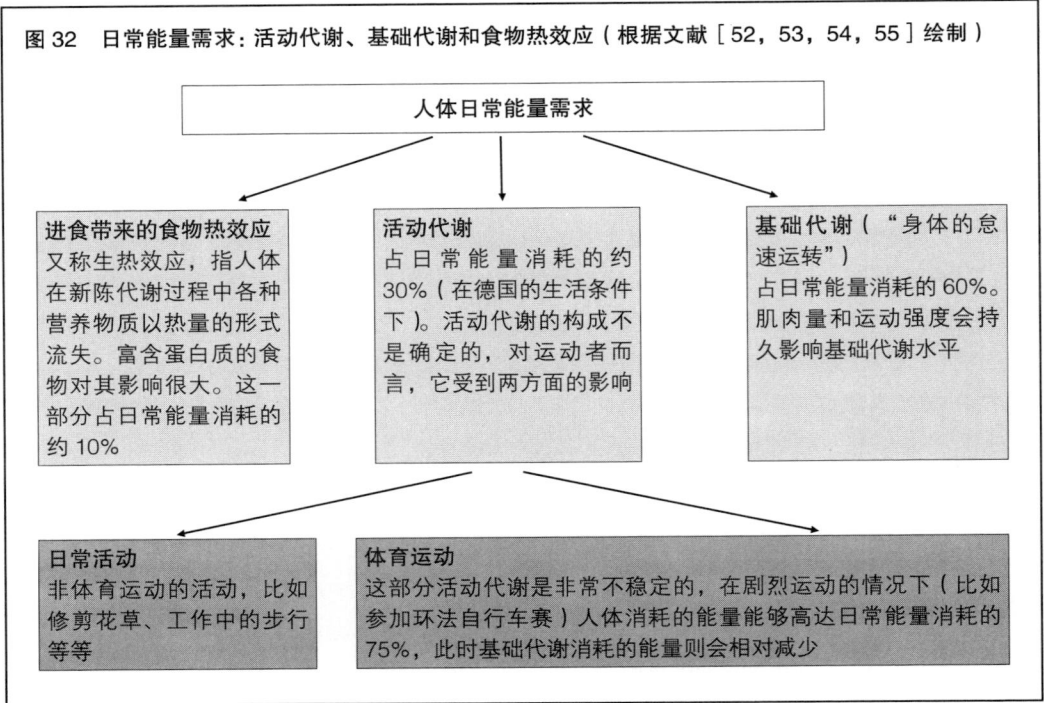

人体日常能量需求

进食带来的食物热效应
又称生热效应，指人体在新陈代谢过程中各种营养物质以热量的形式流失。富含蛋白质的食物对其影响很大。这一部分占日常能量消耗的约10%

活动代谢
占日常能量消耗的约30%（在德国的生活条件下）。活动代谢的构成不是确定的，对运动者而言，它受到两方面的影响

基础代谢（"身体的怠速运转"）
占日常能量消耗的60%。肌肉量和运动强度会持久影响基础代谢水平

日常活动
非体育运动的活动，比如修剪花草、工作中的步行等等

体育运动
这部分活动代谢是非常不稳定的，在剧烈运动的情况下（比如参加环法自行车赛）人体消耗的能量能够高达日常能量消耗的75%，此时基础代谢消耗的能量则会相对减少

续很长一段时间[59, 60]。

基础代谢水平下降会产生不良后果：在一项著名的研究中人们发现，基础代谢水平低的人中有30%的人会在4年内增重10千克，而基础代谢水平高的人中只有5%的会出现这种情况[61]。换句话说，基础代谢水平高的人可以避免不必要的体脂增长，也就是他们可以对抗溜溜球效应。

除了肌肉量之外，还有其他因素会影响基础代谢的水平。我们的基因就扮演了极为重要的角色。个人体质导致的基础代谢水平不同很好地解释了为什么有的人"吃什么都长胖"而有的人"怎么吃都不胖"。此外，压力激素的分泌、性别、年龄、甲状腺激素以及某些特定的信号物质（如瘦素）也会影响个人的基础代谢水平[62, 55]。

对运动者来说最简单的做法就是通过增加肌肉量来影响自身在静息状态下的能量需

求，这正好给力量训练者提供了一定的操作空间[55]。许多运动者通过力量训练使自己肌肉的围度达到极限，从而影响自身的每日能量需求量[63, 64]。这很容易理解，因为肌肉24小时都要消耗能量，它是人体最重要的"燃脂机器"，也是食物中碳水化合物和脂肪在体内的重要"临时仓库"。

这个观点也经得起实践的严格考验，因为强壮的力量训练者仅仅为了维持他的肌肉量所需的能量就远超那些终日伏案工作和不运动的人的想象。职业健美运动员在非赛季每顿也食用大量食物，但其体形仍然能保持得不错，这就是肌肉量和能量需求之间密切相关的最直接的证据。即使是普通的运动者，在开始进行规律的、不断进阶的训练时，其基础代谢水平也会在短时间内发生明显的变化（图33）。

图33根据《功能饮食》一书所介绍的一

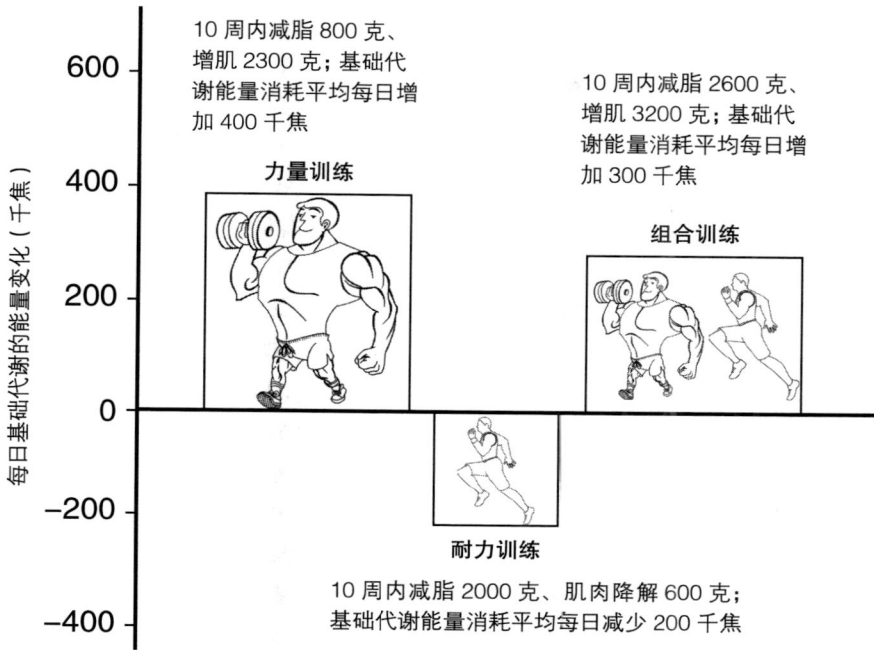

图 33　10 周力量训练、耐力训练以及组合训练后人体基础代谢的变化（根据文献［3，65］绘制）

10 周内减脂 800 克、增肌 2300 克；基础代谢能量消耗平均每日增加 400 千焦

10 周内减脂 2600 克、增肌 3200 克；基础代谢能量消耗平均每日增加 300 千焦

力量训练

组合训练

耐力训练

10 周内减脂 2000 克、肌肉降解 600 克；基础代谢能量消耗平均每日减少 200 千焦

每日基础代谢的能量变化（千焦）

600
400
200
0
−200
−400

　　这三种训练都被设计成不断进阶的形式，运动者必须一直提升自己的训练强度。他们严格遵循训练计划，这是成功减脂的前提（经耶拿大学营养生理学研究所 G. 雅赖斯教授许可公布）。

项至今都不失其重要实践意义的研究[65, 3]绘制而成。该研究以 30 名男性运动者为实验对象，比较下面哪一种训练方法对减脂最有效：单纯的力量训练、单纯的耐力训练以及两种训练方式相结合的组合训练。实验为期 10 周，在这段时间内受试者均不实行有针对性的饮食法。实验最后只检测训练效果。

　　在这段时间里，三组受试者的体脂都明显减少了，但只有进行力量训练的受试者的肌肉量增长了，只进行耐力训练的受试者甚至出现了肌肉降解的情况。

　　在这里要强调的是，进行组合训练的受试者在减脂和增肌方面获得的效果都最好。

　　正如我们所设想的，因为肌肉量增加了，两组进行了力量训练的受试者的基础代谢水平都有所提高。这也再次证实了，进行增肌训练对经常运动的人来说是防止超重的、需要长期使用的重要方法。然而，肌肉增长不是基础代谢水平提高的唯一原因。纯力量训练组受试者只增长了 2300 克肌肉，而组合训练组受试者则增长了 3200 千克肌肉。尽管如此，前者基础代谢的能量消耗却是增加得最多的（图 33）。

　　此外，我们可以看出，提高基础代谢水平并不能直接对减脂起作用，因为尽管纯力量训练组受试者的基础代谢水平获得最显著的提高，但他们在实验期间的减脂量只有800 克。相反，纯耐力训练组受试者虽然减少了 600 克肌肉，但是其体脂却减少了 2000 克（图 33）。

这该如何解释呢？很简单，要想使脂肪短时间内显著减少，最主要的影响因素是活动代谢水平。正如我们所知，为了最快地提高活动代谢水平，运动者必须采用不断进阶的训练计划——训练强度必须很高且不断提高。这项研究恰好采用了这一原则。然而，训练强度过高也有弊端——基础代谢水平会明显下降。这主要发生在过度训练的时候。

类似情况也在纯耐力训练组受试者的身上有所体现。运动者通过大量的有氧运动极大地提高了自身的活动代谢水平，这一方面获得了明显的减脂效果，另一方面却导致了过度训练，这也解释了为什么这一组受试者的肌肉会降解、基础代谢水平会下降。在这组受试者身上，活动代谢水平提高的程度比基础代谢水平的大。但到了某个时间点，每名运动者都会到达减脂阶段的终点，运动造成的能量消耗不可避免地缩减。这是身体为了能够恢复，尤其是为了防止受伤采取的必要措施。这时，运动者还要面对基础代谢水平已经下降这一情况。因此，当静息状态下能量消耗量突然减少时，运动者很难保持刚刚取得的训练效果，不得不为此大量减少食物的摄入，但是这又难以长久坚持。

图 33 所涉及的研究之所以对追求运动效果的健身者有很大的意义，是因为它很好地展现了健美运动员等在备赛过程中的情况。运动员在比赛前进行强度过高的训练，虽然在多数情况下可以达到预期的减脂效果，但是会降低基础代谢水平，因此将面临之后体重更快反弹的风险[62, 55]。

我们从前文可知，活动代谢对直接加速减脂最为重要，而基础代谢对保持低体脂率起决定性作用。

科学合理的耐力训练和力量训练都被证明可以有效对抗减脂节食期间基础代谢水平的下降[69]。最新实验显示，两者结合的组合训练效果更好。正如图 33 所示，运动者按照科学的计划进行训练可以获得很好的减脂效果。此外，尤其是在训练初期，运动者还可以在一定程度上获得增肌的效果。运动者通过组合训练可以提高自身的基础代谢水平——每天能增加能耗约 100 千卡[65]。100千卡看起来很少，但是从长远来看，消耗的能量总量相当可观。

当训练计划超出运动者的能力时，即使是在力量训练和耐力训练结合进行的情况下，运动者的基础代谢水平也会下降——这时这种组合训练的方式就不再是最佳方案，运动者要改变训练计划以使其更科学。

举例来说，超重的运动新手进行了 20 周大容量快走训练和力量训练，结果发现他们的基础代谢水平平均每天下降 53 千卡[70]。由此可见，只有当运动的各个要素都被考虑周全时，力量训练与耐力训练相结合的训练才能成为有效的训练方案。此外，运动者要想在减肥节食期间避免出现基础代谢水平大幅下降的情况，就必须同时注重蛋白质在基础饮食中的含量[55]。正如图 27 强调的那样，适量的蛋白质摄入可以防止肌肉损失，并且人体可以通过摄入蛋白质尽可能地维持基础代谢的水平。

虽然肌肉量对基础代谢水平的影响最大，但是增肌并不是提高基础代谢水平唯一的方法[55]。人们进行艰苦的训练——不管是力量训练还是耐力训练——都能直接提高自身的基础代谢水平[62]。这基于后燃效应，它的弊端是每次只能持续很短的时间。

我们要将后燃效应分为两个不同的阶段[71]：后燃效应第一阶段持续时间短且较为剧烈，它在训练结束几小时后就会消退。与这一阶段相连的后续阶段也将在 24 小时后缓缓结束，但有时可长达 48 小时[72, 62]。

后燃效应第一阶段之所以剧烈与高强度

零热量情况下肌肉的增长 [65, 66, 67, 44, 68]

运动者经常提的一个问题：节食时肌肉会增长吗？人们产生这一疑问的原因在于，增肌和减脂所需的新陈代谢环境和激素环境是完全相反的。正如读者在第5章中所了解到的，肌肉增长需要大量能量：一方面，构建身体所必需的膳食蛋白质要被分解并吸收进体内；另一方面，肌蛋白的合成本身也要消耗大量能量。此外我们还要想到，肌肉组织增长的话，新陈代谢水平也会提高，因而能量需求也会随之增加。因此，人体能量平衡和氮平衡之间密切相关。

人在饥饿时情况完全不同。完全禁食必然会导致肌肉组织的分解（第5章）。在完全没有营养摄入的情况下，运动者试图通过规律的力量训练达到阻止肌肉分解的目的，长远来看只会导致肌蛋白的彻底耗尽。尽管运动确实可以在一定程度上阻止肌肉分解（因为开始时运动中的肌肉可以从体内氨基酸代谢库中调取氨基酸），但是由于禁食期间人体不能从外界摄入充足的营养物质，氨基酸代谢库也就不能得到补充，与此同时肌肉本身还要作为间接的糖供体，于是在禁食期间，肌肉就会越来越萎缩。

在进行减脂节食时，因为运动者会在训练前后的特定时机有计划地摄入热量和高价值的蛋白质，所以情况将有所不同。原理就在于，运动者只在训练前后的短暂窗口期制造一个较小的能量波峰，同时获得较高水平的胰岛素，而在一天中的其余时间里，运动者要严格进行低热量饮食。借助这个小技巧，尽管是在节食期，运动者，尤其是运动新手也能获得一定的肌肉增长。第5章提到的一项研究已经为这个观点提供了有力证据：一些警员在12周内实行富含蛋白质的基础饮食，并在力量训练中的特定时机补充蛋白粉。结果尽管这些警员摄入的热量减少了，他们的去脂体重却明显增长了。

不过，实行极度严苛的饮食法并配合大量的运动，情况又有所不同。在一项以健美运动员为实验对象的研究中，受试者在12~16周的赛前准备阶段增肌但并没有成功。而在大量摄入蛋白质以及合理训练的情况下，几乎所有参与该研究的运动员的肌肉量都维持在稳定水平。

若要真正获得肌肉增长，体内必须有一定的能量盈余，这是该领域权威专家的观点。根据经验，随着体重的增加，肌肉围度也会猛增，但遗憾的是腰也会变粗。所以我们的计划是，在热量摄入增加的同时，有针对性地进行训练，从而使胸、背、手臂、肩膀和大腿尽可能迅速增重，同时将腰围控制在最小范围内。

因为所需要的新陈代谢条件不同，人们既想显著增肌又想明显减脂是不可能的。运动者在训练前后特定的时机进餐，至少在实行适度严苛的饮食法的情况下，两者在一定程度上可以兼顾。健美运动员在比赛期间不允许服用兴奋剂，所以其肌肉增长不可能立竿见影。在这种情况下，他们只能通过有针对性的饮食来尽可能地减少肌肉的降解。

训练中大量乳酸的生成有关：乳酸必须被身体利用掉，而这个过程耗能非常多 [71]。此外，运动者身体中被清空的肌酸储备需要再次被填满，在艰苦训练期间运动者的体温会陡升、血流速度和呼吸频率会显著加快，这些都要消耗能量。运动者在训练结束后，当体温和其他指标最终回落到初始水平时，升高的能耗就会下降。这一般需要2小时。

后燃效应第二阶段之所以能持续24小时且不那么强烈与人体被激发的新陈代谢有关。例如，脂肪组织释放的脂肪的量远远超过身体实际需要的，这些过剩的可用脂肪酸必然会重新堆积起来，这势必持续较长时间而又消耗能量。此外，还有证据表明，产生肌肉酸痛之后必要的肌肉修复过程同样会消耗能量，因此会在最多48小时内明显地影响人体的基础代谢水平[73]。这尤其会在运动新手身上发生，对资深运动者也有一定作用。

总的来说，运动者在刻苦训练后的 48 小时后就几乎不再受后燃效应的影响了，短暂提高的基础代谢水平最迟在这个时候会回落到初始水平。要想继续提高自己的基础代谢水平，运动者就必须在最多 2 天后重新进行训练。高水平的研究对此指出，只有当运动者进行规律的训练时，其对运动者每日能量消耗所产生的促进作用才会持续[74]！

关于后燃效应我们还要知道，运动量越大，效果自然就越明显[57]。但是，后燃效应受运动强度的影响很大，所以具体来说应该是运动强度越大，后燃效应就越明显[71, 55]。运动者在进行耐力训练和力量训练时都是如此。例如，练习组间隔越短，后燃效应就越强[75]。此外，力量训练者在进行基础训练，比如深蹲时动作强度要更大（当然用力要正确和可控），这会额外消耗一些能量[76]。

资深运动者在后燃效应的能量消耗方面有小小的劣势，因为他们因运动而提高的基础代谢水平回到初始水平的速度有时会比运动新手快得多[55]。因此，就某个个例来说，很难确定其因后燃效应到底额外消耗了多少能量。

由此我们的讨论进入了一个关键点：后燃效应到底能消耗多少能量？保守估计的话，运动者进行普通强度的训练而产生的后燃效应大概能消耗 200 千卡能量[62]。但是，这个数值会上下波动，具体消耗多少能量主要取决于运动者本身，一名体重为 110 千克、长期运动的健身者与一名体重为 65 千克的难以进步者产生的后燃效应消耗的能量肯定不同。尽管后燃效应的具体耗能因人而异，但是对实现训练效果帮助很大。

最后我们再来谈一谈几个观点：人对基础代谢施加的影响是有限的，目前不断有研究证明，当人们减少热量摄入时，体内的新陈代谢就会采取多种措施来节约能量[77]，原本就肥胖的人尤其如此。也就是说，如果一个人努力采取措施试图减掉体脂，他就极有可能必须面对接下来基础代谢水平下降的现实[78]。这会带来更大的弊端，即他必须长期节食以防体脂重新增长。

这要求运动者长期以超常人的毅力来节食。进行规律的、合理的运动对对抗减脂节食期间身体基础代谢水平的下降非常有帮助，或者至少来说可以延缓其下降[77]。但是它只能在一定的时间内起作用。也就是说，即使运动者严格执行不断进阶的训练计划，身体也会启动一定的能量节约程序，因此刚开始很容易获得的新陈代谢优势会随着时间的推移慢慢变小。但我们不应该就此灰心丧气，而应该改变自己减脂的期望值以使其更切合实际。

在此我们要强调的是，减脂的最大技巧是：不过分倚赖节食，并适时转变成依靠能维持体脂率和增肌的训练计划。

6.3.4 生热效应

正如我们所知，用餐后人体的能量转换率会明显提高（图 32），这一现象被称为"食物热效应"或者"生热效应"。人体通过饮食摄入的碳水化合物、脂肪和蛋白质都会引起更多热量的生成。然而，这些营养物质存在明显的差别：碳水化合物使用餐后人体的热辐射最多增加 15%，而脂肪的生热能力明显较小[79, 55]。此外，由脂肪和碳水化合物引起的生热效应的持续时间都比较短。

最有效、最持久的生热物质是膳食蛋白质。我们已经从第 5 章了解了蛋白质在这方面的功效。人们在实行高蛋白饮食法时，不仅可以更快地获得饱腹感、更好地维持肌肉量，还可以在体内营造一个良好的新陈代谢生热物质指一类能够通过刺激新陈代谢而增强身体生热效应的物质。这意味着，它能促使能量以热量的形式从身体辐射到周围环境中，从而有利于减脂。市面上出现了大量的此类产品，它们均以营养补充剂而非药物的形式被售卖。因为生产商要将这些产品作为药物售卖的话，根据德国药品法，他们需要提供已经经科学研究确认了有效性和安全性的产品的证明，并且这些产品的服用要受到严格规定。另外，生产商还需要保证产品的质量，这就意味着，每颗胶囊或每片药片中的有效物质的含量要受到严格规定。而将它们作为营养补充剂售卖就灵活得多，因为相关法律没有那么严格，生产商只要满足一定的安全性要求就可以了。

麻黄产品就是一个很好的例子。它的主要原料是草麻黄、木贼麻黄和中麻黄，含有麻黄素和伪麻黄素，它们与安非他命类似，是所谓的具有拟交感效果的化合物，能促进压力激素肾上腺素和去甲肾上腺素的分泌，由此促进新陈代谢过程中能量的生成。读者可以从相关的专业文献中了解麻黄素的药物化学式。

麻黄产品作为常用的草药产品有很多种形式，比如胶囊或浓缩茶。这种产品存在的问题就是有效成分没有统一的标准。说得更明白点儿，因为含有麻黄素等有效成分的植物的生长环境，包括日照、土质、施肥情况等因素会有不同，所以这些植物的最终有效成分含量不一。这导致一些麻黄产品几乎不含任何有效成分，而另一些产品却含有太多的麻黄素或伪麻黄素。对使用者来说这是很大的问题。因此，2002 年 4 月，德国联邦消费者健康保护协会、兽用药物研究协会以及药品与医疗器械管理局提醒大家防范麻黄属草药所引起的严重健康问题，因为一些产品中有效成分的含量明显太大了。

数据表明，一些人在服用麻黄产品后会产生十分严重的副作用，甚至会死亡。药品级别的麻黄素起码有一个好处，就是我们可以明确地知道并监控每片药片或每颗胶囊中有效成分的含量，无须担心它有太大的波动。尽管如此，作为药物的麻黄素也还是有很大的副作用，比如在美国，麻黄素已经造成约 100 人死亡。如果年轻人不知道自己患有先天或后天心脏疾病，这种危险就会发生在他们身上。

麻黄这样的生热物质确实具有能被证实的生热效果。根据广泛的调查研究，麻黄产品可以使人在一个月内减重 0.9 千克，但是人们在连续服用 6 个月后体重就不会再减轻了。此外，并没有长期的研究证明这种减重效果具有稳定性。为了获得这一短暂的效果，人们可能要付出很大的代价——麻黄产品有很大的副作用。幸而发生严重副作用的情况并不多见，但恶心、心悸以及心理上发生变化等还是较为常见的。尤其是那些从外国进口或通过网络渠道购买的产品，大家要谨慎使用。

环境（图 27）。

有意思的是，运动者进行高强度的训练，无论是力量训练还是耐力训练，都能明显加强生热效应。例如一项研究证明，受试者在进行高强度的力量训练后食用富含碳水化合物的食物，身体的热辐射比之前没有运动而只是食用同样的食物的情况增加了 73%[80]。两种情况下散发的热量至少相差 40 千卡——人们只要一日三餐中有一餐在运动后，身体就可以向外多辐射这么多热量。这个例子又一次强调了在训练前后进食有多重要。

生热效应能够促进减脂的另一方面表现在水的热效应！很长时间以来人们众口相传，称在减脂节食期间必须保证足够多的饮水量。一个原因是，食物本身含有大量水分，如果人开始节食，那么为了保证身体内的水平衡，就必须喝更多的水（第 1 章）。

另一个原因则在于，饮用大量的水可以

消耗能量。饮水不仅可以解渴、饱腹，还能对能量平衡产生影响。曾有实验研究 14 名受试者饮用半升水对他们体内的能量平衡产生了什么影响[81, 82]。结果发现，受试者在喝水后 10 分钟其能量代谢水平就提高了 30%，30~40 分钟以后能量代谢水平达到巅峰，之后又慢慢下降。

如果一个人每天喝水 1.5 升，按一整年来计算的话，仅仅通过饮水消耗的能量就可达 17 400 千卡。上面这项研究还显示，男性通过喝水额外消耗的能量主要来自体脂的降解，而女性在这方面更多燃烧掉的是碳水化合物。

喝凉水（22℃）比温水（37℃，正常体温）更有效。这项研究的负责人认为，之所以会这样是因为神经系统特定的部位被激活了。更新的实验证实了这个结论[83]。但是，我们在决定每天饮用大量凉水前要知道，严格来说这些实验结果迄今为止只适用于超重者和肥胖者。对苗条的人和运动人群来说，这种做法是否有效尚待研究。此外，目前得出的结论均来自短期实验，很有可能人们在饮水更长的时间后，这种效果就会减弱甚至不存在了。无论如何，对有志于减脂的运动者来说，他们又多了一个要注意合理饮水的理由。

总的来说，在德国，食物热效应所需能量占日常能量需求量的 10% 左右（图 32）。

小结：活动代谢不仅受日常活动的影响，还受运动的影响。进行运动是在最短时间内实现显著减脂的主要方法。活动代谢对减脂来说特别重要，以至于当基础代谢水平在肌肉量减少的情况下下降时，它还是可以让运动者在短时间内减脂。健美运动员进入竞赛前的准备阶段时，不用做别的，只需逐步提高活动代谢水平以及逐步减少能量摄入。

在德国，基础代谢所需能量占每日能量需求的比例很大，我们的基础代谢水平一部分是由我们的基因决定的。运动者可以通过增肌来提高自身的基础代谢水平。此外，他们还可以通过执行高强度且不断进阶的训练计划来提高基础代谢水平。无论是进行耐力训练还是力量训练，都会使基础代谢水平暂时升高。然而，这个作用最长只能持续 48 小时，且对运动新手来说效果更明显。人们要想利用这种特殊的方法提高自身的代谢水平，就必须进行高频率、高强度的运动。基础代谢水平的升高最主要的作用在于保持体脂率的稳定。此外，它可以让我们在某一次贪嘴后不必担心体脂会立刻明显增长。

我们只有进行规律的运动，才能提高基础代谢水平。此外，随着时间的推移，尽管我们付出很多努力，身体还是会采取措施来节约使用能量，这就为进一步降低体脂率增加了难度。这个现象特别容易出现在曾经超重的人身上。

营养物质的摄入，尤其是蛋白质的摄入，会促进热量的产生以及向周围环境的辐射。食物热效应所消耗的能量约占每日能量消耗总量的 10%。多饮凉水可以增强生热效应。在实践中，实行高蛋白饮食的生热效应最强。

6.3.5 自我估算能量需求

食物中的碳水化合物、脂肪、蛋白质，可能还包括一些酒精，每日为运动者提供能量，即生命必需的 ATP（图 29 和图 30）。到此我们已经逐渐了解了每种营养物质在人体内新陈代谢的特点。

但最终人体到底是会增肌还是会减脂，是由能量平衡状况决定的，并不取决于我们摄入了哪种营养物质。在第 5 章我们已经指出，想实现肌肉的合理增长，每天要多补充约 500 千卡热量[88]。此外，人们在进行极大量的运动时，比如额外进行耐力训练，或者增加动作的重复次数和训练组数，身体的能量需求甚至会增加到每天 1000 千卡[89]。反过来，从减脂的角度出发，一个人如果每天少摄入 500 千卡热量，一周就能减少 3500 千卡热量，也就相当于约 0.5 千克体脂。

问题是，如果我们不了解自身的能量需求，如何去减少或增加这 500 千卡热量呢？正是出于这个原因，我们现在来看看，运动者如何简便而尽可能精确地估算自己每天的能量需求。最快和最方便的方法就是借助于表 15。然而，要想在实践中正确运用这个表格，还需要了解一些知识。我们先来了解一下业余运动和竞技运动的不同。根据官方定义，业余运动者或群众性体育运动参与者每天最多运动一小时，每次最多消耗 1000 千卡能量。而运动员每天要训练 1~3 小时，每次训练要消耗 1000~3000 千卡能量。此外，运动员还会参加竞技比赛。

追求运动成绩的运动者也会像运动员一样训练，但是不参加比赛。他们的能量需求根据训练项目和强度而有所不同，但与运动员的需求相当。运动员在进行高体能要求的运动（比如环法自行车赛或铁人三项赛）时，运动量和运动强度最大，因此他们的能量需求也最多。

下面有两个例子，教我们如何将表 15 中的参考数值运用到实践中。第一个例子，一名 19 岁的女大学生，每周去健身房运动 4 天。其中有两天她进行时长约 60 分钟的全身力量训练，另外两天每天在椭圆机上锻炼 1 小时。此外，她每周还慢跑一次，约 45 分钟。

如果我们把表 15 作为依据，那么这名大学生每天基础代谢的能量需求约为 1500 千卡。作为女大学生，她日常较少有体力活动（属于表中的类别 1），在不运动的情况下一天的能量需求约为 2000 千卡。此外，我们要考虑到上面提到的运动消耗，她每周差不多用 5 小时进行业余运动。这就是说，她可以

表 15　不同人群每日能量需求量的估计值（根据文献［2］绘制，根据文献［90］修改）

性别和年龄	基础代谢能量的估计值	类别 1：活动量较小的人，比如实验员、汽车司机、大学生 / 中小学生、流水线上的工人	类别 2：活动量较大的人，比如保洁员、售货员、手工业者	类别 3：进行高强度的体力劳动的人，比如建筑工人、运动员、农民
男性	千卡 / 天	千卡 / 天	千卡 / 天	千卡 / 天
15~19 岁	1820	2500	3300	4000
20~51 岁	1740	2400	3100	3800
51 岁以上	1410	2000	2500	3100
女性	千卡 / 天	千卡 / 天	千卡 / 天	千卡 / 天
15~19 岁	1460	2000	2600	3200
20~51 岁	1340	1900	2400	2900
51 岁以上	1170	1600	2100	2600

表格中的所有数值都是基于大量实验得出的。

如果你们认为根据表 15 估算的每日能量需求不够精确，这里有一种方法可以针对个体的情况精确地计算出个人的能量需求。

每日能量需求与去脂体重紧密相关，为了更好地计算个人的能量需求，我们必须先估算自己的去脂体重。许多健身房都提供计算去脂体重的方法。

我们如果已经成功地计算出自己的去脂体重，就可以用以下公式计算与肌肉量密切相关的基础代谢所需能量：22 × 去脂体重 +500。

举例来说，一名体重为 100 千克的健身者的去脂体重为 85 千克，那么他的基础代谢所需能量可以通过以下的方法计算：22×85=1870，1870+500=2370。也就是说，他每日的基础代谢能量消耗约为 2400 千卡。一个人每日包括基础代谢在内一共要消耗多少能量，取决于他的职业和运动量，这可以通过表 16 来估算。

我们假设，这名健身者是运动员，每年至少要参加一次比赛，每周训练 5~6 天。从职业角度来看，他是男护士，也就是每天多数时间是站着的。据此，在训练日他的能量需求为：基础代谢 2400 千卡×2.0（这个活动系数是从表 16 获

得的）=4800 千卡。如果这名健身者认为 4800 千卡不足以打造令他满意的肌肉，几周后他可以选择更大的活动系数，也就是 2.1。相应地，他摄入的热量应该升至 2400 千卡×2.1，也就是约 5000 千卡。

相反，当他发现腰身迅速变粗时，他就应该选择一个更小的活动系数，即 1.9。相应地他每天就要摄入约 4600 千卡热量。

根据经验，比较有效的方法是，刚开始时只在训练日增加热量的摄入量以免不必要的体脂增长。一旦出现训练成绩止步不前的情况，即使在训练日进一步增加热量摄入量也无济于事，我们就要考虑在非训练日也增加热量的摄入量。

无论如何，非训练日热量的摄入量还是要少一些。根据表 16，这名健身者作为护士每天需要 2400 千卡×1.8，也就是约 4300 千卡热量。在非训练日他可以参考这个数值摄入热量，并根据自己的情况进一步调节。

要注意的是，通过这里介绍的方法获得的数值只能作为运动初始阶段的参考值。接下来还有待运动者自己摸索。

归为表中的类别 2，日能量需求最多为 2600 千卡。

因此，在实际生活中，她应该只需要在训练日摄入表格建议的 2600 千卡热量。而在非训练日，根据表 15 中的类别 1，她的能量需求为 2000 千卡。通过这种方法，她就可以避免不必要的体脂增长。她可以按照这个计划先执行一个月，再根据外表的变化进行必要的微调。

第二个例子，一名 25 岁的男性手工业者，每周工作 40 小时。他每周在健身房里运动 4 天、每天进行 60 分钟的力量训练。此外，他每周还会花 2~3 小时使用功率自行车或椭圆机进行有氧运动。

根据表 15，他的基础代谢所需的能量约为 1700 千卡，不考虑运动的话，他每天共需摄入约 3100 千卡热量（类别 2）。但他每周进行 4 天力量训练，此外还进行耐力训练，其运动量可以算准竞技运动级别了，所以他的能量需求应该参考类别 3。据此，他每天最多需要 3800 千卡能量。但是，他应该至少在刚开始时，只在训练日摄入 3800 千卡，而在休息日摄入 3100 千卡就足够了。当然，他也需要在执行计划的过程中不断微调。

6.3.6 估算结果的检验

如何检验估算出的能量需求是否真正适合自己？我们之前提到的估算方法尽管是基

表 16 活动系数（根据文献［91］绘制）	
身体活动	活动系数
• 完全坐着工作、没有或很少进行高强度的业余活动、不运动的人	1.4~1.5
• 大多数时间坐着工作、偶尔步行或站一段时间、很少运动、至多参加群众性体育运动的人	1.6~1.7
• 工作时主要站着或步行的人，或者以追求运动成绩为导向的运动者	1.8~1.9
• 从事高强度体力劳动的人（林业工人、建筑工人）、运动员、积极追求运动成绩的运动者	2.0~2.4

于科学研究得出的，但最后给出的只是一个近似值。其实，在日常生活中检验这种估算结果很容易，并不需要特殊的方法。

看照片和照镜子：在很短一段时间之后，我们通过观察自己的外形就可以知道自己所选择的热量摄入量是否合适。如果我们身上长了更多的肥膘，那肯定是热量摄入过多了；如果肌肉增长情况不好，也说明热量摄入过多了。用照片观察的优点在于，它能使运动者更客观地从多个角度评判自身的情况，而照镜子容易给人带来错误的印象。

观察皮带、裤子和 T 恤：我们如果要不断地松皮带，同时裤子越来越紧，那么很显然是摄入了过多的热量；相反，如果我们的旧 T 恤越来越宽松，原来的皮带孔又可以用上了，那说明热量的摄入量是合适的。

用体重秤和卷尺称量：这是一种更精确的方法。称量应该在每天早晨去过卫生间之后进行。但是，不能只称体重，因为体重会因膳食和运动而波动。按照经验，运动者的

体重越大，可能产生的偏差就越大。因此，还需要在早晨测量腰围、上臂围以及大腿围，并且每次要在同一个位置测量。

如果体重增长的同时，大腿围和上臂围增长了 1~2 厘米，而腰围只增长了 6 毫米，那说明运动者采用的方法是正确的，所选择的热量摄入量与实际训练要求一致。相反，如果腰围增长得比上臂围和大腿围快，那运动者要么要进行更频繁和更长时间的运动，要么要加大运动强度，与此同时还要减少热量的摄入。

使用皮脂测量以及其他测量身体成分比例的方法：它们就像体重秤和卷尺一样，提供的数据虽然客观，但人们由此得出的结论往往不准确。比如说，运动者的皮脂厚度变小了，那么他会大受鼓舞。但是我们要知道，用通用的任何测量方法所得出的结果总会上下浮动，并不见得是身体成分比例真的发生了变化。身体成分的测量顶多能提供额外的参考依据，并不是必要的。

小结：能量平衡是影响运动者增肌和减脂最重要的因素。为了精确地估算自身的能量需求，人们通过观察外形和旧衣物是否合身就足够了。此外，我们还可以使用体重秤、卷尺和其他方法。如果你想要积极改造臃肿的"游泳圈"和瘦弱的手臂，甚至想参加健美比赛，那么我们建议你至少要大概估算出自身的能量需求，并且阶段性地根据自身设定的热量摄入量调整自己的饮食。一个人的能量需求与他的肌肉量以及日常活动量密切相关。借助恰当的表格和公式，我们可以很方便地估算出自己的能量需求。

6.4 能量平衡与体脂——体质是绊脚石？

本节内容献给那些对下面这个问题感兴趣的读者：为什么有些人付出了巨大的努力，

也具有惊人的毅力，想要获得六块腹肌却难于上青天？

哺乳动物——也包括人类——起源于约八千万年前[92]，其新陈代谢机制的形成从一开始就是为了解决食物匮乏以及不得不进行的体力活动的问题。4万~5万年以来，我们的基因所编码的信息基本保持不变，因此到目前为止，现代人的"细胞程序"仍然是为不稳定的食物供给和持续不断的体力活动而编写的[93]。

简而言之，有句德国谚语最适合描述我们祖先的生活——要想填饱肚子，就要为此奔波！这跟今天西方世界的情形自然完全不同。欧洲、美国和其他很多国家，与从前相比发生了天翻地覆的变化：人们几乎无须大量活动。几乎人人都有汽车，即使没有，也可以借助公共交通工具。大型超市使人们不用长途跋涉就可以买到多样的食物。网购就更方便了。人们随时随地都可以获得物美价廉的食物，而且想要多少就有多少。这样的例子不胜枚举。

人们如果不主动进行运动或其他高强度的体力活动，很快就会成为超重大军中的一员。图34说明了我们的体质、环境和体脂之间的关系。

体质对超重和体脂的影响因人而异。一些科学家认为，在极端情况下，基因的影响可以占到80%[94, 95, 96]。个人体质对饥饿感、饱腹感、能量的储备、生热效应和营养物质的利用都有影响。但是，引起超重的遗传基因只有在食物供给充足的情况下才会发挥全部作用。也就是说，基因和环境这两个因素要相互配合，才会真正让人变胖[97]。

举例来说，如果一个人本身是极易发胖的体质，却必须长期生活在荒凉的沙漠中，食不果腹，那么他体内会使其发胖的基因就几乎不会发生作用。相反，如果一个人本身

虽然是吸收不良者，却生活在到处都是快餐店和汽车餐厅的环境中，而他出行不是驾车就是乘坐公共交通工具（也就是说活动极少），长期下来，他还是会长出大量多余的脂肪。这些现象告诉那些热爱运动的人，基因是先决条件，决定了你的增肌和减脂之路是否艰辛而费时；而智慧和自律则决定了你离由基因决定的个人完美身材有多近（图35），这也是本书最为重要的基本观点。与无数广告语所传达给我们的信念不同的是，现实中没有无须自我克制和艰苦运动就可以成功塑身的捷径。成功的诀窍掌握在了解自身极限的人手中。

小结：由目前的知识水平来看，每个人的体质确实不同，有的人吸收良好而有的人吸收不良。因此，体质决定了个人体脂率的最小值和肌肉量的最大值。智慧、毅力、勤奋和自律等因素最终决定了一个人能将自己的天赋利用到何种程度。这也许需要很长时间，甚至可能需要几十年。最终，我们肯定会惊讶于自己身体所拥有的潜能！我们没有理由听天由命、毫无作为，或者让体质成为自己放弃努力的借口。

关于瘦身和减脂的话题，健身领域绝大多数讨论都是围绕着如何燃脂的，因此本书专门辟出一章讨论这个问题。瘦身的问题到现在为止我们很少提及，但其实对它来说也很重要的方法就是管理进食，即调控食欲、饥饿感和饱腹感等。

根据科学界目前的看法，至少从长远来看，人类的热量摄入和体重调节都处于身体的精细调控之下。它们受众多信号分子的影响，有100多种遗传因子参与到这些调控过程中。许多遗传单元的复杂联系至今尚未被研究，尽管近年来有越来越多的相关细节被发现[98, 99, 100, 101]。

已被人们研究透彻的影响因素之一是信

号分子——瘦素，在此我们来简短而有针对性地介绍一下这种物质。我们都知道，当人体内大量体脂被燃烧后，脂肪细胞会不断缩小，运动者就能一步一步慢慢接近自己的理想身材。然而，当脂肪细胞发现它的储备快要耗光时，就会减少信号分子——瘦素的合成，并将这少量的瘦素释放到血管中（图36右半部分）。脂肪细胞正是通过降低瘦素含量这种方式将消息报告给大脑这个重要控制中心的。相对较少的瘦素通过血液循环进入大脑中的特殊区域，就等于发出脂肪细胞萎缩的信号。而这样做的结果是，人的食欲会被强烈激发，人会越来越馋嘴。一段时间之后，人就会几乎无法抵抗饥饿的感觉。

至少有一项研究证明了力量训练者的体脂率与瘦素之间存在相关关系[102]。但是这并不能说明瘦素真的能减脂，否则我们完全可以将瘦素作为外源性药物服用，超重这个问题也就不复存在了。问题并没有这么简单。其实关键的问题是，由于各种各样的原因，

图 34　个人体质和环境对能量平衡产生影响的比例关系

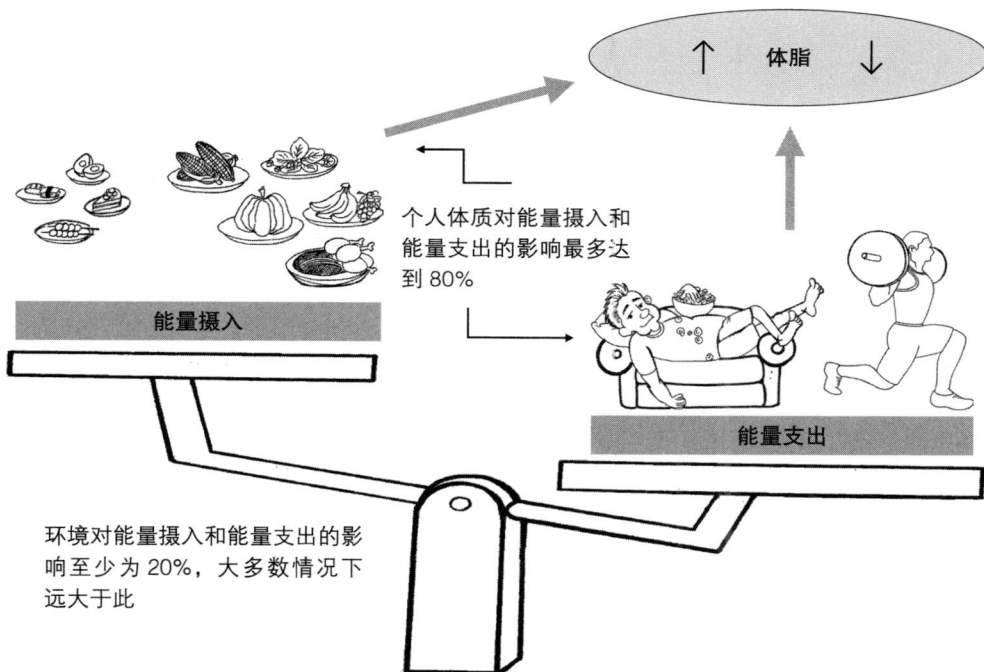

个人体质对能量摄入和能量支出的影响最多达到80%

能量摄入

体脂　↑　↓

能量支出

环境对能量摄入和能量支出的影响至少为20%，大多数情况下远大于此

由上图可以看出，个人体质不仅对每日能量支出——即生热效应、基础代谢和活动代谢的能量消耗——产生很大影响，还对一个人的食欲和与此相关的能量摄入产生影响。我们无法改变自己的体质，但是外界的影响，也就是环境因素是可以通过后天积极打造的，即环境是我们可以主动施加影响的因素。例如，生活所在地高热量食物供应充足而又价格低廉，或者本人活动过少（坐车出行、坐着办公等），热量摄入就会过剩。进行规律的高强度运动就是一种"积极改变环境因素"的行为。当然，某些人如果个人体质影响极大且对其极为不利，进步就会非常缓慢。而那些具有良好体质的人很容易就能获得理想的身材。我们必须在个人体质的基础上，严格自律，并且有足够的耐心！（本图部分内容经霍夫曼－拉罗什公司授权）。

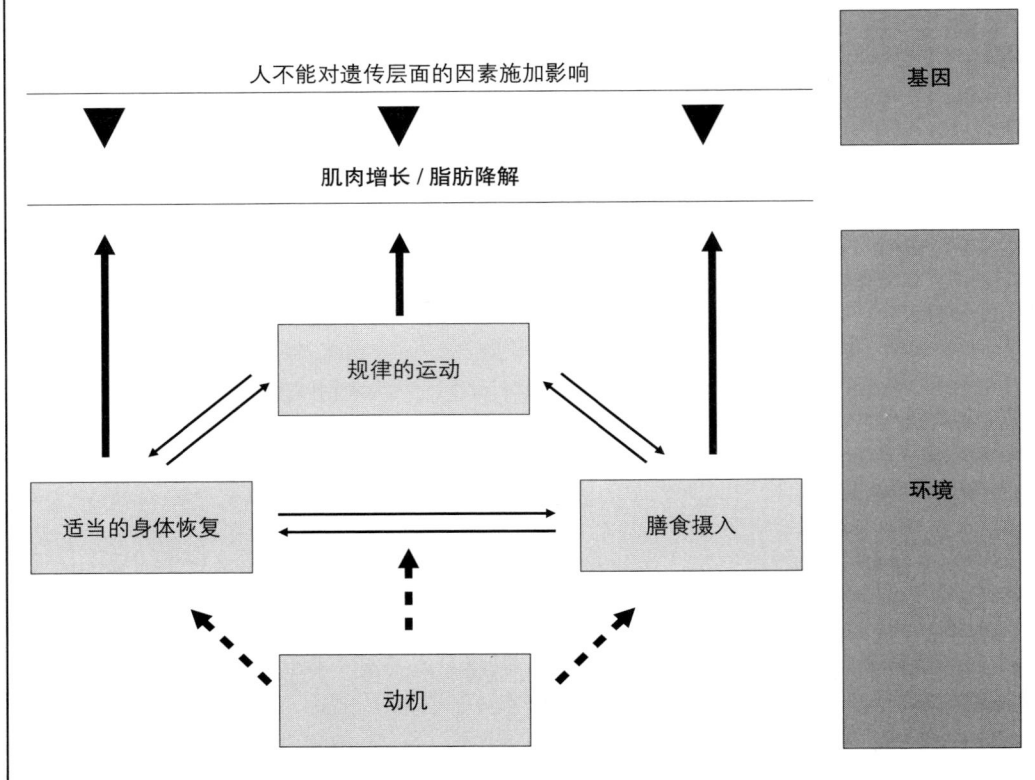

人不能对遗传层面的因素施加影响

基因

肌肉增长 / 脂肪降解

规律的运动

适当的身体恢复 ⟷ 膳食摄入

动机

环境

瘦素在许多肥胖者身上的效果并不明显[99]。

但是我们可以确定的是，节食的效果在一段时间后不明显确实与瘦素这类信号分子有关。它们迫使节食者不断犯规。如果人们一直抱着犯规的念头，到最后就会不由自主地问自己：如果因为原始的食欲反馈机制，人在或长或短的时间后总会再长胖，那通过严格的节食和艰苦的训练来促进燃脂又有什么意义呢？

若要长期稳定减脂效果，我们就必须仔细处理与最重要的"敌人"（过于旺盛的食欲）和最重要的"盟友"（饱腹感）之间的关系。食欲抑制剂并不能解决这些问题。一方面，尽管此类药物在几十年前就已经出现了，但是现代人的超重问题却日益严重。另一方

面，食欲抑制剂的副作用较大，刚刚出现的新一波市场缩水的现象足以说明它们存在的问题[103]。服用食欲抑制剂顶多可以作为暂时的辅助方法，使用者必须警惕其在某些情况下极为严重的副作用。因此，力量训练者应该把放在食欲和饱腹感方面的注意力放在其他的影响因素上。

6.4.1 运动和食欲

我们要先指出一个人人都知道却总是忽略的事实：进行规律的训练会让人感到饥饿，但并不是在训练时而是在训练结束几小时后才会感到饿！基于这种情况，不少媒体反复建议：安心地放弃为减脂而进行的运动吧，反正那样做只会使胃口变大，让节食的贯彻

图 36　以瘦素为例，信号分子如何调控身体组成（根据文献［98］绘制）

当脂肪细胞过于饱满时，大脑特定区域的瘦素负责释放更多饱腹信号，人由此减少膳食摄入

此外，瘦素可以影响基础代谢水平，并承担其他代谢任务

大脑

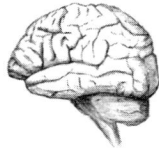

当脂肪细胞萎缩时，大脑特定区域瘦素的缺乏导致饥饿信号释放，人由此增加膳食摄入

人在节食期间，基础代谢水平不受肌肉量影响而下降，瘦素等信号分子在此扮演了重要的角色

信号分子瘦素与其他很多信号分子协同作用，参与体重调节

饱满的脂肪细胞制造大量的瘦素，并将它们释放到血液中。瘦素通过血液循环到达大脑

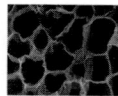

脂肪组织

人节食时，脂肪细胞萎缩，生成的瘦素较少，相应地血液中的瘦素浓度就会下降

　　瘦素是影响人体能量平衡的众多信号分子之一，能促使人产生饥饿感和饱腹感。胰岛素也有类似的功效。关于能量平衡人们至今还有很多细节没有弄清楚，但是有一点可以确定：能量平衡对人类进化太重要了，所以人体不能将这么重要的任务只交给一种或两种信号分子去调控。更多情况下，无数的信号分子紧密配合，有时甚至可以相互替代。在这个过程中，人的遗传天性起到了决定性作用。这就可以解释为什么有些人难以将体脂率长期维持在一定范围内了。

执行变得更加困难。但是事实并非这么简单。一方面，确实有不少运动者证实，他们规律地运动后，就会吃得更多。

　　但另一方面，并非所有的人都会吃得更多[104, 105]。有些人就必须靠强迫自己才能进食，特别是在进行高强度的运动之后。这一点已经得到科学的证实[106]。有的人在艰苦训练后会抑制饥饿感，这种情况在运动后可以短暂持续，但从长远来看，更多的人的食欲还是会变大。

　　科学调查显示，人可以被分为所谓的补偿者和非补偿者[106]。也就是说，运动者为更好地减脂而增加了运动量，其中一些人会在运动后的一段时间内，比如几天到几周内，食欲大增，另外一些人却不会因运动而引起

食欲大幅增加。但是大多数情况下，运动者的食欲不会增加到能将运动效果完全抵消掉的程度。尽管这样，我们不要忘记人是几乎无法一直坚持低热量摄入 6 个月以上的（少数人能坚持一年）。但在这段时间以内，如果我们足够自律，做到减少热量摄入是没有问题的——多数人的身体可以坚持这么长的时间。否则，力量训练者也就不可能在短时间内使体脂率大幅度下降了。我们已经在第 4 章中详细探讨过，这是完全能够做到的。但是在连续节食几个月后，运动者的食欲会猛增，控制饮食就开始变得更困难[106, 104, 105]。

　　如果我们从一开始就通过规律的高强度运动而非节食来达到能量负平衡，那么有一个好处就是，人体需要更长的时间才能意识

到能量处于亏空状态。举例来说，研究人员让一组受试者不吃早餐，让另一组受试者坚持吃早餐。几小时之后研究人员为受试者提供自助餐，所有受试者都可以自由选择食物。进行观察的研究人员精确记录了受试者所摄入的食物数量。与我们的预期相同的是，没有用早餐的受试者比用了早餐的摄入了多得多的热量。

之后，研究人员重复了这个实验，这一次两组受试者的差异在于：一组受试者运动，另一组不运动。结果是，尽管运动使受试者体内处于能量负平衡状态，但是他们在接下来的自助餐中，并没有如我们预期地摄入更多的热量[107]。从这个实验我们可以看到，单纯的饥饿比通过运动消耗能量更会让人过量进食！此外我们还应知道，在这方面，高强度、大容量的运动比少量运动更为有效。

因此，较高的运动强度能让很多人在短时间内自发抑制饥饿感，而且在男性身上的效果比在女性身上的好[106, 104, 108]。我们可以在黄昏后运动以利用身体的这一反应。因为运动制约了食欲，人们在运动之后以一杯低热量的奶昔或一小份凝乳作为晚餐就足够了，然后尽早上床休息。第二天早上，尽管前一天晚餐吃得很少，但是人们仍不会有明显的饥饿感，这样一来人们就可以真正减少热量摄入了。

但是这种方法也有局限性。一些运动者进行高强度的运动并不能很好地抑制食欲。另外，一些运动者在进行高强度运动之后身体难以平静下来，从而无法很好地入眠，更糟糕的是，当他终于快要入睡时又感到饿了。如果出现这种情况，运动者可以往凝乳或奶昔里添加一些可快速吸收碳水化合物。适量饮用这种饮料不会影响运动效果，还有益于睡眠。经典的热牛奶加蜂蜜就是一种行之有效的家庭秘方，它在生物化学方面的功效已

被证实[109]。

不断提升运动强度还有另一个好处，即人们在消耗如此多的能量后，食欲必然会大增，而这才是填满体内巨大的能量亏空的前提。正如我们在第4章中所说的，仅仅通过运动就可以减掉几千克脂肪。长此以往，运动者就会越来越接近能量收支平衡的状态。因此，运动者进行高强度的运动可以很好地反抗溜溜球效应（图19），并有助于保持运动效果。

随着时间的推移，运动者进步的速度会越来越慢，一方面是因为运动者不断增大的食欲，另一方面是因为运动者身体的适应性反应。例如，刻苦训练的运动者在日常生活中的活动量会明显减少，这就使他极大地减少了能量支出，从而平衡了其运动时的能量消耗。运动者想要达到体内能量平衡的状态只是时间问题，直到——至少暂时到——他不再继续进步。

6.4.2 食物的能量密度

食物的能量密度就是食物的热量含量与重量之比，通常用每100克食物所含的热量（千卡）来表示。

我们以一块超市里常见的坚果全脂牛奶巧克力为例，将它与一个苹果进行比较：一块100克的巧克力的热量约为550千卡，而一个100克的苹果的热量只有54千卡，相当于这块巧克力热量的1/10。因为苹果的含水量达90%，这与巧克力完全不同——苹果所含的热量被"稀释"了[110]。

在日常生活中，了解这一点非常重要，因为一个人每天的膳食摄入量会影响其饱腹感[111]。胃的胀大与大脑中其他信号分子一起引发饱腹感。为了使胃充分地胀大，人们就需要用足够的食物来填充。据统计，德国人平均每天食用1.4~1.7千克食物[110]。如果一

个人的这 1.4 千克食物全部是苹果，那么他一天只摄入 756 千卡热量，而如果他吃的全部是巧克力，那么他摄入的热量高达 7700 千卡。差别多么大！

第二种情况会让人的体脂在或长或短的时间内增加，而第一种情况则会让体脂减少。当然，我们所选取的案例比较极端，但是下面的实验揭示了能量密度在我们日常生活中的重要意义[111]：研究人员让受试者在相同的条件下食用肝肠面包，直到他们感觉吃饱。两组受试者吃的面包完全一样，只有一个区别：一组的面包额外涂了黄油，另一组的则没有。两组受试者食用的面包片数相同，均为 8 片。

要知道，每片涂上黄油的面包提供的热量约为 214 千卡，没有涂黄油的面包只有 142 千卡热量。这就使得两组受试者摄入的热量相差约 580 千卡。食物的热量或能量密度对饱腹感的影响不大，食物的体积对饱腹感的影响更大，也就是 8 片面包这个数量起了决定性的作用。

由于人要获得饱腹感就要食用一定体积的食物，当我们优先选择那些能量密度大的食物，比如炸薯条、巧克力、蛋糕、饼干、比萨、啤酒和含糖饮料时，就会有超重的风险。在当今的工业国家中，这类食物提供的热量最多能达到一个人每日热量摄入总量的 36%[112]。观察研究显示，人们常年摄入的大能量密度的食物越多，之后变胖以及患糖代谢疾病的风险就越大[113]。

我们的祖先摄入的食物平均每千克只有 1250 千卡热量。同时，他们还常常要背负武器和猎物，平均每天步行 20 千米。而在过去的 40 年中，文明社会的人类平均每天只要步行 1~2 千米。在这种情况下，我们的食物能量密度却达到了每千克 1800 千卡[114]。这样一来，现在我们的热量摄入量是我们祖先的

1.5 倍，若光吃快餐，甚至能达到 2.5 倍。因此，对力量训练者来说，多关注食物的能量密度很有必要。事实上，大多数人已经——至少是下意识地——在选择食物的时候更多选择水果和蔬菜了。而所谓的饮食法，不管是低碳饮食法、低脂饮食法、低 GI 值饮食法还是别的，说到底其实就是让人们选择能量密度小的食物。

作为日常生活的参考，了解从哪个数值开始属于大能量密度的范畴很重要。国际科学机构将每 100 克能量大于或等于 225 千卡的食物规定为大能量密度食物[115]。为了避免超重，我们在日常生活中要尽量选择那些能量密度小于每 100 克 125 千卡的食物[114]。蔬菜、沙拉和水果因含水量大，其能量密度大多在每 100 克 10~70 千卡之间，每 100 克低脂的鱼类或瘦肉含 75~115 千卡热量。干燥的食物，比如咸味饼干条或玉米片，虽然脂肪含量低，但能量密度也在每 100 克 320~350 千卡之间。黑麦面包或小麦面包的能量密度大约为每 100 克 238 千卡[114]。

想在能量密度上做文章的人，不必拘泥于具体的数字。你如果想吃一块巧克力，那就吃了它，虽然它含有约 580 千卡的热量，属于大能量密度食物。但是我们可以在这一天——甚至第二天——相应地多运动，多食用体积大和含水量大的食物，比如低脂的鱼类和蔬菜，以此来抵消通过巧克力摄入的高热量，这样还是能达到能量平衡。

喜欢吃包装食品的人，能清楚地知道自己摄入了多少热量，因为现在几乎所有的食品包装袋上都印有食物成分的参数，当然也包括每 100 克食物所含的热量。但是读者必须注意，不要被"每份含有多少千卡"这样的字样迷惑了！每份食品的量往往不到 100 克，而包装袋上那些醒目的字眼往往会让人错误地认为这是低热量食物。如果我们自己

仔细找找，常常会在包装袋不起眼的地方找到我们要找的东西，并被那个很不显眼的数值吓一跳。

美国科学家芭芭拉·罗尔斯博士提出的体积饮食法指出，食用小能量密度、大体积的食物确实能对减脂起作用[116]。她建议，每顿饭都要摄入体积大、含水量大的食物，比如水果和蔬菜，这样容易产生饱腹感。经科学证明，由此一年人们可以减脂8千克。

但是我们也要记住，胃的胀大不是获得饱腹感的唯一途径，否则我们每天只需简单地喝几升水、吃几棵生菜，就可以攻克超重的难题了。但事实并非这么简单，因为饮食是通过多种方式让人产生饱腹感的——我们可以回忆一下第5章的内容。

因此，食物的体积虽然是影响满足感和饱腹感的一个重要因素，但它只是众多影响因素中的一个。进食可以让人产生各种各样的感受，我们知道它甚至可以给人带来幸福感。这就将我们引到本章的最后一个重要话题——食物的情感作用。

6.5 食物的情感作用

时至今日，不管是进食还是挨饿，毋庸置疑都会让我们的内心情感发生变化[117, 109]。那些曾经严格节食或长期不吃某些特定食物的人应该特别理解这一点。这是人体内发生了某些生化反应的缘故。例如，富含碳水化合物的甜会刺激大脑特殊区域的信号物质血清素的分泌。就目前的科学观点来看，这会让人放松并产生幸福感。相反，饥饿或减少碳水化合物的摄入会使大脑相关区域的"幸福感制造者"血清素的水平下降，从而使人产生攻击性和意志消沉[118, 117, 109]。人体内胰岛素的水平过低也会使人情绪低落[119]。这些理论至少能够在一定程度上解释为什么一些运动者在低碳饮食期间会感到心情郁结。

此外，运动圈里流传着香蕉能提高血清素水平的说法。与这个广为人知的认知相反的是，像香蕉这样含有极微量血清素的食物是不能成为"幸福感制造者"的。正如前文提到的，真正的血清素提供者是碳水化合物，因为它能够促进胰岛素的分泌。而胰岛素又促使更多的血清素前体到达大脑，然后直接在那里合成血清素，从而让人感到愉悦。这是一系列生化反应的结果。

这并非不切实际。虽然并非对所有人来说碳水化合物都是天然的情绪振奋剂，但是它在某些人身上的作用格外明显。在德国所处的高纬度地区，某些人会因冬日的阴郁而更容易产生饥饿感，因此特别依赖甜食或含碳水化合物的食物。另外，在一年中阳光稀少的时节，一些人需要更多的睡眠。这一现象被科学家称为"季节性情绪失调"，也就是一种因季节变化而引起情绪波动的现象[120]。13%的人患有季节性情绪失调症，女性比男性多发。此外，还有一些人的症状较轻，但是也会出现类似情绪波动的情况。在实际生活中这就意味着，一到阳光稀少的季节就特别想吃甜食或含碳水化合物的食物的人，在病发期间不要实行低碳饮食法。持续袭来的强烈的饥饿感和沮丧感极容易导致低碳饮食计划半途而废。

还有一种类似的情况就是，某些人常常会在晚上翻冰箱找吃的。这种频繁发生在特定群体身上的行为被称为"夜食症"[121]。夜食症患者通过进食使精神放松。值得注意的是，那些正在执行特别严苛的饮食法的健美者或健身者更容易受到这种症状的困扰。对力量训练者来说行之有效的应对措施是：安排富含蛋白质的夜宵。这种方法能够有效地防止夜袭冰箱这种行为的发生。

进食引起的积极情绪体验并不仅仅是血清素这类信号物质起作用的结果。受试者吃下 5 克巧克力后就会立刻愉快起来[117]。摄入食物和获得幸福感之间的间隔如此之短，所以不可能是巧克力含有的物质引起的——因为在这么短的时间内它既不可能被消化，也不可能到达血液中。

很有可能是食物的外表、气味和口感直接唤起了人们的愉悦感。如果我们发现自己在压力大的时候吃得更多，那么最好的办法就是，即使在严格的减脂节食期也不要将自己喜欢的菜肴完全排除在食谱之外。正好相反，我们应该更主动地食用这些食物，可以将它们分成小份，有针对性地安排到节食食谱里，在训练后优先食用。

我们已经知道，运动可以使营养物质从脂肪细胞转向进入肌细胞。在肌细胞里，涌入的营养物质一方面可以用于肌肉增长，另一方面可以立即用于下一次运动。根据目前营养心理学领域的研究，节食期间时不时"犯点儿小错"的人比那些一次都不犯规的人能够坚持得更久。

此外，我们也应该注意到，虽然压力和沮丧会使很多人吃得更多，但是并非所有人都会这样。甚至有些人在这种情况下食欲会大减[117]。从某种意义上来说，这两种情况其实本质一样，那就是进食后人们都会有反应。

由此，在本章末尾，我们要面对一个现实问题：人类主要靠情绪控制自己的进食行为，也就是进食依赖于自己的感受[122, 123]。而健身者却恰恰试图用自己的理智来引导进食行为，并为了实现这一目标有目的地搜集解决方法，比如哪些饮食法对减脂最有效。阅读本书也完全属于这种行为的一种体现。在确定哪些饮食法能够使自己获得最好的减脂效果之后，健身者就会尽量严格地遵循自己选定的饮食计划。但是他们完全忽视了一点，那就是在通常情况下是情感而不是理智在引导他们的进食行为！要想改变这种控制

途径需要极强的自律意识和精力——每一个经历过的人都知道。

随着时间的推移，运动者对那些在节食期间必须完全摒弃的食物的渴望越来越强烈，直到最后难以抑制。结果就是这样的：运动者某次在超市排队结账时，先是眼神一遍遍流连在那些陈列着的甜食上（这让我们不由想起德国前职业健美运动员马库斯·鲁尔的一段训练视频，视频中有一段他和女伴购物的场景，他目不转睛地盯着甜食的渴望眼神让我们印象深刻），然后突然这名运动者对自己说："吃一块巧克力也没关系，它对我没有坏处！吃完之后我就乖乖地继续节食。"他买下了那块巧克力，并津津有味地吃了起来——然后，苦苦坚持了几周的自律意识瞬间崩塌。抱着"反正都这样了"的念头，他买下了过去几周努力戒掉的所有巧克力，然后去了快餐店，又去了比萨店和冷饮店，摄入了大量热量——远远超过饱腹所需的热量。

其中到底发生了什么？事实上，进食是一种习得行为，我们主要通过家庭和社会提供的食物来知道什么好吃，什么不好吃。但是对甜食的喜爱至少有一部分原因是天生的[124]。一个国家居民的饮食习惯是基本固定的，否则就不会有所谓的意大利菜或中国菜了。根据研究，美国的日本移民需经历 4 代才能适应新的饮食习惯，之前他们一直保持着家乡的口味[123]。

人类的饮食行为是非常稳定的，我们一旦发现快餐很好吃，之后就很难改变这种看法。我们体内古老的节俭基因跟我们开了个大玩笑，尽管脂肪已经增加了 15 千克，它还是会告诉我们的身体：富含热量的食物对维持生命很重要，并且我们现在很饿。这就能够解释为什么运动者对巧克力的渴望如此之强：他的直觉告诉他，这种行为对他有好处，而理智却要说服他为了理想中的六块腹肌必

须抑制这种渴望。运动者在两种指令之间难以抉择，并因此产生了精神压力。

　　一般来说，运动者要坚持几周或几个月才会看到明显的搓衣板式腹肌。运动者必须时刻将这个目标牢记于心才能保持振奋的状态。而巧克力却近在眼前，触手可及。换句话说，巧克力带来的享受是即刻可得、毫不费力的，而六块腹肌是需要付出好几周的辛苦才能得到的。人们在多数情况下都会选择唾手可得的东西，做出这种选择在日常生活中不足为奇。

　　另外，并非每个人在感觉吃饱后都会停止进食。相反，为数不少的人尽管已经吃得很饱了，还是会等盘子光了或糖袋空了才停止进食。饮食心理学教授普德尔为此做了一个很有指导意义的实验[123]：他给体重正常和超重的受试者提供可口的汤品。这个实验的特别之处在于：盛汤的盘子通过一个设备不断被重新填满。也就是说，尽管受试者很努力地舀汤喝，盘子却永远不会空。

　　体重正常的受试者很快就发现了这一点，于是结束了进餐。而超重的受试者却不是这样。等他们察觉到事情不对劲的时候，喝下的汤的分量已经几乎是一般情况下的两倍了。这让我们想起日常生活中的情形：我们在孩提时代就学会要将盘子里的饭菜吃光，我们看到盘子光了之后，才会觉得饱了。饱腹感不仅仅来源于内在的刺激（比如胃的胀大），也来源于外界的信号——"盘子光了！"。这就是很多人要吃完一整袋小熊糖或一大碗冰激凌之后才会真正感到满足的原因。

　　在日常生活中，运动者该如何运用这些知识呢？好消息是理智可以控制人们的进食行为。事实上，我们可以有意识地引导自己的进食行为，但是只有那些意志力很强的人才会成功。运动者常常比普通人更主动地控制自己的进食行为，使之与他们的运动目标相适应。这是个不错的前提。但糟糕的是，某些人不能长期控制自己的进食行为。也就是说，我们虽然知道这里提供的信息是对我们有好处的或正确的，但是却不能做到知行合一。结果我们还是吃之前习惯吃的东西——带着负罪感。下面的一些建议可以帮助我们尽量避免这种情况的发生。

6.5.1　调整进食行为

　　由情绪主导的进食行为总是占据上风，因此人们所谓的决定再也不多吃巧克力没有任何意义。我们更应该做的是灵活地控制自己的进食行为。喜欢吃巧克力，那就像上文提到的那样，在严格的减脂节食期把它分成小份，计划一周吃一块。而什么时候吃就是运动者自己的事情了。其实，不管是一下子全吃掉还是分成小份吃，运动者只要平日里严格自律并且积极运动，依然能够保持能量平衡。重要的是，运动者要给这些行为设定一个明确的时间段。7 天或 14 天为一个周期就比较合适，比如每周吃一块巧克力。设定这样的时间段让人容易把控，并且时长较短，相对而言运动者容易坚持下去。

　　运动者如果感觉身体能够承受更多的热量，可以每周或每两周安排一顿"欺骗餐"或一个"欺骗日"。也就是说，在这一餐或这一天中运动者可以吃所有他想吃的东西。

　　许多减脂卓有成效的运动者都在无意识地通过这种方式调整自己的饮食方式，并且效果通常都很好。我们只需要知道自己适合哪种方法，是喜欢每天小小地放纵一次，还是喜欢每周或每两周来一次大大的放纵。当然，也有些人完全不需要用这种方法。每个人只要找到适合自己的方法即可。

6.5.2　酒精会导致无节制进食

　　事实上，酒精会刺激食欲（我们只要想

一想开胃酒就知道了），此外还会让人无节制地进食。傍晚时分的一瓶啤酒对某些人来说可不仅仅是一瓶啤酒[123]！你可以尝试在傍晚不喝啤酒并且坚持一段时间，看看会发生什么。大多数人仅凭这一点就可以快速减掉几千克体重。

6.5.3 寻找替代品！

强烈的饥饿感和对甜食的渴望一般都出现在傍晚——当一天的工作结束之后，人们总会想犒劳一下自己。这个时候饮食失控的概率会特别大。因此，为应对这种情况，我们应该提前准备一些低热量的替代食品。若傍晚时分你突然燃起对巧克力的渴望，一味地抑制这种渴望并不可取。你可以在身边备一些低热量的巧克力口味的米脆或者类似的食品。

6.5.4 不要吃光盘中餐

任何时候都请你尽可能地不要一次性吃光盘中所有的菜，尤其是当食物热量很高时。这也许是最难被采用的建议了。

6.5.5 暂停节食

冬天，出于各种原因，节食有时变得更困难。请你在这段时间尽量不要实行严苛的饮食法，它不会起到任何正面作用，反而会让你失望。你倒不如在冬天给自己制订一个增肌计划，反正增肌需要更多的热量。同样，在生活压力很大的时候，比如工作劳累或与伴侣发生不愉快时，你也可以这样做。众所周知，人在压力之下会迅速回到原来的生活习惯中。从这个角度来看，你要尽可能地随机应变！

通过积极运动来抵消大量进食造成的影响也许是解决这些问题的一个办法。运动还有一个好处，就是能对人的情绪产生有益的影响，有助于缓解人们的压力。尝试一下吧，亲自感受一下效果。

6.5.6 成果可以巩固行为

一开始减脂节食，你就应该规律地测量自己的腰围以及拍照来进行对比，以便发现自己的变化。因为在一定的纪律约束下，最初的减脂成果很快就会通过更明显的肌肉线条、更突出的脉络和更细的腰身展现。这些成果可以帮助我们维持新的行为，也就是饮食的调整。在这里特别重要的一点是，我们要设置一个可以实现的目标。在2周内减掉25千克脂肪这种目标就是不可能实现的。如果非要尝试，我们必然失望，这会让我们迅速放弃新的饮食计划。相反，如果我们想要借助艰苦训练和低碳饮食在4周内让腰围缩小5厘米，大多数情况下我们是可以做到的，这个目标就会激励我们继续坚持下去。

另外，我们的目标还必须设置得具有足够的吸引力。如果我们打算以相同的付出在4周内使腰围缩小1厘米，即使目标最后实现了，我们也极可能不会继续保持斗志昂扬的状态，因为取得的成果与付出的努力相比实在是太不值一提了。

6.5.7 关于饱腹感和饮食心理学的结语

进行高强度的运动在短时间内可以自发抑制人的饥饿感，但是从长远来看，它还是会在一定程度上刺激食欲。此外，当机体发现体内脂肪细胞越来越小时，会通过信号物质激发人的饥饿感。这也是为什么人们在减脂计划开始的一段时间内（时长因人而异）减脂很顺利，但之后效果越来越不明显，直至完全无效。这一般发生在节食几个月到半年后。但是进行规律的高强度的运动依然是不可或缺的"成果加速器"，因为它能极有效地对抗溜溜球效应。而且仅靠运动造成的能量负平衡，身体明显需要更长的时间才能发觉。

食物的能量密度，即每 100 克食物中的热量含量对探讨超重这个话题意义重大，因为人们只有在摄入一定体积的食物后，胃才会相应地胀大，人才会感觉饱足。因此，食物体积也是影响减脂的一个因素。在减脂节食期间，我们应大量食用那些因含水量大而热量低的食物，尽量不让自己产生强烈的饥饿感。

在很大程度上，进食是一种习得行为，此外它还能引发愉悦感，能让人们放松和减压。这就是我们在一点儿也不饿的情况下还想吃的原因，也是我们爱吃又甜又腻的食物的原因。有些人还会因为季节的变换而食用更多含碳水化合物的食物（尤其是甜食）。要想长期有效地改变自己的饮食结构，我们不能将自己最喜爱的菜肴完全从食谱里剔除——即使是在比赛期间也不要这样做——而应该将它们合理地安排到饮食计划里。我们称这种方法为"灵活把控法"。还有一个重要的方法是，让人们在改变进食行为后很快看到成果，这样人们才能坚持严格遵循新的饮食计划。为此，设置一个切实可行的目标非常重要。

7. 健身与日常饮食

在这一章中，本书之前提到的那些饮食法将以一种更具操作性的形式展现在读者面前。此外，我们还将介绍一些前文没有提到过的饮食方法，这些方法在健美界和健身界也有一定的市场。最主要的是，我们将向读者重点介绍"地中海式饮食"及其给运动者带来的好处。

我们先来弄明白，人们在为有效减脂进行饮食结构的调整时，哪些因素是重中之重。

7.1 饮食法的目标

读到这里，相信大部分读者都会得出下面这个结论：某种饮食法，比如低碳饮食法，在实行一段时间之后，肯定能让它的实行者获得明显的效果。这种极为有效的饮食法并不违背能量平衡原则，过一段时间（比如1~2年或者更长时间）后，低碳饮食法的优势将逐渐消失。

各种饮食法都具有以下共性：那些热量高但营养价值低的食物，比如各种甜食，大部分都被剔除出了日常饮食清单，取而代之的是营养丰富的水果、蔬菜、全麦食品、高价值的乳制品、瘦肉、鱼类、健康的食用油和蛋类。当然，每一种饮食法中各种食物的配比有很大的差别。例如，在实行低碳饮食法时，人们不能无限制地食用全麦食品，而应该多吃富含蛋白质的食物以及那些体积大、含水量大、碳水化合物含量低的蔬菜。

每一种卓有成效的饮食法都使人们发生了关键性的改变：和以前胡吃海塞的东西相比，日常饮食中的食物能量密度减小了，人体被迫动用它的储备能源——体脂。不同的饮食法会以不同的方式让身体处于能量负平衡的状态（图37）。

总的来说，只要能严格地遵循饮食法的各项规定，所有的饮食法都能让人实现减脂的目标。那么问题来了，从根本上来说不同的饮食法有什么差别呢？

对饮食法的好坏标准，我们首先要强调的最重要一点是，饮食法绝不能损害身体健康！而会引发健康问题的，主要是那些非常严苛的、结构极其单一的饮食法，它们与人体对食物多样性的需求相悖。目前流行的菠萝减肥法、蔬菜汤减肥法和土豆减肥法等等，都只建立在食用某一种或某一类食物的基础之上。由于饮食结构单一，这些方法都会让人体面临维生素、矿物质或其他生命必需营养素供应不足的风险。

另外，一种饮食法越苛刻，人们长期严格实行的可能性就越低。不过，也正因为人们往往不能完全按照这些饮食法的要求行事，所以其风险尚在可控范围。这一点同样适用于在健美界流行的、运动员为比赛而实行的极端饮食法。

长期以来科学界一直认为高脂饮食法，比如阿特金斯饮食法，可能会对人体健康造成危害。目前有一些权威研究驳斥了这一观点，认为中短期内实行高脂饮食法是无害的。尽管如此，健身者在实行高脂饮食法时还是要注意其对健康的影响，我们曾在第3章详细地阐述过这个问题。

我们可以把下面这个简单的原则作为评判一种饮食法好坏与否的标准：某一种饮食法让人们可选择的食物越少，长远来看，它引发营养不良和其他功能紊乱的风险就越大。评判一种饮食法时，大家最好看看这种饮

图 37　所有饮食法都会造成体内能量负平衡

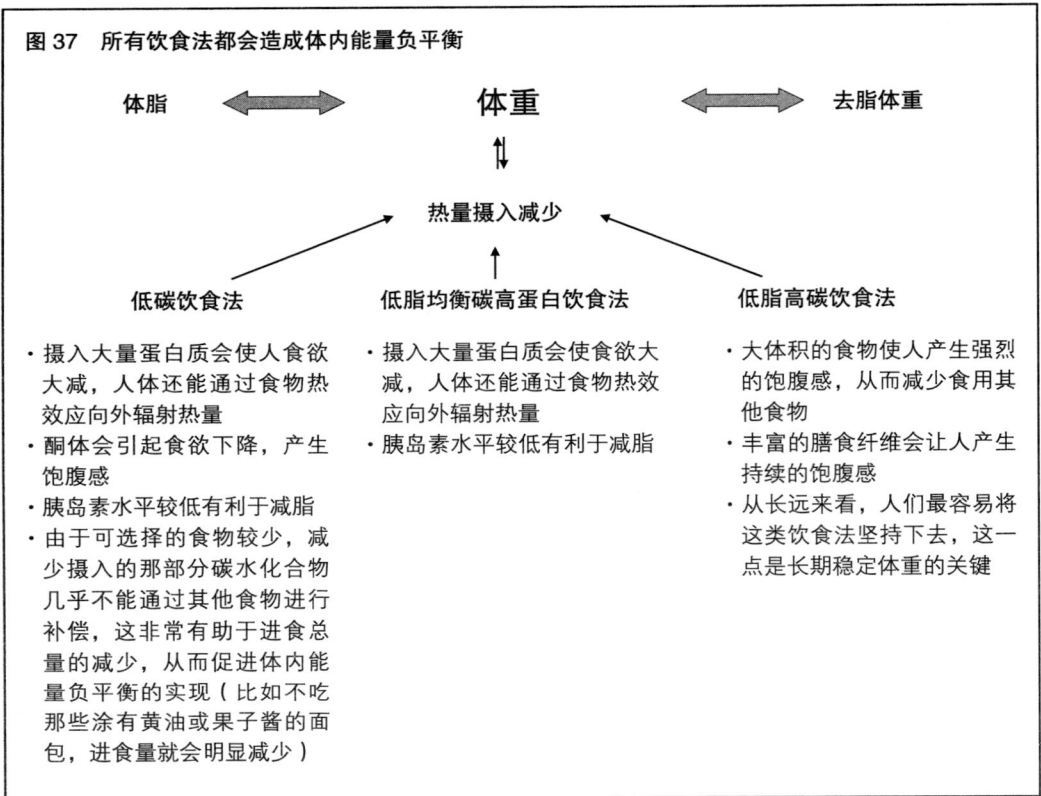

| 体脂 ⬌ | **体重** | 去脂体重 ⬌ |

⬍

热量摄入减少

低碳饮食法	低脂均衡碳高蛋白饮食法	低脂高碳饮食法
·摄入大量蛋白质会使人食欲大减，人体还能通过食物热效应向外辐射热量 ·酮体会引起食欲下降，产生饱腹感 ·胰岛素水平较低有利于减脂 ·由于可选择的食物较少，减少摄入的那部分碳水化合物几乎不能通过其他食物进行补偿，这非常有助于进食总量的减少，从而促进体内能量负平衡的实现（比如不吃那些涂有黄油或果子酱的面包，进食量就会明显减少）	·摄入大量蛋白质会使食欲大减，人体还能通过食物热效应向外辐射热量 ·胰岛素水平较低有利于减脂	·大体积的食物使人产生强烈的饱腹感，从而减少食用其他食物 ·丰富的膳食纤维会让人产生持续的饱腹感 ·从长远来看，人们最容易将这类饮食法坚持下去，这一点是长期稳定体重的关键

法是否涵盖了不同的食物类别：谷物制品、水果、乳制品、肉类、鱼类、坚果、蛋类、豆类和其他蔬菜（图 38）。

如果一种饮食法禁止人们食用图 38 所示的食物的种类越多，那么这种饮食法的饮食结构就越单一，人们也就越难长期坚持下去。

评判一种饮食法好坏与否的另一个重要指标就是：它应该在最大限度地减少体脂的同时，最小限度地造成肌肉损失。与此相关的一个很好的例子就是禁食法，或者叫绝食法。图 21 已经很清楚地告诉读者，完全禁食固然可以减少体脂，但同时会造成肌肉大量损失。因此，这种方法对健身者来说绝不是个好方法。那些注重蛋白质的饮食法，比如低脂均衡碳高蛋白饮食法，是维持肌肉量的极为有效的方法。

就减脂的效果而言，当然首推极低热量饮食法（第 4 章）。但是它的饮食结构单一，我们不推荐人们长期实行这种饮食法。对大多数力量训练者来说，只有在有限的情况下才适合使用这种饮食法。

就减脂而言，低脂均衡碳高蛋白饮食法和低碳饮食法同样有效。研究表明，这两种方法分别可以减脂 3~9 千克和 2~6 千克。而低 GI 值饮食法和低脂高碳饮食法虽然也能获得明显的减脂效果，但是与前两者相比，效果有时没那么显著（低脂高碳饮食法大约能减脂 1.5~5 千克，而低 GI 值饮食法平均能减脂 1 千克以上）。但是大家要记住，只有配合大量且高强度的运动，各种饮食法才能充分发挥各自的作用。

我们在第 4 章曾提到过，人们不依靠饮

图 38　当今美国人的"饮食金字塔"

| 谷物制品
每天 170 克

其中至少有 85 克全麦食品和其他谷物制品，如面包、米饭和面条 | 蔬菜
每天 2.5 杯 [1]

大量绿色蔬菜，如西蓝花和菠菜等；大量红色蔬菜，如胡萝卜和红薯等；大量豆类，如豌豆和扁豆等 | 水果
每天 2 杯

多吃各种水果，不要喝太多果汁 | 乳制品
每天 3 杯

首选低脂或脱脂乳制品；乳糖不耐受者应选用其他高钙食品 | 肉类
每天 155 克

选择脂肪含量较低的肉类和禽类；用更多的鱼类、豆类和坚果来丰富蛋白质来源 |

（摘自《弗兰肯日报》(*Fränkischer Tag*, 2008)；德新社图片 1236；来源：美国政府）

食法，单凭运动也能够减脂 5 千克左右。而且这样做的好处在于，我们的身体不能很快地感知到单纯依靠运动引起的体内能量负平衡，其应对措施也就相对滞后。因此，我们通常建议，想要大量减脂的运动者先逐渐增加运动量，而饮食上的调节可以再等一等！在常规训练中逐步增加耐力训练对减脂非常有用。当使用这些方法不再有效时，运动者就可以节食了。图 39 明确告诉运动者该如何在实践中实行这套方法。

评判一种饮食法好坏与否的第三个标准是人们能否长期坚持这种方法。如果人们不能坚持下去，方法再好又有何用！许多研究都表明，如果某一种饮食法太苛刻，那么很多人都会半途而废，比如对低碳饮食法和极端的低脂饮食法，许多尝试者早早就竖白旗投降了[1]。另外，由于受试者受到了极大的激励（比如坚持就能获得奖金），有一些极其

---

① 欧美人习惯在烹饪时使用量杯，营养学上通常以"杯"（Cup）为单位，一般来说，一杯食物的体积大约是普通人一个拳头的大小。

图 39　能够有效减脂的进阶式有氧健身计划

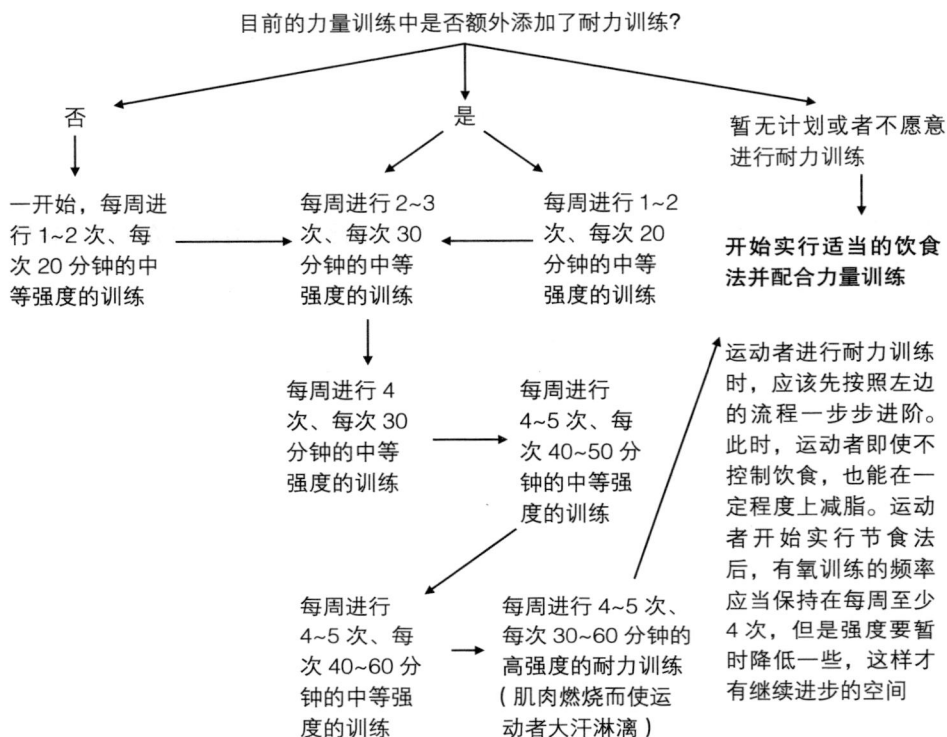

目前的力量训练中是否额外添加了耐力训练?

否 → 一开始，每周进行 1~2 次、每次 20 分钟的中等强度的训练

是 → 每周进行 2~3 次、每次 30 分钟的中等强度的训练

每周进行 1~2 次、每次 20 分钟的中等强度的训练

暂无计划或者不愿意进行耐力训练 → 开始实行适当的饮食法并配合力量训练

每周进行 4 次、每次 30 分钟的中等强度的训练

每周进行 4~5 次、每次 40~50 分钟的中等强度的训练

每周进行 4~5 次、每次 40~60 分钟的中等强度的训练

每周进行 4~5 次、每次 30~60 分钟的高强度的耐力训练（肌肉燃烧而使运动者大汗淋漓）

运动者进行耐力训练时，应该先按照左边的流程一步步进阶。此时，运动者即使不控制饮食，也能在一定程度上减脂。运动者开始实行节食法后，有氧训练的频率应当保持在每周至少 4 次，但是强度要暂时降低一些，这样才有继续进步的空间

　　运动者要找到与自己的能力水平相匹配的运动强度。例如，一名健身者每周进行 4 次力量训练，此外每周 2 次、每次 30 分钟用功率自行车进行中等强度的运动（有氧运动）。现在，他想让他的腹肌更明显一些。他不需要立刻开始实行某种饮食法，而可以先改成每周 4 次，然后提升到进行每周 5 次、每次 30 分钟的中等强度的有氧运动。就这样训练一个月。

　　在训练的下一阶段，他每次训练的时间要慢慢增加到 40~60 分钟，这种运动强度也要持续 4 周左右。最后，这名健身者还可以提高有氧运动的强度。重要的是，在一步步提高有氧运动强度的同时，健身者无论如何都要努力保持每日饮食不变（我们知道，运动会让人食欲大增），这样才能更有效地达到减脂的目的。当进阶式有氧运动也不再能起作用时，健身者就可以开始节食了。

　　健身者在开始实行饮食法后，其训练计划需要进行相应的调整。他要先将运动量减少到每周 3~4 次、每次 30 分钟的中等强度的运动，然后在节食期间，按照先前的流程重新进行一遍进阶训练。如果健身者完全不想进行有氧运动（耐力训练），那么要调整力量训练的运动量，并直接实行饮食法。

严苛的饮食法也能很好地被坚持下去[2]。此外，有些健美运动员和健身者主观能动性很强，尤其是在他们要参加比赛的时候。当这些运动者需要在尽可能短的时间里获得显著的减脂效果时，他们可能会为了达成目标而选择那些严苛的饮食法。然而，为了快速减脂，大家应该找到最适合自己的一种饮食法。个人喜好和体质都是要考虑的重要因素。

　　即使是那些被极大地调动了减脂积极性的运动者，他们的毅力通常也会在比赛后

或照片拍摄结束后随着时间的推移慢慢消失，这种情况完全可以理解。根据现有的研究，人们在实行某一种极其严苛的饮食法时，8~24周的时长足已让人们取得很好的减脂效果，时长最好不要超过24周。如果运动者在这段时间内体脂率达到了最低，就应该立刻进入维持体脂的阶段，或者开始增肌周期。

人们健身的目的无非是在获得最大肌肉量的同时使体脂率尽可能低，那么有针对性地在不同饮食法之间进行切换，更有助于获得持久的效果。使用这种方法时，运动者要在一年中的大部分时间里尽可能地遵循一种可以为自己提供丰富营养的基础饮食法。例如，地中海式饮食法就是一种很好的基础饮食法，它基本能满足力量训练者的需求。在这种饮食法的基础之上，运动者可以在某一个特定时间段内（如8~24周）实行某种更为严苛的饮食法以取得更好的效果。这段时间过后，再将自己的饮食结构恢复到基础饮食法上来。读者可以通过图40了解在实践中如何实行这种长期的、结构合理的饮食计划。

在严苛和宽松的饮食法之间规律地切换是循环饮食法和合成代谢饮食法的特征[3]。这类饮食法的成功秘诀就是保持饮食的多样性。另外，运动者在实行严苛的饮食法时基本只能坚持很短的一段时间，紧接着就要喘口气进入休息阶段，理想情况下运动者在休息阶段甚至还能实现少量的增肌，这样做有助于运动者坚持到底。

关于饮食法的好坏，近来最常用的评判标准就是减脂效果是否具有长期稳定性。我们已经谈到过减脂之后体重反弹的"溜溜球效应"。在理想情况下，人们的体脂率应能长期保持在一个较低的水平（增肌阶段体脂率的浮动可以忽略不计）。也就是说，那些体重反弹最少的饮食法才能真正吸引运动者。

然而，在之前的章节里我们也已经提到，要完全避免溜溜球效应是极其困难的，因为我们的身体里有相当多的信号物质，它们作为体内能量储备库的调节者，职责就是使能量库保持充盈状态或在能量库库存不足时迅速使其被重新填满。除此以外，个人的生活环境和承受的压力也会对人们的进食行为产生或多或少的影响。

尽管如此，还是有很多方法可以帮助运动者有效地对抗溜溜球效应。下面我们就来讲讲对抗溜溜球效应最重要的几大方法。

7.1.1 低脂饮食法

在减脂方面，低脂饮食法从短期来看可能并不是最有效的方法，但是从减脂结果的稳定性来看，迄今为止它是被科学证明的效果最好的饮食法。许多研究都显示，人们长期食用脂肪含量较低的食物，可以使体重多年都保持稳定[4, 5]。但是运动者在实行低脂饮食法的过程中要注意的一点是：要选择那些含脂量低同时能量密度小的食物！每天不吃巧克力，而吃1袋400克的小熊糖，这对减脂一点儿用处都没有！小熊糖虽然不含脂肪，但是属于水分少、体积小的食物，因此它在为人体提供相当多的热量的同时，却不能相应地使人产生饱腹感。这样一来，日复一日人们难免会发胖。

另外，来自德国的最新观察研究表明，尽可能多地食用脂肪含量低、膳食纤维含量高的全麦食品以及含水量大、体积大的水果和蔬菜，有助于人们长期保持体重稳定[6]。

在第5章中我们曾经介绍了低脂、高蛋白的食物对力量训练者所起的重要作用。人们如果在一年中的大部分时间里都遵循这样的饮食法，完全可以如营养心理学专家建议的那样，偶尔越矩、小小地放纵一下。这个时候人们可以选择一些低脂的甜品或零食。

图40　制订长期饮食计划的建议

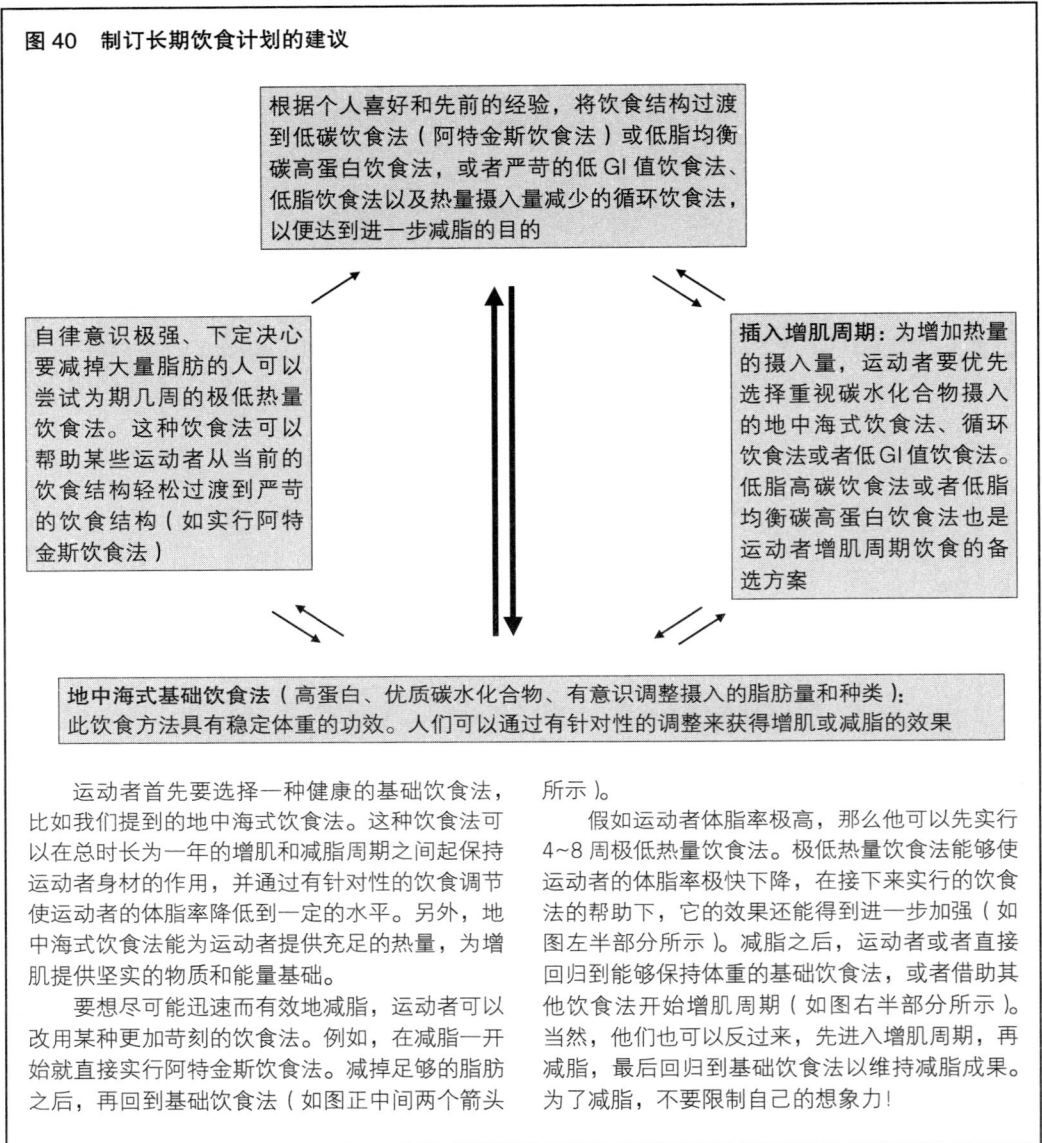

> 根据个人喜好和先前的经验，将饮食结构过渡到低碳饮食法（阿特金斯饮食法）或低脂均衡碳高蛋白饮食法，或者严苛的低 GI 值饮食法、低脂饮食法以及热量摄入量减少的循环饮食法，以便达到进一步减脂的目的

> 自律意识极强、下定决心要减掉大量脂肪的人可以尝试为期几周的极低热量饮食法。这种饮食法可以帮助某些运动者从当前的饮食结构轻松过渡到严苛的饮食结构（如实行阿特金斯饮食法）

> 插入增肌周期：为增加热量的摄入量，运动者要优先选择重视碳水化合物摄入的地中海式饮食法、循环饮食法或者低 GI 值饮食法。低脂高碳饮食法或者低脂均衡碳高蛋白饮食法也是运动者增肌周期饮食的备选方案

> **地中海式基础饮食法**（高蛋白、优质碳水化合物、有意识调整摄入的脂肪量和种类）：此饮食方法具有稳定体重的功效。人们可以通过有针对性的调整来获得增肌或减脂的效果

　　运动者首先要选择一种健康的基础饮食法，比如我们提到的地中海式饮食法。这种饮食法可以在总时长为一年的增肌和减脂周期之间起保持运动者身材的作用，并通过有针对性的饮食调节使运动者的体脂率降低到一定的水平。另外，地中海式饮食法能为运动者提供充足的热量，为增肌提供坚实的物质和能量基础。

　　要想尽可能迅速而有效地减脂，运动者可以改用某种更加苛刻的饮食法。例如，在减脂一开始就直接实行阿特金斯饮食法。减掉足够的脂肪之后，再回到基础饮食法（如图正中间两个箭头所示）。

　　假如运动者体脂率极高，那么他可以先实行 4~8 周极低热量饮食法。极低热量饮食法能够使运动者的体脂率极快下降，在接下来实行的饮食法的帮助下，它的效果还能得到进一步加强（如图左半部分所示）。减脂之后，运动者或者直接回归到能够保持体重的基础饮食法，或者借助其他饮食法开始增肌周期（如图右半部分所示）。当然，他们也可以反过来，先进入增肌周期，再减脂，最后回归到基础饮食法以维持减脂成果。为了减脂，不要限制自己的想象力！

7.1.2　规律的运动

　　读者在此可以回忆一下图 19 的内容。我们已经确定，运动对保持体重稳定来说即使不是最重要的因素，也算得上相当重要的因素[7, 8, 9]。运动不单单指力量训练，还包括有氧运动。并且，人们如果不愿意进行高强度的运动，那就必须加大运动量，也就是说每天要运动至少 80 分钟，只有这样才能保持好身材[10]。反过来，那些不畏惧高强度运动的人，比如健身房的常客（或者耐力训练成绩斐然的运动者），每天仅需运动 30~40 分钟，就可以将体脂率稳定地保持在个人的最低水平了。但是有研究表明，如果出于某种原因，运动者在长期运动的情况下突然减少了运动量，而他所摄入的热量并没有减少，就会存在体脂迅速反弹的风险。

因此，运动和低脂饮食是对抗溜溜球效应的两大关键因素。这不仅在相应的科学研究中得到了证实，也在美国国家体重控制注册中心所发布的报告中有所体现[12, 13]。1994年以来，科罗拉多大学发起一项调查，一些志愿者参与其中，在调查期间这些志愿者大多数情况下都实行低脂饮食法，食物中25%的热量来自脂肪，55%的来自碳水化合物，19%的来自蛋白质。与此同时，他们还进行大量的运动（主要是力量训练、快走和自行车骑行）。最后这些志愿者体重都减轻了13~14千克，并且至少保持了5年。

在志愿者整个减脂过程中真正起作用的是运动和调整饮食结构相结合的做法。而那些仅靠饮食减脂的人中，只有10%的人最终减脂成功；仅靠运动减脂的人的成功率甚至只有1%。此外，成功减脂的志愿者中，只有不到1%的人长期使用了阿特金斯饮食法。

7.1.3 对抗溜溜球效应的其他方法

根据美国国家体重控制注册中心的研究，以下措施在对抗溜溜球效应方面也被证明有效：经常食用大量水果和蔬菜，每天坚持吃早餐，尽量少去餐馆，经常称体重（最好每天都称，以防体重增加，哪怕是微小的体重变化都要重视），还有计算热量摄入量，或者至少估算一下每顿饭中脂肪的含量。

从目前的研究来看，研究人员最终都得出结论，规律地称体重和每天吃早餐对保持好身材起至关重要的作用[14]。

此外，那些不经常吃快餐的志愿者更苗条。这没什么好惊讶的，看看快餐的分量你就不会奇怪了。我们现在已经知道，较之小份食物，大份食物中的热量更容易被低估。这就导致人们摄入的热量会超出饱腹所需的。超重或者易胖体质的人更容易发生这种情况[15, 16]。

某些餐馆提供的超大份套餐对想要减脂的人来说实在不是什么好事：超大的分量会强烈激发我们的食欲，而快餐的饱腹感很差且能量密度超大。甜品所特有的香甜滋味促使食客在正餐之后继续大快朵颐。随餐提供的成升的含糖饮料完全不能使人在下一顿正餐时少吃一点儿。这一切都使我们的脂肪细胞爆发式充盈起来！因此，大家最好只是偶尔享用一下快餐及类似的食品。不过，大家还是可以时不时小小地放纵一下（灵活地调控进食行为）。

为了避免溜溜球效应，少食多餐也是个好方法。有研究证明，这种方法对男性可能效果会更明显一些[28]。但是也有研究表明，每天少餐多食——即每天减少进餐次数但是每餐多吃一些，对有些人来说更有用[17]。是要"少食多餐"还是"少餐多食"，完全因人而异。每个人都要找出最适合自己的方法。

小结：减脂问题归根结底就是要使体内能量呈负平衡，那些挖空心思的饮食法也不外如是——无论具体的方法是什么，它们最终的目的都是让运动者的身体处于这个状态。要想对比一下不同的饮食法，我们可以从以下问题下手——这种饮食法是否会带来健康问题？它能否在肌肉损耗最小的前提下，最大限度地燃烧体脂？理想的状态是，一种饮食法的有效性和安全性都得到了高质量的科学研究的验证。对于所有的饮食法，如果它们不符合上面这两个标准，那么我们就要慎重对待。此外，衡量一种饮食法的好坏时我们要考虑的标准还有：这种饮食法是否有利于人们长期坚持？它是否有利于人们保持已取得的减脂增肌的效果？如果一种饮食法符合以上所有的标准，那么大家就可以根据自己的喜好，选择一种适合自己的来快速减脂。但请记住，饮食法越单调，半途而废的概率就越大；运动者积极性越大，实现目标的可能性就越大!

就目前的研究来看,人们只要在6个月内坚持采用某种符合以上标准的饮食法,就能够获得明显的减脂效果。之后,人们就要转换到体重维持阶段。低脂饮食配合大量的运动是人们接下来对抗溜溜球效应的最佳方法。笔者本身很认同的观点是:在不同的饮食法之间切换可以长期保持减脂成果——但这必须和规律且科学合理的运动相结合。力量训练者应该在一年的大部分时间里都坚持实行一种健康的基础饮食法,然后阶段性地在严格的减脂和增肌之间切换。

7.2 地中海式饮食——健身者的基础饮食

传统意义上的地中海式饮食具体指什么比较难表述清楚,因为地中海地区居民的具体饮食结构多种多样[29]。地中海式饮食最重要的特征可能就是,优先选择营养丰富、加工程度尽可能低的食物,所以蔬菜、水果以及优质脂肪在该饮食中的比重很大。这里为大家介绍的地中海式饮食主要针对的是力量训练者,这类人追求的是运动效能和身体的健康。

地中海式饮食能给实行者带来的第一个好处是它有利于健康,它在健康方面的功效已被不计其数的科学研究证明。例如,心肌梗死高危人群在适应了地中海式饮食之后,他的心脏、血管和新陈代谢都受到了有益的影响,最终寿命得以延长[30, 31, 32, 33, 34, 35](第3章)。从这一点上来说,地中海式饮食法已经符合我们评判一种饮食法好坏与否的第一个标准。

它能给实行者带来的第二个好处也很重要。地中海式饮食囊括的食物丰富多样,包括水果、坚果、菜籽油、橄榄油、蛋类、鱼类、乳制品、全麦食品、豆类和其他蔬菜等,人们在选择食物时灵活性很大。这些食物都是理想的地中海式饮食所包含的。此外,人们在实行地中海式饮食法时还可以食用一些肉类,如果你愿意也可以喝少量葡萄酒。规律地食用以上食物的话,你会发现,地中海式饮食在一定程度上其实属于低脂饮食。因为从相关研究结果来看,这种饮食结构中最多只有45%的热量来自脂肪。众所周知,鱼类、坚果和高价值的食用油能提供丰富的单不饱和脂肪酸及多不饱和脂肪酸(第3章)。而地中海式饮食的精髓正在于它囊括的食物中含有很多单不饱和脂肪酸。

上面所列举的这些食物为运动者提供的ω-3脂肪酸与ω-6脂肪酸的比例很好。此外,这种饮食中的脂肪含量适当提高了,这让运动者更容易长期坚持下去,并能确保在运动者体内形成一个有利于合成代谢的激素环境。进行艰苦训练的运动者需要多摄入一点儿膳食脂肪,因此他们必须找到适合自身特殊要求的地中海式饮食作为基础饮食,以便长期坚持下去。

另外,运动者在实行地中海式饮食法时,碳水化合物的摄入非常灵活。例如,运动者可以控制碳水化合物的摄入:优先选择合适的水果、豆类和其他蔬菜来为自己提供碳水化合物,相应地少选一些谷物制品。至少在减脂阶段,这样的地中海式饮食能保证减脂效果。研究证明,借助这种地中海式饮食,受试者在两年的时间里总共减重4.4千克[36]。其他研究也显示,地中海式饮食明显能促进减脂[37, 38, 39]。此外值得一提的是,在保持减脂成果方面,地中海式饮食法似乎至少和低脂饮食法一样有效[37, 33, 40]。

如果将地中海式饮食法与阿特金斯饮食法相比,在最初的半年时间里,人们采用阿特金斯饮食法确实可以使体重下降得更明显。但是从长远来看,阿特金斯饮食法绝对不会

从健身者的角度看快餐 [18, 19, 20, 21, 22, 23, 24, 25, 26, 27]

1970 年，美国人在快餐上消费了 60 亿美元；2001 年，这个数值已经达到 1100 亿。据推算，美国人平均每周要吃掉 3 个汉堡和 4 份炸薯条。在德国，目前人们每天通过快餐摄入 191 千卡热量，其中大约 44% 的热量来自脂肪。

健身者和相关人士的情况又怎样呢？他们会不会因为对身材的注重而不受快餐的诱惑呢？事实上并非如此。从那些著名的健身达人的表现和经验来看，力量训练者和健身发烧友的情况与统计数据显示的情况相似。

从营养学的角度来看，快餐食品不出意外地有很多缺点。例如，各种快餐食品含有大量不健康的脂肪酸（主要是饱和脂肪酸和反式脂肪酸）。此外，快餐可供选择的食品种类较为单一，可能会造成某些微量营养素（维生素、矿物质）的供给不足。例如，在规律的运动中，人体中的碘元素会随汗液流失——每升汗液流失约 10 毫克。人们即使有意识地通过饮食摄入碘元素也很难满足身体的碘需求，如果再加上经常吃快餐，那么长久以来缺碘的问题就会变得非常严重。

快餐经常被作为间餐。从营养学的观点来看，间餐提供的食物不应该含有太多热量，也不应该有太好的饱腹作用。但是典型的快餐无法满足这两个标准。一个针对苗条人群和超重人群的实验显示，享用快餐会造成热量摄入过多。美国另一项有 6 万多人参与的调查也表明，快餐会让人饭量与日俱增。久而久之，快餐将会造成人体能量正平衡、超重和新陈代谢紊乱。此外，快餐的另外一个问题是它通常会提供含糖饮料。含糖饮料无法让人产生饱腹感，其所含热量对人体来说属于额外摄入的热量。某些研究显示，人们如果每天饮用含糖饮料，长此以往，超重发生的概率将上升 60%。另外，经常吃快餐的人所食用的低热量食物（如蔬菜和水果）就会减少，这将使情况更加糟糕。

还有研究表明，在长达 15 年的观察时间里，偶尔食用快餐（每周少于一次）的人所增加的体重比经常食用快餐（每周多于两次）的少 4.5 千克，前者患 2 型糖尿病的概率也更小。

那么问题就来了，健身者在规律地刻苦训练的同时，如果抵制不了诱惑经常吃快餐，这么做产生的负面影响会有多大呢？在回答这个问题之前，让我们看一下关于健康的生活方式与患病风险的关系的研究。那些已经心脏冠状血管狭窄的受试者连续 5 年坚持饮食健康、戒烟、自我压力管理和每周进行 3 小时的耐力训练，5 年后病情明显好转。与之相反，没有遵循健康生活方式的对照组受试者的病情则更加严重。心脏已有不良症状的老年人，每天进行 20 分钟的耐力训练，一年后其健康情况明显改善。根据这些研究，我们可以得出结论：如果一个人通过运动每周额外燃烧大约 2200 千卡热量，那么他的心脏和血管就会得到很好的保护；如果他总体上遵循健康的生活方式，则更是如此。

现在让我们回到健身与快餐的关系上来。我们可以这么理解：即使运动者偶尔吃一次快餐，但只要他的生活方式健康，也会远离那些典型的文明病，特别是当运动者把耐力训练作为训练计划的固定组成部分，并且不会为了提高运动成绩而滥用药物时。

另外，快餐和均衡的饮食并不总是矛盾的，比如一个加了羊奶酪的素卡巴烤肉饼①里既有乳制品，又有新鲜蔬菜。诚然，还有其他更多、更好的搭配食用的方法，但是同其他小吃比起来，素卡巴烤肉饼已经算营养非常丰富的快餐食品了。

当然，在实际生活中还是要记住那句老话：剂量决定毒性！

---

① 卡巴烤肉饼（Döner Kebab）是德国街头一种常见的快餐，简称 Döner，意为"土耳其旋转烤肉"。卡巴烤肉饼是将旋转着烤熟的羊肉、牛肉、鸡肉或火鸡肉一片片削下来，加上蔬菜和酱汁，夹裹在皮塔饼（又叫阿拉伯口袋面包）中制成的。其中的蔬菜通常有胡萝卜、红椰菜、洋葱等沙拉食材，酱料也有各种选择。文中所提到的素卡巴烤肉饼是指不加肉类但保留蔬菜、酱汁和皮塔饼的这种小吃。

比地中海式饮食法更有效[36]。

因此，地中海式饮食法对运动者的减重极有意义：一方面，单纯凭借地中海式饮食法，人们就可以使自己的减脂成果稳定而持久；另一方面，要想更迅速、更明显地减脂，从地中海式饮食法切换成低碳饮食法或其他饮食法完全没有问题（图40）。之后，为了维持体重，运动者还可以再次将自己的饮食结构调整为地中海式饮食。

实行地中海式饮食法时，运动者摄入的碳水化合物对增肌起到了重要作用：在增肌阶段，运动者可以（也很有必要）将自己的地中海式饮食设置成高碳式的，即除了蔬菜和水果，明显加大谷物制品的比重。在地中海式饮食之外，运动者还应在训练前后补充一些可快速吸收碳水化合物。

这种适用于力量训练的增肌版地中海式饮食为运动者提供了所有的必需营养素和热量以保证肌肉的稳定增长。我们建议运动者交替进行增肌版地中海式饮食与蔬菜比重较大、脂肪含量较高的减脂版地中海式饮食。由于这种高碳式地中海式饮食也能为运动者提供至少35%来自脂肪的热量，这也保证了运动者的体内能够有一个有利于增肌的激素环境。

运动者无论是为了减脂而降低饮食中碳水化合物的比重，还是为了增肌而增加碳水化合物的比重，在实行地中海式饮食法时，始终要重视优质蛋白质的摄入——乳制品、鱼类、禽类、蛋类、坚果和豆类是优质蛋白质的食物来源。运动者每一顿饭最好都能有这些食物，这样才能保证其在减脂阶段尽可能地减少肌肉的损失，并且在增肌阶段为肌蛋白的合成提供足够的原材料。

有一个对比实验就证明了这一点：受试者在一年的时间里用地中海式饮食法减脂，一年后去脂体重的下降幅度很小[39]；而如果同时辅以运动，效果就会更好[38]。因此，地中海式饮食法符合上文提到的评判一种饮食法好坏的第二个标准。

交替进行重视碳水化合物的增肌版和适当减少碳水化合物的减脂版地中海式饮食，从实际运用的角度来看有利于运动者将地中海式饮食法长期坚持下去。多项研究都已证明，人们容易将地中海式饮食法长期坚持下去[37, 36]。但人们如果只是单一地实行地中海式饮食法，也存在半途而废的风险[41, 40]。因此，即使采用地中海式饮食法，也要注意灵活调控，这样人们才能更有效地减脂。换言之，在某种程度上可以吃一些垃圾食品，但最好是在训练之后吃，同时还要保证事后通过严格的饮食调控和运动来弥补。人们如果把地中海式基础饮食的食谱制订得丰富多样，并且偶尔稍微放任自己吃一些垃圾食品，就能更好地将这种饮食法坚持下去。这样一来，地中海式饮食法也就符合了我们上文提到的评判一种饮食法好坏的第三个标准了。

通过上文的论述，我们知道地中海式饮食法有很多优点。它允许食用的食物体积大而能量密度小、营养丰富且有很好的饱腹作用；包含许多含优质碳水化合物的食物，这样一来运动者就可以灵活机动地根据自身的需求选择摄入的碳水化合物的类型。此外，地中海式饮食法非常健康，也易于人们向其他饮食法过渡。它的不足之处可能在于，有些运动者钟情于更加严苛且条例明确的饮食法。因为对他们来说，那些简单直白的饮食法更容易看懂，且只要照做就行了。而且，人们如果只实行地中海式饮食法也会半途而废。此外我们还要说的是，迄今为止还没有任何科学研究专门测试地中海式饮食对力量训练者或健美者的效果。

下面所介绍地中海式饮食的版本比较适合力量训练者，能满足他们的需求。

饱腹食物就是指那些能为运动者提供充足的水分且饱腹作用极强的食物。图 41 中所展示的第一大类食物在低碳版地中海式饮食中起着至关重要的作用。表格最上面的一组当然是热量最低、含水量最大的食物，比如各种各样的蔬菜。菌类也属于这一组。

以下数值仅供参考：每 100 克花菜含有 22 千卡热量和 2.6 克碳水化合物，每 100 克西蓝花含有 26 千卡热量和 2.8 克碳水化合物。菌类的成分对人体来说更好，每 100 克新鲜蘑菇只含有 15 千卡热量和 0.7 克碳水化合物。此外，菌类还富含维生素 D，其提供的维生素就像市售的维生素药片那样易于被人体吸收 [42]。菌类和其他蔬菜应该成为人们每日食谱上的常客。

如果运动者能够接受蔬菜汁的味道，其实它才是最好的低热量解渴饮料。足够浓稠的蔬菜汤也能给人带来很强的饱腹感。人们在用餐之前喝一些蔬菜汤或蔬菜汁，就可以少吃一些其他的食物。同时，由于蔬菜汤或蔬菜汁含水量大，非常适合作为低热量的间餐。尽管如此，不同蔬菜制品之间的区别还是很大的，大家在购买时需要仔细阅读产品标签。

还有一点要强调的是，蔬菜罐头并不像人们想象中的那样糟糕。蔬菜罐头的加工迅速且较温和，这让蔬菜中的许多活性成分最大限度地保留了下来。某些特定的营养素，比如来自番茄罐头的 β-胡萝卜素和它的近亲番茄红素，甚至比来自新鲜番茄的还容易被人体吸收和利用。

我们可以先给自己定个小目标：每天争取食用 6 份蔬菜 [43]。这里的 1 份，如果是固态蔬菜（新鲜的蔬菜或蔬菜罐头均可，生熟均可），相当于 100~200 克；如果是蔬菜汁，相当于 0.1~0.2 升 [44]。

另一种重要的饱腹食物就是水果，其甘甜的滋味甚至能帮你战胜饥饿感。我们要优先选择那些含水量极大且营养丰富的水果，比如苹果、柑橘类水果。每 100 克苹果可为运动者提供 55 千卡热量和 12.4 克碳水化合物，每 100 克甜橙含有 43 千卡热量和 9.2 克碳水化合物，每 100 克橘子含有 37 千卡热量和 8.7 克碳水化合物。

每 100 克草莓或其他浆果含有 30 千卡热量和 5 克碳水化合物。超市里那些含大量浆果的冷冻水果什锦是你嘴馋时的不二选择。特别是当你晚上坐在电视机前突然对甜食产生一种不可名状的渴望时，水果什锦能阻止你进一步堕落。如果你再在水果上喷一些本来为制作意式牛奶咖啡而准备的喷瓶装奶泡，还能进一步提升幸福感。这些奶泡会让你联想到喷射奶油的口感，但是每 100 毫升奶泡却只含有 0.1 克脂肪和 47 千卡热量，并且它还能为你提供优质的牛奶蛋白。

含糖量高的水果，如成熟的香蕉（每 100 克含 92 千卡热量和 21.4 克碳水化合物），最好在训练前后食用。此外，运动者可以通过喝果汁来满足身体每日对水果的需求，比如运动之后饮用混合果汁。在这里，运动者要特别注意一下所谓的果昔 ①：为了使水果和蔬菜更容易被人体吸收，生产商推出了这种新产品。它的主要成分为水果和蔬菜的浓缩汁，所以含水量很小，并且含有很多营养素。然而，市场上这类产品的质量参差不齐 [45]。

原则上，在制作果昔的过程中，水果的果核和果皮会被去掉，果肉则被制成果泥 [44]。但是问题就在于，目前官方对这些果泥中营

---

① 果昔（Smoothie），中文又译为思慕雪、思慕、果沙、冰沙等，指将新鲜或者冰冻的水果与碎冰、果汁、乳制品等混合，用搅拌机打成的半固体饮料。

第一大类：适用于较低碳、较高脂饮食	蘑菇等蔬菜 新鲜：黄瓜、西葫芦、叶菜、胡萝卜、蘑菇 袋装：速冻蔬菜、超市冷藏柜中的盒装蔬菜沙拉（请仔细阅读包装袋上的营养成分表） 罐头：番茄罐头、蘑菇罐头等。有些为糖渍罐头，因此要仔细阅读营养成分表。食用前用水冲洗

水果
新鲜：苹果、梨子、柑橘、热带水果（香蕉、猕猴桃、芒果）、李子、杏子、其他各种浆果
袋装：速冻水果什锦
果汁：只饮用水果原汁（第 1 章），优先选择在运动后少量饮用

豆类
在德国，大部分豆类被制成了罐头。虽然人们对罐头有成见，但豆类罐头其实营养价值非常丰富：富含膳食纤维，并能提供植物蛋白。除了芸豆、白扁豆、豌豆、小扁豆（兵豆）罐头外，玉米罐头也属于这一类。为了让消化道更好地适应豆类食品，食用前最好倒掉罐头汁，把豆子用清水冲净。我们建议敏感人群把煮豆子的水也倒掉。注意：从生物学角度看，花生也属于豆类；与它的大部分同类相比，它含有更多的优质脂肪

土豆
首选水煮土豆，最好去皮食用；
烤土豆有时含有较多的脂肪，因此应有限制地食用。烹调时应选择合适的食用油；
深加工的土豆产品，如薯条或薯片，应尽量少吃

养素的种类及含量并没有一个统一的标准，许多果昔和水果原汁区别并不大，但价格通常却更高一些。当然，也有果昔是用完整的水果制成的，为消费者提供更全面的营养。不过，用来制作果昔的水果和蔬菜的种类迄今为止还很有限[46]。这是果昔的一个弊端，因为每周只有食用种类尽可能多的水果和蔬菜，我们才可能获得植物性食物给我们带来的健康功效。

此外，相较于新鲜的水果，果昔中的膳食纤维含量更低。而且迄今为止我们尚不清楚的是，加工过程对果昔中营养素的改变有

多大；我们也不知道，人体对果昔中营养素的吸收利用是怎样的[45]。这些营养素主要指所谓的植生素①。

还要强调的一点是，果昔的能量密度比普通水果和蔬菜的大。这是因为，在加工过程中果昔中的水分流失了。因此，果昔尤其适合运动者在训练之后用于填充体内的糖原储备。果昔不能完全替代所有的水果和蔬菜，运动者每天多吃水果和蔬菜仍然是有必要的。目前营养学专家的观点是：我们每天只能用0.2~0.25 升果昔取代一份（最多两份）水果或蔬菜[44]。而我们每天需要食用 5 份水果才

---

① 植生素又叫植物化学成分、植物生化素，是植物的次生代谢产物，对动物的生命活动至关重要，但动物自身不能合成。它们是各种小分子，包括植物多糖、植物多酚、植物皂甙、植物油精、类黄酮等，具有调节免疫、清除体内自由基、排毒消炎等功能。

水果、土豆、豆类和其他蔬菜对健康的作用 [47, 48, 49, 50, 42, 51, 52, 53, 54, 55, 56, 57, 46, 58, 59, 60, 61, 62, 63, 64]

人们通常认为水果和蔬菜有益于健康，真的是这样吗？目前的科学研究的确已经证明，每天食用大量水果可以减少冠心病、高血压和中风的发生，其发病率能降低 25%。

另外，几年前人们还很乐观地认为，每天多吃水果和蔬菜可以有效降低癌症的发病率。但是最近一项研究让人们对此的认识逐渐回归理性：虽然水果和蔬菜可以预防某些癌症，比如食道癌，但总的来说，其功效比预想的差得多。不过，水果和蔬菜确实能够预防几种常见的癌症，因此它们对身体的保护作用不该完全被否定。我们只有将多种健康的生活方式结合起来，比如规律地运动以及保持健康的饮食习惯和较低但正常的体脂率，才能最大限度地保持身体健康。

从生物化学的角度看，水果和蔬菜之所以能发挥功效是其含有的植生素在起作用。这些物质在植物体内主要作为色素分子、生长调节因子或天然的防虫剂等。植生素的种类很多，有许许多多的代表物质，比如类胡萝卜素、硫代葡萄糖苷、植物甾醇、多酚、萜烯、黄酮、硫化物等等。我们每天大约会通过食物摄入 1.5 克植生素，素食者摄入的植生素会相应地多一些。

植生素没有营养价值，也不是生命必需营养素，却具有某些药效。例如，葡萄柚中某些成分能够有效抑制某些药物的降解，提高该药物在血液中的浓度。相反，大蒜中的某些物质会引起抗艾滋病药物的快速分解。

水果和蔬菜中的植生素还能通过复杂的方式极高效地介入人体的新陈代谢过程中，比如植生素通过抑制致癌物质、使其失活的方式发挥其对人体的保护功效。此外一项研究表明，每天食用8 份水果和蔬菜可引起血液中某些炎症标志物水平的下降。这可能是水果和蔬菜对人体的又一个功效。

商人们自然很快就有了新想法：把植生素做成药丸推向市场。从目前的科学研究来看，植物性食物之所以能够发挥各种积极的功效，主要是人们食用了多种食物的缘故，这绝不是某一种营养补充剂所能代替的。经常会有一些人将水果和蔬菜的相关科学研究结论作为某种植生素补充剂功效的证明，从科学的角度来说，这种证明既不可信也没有任何意义。也没有研究能证明所谓的果蔬片有延年益寿的功效。还有一些人声称，当下蔬菜和水果含有的营养素已经越来越少，因此人们必须服用各种补充剂。其实，权威测评显示：水果和蔬菜中的维生素和矿物质含量多年来一直保持稳定，营养素减少的说法纯属无稽之谈（第 8 章）。

研究显示，与普通农产品相比，有机农产品中并没有更多的微量营养素。微量营养素的含量多少主要取决于农产品的品种，当然也受肥料、种植环境和其他一些因素的影响。其实，有机农产品最大的优点在于杀虫剂残余普遍较少。另外，每年的食品监控结果显示，德国市场上出售的那些普通农产品总的来说也是安全的。德国和国际专业机构都建议人们每天至少食用 5 份巴掌大小的水果和蔬菜 ①（ "Take 5 a day" 原则），并且要经常更换食用的水果和蔬菜的种类。

如果食用可口的水果和蔬菜就能对我们的健康和身材产生积极的影响，我们为何还要花钱购买那些昂贵而又功效可疑的补充剂呢？

能满足地中海式饮食法的要求 [43]。1 份水果差不多就是我们一手抓的量，也跟上文提到的 1 份蔬菜的量相当。

图 41 中第三组列出的是豆类，许多运动者首选芸豆以及经典的墨西哥辣豆酱。芸豆的确是一种出色的食物（每 100 克芸豆含有

---

① 对成年人来说，巴掌大小的一份水果或蔬菜大约是 80 克。

100 千卡热量、17.8 克碳水化合物和 6.2 克膳食纤维）。豆类含有丰富的植物蛋白，用它搭配动物蛋白对力量训练者大有裨益。而就像我们在第 5 章中提到的那样，人们搭配食用豆类和玉米所获得的植物蛋白的生物价甚至可以与全鸡蛋的生物价相媲美。此外，豆类也含有植生素。

按照地中海式饮食法的要求，最理想的情况是，人们每天饮食中至少含有 1 份豆类。但在实际生活中，从长远来看却很难做到。因此，每天尽可能地多吃一些豆类食物即可。烤豆罐头、利乐包速食豆类菜肴以及配有芸豆和玉米的金枪鱼罐头，都特别适合人们日常食用。

图 41 中最后一组饱腹食物就是土豆了。当然，我们这里所指的并不是深加工过的土豆制品，比如炸土豆球或炸薯条。值得推荐的是水煮土豆，它含水量极大、体积较大且热量相对较低（每 100 克土豆含有 69 千卡热量和 14.7 克碳水化合物）。水煮土豆可以让人很快就产生饱腹感，而且土豆中维生素 C、膳食纤维和植生素的含量相对较高，可以说

它是一种营养价值极高的食物。此外，土豆和鸡蛋的组合为运动者提供的蛋白质生物价是目前最高的。因此，我们每天要食用的 6 份蔬菜中，至少有一份可以是土豆。

图 42 给出了第二大类饱腹食物，运动者在增肌阶段应该经常食用这些饱腹食物。而在要求减少碳水化合物摄入的阶段，运动者则要少摄入一些。即使如此，运动者每天也至少可以食用 4 小份这类食物，并且首选在训练前后食用。

图 42 列出的第一组食物是全麦食品。它的好处想必读者在第 2 章已经了解得很清楚了。在这里要补充说明的是，全麦食品不仅富含高价值的膳食纤维，容易让人产生饱腹感，还是镁元素的重要食物来源[65]。此外，全麦食品还能提供多种植生素，其所含的蛋白质能与动物蛋白很好地互补。

如果运动者想要实行低碳版地中海式饮食法，糙米可以作为第二大类食物中最重要的碳水化合物来源。在烹饪过程中，糙米会吸收大量水分，体积变大，这让它的饱腹作用增强、能量密度减小。人们即使多吃一些

图 42　第二大类——增肌阶段最重要的饱腹食物

第二大类：适用于高碳、低脂版地中海式饮食
全麦食品 糙米和全麦麦片，比如燕麦片；富含膳食纤维的薄脆饼干、全麦面包、全麦面条等全麦食品 注意：全麦食品有时会引发明显的肠胃不适，尤其当人们还不习惯规律地食用它们的时候。适应过程一般需要几周。因此，开始的时候要少吃一些，之后慢慢加量。如果实在无法适应某种食物，最好放弃
土豆类 土豆泥 注意：以某种方式烹饪的土豆可能引起血糖水平骤升，特别适合运动者训练后食用
水果罐头和水果干 注意：水果罐头、水果干，以及新鲜的葡萄和熟透的香蕉富含糖分，热量相对较高。运动者食用少量（一把）完全没有问题。含糖量通常很高的罐头汁最好不要饮用

糙米也无须担心碳水化合物的摄入会过量。100 克煮熟的糙米含有大约 130 千卡热量和 27 克碳水化合物。

此外，运动者还可以多吃一些全麦麦片，特别是燕麦片，它们能让运动者很快就产生饱腹感。但是请注意，不同生产商生产的燕麦片区别很大，有的添加了大量糖分！因此，运动者在购买时请仔细阅读食品包装上的营养成分表，对不同的产品进行对比。燕麦片特别适合与水果和乳制品混合食用，而且水果的比重应该大些。

运动者在增肌阶段可以加大全麦面包和全麦面条的分量。当然，每名运动者都要根据自身情况，选择适合自己的分量。这不仅关系到运动者的身材，也关系到肠胃所承受的负担。100 克全麦面包能为运动者提供大约 200 千卡热量和 40 克碳水化合物。未烹饪的 100 克全麦面条含有大约 340 千卡热量和 60 克碳水化合物。

在增肌阶段，土豆泥同样是运动者极好的选择。因为土豆泥能显著提升运动者的血糖水平，特别适合作为训练后的第一餐，尤其是将它用脱脂牛奶煮熟或者搭配一个鸡蛋一起食用（比较表 7 和表 11）。

水果干和水果罐头也能让运动者增肌阶段的食谱增色不少。水果干尤其为那些能量平衡存在问题的运动者所青睐。由于被去除了水分，水果干的热量和其中富含的营养素，如矿物质和某几种维生素都被高度浓缩，因此它是一种优质的零食。而且由于水果干能量密度较大，比如每 100 克葡萄干就含有 280 千卡热量和 66 克碳水化合物，我们建议运动者在训练前后吃一些。

甜食和精加工的谷物制品，比如市面上常见的某些混合麦片和许多声称含有高营养价值的五谷杂粮类产品，由于通常含有较多的热量、脂肪和糖分，对注重营养的运动者来说并不是很好的选择。

高脂肪食物（图 43）在地中海式饮食法中扮演着核心的角色。因为一方面，这种饮食模式下可供选择的食物能够保证人体充分摄入单不饱和脂肪酸。另一方面，鱼类等食物提供的脂肪确保了 ω-6 脂肪酸与 ω-3 脂肪酸的良好比例（第 3 章）。此外，地中海式饮食法还有一个明确的原则就是，饱和脂肪酸的摄入要尽可能少。一言以蔽之，海鱼、坚果、优质食用油可以多吃一些；而甜食、深加工食品、肥肉和全脂乳制品则应该尽量少吃一些。

下面我们先来谈谈食用油。我们建议大家用橄榄油、菜籽油、亚麻籽油、核桃油和豆油代替葵花籽油、玉米胚芽油和红花籽油。之所以这么建议，就是为了确保摄入的 ω-6 脂肪酸与 ω-3 脂肪酸的比例恰当。尤其是菜籽油和亚麻籽油，它们富含一种植物性 ω-3 脂肪酸，即 ALA。35 克菜籽油和 8 克亚麻籽油都能为人体提供 3 克 ALA[66]。而 ALA 可被人体转化为动物性 ω-3 脂肪酸，发挥更强的抗炎症作用。当然，这种转化是有限的[67]。慢性关节炎患者每天摄入 6 克 ALA（即 35 克菜籽油和 8 克亚麻籽油），如此坚持 2 个月，患者的疼痛就会因 ALA 的抗炎症功效而得到缓解。但这能否在力量训练者身上奏效，暂且不作讨论。不过，多摄入 ω-3 脂肪酸肯定会改善人体的新陈代谢水平。

不过，如果长期摄入过量 ω-3 脂肪酸，也会产生不良反应，所以运动者应该通过正常饮食而尽量不要通过那些营养补充剂来摄入 ω-3 脂肪酸[68]。菜籽油的优点还在于，它富含单不饱和脂肪酸。如果运动者一日三餐都实行地中海式饮食法，那他每天应摄入 12 份（相当于 12 汤匙）上述不同种类的食用油[43]并且搭配前文提到的蔬菜一同食用。

此外，为了广泛摄取不同脂肪的营养，

制作沙拉和其他菜肴时，推荐使用： **菜籽油、亚麻籽油和橄榄油** 菜籽油和亚麻籽油含有的脂肪与冷水鱼所含的脂肪类似，因此十分健康（第 3 章）	每周至少食用两顿： **冷水鱼或海鱼** 鲭 鱼、鲱 鱼、鲑 鱼、金 枪 鱼（常被制成罐头，浸泡在橄榄油中）。罐装、烟熏、冷冻和新鲜的冷水鱼或海鱼均可	每周至少食用一份： **坚果** 尽量选择不加盐的。发霉或变质的坚果必须扔掉

乳制品中的隐性脂肪
运动者要尽可能每天都食用乳制品，不过由于全脂乳制品（脂肪含量 3.5%）的热量较高，我们建议运动者优先选择低脂产品。最好选择那些标注着"脂肪含量 1.5%"或"脂肪含量 0.3%"以及带有"脱脂""半脂""无脂""低脂"字样的乳制品。低脂的新鲜奶酪，比如农夫奶酪 [1] 最为合适。运动者在购买乳制品时请注意阅读包装袋上的营养成分表，可以将其与农夫奶酪的营养成分进行对比

切片干酪：如爱达姆干酪 [2]，其脂肪含量占干物质 [3] 总量的 50% 以上，我们建议运动者选择低脂或半脱脂干酪

硬质奶酪：比如帕尔玛干酪 [4]，其脂肪含量仅略少于干物质总量，运动者需有节制地食用

软质奶酪：比如卡蒙贝尔奶酪 [5]，其脂肪含量不到干物质总量的一半，我们建议运动者选择低脂软质奶酪，或有节制地食用

方便速食食品、甜品、零食、快餐、香肠和其他肉制品中的隐性脂肪：运动者如果毫无节制地食用这些食物，它们所含有的脂肪（包括反式脂肪酸）会导致体内能量过剩，这对运动者的体重和健康非常不利，因此我们建议运动者谨慎食用

面包涂抹酱：尽量少使用脂肪类的面包涂抹酱！那些甜味的面包涂抹酱，比如巧克力榛果酱都属于甜食。除了低脂黄油和人造黄油，运动者还可以考虑使用以橄榄油为基底的面包涂抹酱

大家应该经常更换食用油的种类。因而烹调方式和菜肴的口感也会随之不同。例如，亚麻籽油的味道过于浓烈，大家可以将它换成味道柔和的菜籽油。菜籽油用于烘焙和煎炸后不会产生有害物质。因为精炼油（浸出油）比压榨油（冷压油）具有更好的稳定性，所以我们建议运动者尽量选择精炼油而非压榨油。要想更方便地摄入 ω-3 脂肪酸，大家可以选择通过鱼类这种动物性食物来源补充。每天摄入大约 1 克动物性 ω-3 脂肪酸就足以保证人体摄入的 ω-6 脂肪酸和 ω-3 脂肪酸的比例恰当，这相当于每天食用 30~60 克冷水鱼或者每周吃 2~3 次鱼。考虑到实行地中海式饮食法的人吃鱼是家常便饭，所以我们建议这类人经常变换鱼的种类，可以选择那些因低脂而 ω-3 脂肪酸含量偏低的鱼（如鳟

---

① 农夫奶酪是未经发酵、使用凝乳酶凝固、去掉水分后得到的干酪。
② 爱达姆干酪又叫红波奶酪，为球形半硬质奶酪，原产地荷兰，在荷兰各类奶酪中重要性位居第二。
③ 指将固体物质经 60℃ ~90℃ 的恒温烘干至恒重时，所剩余的物质。
④ 帕尔玛干酪是一种硬质奶酪，产于意大利，有很浓的水果味道。
⑤ 卡蒙贝尔奶酪位居法国十大奶酪之首，是味道最淡的一种软质奶酪，既可烹饪菜肴又可佐酒直接食用。

表 17　不同鱼类中脂肪及 ω-3 脂肪酸的含量		
品种	每 100 克中脂肪的含量	每 100 克中 ω-3 脂肪酸（DHA 和 EPA）的含量
• 鲱鱼（波罗的海）	9.2 克	1.9 克
• 鲱鱼（大西洋）	17.8 克	2.7 克
• 鲑鱼	13.6 克	2.7 克
• 鲭鱼	11.9 克	1.7 克
• 金枪鱼	15.5 克	3.5 克
• 鳟鱼	2.7 克	0.6 克
• 梭鲈	0.7 克	0.2 克
• 白斑狗鱼	0.9 克	0.3 克
• 鳕鱼	0.6 克	0.3 克
• 河鲈	0.8 克	0.2 克

鱼，见表 17）。

我们在选择鱼的种类时，是选择鱼罐头、冷冻鱼还是新鲜鱼并不重要，重要的是鱼肉中 ω-3 脂肪酸的含量。鱼的养殖方式也渐渐不像几年前人们认为的那样重要了。据德国油脂科学协会发布的专业报告（如果报告内容正确的话），大部分野生鲑鱼体内的 ω-3 脂肪酸含量只比人工养殖的多一点儿。而从生态学角度来看，捕捞野生鲑鱼还会对环境不利。因此，今后我们更要重视植物性来源的 ω-3 脂肪酸。

正如之前在第 3 章中提到的，肉类和乳制品也富含 ω-3 脂肪酸[67]。市面上甚至还有富含 ω-3 脂肪酸的鸡蛋，这些 ω-3 脂肪酸是在家禽的饲养过程中富集的。野生动物、富含 ω-3 脂肪酸的特殊人造黄油和某些食品也是 ω-3 脂肪酸的来源。总体而言，不同食物提供的 ω-3 脂肪酸对消费者来说并没有太大区别，只不过选择不同的食物在一定程度上能丰富我们的菜单。

坚果对运动者来说是另一大类十分有价值的脂肪类食物。如图 44 所示，许多种类的坚果都能让运动者摄入大量的单不饱和脂肪酸，而这正是地中海式饮食法所追求的目标。

榛子、杏仁、夏威夷果、开心果、腰果都是运动者的最佳选择。花生（从植物学角度看，花生其实属于豆类）为人们所喜爱，也是单不饱和脂肪酸的重要来源。此外，核桃、碧根果和夏威夷果还富含植物性 ω-3 脂肪酸。核桃中的 ω-3 脂肪酸与 ω-6 脂肪酸的比例极好，每 100 克核桃还含有 6 克 ALA，所以它是极佳的营养食品。

除了在脂肪酸含量方面有出色的表现外，坚果还富含膳食纤维（每 100 克坚果含有的膳食纤维高达 10 克）、植物蛋白（100 克某些坚果甚至含有 20 多克植物蛋白）、维生素 E、镁元素、叶酸、钾元素和植生素。此外，坚果还有一个特殊之处，就是 L-精氨酸含量极高，后者可起到保护血管的作用。相应的观察研究显示，经常食用坚果，即每周食用 4~5 次、总共食用 50~100 克，有助于降低心血管疾病的发病率[70, 72, 73]。糖尿病患者将坚果作为日常饮食的固定组成部分也很有好处[74]。大家在规划地中海式饮食时，最好将一份坚果（大约 25 克，相当于一把的量）纳入每日的饮食清单中[43, 44]。

坚果也是高热量食品，所含的脂肪能为人体提供大量能量，但也因此具有较好的饱腹作用。最好选择没有添加盐分的坚果，因为咸味会刺激我们过量食用。虽然食用坚果有时会造成热量摄入过多，但在研究中还没有观察到这会引起体重增加[70, 72, 73]。这也再次说明了地中海式饮食中坚果的好处。

这里还要说一下坚果的保存问题。一定要把坚果贮存在干燥的地方，潮湿的环境会致使霉菌生长，这对人体不利。坚果上生长的霉菌会合成黄曲霉素，这种物质会诱导基因突变，具有强致癌性。因此，如果坚果发

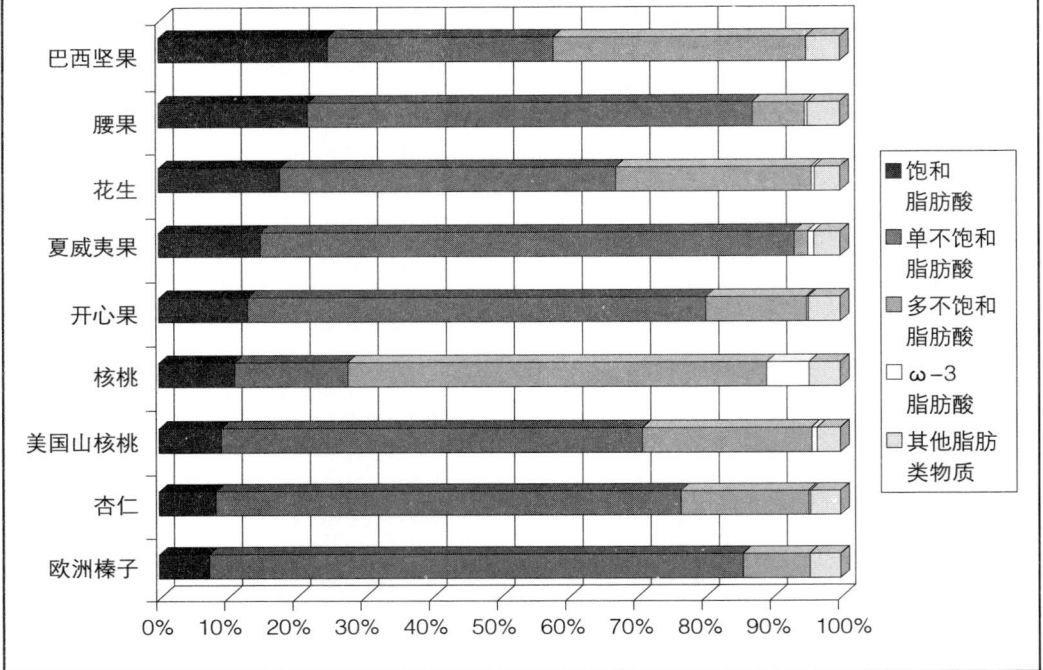

图 44　坚果的脂肪酸构成（根据文献［70］绘制，根据文献［71］修改）

图例：
- 饱和脂肪酸
- 单不饱和脂肪酸
- 多不饱和脂肪酸
- ω-3脂肪酸
- 其他脂肪类物质

坚果类别（从上到下）：巴西坚果、腰果、花生、夏威夷果、开心果、核桃、美国山核桃、杏仁、欧洲榛子

霉了，一定要将其扔掉[73]。此外，坚果中的蛋白质还会引发比较严重的过敏反应。尤其是花生，它是一种非常普遍的致敏原，过敏体质的人一定要多多注意。

食用油、坚果和鱼类是人们在实行地中海式饮食法时主要的脂肪来源，此外，力量训练者还应该特别注意那些隐性脂肪来源，比如脂肪类涂抹酱。我们先提及隐性脂肪，是因为人们很容易就能避免摄入它们——尽可能少食用相关产品就行了。相对来说，人们很容易就能避开乳制品中的隐性脂肪，比如选择低脂乳制品，最好是脂肪含量为0.3%的脱脂乳制品。

人们可以参考图43来计算奶酪中脂肪的绝对含量。如今，几乎所有奶酪产品的包装上都标有"脂肪绝对含量"，人们不必再通过"干物质含量"来换算脂肪含量了。人们也很

容易避免摄入肉类中的隐性脂肪，选择瘦肉即可。运动者不能常吃香肠、甜品、零食和快餐，只能偶尔在"欺骗日"稍微放纵一下。

乳制品是力量训练者摄入蛋白质的主要食物来源。我们之前已经提到过多次，比如在第5章中提到，乳制品是营养最丰富的食品，除了为人体提供钙元素以外，还对碘元素的供给起至关重要的作用。此外，经常食用低脂乳制品的人极少会患糖代谢失调症，很少会超重，他们上了年纪之后也会拥有健康的骨骼，很少会出现高血压和高血脂——这些仅是乳制品的部分好处[76, 77, 78, 36, 79]。

对力量训练者来说很有意义的一项研究发现，男性青年如果进行规律的力量训练，并且每天摄入3份脱脂乳制品，就能够更好地达到强化骨骼、增肌的同时进行减脂的目标[80]。

牛奶中原本有 3.8%~4% 的脂肪。在加工乳制品的过程中，生产商会按脱脂、低脂和全脂乳制品的分类标准分别将乳制品中的脂肪含量降低到 0.3%、1.5% 和 3.5%。牛奶中有 50% 的脂肪属于长链饱和脂肪酸，牛奶也含有少许反式脂肪酸和胆固醇。因此，关于不喝牛奶能否有助于减脂、能否降低心血管疾病的患病风险的问题，人们已经争论了多年。后来人们发现，尽管法国人食用的乳制品比欧洲其他任何国家和地区的人食用的都多，但他们患心肌梗死的概率却极小[78]。人们试图找出其中的原因，于是发现了牛奶的种种好处。

牛奶中有多种有效成分，科学界一直致力于研究到底是什么使得牛奶具有如此好的健康功效。钙含量高肯定是一个极为重要的因素。牛奶中的钙元素非常容易被人体吸收，吸收效果甚至比市面上那些五花八门的钙补充剂好。高温灭菌奶或超高温灭菌奶的效果也一样。

牛奶中特殊成分的有机组合可能有助于体脂的分解[78]。力量训练者每天摄入的脱脂乳制品为人体提供了大量的牛奶蛋白，后者会在他们增肌的过程中起至关重要的作用（第 5 章）。地中海式饮食法要求人们每天至少食用 1~2 份乳制品（图 45）。不过有些力量训练者患有乳糖不耐受症，食用乳制品会引发明显的健康问题，如腹痉挛和腹胀气等（第 2 章）。

力量训练者的另一个蛋白质重要来源是鱼类，这一点我们在前文中已经讨论过，在这里只想指出：鱼类和海鲜都是人体重要的蛋白质来源。

接下来我们谈谈人体另一个蛋白质来源——肉类。肉类，尤其是瘦肉营养价值其实非常高，含有极其丰富的营养素，比如维

图 45　蛋白质的主要食物来源

第一类：以下食物应成为餐桌上的"常客"

低脂乳制品（脂肪含量 1.5%，最好为 0.3%）
每日：农夫奶酪、低脂凝乳、低脂酸奶、低脂牛奶、酪乳①
如果有定期食用该类精加工食品（比如水果酸奶）的习惯，那么不仅要选择低脂的食品，还要选择无糖的。有些产品虽然标榜只含有 0.2% 的脂肪，但含有大量糖分，这些糖分会迅速转化为大量能量。因此，一定要认真阅读食品包装袋上的营养成分表！此外，不要食用大量添加果糖的食品

鱼类
每周至少吃 2 次鱼（图 43）

瘦肉（禽类为主）
肉类的脂肪含量和质量与饲养方式和动物种类密切相关。最好选用低脂肉类，并用少许菜籽油或橄榄油烹饪，这样做有利于健康
每周经常食用：鸡胸肉、火鸡胸肉和其他去皮的家禽肉
每周大约食用两次：瘦红肉，如猪里脊和牛里脊
大多数香肠的脂肪含量都很高，可用火鸡胸、熟火腿或鸡肉冻来代替

---

① 酪乳（Buttermilk），又叫脱脂乳，指分离掉牛奶或奶油中的黄油而得到的乳浆类产品。

生素 A、B₁、B₆、B₁₂ 以及叶酸、铁、硒、锌等，当然前提是不要将其做成方便食品或汉堡。

尽管如此，人们也一直在争论：大量食用肉类，尤其是红肉及其制品，长期下来是否会对健康产生不良影响？[81, 82, 59, 83]在此我们也无法给出确切答案，不过人们在生活中可以选择鸡肉或火鸡肉，这样更安全，这也是健身者通常的选择。有项关于地中海式饮食的研究建议人们每天食用 2 份禽类食物[43]。可以每周吃 2~3 次红肉。最好少吃香肠和深加工的肉制品，要吃的话每次也只能少量食用。如果刻苦训练的运动者在食肉时基本上能遵循以上原则，那么他完全可以尽情享受肉类的香味，而不必担心它会带来健康问题。

鸡蛋不仅能为人体提供优质的蛋白质，还是为数不多的含有大量维生素 D 的食物。一个鸡蛋就含有人体每日所需的 30% 的维生素 D[81]。此外，鸡蛋还含有其他脂溶性维生素（比如维生素 B₁₂），同时还是人体重要的硒元素来源。

过去，鸡蛋一直被人们误解，因为它含有较高的胆固醇。但其实鸡蛋中的胆固醇并不易被人体利用（第 3 章）。另外，鸡蛋中的卵磷脂和氧甾酮会抑制胆固醇从肠道进入血液循环的过程。因此，我们吃下的蛋黄中的大部分胆固醇会被排出体外。

对增肌阶段的健身者来说，每周吃若干鸡蛋并不会导致血脂增高（第 3 章）。

爱吃鸡蛋的人每天可以在一定限度内享用这种高营养价值的食物。但是，这些人如果存在家族健康问题、吸烟或者因脂肪代谢紊乱需要服用药物，那么就要定期看医生并做常规治疗。不得不说的是，如果人们常年食用大量鸡蛋，并且生活方式不健康，那么

的确会导致不良后果，比如罹患 2 型糖尿病的风险会增加[59, 84]。

图 46 中其他两组食物我们在此不再赘述。正如前文已经提到的那样，人们应该尽量少吃高脂乳制品，只能偶尔享用。对香肠和肥肉也要如此。

关于如何选用合适的饮料的问题，我们已在第 1 章中深入探讨过，那里提出的原则对地中海式饮食同样适用。为了满足每日所需的饮水量，人们可以尽情享用所有无糖和不含热量的饮料，比如矿泉水、纯净水、茶和咖啡。假如运动者想要喝含糖饮料，那么最好选择使用人工甜味剂来增甜的饮料。

这里要注意的一点是，有些饮料含有营养性代糖。与人工甜味剂不同，营养性代糖含有一定的热量（第 2 章）。甜味会刺激我们喝下更多的饮料，而喝了过多添加了营养性代糖的饮料就可能对体内的能量平衡产生影响。此外，我们在前面已经介绍过如何选择水果汁、蔬菜汁和果昔。

地中海式饮食有一个特别之处在于，人们每餐可以摄入一定量的酒精，当然主要是通过葡萄酒的方式摄入的。力量训练者对此需要慎重，因为酒精会对训练成绩产生一定的影响。不过有时无醇啤酒是一个很好的选择，它热量含量很低，含有麦芽糖和麦芽糊精（每 0.5 升无醇啤酒大约含有 125 千卡热量和 30 克碳水化合物），因此运动者可以在运动后饮用。

在这里我们还要简单地介绍一下各种调料。在日常生活中调料很重要，它会影响食物的味道，进而极大地影响人们进食的快感。除了胡椒粉和盐以外，常见的调料还有番茄膏①和芥末酱。黑葡萄醋、塔巴斯哥辣酱或

---

① 番茄膏（Tomato paste）又称浓缩番茄酱，与常见的搭配薯条食用的番茄酱（Ketchup）不同，它是西红柿脱皮去籽去除大部分水分后制成的浓稠膏体，里面不添加糖、盐等调料。

图 46　蛋白质的其他食物来源

第二类：运动者应该有意识地少食用这些食物。像全脂牛奶、方便食品等，要尽量减少食用它们的次数，或者每次食用少量

鸡蛋
人们通常认为鸡蛋及其制品（比如蛋黄酱）中的胆固醇含量较高，是不健康的。因此，官方建议每周不要食用 4 个以上的鸡蛋（其中，食用的加工食品中的鸡蛋成分算作 1 个鸡蛋）。鸡蛋中的脂肪含量不高，每个鸡蛋大约含有 7 克脂肪，此外还含有 7 克左右的优质蛋白质和许多微量营养素。喜欢吃鸡蛋但血脂偏高的人，在准备敞开肚皮吃这类胆固醇含量较高的食品前最好向医生咨询一下。根据医生的建议，此类人应该控制每日鸡蛋的摄取量。坚持进行规律而艰苦的训练的运动者很少会出现血脂高的情况，他们可以把鸡蛋作为自己日常饮食的组成部分。运动者在减脂节食期间，由于体内能量平衡为负，膳食胆固醇对大多数运动者的血脂值不会产生太大影响

全脂乳制品
食用全脂奶酪、奶油、黄油或斯美塔那酸奶油等会对体重产生很大的负面影响。当然，具体影响有多大也与其他营养素的供给情况有关

脂肪含量高的香肠和肉类
香肠中含有的饱和脂肪尤其多。运动者只能偶尔尝尝这类食品，尽量不要每天食用

者参巴辣酱都是热量含量较低的调料，它们可以赋予各种菜肴独特的味道。这些调料因热量含量较低、用量较少，一般不会引起体重增长。

此外，味道非常好且对人体有益的还有大蒜、洋葱和混合香料包[①]。混合香料包里的香料既可以用刚从菜园里采摘的新鲜香草，也可以用冷藏在冰箱里的香草制作；洋葱和大蒜可以用新鲜切碎的，也可以用罐装的或者粉状的。总之，你完全可以尽情发挥你的想象力。

你可以在番茄膏中添加橄榄油、胡椒粉、盐、各式香草或其他任何你喜欢的调料，自制一种健康、味美的蘸酱。但与番茄膏不同的是，番茄酱本身就含有一定的糖分，但糖分的含量尚在可接受的范围内。此外，番茄酱含有易被人体吸收的维生素 A 前体[②]和番茄红素。另外，在烹饪某些菜肴时德式蔬菜汤[③]也很有用。

其实，只要选对了餐厅，即使是在外就餐时，我们也可以将地中海式饮食法很好地付诸实践。例如，注重身材的健身者去意大利餐厅用餐的时候，通常会点一大份沙拉而非比萨，同时谢绝附赠的白面包。他们如果想吃比萨，可以选择素比萨或洋葱金枪鱼比萨，同时让厨师少加奶酪。事实上，好餐厅制作的比萨本来也不会有太多奶酪。

人们在希腊餐厅同样可以点一大份沙拉，然后再点一份鱼肉菜肴。在亚洲餐厅人们想要吃到高营养价值的菜肴就更容易了，特别

[①]　混合香料包（Kräutermischung）是将各种香草干燥后切碎混合而成，类似中国的十三香。
[②]　维生素 A 前体即胡萝卜素。
[③]　德式蔬菜汤（Gemüsebrühe），人们可以自制，也可以购买超市里各种品牌的蔬菜汤罐头，并将其加入其他食材后做成各种菜肴。

是对那些爱吃寿司的人来说。而蔬菜搭配用小火慢炖的鸡肉或鱼肉制成的亚洲菜，能为力量训练者提供充足的营养，同时又不失食材的香味。虽然传统的亚洲菜口味偏咸，但我们可以有针对性地挑选一些低脂和饱腹作用强的菜肴。

但是，运动者如果想在快餐店里严格遵循地中海式饮食法就很难了。不过，大部分运动者也不会非要这样做。他们可以在快餐店点一份或两份沙拉，再配上一杯低热量的饮料，还可以小小地放纵一下，比如来一份不要浇头的冰激凌。但这样做从价格上来说可能不太划算。那些著名的快餐店有一个好处就是，他们通常会把每份快餐的热量值标注出来，这样一来，顾客至少可以评估一下一顿饭的营养价值。

运动者如果在两餐之间有点儿饿了，可以选择以下食物充饥：脂肪含量为 0.3% 或 1.5% 的凝乳（第 154 页补充文献《适合运动者食用的脱脂凝乳》）配各种水果和一份（一把）坚果；脱脂牛奶和各种水果；黄瓜沙拉配低脂费塔羊奶酪 [1]，再拌一些食用油；番茄沙拉配马苏里拉奶酪 [2]、罗勒叶和橄榄油；鲱鱼罐头配鲜黄瓜和一片全麦面包。有时，甚至可以只吃一块农夫奶酪。

接下来我们为读者提供几条建议，教读者如何应对突如其来的饥饿感和嘴馋的情况。大家可以制订一个阶段性计划以应对自己对高热量食物的渴望，这种方法在许多人身上都证明有效。具体如下。

7.2.1 "随便吃"原则

像葡萄柚这种热量低、体积大的食物，我们可以敞开肚皮随便吃。其他食物我们则要根据其所含的热量科学地安排在饮食计划中。因为葡萄柚不仅热量较低，而且吃起来有些许酸涩，所以我们一次不会吃太多。但同时，这种想吃就能吃的感觉能给人以慰藉，而摄入的热量又低到可以忽略不计。此外，胃里总是存有一定的食物也能抵抗饥饿感来袭。这可称得上是一种"脱轨自动制动"的方法。当然，运动者也可以选择与葡萄柚类似的食物。

7.2.2 正确储备零食

尽量不要在家里或者触手可及的地方存放零食。我们都知道，零食（如巧克力、薯片或者冰激凌）的诱惑几乎无人能够抗拒。不过，我们可以储备一些低热量的替代食品。一般来说，一份稍稍解冻的水果什锦，特别是含有甜味水果的热带水果什锦，足以帮你战胜对甜食的热切渴望了。而且由于它被冷冻过，你也不会吃得太快。除了营养丰富的水果什锦，运动者还可以吃一些水分较多的水果，这样饱腹的效果很好。如果再加一点儿前文提到的和喷射奶油口感相似的喷瓶装奶泡，吃起来会更香。

添加人工甜味剂的德式炖苹果 [3] 也是应付傍晚对甜食的渴望的不错选择，这样的一杯炖苹果大约只含有 113 千卡热量。此外，一杯用果泥做成的浓稠的果昔（大约含有 100 千卡热量）有时也很管用。

---

[1] 费塔羊乳酪（Feta）是希腊产的一种用羊奶制成的奶酪。

[2] 马苏里拉奶酪（Mozzarella）是一种淡味奶酪，产于意大利南部地区坎帕尼亚和那布勒斯，又译作马祖里拉、莫兹瑞拉等。

[3] 德式炖苹果（Apfelkompott），也有译作糖煮苹果、苹果酱等。做法是将切成小块的苹果与肉桂、苹果汁、苹果白兰地等一起炖煮，常与土豆煎饼（Kartoffelpuffer）搭配食用。

运动者还可以选择特制的爆米花，小小的一份爆米花——巧克力味、烧烤味和其他各种口味的——可以抵抗运动者对甜味或咸味零食的渴望。红果羹或绿果羹（选择用低热量水果制作的）①、水果刨冰②、小熊糖、俄罗斯面包、水果能量棒③、低脂燕麦棒、低脂低糖的布丁、葡萄干小面包以及咸味饼干条等，都能暂时满足你的口腹之欲。设想一下，当你晚上坐在电视机前，突然特别想吃某种零食（比如巧克力），最好的办法就是先吃一些其他低热量的零食。假如这种渴望还无法得到满足，而家里又没有巧克力，那你只有起身去便利店或别的购物场所，才能得到自己心心念念的零食。但多数情况下人们不会为此一跃而起、出门直奔商店，10 次里可能会有 4 次懒得出门。那么，借助这种方法你一年下来少摄入的热量就相当可观了。

7.2.3 欺骗日

"欺骗日"是一种专门用来应对聚会和节日的策略。在一个月中你可以有那么一两天想吃什么就吃什么，但胡吃海塞后的一周你一定要特别严格地实行既定的饮食计划，并且要相应地增加运动量。但是请注意！有的人很难在这样的放松之后，继续回到严格的饮食计划中，甚至可能会暴饮暴食，一直吃到身体不适（而非在饱腹后停止进食）。敏感人群更可能因此发展成进食障碍者。如果你属于这种情况，请不要采取这个策略。

7.2.4 运动抵账

一次小小的放纵，比如吃下一根巧克力棒，可以用半小时的快走或其他类似的运动来抵偿。但是，必须在进食后的一个星期内，最好在进食之后不久就用运动抵偿。这样至少能在一定程度上弥补放纵带来的后果。

小结：一份按运动者的需求量身定做的地中海式饮食食谱能够满足一个优质饮食法所要求的全部标准。地中海式饮食能为运动者提供少量而优质的碳水化合物，在操作上具有很大的灵活性，既可以在减脂阶段也可以在增肌阶段进行，因为它既可以被设计成低碳的，也可以被设计成较高碳的。一般来说，从地中海式饮食过渡到其他饮食毫无问题。地中海式饮食可以让运动者选择多种多样、营养丰富的食物，适合作为长期遵循的基础饮食。然而，如果将地中海式饮食法设计得过于单调，也会存在半途而废的风险。因此，实行地中海式饮食法时运动者只有遵循灵活调控的原则，才能发挥它最大的功效。

7.3 低 GI 值饮食法

低 GI 值饮食法的拥护者有很多流派，但他们主要的理念都是相似的，说到底就是选择营养丰富同时又能把胰岛素分泌水平控制得尽可能低的食物。

7.3.1 原则与应用

图 47 所示的健康饮食金字塔是由美国营养流行病学家沃尔特·威利特提出的。在这

---

① 果羹（Grütze）是一种甜品，类似于果子冻或水果布丁，是将各种水果（主要是浆果）和西米、木薯粉等一起熬煮，放凉后加上奶油或香草汁制作而成的。红果羹由樱桃、草莓、覆盆子等红色浆果制成，是柏林地区的特产。
② 这里的水果刨冰（Fruit Sorbet）指一种用果汁和冰沙混合制成的夏季甜品。水果刨冰与冰激凌的区别在于它不含蛋黄或奶油，但可能会添加卡拉胶、红酒、香料或蛋白。
③ 水果能量棒（Fruchtschnitte）主料为风干的水果，多制成棒状或片状，人们可将其作为间餐来补充能量和维生素。

图47　健康饮食金字塔

大多数人都需服用复合维生素补充剂

如果条件允许，可适量饮酒

少量黄油和红肉

少量精制大米、白面包、土豆和面条

鱼类、禽类和蛋类 0~2 份

乳制品或钙补充剂 0~2 份

坚果和豆类 1~3 份

大量蔬菜

水果 2~3 份

一日三餐尽量选择全麦食品

一日三餐都使用植物油（橄榄油、菜籽油、豆油、葵花籽油或者花生油）

日常运动与体重控制

健康饮食金字塔显示出哪些食物适合运动者每天或每周大量食用（金字塔底部和中间的食物），而哪些食物运动者要少食用（金字塔顶部的食物）。参照第 2 章中的表 7，大家可以从不同的食物种类中选出低 GI 值以及低 GL 值的食物（图片经耶拿大学营养生理学研究所 G. 雅赖斯教授和波士顿哈佛医学院 2008 年公众健康网授权）。

座饮食金字塔中，健康的食用油、全麦食品、水果和蔬菜是人体营养的基础，在此之上是坚果、豆类、鱼类、禽蛋和牛奶制品。含饱和脂肪酸的食物、深加工食品（比如许多方便速食食品）和精白面制品只能偶尔食用。

低 GI 值饮食法在实行过程中需要关注的主要问题自然是碳水化合物的选择。运动者实行该饮食法时必须减少食用 GI 值较高的精白面制品，而应用低 GI 值以及低 GL 值的食物来代替：少吃白面包、蛋糕，多吃水果、豆类和其他蔬菜。饮食中的淀粉类食物均应是低 GI 值的全麦食品，比如全麦细意大利面（GI 值约为 37，参见表 7），因为它的 GI 值

甚至比芸豆的（GI 值约为 52）低，同时还能为人体提供膳食纤维。

烤土豆和其他一些高 GI 值食物可以用于专门针对运动者的低 GI 值饮食法中，作为运动者训练前后的食物。它们属于可快速吸收碳水化合物，可以在很大程度上增强肌肉对胰岛素的敏感性，因而备受运动者青睐。人们面对这类食物时，应选择合适的时机食用，而非弃而不用！

实行低 GI 值饮食法时，脂肪的摄入可参照地中海式饮食法所倡导的原则：优先选择富含单不饱和脂肪酸和 ω-3 脂肪酸的食物，比如健康的植物油、坚果、含优质脂肪的鱼

类等。而黄油之类的涂抹类食品、全脂乳制品、红肉和甜品只能在特殊情况下食用。

蛋白质的供应则主要依靠鱼类、蛋类、低脂禽肉、低脂乳制品和豆类，这样可以弥补全麦食品的不足。

在饮料的选择上同样要遵循地中海式饮食法的原则。可以用少量葡萄酒佐餐。但重视运动成绩的运动者是否要规律地饮酒，完全由自己决定。

灵活调控原则对低 GI 值饮食法的长期坚持非常有意义。运动者可以在特定的时机小小地放纵一下。

7.3.2 健康饮食金字塔的不足之处

图 47 所示的健康饮食金字塔的优点在于，它推崇谷物、水果、坚果、鱼类、牛奶制品、豆类和其他蔬菜的健康功效，并给出了相应的参考摄入量。同时，它是一座"重视运动的"金字塔，也就是说，它把规律的运动作为日常基础之一。这当然很符合运动者的生活方式。

生活中有一条被广泛接受的建议就是，从西方工业化社会人们普遍的生活习惯来说，如果不能经常地饮用牛奶，长远来看人体内的钙元素含量肯定不足，因此人们必须服用钙补充剂。但其实，人们如果进行非常严格的饮食结构调整，大量食用绿叶蔬菜和西蓝花等，身体对钙的需求完全可以通过这些天然食物来满足。但是，对大部分普通人来说，这种方法很难长期坚持。

这座由低 GI 值食物构成的金字塔几乎建议所有人都服用维生素补充剂，读者无论如何都要谨慎对待这个建议，因为大家如果认真遵守了金字塔的规则，通过饮食就已经能够满足人体对维生素的需求了（第 8 章）。

另一个值得质疑之处在于，植物油（当然它对健康大有裨益）处于比蔬菜和水果还

要重要的地位。这就意味着——虽然有点儿夸张——人们每天必须食用大量食用油，其用量几乎快和每天为了饱腹而吃下的全麦面包一样了。长远来看，这当然是完全不可能的。因此，在日常生活中，人们应该多吃低 GI 值的全麦食品、水果和蔬菜，而无须食用那么多的植物油。

7.3.3 总结评价

低 GI 值饮食法的原理在于：从某些食物（如营养价值高的植物油）中摄取的大量热量被水分含量高的蔬菜和水果稀释了，最终让人体处于能量负平衡的状态，而这种效果是通过食用较大体积的食物、含可慢速吸收碳水化合物的食物（如全麦面包）和含蛋白质的食物来达到的。所有这些因素结合在一起，就会让人产生明显而持久的饱腹感。

低 GI 值饮食法也符合我们对一种好饮食法的评判标准：食物选择多样且不存在已知的健康风险。与传统的低脂高碳饮食法相比，低 GI 值饮食法能让运动者在减脂阶段平均多减去 1 千克体重。因此，人们可以根据 GLYX 理论来长期控制饮食。总之，地中海式饮食和低 GI 值饮食在许多方面极为相似，因此原则上都适合作为健康的基础饮食。两种饮食法最大的区别在于，人们遵循 GLYX 理论根据"不同食物的 GI 值和 GL 值"（表 7）选择含有碳水化合物的食物时，标准难免不同。

在现实生活中，人们还有一点不能忘记，那就是正如我们在第 2 章中提到的，只有在注重碳水化合物摄入的前提下，低 GI 值饮食法才能发挥最大的功效。根据相应的研究，只有在每日摄入的热量至少 55% 来自碳水化合物的情况下（第 2 章），参考表 7 选择食物才有意义。而如果摄入的碳水化合物较少，人们虽然也能获得很好的减脂效果，但这时

实行的其实属于低碳饮食法或低脂均衡碳高蛋白饮食法，关注食物的 GI 值和 GL 值也就失去了意义。

健身者要想通过低 GI 值饮食法来增肌，就需要实行一种特殊版本的低 GI 值饮食法。与不爱运动的人挖空心思地选择低 GI 值或者至少中等 GI 值的食物相反，健身者在训练后的第一时间就要打破这个规则。他们可以在训练后几小时内食用一些可快速吸收碳水化合物以促进身体恢复和肌肉增长。训练后的几小时属于营养物质窗口期，在这段时间以外，健身者应尽可能地选择那些人体吸收较慢的碳水化合物。表 7 和表 12 为健身者提供了对实践很重要的信息。

增肌版的低 GI 值饮食法对那些在增肌阶段体脂量和肌肉量的比例不太好的人来说尤其值得尝试。这一方法当然不会给他们带来奇迹，但可以改善增肌效果。不过，他们在严格实行低 GI 值饮食法时，有可能因为其囊括的食物具有较好的饱腹效果而难以达到增肌所必需的热量摄入量。因此，难以进步者需要使用其他方法。一些人可以通过在训练前后专门补充一些体积较小的可快速吸收碳水化合物（表 12）并在一天中多次摄入优质脂肪来使热量摄入总量达到增肌的要求。

7.4 低脂高碳饮食法

减少脂肪摄入、强调碳水化合物的饮食法无疑是人们最常用的一种饮食策略，这种饮食法在健美和健身领域都相当常见。你可以去向那些参加健美大赛的运动员咨询，问问他们，在赛前准备阶段低脂食物是否扮演了重要角色。

传统低脂高碳饮食法的显著特征是要求碳水化合物含量相对较高（通常来说至少占热量摄入总量的 50%）和脂肪含量相对较低（大部分的低脂高碳饮食法要求脂肪含量

为 25%~30%，有的要求达到 35%）。一名每日热量需求量为 3500 千卡的运动者，每日允许摄入 94~132 克膳食脂肪（含有 875~1225 千卡热量），同时摄入大约 420 克碳水化合物（含有约 1750 千卡热量）。他所需的其他热量则由富含蛋白质的食物提供。

对不爱运动的人来说，实行低脂高碳饮食法通常也会慢慢产生很明显的减脂效果。一般来说，低脂高碳饮食法的效果虽然不及低碳饮食法，但是与其他饮食法相比，它有一个切实的优势，就是能够长年维持体脂的稳定。因此，假如人们不太适应脂肪含量较高的地中海式饮食，低脂高碳饮食也是一种很好的基础饮食。

正如图 40 所示，如果人们每隔一段时间就在脂肪含量较高的地中海式基础饮食与严苛的低脂高碳饮食之间切换，效果会更好。在任何情况下，人们要想长期保持低脂高碳饮食带来的效果，坚持灵活调控的原则就非常重要。

7.4.1 低脂高碳饮食法的几个重要版本

低脂高碳饮食法到底能减去多少体脂与人们的初始体脂率密切相关。体内原本储存的脂肪越多，热量摄入量减少后身体做出的反应就越明显[85]。在开始控制饮食之前，人们很有必要通过单纯的训练来进行减脂（图 39）。开始实行低脂高碳饮食法后，则应先暂时降低耐力训练的强度，让低脂高碳饮食法发挥主要作用。实行低脂高碳饮食法一段时间后，当它不再能减脂时，逐渐提升训练时长和训练强度才有意义。另外，减脂的效果当然也与饮食法的严苛程度密切相关。下面我们就介绍三种严苛程度不同的低脂高碳饮食法。

7.4.1.1 传统低脂高碳饮食法

传统低脂高碳饮食法基本满足本节开头

介绍的健康饮食金字塔（图38）的所有要求，也几乎与德国营养协会提出的饮食参考意见完全相符。虽然图38所建议的食物分量对力量训练者来说大多过少，但人们如果在一天中都根据图38中给出的食物种类安排饮食并且遵循图中给出的不同食物具体分量的比例，同时辅以合适的运动，就肯定能取得满意的效果——减去几千克体脂（根据研究，平均能减去1.5~5千克）。但如果人们想减去更多的体脂，使自己的外形可以与舞台演员相媲美，只凭传统低脂高碳饮食法是不够的，它只是一种入门级别的饮食法。

其实，传统低脂高碳饮食法很适合用来稳定体重，尤其是在人们打算更换一种饮食方式——从增肌阶段的饮食向地中海式饮食转换时。不过需要注意的是，实行低脂高碳饮食法时，旧的饮食习惯很快就会"复辟"。当体重开始反弹时，人们就该自我检讨：最近一段时间是否像自己计划的那样严格实行低脂高碳饮食法了。研究证明，在实行低脂高碳饮食法的过程中，自律非常重要。

传统低脂高碳饮食法对那些只想减掉几千克体重的健身者来说再适合不过了。对这些人来说，初始体脂率越高，效果就越可观。

7.4.1.2 低脂任意碳饮食法

相比而言，人们在实行低脂任意碳饮食法的过程中非常自由，这种饮食法的基本原则就是只需减少脂肪的摄入，并且可以随心所欲地吃含有复合碳水化合物的食物和低脂、高蛋白食物。这意味着，人们可以不受限制地食用图41所介绍的饱腹食物，当然也可以食用图42中的第二大类食物，还可以大吃特吃低脂乳制品、低脂鱼肉、火鸡胸肉以及其他低脂肉类。然而，在实行这一饮食法的过程中，人们要尽可能地避免摄入脂肪（无论是什么样的脂肪），每天最多只能摄入60克。人们需要准备一张食物热量含量表，这样至少能计算一下每天所吃食物中的脂肪含量。

虽然借助于这个版本的低脂高碳饮食法，人们最终可以减去几千克体脂，但总体而言，这种低脂高碳饮食法对那些重视健身效果的健身者来说顶多适合用来维持体重，或者在饮食结构调整的前4周里，作为从现有饮食法到更严苛饮食法的过渡。当然，初始体脂率越高，减脂效果就越明显这一原则同样适用于实行低脂任意碳饮食法的人。因此，对大部分以成绩为导向的健身者来说，这种饮食法并不是一个好选择。

但是，它对那些超重的运动新手来说非常合适，当然这也要视个人体质而定。有些人就完全不适合使用这种饮食法，实行之后体重甚至会增加。不过，对此我们也要客观公正地看待——这种情况会发生大多是因为人们在实行饮食法时不到位：有些人每天吃很多的低脂甜食，比如小熊糖，竟然还认为这样自己能瘦下来。

低脂甜食这样的食物虽然偶尔吃一下没什么问题，但无论是不是低脂的，它们都属于大能量密度食物，不可以在控制体脂期间每天食用。这会让身体无法处于能量负平衡状态，有时甚至连让身体达到能量平衡都做不到。另外，随着时间的推移，自律意识越来越差也是减脂效果减弱的一个原因：几周至几个月后，由于饮食结构单一，人们会不自觉地增加脂肪的摄入量（第2章）。

7.4.1.3 低脂竞赛饮食法

第三种低脂高碳饮食法是健美者或健身者常用的低脂竞赛饮食法。但是严格来讲，它本质上并不算单纯的低脂高碳饮食法。

对那些以成绩为导向的健美运动员来说，低脂竞赛饮食法的优势在于，它是迄今为止唯一的、对竞赛的有效性已被科学证明的饮食法[86, 87, 88, 89, 90]。参与研究的运动员每日摄入的热量中只有6%~18%来自膳食脂肪。

这相当于每天摄入 12~60 克脂肪。将这种饮食法配合非常艰苦的、不断进阶的训练计划，运动员不仅能够有针对性地减去皮下脂肪，同时其肌肉量还能几乎完全保持不变[88]。

人们在实行低脂竞赛饮食法时可以分为多个阶段。具体方法在《功能饮食》一书中已经介绍过，也即所谓的"4 乘 4 饮食法"[3]。对以成绩为导向的运动者来说，这种饮食法是最重要的饮食策略之一，所以在此我们再介绍一遍它的实行过程：4 乘 4 饮食法由 4 个连续的减脂阶段组成，每一个阶段大约持续 4 周。对运动员来说，其中可以包含 1~2 周的赛前准备阶段。

在第一个为期 4 周的阶段里，运动者要慢慢适应减脂期的生活，先要计算出自己的能量需求量（第 6 章），并记下自己在一周里吃下的食物种类，也就是开始写饮食日记。这样他就能知道，哪些食物为自己提供了大部分热量、脂肪和可快速吸收碳水化合物。

然后，运动者要将自己的每日热量摄入量减少 500 千卡。关于每日热量摄入量的缩减，最简单的方法就是将含有脂肪的食物从食谱中剔除，就像我们在低脂任意碳饮食法相关内容中建议的那样。我们推荐运动者在第一个减脂阶段按以下标准摄入营养物质：每日按每千克体重 1.5~2 克的标准摄入蛋白质，按每千克体重 4~5 克的标准摄入碳水化合物以及每日最多摄入 60~80 克脂肪。运动者必须制作一张详尽的食物热量含量表，也就是说，在整个减脂期间，运动者不仅要计算每日的脂肪摄入量，还要计算每日碳水化合物、蛋白质和热量的摄入量。适应了减脂期的生活之后，这一计算工作将变得很容易。

注意，在理想情况下，有远见的运动者在实行这一饮食法之前，就已经进行了艰苦的、不断进阶的耐力训练，正如图 39 中所建议的那样。运动者在 4 乘 4 饮食法启动伊始，可以暂时将耐力训练回调到每周 3~4 次、每次 30 分钟、中等强度。这样一来：第一，可以让运动者的身体获得一小段喘气时间；第二，可以让饮食法发挥功效——一开始，饮食法甚至可以使肌肉在一定程度上获得增长；第三，当饮食法不再有效果的时候，运动者还能再一次通过增加运动量来继续促进减脂。

在实行 4 乘 4 饮食法的第 5~8 周，运动者也要慢慢地减少摄入碳水化合物（正如我们所说，这并不是一种单纯的低脂高碳饮食法）。为此，运动者要先避免食用几乎所有含有碳水化合物的精制食品，特别是含蔗糖和葡萄糖的食品和饮料。然后，在第二阶段的最后两周，运动者还必须逐步将复合碳水化合物的摄入量减少到每日每千克体重 3~3.5 克，以便获得进一步的减脂效果。运动者在这两周里可以优先选择通过食用土豆、大米、豆类和燕麦来摄入碳水化合物。全麦面包、蔬菜和水果仍从前一样保留在食谱中。这两周里，运动者可以吃的食物体积要相对较大且能量密度要相对较小。

运动者在运动的过程中，随着碳水化合物摄入量的减少，一般来说，蛋白质的摄入量就要相应增加——有时要按每日每千克体重 3 克的标准摄入蛋白质。在这里我们要说明的是，如果选择某种含优质蛋白质的食物或搭配食用几种含优质蛋白质的食物，每天按每千克体重 2 克的标准摄入蛋白质就足够维持肌肉量了。摄入较少的蛋白质甚至可以减少热量摄入。另外，蛋白质的饱腹效果特别好，这就是为什么在现实生活中实行的饮食法越严苛，运动者蛋白质的摄入量就越高。这种高蛋白饮食法应该只在短期内实行，而运动者如果决定摄入如此多的蛋白质，则需要大量饮水。蛋白质的摄入量如果大于每日每千克体重 3 克，至少在理论上，可能会超过肝脏对蛋白质新陈代谢过程中所产生的某些代谢产物进行降解的能力。

此阶段运动者摄入的脂肪要尽可能少，每日尽量只食用最多一汤匙健康的食用油。此外，饮水要充足，每日要保证饮用3~5升水或零热量的饮料。

随着第二阶段的深入，有氧运动的运动量也要逐渐增加：运动的次数逐步增加，每次运动的时长延长5~10分钟，直到运动量增加到每周5次、每次40分钟。力量训练的运动量则尽可能保持不变。因为当体内处于能量负平衡状态时，力量训练和高蛋白摄入要共同负责维持去脂体重的稳定。此外，力量训练还有利于促进体内能量负平衡的实现。

在实行4乘4饮食法第二阶段的中后期，运动者还要根据自己的身体情况对饮食法进行微调：如果每周体重下降量持续为0.5千克以上，就要减少耐力训练的运动量，否则会加大肌肉大规模损失的风险。

对大多数运动者来说，完成第二阶段就足够了，因为通过对饮食法进行有针对性的微调，体脂率已经能够达到所希望的水平了。只有那些在减脂方面有困难的人，或者要参加比赛的运动员，才要进入第三阶段。

进入第三阶段后，面包、面条和水果也将被剔除出日常饮食。运动者将只通过大米、蔬菜和土豆来摄入碳水化合物。这么做再一次降低了每日热量摄入量：碳水化合物摄入量降到每日每千克体重2~3克，必要时甚至要降到2~2.5克。人们最好通过镜子里自己的形象来确定每日碳水化合物的摄入量：如果减脂效果停滞不前，就要把碳水化合物摄入量降低到每日每千克体重2克，此外还要增加有氧运动的运动量，或者在力量训练时增加动作的组数和缩短组间休息时间；如果肌肉变得太干瘪，就要减少有氧运动的运动量，并将碳水化合物的摄入量增加到每日每

千克体重3克。

大多数运动者在这个阶段会变得焦虑、虚弱和易怒。尽管如此，此阶段成功的关键就在于正确调控碳水化合物的摄入量。根据运动者自身的情况，蛋白质摄入量应该与不断变化的碳水化合物的摄入量相适应。脂肪的摄入量仍与第二阶段的相同，并且仍要大量饮水。

根据经验，在这种艰苦的条件下，运动者在力量训练上将难以维持原先的强度。在训练前摄入一些碳水化合物有利于维持训练强度。但是在这种情况下不可能实现增肌。运动者也不要幻想在这个艰苦的阶段可以避免某些肌肉群的萎缩。相反，运动者甚至应该更加小心谨慎，因为此时受伤的风险通常会增大（比如，在长时间的训练中注意力不集中会导致受伤）。

在第四阶段，前三阶段列出的规则大体保持不变。运动者在这一阶段与之前最大的区别在于，体脂率已经处于非常低的水平。因此，此时运动者的主要目标是努力保持已经拥有的身材，在这一阶段运动者的身材顶多还能稍微改善一下。同时对运动员来说，如果前面几个阶段的进度落下了一些，最后这几周可以弥补一下。经验丰富的运动员一般都能很好地估算自己所需的时间，但我们建议普通运动者最好多预留一些时间。

许多运动者在最后4周会将有氧运动的运动量调回到能够维持身材的程度。然而在实行饮食法的最后一个周期，碳水化合物的摄入和有氧运动的把控仍然是重中之重。

对运动员来说还有一点很重要：那些会引起胃胀气的食物，在比赛前无论如何都要严格规避，以防腰围变大。此外，在最后的几周里，运动员还要对身体的水平衡进行一定的调控。如果需要，还要进行碳水化合物

超补[①]。

正如《功能饮食》一书所提到的，4乘4饮食法只是名义上的低脂高碳饮食法，在这里我们只给出了它的基本原理以供参考[3]。每个对自己认真负责的运动者都必须找到适合自己的方法。按照4乘4饮食法的原理来实行的低脂竞赛饮食法，正如我们刚才所指出的，严格说来只在开始时符合传统低脂高碳饮食法的原则。随着时间的推移，碳水化合物的摄入量日益减少，而蛋白质摄入的比重相对变大，后期的饮食法更接近我们接来下要讨论的低脂均衡碳高蛋白饮食法。当然，这种方法对那些在乎最终效果的实行者来说一样有效。

在极为严苛的低脂高碳饮食法的规则下，灵活调控原则仍然非常重要。但是，运动员在赛前的准备阶段，欺骗日或欺骗餐的次数要比平时大大减少。尽管如此，它们仍然是对抗赛前艰苦时光的重要手段。

7.4.2 低脂高碳饮食法与增肌

人们使用低脂高碳饮食法的初衷在于，认为这种饮食法能够最大限度地增肌，同时又不会引起体脂的不必要增长。肌肉的显著增长需要大量的能量（第5章），因此运动者在增肌阶段要努力使身体处于能量正平衡状态[91]。正如人们所知，无论增加的能量来自哪里，时间长了都会引起体脂增长。体脂和肌肉会增长多少主要取决于个人体质、训练计划以及进餐的时机。对很多人来说，要变得强壮，碳水化合物必不可少（第45页补充文献《碳水化合物与肌肉的体积》）。

另外，由于膳食脂肪的摄入有利于增肌，对许多运动者来说，强调碳水化合物的地中海式饮食法、低GI值饮食法或循环饮食法一般都比单一的低脂高碳饮食法更适用于增肌。

想要尝试用低脂高碳饮食法来增肌的人，可以将图38中的内容作为行动指南。实行这种饮食法的原则是，先确定自己的热量摄入量（第6章），然后通过食用图38推荐的食物，在每个训练日多摄入大约500千卡的热量，此外还可以参考第206页补充文献《精准确定个人能量需求的方法》。增肌阶段热量摄入量的增加应该优先在训练前后短暂的营养窗口期进行，比如可以使用第5章推荐的进食策略或者类似的方法。

7.4.3 不足之处与总结评价

首先，传统低脂高碳饮食法与低脂任意碳饮食法在被严格实行的情况下，完全能符合本章开篇所提到的评判一种好饮食法的标准，而低脂竞赛饮食法只能部分地符合那些标准。无论在什么情况下，单一和极端的饮食法最好都只在短时间内实行。当然，这样的饮食法实行起来十分艰苦且令人难以适应，通常人们也只能在短期内坚持[1]。我们强烈建议入门者和年纪较大的人在开始实行这种严苛的饮食法前去做一次身体检查。

在实行极度低脂的饮食法的情况下，脂溶性维生素和其他微量营养素的供应会随着时间的推移渐渐出现问题（第8章）。如果出现这种情况，大家可以在短期内服用含有维生素和矿物质的复合营养补充剂（第8章）。因此，极度低脂的饮食法并不是营养全面的饮食法。此外这种饮食法还有一个缺点就是，它将所有的脂肪——饱和脂肪和不饱和脂肪——都同等看待了[29]。

极端的低脂饮食法作为健美运动员竞赛期间实行的饮食法，已被证明是极为有效的。低脂高碳饮食法可以用于增肌，但是因为运

---

① 碳水化合物超补（Carb-Loading）指在赛前最后几天补充大量复合碳水化合物以增加体内的糖原储备。

动者在实行这种饮食法时脂肪摄入量较少，所以它在增肌方面的效果可能不如循环饮食法、低 GI 值饮食法或增肌版的地中海式饮食法。还没有明确的证据能够证明，低脂高碳饮食法在人体长期处于能量正平衡的状态下，对身体的成分比例有很大的改善作用。

7.5 低脂均衡碳高蛋白饮食法

这种饮食法我们在第 5 章里已经介绍过，在这里我们再从实践的角度探讨一下与它有关的几个重要方面的知识。

7.5.1 基本原则与重要的衍生版本

低脂均衡碳高蛋白饮食法有不同的版本，但是所有的版本中各营养素与热量摄入总量的百分比均为：蛋白质 30% 左右，碳水化合物 40% 左右，理想情况下脂肪 30% 左右。对一个能量需求在 3000 千卡左右的人来说，这意味着他每天可以摄入大约 210 克蛋白质、285 克碳水化合物以及 100 克脂肪，对健身者来说这很容易就能做到。

根据较新的科学知识，这种营养素的配比与所谓的"旧石器时代饮食法"①（或称"原始饮食法"）倡导的非常相似[92]，这就是我们要在本节提到旧石器时代饮食法的原因。旧石器时代饮食法同样强调蛋白质，并且要求摄入 20%~40% 的碳水化合物，至少从学者科丹和伊顿的相关研究来看是这样的，这二人是此领域的资深专家。因此，愿意的话，运动者在实行旧石器饮食法时可以比实行传统的低脂均衡碳高蛋白饮食法时摄入更多的脂肪。

旧石器时代饮食法的拥趸者认为，从遗传的角度来看，人类的身体是适应旧石器时代特定的饮食环境的。也就是说，我们的基因是按照旧石器时代的饮食结构编码的，所以有些学者认为，回到祖先的饮食习惯，就可以获得健康的身体和苗条的身材。而当下饮食中普遍较大的热量比例是肥胖和现代文明病的罪魁祸首[93, 94]。

图 48 显示，我们现在的饮食习惯、官方的建议以及形形色色的饮食法中的热量比例，都与旧石器时代饮食中的相去甚远。在这一点上，旧石器时代饮食法的推崇者们说得没错。但从另一个角度来看，我们对旧石器时代饮食的研究还只是粗略的，并且通常是用那些现存的、至今仍然生活在原始条件下的以狩猎或者采集为主的部落的饮食行为作为模板来进行研究的[95, 92]。根据这些研究，旧石器时代饮食主要由富含维生素和矿物质的食物，如水果、蔬菜、坚果、肉类和鱼类组成。有商业头脑的人抓住这些信息，向顾客宣扬：今天人们的饮食行为与人类祖先的区别太大，因此我们必须大量服用维生素和矿物质补充剂。但是第一，我们的营养供给情况比这些人宣扬的好无数倍；第二，基于许多理由，合理地选择食物比长期吞服药丸有意义得多（第 8 章）。

由此我们可以说，旧石器时代饮食法其实也是一种推荐优先选择那些高营养价值食物的饮食法。然而，我们的基因决定了我们的身体能够适应很宽泛的营养物质比例范围。因此，人们无须过多地担心我们的健康问题。旧石器时代饮食法被认为能预防现代文明病，这纯粹是空想，因为旧石器时代的人类所能达到的平均寿命还不及受现代文明病困扰的我们的寿命，何况我们现在还有其他重要的致死因素，比如传染病。

---

① "旧石器时代饮食"理论由美国健康学家洛伦·科丹教授提出。他认为，现代人类应该遵循原始人的饮食习惯，多吃水果、瘦肉和鱼，不吃或少吃深加工食品，从而避免各种现代疾病的发生。

图 48　不同饮食法中碳水化合物、蛋白质、脂肪和酒精的比例，以及与德国居民实际摄入量的比较[71]

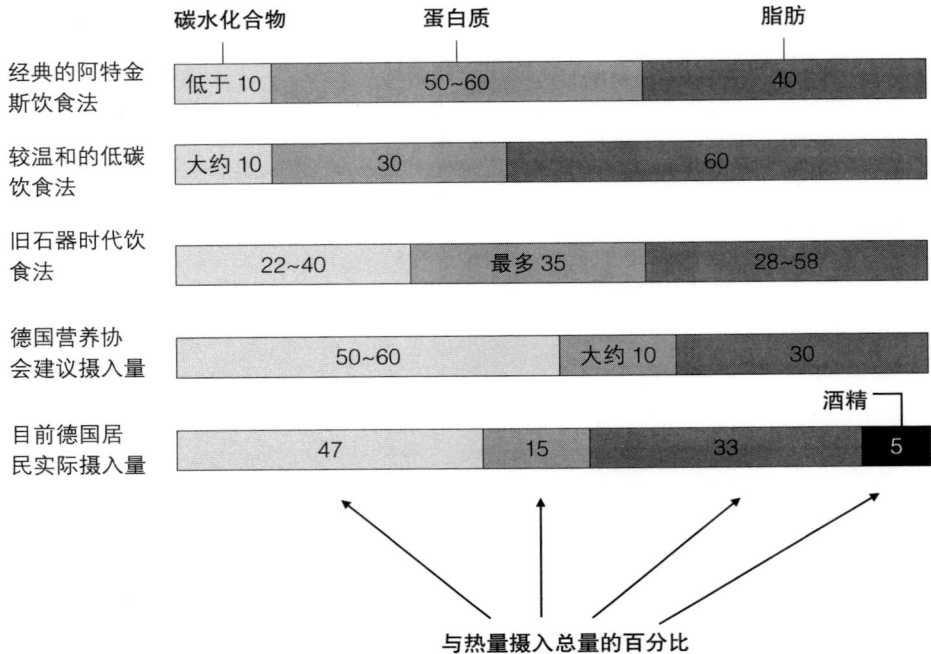

	碳水化合物	蛋白质	脂肪
经典的阿特金斯饮食法	低于 10	50~60	40
较温和的低碳饮食法	大约 10	30	60
旧石器时代饮食法	22~40	最多 35	28~58
德国营养协会建议摄入量	50~60	大约 10	30
目前德国居民实际摄入量	47	15	33	酒精 5

与热量摄入总量的百分比

注意德国人可观的酒精消耗量！（经耶拿大学营养生理学研究所 G. 雅赖斯教授授权）

区域饮食法也是一种特殊的低脂均衡碳高蛋白饮食法，并且在实行该饮食法时还要参考不同食物的 GI 值表。三顿主餐和两顿间餐中，我们始终要选择通过营养价值高且 GI 值低的食物摄入碳水化合物，以此保证体内血糖和胰岛素水平尽可能地平稳，并且能产生持久的饱腹感，以及最大限度地溶解脂肪。此外，这种饮食法还推荐人们服用大量的鱼油补充剂[92]。

区域饮食法成功的秘诀自然也在于大量蛋白质的摄入。实行者的身体会处于能量负平衡状态，体重自然会下降。这种饮食法被大肆鼓吹的胰岛素效应并没有得到科学的充分证明。相应的研究还没能证实这种饮食法具有那些常被粉丝盛赞的优势（第 2 章和第

3 章）。

7.5.2　实践应用

如果运动者想在实践中运用低脂均衡碳高蛋白饮食法，可以先从地中海式基础饮食开始。因此，图 45 中列举的那些高蛋白食物就特别重要。也就是说，每天要多吃这类高蛋白食物，并且少吃鸡蛋（图 46），同时还要少吃高脂乳制品和肉类。

实行低脂均衡碳高蛋白饮食法时，低脂、高蛋白食物要在每一餐中占据主导地位，占比至少为 50%。正如我们已经指出的，在实行低脂均衡碳高蛋白饮食法时，食用脂肪含量极低而富含蛋白质的食物很重要，人们可以无限制地食用农夫奶酪、脱脂凝乳、原汁

金枪鱼罐头 [1] 和火鸡胸肉等。换句话说，这类食物可以想吃就吃，想吃多少就吃多少。只有按照这些原则进食，低脂均衡碳高蛋白饮食法才能充分发挥作用。此外，这种饮食法的一大优势在于，实行者因摄入较多的蛋白质，在减脂阶段其肌肉几乎不会损失。

实行这一饮食法时，应按照图 41 中的食物种类来摄入碳水化合物，其摄入量几乎与蛋白质的摄入量同样多。当然，人们也可以食用图 42 中列举的含碳水化合物的食物，但要有节制地食用。

实行低脂均衡碳高蛋白饮食法时，人们不必太操心脂肪的摄入问题，尤其是在经常食用富含优质脂肪和蛋白质的食物，比如海鱼和坚果的情况下。人们无须刻意关注脂肪的摄入量，只要严格按照这一饮食法的要求饮食，脂肪的摄入自然就符合要求。

实行这一饮食法时，关于饮料的建议与之前一样，但在摄入大量蛋白质的情况下要保证足够的饮水量。

一般来说，人们如果能够按照上述图表（图 41~图 46）中列举的食物来进食，在日常生活中就已经算做得很好了。但是，想对自己的饮食状况了解得更详细，或者目前的减脂效果不明显的话，大家就需要列一张热量表来记录每日的饮食构成了。

7.5.3 不足之处与总结评价

低脂均衡碳高蛋白饮食法是一种能高效减脂的饮食法，如果人们在使用这种饮食法时坚持选择高营养价值的食物，那么它就能符合优质饮食的所有标准。

我们在第 5 章已经详细地探讨过这种饮食法的有效性。可以说，至少从现有的研究来看，它平均能减脂 3~9 千克。然而，实行

这种方法超过 6 个月的话，它对减脂就不再有意义了。人们最多只应坚持一年，当然大多数人都坚持不了这么久，至少在非常严格地实行这种饮食法的情况下坚持不了。相关研究显示，这种饮食法的减脂效果会随着时间的推移渐渐消失（第 5 章）。因此，大家最好选择一种有助于保持身材的基础饮食法来与它一起交替实行（图 40）。

7.5.4 低脂均衡碳高蛋白饮食法与增肌

在减脂阶段使运动者受益的那些要素，比如蛋白质对食欲的抑制，却成了增肌阶段的困扰，尤其是对那些原本就很难增重的运动者来说。而对那些在增肌阶段也想要大量减脂的运动者，我们强烈推荐这种饮食法。每日摄入 150~300 克碳水化合物、丰富的膳食蛋白质并配合科学的训练计划，想达到良好的增肌效果并不稀奇。但是，如果人们想要显著而顺利地增重，获得最好的增肌效果，低脂均衡碳高蛋白饮食法就不那么合适了。因为在实行这种饮食法时，碳水化合物的摄入有限，而这会妨碍增肌。

7.6 低碳饮食法

实行低碳饮食法时，其副作用的大小与所选用的版本密切相关。因此在这里，我们选择两个有代表性的低碳饮食法版本加以介绍。

7.6.1 有代表性的低碳饮食法

我们先将经典的阿特金斯饮食法作为低碳饮食法严苛版本的代表。这种饮食法实行起来很简单，所有的食物都选择高脂和高蛋白的就可以了。因为我们可以检测尿液中的酮体，所以借助试纸就可以监控这种饮食法的效果。当然，检测尿液中的酮体并不是必

---

① 　与油浸金枪鱼罐头和茄汁金枪鱼罐头不同。

需的，这么做顶多能起到自我激励和自我监督的作用。

为了发挥出经典的阿特金斯饮食法的最佳效果，实行此饮食法时碳水化合物的摄入量必须降到最低，理想情况下每天要少于20克。只有将图41和图42中几乎所有的含碳水化合物的食物都摒弃才能满足这一要求。食用一定量的绿叶菜沙拉是被允许的。黄瓜同样很有帮助，因其体积较大，能给人带来饱腹感。

图43、图45和图46中列出的脂肪类和蛋白质类食物，人们可以随便吃。高脂肉类、肥肉等都可以大量食用，但是乳制品除外。例如，牛奶每升含有约45克碳水化合物，就阿特金斯饮食法的要求来说，喝一升牛奶的话碳水化合物的摄入就过量了。当然，那些几乎不含有碳水化合物的乳制品，比如农夫奶酪或凝乳，人们可以放心享用。

只能饮用那些零热量的，尤其是不含碳水化合物的饮料。

购买乳制品和深加工食品时，一定要关注食品包装袋上的营养成分表。这类食品中经常添加了糖分。基本上列在营养成分表越前面的物质，其含量就越高。要想避免摄入过多的碳水化合物，人们可以优先选择那些新鲜的、尽可能未加工过的食物，如蛋类、鱼类或肉类，并自己烹饪。

坚果、油浸或原汁金枪鱼适合作为零食和间餐。阿特金斯饮食法的另一大好处在于，它对所允许食用的食物在食用总量上没有限制，人们可以随便吃。

在实行阿特金斯饮食法后期，这些要求可以适当放松一点儿。在实行这一饮食法几周到几个月后，可以增加碳水化合物的摄入量（每周增加5克，直到达到某一分量——每天摄入这么多的碳水化合物，减脂成果能被长久地保持）。这一分量具体是多少因人而异，一般为每天25~70克。进行规律的艰苦训练的运动者，每日碳水化合物的摄入量可以放宽到90克[29]，有时甚至更高。

第二种低碳饮食法没有经典的阿特金斯饮食法严苛，它允许摄入更多的植物性食物，比如水果和蔬菜。长远来看，这种饮食法的减脂效果并不会因此变差（第3章）。

低碳版地中海式饮食法也属于不太严苛的低碳饮食法。借助前文的图表人们很容易就能学会这种饮食法，在很短的适应阶段后就可以将其很好地应用到日常生活中。要想用低碳版地中海式饮食法来达到减脂的目的，那么在碳水化合物的摄入量上，就要比传统的地中海式饮食法严苛得多。为此人们要借助热量表计算出自己每日的碳水化合物摄入量。然后通过食用图41中列出的食物，一步步达到每千克体重大约1.5克碳水化合物的摄入标准，而且每日最多只能摄入150克碳水化合物。

据经验，在实行低碳饮食法后期，对大多数运动者来说每日摄入100~120克碳水化合物就足够了。这样数个月后运动者就可以获得很好的减脂效果。如果使用了这一饮食法后减脂效果还不够好，那么每周可以进行3~4次较低强度、最多适中强度的耐力训练以增强效果。在实行低碳饮食法的前提下，一般来说，每次训练30~40分钟就足够了。

力量训练必须与饮食法相适应。因为人们从食物中摄入的碳水化合物较少，所以每次力量训练就要尽可能时间短且强度大。通常来说组数少、动作重复次数少的力量训练较为合适（第3章）。在实行低碳饮食法时我们还要注意的是，饮食法在初始阶段其效果最显著，我们可以先让它独自发挥作用。随着饮食法的深入实行，配合相应的训练能获得更好的效果。

7.6.2 低碳饮食法与增肌

正如我们在第 3 章中提到的，经典的阿特金斯饮食法（严苛的低碳饮食法）在大多数情况下并不适用于增肌，因为人们的训练热情和训练效果都会受到这一饮食法的影响。当然，影响大小因人而异。

相反，那些较宽松的低碳饮食法与低脂均衡碳高蛋白饮食法类似，可能有良好的增肌效果。人们在实行这些饮食法时，每日可以按每千克体重约 2 克的标准摄入碳水化合物，并且要在训练后摄入大部分碳水化合物。训练前只能摄入小部分——25~50 克。在碳水化合物摄入总量减少的情况下，这样做能使训练强度足够大，并且使人体内在接下来的几小时内形成合成代谢的环境以触发肌肉生长。

除了训练前后，运动者的饮食需要一直保持极度低碳，他们可以选择食用蘑菇、豆类等蔬菜和一点儿水果。高蛋白食物可以随便吃，高营养价值的脂肪类食物，如坚果、鱼类以及健康的植物油同样不必太节制。

这种有利于增肌的低碳饮食法与专门针对运动者的低 GI 值饮食法很相似。不过人们在使用这种饮食法时不需要考虑食物的 GI 值，因为碳水化合物摄入量已经少到没有必要去考虑 GI 值或 GL 值了。

7.6.3 不足之处与总结评价

实行低碳饮食法几个月后减脂效果会特别明显，这一点毋庸置疑，相关论证见第 3 章。根据相关研究，实行低碳饮食法平均可以减脂 2~6 千克。阿特金斯饮食法的另一个好处是，实行时无须绘制热量表，也不必整天算来算去，非常方便。而且，人们可以毫无限制地吃到饱。目前还不能简单地下定论称低碳饮食法不健康。不过人们在实行低碳饮食法时还是要保持谨慎，因为目前还没有研究检验过实行低碳饮食法两年以上的安全性问题。

在十分严格地实行饮食法的过程中，运动者可能会积累一些克服副作用的经验。例如，健美运动员实行低碳饮食法时往往摄入的蛋白质比重极大，因此每日饮水量必须足够多。这不仅是因为蛋白质的缘故，还因为在实行低碳饮食法的情况下，身体的水盐平衡往往也会受到损害，此外其他代谢产物也必须被大量排出。

对已经患有肾脏或者心血管疾病的运动者来说，必须向有经验的医生咨询后才可以考虑采用饮食法减脂。此外还有一个不可辩驳的事实就是，极度严苛的、单一的低碳饮食法有时会导致人们体内一些维生素和矿物质供应不足，单一的食物选择导致实行者不能食用足够多的水果和摄入足够多的膳食纤维。然而，其他几种饮食法也存在这种情况，这并不是什么大问题，只要人们不长时间实行这些饮食法即可。如果你长时间实行非常严苛的饮食法，可以选择短时间、小剂量地服用含有多种维生素和矿物质的复合营养补充剂，这样做会有一些帮助（第 8 章）。

严苛的低碳饮食法在不利条件下会导致肌肉降解。让实行者对训练失去热情和产生情绪困扰也是它的弊端。因此，阿特金斯饮食法半途而废的概率极大。

因此，总的来说，严苛的低碳饮食法并不能满足优质饮食法的要求。较宽松的低碳饮食法同样可以让人获得良好的减脂效果，适合那些在减脂的同时还想增肌的运动者。而难以进步者则很难通过这种饮食法获益，他们需要更多的碳水化合物和大量的热量。总体来说，严苛的低碳饮食法并不能让人高效增肌。

7.7 极低热量饮食法

从严格意义上说，极低热量饮食法是低碳饮食法的变体，因此我们在探讨完低碳饮食法后来说一说它。正如这种饮食法的名称所表明的，实行者在几周里只能摄入极少的热量。实行极低热量饮食法时，人们可以选择那些在健美领域常被宣扬的食物（具体可以参考莫罗·迪帕斯奎尔博士的著作《极端饮食法》，诺瓦天赋出版社），也可以选择一些代餐。

传统的极低热量饮食法要求实行者每天只摄入 800 千卡热量。法律已经规定了市售的用于极低热量饮食法的食品（代餐粉、代餐饮料、能量棒）中微量营养素的含量[96]。因此，人们在短期内实行这种饮食法时，体内出现微量营养素供给不足情况的可能性并不大。

7.7.1 低热量饮食法的实行方法

我们在这里先介绍一下如何实行低热量饮食法。在一日三餐中，要先选择其中的一餐——一般来说选早餐，用相应的代餐饮料代替。午餐和晚餐如常，不吃间餐。如此几天或一周后，再将午餐或晚餐用第二份代餐饮料代替，每天只吃一顿正常和完整的正餐。

这顿正餐最多能为人体提供大约 600 千卡热量，并且营养十分丰富。因此，正餐与代餐饮料一天里一共为人体提供 1200~1500 千卡热量。这就是所谓的低热量饮食法。根据图 40，实行这种饮食法最多 12 周以后，运动者要么过渡到别的饮食法，要么要回归基础饮食。过渡要逐步进行，先将一顿代餐替换成正餐，然后将另一顿代餐替换成正餐。

7.7.2 极低热量饮食法的实行方法

极低热量饮食法与低热量饮食法的实行方法一样，都是逐步用代餐饮料取代正餐。不过，实行前者的话，所有的正餐都会被取代。也就是说，在短时间内，人体完全通过代餐饮料获取营养，一天大约只能摄入 800 千卡热量。这样的量无论是对运动者还是对普通人来说都是极低的。通常情况下这种饮食法只能持续 2~12 周，之后人们就要回归均衡的基础饮食，或者人们如果还想进一步减脂，可以直接过渡到另一种饮食法。

7.7.3 不足之处与总结评价

极低热量饮食法的主要优点在于，它的实行方法简单，且短时间内减脂效果明显（第 4 章）。人们使用低热量饮食法能在 12 周内最多减掉 10 千克体重，而使用极低热量饮食法减掉的体重更多，尤其是用饮食法配合运动的时候。如果人们实行这种饮食法的时间不太长，并且将训练项目和蛋白质摄入与之相配合，还能极大限度地维持自己的肌肉量。

图 21 显示，在这样的饮食结构下，人们减掉的大部分都是脂肪。这种饮食法的另一个优点是，已经有科学证明人们如果在这种饮食法结束后相应地调整饮食结构，可以长期保持减脂成果[97]。

然而，极低热量饮食法对健身者来说并不是一个好选择，完全不适合艰苦训练的、强壮的健身者。这类人顶多只能考虑使用循环饮食法或低热量饮食法，且一天中的唯一一顿正餐应该在训练后吃。极低热量饮食法最适合那些迄今为止还没有实行过任何饮食法、在转换成维稳饮食结构①前打算一次性减掉大量脂肪的肥胖者。研究显示，这些

---

① 指能够维持体脂率稳定不变的饮食结构。

人在实行极低热量饮食法初期体重会明显下降，长期实行的话减重效果更好[96]。不过，实行这种饮食法的同时最好在经验丰富的健身教练的指导下进行训练，并且听取有资质的营养专家的意见。训练计划必须合理且实行者要根据自己的情况不断进行调整。

对极耗体力的增肌训练来说，实行这种饮食法时的蛋白质摄入量和热量摄入量相对来说太少了，且肌肉损失的风险极大。因此，运动者在增肌阶段绝对不能实行这种饮食法。

此外，极低热量饮食法不是没有风险的，它会让实行者丧失训练热情和情绪失常，以及因血压出现问题而头晕、便秘、身体发冷、注意力涣散和体内矿物质失衡。因此，人们必须在医生的监管之下实行这种饮食法，并且要大量饮水，喝饮料的话必须选择低热量或零热量的饮料。如果实行者对这些不足之处给予足够的注意，并且只是短期实行的话，极低热量饮食法还是能满足优质饮食法的要求的——除了不能长期实行之外。这种饮食法也从来没有被设计成长期实行的，一般都与其他饮食法一起实行。

7.8 循环饮食法之合成代谢饮食法及其改良版本

循环饮食法是一类饮食法的总称，指通过在一段时间内减少摄入某种营养物质（一般来说人们会选择碳水化合物），再在一段时间内过量摄入该物质来实现减脂的饮食法。

因为循环饮食法的实行方法复杂，研究人员很难针对大范围人群在较大时间跨度上评估它的有效性，所以迄今为止循环饮食法尚未经过科学研究的检验。关于其有效性的说法都只基于经验——主要来自健美和健身领域。一个有代表性的理念就是"复食日策略"（又叫"高碳日策略"）。这种理念在健身圈里的体现可能就是有名的合成代谢饮食

法了，详见克劳斯·阿恩特与史蒂芬·科尔特的著作《合成代谢饮食法》（*Die Anabole Diät*，诺瓦天赋出版社）。

从无数运动者的实行情况来看，合成代谢饮食法的效果非常好，它其实是循环饮食法中一个比较固化的版本：一般来说在实行该饮食法期间，实行者会经历5~6天的低碳日和1~2天摄入很多碳水化合物的高碳日。在合成代谢饮食法的其他变体中（比如经卢茨博士修改的合成代谢饮食法），实行饮食法期间碳水化合物的摄入量在7天里是一样的，这样一来，这种饮食法就不再属于循环饮食法的范畴，而是一种适度低碳的饮食法，其有效性已被证明。合成代谢饮食法如果要求摄入较多的碳水化合物，那它又类似于低脂均衡碳高蛋白饮食法了。

接下来，我们将介绍一个比传统的合成代谢饮食法更灵活的版本，它建立在目前已有的科学认知的基础之上，将运动、低碳饮食法与复食日策略完美地结合在一起。无论是对传统的合成代谢饮食法还是即将介绍的这个版本的合成代谢饮食法，下面这些原则和评价等基本上同样适用。

7.8.1 基本原理

身体在碳水化合物摄入减少的情况下会迅速调整，将脂肪作为燃料，因而2~5天后，身体燃脂率会大大提高。如果运动者突然在短时间内将饮食结构转换成热量增加的高碳饮食，在运动中身体仍然会继续调用较大比例的脂肪作为燃料。由此节约下来的碳水化合物就可以用来增加肌肉的体积。

因此，人们可以用专门设计的低碳—高碳—循环（运动—复食—循环）的方法来练就惊人的、饱满的肌肉。换句话说，运动者通过设置低碳日（热量摄入较低），有针对性地创造一段被暂时延长了的营养窗口期，在

此期间会有更多的营养物质涌入肌肉，从而让运动者获得极为可观的增肌效果。当所摄入的热量达到短期过剩的程度时，增肌效果最佳。

这种方法的另一个优点是，短时间内碳水化合物摄入量的减少不会给运动者的运动效能造成影响（第 3 章）。而长期低碳饮食的话对运动者影响会比较大，体内缺乏碳水化合物会使大多数运动者的力量训练效能受到严重影响，运动者也会因此产生明显的运动疲劳以及情绪问题。

7.8.2 实行原则

无论是为了减脂还是增肌，低碳周期（低碳低热量）和高碳周期（高碳高热量）都要交替进行。如果只是为了减脂，每个低碳周期需要安排更多的低碳日，整个饮食结构倾向于低碳饮食。例如，可以安排 4~6（或者更多）个低碳日，之后安排 1~3 个高碳日。

7.8.3 如何减脂

我们假设，运动者在低碳周期开始时，其体内的肌糖原储备是充足的。因此，低碳周期的首要目标就是将肌糖原储备耗光。肌糖原储备越快被耗光，体脂就越早能作为肌肉的主要燃料。较新的研究显示，一次高强度的训练足以使承受负荷的肌肉中的肌糖原储备消耗殆尽[98]。理想状态下，从第二个低碳日开始，体内的燃脂率就已经开始提高，燃脂率达到极限则需要 5 天。

要想确保低碳饮食的有效性，可以这样做（表 18a）：先在第一天的力量训练中锻炼

表 18a　以减脂或增肌为目的的循环饮食法实行方法示例（根据文献［3］修改）						
减脂	第一天：低碳	第二天：低碳	第三天：低碳	第四天：低碳	第五天：高碳	第六天：高碳
训练	力量训练加30~45 分钟高强度的耐力训练	力量训练加60 分钟中等强度的耐力训练	75 分钟中等强度的耐力训练	90 分钟低强度的耐力训练	早餐前空腹进行力量训练	休息
饮食	第一组	第一组	第一组	第一组	第二或第三组	第二组
增肌	**第一天：低碳**	**第二天：低碳**	**第三天：低碳**	**第四天：高碳**	**第五天：高碳**	**第六天：高碳**
训练	力量训练	力量训练	力量训练加40~60 分钟高强度的耐力训练	休息	力量训练	休息或30~45 分钟中等强度的耐力训练
饮食	第一组	第一组	第一组	第三组	第二或第三组	第二组

上表是循环饮食法配合训练来减脂（上）或增肌（下）的实行方法示例，表格中饮食的组别参见表 18b。注意：这只是根据实验提出的建议。每个人必须找到适合自己的高碳日和低碳日的比例，制订自己的饮食计划，以便达到最好的效果。

整个上半身，可以用多组动作、每组动作重复10~15次的方法来锻炼每一个肌肉群。然后借助功率自行车或跑步机进行30~45分钟高强度的耐力训练（表10），以便将腿部的肌糖原储备耗光。

在第二个低碳日，只针对下半身和躯干进行力量训练。因为前一天训练的强度较高，这一天训练时只要练习较少组数的动作，尤其是针对股四头肌、股二头肌和腓肠肌的动作。另外，要加强锻炼腹部和下背。这样绝对能够保证肌糖原储备被完全清空。接下来只需进行中等强度的耐力训练，这样就能使消耗的热量与燃烧掉的脂肪达到理想的比例。较长时间的耐力训练能让体脂明显分解（第4章）。

理想情况下，从第三个低碳日开始，因为体内的糖原储备已经被清空，燃脂率应该能达到最大。相应地，耐力训练要成为主要训练方式，训练时间要小幅延长，以使效果最大化。在最后一个低碳日，耐力训练的时间最后一次延长，以在当下的低碳周期里最大限度地分解脂肪。

在第一个高碳日（表18a中的第五天）的早餐前要进行最后一次力量训练。这次要安排较大重量、较少组数和较少重复次数的训练，这种策略非常重要，因为身体很快就会有大量的碳水化合物、脂肪和热量涌入，运动者可以完美地利用肌肉对蛋白质、糖原以及肌内三酰甘油的吸引作用。在理想状态下，即使在运动者的减脂阶段，这种策略不仅能使肌肉体积增大，还能促进肌肉生长。如果不能或不想在早上进行最后一次力量训练，还可以将其放在高碳周期开始的前一天傍晚进行。但我们要指出的是，早上空腹训练后紧接着摄入大量可快速吸收碳水化合物，将特别有利于糖原在体内的储存[99]（第四章）。

合成代谢饮食法实行起来非常简单，在低碳期间摄入高蛋白且低碳（但不能高脂）的食物，以使身体优先燃烧体脂而非膳食脂肪（表18b）。由于不同的人体质不同，有些运动者在低碳周期能很好地适应阿特金斯饮食法，有些运动者还可以在低碳周期不采用低碳饮食法而采用极低热量饮食法。但是我们要注意，这样的选择实行起来非常艰苦，但是非常适合健美者或健身者，因为它能极大幅度地减脂。

对几乎所有的运动者来说，第一个高碳日都可以作为减脂阶段的欺骗日。这样轻轻松松就能填满肌肉中的营养储备库，运动者也因而获得了极大的愉悦。因个人体质不同，有些运动者接下来还可以安排第二个高碳日——最好安排在不进行训练的休息日。

第二个高碳日的饮食结构应该强调碳水化合物，但要低脂。只有少数运动者在减脂期间还会安排第三个高碳日，大多数运动者都会进入新一轮的低碳周期。

这种方法调整起来非常容易，如果减脂效果不够好，可以先取消欺骗日，并且两个高碳日的饮食结构都采用低脂高碳饮食（选择表18b中的第二组食物）。如果这样做还不行，可以将两个低脂高碳饮食的高碳日减少为一个。此外，还可以尝试增加一或两个低碳日，并且每天进行60~90分钟较低或中等强度的耐力训练。使用这种方法将获得非常好的减脂效果，但完全靠运动者的自律性。每天的耐力训练可以分两部分进行，相应的运动时长也要一分为二（也可以不分，但这样的话会挑战运动者的极限）。

低碳周期持续时间越长，运动者就越要注意蛋白质的摄入，以尽可能地避免损失肌肉。此外，随着低碳饮食的深入进行，耐力训练的强度要一直降低。一是因为这个阶段运动者身体承受的压力过大；二是因为在非常苛刻的饮食条件下，人们只需较低强度的

表 18b 以减脂或增肌为目的的循环饮食法实行方法示例（根据文献［3］修改）

第一组：低碳饮食	第二组：低脂高碳饮食	第三组：休息日
目标：每天摄入 80~100 克碳水化合物	目标：每天最多摄入 50 克脂肪	目标：放松精神，最大限度地补充肌糖原和肌内脂肪
可大量食用的食物：沙拉、各种蔬菜、蔬菜汁、农夫奶酪、低脂凝乳、各种瘦肉（如火鸡胸肉）、低脂鱼类	可大量食用的食物：所有蔬菜、蔬菜汁、除牛油果以外的水果、面包、面食、土豆、谷物、非常低脂的肉类及香肠、火鸡胸、鱼排、脱脂牛奶及其他乳制品、农夫奶酪	允许食用所有食物
需少量食用的食物：坚果、高脂海鱼、植物油、蛋类	需少量食用的食物：加工类谷物制品（如非常低脂的麦棒和麦片），以及含有优质碳水化合物的果汁、汽水和低脂布丁	休息日里运动者要优先选择那些平时不能吃的食物，比如巧克力、冰激凌、饼干、糕点、薯条、快餐等
可极少量食用的食物：各种脂肪含量较高的奶酪、肉类、香肠、奶油、黄油、荤油、蛋黄酱等	可极少量食用的食物：所有脂肪含量极高的食物，如切片干酪、香肠、食油、黄油、含脂肪的甜食	—
或者采用极低热量饮食法：在低碳日用代餐饮料（也可以考虑高价值的蛋白质奶昔；具体原则见正文中极低热量饮食法部分）代替上面的食物	—	—

有氧运动就足以促进体脂燃烧，只要运动时间足够长就行。

其实，运动者还是要将我们介绍的方法结合自身的实际情况来亲自试验，以确定自己在实行该饮食法期间应该安排多少个高碳日、摄入多少碳水化合物、需要进行哪种训练、运动量要多大、要摄入多少蛋白质等。

根据经验，低碳日和高碳日的天数并不总是固定的，而是根据自身情况调整的，就像人们在实行传统的合成代谢饮食法时所做的那样。要想获得最好的减脂效果，人们就

要随机应变。

7.8.4 如何增肌

使用这种饮食法进行增肌也很简单，与减脂的程序差不多。不过与减脂阶段实行的合成代谢饮食法不同的是，增肌阶段的饮食法中高碳饮食和力量训练占主要地位，低碳饮食和耐力训练则退居其次，但我们也不能完全摒弃低碳饮食和耐力训练，因为本书中无数例子都已证明减少食物摄入是如何影响身体对营养物质的储存的。运动者在增肌

阶段实行该饮食法时，如果效果不明显，那么不是要相应地增加高碳日和休息日，就是要调整力量训练。一般来说，运动者在增肌阶段要特别注意训练期间的休息！

7.8.5 不足之处与总结评价

循环饮食法既适用于增肌也适用于减脂，只需略加改动即可，因此特别灵活。根据经验，循环饮食法特别适合减脂，因为它同时具有低碳饮食法或极低热量饮食法已被证实的效果以及增肌效果。运动者如果严格实行这一饮食法，甚至能够达到最理想的效果，即在减脂的同时增肌（至少能在一定程度上增肌）。

循环饮食法可以在增肌阶段获得良好的增肌效果，原因之一就在于，这种饮食法不是在人体内制造持续的能量正平衡状态，而是反复地将短暂的低碳周期插入增肌阶段中。此时，以增肌为目的的力量训练当然要占主要地位。

对增肌来说特别重要的是，当人体中的能量储备提前因高强度训练和营养物质供给不足而消耗光后，肌肉总是特别渴望重新用营养物质（比如糖原、肌内脂肪和肌蛋白）将自身填满。运动者可以好好利用人体的这一特点，不过必须合理安排训练与低碳周期。根据经验，人们可以利用这种方法使个人增肌和减脂的比例最佳。无论如何，在实行循环饮食法时，因为食物可选择的种类比较多，所以人们选择食物很容易。而如果在12周的时间里只进行低脂饮食或低碳饮食，那就太单调了。比起在低脂饮食和低碳饮食之间切换的做法，对运动者来说更难的是心理上的坚持。此外，不停地变换食物并且隔一段时间身体就规律地回归短期的能量正平衡状态，发生营养不良的概率也将大大减小。从心理学的角度来看，这种饮食法还有一个优点，

那就是实行时人们可自行调控低碳周期（可以这么说，减脂阶段被分成许多短暂的、目标明确的小阶段），这样人们就能够快速达到自己设置的小目标，并且将灵活调控的原则发挥到极致。

而这种饮食法最大的问题在于，迄今为止还没有得到科学研究的检验，因此从客观上来说其有效性缺乏科学的证明，相应地也就缺乏安全性的证明。它也不适合作为一种长期的饮食方案，人们最好只是在短期内使用循环饮食法，并且在使用前实行另一种适合作为基础饮食的饮食法。因此，循环饮食法并不符合本章开篇所提出的优质饮食法的标准。

此外，从运动者的角度来看，实行循环饮食法时往往存在实际执行和心理层面上的困难。至少在减脂阶段，合理协调低碳饮食下的大容量耐力训练、随低碳饮食的进行而必须不断提升的耐力训练强度等要素会非常困难。每个人都必须找到适合自己的方案，这种对实行者的高要求令很多人望而却步。

因此，循环饮食法对普通运动者来说不太合适。对动力十足的准竞技和竞技运动员来说，无论如何循环饮食法都值得一试。对运动员来说，循环饮食法在很大程度上能够促进减脂，当然这只是基于经验而非研究得出的结论。另外，循环饮食法虽然实行起来很费事，但对那些先天条件不好（很难减脂又很难增肌）的运动者来说，它却是所有饮食法里最能给人以希望的。但是不能不提的是，实行这种饮食法的话，人们想将体脂率降到10%以下是极为困难的，并且从长远来看，想要进一步减脂也很难。

7.9 不吃晚餐减肥法

不吃晚餐减肥法不仅仅在模特圈很流行，一些健身者也用它来降低体脂率。

7.9.1 原则

这是一种无痛减脂法，至少在刚开始实行的时候是。尤其是对那些体力活动较少的人来说，不吃晚餐确实是一种很受欢迎的方法，他们希望用它来减掉不想要的肥肉。也有不少运动员和普通运动者使用这种简单的调整饮食的方法。

这种饮食法的基本理念在于，通过明显减少晚餐的饭量或者完全不吃晚餐以快速减重或者至少保持体脂稳定。至少从中长期来看，某些人通过严格实行这一方法取得了惊人的效果。

7.9.2 评价

从科学的角度尤其是从能量平衡的角度来看，我们该如何评价不吃晚餐减肥法呢？不吃晚餐是否对人体的新陈代谢有特殊的功效？很遗憾，对此目前还没有一项权威、可信的研究，为数不多的几项相关研究的结果也都充满了矛盾[100]：在分析了1800名女性的饮食行为后，研究人员发现，受试者在17点后所摄入的热量与体重发展毫无关系[101]。另一项针对7000多名男性和女性的观察研究同样显示，晚餐对体重发展并没有特殊的影响[102]。

此外，最近也有研究显示，研究人员至少在一组年轻男性和女性身上发现，傍晚摄入的热量可以改变体重[103]。另外一项研究还表明，每日热量摄入较多与晚餐吃得晚有关，而早餐吃得多则会使一天的总热量摄入量较少[104]。还有证据证明，超重的女性不仅吃得多，而且每天大部分食物都是在一天里较晚的时间段吃下的[105]。一项最近的研究显示，早餐吃得多可以使体重下降，而重视晚餐则可以更好地稳定去脂体重[106]。

迄今为止还没有权威的实验结果能对这种减肥法给出令人信服的评价。虽然一项高

质量的、耗费巨资的研究已经在小鼠身上证明，新陈代谢的调节在一定程度上与时间有关[107]，但是目前人们了解的更多的是，对体脂率起决定作用的是每日热量摄入总量，而非进食的时间。因此，严格来讲，不吃晚餐法不符合优质饮食法的标准。

尽管如此，从运动者的反馈来看，不吃晚餐减肥法对他们来说确实是一种非常有效且易操作的减脂方法，能减掉几千克体脂。如果在此基础上配合艰苦的训练，即使不吃晚餐减肥法不是普通意义上的饮食法，一段时间后也能收到良好的效果。不过，如果实行这种减肥法，我们应该更加重视早餐！

这种减肥法还有一个好处是，人们在白天可以选用几乎任何一种自己喜欢的、我们介绍过的饮食法，而不吃晚餐则是一个非常有用和灵活的辅助手段，以此来协助其他饮食法。另外，不吃晚餐减肥法也适合作为我们介绍过的其他饮食法的入门方法。不过，它的减脂效果也会随着时间的推移而慢慢消失。我们可以使用这个方法来稳定自己的体脂率。

但是对运动者来说，是否完全不吃晚餐也是一个需要考虑的问题。许多运动者白天工作繁忙，只能在傍晚进行训练。如果他们在这之后什么也不吃的话，训练后非常宝贵的营养窗口期就被白白浪费了。其实运动者可以采取一种折中的方法——傍晚运动后吃一些东西，但是只吃那些低脂、高蛋白食物，比如火鸡胸肉或低脂凝乳。

在增肌阶段，不吃晚餐减肥法的适用性可能就非常有限了。数据显示，丰盛的晚餐对去脂体重有正面影响（上文也提到过）。运动者可以这样做：训练日晚上可以适当地进食，而休息日晚上不吃晚餐，从本质上说这其实也相当于一种新版的循环饮食法。然而，对难以进步者来说，这意味着肌肉增长会受

到限制，所以在这里我们要再次提醒大家，在使用这种方法前要亲自尝试以确认自己是否适合。

从健康的角度看，如果人们白天营养摄入充足，那么不吃晚餐也不会对身体带来任何负面影响。

7.10 增重饮食法

肌肉量与体重之间有明显的关联，特别是在进行规律的力量训练的情况下。换句话说，如果一个人体重增长了，那么他肌肉的围度也会增长！这个发现由来已久，所谓的"膨胀大法"（Bulking Up）就以此为基础。

7.10.1 原则

在力量训练者的圈子里，使用膨胀大法意味着，为了显著增肌，每天吃下大量食物，而且原则上可以吃任何想吃的东西。虽然在实行这一饮食法时有几点应该注意，比如每餐都应摄入高营养价值的富含蛋白质的食物，或者至少不时地选择一些比较有营养价值的食物，但不少运动者在实行这一饮食法时只是毫无针对性地一直吃，吃什么完全根据自己的喜好而定，而且一般来说吃下的都是营养价值不高的食物。

7.10.2 评价

通常来说，没有针对性的、过量的饮食确实会使人的体重增长，这一般会分为两个阶段：开始的一段时间内运动者自我感觉会非常好，因为饮食不受限制，体重增加了，肌肉的围度达标了，自己的力量也快速增强了。由于摄入了大量的碳水化合物和水分，肌肉也确实尽可能地鼓胀了，训练时运动者会有强烈的泵感。

然而，随之而来的就是弊端了：随着时间的推移，运动者腰围越来越大，腹肌也迅速消失。很快，运动者就要穿更大尺码的裤子，可这不仅仅是因为股四头肌增长了。运动者一旦习惯了增重饮食法，想要摆脱它可没那么容易！根据研究，大多数运动者增加的体重里只有30%~40%是去脂体重，剩下的全是脂肪[91]。因此，这种饮食法只适合难以进步者，以及那些对臃肿的身材无所谓、不惜任何代价一心只想增重的运动者。

但是，我们在这里还是要提醒一下，运动者在确定选择这种饮食法前要三思，因为想将增长的脂肪再减掉是非常辛苦的。此外，这么做还会对人体健康造成影响。并且，后期人们为了减脂而实行必要的饮食法后，净剩的肌肉也不多了。因此，运动者最好选择我们推荐的其他饮食法。其实，所谓的增重饮食法对许多运动者来说不是别的，只是无目的大吃特吃的通行证。

增重饮食法完全不符合优质饮食法的标准。要想科学理性地增重的人，先要计算自己的能量需求量（表15），然后每天追加摄入500~1000千卡[108]热量，具体的参考意见参见第六章的相关内容。而这些需额外摄入的热量只能在训练日以高营养价值食物的形式被摄入，比如果昔或坚果就适用于促进身体能量正平衡的实现。运动者只有在对增重效果不满意的情况下才应考虑在休息日也增加热量的摄入量。增加热量摄入时，应该先从200~500千卡的小份额开始增加，然后一步步慢慢增加到1000千卡，有些人可以摄入更多的热量。一般来说，人的消化器官都能很好地承受。

非要使用增重饮食法的人也只能在短期内使用这种方法——在全年的饮食计划里最多安排2~4周。大多数人刚开始使用这种饮食法时增长的主要是去脂体重，但到了后期，增长的就只有腰围了。此外，人们使用增重饮食法时要选择高营养价值的食物，就像地中海式饮食法要求的那样。对许多运动者来说，选择高营养价值的食物增加体内的能量密度既能满足体重增长，在理想情况下，其体脂的增长幅度也不会太大。

实行这一饮食法时，真正的难以进步者可以破例饮用没有饱腹作用的含糖饮料，当然饮用果汁更健康。

8. 维生素、常量元素、微量元素与力量训练者的免疫系统

虽然许多运动者对维生素和矿物质的知识不怎么感兴趣，但为了更好地了解营养补充剂，知道这些知识还是很重要的。因为第一，某些运动者可能存在某几种特定的微量营养素供给不足的情况；第二，商家用铺天盖地的广告和各种言论反复给运动者洗脑。出于不安全感，也可能确实存在某些微量营养素供给不足的情况，许多运动者轻率地开始服用营养补充剂。

本章将为运动者提供有理有据的实际行动指南，并重点解答以下几个问题：我们吃下的食物究竟能不能为我们提供足够的微量营养素？我们真的面临维生素和矿物质供给不足的情况吗？如果是的话，哪些物质的缺乏会严重威胁力量训练者的健康？微量营养素补充剂的安全性和有效性如何？最后，人体免疫系统在力量训练者的运动效能方面扮演什么样的角色？人们可以通过补充微量营养素来对免疫系统施加影响吗？

8.1 什么是微量营养素？

微量营养素必须通过食物摄取，长期缺乏会使生命活动受到负面影响，甚至会引发严重的健康问题。微量营养素包括维生素、常量元素和微量元素。它们要么是人体的基本组成物质，要么为机体运行所必需的功能蛋白提供支持，要么使人体新陈代谢活动得以进行。

8.2 食物能为人体提供足够的微量营养素吗？

总有各种各样的商家反复宣称：我们的土地因高强度的农业种植而渐渐变得贫瘠，因此天然的食物已经不能满足我们的身体对微量营养素的需求。这些言论其实只是出于营销的目的。为了佐证这些主观臆想，某些言论制造者还从年代久远的资料里抽取数据，并与当今的研究数据进行比对。然后，蒙在鼓里的民众一看，发现这两组数据竟然真的存在差别！可是，在过去的几十年里，分析技术已经极大地精细化，那些从前被认为同属一种的物质，现在已经被区别开来。例如，目前人类所发现的属于类胡萝卜素家族的物质超过 500 种，可在从前，这些物质都被认为是维生素 A 前体（即 β-胡萝卜素）。

现在我们能够很好地区分维生素 A 前体家族里的每一个成员，这就导致如今它们在食物营养成分表中的含量变低，因为它们虽然都还属于维生素 A 前体家族，但是不会再被归纳到一起了[1]。总而言之，目前用科学手段还不能证明常见食物所含的营养素变贫乏了。比如我们比较过去 50 年间某些食物中营养素的含量时，并没有发现水果或蔬菜中的维生素或矿物质的含量减少[2]。

相反，通过目前常用的肥料以及形形色色的饲料富集手段，今天的动物性食物和植物性食物中微量营养素的含量甚至有增加的趋势[3, 4]。例如，不管人们是否需要，部分地区生产的苹果中维生素 C 的含量在近几年增加了 3 倍[5]。这一事实明显与某些营销机构的言论不相符，但是知道的人很少。

如果一定要说出食物中到底哪些营养素的含量有所下降，我们会发现，碘和氟的含量确实降低了。然而，这与种植、储藏或者加工过程都没有关系。另外，通过有意识地

选择食物，我们完全可以避免这个问题。关于食物是否在储藏和加工等过程中流失了相应的营养素这个问题，我们还要好好探讨一下。收获时间太早、运输和储藏时间太长等都曾是被反复提及的因素，人们认为正是这些因素造成了食物中的微量营养素含量不足。

可是，即使我们不谈食品工业在食物的储藏和运输过程中为保留营养素而精心采取的那些措施，只从普通民众微量营养素的供给状况这个层面来看，目前也不存在因储藏和运输等措施不当而造成人体微量营养素缺乏的情况。其实，削去果皮、长时间在沸水里烹煮再把这些水倒掉、过度冲洗和浸泡、持续日晒、长时间放置在较高温度下、反复加热，这些做法更容易让食物中的微量营养素流失。而目前我们的实际情况其实与以前的正好相反，食物能被全年供应，食物中的微量营养素通过冷冻和冷藏技术普遍被保存得很好[5]。

此外，如何加工食物以保证其中的营养素不被破坏的方法也广为流传。即使是那些名声不怎么好的蔬菜罐头，如今经过快速而温和的加工，也能保留新鲜蔬菜原有维生素的80%~100%[5]。

因此，就目前的资料来看，运动者不必担心因食物中营养素含量变低而患上营养缺乏症，也完全无须服用相关的营养补充剂。如果真的出现营养缺乏的情况，那也是单一的饮食结构造成的。

总之，如今的食物供给情况与以前完全不同，各种各样的食物全年都能供应，因此我们无须服用营养补充剂就可以获得足够的微量营养素。我们需要做的就是变着花样吃。

8.3 德国微量营养素的需求和供给情况

澄清了我们并不会因为食物的质量问题而营养缺乏之后，我们来看一看德国人实际的营养供给情况。在此之前，我们要弄清楚应该从何处准确获悉德国人的营养供给和需求情况。

经过近年来大量耗资甚巨的科学研究，研究人员已经对人体对维生素和矿物质的需求情况了解得非常透彻，其中大部分营养素的需求量都远小于德国人的实际摄入量[6]。当我们了解到，其实人体在新陈代谢过程中并不是一直需要微量营养素的，微量营养素的需求量较小就很好理解了。也就是说，一个维生素分子要反复执行许多次生理任务之后才会光荣卸任。例如，维生素 B_1 参与葡萄糖分解，但并不是每一个糖分子分解时都要损耗一个维生素 B_1 分子。其实，一个维生素 B_1 分子可以参与无数糖分子的分解，因此称糖为"抢夺维生素 B 的强盗"实在是大错特错。

大多微量营养素要发挥其生理功能，需要与功能蛋白结合，因此这些"细胞机器彻底检修"[1] 时，要先离析出相应的维生素或矿物质。我们的身体在这时就会精打细算，在微量营养素供给不足的情况下，它会非常高效地再次利用微量营养素和减缓微量营养素的排出。

我们的身体机制之所以会这样不言而喻。可以想见，我们的祖先在进化过程中，经常会陷入数天或数周没有食物可吃的境况，如果身体没有进化出最高效的微量营养素节约机制，人类怎么可能存活到今天！这也是为什么从医学的角度来看，如今微量营养素缺

---

① "细胞机器彻底检修"指功能蛋白的新陈代谢。

乏只会在饮食结构过于单一或者患上某些疾病的情况下发生[7]。

在这里我们需要说明的另一点是，专业协会给出的人体微量营养素需求量的上限只能将大多数人的新陈代谢功能维持在一个理想水平，以防患上微量营养素缺乏症。如果你已经被医生确诊缺乏某种微量营养素，那就必须通过药物来补充体内的微量营养素储备库。在这种情况下，官方的推荐值就过低了。

还有一个问题就是，对很多微量营养素的检测，目前要么没有足够敏感的仪器，要么检测手段非常复杂、费用非常高昂。因此，人们有时只能通过记录饮食情况来确定自己是否缺乏某种营养素。但这种方法并不可靠。人们可以将自己记录的饮食情况与专业协会的推荐值相比较。专业协会出于安全性的考虑，给出的推荐值留有较大的富余。这样做是考虑到某些特定食物中的维生素和矿物质很难被人体吸收、在食物的烹饪过程中营养素会流失以及营养素在食物中的含量存在波动等因素。

即使微量营养素的摄入量小于推荐值，也不代表身体就会营养缺乏[3]。只有伴有生化指标改变或出现明确的症状，才可以说发生了医学意义上的缺乏。一张专业的饮食记录表能够提供非常有价值的信息，告诉你哪里出了问题。我们可以在制作饮食记录表的基础上决定如何有针对性地调整饮食。

然而，某几位"补充剂教父"的意见则完全不同。他们抱怨那些专业协会的说法完全在误导大众，人们要想获得理想的健康状况和运动效能，就只能借助营养补充剂。甚至在一些非常恶劣的极端案例中，有医学界人士声称某几种严重的疾病可以通过专门的营养补充剂（当然是他们自己推销的）治愈[8]。这完全是对病人的不负责任，是没有职业道德的行为，会让病人承担健康上的风险（很遗憾，这种情况也已经在某些案例中得以证实）。

此外，我们还要知道的是，世界各国的专业营养机构给出的每一种微量营养素的人体需求量所处的数量级相近（美国官方推荐的摄入值参见文献[9, 10]）。而各国专业营养机构给出的参考值之间所存在的细微差别，并不是因为不同国家居民对该种微量营养素的需求量不同，而是因为不同的官方机构留出的富余值有多有少。

还有就是，微量营养素正如其名，实际上只需极小的剂量就能够很好地发挥自己的作用。而其药理学功效则要通过相当大的剂量来实现，仅仅通过饮食摄入的剂量是不够的。我们必须学会区别"需求"和"缺乏"这两个词。微量营养素"缺乏"时涉及的不是营养问题，而是药物功效。

在德国（当然也在世界上其他国家），形形色色的研究都在尽可能精准地评估居民的维生素和矿物质的供给状况。此外，还有各种专门针对老年人、孕妇、儿童和婴儿等群体的研究[3]。目前最重要的一个研究项目就是"国家饮食消费研究2"[11, 12]。这些研究的成果在每4年发布一次的饮食报告中进行了总结。目前2008年饮食报告刚刚出版[13]。从发布的数据中我们可以了解到，德国人是否以及在哪些方面可能存在微量营养素供给不足的问题。

8.3.1 维生素

维生素存在于形形色色的植物性和动物性食物中，在人体内承担了相当多的生理功能。表19是维生素的概览表。

众所周知，一些维生素溶于水（表19下半部分），另一些则溶于脂肪（表19上半部分）。在日常生活中这意味着，食用富含维生素A前体的胡萝卜时，如果将它与一小份脂

表 19　脂溶性维生素和水溶性维生素的功能、需求以及供给情况（根据文献［6，15，16］绘制，根据文献［14］修改）

维生素	别名	女性及男性每日需求量	德国居民实际摄入量	重要的食物来源	在人体内的生理功能
脂溶性维生素					
维生素 A	视黄醇、视黄醛、视黄酸等	0.8~1.1mg	1.1~1.5mg	动物肝脏、金枪鱼、鲱鱼、黄油、蛋黄	维持视觉、促进细胞的发育和成熟、抗氧化、影响免疫系统。应避免过量摄入
维生素 A 前体	β－胡萝卜素	2~4mg	2.2~3.3mg	蔬菜、水果	抗氧化、转化成维生素 A。应避免过量摄入
维生素 D	胆钙化醇、骨化三醇等	5~10mcg①	2.4~4.0mcg	菌类、高脂海鱼、蛋类	参与钙和磷的新陈代谢，存在于骨骼肌、胰腺、皮肤和免疫系统中。应避免过量摄入
维生素 E	生育酚、三烯生育酚	12~15mg	12.4~15.2mg	植物胚芽、植物种子、植物油	抗氧化、影响信号物质。应避免过量摄入
维生素 K	叶绿醌、甲基萘醌	60~70mcg	279~304mcg	绿色蔬菜、动物肝脏	凝血功能、参与骨骼的新陈代谢
水溶性维生素					
维生素 B$_1$	硫胺素	33mcg/1000 kcal（每天 1~1.3mg）	1.2~1.4mg	全麦谷物、酵母制品、肉类	在能量代谢和碳水化合物代谢中起至关重要的作用
维生素 B$_2$	核黄素、黄素单核苷酸、黄素二核苷酸	1.2~1.5mg	1.4~1.6mg	乳制品、动物肝脏、蛋类	在能量代谢、嘌呤代谢、异物代谢和大脑的新陈代谢中起重要作用
叶酸	四氢叶酸	400mcg	210~216mcg	叶菜及其他绿色蔬菜、动物肝脏、谷物胚芽	在遗传物质、氨基酸及其他物质的新陈代谢中起重要作用

① mcg: 微克。

维生素	别名	女性及男性每日需求量	德国居民实际摄入量	重要的食物来源	在人体内的生理功能
烟酸	尼克酸、尼克酰胺	13~17mg	28~31mg	肉类、动物肝脏、鱼类、全麦食品、咖啡	在全身各处的新陈代谢中起作用，比如脂肪酸的合成和燃烧、胆固醇代谢等。应避免过量摄入
泛酸	泛酸盐	6mg	4.5~5.2mg	广泛存在于各种食物中	在能量代谢中起核心作用
维生素 B_6	吡哆醇、吡哆醛、吡哆胺	每克膳食蛋白质0.2mcg（每天1.2~1.6mg）	1.6~1.8mg	肉类、动物肝脏、鱼类、全麦食品	在蛋白质和糖原的新陈代谢中起作用、参与类固醇激素作用的发挥等。应避免过量摄入
维生素 B_{12}	钴胺素	3mcg	4.7~6.4mcg	动物性食物	造血功能、参与蛋白质和大脑的新陈代谢、在叶酸发挥作用的过程中扮演重要角色
维生素 C	L－抗坏血酸	100mg	101~131mg	新鲜水果、土豆和其他蔬菜	抗氧化作用，促进韧带组织形成，参与氨基酸、胆酸、大脑和压力激素的新陈代谢，影响铁元素的吸收，参与免疫系统作用的发挥等
维生素 H	生物素	30~60mcg	40~42mcg	乳制品、蛋黄、动物肝脏、坚果	在氨基酸、糖分、胆固醇和脂肪的新陈代谢中起作用

肪一起吃，就会有更多的维生素A前体被身体吸收。

由此我们来谈谈德国维生素供给的情况，先从脂溶性维生素说起。从表19中我们可以看出，在大多数脂溶性维生素的供给方面，德国人可说良好甚至极好。但是德国人通过饮食摄入的维生素D相对较少。不过，这只有在人们不经常接受阳光中紫外线的照射时才称得上问题，因为这样的话皮肤不能自行

合成足量的维生素D。而老年人通过皮肤合成维生素D的能力在渐渐退化，他们度假的概率通常来说也更小，因此维生素D供给不足的情况主要出现在老年人身上。

但是最近也有证据证明，每年11月到来年4月份的德国，阳光照射时长太短，以至于即使是比较年轻的德国人，其皮肤也不能自行合成足够的维生素D[17]。然而，坚持地中海式饮食的人对此无须担心，因为通过饮

食他们完全能够获得足够的维生素 D。通过饮食补充维生素并非无足轻重，维生素对身体的价值可能比人们长久以来认为的更加重要。此外，从健康的角度来看，只有在不得已的情况下，我们才建议人们规律地去日光浴室接受紫外线照射以补充维生素 D，因为目前的科学数据显示，这么做会使皮肤癌的发病率不合理地升高[18]。

接下来我们谈谈水溶性维生素。表 19 显示，德国人的大部分水溶性维生素的供给情况都是良好的。尽管如此，某些物质还是存在供给不足的问题。首先就是叶酸[19, 20]。叶酸是一种 B 族维生素。"叶"的拉丁文是"folium"①，相应地，深绿色的绿叶蔬菜中叶酸的含量最高（每 100 克含 100 毫克），不过动物肝脏中同样也有很多叶酸。每 100 克新鲜的绿色蔬菜能提供 50~100 毫克叶酸，而每 100 克牛肉或谷物则含有 10~50 毫克叶酸。

叶酸在遗传物质的新陈代谢中扮演特别重要的角色。具有较强细胞分化能力的组织，比如造血的骨髓，在叶酸供给不足时会有相应的反应。典型的晚期叶酸缺乏症是一种特殊形式的贫血症，很容易就能通过医学手段诊断出来。

其实在我们身上更常发生的情况是，叶酸摄入虽然不足以满足身体需求，但还没有达到会患叶酸缺乏症的地步。叶酸会与其他 B 族维生素（维生素 B₁₂、维生素 B₆）一起参与含硫氨基酸 L-甲硫氨酸的某些新陈代谢反应。力量训练者经常摄入大量蛋白质，这样一来他们的 L-甲硫氨酸摄入量会远超平均水平。因此，力量训练者的身体必须具备特别高效的转化氨基酸的能力，否则长此以往他们的心血管健康会受到威胁。其实这个问题的解决方法非常简单：坚持将地中海式饮食

作为基础饮食，大量食用蔬菜和水果，这样叶酸的供给就丝毫不成问题了。这也从另一个角度说明了为什么德国人的叶酸摄入情况不是特别好——他们不喜欢吃蔬菜！

在此向处于育龄的年轻女性提一个极为重要的建议，无论运动还是不运动，打算怀孕的年轻女性都要尽可能地补充叶酸，这一点至关重要。因为在孕早期，胚胎神经系统能否良好发育在极大程度上与叶酸的供给是否充足相关，叶酸供给不足会导致胎儿严重畸形。官方也强烈推荐服用叶酸片剂，并且必须在计划怀孕之前就开始服用[15]。

从表 19 来看，德国人摄入的泛酸也不足。但在实际生活中我们并未发现德国人患有泛酸缺乏症。出于安全性考虑，专业协会给出的推荐值留有富余——特别大的富余。只要微营养素的摄入量没有超出推荐值的范围，就不会引发任何问题[16]。

小结：可以说德国人在脂溶性维生素和水溶性维生素的供给上普遍良好或极好。对年轻和健康的人群来说，叶酸的摄入可能存在问题。另外在冬季，人们要注意多吃一些富含维生素 D 的食物。

8.3.2 常量元素和微量元素

表 20 是常量元素和微量元素需求和供给情况概览表。

铁元素，作为一种在世界范围内最常与营养不良联系在一起的微量营养素，即使在居民营养状况非常好的西方国家也存在供给不足的问题。但是这一点在表 20 里并没有体现，因为表格所列内容毕竟有限，未能根据年龄和性别分类列举。但是我们推测，德国 15~25 岁的女性普遍存在铁摄入不足的情况。另外，女性因月经而存在额外的铁流失现象，

---

① 叶酸的英文名称 folic acid 就是从拉丁文演化而来的。

表20　常量元素和微量元素的功能、需求以及供给情况（根据文献［6，15，16］绘制，根据文献［14］修改）

元素名称	青少年及成年人每日需求量	德国居民实际摄入量	重要的食物来源	在人体内的生理功能
钙	1000~1200mg	837~876mg	牛奶制品	构成骨骼、参与细胞的新陈代谢
磷	700~1250mg	1226~1337mg	高蛋白食物	构成骨骼、参与能量代谢、构成缓冲体系
镁	300~400mg	350~371mg	全麦食品	构成骨骼、是约300种酶的必需辅助因子
钠	550mg	2500~3500mg	加工类食品	参与水平衡以及神经冲动的传导
钾	2000mg	3100~3200mg	蔬菜、水果	参与水平衡以及神经冲动的传导
铁	10~15mg	13.4~13.7mg	肉类、鱼类、植物性食物	参与氧气的运输、氨基酸代谢、能量代谢
氯	830mg	3750~5250mg	加工类食品	参与水平衡以及神经冲动的传导
锌	7~10mg	10.0~11.1mg	牡蛎、动物肝脏、肉类	是约50种酶的必需辅助因子
碘	180~200mcg	86~100mcg	海鱼	参与全身各处的新陈代谢，尤其是甲状腺激素的代谢
硒	30~70mcg	30~41mcg	蛋类	参与甲状腺激素的代谢、抗氧化
铜	1~1.5mg	2.0~2.1mg	谷物、水果、蔬菜、肉类	参与能量代谢、抗氧化作用
锰	2~5mg	4.5~4.8mg	谷物制品	抗氧化、参与能量代谢和尿素的代谢
铬	30~100mcg	61~84mcg	动物肝脏、谷物、肉类	参与糖的代谢
钼	50~100mcg	89~100mcg	植物胚芽、豆类	参与氨基酸、遗传物质和压力激素的代谢
氟	2.9~3.8mg	0.4~0.6mg	含氟量较高的食盐、红茶	构成骨骼和牙齿
硫	未知	1000~1300mg	含蛋白质的食物	参与蛋白质合成、异物排出和其他代谢过程

从而对铁元素的需求量更大。

铁元素既存在于植物性食物中，也存在于动物性食物中。铁元素与锌元素具有的共同特点在于，它们在肉类及其制品中含量特别高。在肉类中，铁元素是与蛋白质相结合而存在的，这使得人体对它的吸收变得极为容易，吸收率高达 10%~25%。植物性食物中的铁元素则有所不同：只有 3%~8% 的铁元素能从肠道进入血液。因此，素食者即使摄入了大量铁元素，也还是会出现铁元素缺乏的情况，因为没有足够的铁元素进入人体内环境。

幸而目前凭借医学检查可以很容易地检测到人体是否处于铁元素缺乏状态。有些人为了预防铁缺乏症而服用含铁片剂，我们非常不赞同这种做法，因为人体内长期存在较高水平的游离铁会产生不良后果，比如可能会提高心肌梗死的发病率[21, 22, 23]。人体能够通过一种非常复杂的机制来精准地调控肠道对铁元素的吸收，这很重要，因为人体排出铁元素的能力非常有限[21]，而人体内铁元素过量无疑是有害的[22, 23]。

此外，含铁蛋白质的生理功能对运动者来说尤其重要：红细胞内含有一种功能蛋白，也就是血红蛋白，它承担着向肌细胞输送氧分子的任务。在肌细胞里，氧分子被同样含铁的肌红蛋白转运到 ATP 的合成位点上。甚至在 ATP 的合成过程中，铁元素也起重要的作用。换句话说，没有铁元素，就没有 ATP 的合成和肌肉的效能。

最常见的铁缺乏症是一种特殊的缺铁性贫血症，这种病会让人易疲劳和运动效能下降。因此，人们如果长期有这些症状，就要去医院检查是否缺铁。避免铁缺乏症最好的方法就是规律地食用肉类、禽类和鱼类。每

周至少吃 2 次鱼以及 2~3 份肉（红肉），这样轻轻松松就能满足身体对铁元素的需求。运动者可以优先选择低脂的食物，食物中的脂肪含量不会对铁元素的供给产生任何影响。

植物性食物中的铁元素很难被身体吸收，因此素食者要注意将含铁的食物与含维生素 C 或柠檬酸的食物（柑橘类水果和果汁都含有这两种物质）一起食用。

钙是另外一种值得被深入探讨的元素。钙对骨骼的重要作用众所周知。2008 年，哥伦比亚大学的研究人员还确定了钙对运动的重要意义：肌肉疲劳不仅仅是肌肉中产生了大量乳酸的缘故，还明显与肌细胞中钙离子平衡发生了改变有关[24]。这虽然是研究人员通过动物实验发现的，但是我们有理由推测，这种情况同样会发生在人身上。研究人员甚至通过实验研发出一种与钙元素有关的可以明显延缓疲劳的物质。甚至还有人怀疑，有运动员在 2008 年北京奥运会上将这种物质作为兴奋剂使用。关于钙元素，纷争无数。

普遍来说，德国人的钙摄入量并没有达到官方设定的需求量标准（表 20）。这个问题在年轻人身上尤其显著，许多健身者也极有可能缺钙！在钙供给不足的情况下，骨骼将作为人体钙元素的长期供应库来确保健康人不会患上急性钙缺乏症。但一般来说，人在大约 25 岁时骨量[①]会达到巅峰，25 岁之后，骨量将越来越低。因此，年轻时钙供给不足对身体的负面影响将是长期的。特别是对女性（也包括男性）来说，随着年龄的增长，骨骼常常会因钙流失而变得脆弱（骨质疏松）。

在钙供给不足或者不良的情况下，人们可能会过早患上骨质疏松症，这使得人们更易骨折，日常活动也会因此严重受限，甚至

---

① 骨量指单位体积内骨组织（骨矿物质，如钙、磷等，以及骨基质，如骨胶原、蛋白质、无机盐等）的含量。

会发生其他更糟糕的情况。相反，运动，特别是进行力量训练能够促进骨骼生长，因此可作为保护骨骼的重要措施——特别是在力量训练的基础上配合高钙饮食时。但是，如果正在实行极端的竞赛饮食法，同时又拒绝食用牛奶制品，那么运动也不再能保护骨骼。

在德国目前的生活条件下，大多数人只要长期坚持食用牛奶制品，钙元素供给就完全不成问题。例如，4杯脱脂牛奶或100克硬质奶酪就可以满足人一天的钙需求。而如果你出于各种原因长期不吃牛奶制品，就应服用钙补充剂或者食用富含钙元素的食物（比如果汁）。

碘元素在海鱼中大量存在，此外牛奶、牛奶制品和添加了加碘盐的食物，对人体的碘供给也很有帮助。以碘为原料合成的甲状腺激素能够提高能量转换率，刺激碳水化合物代谢和体脂分解，提高氧气的利用率。甲状腺激素不是独自发挥作用，而是与其他许多信号物质一起协同工作的。此外，当人们将甲状腺激素作为药物从外界摄取（而不是试图将它作为兴奋剂）时，它还能促进人体内蛋白质的合成。

碘元素对婴幼儿时期大脑的发育和青春期整个身体的发育都极为重要。对运动者来说，由于碘在新陈代谢中承担多种多样的功能，长期摄入不足会导致运动效能下降。所谓的"大脖子病"（甲状腺肿大）就是碘缺乏症的外在表现。因为德国人的碘摄入量大约只是官方推荐值的一半（表20），很多德国人的甲状腺肿大，德国也因此被世界健康组织划定为碘缺乏国家。为了对抗碘缺乏症，我们做了很多努力，诸如在食盐中添加碘元素等。

小结：德国人常量元素和微量元素的供给情况可以说良好甚至极好。供给存在问题的元素主要有碘、铁和钙。女性运动者要特别注意钙和铁的补充。为了避免常量元素和微量元素供给不足可能引发的后果，我们在这里提出一个简单的建议，那就是坚持每天喝牛奶和吃牛奶制品，并且每周最少吃2次海鱼。还有一个办法就是优先食用那些添加了加碘盐的食物。如果不爱吃鱼，在必要时或向医生咨询后，也可以考虑服用碘补充剂。

8.3.3 运动者微量营养素的供给情况

正如我们所看到的，至少普遍来看德国人的维生素、常量元素和微量元素的供给情况是良好的。上面提到的叶酸、碘、钙、铁，还可能包括维生素D的供给问题，当然也会发生在运动者身上[25]，尤其是那些在选择食物时很少选择乳制品、水果、蔬菜和鱼类的运动者——可想而知这些人更容易发生微量营养素供给不足的情况了。

因为身体的特殊要求，运动者对微量营养素的需求量更大，然而这仅仅是针对那些以竞技比赛为目的进行训练的运动者而言的。比如说，在进行极高强度的训练时，运动者体内碳水化合物的转化明显提高，这就要求他们体内维生素B_1必须充足。而肌肉的增长需要更多的铁元素，这可能是因为运动者体内的一种肌蛋白——肌红蛋白的合成提高了。另外，力量训练者还需要摄入更多的维生素B_6以用于糖原储备和蛋白质代谢。而由于力量训练还会强健骨骼，这就使得力量训练者需要更多的钙、磷、氟和镁。

此外，我们还要考虑到会有一定量的钠、钾、氯、镁、铁、碘和其他微量营养素会随汗液排出体外。人体在运动过后通过尿液流失的微量营养素也会更多。运动者在艰苦训练后，尿液中许多微量营养素的浓度都会有所提高。但是关于排泄过程是否会引起运动者体内微量营养素缺乏这个问题，迄今为止还没有研究给出明确的答案。

机体能够通过精细调控的分子耦合机制来应对微量营养素流失过多的情况。在这个机制的作用下，一方面，营养物质的利用率提高了；另一方面，营养物质的排出量减少了[26]。此外，汗腺会逐渐适应规律的训练，这使得随汗液排出的微量营养素含量下降[26]。因此，在许多常见的表格里，微量营养素的通过汗液流失的情况都被估计得过于严重了！

此外，针对竞赛进行的训练不仅增加了身体对微量营养素的需求量，同时还刺激了运动者的胃口。一般来说，增加摄入的食物和热量足以弥补因运动而损失的微量营养素。举例来说，一名运动者在一次马拉松赛跑中流了大约 5 升汗，随汗液流失了 5~10 毫克维生素 C，但这点儿维生素 C 用一小块热量值为 100 千卡的苹果就可以补回来[27]。

因为微量营养素会随汗液和尿液流失，又因为运动者的肌肉生长率和新陈代谢率较高，人们自然而然地就认为运动者必须服用补充剂，但这是一个非常武断的结论。事实上，只有在饮食结构单一、竞赛节食期间和已经存在微量营养素缺乏的情况下，运动者的健康才可能出现问题。尽管如此，许多相关图书或杂志还是在没有对运动者的饮食状况或训练情况进行认真调研的情况下，就盲目推荐运动者服用微量营养素补充剂。我们不认同这种做法。虽然还没有很多的研究来深入阐释健身者和力量训练者的微量营养素供给问题，但是在将那些推荐意见付诸实践之前，我们有必要好好研究一下目前已经取得的研究成果。

首先我们来看增肌阶段运动者的微量营养素供给情况。研究人员观察了 76 名处于增肌阶段的运动者，在饮食记录表中记下了所有人的饮食情况。所有参加实验的运动者在没有使用任何营养补充剂的情况下轻而易举就都达到了专业协会设定的微量营养素的需求量水平[28]。另一项针对使用了同化类固醇激素的健美运动员的研究发现，相关运动员每日摄入大约 4500 千卡热量，没有服用任何微量营养素补充剂，但他们体内几乎所有微量营养素的水平都远超常规水平，有的甚至超出专业协会推荐值的 6 倍[29]！

因为一般来说，运动者在增肌阶段身体处于能量正平衡状态，而维生素和矿物质的供给又与其摄入的热量总量息息相关，所以这个结果并不令人惊讶。也有一些运动者，由于饮食结构过于单一，维生素 E、维生素 D 和镁元素的摄入量没能达到专业协会的推荐值[29]。但这远远谈不上微量营养素缺乏，一汤匙高价值的食用油、一个鸡蛋（含蛋黄）、一些海鱼以及富含镁元素的矿泉水，轻轻松松就可以解决这个问题。

长期来看，只吃火鸡肉和大米会造成营养不良。可是有些积极性过高的运动者即使在增肌阶段也采取这种饮食策略，从理论上来说这些人自然要面临体内微量营养素不足的局面！因此我们认为，在日常生活中，饮食富于变化的运动者在增肌阶段完全不需要服用维生素和矿物质元素补充剂，即使他们进行的是竞技水平的训练。

那么，运动员在竞赛准备阶段以及严苛的减脂阶段，其微量营养素的供给情况又如何呢？有几项专门针对竞赛条件下运动员的饮食进行的研究也考虑到了微量营养素的供给情况[30, 31, 32, 33, 34]。总的来说，这些研究认为，运动员在节食期间有过度补充维生素和矿物质的倾向。他们服用的维生素 B_{12} 的剂量是推荐值的 70 倍以上，而服用维生素 C、维生素 B_1 和维生素 B_2 的剂量是推荐值的 10 倍以上！

运动者在实行饮食法期间，由于普遍来说可供选择的食物种类比较单一，微量营养素的供给也会遇到麻烦。一旦运动者不吃某一大类食物（比如素食者不吃肉）或者吃得过于单一（比如某些人不吃水果、蔬菜、肉类或乳制品），随着时间的推移，微量营养素供给不足的风险就会急剧增加[3]。如果不服用那些在运动圈很流行的补充剂，在赛前准备阶段女性运动员就会出现明显的维生素 D、钙和锌供给不足的情况。

对男性运动者来说，出现供给不足的主要是维生素 D。在某一项研究中，男性运动者体内的锌和钙处于供给不足的边缘。在其他研究中，研究人员有时会发现男性摄入的维生素 A、维生素 B_{12}、维生素 C、维生素 B_2 和叶酸不足。

很遗憾，目前还没有针对碘元素进行的研究。而因为每升汗液要排出多达 10 毫克碘，海鱼又不是运动者饮食中的主角，再加上德国人碘元素的摄入量本身就不足（表 20），所以我们可以推断，相当一部分运动者通过饮食摄入的碘元素太少[35]。在赛前准备阶段拒绝食用乳制品这一常见做法更是加剧了碘元素供给不足的问题，也破坏了运动者体内的钙平衡。

铁元素的供给也成问题，尤其是对女性运动者来说[25]。大多数情况下，运动者在实行饮食法期间规律地食用肉类就可以避免铁元素供给不足的情况。总的来说，运动者在减脂阶段严格实行某一种结构单一的饮食法时，短期服用优质的维生素矿物质复合营养补充剂很有用。详情参见下文。

8.4 维生素和矿物质

运动者在进行力量训练时服用微量营养素补充剂主要就是为了预防或治疗相关微量营养素缺乏症。但是正如近年来科学研究证明的那样，对大多数人来说，如果日常饮食结构丰富，那么只有在实行严苛的饮食法期间才有必要服用这类补充剂。当然，拒绝肉

类和鱼类的蛋奶素食者除外。在健美界，这个群体虽然人数较少，却是易发生碘、铁、锌或硒供给不足的高风险群体，甚至他们在增肌阶段也会这样。健身领域几乎没有拒绝所有动物性食物的纯素食者——他们在微量营养素供给上的问题应该更加严重。

8.4.1 药理效应

如果要求的矿物质（常量元素、微量元素）和维生素的摄入量远超正常水平，且人们通过食物长期积累也达不到这个剂量，那么我们称这个剂量为某一微量营养素的药理剂量。这时人们摄入这些营养素不再是出于营养方面的考虑，而是试图获得某种药物效果了。人们摄入如此大剂量的微量营养素，在理想情况下能提升运动成绩或者预防疾病。然而总的来看，通过摄入大剂量的微量营养素来提高成绩和促进健康这一做法并没有被科学证实：从目前的知识水平来看，并没有什么微量营养素能够通过增大摄入量而明显提升运动者的运动效能[36, 25]。

只有在运动者已经患有微量营养素缺乏症的前提下，大量摄入微量营养素才能提升运动效能。针对这个话题，我们在这里还要讨论一下几个很受关注的理念。

8.4.2 增强免疫功能

许多运动员都有这样的体会，在赛前准备阶段进行大运动量的艰苦训练并减少热量摄入时，明显更容易患上呼吸道疾病，出现喉咙痛、咳嗽、流鼻涕等症状（图 49）。为了尽量避免出现这种情况，他们会服用各种各样的补充剂，主要是微量营养素补充剂。

其实我们现在已经知道，适度的运动会使人受益，而过度劳累和过度训练会导致不良后果[37, 38]。我们每个人每天都要与不可计数的病原体接触，却几乎察觉不到它们的存

图 49 运动量与上呼吸道感染频率的关系（根据文献 [39] 修改）

+++

++

+

感染频率（上呼吸道）

体力活动的程度

不运动　　　　　　业余运动　　　　　（高水平）竞技运动

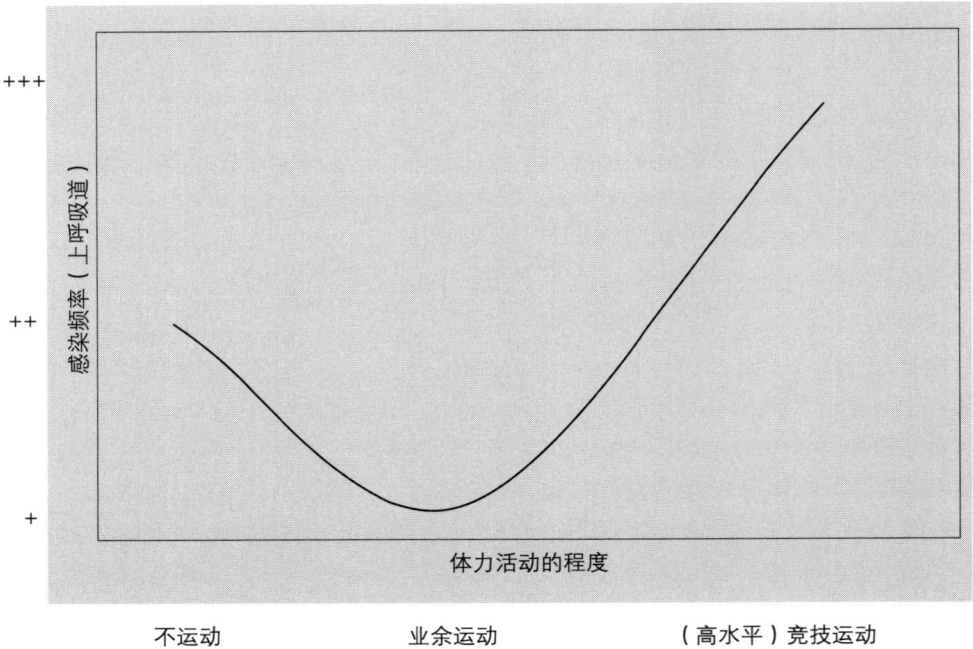

研究显示，人们进行适度的运动可以降低患病频率。而在竞技运动领域，运动员感冒更加频繁。

在。这要归功于我们体内细胞与自身防御机制共同组成的极其复杂的防卫网，我们统称其为免疫系统。市面上出售的某些营养补充剂和食品有可能对这个防卫网产生强化防卫的效果。图 50 将直观地向大家介绍免疫系统的防卫网如何发挥作用。

在艰苦训练之后，运动者的身体会出现"开窗现象"。所谓的"开窗现象"就是，艰苦训练会让运动者血液中压力激素的浓度改变，从而使某几种免疫细胞的活性发生改变[41, 42, 43]。虽然这些细胞的免疫功能会在 3~24 小时内恢复，但在训练结束到细胞免疫功能恢复之前的这段时间里，运动者很容易被病原体感染[38]。因此，我们称其为"开窗现象"，它与训练后的营养窗口期相似，只不过这一次产生的是负面影响，也就是感冒。

开窗现象出现后人们很容易就能察觉，因为它的出现可以说几乎每次都会伴有感冒症状。

为什么在现实生活中，运动者在训练后有时会感冒，有时却不会呢？为什么某些人总是生病，而另外一些人几乎从来不生病呢？这取决于很多因素。首先与运动的频率、强度和时长有关。其他因素还有：运动者是否有足够的睡眠；是否在运动前就已携带病原体，但自身免疫系统一直在勉力维持；是否摄入了足够的热量；眼下工作和生活中的压力是否很大[43]。个人体质也与免疫系统的强弱有很大的关系。

难道人们对开窗现象无计可施吗？事实上，并不完全是这样的。运动者在高强度训练前后摄入可快速吸收碳水化合物，至少在一定程度上可以减缓免疫力下降。甚至还有

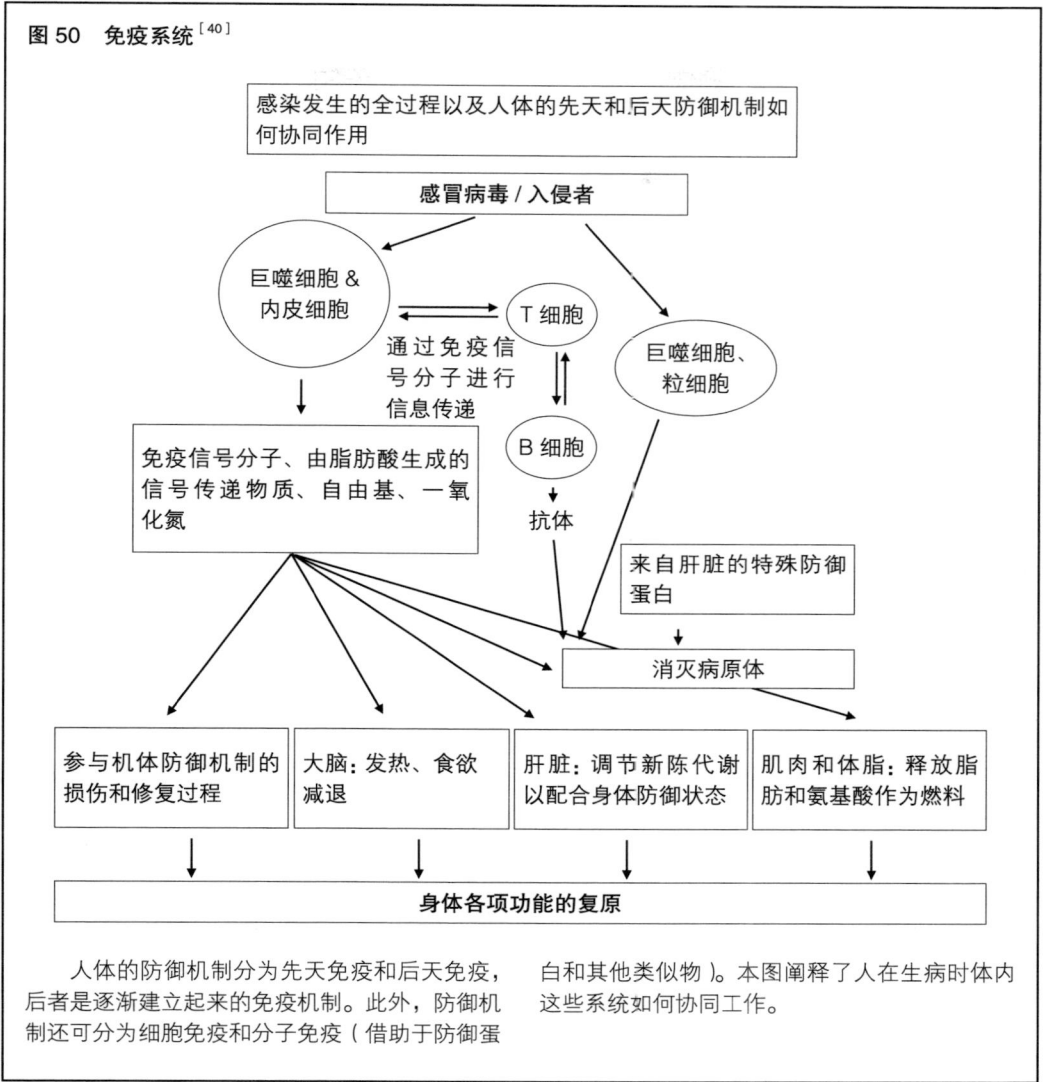

图 50 免疫系统[40]

感染发生的全过程以及人体的先天和后天防御机制如何协同作用

感冒病毒 / 入侵者

巨噬细胞 & 内皮细胞

T 细胞

通过免疫信号分子进行信息传递

B 细胞

抗体

巨噬细胞、粒细胞

免疫信号分子、由脂肪酸生成的信号传递物质、自由基、一氧化氮

来自肝脏的特殊防御蛋白

消灭病原体

参与机体防御机制的损伤和修复过程

大脑：发热、食欲减退

肝脏：调节新陈代谢以配合身体防御状态

肌肉和体脂：释放脂肪和氨基酸作为燃料

身体各项功能的复原

人体的防御机制分为先天免疫和后天免疫，后者是逐渐建立起来的免疫机制。此外，防御机制还可分为细胞免疫和分子免疫（借助于防御蛋白和其他类似物）。本图阐释了人在生病时体内这些系统如何协同工作。

研究指出，采取这个策略后，感染的概率也会变小[44, 45]。碳水化合物的功效之一是改变体内的激素水平，这有助于免疫系统更快恢复。另一个原因可能在于，高强度训练后，一部分碳水化合物转而进入某些特定的免疫细胞[46]：伴有组织损伤的高强度训练会引起炎症反应，由此被激活的免疫细胞需要大量的糖分。但在节食的情况下，身体本身可能不会有足够的碳水化合物。

总而言之，表 12 所给出的训练前后的进食建议不仅有助于增肌，还能增强免疫系统的功能。

另外，特别容易感冒的人可以尝试在高强度训练期间，每小时额外补充 30~60 克液态的可快速吸收碳水化合物。这个方法对一些人很有用。

但在此也有一个尚存争议的观点——在休息充分和营养充足的前提下，开窗现象可能根本就不能算是一个问题，甚至可能只是一种身体的适应性反应[42, 43]。因此，更能从上面介绍的补充碳水化合物的策略受益的是正在参加比赛的运动员和易感冒人群。

此外，要想使身体防御机制良好运转，摄入足量的热量和蛋白质、正确选择脂肪以及适当补充维生素和矿物质都很重要。

对力量训练者来说，即使在减脂阶段，保证充足的蛋白质摄入也不成问题，更别说是在增肌阶段了。但是在热量摄入方面，情况就不一样了。想要获得好身材的人，其身体不可能不在一段时间内处于能量负平衡状态。在这种情况下，易感冒的运动者就可以采用上面提到的补充碳水化合物的策略。

脂肪的衍生物在免疫系统的信号传递方面扮演着重要角色[47]（图50）。在德国所在的纬度地区，人体免疫细胞含有大比例的 ω-6 脂肪酸（第三章）。ω-6 脂肪酸是某些信号物质的前体，这些信号物质会对炎症的持续时间和严重程度产生影响。而德国人的免疫细胞中 ω-3 脂肪酸的含量通常较低：ω-3 脂肪酸会促进某些炎症物质的形成，且这些炎症物质的活性比较低。

因此，规律地食用富含 ω-3 脂肪酸的食物可能会使炎症反应较为温和[40]。在理论上这对运动者的身体恢复是非常有意义的，然而迄今为止在这个问题上，几乎还没有对实践有意义的相关研究。另一方面，从促进心血管系统健康的角度来看，我们也要增加 ω-3 脂肪酸的摄入量，食用冷水鱼、坚果和健康植物油都可以。然而，运动者为增强免疫功能而服用 ω-3 脂肪酸补充剂这一做法目前还没有充足的科学依据。另外，ω-3 脂肪酸摄入过量也会引起负面反应。

要使免疫系统良好运转，微量营养素当然是必不可少的，尤其是维生素 A、维生素 E、维生素 C、维生素 B_6 和维生素 B_{12}，以及矿物质元素锌、铜、铁和硒。因此，为预防感冒而服用维生素和矿物质补充剂的做法非常流行。不过，大量的最新证据表明，这么做并不会给人体带来任何好处，除非人体已经处于维生素不足的状态[48, 49]。

由于某些免疫细胞中维生素 C 的含量很高，人们自然而然地想到通过补充维生素 C 来提高免疫力。然而，通过总结截至 2007 年所有高质量的研究我们发现，补充大剂量维生素 C 可以预防感冒的说法最终还是没有得到科学的证实[50]。在运动领域，只有极限耐力运动员在补充维生素 C 后才可能获得一定的好处[51, 38]。但是总的来说，这方面的证据还不够权威和有说服力[45]。如果人们还是想服用维生素 C 补充剂，在训练负荷较大的时候短期服用也未尝不可。但是服用剂量不要太大，否则在个别情况下会使肾脏功能受到严重损害，对那些肾功能原本就有问题的人来说尤其如此[52]。

在对抗病原体的过程中，免疫细胞会形成所谓的自由基。它们是高活性的分子，能够损伤功能蛋白、细胞膜以及遗传物质，并参与多种疾病的形成。然而根据最新的研究，自由基也承担着重要的生理功能（见下文），比如参与瓦解外来入侵的病原体（图50）。当人们用大量的维生素 C 或其他抗氧化剂来抑制自由基的产生时，同时也削弱了身体的自我防御机制，甚至破坏了身体对运动的适应性反应[38, 45]。

锌元素能够影响免疫系统的许多生理过程。除了在实行严苛的饮食法时，力量训练者总能通过高蛋白饮食摄入大量的锌。动物性食物是锌的最佳来源，所以规律地吃肉可以迅速补充运动中流失的锌。

如果身体原本不缺锌，运动者服用锌补充剂就几乎不会有什么效果。另外，如果短期内以每天 50 毫克的剂量服用锌补充剂，人肠道免疫系统对人体健康来说非常重要，因为多达 70% 的免疫细胞就位于肠道中，影响着我们的身体防御机能。此外，在人类肠道中存在多达 100 兆的细菌，其数量之多令人咋舌！而且这些细菌的种类繁多。这些细菌会"训练"所在的免疫系统，对整个机体施加巨大的影响。

益生菌是指从特定的食品中摄取的，能够大量以存活状态到达人体肠道并与该处的免疫系统发生相互作用，从而发挥各种功效的微生物。益生菌类的微生物只能暂时生活在肠道中，因此人们必须规律地通过饮料、酸奶或类似的食物来补充。

就不同的研究成果来看，人们可以用益生菌解决各种各样的健康问题，比如慢性肠炎。对于儿童湿疹——一种特殊的皮肤疾病——益生菌同样显示出良好的功效。这些发现非常有意义，因为这类疾病都是人体免疫系统过度活跃导致的。益生菌并不能抑制免疫系统的盲目激活现象，但能介入身体防御系统的工作中，从而起到调节作用。

益生菌另一个很有意义的功效在于，它可以预防或者至少减轻腹泻，比如因使用抗生素而造成的腹泻。然而反对意见认为，目前进行的研究显然还不足以得出确凿的结论。

对运动者来说特别重要的是，科学家发现，不同人群服用益生菌后，冬季感冒的次数都减少了，并且患者的病情也减轻了。益生菌还可以在接种疫苗时促进体内抗体的形成。

此外，耶拿大学营养生理学研究所进行的研究证明，规律地摄入益生菌后，巨噬细胞的活性有所提高。从参与实验的运动者的表现来看，如果连续 4 周服用含有益生菌的牛奶，那些我们不希望出现的问题，比如免疫细胞发生改变（可能会导致训练后身体防御机制变弱，从而出现开窗现象），就会获得明显的改善。

到目前为止，各种发现还是相互矛盾的，我们必须谨慎对待目前的研究资料，因为有很多问题还是没能获得解答。关于益生菌的作用也不完全是正面的说法，它似乎并不是对所有人都有益。比如 2008 年公开发布的一项研究结果表明，研究人员给患有严重胰腺炎的病人服用益生菌或者安慰剂。人们本以为益生菌会给病人带来更好的治疗效果，但是出乎意料的是，益生菌组去世的病人远多于安慰剂组。因此，我们绝对不建议患有重病或者身体防御机能减退的人服用益生菌。

然而，对容易出现开窗现象的运动者来说，益生菌值得一试。但是要注意的是，某种益生菌已被证明的功效，一般来说不能推及另外一个菌种。每一种益生菌的有效性都必须得到科学的证实。并且连续多周规律地服用这种益生菌才能获得明显的效果。

体内过量的锌还可能与铜和铁的新陈代谢发生相互作用，从而影响造血功能[53, 54]。此外，过量的锌会通过损害巨噬细胞和后天防御机制而使免疫系统的功能受到负面影响[40]。因此，如果长期服用锌补充剂，那么每天不要超过 30 毫克。

也有人鼓吹氨基酸可以增强免疫系统的功能。在这方面，运动者使用 L-谷氨酰胺和 BCAA 的情况被研究得最详尽[55, 56, 57, 58, 59, 45]。在进行长时间高强度的负荷训练时，运动者血液中 L-谷氨酰胺的水平可能会下降。此外，L-谷氨酰胺和 BCAA 还在新陈代谢以及某些免疫细胞的生成中起作用，所以有商家宣称相关产品能够维护身体的自我防御机制。事实上，人们在服用 L-谷氨酰胺后，体内确实发生了一些反应，重病患者也确实能从中受益。因此，这种氨基酸有时会被用在重病患者身上[60]。但是，对刻苦训练的运动者来说，就目前的研究结果来看，它在实际生活中实在没有什么用处，因为运动者与重病患者没有可比性。

关于 BCAA 对人体免疫功能的作用，目前也没有明确的证据能够证明。其实关键的问题在于，即使运动者在最艰苦的训练中，其体内储备的这类氨基酸也不会被消耗到能影响免疫功能的地步。

最后，已经有证据证明，至少对病人来说，服用左旋肉碱可以有效改善免疫细胞的功能[61、62]。人们还发现在细胞实验中，左旋肉碱可以改变皮质醇受体的活性[63]。然而，研究人员让身体健康的超重者在长达 12 周极大幅度减少热量摄入的压力状态下，每天服用 3g 左旋肉碱，却没发现其对免疫系统有任何效果[64]。但是因为这个实验没有被全部公开，所以我们很难对它做出精确的评价。

总的来说，关于左旋肉碱与运动者免疫系统的研究方兴未艾，目前少量的研究成果对刻苦训练的运动者来说还谈不上有什么现实的指导意义。

小结：如果均衡的混合饮食，比如食用水果、蔬菜、果蔬汁、海鱼、坚果、乳制品、全麦食品、高价值的植物油，以及适当的鸡蛋和肉类，已经可以满足运动者的能量需求，那这些食物就足以提供能使运动者免疫系统良好运转的全部有效物质。运动者还要注意让身体得到充分的休息。运动者如果在糖原储备已经被清空的前提下或者在实行低碳饮食法的过程中进行时间长且强度高的训练，那么在训练前后摄入碳水化合物能够有效对抗压力激素的过度升高。易感冒人群可以尝试在训练中每小时摄入 30~60 克碳水化合物。根据目前的科学水平可知，大剂量服用各种维生素和矿物质补充剂的效果甚微，这么做反而可能存在一定的风险。

8.4.3 锌镁力（ZMA）

运动圈普遍存在服用锌补充剂的现象。

锌是许多功能蛋白的辅助因子，这些功能蛋白主要参与调节人体的酸碱平衡、乳酸降解、激素平衡、蛋白质合成和免疫功能，本身还可能具有抗氧化的特性。众所周知，运动会导致锌流失。正如我们前面所看到的，尤其对女性健美运动员来说，在实行极端的竞赛饮食法的情况下，她们会面临锌摄入过少的风险。但是在男性健美运动员身上，这个问题有时却没有那么严重。此外，今天我们已经得知，从食物中获得的锌比我们一直以来认为的多得多，德国、奥地利和瑞士甚至还因此下调了锌的每日推荐摄入量[6]。现在的推荐摄入量是每日 7~10 毫克，并且已经留出了 30% 的安全富余量。在德国，非素食者锌的供给情况良好（表 20）。

力量训练者服用锌补充剂主要出于三个原因。一是我们已经提过的，锌能够支持免疫系统发挥功能。二是避免患上锌缺乏症，这对节食的运动员来说非常重要。在这种情况下，阶段性、小剂量地服用锌补充剂很有必要。三是服用锌补充剂可以提高运动者的睾酮水平，从而促进肌肉增长。锌元素和镁元素的组合制剂——锌镁力因此特别流行。

通过补锌来维持雄激素平衡的想法是基于锌缺乏时激素水平会发生不良改变，而这一情况在服用锌补充剂后会改善的事实[75]。与此相关的动物实验显示，锌缺乏症会导致雌激素的合成反常地提高[76]。

然而对健美运动员来说，服用锌补充剂还涉及一些其他的问题：在增肌阶段，在正常情况下锌供给情况本就十分好的运动员会希望通过服用锌补充剂获得大大超过普通营养效应的药理效应。

将镁元素与锌元素配合使用这个想法源于从前的几项研究，这些研究发现镁元素具有降低皮质醇水平的效果。另外，在给运动新手服用大剂量的镁制剂 8 周以后，他们的等长①力量水平有所提高[77]。2000年有一项研究非常有名：在非赛季，研究人员给半职业足球运动员服用锌和镁的复合补充剂，也就是ZMA，并让他们进行力量训练，这有效提高了运动员的睾酮、IGF-1以及力量效能的水平[78]。但是现在有两项最新的高质量研究，它们严格检验了ZMA在现实训练条件下对资深运动者睾酮水平的影响[79, 80]。两项研究都没有发现ZMA对睾酮、血浆皮质醇或其他激素的水平具有积极的影响。更重要的是，在服用8周之后，资深运动者在力量、体脂和肌肉量方面均没有表现出显著的效果。

简而言之这意味着，以目前的科学水平，即使我们放宽评价标准，锌元素的药理效应顶多也只能说尚不明确。对绝大部分进行高强度训练的健身者来说，只要不是恰好患有锌缺乏症，就不会因服用ZMA而获益。此外，考虑到长时间大剂量摄入锌元素对造血功能和免疫功能可能会有的副作用，大家在服用锌补充剂前要慎之又慎。

如果运动者决定服用锌补充剂，那么服用剂量不要超过推荐摄入量。然而，由于市面上相当多的锌补充剂中的锌是超量的，最近人们甚至考虑，要用法律规定锌补充剂中有效物质的上限[54]。关于镁的具体内容请参阅第1章相关的补充文献。

8.4.4 抗氧化剂

健美者、健身者和力量训练者服用抗氧化剂有两大主要动机：一是预防相关缺乏症，从而有利于身体健康；二是提高运动效能，尤其是促进艰苦训练后的肌肉恢复。

抗氧化剂就是能够中和人体内所产生的自由基的物质。我们已经简单地讨论过自由基，它是一大类活性很高的物质，可能由特定的免疫细胞产生，也可能在高强度运动中、在ATP合成过程中或在其他无数生理生化反应中形成。因为它会对机体的结构造成持续性伤害，所以与无数常见病的发生有关。体内的自由基过量是我们不希望看到的。因此，人体在进化过程中形成了两个主要的保护机制：一个是建立在特异性功能蛋白（也就是各种抗氧化酶）基础上的保护系统，另一个是建立在营养物质基础上的保护系统。两个系统的作用紧密相连（图51）。

抗氧化剂是一把双刃剑。20世纪90年代，人们希望那些存在特殊健康风险的人，比如吸烟者，在服用抗氧化剂后他们的健康能得到保障。从前的观察研究确实显示，血液中β-胡萝卜素和其他抗氧化剂含量较高的人群，患癌症和心血管疾病的概率较小。那时发起的最著名的大型研究项目之一就是所谓的"ATBC"。在这个项目中，吸烟者每天服用20毫克β-胡萝卜素片剂，时间长达数年。但是他们的肺癌发病率不但没有下降，反而升高了[81]。后来研究还证明了服用维生素A也会发生上面的这种情况。后续实验甚至因显示死亡率升高的趋势而不得不提前终止[82, 83]。这个项目的另一个成果是发现服用抗氧化剂后前列腺癌的发病率有所下降，但是后来证实，这是实验过程中数据分析出现错误而得出的结果[84]。

其他几个独立的实验同样获得了让人吃惊但大多模棱两可的结论，随后引发了抗氧化剂研究的热潮。人们沉浸于发现维生素可以防治癌症和心血管疾病的欣喜中。但是2004年人们遭受了一个巨大的打击：一项针对超过13万名病人的概括性研究证明，长期

---

① 等长即等长训练（Isometric Exercise），又称静力性训练、等轴训练，指在关节不移动的情况下，保持肌肉收缩的长度不变而使其张力发生变化。此类训练的动作常常用墙或其他固定物体作为支撑物，比如平板支撑。

图 51　抗氧化防御机制和新陈代谢过程中的自由基（根据文献［16］绘制）

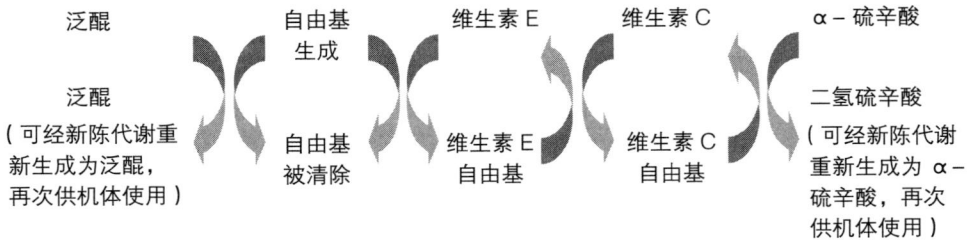

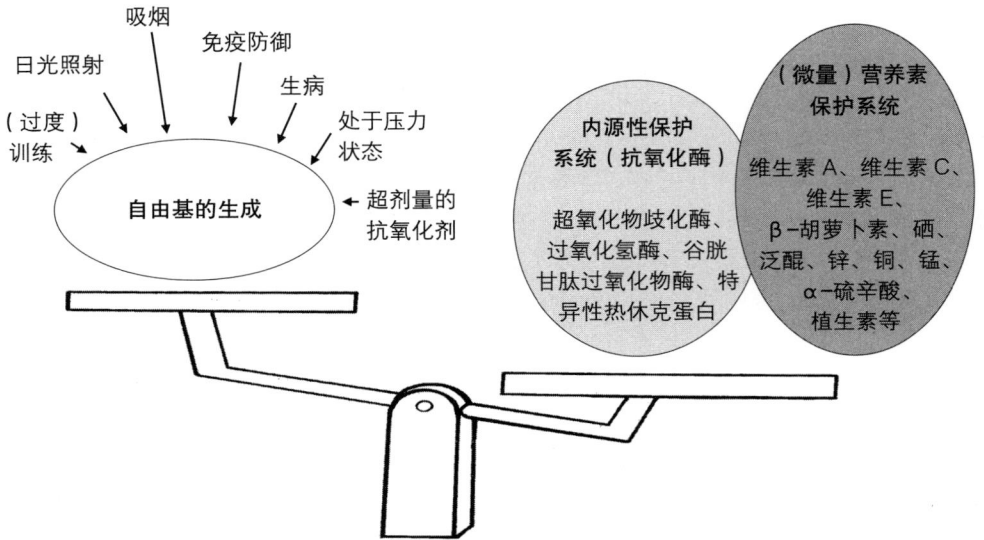

泛醌　　　　　　自由基　　　　维生素 E　　　维生素 C　　　α－硫辛酸
　　　　　　　　生成

泛醌　　　　　　自由基　　　　维生素 E　　　维生素 C　　　二氢硫辛酸
　　　　　　　　被清除　　　　自由基　　　　自由基
（可经新陈代谢重
新生成为泛醌，　　　　　　　　　　　　　　　　　　　　　（可经新陈代谢
再次供机体使用）　　　　　　　　　　　　　　　　　　　　重新生成为 α－
　　　　　　　　　　　　　　　　　　　　　　　　　　　　硫辛酸，再次
　　　　　　　　　　　　　　　　　　　　　　　　　　　　供机体使用）

日光照射　　吸烟　　免疫防御　　　　　　　　　　　　　　（微量）营养素
　　　　　　　　　　　　　生病　　　　　　　　　　　　　保护系统
（过度）　　　　　　　　　　处于压力
训练　　　　　　　　　　　状态　　　　　内源性保护　　维生素 A、维生素 C、
　　　　　　　　　　　　　　　　　　　系统（抗氧化酶）　　维生素 E、
　　　　　　　　　　　　　　　　　　　　　　　　　　　β－胡萝卜素、硒、
　　自由基的生成　　　　←超剂量的　　超氧化物歧化酶、　泛醌、锌、铜、锰、
　　　　　　　　　　　　　抗氧化剂　　过氧化氢酶、谷胱　　α－硫辛酸、
　　　　　　　　　　　　　　　　　　甘肽过氧化物酶、特　　植生素等
　　　　　　　　　　　　　　　　　　异性热休克蛋白

　　　本图下半部分是一台灵敏的天平，表明太多或太少的抗氧化剂都对身体不利！（微量）营养素和抗氧化酶构成的保护系统紧密交织。例如，维生素 E 会通过自由基防御机制本身变成自由基，它接下来又能被维生素 C 恢复到非自由基状态，准备进行下一次的自由基捕获。而维生素 C 也必须回到非自由基状态。这个反应链与能量代谢的耦合使得整个防御系统得以持续更新（本图上半部分）。

　　　并不是每一个防御步骤都需要消耗抗氧化剂！此外，我们的机体能够自体合成足量的泛醌（辅酶 Q10）或 α－硫辛酸。因此不必从外界摄取这些物质。

　　每日服用维生素 E 超过 400 国际单位 [①]（I.U.），死亡率会显著升高 [85]。然而，因为这项元研究 [②] 得出的结论在一定程度与现实情况不符，人们期待目前正在进行的科学研究能够对这个问题做出进一步的解答。

　　近来公布了几项正规而严谨的研究，有

---

　　① 不同维生素的国际单位与毫克的对应关系不同。对维生素 E 来说，1I.U.=0.668mg；1mg=1.5I.U.。400I.U. 维生素 E 相当于 267mg 维生素 E。

　　② 元研究（Meta-study）指以科学的研究活动和研究结果为对象进行的再研究，也称为"研究的研究"。

些研究的结果是首次公开的[86, 87, 88, 89, 90, 91]。这些研究分析了 10 万名病人的数据，得出的结论再次让人侧目：这些规模巨大、设计精良的研究或元研究都没有发现硒元素、维生素 E 或维生素 C 对身体有保护作用——无论是在癌症还是在心血管疾病，包括心肌梗死方面。这一结果比近来进行的某些研究的结果更值得关注。后者的研究人员只是让受试者服用抗氧化剂的混合物，而不是对抗氧化剂中的各种有效成分分别进行研究。某项大型研究甚至因为没有发现抗氧化剂的良好功效且受试者发病率有明显提高的趋势而被提前终止了。

这些已取得的研究结果可能会令很多人感到疑惑：为什么原本人们推测血液中较高水平的 β-胡萝卜素对人体具有保护作用，而人们将它作为药丸服用后却证明它其实什么用处也没有，甚至还可能对人体有负面影响？血液中抗氧化剂水平较高原本主要是在那些大量食用水果和蔬菜的人群中测得的。很可能在原本的实验中，并不是 β-胡萝卜素及其类似物使人们免于患上文明病，让人们远离文明病的可能仅仅是因为大量食用水果和蔬菜以及健康的生活方式——我们都知道，这些做法毫无疑问都有利于健康。

许多人在此可能会愤怒地反驳：多年前就有一项在中国开展的大型研究显示，常年服用维生素 E、硒元素和 β-胡萝卜素的话，死亡率会下降[92]。然而，人们对此还应该了解的是，这项研究本身是针对营养不良的人进行的，受试者当然会因摄入营养素而受益。正如对此给予特别关注的最新研究所证明的，这一结论不能直接说明营养状况良好的人的情况。

我们认为，至少对营养状况良好的非竞技运动者来说，抗氧化剂不具有防治癌症和心血管疾病的功效。并且摄入过量时，严重

的话它甚至有可能对人体健康造成危害[93]。

而那些以竞赛为目的进行训练的运动员，他们体内的能量转换率明显比普通人高得多，这就使得他们体内产生了更多的自由基[94]。一项针对耐力竞技运动员的研究显示，在进行高强度训练期间，这一人群在维生素 E、维生素 C 和 β-胡萝卜素的供给上有时可能会出现问题[95]。而健身者因为要阶段性地实行结构极为单一的饮食法，有时也会出现维生素 E 供给不足的问题，陷入类似的境地。因此，对健身者来说服用抗氧化剂是稀松平常的事。

然而，血液检查和专门的测试显示，维生素的摄入量低于专业协会的推荐值并不会直接让运动者患上维生素缺乏症[95]。其中起关键作用的是运动者体内强大的抗氧化酶防御机制（图 51），这一机制能够很好地对抗体内产生的过多的自由基[96, 97, 98, 99]。特别是在力量训练中，研究人员发现，不仅是为了抵抗自由基，也是为了使肌肉发挥某些特定的功能，运动者体内的抗氧化酶防线将大大增强[100, 101]。这是身体的适应性反应之一。只有进行规律的训练，人们才能在体内建立起强大的抗氧化保护屏障。

如果一名运动者连续多年参加极为艰苦的竞技运动，或者出现过度训练的情况，那么他体内的氧化压力极大[102]。尽管如此，目前还没有证据能够证明，运动者需要因为规律地运动而担心受到氧化损伤[94]。迄今为止也完全没有科学研究能证明，作为药丸服下的抗氧化剂对运动者的健康有利。我们也仍不清楚，长期服用抗氧化剂会不会对运动者产生不良影响。

总而言之，人们只有在确定体内存在微量营养素供给不足的情况下，比如在实行极低脂竞赛饮食法期间，短期服用维生素 E 补充剂（最多 400I.U.）、维生素 C 补充剂

（500~800 毫克）或硒补充剂（最多 200 毫克，优先选择 L-硒代蛋氨酸①）才被认为是安全的。然而，更好的方法是多食用含有这些有效物质的健康食物，比如坚果、植物油、蛋类、水果、蔬菜等（第 7 章）。

根据一些媒体的论调，抗氧化剂能够提高运动效能。该如何看待这个观点呢？在进行非常规的运动（比如下坡山地越野跑）或者退让性练习（杠铃训练时动作的还原阶段）之后，运动者的身体会出现所谓的肌肉酸痛，也就是延迟性肌肉酸痛（DOMS）。肌肉酸痛是由收缩肌部分发生细微损伤引起的。为了让读者更好地理解，图 52 用直观的方式介绍了骨骼肌的微细组织结构以及肌肉酸痛发生

的过程。

伴有局部发炎症状的免疫系统的激活在肌肉酸痛的发生中扮演了关键的角色。人们大多在运动后的第二天（有时在第三天）才察觉到疼痛。自由基就是罪魁祸首。巨噬细胞、粒细胞和免疫信号分子的活性都相应地发生了改变（图 50）。

人们曾试图通过使用抗氧化剂来阻止这些生理反应的发生。然而，自由基除了具有负面作用之外，也能促进身体对运动的适应性反应。而过量摄入抗氧化剂，严重的话可能会阻碍训练成绩的提升[97, 99]。曾在德国波茨坦饮食营养研究所工作、现就职于耶拿大学的迈克尔·里斯托教授的一项最新的、即

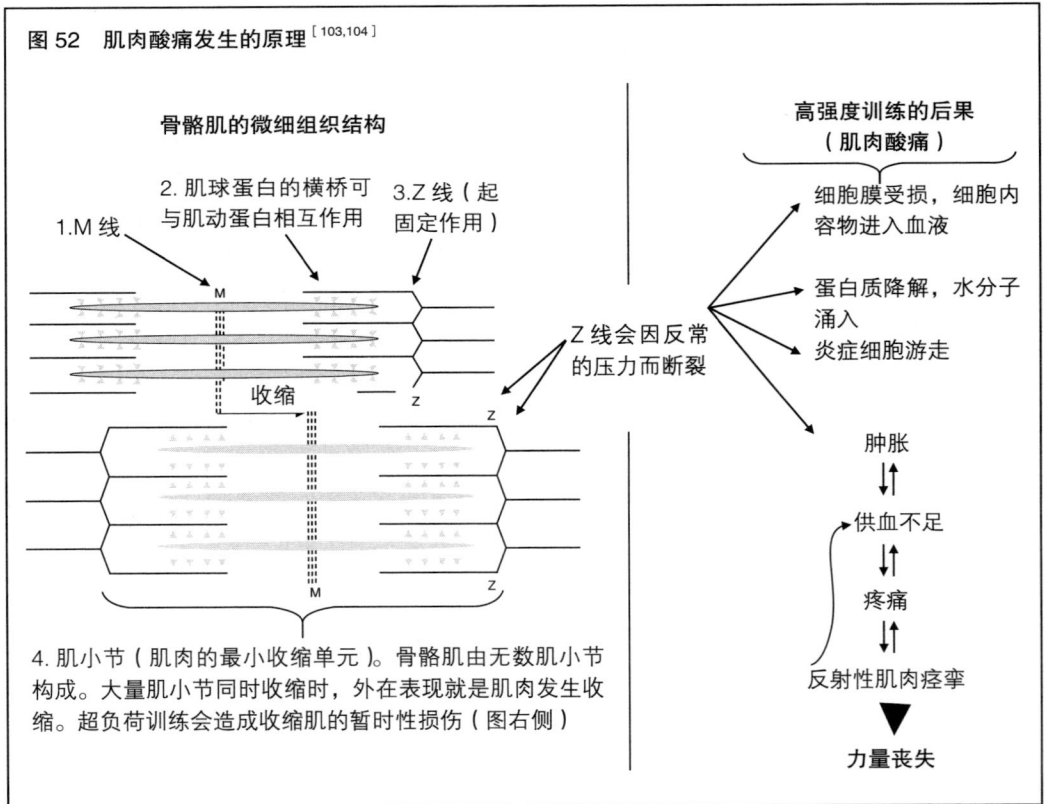

图 52 肌肉酸痛发生的原理[103,104]

骨骼肌的微细组织结构

1. M 线
2. 肌球蛋白的横桥可与肌动蛋白相互作用
3. Z 线（起固定作用）

收缩

Z 线会因反常的压力而断裂

高强度训练的后果（肌肉酸痛）

细胞膜受损，细胞内容物进入血液

蛋白质降解，水分子涌入
炎症细胞游走

肿胀 ⇅ 供血不足 ⇅ 疼痛 ⇅ 反射性肌肉痉挛 ▼ 力量丧失

4. 肌小节（肌肉的最小收缩单元）。骨骼肌由无数肌小节构成。大量肌小节同时收缩时，外在表现就是肌肉发生收缩。超负荷训练会造成收缩肌的暂时性损伤（图右侧）

① 硒代蛋氨酸又叫硒代甲硫氨酸，是硒元素在人体内存在的形式之一。

将发表的研究证明：营养状况良好的运动新手以及资深运动者额外服用了 1000 毫克维生素 C 和 400 国际单位的维生素 E，在规律运动后他们本应得到改善的肌肉对胰岛素的敏感性会受到抑制，两类人的情况皆是如此（第 2 章）！总之，运动医学认为，目前的科学证据无论如何还不足以证明，使用抗氧化剂可以加速身体恢复、提高运动效能。当然，除非使用者营养不良[96, 36, 105, 106, 99]。

最后还要提一下的是，多不饱和脂肪酸（第 3 章）因能够在免疫系统中扮演信号分子前体的角色，也同样参与到肌肉酸痛的过程中[107]。然而，以胶囊形式摄入 ω-3 脂肪酸是否能促进身体恢复，尚不得而知。

运动者进行艰苦的力量训练后，左旋肉碱虽然能降低肌细胞膜的渗透性（第 116 页补充文献《左旋肉碱对运动的其他所谓功效》），但是迄今为止科学研究还没能证明这会减轻收缩肌的损伤，而这原本是它成为补充剂的一个必要前提。

8.5 在实践中如何去做？

第一，我们要说明的是，如果你目前总体处于营养不均衡和单一的状态，服用维生素和矿物质补充剂也无法得到改善！

第二，人们很少提及微量营养素的安全性问题，所以我们在这里给几点建议。除了抗氧化剂和锌元素以外，摄入大剂量的其他常量元素和微量元素，比如硒、氟、铜、铬，也会危害健康。甚至与普遍认知相反的是，大量摄入某几种水溶性维生素也会引发极大的健康问题。例如，摄入大量维生素 B₆ 或烟酸可能会导致中风、视力障碍、糖代谢紊乱以及肝脏损伤[108]。

脂溶性维生素可以在体内大量储存。但是过量服用某几种代表物（尤其是维生素 A 和维生素 D），使其剂量超出了身体的存储能力，就会引发急性中毒。

β-胡萝卜素不会引发急性中毒，因为人体脂肪组织存储 β-胡萝卜素的能力十分强大。但是正如我们已经提到的，我们（尤其是吸烟者这样的高风险人群）在选择按照它的药理学剂量服用时要慎重。在这里我们摘引德国联邦药品和医疗器械管理局（BfArM）于 2006 年 1 月 4 日公布的相关规定："……位于波恩的德国联邦药品和医疗器械管理局规定，不再允许将 β-胡萝卜素作为药物以大剂量（每日超过 20 毫克）提供给重度吸烟者服用。β-胡萝卜素含量较低的药物必须给出警示说明。而将微量 β-胡萝卜素作为色素使用的药物不在此次整改范围……"

服用超量的维生素 E 也会对我们的凝血系统产生急性副作用。但这些物质在食物中的含量不足以引发这一问题，这种情况顶多会在人们随意服用营养补充剂时发生。常年服用大剂量的维生素 E 会使健康出现问题。

第三，对按竞技比赛要求进行训练的运动员来说，尤其是在赛前准备阶段，他们的身体对各种微量营养素的需求会有所提高。那么在为减脂而实行严苛的竞赛饮食法期间，预防性地、暂时地服用高质量、小剂量的维生素矿物质复合营养补充剂是完全可行的。但即便是高水平的竞技运动员，在长期服用这一补充剂时最大剂量也绝不能超过专业协会推荐值的 2 倍[36]。特别要注意那些在体内可存储量较低的微量营养素，比如维生素 C、大部分 B 族维生素以及镁元素[26]。正常来说，运动者处于增肌阶段时，其身体对微量营养素的需求完全可以通过食用丰富的食物获得满足。

第四，一项刚刚结束的对市场上目前存在的多种补充剂产品进行的测试证明：要想找到一种高质量的补充剂并不那么容易[109]。因此，运动者在服用补充剂前请听取专家的意见，最好是来自有经验的医生或者营养专家的意见。这些人接受过专业培训。在这里我们还要注意的是，有一些名称听起来很相似的"专业协会"，它们最感兴趣的是如何推销产品。

在就营养状况进行咨询之前大家还要弄清楚，被咨询者是否具有指导健身者或者力量训练者的资质。比方说，许多有硕士学位的营养师对运动者的营养需求尤为了解。在有资质的专业人士的帮助下，通过相应的检测和有针对性的问询，运动者微量营养素供给不足的具体原因可以被查明，供给不足的

问题也能够得到解决。当然，非常常见的伴有造血功能失调或类似症状的铁缺乏症，家庭医生就能够做出诊断。

第五，只能在一段时间内服用补充剂。例如，运动者如果已经确定患有某种微量营养素缺乏症，可以在医生的指导下大剂量地服用相应的补充剂来补充体内的储备库。然而，这个策略不能长期执行。

第六，只能在理由确凿的情况下暂时地、小剂量地服用抗氧化剂。就目前的研究来看，不存在抗氧化剂能够加快身体恢复的明确证据。

结束语

尽管本书中所有的信息都源于专业资料，但我们也不能保证读者读完并照做后一定会在健身上获得成效。本书更大的意义在于，在尽可能保证科学性的基础上，在实践方面给读者以新的启发，并且使读者在面对各种健身理论时更加严谨。

生活中一切事情的发生都可归结于各种可能性的组合。通过认真地实践，理想的光芒才会照进现实。如果选择那些建立在科学研究基础之上的训练方法和营养策略，健身成功的概率将大大提高。

科学实验不仅能够帮助人们在选择训练方法和营养策略时做出正确的决策，更是实实在在的工具，能让人们避免为营养补充剂和各种不负责任的广告宣传浪费无谓的金钱。本书着重于讨论营养补充剂和饮食策略的选择，而读者同时也能了解到，市售的许多补充剂产品都不具有被科学证实的理论基础。因此，新产品出现的时候，请务必保持谨慎！

另一方面，肌酸补充剂的正面功效也向读者证明了，市面上确实存在有效的、对运动者有所裨益的补充剂。

此外，健康的饮食习惯配合大量的运动并不一定会让你健康长寿。这是因为，并非所有的疾病都会因健康的生活方式而被治愈，个人体质永远起决定性作用！尽管如此，人们如果采取健康的生活方式，还是有极大的可能健健康康、充满活力地活到老的。

热爱运动的人们，你们的任务就是：借助最新获得的科学知识，制订新的运动计划和饮食计划，并尽情享受因此取得的进步。本着这个精神，请尽可能地经常食用健康的食物，通过积极健康的生活方式来弥补偶尔小小的放纵，并且要大量运动，但要特别注意——避免受伤！运动损伤是人们在长期的运动生涯中取得进步的最大敌人——无论是在竞技运动领域还是在业余健身领域。

参考文献

1. 水盐平衡

1 Stahl A, Heseker, H. : Wasser. Ernährungs-Umschau 53: 353-357, 2006.

2 Schek A: Top-Leistung im Sport durch bedürfnisgerechte Ernährung. Philippka Sportverlag 2005.

3 Chromiak JA, Smedley B, Carpenter W, Brown R, Koh YS, Lamberth JG, Joe LA, Abadie BR, Altorfer G: Effect of a 10-week strength training program and recovery drink on body composition, muscular strength and endurance, and anaerobic power and capacity. Nutrition 20: 420-427, 2004.

4 Cribb PJ, Williams AD, Stathis CG, Carey MF, Hayes A: Effects of whey isolate, creatine, and resistance training on muscle hypertrophy. Med Sci Sports Exerc 39: 298-307, 2007.

5 Haussinger D: The role of cellular hydration in the regulation of cell function. Biochem J 313(Pt 3): 697-710, 1996.

6 Piehl Aulin K, Soderlund K, Hultman E: Muscle glycogen resynthesis rate in humans after supplementation of drinks containing carbohydrates with low and high molecular masses. Eur J Appl Physiol 81: 346-351, 2000.

7 Anonym: Stellungnahme des DGE-Arbeitskreises "Sport und Ernährung" : Taurin in der Sporternährung. DGE info 8, 2001.

8 Haussinger D, Graf D, Weiergraber OH: Glutamine and cell signaling in liver. J Nutr 131: 2509S-2514S; discussion 2523S-2504S, 2001.

9 Kreider RB, Melton C, Greenwood M, Rasmussen C, Lundberg J, Earnest C, Almada A: Effects of oral D-ribose supplementation on anaerobic capacity and selected metabolic markers in healthy males. Int J Sport Nutr Exerc Metab 13: 76-86, 2003.

10 Powers ME, Arnold BL, Weltman AL, Perrin DH, Mistry D, Kahler DM, Kraemer W, Volek J: Creatine Supplementation Increases Total Body Water Without Altering Fluid Distribution. J Athl Train 38: 44-50, 2003.

11 Volek JS, Rawson ES: Scientific basis and practical aspects of creatine supplementation for athletes. Nutrition 20: 609-614, 2004.

12 van Loon LJ, Murphy R, Oosterlaar AM, Cameron-Smith D, Hargreaves M, Wagenmakers AJ, Snow R: Creatine supplementation increases glycogen storage but not GLUT-4 expression in human skeletal muscle. Clin Sci (Lond) 106: 99-106, 2004.

13 Gill ND, Hall RD, Blazevich AJ: Creatine serum is not as effective as creatine powder for improving cycle sprint performance in competitive male team-sport athletes. J Strength Cond Res 18: 272-275, 2004.

14 Schek A: Welchen Stellenwert haben Fette und Kohlenhydrate in der Ernährung des Sportlers? Ernährung/Nutrition 2: 56-68, 2004.

15 Hellsten Y, Skadhauge L, Bangsbo J: Effect of ribose supplementation on resynthesis of adenine nucleo-tides after intense intermittent training in humans. Am J Physiol Regul Integr Comp Physiol 286: R182-188, 2004.

16 Buford TW, Kreider RB, Stout JR, Greenwood M, Campbell B, Spano M, Ziegenfuss T, Lopez H, Landis J, Antonio J: International Society of Sports Nutrition position stand: creatine supplementation and exercise. J Int Soc Sports Nutr 4: 6, 2007.

17 Lüllmann H, Mohr. , K.: Pharmakologie und Toxikologie. Thieme-Verlag 1999.

18 Mooren F: Belastungsinduzierte Diarrhoen. Dtsch. Zeitschr. Sportmed 55: 264-265, 2004.

19 Herold G: lnnere Medizin. Gerd Herold (Selbstverlag), 2005.

20 Champagne CM: Dietary interventions on blood pressure: the Dietary Approaches to Stop Hypertension (DASH) trials. Nutr Rev 64: S53-56, 2006.

21 Biesalski HK, Grilnm, P.: Taschenatlas der Ernährung. Thieme-Verlag, 2004.

22 Silbernagel S, Despopoulos, A.: Taschenatlas der Physiologie. Thieme-Verlag 2000.

23 Anonym: Stellungnahme des DGE-Arbeitskreises "Sport und Ernährung" : Trinkempfehlungen im Breitensport. DGE info 4: 52-53, 2001.

24 Anonym: D-A-CH (Hrsg): Referenzwerte für die Nährstoffzufuhr. Umschau-/Braus-Verlag (2000).

25 Berg A, Keul, J.: Sport und Ernährung. In: R Kluthe(Hrsg.). Ernährungsmedizin in der Praxis. Spitta-Verlag 1997.

26 Klinke R, Silbernagl, S. (Hrsg.). Lehrbuch der Physiologie. Thieme-Verlag 2005.

27 Brouns F, Nieuwenhoven M, Jeukendrup A, Marken Lichtenbelt W: Functional foods and food supplements for athletes: from myths to benefit claims substantiation through the study of selected biomarkers. Br J Nutr 88 Suppl 2: S177-186, 2002.

28 Classen H-G: Magnesium. In: H.K.Biesalski, J. Köhrle, K.Schümann Vitamine, Spurenelemente und Mineralstoffe. Thieme-Verlag 2002.

29 Platen P: Mikronährstoffe in der Sportmedizin. In: H. K. Biesalski, J. Köhrle, K.Schümann (Hrsg.). Vitamine, Spurenelemente und Mineralstoffe. Thieme-Verlag 2002.

30 Saur P: Evaluation des Magnesiumstatus bei Ausdauersportlern. Dtsch. Zeitschr. Sportmed. 53: 72-78, 2002.

31 Anonym.: Sportier-Drinks. Ratgeber Gesundheit und Fitness. Elektronisches Archiv Ökotest (3), 2003.

32 Saur P: Magnesium und Sport. Dtsch. Zeitschr. Sportmed. 55: 23-24, 2004.

33 Vormann J: Magnesim-ein bedeutender Mineralstoff für Prävention und Therapie. Ernährungs-Umschau 55: 726-730, 2008.

34 Collins MA, Hill DW, Cureton KJ, DeMello JJ: Plasma volume change during heavy-resistance weight lifting. Eur J Appl Physiol Occup Physiol 55: 44-48, 1986.

35 Collins MA, Cureton KJ, Hill DW, Ray CA: Relation of plasma volume change to intensity of weight lifting. Med Sci Sports Exerc 21: 178-185, 1989.

36 Noakes TD: Overconsumption of fluids by athletes. Bmj 327: 113-114, 2003.

37 Kleiner SM, Bazzarre TL, Litchford MD: Metabolic profiles, diet, and health practices of championship male and female bodybuilders. J Am Diet Assoc 90: 962-967, 1990.

38 Bamman MM, Hunter GR, Newton LE, Roney RK, Khaled MA: Changes in body composition, diet, and strength of bodybuilders during the 12 weeks prior to competition. J Sports Med Phys Fitness 33: 383-391, 1993.

39 Kleiner SM, Bazzarre TL, Ainsworth BE: Nutritional status of nationally ranked elite bodybuilders. Int J Sport Nutr 4: 54-69, 1994.

40 Schoffstall JE, Branch JD, Leutholtz BC, Swain DE: Effects of dehyčration and rehydration on the one- repetition maximum bench press of weight-trained males. J Strength Cond Res 15: 102 -108, 2001.

41 Braumann K-M: Gewichtmachen. Dtsch Zeitschr. Sportmed. 53: 254-255, 2002.

42 Von koeffelholz C: Leistungsernärung. Novagenics-Verlag 2002.

43 Jeukendrup AE, Jentjens RL, Moseley L: Nutritional considerations in triathlon. Sports Med 35: 163 - 181, 2005.

44 Noakes TD, Sharwood K, Collins M, Perkins DR: The dipsomania of great distance: water intoxication in an Ironman triathlete. Br J Sports Med 38: E16, 2004.

45 Gordon NF, Russell HM, Kruger PE, Cilliers JF: Thermoregulatory responses to weight training. Int J Sports Med 6: 145-150, 1985.

46 Williams MH: Ernährung, Fitness und Sport. Ullstein-Mosby 1997.

47 Kraemer WJ, Ratamess NA: Hormonal responses and adaptations to resistance exercise and training. Sports Med 35: 339-361, 2005.

48 Judelson DA, Maresh CM, Yamamoto LM, Farrell MJ, Armstrong LE, Kraemer WJ, Volek JS, Spiering BA, Casa DJ, Anderson JM: Effect of hydration state on resistance exercise-induced endocrine markers of anabolism, catabolism, and metabolism. J Appl Physiol 105: 816-824, 2008.

49 Maughan R: The athlete's diet: nutritional goals and dietary strategies. Proc Nutr Soc 61: 87-96, 2002.

50 Berneis K, Ninnis R, Haussinger D, Keller U: Effects of hyper-and hypoosmolality on whole body protein and glucose kinetics in humans. Am J Physiol 276: E188- 195, 1999.

51 Keller U, Szinnai G, Bilz S, Berneis K: Effects of changes in hydration on protein, glucose and lipid metabolism in man: impact on health. Eur J Clin Nutr 57 Suppl 2: s69-74, 2003.

52 Tarnopolsky M: Protein requirements for endurance athletes. Nutrition 20: 662-668, 2004.

53 Striegel H: Sportgetränke. Dtsch Zeitschr. Sportmed. 57: 27-28, 2006.

54 Schek A: Die Ernährung des Sportlers. Ernährungs-Umschau 55: 362-371, 2008.

55 Franzke C: Lebensmittelchemie. Behr's Verlag 1998.

56 Anonym: D.G.E.e.V. (Hrsg.). Ernährungsbericht 2004. DGE 2004.

57 Weiss C: Koffein. Ernährungs-Umschau 54: 210-215, 2007.

58 Grandjean AC, Reimers KJ, Bannick KE, Haven MC: The effect of caffeinated, non-caffeinated, caloric and non-caloric beverages on hydration. J Am Coll Nutr 19: 591-600, 2000.

59 Anonym: Tee und Flüssigkeitsversorgung. Ernährungsumschau 52: 339-340, 2005.

60 Maughan RJ: Caffeine ingestion and fluid balance: A review. J Human Nutr. Diet 16: 411-420, 2003.

61 Battram DS, Shearer J, Robinson D, Graham TE: Caffeine ingestion does not impede the resynthesis of proglycogen and macroglycogen after prolonged exercise and carbohydrate supplementation in humans. J Appl Physiol 96: 943-950, 2004.

62 Cox GR, Desbrow B, Montgomery PG, Anderson ME, Bruce CR, Macrides TA, Martin DT, Moquin A, Roberts A, Hawley JA, Burke LM: Effect of different protocols of caffeine intake on metabolism and endurance performance. J Appl Physiol 93: 990-999, 2002.

63 Woolf K, Bidwell WK, Carlson AG: The effect of caffeine as an ergogenic aid in anaerobic exercise. Int J Sport Nutr Exerc Metab 18: 412-429, 2008.

64 Laurent D, Schneider KE, Prusaczyk WK. Franklin C, Vogel SM, Krssak M, Petersen KF, Goforth HW, Shulman GI: Effects of caffeine on muscle glycogen utilization and the neuroendocrine axis during exercise. J Clin Endocrinol Metab 85: 2170-2175, 2000.

65 Anonym: Stellungnahme des DGE-Arbeitskreises "Sport und Ernährung": Koffein in der Sporternährung. DGE info 12: 181-182, 2001.

66 Ballmer-Weber PE: Kaffee und Tee-unbedenkliche Muntermacher?Aktuel. Ernaehr. Med. 27: 300-303, 2002.

67 Bell DG, McLellan TM: Exercise endurance l, 3, and 6 h after caffeine ingestion in caffeine users and nonusers. J Appl Physiol 93: 1227-1234, 2002.

68 Adam O: Auswirkungen des Kaffeetrinkens auf die Flüssigkeitsbilanz. Ernährungs-Umschau 52: 14-17, 2005.

69 Greenberg JA, Axen KV, Schnoll R, Boozer CN: Coffee, tea and diabetes: the role of weight loss and caffeine. Int J

Obes (Lond) 29: 1121-1129, 2005.

70 Shimazu T, Tsubono Y, Kuriyama S, Ohmori K, Koizumi Y, Nishino Y, Shibuya D, Tsuji I: Coffee consumption and the risk of primary liver cancer: pooled analysis of two prospective studies in Japan. Int J Cancer 116: 150-154, 2005.

71 Yeo SE, Jentjens RL, Wallis GA, Jeukendrup AE: Caffeine increases exogenous carbohydrate oxidation during exercise. J Appl Physiol 99: 844-850, 2005.

72 van Dam RM: Coffee and type 2 diabetes: from beans to beta-cells. Nutr Metab Cardiovasc Dis 16: 69-77, 2006.

73 van Dam RM, Willett WC, Manson JE, Hu FB: Coffee, caffeine, and risk of type 2 diabetes: a prospective cohort study in younger and middle-aged U.S. women. Diabetes Care 29: 398-403, 2006.

74 Malek MH, Housh TJ, Coburn JW, Beck TW, Schmidt RJ, Housh DJ, Johnson GO: Effects of eight weeks of caffeine supplementation and endurance training on aerobic fitness and body composition. J Strength Cond Res 20: 751-755, 2006.

75 Anonym: Energydrinks. DGE info 55: 88-89, 2008.

76 Anonym: Fünfter Schweizerischer Ernährungsbericht. DGE info 3: 35-36, 2006.

77 Zittermann A: Osteoporose. Ernährungs-Umschau 54: B33-B36, 2007.

78 Anonym: Aufregend anregend. Test spezial 6: 77-78, 1999.

79 Anonym: Zusammenfassung: Ernährung, körperliche Aktivität und Krebsprävention: Eine globale Perspektive. World Cancer Research Fund & American Institute for Cancer Research, 2007.

80 Kleiner SM, Calabrese LH, Fiedler KM, Naito HK, Skibinski CI: Dietary influences on cardiovascular disease risk in anabolic steroid-using and nonusing bodybuilders. J Am Coll Nutr 8: 109-119, 1989.

81 Koziris LP, Kraemer WJ, Gordon SE, Incledon T, Knuttgen HG: Effect of acute postexercise ethanol intoxication on the neuroendocrine response to resistance exercise. J Appl Physiol 88: 165-172, 2000.

82 Burke LM, Collier GR, Broad EM, Davis PG, Martin DT, Sanigorski AJ, Hargreaves M: Effect of alcohol intake on muscle glycogen storage after prolonged exercise. J Appl Physiol 95: 983-990, 2003.

83 Vingren JL, Koziris LP, Gordon SE, Kraemer WJ, Turner RT, Westerlind KC: Chronic alcohol intake, resistance training, and muscle androgen receptor content. Med Sci Sports Exerc 37: 1842-1848, 2005.

84 Schutz Y: Role of substrate utilization and thermogenesis on body-weight control with particular reference to alcohol. Proc Nutr Soc 59: 511-517. 2000.

2. 碳水化合物

1 Op't Eijnde B, Urso B, Richter EA, Greenhaff PL, Hespel P: Effect of oral creatine supplementation on hunlan muscle GLUT4 protein content after immobilization. Diabetes 50: 18-23, 2001.

2 Berardi JM, Ziegenfuss TN: Effects of ribose supplementation on repeated sprint performance in men. J Strength Cond Res 17: 47- 52, 2003.

3 Falk Dl, Heelan KA, Thyfault JP, Koch AJ: Effects of effervescent creatine, ribose, and glutamine supplementation on muscular strength, muscular endurance, and body composition. J Strength Cond Res 17: 810-816, 2003.

4 Kreider RB, Melton C, Greenwood M, Rasmussen C, Lundberg J, Earnest C, Almada A: Effects of oral D-ribose supplementation on anaerobic capacity and selected metabolic mlarkers in healthy males. Int J Sport Nutr Exerc Metab 13: 76- 86, 2003.

5 Dodd SL, Johnson CA, Fernholz K, St Cyr JA: The role of ribose in human skeletal muscle metabolism. Med

Hypotheses 62: 819-824, 2004.

6 Hellsten Y, Skadhauge L, Bangsbo J: Effect of ribose supplementation on resynthesis of adenine nucleotides after intense intermittent training in humans. Am J Physiol Regul Integr Comp Physiol 286: R182-188. 2004.

7 Kerksick C, Rasmussen C, Bowden R, Leutholtz B, Harvey T, Earnest C, Greenwood M, Almada A, Kreider R: Effects of ribose supplenlentation prior to and during intense exercise on anaerobic capacity and metabolic markers. Int J Sport Nutr Exerc Metab 15: 653-664, 2005.

8 Dunne L, Worley S, Macknin M: Ribose versus dextrose supplementation, association with rowing performance: a double-blind study. Clin J Sport Med 16: 68-71, 2006.

9 Peveler WW, Bishop PA, Whitehorn EJ: Effects of ribose as an ergogenic aid. J Strength Cond Res 20: 519-522, 2006.

10 Dhanoa TS, Housner JA: Ribose: more than a simple sugar? Curr Sports Med Rep 6: 254-257, 2007.

11 Craig BW: The influence of fructose feeding on physical performance. Am J Clin Nutr 58: 815S-819S, 1993.

12 Fried SK, Rao SP: Sugars, hypertriglyceridemia, and cardiovascular disease. Am J Clin Nutr 78: 873S - 880S, 2003.

13 Gassmann B: Süssungsmittel und Metabolisches Syndrom. Ernährungsumschau 52: 476-481, 2005.

14 Jurgens H, Haass W, Castaneda TR, Schurmann A, Koebnick C, Dombrowski F, Otto B, Nawrocki AR, Scherer PE, Spranger J, Ristow M, Joost HG, Havel PJ, Tschop MH: Consuming fructose-sweetened beverages increases body adiposity in mice. Obes Res 13: 1146-1156, 2005.

15 Toeller M: Evidenz-basierte Ernährungsempfehlungen zur Behandlung und Prävention des Diabetesmellitus. Diabetes und Stoffwechsel: 75-94, 2005.

16 Anonym: Macht Zucker zuckerkrank? DGE info: 19-23, 2007.

17 Johnson RJ, Segal MS, Sautin Y, Nakagawa T, Feig DI, Kang DH, Gersch MS, Benner S, Sanchez- Lozada LG: Potential role of sugar(fructose) in the epidemic of hypertension, obesity and the metabolic syndrome, diabetes, kidney disease, and cardiovascular disease. Am J Clin Nutr 86: 899-906, 2007.

18 Zivkovic AM, German JB, Sanyal AJ: Comparative review of diets for the metabolic syndrome: implications for nonalcoholic fatty liver disease. Am J Clin Nutr 86: 285-300, 2007.

19 Anonym: Ernährungstherapie bei Diabetes mellitus. DGE info 55: 104-106, 2008.

20 Sanchez-Lozada LG, Le M. , Segal, M. , Johnson, R. J.: How safe is fructose for persons with or without diabetes? Am J Clin Nutr 88: 1189-1190, 2008.

21 Anonym.: Zucker, Sirupe, Honig, Zuckeraustauschstoffe, Sässstoffe. AID(Auswertungs-und lnformationsdienst für Ernährung, Landwirtschaft und Forsten e.V.) 1157, 1997.

22 Franzke C: Lebensmittelchemie. Behr's Verlag 1998.

23 Berg A, König, D.: Zum glykämischen Index von deutschen Honigsorten. Ernährungs-Umschau 55: 720- 725, 2008.

24 Anonym: Lactosefreie Ernährung. DGE info: 152, 2004.

25 Jahreis G: Milch und Milchprodukte: Knochenschutz und mehr. Phoenix: 18-24, 2004.

26 Marquardt M, von Loeffelholz, C., Gustafsson, B. : Die Laufbibel. Sportmedis-Verlag 2005.

27 Bunzel M, Steinhart, H.: Ballaststoffe aus Pflanzenzellwänden. Ernährungs-Umschau 50: 469-475, 2003.

28 Anonym: Blutglucose-und-lipidsenkende Wirkung von Phytinsäure. Ernährungs-Umschau 54: 254-257, 2007.

29 Weickert MO, Pfeiffer AF: Metabolic effects of dietary fiber consumption and prevention of diabetes. J Nutr 138: 439-442, 2008.

30 Weickert Mo, Mohlig M, Koebnick C, Holst JJ, Namsolleck P, Ristow M, Osterhoff M, Rochlitz H, Rudovich N, Spranger J, Pfeiffer AF: Impact of cereal fibre on glucose-regulating factors. Diabetologia 48: 2343-2353, 2005.

31 Sparti A, Milon H, Di Vetta V, Schneiter P, Tappy L, Jequier E, Schutz Y: Effect of diets high or low in unavailable

and slowly digestible carbohydrates on the pattern of 24-h substrate oxidation and feelings of hunger in humans. Am J Clin Nutr 72: 1461-1468, 2000.

32 Burton-Freeman B: Dietary fiber and energy regulation. J Nutr 130: 272S-275S, 2000.

33 Koh-Banerjee P, Rimm EB: Whole grain consumption and weight gain: a review of the epidemiological evidence, potential mechanisms and opportunities for future research. Proc Nutr Soc 62: 25-29, 2003.

34 Howarth NC, Saltzman E, Roberts SB: Dietary fiber and weight regulation. Nutr Rev 59: 129-139, 2001.

35 Schulz M, Kroke A, Liese AD, Hoffmann K, Bergmann MM, Boeing H: Food groups as predictors for short-term weight changes in men and women of the EPIC-Potsdam cohort. J Nutr 132: 1335-1340, 2002.

36 Schulz M, Nothlings U, Hoffmann K, Bergmann MM, Boeing H: Identification of a food pattern characterized by high-fiber and low-fat food choices associated with low prospective weight change in the EPIC Potsdam cohort.J Nutr 135: 1183-1189, 2005.

37 Saper RB, Eisenberg DM, Phillips RS: Common dietary supplements for weight loss. Am Fam Physician 70: 1731-1738, 2004.

38 Pittler MH, Ernst E: Dietary supplements for body-weight reduction: a systematic review. Am J Clin Nutr 79: 529-536, 2004.

39 Pittler MH, Ernst E: Complementary therapies for reducing body weight: a systematic review. Int J Obes (Lond) 29: 1030-1038, 2005.

40 Gades MD, Stern JS: Chitosan supplementation and fat absorption in men and women. J Am Diet Assoc 105: 72-77, 2005.

41 Mhurchu CN, Dunshea-Mooij C, Bennett D, Rodgers A: Effect of chitosan on weight loss in overweight and obese individuals: a systematic review of randomized controlled trials. Obes Rev 6: 35- 42, 2005.

42 Stoll M: Hilfe für den Weg zum Wunschgewicht. ÄP 25. Oktober 2005: Sonderdruck, 2005.

43 Anonym: Bis zu einer Milliarde Euro jährlich für Anwendungsbeobachtungen? arznei-telegramm 37: 94-95, 2006.

44 Anonym: Substanzen zur Gewichtsreduktion. DGE info 55: 5-11. 2008.

45 Bingham SA, Norat T, Moskal A, Ferrari P, Slimani N, Clavel-Chapelon F, Kesse E, Nieters A, Boeing H, Tjonneland A, Overvad K, Martinez C, Dorronsoro M, Gonzalez CA, Ardanaz E, Navarro C, Quiros JR, Key TJ, Day NE, Trichopoulou A, Naska A, Krogh V, Tumino R, Palli D, Panico S, Vineis P, Bueno-de-Mesquita HB, Ocke MC, Peeters PH, Berglund G, Hallmans G, Lund E, Skeie G, Kaaks R, Riboli E: Is the association with fiber from foods in colorectaI cancer confounded by folate intake?Cancer Epidemiol Biomarkers Prev 14: 1552-1556, 2005.

46 Bingham S: The fibre-folatede bate in colo-rectal cancer. ProcNutr Soc65: 19-23, 2006.

47 Anonym: Ernährungsepidemiologische Studien in Deutschland. DGE info: 82-83, 2007.

48 Burn J, Bishop T, Mecklin JP, Macrae F, Möslein G, Olschwang S, Bisgaard ML, Ramesar R, Eccles D, Maher ER, Bertario L, Jarvinen HJ, Lindblom A, Evans DG, Lubinski J, Morrison PJ, Ho JWC, Vasen HFA, Side L, Thomas HJW, Scott RJ, Dunlop M, Barker G, Elliott F, Jass JR, Fodde R, Lynch HT, Mathers JC: Effect of Aspirin or Resistant Starch on Colorectal Neoplasia in the Lynch Syndrome. N Engl J Med 359: 2567-2578, 2008.

49 Anonym: Prä-und probiotische Lebensmittel. DGE info: 162-163, 2001.

50 Anonym: Fruktooligosaccharide und Inulin. Ernährungs-Umschau 50: 383-385, 2003.

51 Anonym: D.G.E.e. V. (Hrsg.). Ernährungsbericht 2004. DGE 2004.

52 Krämer S, Bischoff, S.C. : Probiofika halten die Darmflora in der Balance. MMW-Fortschr. Med. 148: 28-30, 2006.

53 Pool-Zobel B: Gesundheitsfördernde Eigenschaften von Inulin und Oligofruktose. Ernährungs-Umschau 54: 8-11, 2007.

54 Anonym: Gesundheitliche Effekte von Pro-und Präbiotika. Ernährungs-Umschau 54: 293, 2007.

55 Weickert MO, Pfeiffer, A. F. H.: Ballaststoffe und Prävention des Typ-2-Diabetes. Ernährung&Medizin: 185-189, 2005.

56 Chandalia M, GargA, LutjohannD, von Bergmann K, Grundy SM, Brinkley LJ: Beneficial effects of high dietary fiber intake in patients with type 2 diabetes mellitus. N Engl J Med 342: 1392- 1398, 2000.

57 Anonym: D-A-CH(Hrsg.) : Referenzwerte für die Nährstoffzufuhr. Umschau-/Braus- Verlag(2000).

58 Kleiner SM, Bazzarre TL, LitchfordMD: Metabolic profiles, diet, and health practices of championship male and female bodybuilders. J Am Diet Assoc 90: 962-967, 1990.

59 Bazzarre TL, Kleiner SM, Ainsworth BE: Vitamin C intake and lipid profiles of competitivemale and female bodybuilders. Int J Sport Nutr 2: 260-271, 1992.

60 Kleiner SM, BazzarreTL, Ainsworth BE: Nutritional status of nationally ranked elite bodybuilders. Int J Sport Nutr 4: 54-69, 1994.

61 Bamman MM, Hunter GR, Newton LE, Roney RK, Khaled MA: Changes in body composition, diet, and strength of bodybuilders during the 12 weeks prior to competition. J Sports Med Phys Fitness 33: 383- 391, 1993.

62 Biesalski HK, Grimm, P.: Taschenatlas der Ernährung. Thieme-Verlag, 2004.

63 Frayn KN, Kingman SM: Dietary sugars and lipid metabolism in humans.Am J Clin Nutr 62: 250S-261S; discussion 261S-263S, 1995.

64 Nielsen SJ, Siega-Riz AM, Popkin BM: Trends in energy intake in U.S. between 1977 and 1996: similar shifts seen across age groups. Obes Res 10: 370-378, 2002.

65 Lemon PW: Beyond the zone: protein needs of active individuals. J Am Coll Nutr 19: 513S-521S, 2000.

66 Roden M, Bernroider E: Hepatic glucose metabolism in humans-its role in health and disease. Best Pract Res Clin Endocrinol Metab 17: 365-383, 2003.

67 Flatt JP: Use and storage of carbohydrate and fat. Am J Clin Nutr 61: 952-959, 1995.

68 Schek A: Die Ernährung des Sportlers. Ernährungs-Umschau 55: 362-371, 2008.

69 Stanko RT, Adibi SA: Inhibition of lipid accumulation and enhancement of energy expenditure by the addition of pyruvate and dihydroxyacetoneto a rat diet. Metabolism 35: 182-186, 1986.

70 Stanko RT, Robertson RJ, Galbreath RW, Reilly JJ, Jr. , Greenawalt KD, Goss FL: Enhanced leg exercise endurance with a high-carbohydrate diet and dihydroxyacetone and pyruvate. J Appl Physiol 69: 651-1656, 1990.

71 Stanko RT, Robertson RJ, Spina RJ, Reilly JJ, Jr., Greenawalt KD, Goss FL: Enhancement of arm exercise endurance capacity with dihydroxyacetone and pyruvate. J Appl Physiol 68: 119 124, 1990.

72 Cortez MY, Torgan CE, Brozinick JT, Jr., Miller RH, Ivy JL: Effcts of pyruvate and dihydroxyacetone consumption on the growth and metabolic state of obese Zucker rats. Am J Clin Nutr 53: 847-853, 1991.

73 Stanko RT, Arch JE: Inhibition of regain in body weight and fat with addition of 3-carbon compounds to the diet with hyperenergetic refeeding after weight reduction. Int J Obes Relat Metab Disord 20: 925-930, 1996.

74 Morrison MA, Spriet LL, Dyck DJ: Pyruvate ingestion for 7 days does not improve aerobic performance in well-trained individuals. J Appl Physiol 89: 549-556. 2000.

75 Koh-Banerjee PK, Ferreira MP, Greenwood M, Bowden RG, Cowan PN, Almada AL, Kreider RB: Effects of calcium pyruvate supplementation during training on body composition, exercise capacity, and metabolic responses to exercise. Nutrition 21: 312 -319, 2005.

76 Herda TJ, Ryan ED, Stout JR, Cramer JT: Effects of a supplement designed to increase ATP levels on muscle strength, power output, and endurance. J Int Soc Sports Nutr 5: 3, 2008.

77　Von Loeffelholz C: Leistungsernährung. Novagenics-Verlag 2002.

78　Dreon DM, Frey-Hewitt B, Ellsworth N, Williams PT, Terry RB, Wood PD: Dietary fat: carbohydrate ratio and obesity in middle-aged men. Am J Clin Nutr 47: 995-1000, 1988.

79　Bolton-Smith C, Woodward M: Dietary composition and fat to sugar ratios in relation to obesity. Int J Obes Relat Metab Disord 18: 820- 828, 1994.

80　Acheson KJ, Flatt JP, Jequier E: Glycogen synthesis versus lipogenesis after a 500 gram carbohydrate meal in man. Metabolism 31: 1234-1240. 1982.

81　Acheson KJ, Schutz Y, Bessard T, Ravussin E, Jequier E, Flatt JP: Nutritional influences on lipogenesis and thermogenesis after a carbohydrate meal. Am J Physiol 246: E62-70, 1984.

82　Acheson KJ, Schutz Y, Bessard T, Flatt JP, Jequier E: Carbohydrate metabolism and de novo lipogenesis in human obesity. Am J Clin Nutr 45: 78-85, 1987.

83　Acheson KJ, Schutz Y, Bessard T, Anantharaman K, Flatt JP, Jequier E: Glycogen storage capacity and de novo lipogenesis during massive carbohydrate overfeeding in man. Am J Clin Nutr 48: 240-247, 1988.

84　Hellerstein MK: De novo lipogenesis in humans: metabolic and regulatory aspects. Eur J Clin Nutr 53 Suppl 1: S53-65, 1999.

85　Parks EJ, Krauss RM, Christiansen MP, Neese RA, Hellerstein MK: Effects of a low-fat, high -carbohydrate diet on VLDL-triglyceride assembly, production, and clearance. J Clin Invest 104: 1087-1096, 1999.

86　Acheson KJ, Flatt JP: Minor importance of de novo lipogenesis on energy expenditure in human. Br J Nutr 87: 189, 2002.

87　Minehira K, Vega N, Vidal H, Acheson K, Tappy L: Effect of carbohydrate overfeeding on whole body macronutrient metabolism and expression of lipogenic enzymes in adipose tissue of lean and overweight humans. Int J Obes Relat Metab Disord 28: 1291-1298, 2004.

88　Horton TJ, Drougas H, Brachey A, Reed GW, Peters JC, Hill JO: Fat and carbohydrate overfeeding in humans: different effects on energy storage. Am J Clin Nutr 62: 19-29, 1995.

89　Lammert O, Grunnet N, Faber P Bjornsbo KS, Dich J, Larsen LO, Neese RA, Hellerstein MK, Quistorff B: Effects of isoenergetic overfeeding of either carbohydrate or fat in young men. Br J Nutr 84: 233-245, 2000.

90　Hudgins LC, Hellerstein M, Seidman C, Neese R, Diakun J, Hirsch J: Human fatty acid synthesis is stimulated by a eucaloric low fat, high carbohydrate diet. J Clin Invest 97: 2081-2091, 1996.

91　Hudgins LC: Effect of high-carbohydrate feeding on triglyceride and saturated fatty acid synthesis. Proc Soc Exp Biol Med 225: 178-183, 2000.

92　Hudgins LC, Helierstein MK, Seidman CE, Neese RA, Tremaroli JD, Hirsch J: Relationship between carbohydrate-induced hypertriglyceridemia and fatty acid synthesis in lean and obese subjects. J Lipid Res 41: 595-604, 2000.

93　Schwarz JM, Linfoot P, Dare D, Aghajanian K: Hepatic de novo lipogenesis in normoinsulinemic and hyperinsulinemic subjects consuming high-fat, low-carbohydrate and low-fat, high -carbohydrate isoenergetic diets. Am J Clin Nutr 77: 43-50, 2003.

94　Watson JA, Fang M, Lowenstein JM: Tricarballylate and hydroxycitrate: substrate and inhibitor of ATP: citrate oxaloacetate lyase. Arch Biochem Biophys 135: 209- 217, 1969.

95　Watson JA, Lowenstein JM: Citrate and the conversion of carbohydrate into fat. Fatty acid synthesis by a combination of cytoplasm and mitochondria. J Biol Chem 245: 5993-6002. 1970.

96　Heymsfield SB, Allison DB, Vasselli JR, Pietrobelli A, Greenfield D, Nunez C: Garcinia cambogia (hydroxycitric acid) as a potential antiobesity agent: a randomized controlled trial. Jama 280: 1596-1600, 1998.

97 Kriketos AD, Thompson HR, Greene H, Hill JO: (-)-Hydroxycitric acid does not affect energy expenditure and substrate oxidation in adult males in a post-ahsorptive state.Int J Obes Relat Metab Disord 23: 867-873, 1999.

98 Ishihara K, Oyaizu S, Onuki K, Lim K, Fushiki T: Chronic (-)-hydroxycitrate administration spares carbohydrate utilization and promotes lipid oxidation during exercise in mice. J Nutr l30: 2990-2995, 2000.

99 van Loon LJ, van Rooijen JJ, Niesen B, Verhagen H, Saris WH, Wagenmakers AJ: Effects of acute(-)-hydroxycitrate supplementation on substrate metabolism at rest and during exerctse in humans. Am J Clin Nutr 72: 1445-1450, 2000.

100 Soni MG, Burdock GA, Preuss HG, Stohs SJ, Ohia SE, Bagchi D: Safety assessment of (-)-hydroxycitric acid and Super CitriMax, a novel calcium/potassium salt. Food Chem Toxicol 42: 1513-1529, 2004.

101 Hoffman JR, Kang, J., Ratamess, N.A., Jennings, P.F., Mangine, G., Falgenbaum, A.D.: Thermogenic effect from nutritionally enriched coffee consumption. J Int Soc Sports Nutr 3: 35-43, 2006.

102 Saris WH, Astrup A, Prentice AM, Zunft HJ, Formiguera X, Verboeket-van de Venne WP, Raben A, Poppitt SD, Seppelt B, Johnston S, Vasilaras TH, Keogh GF: Randomized controlled trial of changes in dietary carbohydrate/fat ratio and simple vs complex carbohvdrates on body weight and blood lipids: the CARMEN study. The Carbohydrate Ratio Management in European National diets. Int J Obes Relat Metab Disord 24: 1310-1318, 2000.

103 Shah M, McGovern P, French S, Baxter J: Comparison of a low-fat, ad libitum complex-carbohydrate diet with a low-energy diet in moderately obese women. Am J Clin Nutr 59: 980-984, 1994.

104 Astrup A, Ryan L, Grunwald GK, Storgaard M, Saris W, Melanson E, Hill JO: The role of dietary fat in body fatness: evidence from a preliminary meta-analysis of ad libitum low –fat dietary intervention studies. Br J Nutr 83 Suppl 1: S25-32, 2000.

105 Astrup A, Grunwald GK, Melanson EL, Saris WH, Hill JO: The role of low-fat diets in body weight control: a meta-analysis of ad libitum dietary intervention studies. Int J obes Relat Metab Disord 24: 1545-1552, 2000.

106 Pirozzo S, Summerbell C, Cameron C, Glasziou P: Advice on low-fat diets for obesity. Cochrane Database Syst Rev: CD003640, 2002.

107 Avenell A, Brown TJ, McGee MA, Campbell MK, Grant AM, Broom J, Jung RT, Smith WC: What are the long-term benefits of weight reducing diets in adults? A systematic review of randomized controlled trials. J Hum Nutr Diet 17: 317-335, 2004.

108 Clifton P: The science behind weight loss diets--a brief review. Aust Fam Physician 35: 580-582, 2006.

109 Howard BV, Manson JE, Stefanick ML, Beresford SA, Frank G, Jones B, Rodabough RJ, Snetselaar L, Thomson C, Tinker L, Vitolins M, Prentice R: Low-fat dietary pattern and weight change over 7 years: the Women's Health Initiative Dietary Modification Trial. Jama 295: 39-49, 2006.

110 Dansinger ML, Gleason JA, Griffith JL, Selker HP, Schaefer EJ: Comparison of the Atkins, Ornish, Weight Watchers, and Zone diets for weight loss and heart disease risk reduction: a randomized trial. Jama 293: 43-53, 2005.

111 Walberg-Rankin J, Edmonds CE, Gwazdauskas FC: Diet and weight changes of female bodlybuilders before and after competition. Int J Sport Nutr 3: 87-102, 1993.

112 Jenkins DJ, Wolever TM, Taylor RH, Barker H, Fielden H, Baldwin JM, Bowling AC, Newnlan HC, Jenkins AL, Goff DV: Glycemic index of foods: a physiological basis for carbohydrate exchange. Am J Clin Nutr 34: 362-366, 1981.

113 Anonym: Glykämischer Index und glykämische Last - ein für die Ernährungspraxis des Gesunden relevantes Konzept? Ernährungsumschau 51: 128-130, 2004.

114 Bratusch-Marrain PR: Die euglykämische Insulin-und hyperglykämische Clamptechnik. Infusionstherapie und klinische Ernährung 11: 4-10, 1984.

115 Reaven GM: Hypothesis: muscle insulin resistance is the ("not-so") thrifty genotype. Diabetologia 41: 482-484, 1998.

116 Cordain L, Gotshall RW, Eaton SB, Eaton SB. 3rd: Physical activity, energy expenditure and fitness: an evolutionary perspective. Int J Sports Med 19: 328-335, 1998.

117 Schulze MB, Manson JE, Ludwig DS, Colditz GA, Stampfer MJ, Willett WC, Hu FB: Sugar-sweetened beverages, weight gain, and incidence of type 2 diabetes in young and middle-aged women. Jama 292: 927-934, 2004.

118 Hodge AM, English DR, O'Dea K, Giles GG: Glycemic index and dietary fiber and the risk of type 2 diabetes. Diabetes Care 27: 2701-2706, 2004.

119 Anonym: Glykämischer Index und glykämische Last - ein für die Ernährumgspraxis des Gesunden relevantes Konzept? Ernährungsumschau 51: 84-89, 2004.

120 Groenevald M: Brauchen wir eine neue Ernährungspyramide? Ernährungsumschau 51: 308-312, 2004.

121 Jahreis G: 12. Ernährungsfachtagung der DGE in Jena. Prävention durch Ernährung und körperliche Aktivität, 2004.

122 Mosdol A, Witte DR, Frost G, Marmot MG, Brunner EJ: Dietary glycemic index and glycemic load are associated with high-density-lipoprotein cholesterol at baseline but not with increased risk of diabetes in the Whitehall II study. Am J Clin Nutr 86: 988-994, 2007.

123 Barclay AW, Petocz P, McMillan-Price J, Flood VM, Prvan T, Mitchell P, Brand-Miller JC: Glycemic index, glycemic load, and chronic disease risk -- a meta-analysis of observational studies. Am J Clin Nutr 87: 627-637, 2008.

124 Byrnes SE, Miller JC, Denyer GS: Amylopectin starch promotes the development of insulin resistance in rats. J Nutr 125: 1430-1437, 1995.

125 Kabir M, Rizkalla SW, Quignard-Boulange A, Guerre-Millo M, Boillot J, Ardouin B, Luo J, Slama G: A high glycemic index starch diet affects lipid storage-related enzymes in normal and to a lesser extent in diabetic rats. J Nutr 128: 1878-1883, 1998.

126 Wolever TM, Jenkins DJ, Vuksan V, Jenkins AL, Wong GS, Josse RG: Beneficial effect of low- glycemic index diet in overweight NIDDM subjects. Diabetes Care 15: 562-564, 1992.

127 Wolever TM, Mehling C: High-carbohydrate-low-glycaemic index dietary advice improves glucose disposition index in subjects with impaired glucose tolerance. Br J Nutr 87: 477-487, 2002.

128 Agus MS, Swain JF, Larson CL, Eckert EA, Ludwig DS: Dietary composition and physiologic adaptations to energy restriction. Am J Clin Nutr 71: 901-907, 2000.

129 Bouche C, Rizkalla SW, Luo J, Vidal H, Veronese A, Pacher N, Fouquet C, Lang V, Slama G: Five-week, low-glycemic index diet decreases total fat mass and improves plasma lipid profile in moderately overweight nondiabetic men.Diabetes Care 25: 822-828, 2002.

130 Ebbeling CB, Leidig MM, Sinclair KB, Hangen JP, Ludwig DS: A reduced-glycemic load diet in the treatment of adolescent obesity. Arch Pediatr Adolesc Med 157: 773-779, 2003.

131 Brynes AE, Mark Edwards C, Ghatei MA, Dornhorst A, Morgan LM, Bloom SR, Frost GS: A randomised four-intervention crossover study investigating the effect of carbohydrates on daytime profiles of insulin, glucose, non-esterified fatty acids and triacylglycerols in middle-aged men. Br J Nutr 89: 207-218, 2003.

132 Pereira MA, Swain J, Goldfine AB, Rifai N, Ludwig DS: Effects of a low-glycemic load diet on resting energy expenditure and heart disease risk factors during weight loss. Jama 292: 2482-2490, 2004.

133 Sloth B, Krog-Mikkelsen I Flint A, Tetens I, Bjorck I, Vinoy S, Elmstahl H, Astrup A, Lang V, Raben A: No difference in body weight decrease between a low-glycemic-index and a high-glycemic-index diet but reduced LDL cholesterol after 10-wk ad libitum intake of the low- glycemic- index diet. Am J Clin Nutr 80: 337-347, 2004.

134 Ebbeling CB, Leidig MM, Sinclair KB, Seger-Shippee LG, Feldman HA, Ludwig DS: Effects of an ad libiturn low-glycemic load diet on cardiovascular disease risk factors in obese young adults. Am J Clin Nutr 81: 976-982, 2005.

135 Pittas AG, Das SK, Hajduk CL, Golden J, Saltzman E, Stark PC, Greenberg AS, Roberts SB: A low-glycenlic load diet facilitates greater weight loss in overweight adults with high insulin secretion but not in overweight adults with low insulin secretion in the CALERIE Trial. Diabetes Care 28: 2939-2941, 2005.

136 Raatz SK, Torkelson CJ, Redmon JB, Reck KR, Kwong CA, Swanson JE, Liu C, Thomas W, Bantle JP: Reduced glycemic index and glycemic load diets do not increase the effects of energy restriction on weight loss and insulin sensitivity in obese men and women. J Nutr 135: 2387-2391, 2005.

137 McMillan-Price J, Petocz P, Atkinson F, O'Neill K, Samman S, Steinbeck K, Caterson I, Brand-Miller J: Comparison of 4 diets of varying glycemic load on weight loss and cardlovascular risk reduction in overweight and obese young adults: a randomized controlled trial. Arch Intern Med 166: 1466-1475, 2006.

138 Das SK, Gilhooly CH, Golden JK, Pittas AG, Fuss PJ, Cheatham RA, Tyler S, Tsay M, McCrory MA, Lichtenstein AH, Dallal GE, Dutta C, Bhapkar MV, Delany JP, Saltzman E, Roberts SB: Long-term effects of 2 energy-restricted diets differing in glycemic load on dietary adherence, body composition, and metabolism in CALERIE: a 1-y randomized controlled trial. Am J Clin Nutr 85: 1023-1030. 2007.

139 Ebbeling CB, Leidig MM, Feldman HA, Lovesky MM, Ludwig DS: Effects of a low-glycemic load vs low-fat diet in obese young adults: a randomized trial. Jama 297: 2092-2102, 2007.

140 Maki KC, Rains TM, Kaden VN, Raneri KR, Davidson MH Effects of a reduced-glycemic-load diet on body weight, body composition, and cardiovascular disease risk markers in overweight and obese adults. Am J Clin Nutr 85: 724-734, 2007.

141 Sichieri R, Moura AS, Genelhu V, Hu F, Willett WC: An 18-mo randomized trial of a low-glycemic-index diet and weight change in Brazilian women. Am J Clin Nutr 86: 707-713, 2007.

142 Due A, Larsen TM, Mu H, Hermansen K, Stender S, Astrup A: Comparison of 3 ad libitum diets for weight-loss maintenance, risk of cardiovascular disease, and diabetes: a 6-mo randomized, controlled trial. Am J Clin Nutr 88: 1232-1241, 2008.

143 Foster-Powell K, Holt SH, Brand-Miller JC: International table of glycemic index and glycemic load values: 2002. Am J Clin Nutr 76: 5-56, 2002.

144 Thomas DE, Elliott EJ, Baur L: Low glycaemic index or low glycaemic load diets for overweight and obesity. Cochrane Database Syst Rev: CD005105, 2007.

145 Ludwig DS: Dietary glycemic index and obesity. J Nutr 130: 280S-283S, 2000.

146 Raben A: Should obese patients be counselled to follow a low-glycaemic index diet? No. Obes Rev 3: 245-256, 2002.

147 Ludwig DS: Clinical update: the low-glycaemic-index diet. Lancet 369: 890-892, 2007.

148 Lara-Castro C, Garvey WT: Diet, insulin resistance, and obesity: zoning in on data for Atkins dieters living in South Beach. J Clin Endocrinol Metab 89: 4197-4205, 2004.

149 Gardner CD, Kiazand A, Alhassan S, Kim S, Stafford RS, Balise RR, Kraemer HC, King AC: Comparison of the Atkins, Zone, Ornish, and LEARN diets for change in weight and related risk factors among overweight premenopausal women: the A TO Z Weight Loss Study: a randomized trial. Jama 297: 969-977, 2007.

150 Schek A: Welchen Stellenwert haben Fette und Kohlenhydrate in der Ernährung des Sportlers? Ernährung/Nutrition 2: 56-68, 2004.

151 Du H, van der AD, van Bakel MM, van der Kallen CJ, Blaak EE, van Greevenbroek MM, Jansen EH, Nijpels G,

Stehouwer CD, Dekker JM, Feskens EJ: Glycemic index and glycemic load in relation to food and nutrient intake and metabolic risk factors in a Dutch population. Am J Clin Nutr 87: 655-661, 2008.

152 O'Brien RM, Streeper RS, Ayala JE, Stadelmaier BT, Hornbuckle LA: Insulin-regulated gene expression. Biochem Soc Trans 29: 552-558, 2001.

153 Konrad T: Frankfurter Berufsschulstudie. Ernährungs-Umschau 5: B9-B12, 2007.

154 Von Loeffelholz C: Der Regenerationsbeschleuniger. Triathlon 46: 82-83, 2006.

155 Biolo G, Williams BD, Fleming RY, Wolfe RR: Insulin action on muscle protein kinetics and amino acid transport during recovery after resistance exercise. Diabetes 48: 949-957, 1999.

156 Layman DK, Shiue H, Sather C, Erickson DJ, Baum J: Increased dietary protein modifies glucose and insulin homeostasis in adult women during weight loss. J Nutr 133: 405-410, 2003.

157 Tarnopolsky MA, Bosman M, Macdonald JR, Vandeputte D, Martin J, Roy BD: Postexercise proteincarbohydrate and carbohydrate supplements increase muscle glycogen in men and women. J Appl Physiol 83: 1877-1883, 1997.

158 Rochlitz H: Gewichtszunahme unter Insulin ist vermeidbar. Forschung & Praxis: 3-5, 2005.

159 Poser M, Smith, P.: Toursieg, Doping, Depressionen - vom einsamen Tod des Marco Pantani. ÄZ 29: 3, 2004.

160 Bastigkeit M: Insulin-Doping: Seiltanz zwischen Korea und Rekord. ÄP 67/68: 12, 2002.

161 Kreider RB: Dietary supplements and the promotion of muscle growth with resistance exercise. Sports Med 27: 97-110, 1999.

162 Koopman R, Manders RJ, Zorenc AH, Hul GB, Kuipers H, Keizer HA, van Loon LJ: A single session of resistance exercise enhances insulin sensitivity for at least 24 h in healthy men. Eur J Appl Physiol 94: 180-187, 2005.

163 Von Loeffelholz C, G. Jahreis: Einfluss von Widerstandstraining auf Parameter des Glukosestoffwechsels bei Gesunden, Typ-2-Diabetikern und Individuen mit Anzeichen einer Insulinresistenz. Aktuel. Ernaehr. Med. 30: 261-272, 2005.

164 Sigal RJ, Kenny GP, Wasserman DH, Castaneda-Sceppa C, White RD: Physical activity/exercise and type 2 diabetes: a consensus statement from the American Diabetes Association. Diabetes Care 29: 1433-1438, 2006.

165 Kirwan JP, Hickner RC, Yarasheski KE, Kohrt WM, Wiethop BV, Holloszy JO: Eccentric exercise induces transient insulin resistance in healthy individuals. J Appl Physiol 72: 2197-2202, 1992.

166 Kirwan JP, del Aguila LF: Insulin signalling, exercise and cellular integrity. Biochem Soc Trans 31: 1281-1285, 2003.

167 Von Loeffelholz C: Widerstandstraining und Typ-2-Diabetes. Referate anlässlich der 15. Ernährungsfachtagung zum Thema: "Ernährung und Diabetes Typ 2" am 8. November in Jena, 2007.

168 Asp S, Rohde T, Richter EA: Impaired muscle glycogen resynthesis after a marathon is not caused by decreased muscle GLUT-4 content. J Appl Physiol 83: 1482-1485, 1997.

169 Jeukendrup AE, Jentjens RL, Moseley L: Nutritional considerations in triathlon. Sports Med 35: 163-181, 2005.

170 Lambert CP, Frank LL, Evans WJ: Macronutrient considerations for the sport of bodybuilding. Sports Med 34: 317-327, 2004.

171 Halberstam M, Cohen N, Shlimovich P, Rossetti L, Shamoon H: Oral vanadyl sulfate improves Insulin sensitivity in NIDDM but not in obese nondiabetic subjects. Diabetes 45: 659-666, 1996.

172 Kreider RB AA, Antonio J, Broeder C, Earnest C, Greenwood M, Incledon T, Kalman DS, Kleiner SM, Leutholtz B, Lowery LM, Mendel R, Stout JR, Willoughby DS, Ziegenfuss TN: ISSN Exercise&Sport Nutrition Review: Research&Recommendations. Sports Nutrition Review Journal (1): 1-44, 2004.

173 Fawcett JP, Farquhar SJ, Walker RJ, Thou T, Lowe G, Goulding A: The effect of oral vanadyl sulfate on body

composition and performance in weight-training athletes. Int J Sport Nutr 6: 382-390, 1996.

174 Lukaski HC: Magnesium, zinc, and chromium nutriture and physical activity. Am J Clin Nutr 72: 585S-593S, 2000.

175 Vincent JB: The potential value and toxicity of chromium picolinate as a nutritional supplement, weight loss agent and muscle development agent. Sports Med 33: 213-230, 2003.

176 Volek JS, Silvestre R, Kirwan JP, Sharman MJ, Judelson DA, Spiering BA, Vingren JL, Maresh CM, Vanheest JL, Kraemer WJ: Effects of chromium supplementation on glycogen synthesis after high-intensity exercise. Med Sci Sports Exerc 38: 2102-2109, 2006.

177 Campbell WW, Joseph LJ, Anderson RA, Davey SL, Hinton J, Evans WJ: Effects of resistive training and chromium picolinate on body composition and skeletal muscle size in older women. Int J Sport Nutr Exerc Metab 12: 125-135, 2002.

178 Kleefstra N, Houweling ST, Jansman FG, Groenier KH, Gans RO, Meyboom-de Jong B, Bakker SJ, Bilo HJ: Chromium treatment has no effect in patients with poorly controlled, insulin-treated type 2 diabetes in an obese Western population: a randomized, double-blind, placebo-controlled trial. Diabetes Care 29: 521-525, 2006.

179 Campbell WW, Haub MD, Fluckey JD, Ostlund RE, Jr., Thyfault JP, Morse-Carrithers H, Hulver MW, Birge ZK: Pinitol supplementation does not affect insulin-mediated glucose metabolism and muscle insulin receptor content and phosphorylation in older humans. J Nutr 134: 2998-3003, 2004.

180 Davis A, Christiansen M, Horowitz JF, KIein S, Hellerstein MK, Ostlund RE, Jr.: Effect of pinitol treatment on insulin action in subjects with insulin resistance. Diabetes Care 23: 1000-1005, 2000.

181 Jacob S, Henriksen EJ, Tritschler HJ, Augustin HJ, Dietze GJ: Improvement of insulin-stimulated glucosedisposal in type 2 diabetes after repeated parenteral administration of thioctic acid. Exp Clin Endocrinol Diabetes 104: 284-288, 1996.

182 Konrad T, Vicini P, Kusterer K, Hoflich A, Assadkhani A, Bohles HJ, Sewell A, Tritschler HJ, Cobelli C, Usadel KH: alpha-Lipoic acid treatment decreases serum lactate and pyruvate concentrations and improves glucose effectiveness in lean and obese patients with type 2 diabetes. Diabetes Care 22: 280-287, 1999.

183 Jarvill-Taylor KJ, Anderson RA, Graves DJ: A hydroxychalcone derived from cinnamon functions as a mimetic for insulin in 3T3-L1 adipocytes. J Am Coll Nutr 20: 327-336, 2001.

184 Khan A, Safdar M, Ali Khan MM, Khattak KN, Anderson RA: Cinnamon improves glucose and lipids of people with type 2 diabetes. Diabetes Care 26: 3215-3218, 2003.

185 Anonym: Zimt im Fokus. Ernährungs-Umschau 53: 50, 2006.

186 Buford TW, Kreider RB, Stout JR, Greenwood M, Campbell B, Spano M, Ziegenfuss T, Lopez H, Landis J, Antonio J: International Society of Sports Nutrition position stand: creatine supplementation and exercise. J Int Soc Sports Nutr 4:6, 2007.

187 Anonym: Einfluss von Zimt auf die glykämische Kontrolle und Blutlipidparameter. DGE info 55: 51, 2008.

188 Baker WL, Gutierrez-Williams G, White CM, Kluger J, Coleman CI: Effect of cinnamon on glucose control and lipid parameters. Diabetes Care 31:41-43, 2008.

189 Anonym: Süssen muss nicht Sünde sein. Test spezial: 64-65, 1999.

190 Mund H: Das süsse Angebot. Süssstoff-Information. Sonderbeilage Ernährungsumschau., 2001.

191 Anonym: Position of the American Dietetic Association: use of nutritive and nonnutritive sweeteners. J Am Diet Assoc 104:255-275, 2004.

192 Grashoff K: Süssstoffe. Ernährungsumschau(Sonderdruck):5-7, 2005.

193 Anonym: Süssstoffe in der Ernährung. DGE Info: 55-58, 2007.

194 Anonym: Krebs durch Süssstoffe? Dafür gibt es keine Belege. ÄZ 8: 5, 2002.

195 EFSA: Sicherheit von Aspartam. Ernährungs-Umschau 53: 241, 2006.

196 Mead MN: Sour finding on popular sweetener. Environ Health Perspect 114: A176, 2006.

197 Soffritti M, Belpoggi F, Degli Esposti D, Lambertini L, Tibaldi E, Rigano A: First experimental demonstration of the multipotential carcinogenic effects of aspartame administered in the feed to Sprague- Dawley rats. Environ Health Perspect 114: 379-385, 2006.

198 Metzner C: Ernährungsmedizinische Bewertung von Süssstoffen. Süssstoff-Information. Sonderbeilage Ernährungsumschau., 2001.

199 Schulz E: Einsatz von Süssstoffen in der Nutztierernährung. Süssstoff-Information. Sonderbeilage Ernährungsumschau., 2001.

200 Anonym: "Diät"-Softdrinks sind untauglich für die Gewichtsreduktion. Bericht vom Amerikanischen Diabetes-Kongress 2005, 2005.

201 Della Valle DM, Roe LS, Rolls BJ: Does the consumption of caloric and non-caloric beverages with a meal affect energy intake? Appetite 44: 187-193, 2005.

202 Anonym: Leicht-Produkte. AID (Auswertungs-und Informationsdienst für Ernährung, Landwirtschaft und Forsten e.V.), 1995.

203 Anonym: Süssstoff versus Zucker in der Gewichtsregulation. Ernährungsinfornaation der CMA: 9-10, 1999.

204 Anonym: Nährwertbezogene Angaben. DGE info: 84-85, 2007.

205 Blackburn GL, Kanders BS, Lavin PT, Keller SD, Whatley J: The effect of aspartame as part of a multidisciplinary weight-control program on short-and long-term control of bodyweight. Am J Clin Nutr 65: 409-418, 1997.

206 Gatenby SJ, Aaron JI, Jack VA, Mela DJ: Extended use of foods modified in fat and sugar content: nutritional implications in a free-living female population. Am J Clin Nutr 65: 1867-1873, 1997.

3. 脂肪和类脂——生命必需的化合物家族

1 Torgerson JS, Hauptman J, BoldrinMN, Sjostrom L: XENical in the prevention of diabetes in obese subjects (XENDOS)study: a randomized study of orlistat as an adjunct to lifestyle changes for the prevention of type 2 diabetes in obese patients.Diabetes Care 27: 155-161, 2004.

2 Schek A: Top-Leistung im Sport durch bedürfnisgerechte Ernährung. Philippka Sportverlag 2005.

3 Walberg-Rankin J, Edmonds CE, Gwazdauskas FC: Diet and weight changes of female bodybuilders before and after competition.Int J SportNutr 3: 87-102, 1993.

4 Anonym: D-A-CH(Hrsg.): Referenzwerte für die Nährstoffzufuhr. Umschau-/Braus-Verlag(2000).

5 St-Onge MP, Jones PJ: Physiological effects of medium-chain triglycerides: potential agents in the prevention of obesity. J Nutr 132: 329-332, 2002.

6 Feldheim W: Mittelkettige Triglyceride(MCT): Geeignet zur Kontrolle des Körpergewichts?Ernährungsumschau 50: 4-7, 2003.

7 St-Onge MP, Bourque C, Jones PJ, Ross R, Parsons WE: Medium-versus long-chain triglycerides for 27days increases fat oxidation and energy expenditure without resulting in changes in body composition in overweight women.Int J Obes Relat Metab Disord 27: 95 102, 2003.

8 St-Onge MP, Ross R, Parsons WD, Jones PJ: Medium-chain triglycerides increase energy expenditure and decrease

adiposity in overweight men. Obes Res 11: 395-402, 2003.

9 St-Onge MP,Jones PJ: Greater rise in fat oxidation with medium-chain triglyceride consumption relative to long-chain triglyceride is associated with lower initial body weight and greater loss of subcutaneous adipose tissue.Int J Obes Relat Metab Disord 27: 1565-1571, 2003.

10 Anonym: MCT in Diäten mit sehr geringem Energiegehalt(VLCD). DGE info: 24-25, 2002.

11 Decombaz J, Arnaud MJ, Milon H, Moesch H, Philippossian G, Thelin AL, Howald H: Energy metabolism of medium-chain triglycerides versus carbohydrates during exercise.Eur J Appl Physiol Occup Physiol 52: 9-14, 1983.

12 Anonym: Evidenzbasierte Leitlinie: Fettkonsum und Prävention ausgewählter ernährungsmitbedingter Krankheiten. DGE 2006.

13 Horowitz JF, Klein S: Lipid metabolism during endurance exercise Am J Clin Nutr 72: 558S-563S, 2000.

14 Horowitz JF, Mora-Rodriguez R, Byerley LO, Coyle EF: Preexercise medium-chain triglyceride ingestion does not alter musde glycogen use during exercise. J Appl Physiol 88: 219-225, 2000.

15 Ööpik V: Effects of daily medium chain triglyceride ingestion on energy metabolism and endurance performance capacity in well-trained runners Nutr. Res. 21: 1125-1135, 2001.

16 SchekA: Die Ernährung des Sportlers. Ernährungs-Umschau 55: 362-371, 2008.

17 Goedecke JH, ClarkVR, NoakesTD, Lambert EV: The effects of medium-chain triacylglycerol and carbohydrate ingestion on ultra-endurance exercise performance. Int J Sport Nutr Exert Metab 15: 15-27, 2005.

18 Jeukendrup AE, Saris WH, Wagenmakers AJ: Fat metabolism during exercise: a review—part III: effects of nutritional interventions. Int J Sports Med 19: 371-379, 1998.

19 JeukendrupAE, Thielen JJ, Wagenmakers AJ, Brouns F, SarisWH: Effect of medium-chain triacylglycerol and carbohydrate ingestion during exercise on substrate utilization and subsequent cycling performance. Am J Clin Nutr 67: 397-404, 1998.

20 Angus DJ, HargreavesM, Dancey J, Febbraio MA: Effect of carbohydrate or carbohydrate plus medium-chain triglyceride ingestion on cycling time trial performance. J Appl Physiol 88: 113-119, 2000.

21 Kreider RB AA, Antonio J, Broeder C, Earnest C, Greenwood M, lncledon T, Kalman DS, KIeiner SM, Leutholtz B, Lowery LM,Mendel R, Stout JR, Willoughby DS, Ziegenfuss TN: ISSN Exercise & Sport Nutrition Review: Research & Recommendations. Sports Nutrition Review Journal(1): 1-44, 2004.

22 Tholstrup T, Ehnholm C, Jauhiainen M, Petersen M, Hoy CE, Lund P, Sandstrom B: Effects of medium-chain fatty acids and oleic acid on blood lipids, lipoproteins, glucose, insulin, and lipid transfer protein activities. Am J Clin Nutr 79: 564-569, 2004.

23 Bourque C, St-Onge MP, Papamandjaris AA, Cohn JS, Jones PJ: Consumption of an oil composed of mediumchain triacyglycerols, phytosterols, and N-3 fatty acids improves cardiovascular risk profile in overweight women. Metabolism 52: 771-777, 2003.

24 Mensink RP, Zock PL, Kester AD, Katan MB: Effects of dietary fatty acids and carbohydrates on the ratio of serum total to HDL cholesterol and on serum lipids and apolipoproteins: a meta-analysis of 60 controlled trials. Am J Clin Nutr 77: 1146-1155, 2003.

25 Lambert CP, Flynn MG: Fatigue during high-intensity intermittent exercise: application to bodybuilding. Sports Med 32: 511-522, 2002.

26 Schek A: Welchen Stellenwert haben Fette und Kohlenhydrate in der Ernährung des Sportlers? Ernährung/Nutrition 2: 56-68, 2004.

27 Forbes GB, Brown MR, Welle SL, Underwood LE: Hormonal response to overfeeding. Am J Clin Nutr 49:608-611,

1989.

28 McMurray RG, Proctor CR. Wilson WL: Effect of caloric deficit and dietary manipulation on aerobic and anaerobic exercise.Int J Sports Med 12: 167-172, 1991.

29 Kraemer WJ, Volek JS, Bush JA, Putukian M, Sebastianelli WJ: Hormonal responses to consecutive days of heavy-resistance exercise with or without nutritional supplementation. J Appl Physiol 85: 1544-1555, 1998.

30 Kaklamani VG, Linos A, Kaklamani E, Markaki I, Koumantaki Y, Mantzoros CS: Dietary fat and carbohydrates are independently associated with circulating insulin-like growth factor 1 and insulin-like growth factor-binding protein 3 concentrations in healthy adults.J Clin Oncol 17: 3291-3298, 1999.

31 Adams GR: Die Rolle des IGF-I beim Muskelwachstum und die Möglichkeit des Missbrauchs bei Sportlern.Deutsche Zeitschrift für Sportmedizin 52: 35-36, 2001.

32 Balnman MM, Shipp JR, Jiang J, Gower BA, Hunter GR, Goodman A, McLafferty CL, Jr., Urban RJ: Mechanical load increases muscle IGF-I and androgen receptor mRNA concentrations in humans. Am J Physiol Endocrinol Metab 280: E383-390, 2001.

33 Psilander N, Damsgaard R, Pilegaard H: Resistance exercise alters MRF and IGF-I mRNA content in human skeletal muscle.J Appl Physiol 95: 1038-1044, 2003.

34 Hameed M, Lange KH, Andersen JL, Schjerling P, Kjaer M, Harridge SD, Goldspink G: The effect of recombinant human growth hormone and resistance training on IGF-I mRNA expression in the muscles of elderly men. J Physiol 555: 231-240, 2004.

35 Nemet D, Connolly PH, Pontello-Pescatello AM, Rose-Gottron C, Larson JK, Galassetti P, Cooper DM: Negative energy balance plays a major role in the IGF-I response to exercise training.J Appl Physiol 96: 276-282, 2004.

36 Gallwitz M: Typ-2-Diabetes, Kolonkarzinom und Insulintherapie-Häufung und Zusammenhang?Diabetes und Stoffwechsel: 95-100, 2005.

37 Kraemer WJ, Ratamess NA: Hormonal responses and adaptations to resistance exercise and training. Sports Med 35: 339-361, 2005.

38 Gärtner R, Küppner, C.:Brustkrebsrisiko und Jodmangel.Ernährungs-Umschau 54: 324-329, 2007.

39 Lambert CP, Frank LL, Evans WJ: Macronutrient considerations for the sport of bodybuilding. Sports Med 34: 317-327, 2004.

40 Sallinen J, Pakarinen A, Ahtiainen J, Kraemer WJ, volek JS, Hakkinen K: Relationship between diet and serum anabolic hormone responses to heavy-resistance exercise in men. Int J Sports Med 25: 627-633, 2004.

41 Rebuffe-Scrive M, Marin P, Bjorntorp P: Effect of testosterone on abdominal adipose tissue in men. Int J Obes 15: 791-795, 1991.

42 Inoue K, Yamasaki S, Fushiki T Kano T, Moritani T, Itoh K, Sugimoto E: Rapid increase in the number of androgen receptors following electrical stimulation of the rat muscle. Eur J Appl Physiol Occup Physiol 66: 134-140, 1993.

43 Marin P, Lonn L, Andersson B, Oden B, Olbe L, Bengtsson BA, Bjorntorp P: Assimilation of triglycerides in subcutaneous and intraabdominal adipose tissues in vivo in men: effects of testosterone.
J Clin Endocrinol Metab 81: 1018-1022, 1996.

44 Lambert CP, Sullivan DH, Freeling SA, Lindquist DM, Evans WJ: Effects of testosterone replacement and/or resistance exercise on the composition of megestrol acetate stimulated weight gain in elderly men: a randomized controlled trial.J Clin Endocrinol Metab 87: 2100-2106, 2002.

45 Tremblay MS, Copeland JL, Van Helder W: Effect of training status and exercise mode on endogenous steroid hormones in men. J Appl Physiol 96: 531-539, 2004.

46 Nielsen TL, Hagen C, Wraae K, Brixen K, Petersen PH, Haug E, Larsen R, Andersen M: Visceral and subcutaneous adipose tissue assessed by magnetic resonance imaging in relation to circulating androgens, sex hormone-binding globulin, and luteinizing hormone in young men. J Clin Endocrinol Metab 92: 2696-2705, 2007.

47 Kleiner SM, Bazzarre TL, Litchford MD: Metabolic profiles, diet, and health practices of championship male and female bodybuilders. J Am Diet Assoc 90: 962-967, 1990.

48 BazzarreTL, Kleiner SM, Ainsworth BE: Vitamin C intake and lipid profiles of competitive male and female bodybuilders. Int J Sport Nutr 2: 260-271, 1992.

49 Bamman MM, Hunter GR, Newton LE, Roney RK, Khaled MA: Changes in body composition, diet, and strength of bodybuilders during the 12 weeks prior to competition. J Sports Med Phys Fitness 33: 383-391, 1993.

50 Kleiner SM, Bazzarre TL, Ainsworth BE: Nutritional status of nationally ranked elite bodybuilders. Int J Sport Nutr 4:54-69, 1994.

51 PedersenA, Baumstark MW, Marcklnann P, Gylling H, Sandstrom B: An olive oil-rich diet results in higher concentrations of LDL cholesterol and a higher number of LDL subfraction particles than rapeseed oil and sunflower oil diets. J Lipid Res 41: 1901-1911, 2000.

52 Erbersdobler HF, Barth, C.A., Wolfram, G: Olivenöl in der Kontroverse. Ernährungs-Umschau 03: B9-B11, 2008.

53 Anonym: Verbesserung der Fettsäurenzusammensetzung bei Fleisch. DGE info: 88-89, 2003.

54 Metges CC: Bedeutung und Möglichkeiten der Erzeugung nährstoffangereicherter Lebensmittel tierischer Herkunft. Ernährungs-Umschau 51: 484-490, 2004.

55 Nürnberg K, Dannenberger, D., Eder, K.: Fleisch – wertvoller durch Anreicherung mit n-3-Fettsäuren. Ernährungs-Umschau 51: 409-413, 2004.

56 Nach Hammon H: Möglichkeiten der Beeinflussung der Fettzusammensetzung beim Nutztier. DGE info: 165, 2006.

57 Andersson A, Nalsen C, Tengblad S, Vessby B: Fatty acid composition of skeletal muscle reflects dietary fat composition in humans. Am J Clin Nutr 76: 1222-1229, 2002.

58 Vessby B, Unsilupa M, Hermansen K, Riccardi G, Rivellese AA, Tapsell LC, Nalsen C, Berglund L, Louheranta A, Rasmussen BM, Calvert GD, Maffetone A, Pedersen E, Gustafsson IB, Storlien LH: Substituting dietary saturated for monounsaturated fat impairs insulin sensitivity in healthy men and women: The KANWU Study. Diabetologia 44: 312-319, 2001.

59 Due A, Larsen TM, Hermansen K, Stender S, Hoist JJ, Toubro S, Martinussen L, Astrup A: Comparison of the effects on insulin resistance and glucose tolerance of 6-mo high-monounsaturated-fat, low-fat, and control diets. Am J Clin Nutr 87: 855-862, 2008.

60 Volek JS, Kraemer WJ, Bush JA, Incledon T, Boetes M: Testosterone and cortisol in relationship to dietary nutrients and resistance exercise. J Appl Physiol 82: 49-54, 1997.

61 walker KZ, O'Dea K, Johnson L, Sinclair AJ, Piers LS, Nicholson GC, Muir JG: Body fat distribution and non-insulin-dependent diabetes: comparison of a fiber-rich, high-carbohydrate, low-fat(23%)diet and a 35% fat diet high in monounsaturated fat. Am J Clin Nutr 63: 254-260, 1996.

62 Anonym: Olivenöl und Nüsse - Schmiermittel fürs Herz. MMW-Fortschr. Med. 148: 25, 2006.

63 Anonym: Mediterrane Ernährung.Ernährungs-Umschau 49: 244-245, 2002.

64 Renaud S, de Lorgeril M, Delaye J, Guidollet J,Jacquard F,Mamelle N, Martin JL, Monjaud I, Salen P,Toubol P: Cretan Mediterranean diet for prevention of coronary heart disease. Am J Clin Nutr 61: 1360S-1367S, 1995.

65 Anonym: Kreta-Diät rettet Leben. Medical Tribune 41: 12, 1997.

66 de Lorgeril M, Salen P, Martin JL, Monjaud I, Delaye J, Mamelle N: Mediterranean diet, traditional risk factors,

and the rate of cardiovascular complications after myocardial infarction: final report of the Lyon Diet Hart Study. Circulation 99: 779-785, 1999.

67 Tortosa A, Bes-Rastrollo M, Sanchez-Villegas A, Basterra-Gortari FJ, Nunez-Cordoba JM, Martinez-Gonzalez MA: Mediterranean diet inversely associated with the incidence of metabolic syndrome: the SUN prospective cohort. Diabetes Care 30: 2957-2959, 2007.

68 Martinez-Gonzalez MA, de la Fuente-Arrillaga C, Nunez-Cordoba JM, Basterra-Gortari FJ, Beunza JJ, Vazquez Z, Benito S, Tortosa A, Bes-Rastrollo M: Adherence to Mediterranean diet and risk of developing diabetes: prospective cohort study. Bmj 336: 1348-1351, 2008.

69 Yaqoob P, Knapper JA, WebbDH, Williams CM, Newsholme EA, Calder PC: Effect of olive oil onimmune function in middle-aged men. Am J Clin Nutr 67: 129-135, 1998.

70 Massaro M, Carluccio MA, De Caterina R: Direct vascular antiatherogenic effects of oleic acid: a clue to the cardioprotective effects of the Mediterranean diet. Cardiologia 44: 507-513, 1999.

71 Lane HA, Grace F, Smith JC, Morris K, Cockcroft J, Scanlon MF, Davies JS: Impaired vasoreactivity in bodybuilders using androgenic anabolic steroids. Eur J Clin Invest 36: 483-488, 2006.

72 Wehrmüller K, Schmid, A., Walther, B.: Gesundheitlicher Nutzen von Omega-3-Fettsäuren und die Bedeutung von Alp-Produkten für die Zufuhr.Ernährungs-Umschau 55: 655-661, 2008.

73 Anonym: Wer Bergkäse geniesst. schützt offenbar sein Herz.ÄZ 1:1, 2004.

74 Oberritter H: Fett – 14. Ernährungsfachtagung der DGE-Sektion Baden-Würtemberg. Ernährungs- Umschau 55: 52-53, 2008.

75 Singer P, Wirth, M.: Omega-3-Fettsäuren marinen und pflanzlichen Ursprungs: Versuch einer Bilanz. Ernährungs-Umschau 50: 296-304, 2003.

76 Rüsch D: Frittieren, Backen, Braten.Ernährungs-Umschau 55: 56-59, 2008.

77 Anonym: Nachtkerzensameöl (EPOGAM u.a.)in Grossbritannien vom Markt. arznei-telegramm 33:107, 2002.

78 Anonym: Fette in der Bewertung der DGE - Aktuelle Studienergebnisse. DGE info: 163-166, 2006.

79 Anonym: D.G.E.e.V. (Hrsg.). Ernährungsbericht 2004. DGE 2004.

80 Leaf A, Kang JX, XiaoYF, Billman GE, Voskuyl RA: Experimental studies on antiarrhythmic and antiseizure effects of polyunsaturated fatty acids in excitable tissues.J Nutr Biochem 10: 440-448, 1999.

81 Bang HO, Dyerberg J, Nielsen AB: Plasma lipid and lipoprotein pattern in Greenlandic West-coast Eskimos. Lancet 1: 1143-1145, 1971.

82 Dyerberg J, BangHO, Hjorne N: Fatty acid composition of the plasma lipids in Greenland Eskimos. Am J Clin Nutr 28: 958-966, 1975.

83 Manini TM, Everhart JE, Patel KV, Schoeller DA, Colbert LH, Visser M, Tylavsky F, Bauer DC, Goodpaster BH, Harris TB: Daily activity energy expenditure and mortality among older adults. Jama 296: 171-179, 2006.

84 Kromhout D, Bosschieter EB, de Lezenne Coulander C: The inverse relation between fish consumption and 20-year mortality from coronary heart disease. N Engl J Med 312: 1205-1209, 1985.

85 Burr ML, Fehily AM, Gilbert JF, Rogers S, Holliday RM, Sweetnam PM, Elwood PC, DeadmanNM: Effects of changes in fat, fish, and fibre intakes on death and myocardial reinfarction: diet and reinfarction trial(DART). Lancet 2:757-761, 1989.

86 Albert CM, Hennekens CH, O'Donnell CJ, AjaniUA, Carey VJ, willett WC, Ruskin JN, Manson JE: Fish consumption and risk of sudden cardiac death. Jama 279: 23-28, 1998.

87 Albert CM, Campos H, Stampfer MJ, Ridker PM, Manson JE, Willett WC, Ma J: Blood levels of long-chain n-3 fatty

acids and the risk of sudden death. N Engl J Med 346: 1113-1118, 2002.

88 Hu FB, Bronner L, Willett WC, Stampfer MJ, Rexrode KM, Albert CM, Hunter D, Manson JE: Fish and omega-3 fatty acid intake and risk of coronary heart disease in women. Jama 287: 1815-1821, 2002.

89 He K, Song Y, Daviglus ML, Liu K, Van Horn L, Dyer AR, Greenland P: Accunmlated evidence on fish consumption and coronary heart disease mortality: a meta-analysis of cohort studies. Circulation 109: 2705-2711, 2004.

90 Dietary supplementation with n-3 polyunsaturated fatty acids and vitamin E after myocardial infarction:results of the GISSI-Prevenzione trial. Gruppo Italiano per lo Studio della Sopravvivenza nell'Infarto miocardico. Lancet 354: 447-455, 1999.

91 Marchili R, Barzi F, Bomba E, Chieffo C, Di Gregorio D, Di Mascio R, Franzosi MG, Geraci E, Levantesi G, Maggioni AP, Mantini L, Marfisi RM, Mastrogiuseppe G, Mininni N, Nicolosi GL, Santini M, Schweiger C, Tavazzi L, Tognoni G, Tucci C, Valagussa F: Early protection against sudden death by n-3 polyunsaturated fatty acids after myocardial infarction: time-course analysis of the results of the GruppoItaliano per lo Studio della Sopravvivenza nell'Infarto Miocardico(GISSI) – Prevenzione.Circulation 105:1897-1903, 2002.

92 Anonym: ESC Berlin 2002: Sekundärprävention nach Myokardinfarkt: Die Rolle der Omega-3- Fettsäuren. Deutsches Ärzteblatt 48: 1-4, 2002.

93 Yokoyama M, Origasa H: Effects of eicosapentaenoic acid on cardiovascular events in Japanese patients with hypercholesterolemia: rationale, design, and baseline characteristics of the Japan EPA Lipid Intervention Study(JELLS).Am Heart J 146: 613-620, 2003.

94 Raitt MH, Connor WE, Morris C, Kron J, Halperin B, Chugh SS, McClelland J, Cock J, MacMurdy K, Swenson R, Connor SL, Gerhard G, Kraemer DF, Oseran D, Marchant C, Calhoun D, Shnider R, Mc Anulty J: Fish oil supplementation and risk of ventricular tachycardia and ventricular fibrillation in patients with implantable defibrillators: a randomized controlled trial. Jama 293: 2884-2891, 2005.

95 Buckley MS, GoffAD, Knapp WE: Fish oil interaction with warfarin. Ann Pharmacother 38: 50- 52, 2004.

96 Anonym: Omega-3-Fettsäuren als Antiarrythmika. arznei-telegramm 38: 114-116, 2007.

97 Brouwer IA, Katan MB, Zock PL: Dietary alpha-linolenic acid is associated with reduced risk of fatal coronary heart disease, but increased prostate cancer risk: a meta-analysis. J Nutr 134: 919-922, 2004.

98 Clarke SD: Polyunsaturated fatty acid regulation of gene transcription: a molecular mechanism to improve the metabolic syndrome. J Nutr131: 1129-1132, 2001.

99 Jump DB, Botolin D, Wang Y, Xu J, Christian B, Demeure O: Fatty acid regulation of hepatic gene transcription. J Nutr 135: 2503-2506, 2005.

100 Anonym: trans-Fettsäuren. DGE info 54: 24-25, 2007.

101 Kuhnt K, Wagner A, Kraft J, Basu S, Jahreis G: Dietary supplementation with 11 trans- and 12trans- 18: 1 and oxidative stress in hunlans. Am J Clin Nutr 84: 981-988, 2006.

102 Anonym: Trans-Fettsäuren. Aufnahme über die Nahrung und gesundheitliche Auswirkungen: Stellungnahme der EFSA. Ernährungs-Umschau 51: 414-416, 2004.

103 Jahreis G: Milch und Milchprodukte: Knochenschutz und mehr. Phoenix: 18-24, 2004.

104 Choi HK, Willett WC, Stampfer MJ, Rimm E, Hu FB: Dairy consmnption and risk of type 2 diabetes mellitus in men: a prospective study. Arch Intern Med 165: 997-1003, 2005.

105 Kreider RB, Ferreira MP, Greenwood M, Wilson M, Almada AL: Effects of conjugated linoleic acid supplementation during resistance training on body composition, bone density, strength, and selected hema tological markers. J Strength Cond Res 16: 325-334, 2002.

106 Von Loeffelholz C,J. Kratzsch, G. Jahreis: Influence of conjugated linoleic acids on body composition and selected serum and endocrine parameters in resistance trained athletes. Eur. J Lipid Sci. Technol.105: 251-259., 2003.

107 Gaullier JM, Halse J, Hoye K, Kristiansen K, Fagertun H, Vik H, Gudmundsen O: Conjugated linoleic acid supplementation for 1 y reduces body fat mass in healthy overweight humans. Am J Clin Nutr 79: 1118-1125, 2004.

108 Moloney F,Yeow TP, Mullen A, Nolan JJ, Roche HM: Conjugated linoleic acid supplementation, insulin sensitivity, and lipoprotein metabolism in patients with type 2 diabetes mellitus. Am J Clin Nutr 80: 887-895, 2004.

109 Saper RB, Eisenberg DM, Phillips RS: Common dietary supplements for weight loss. Am Fam Physician 70: 1731-1738, 2004.

110 WangYW, Jones PJ: Conjugated linoleic acid and obesity control: efficacy and mechanisms. Int J Obes Relat Metab Disord 28: 941-955, 2004.

111 Gaullier JM, Halse J, Hoye K, Kristiansen K, Fagertun H, Vik H, Gudmundsen O: Supplementation with conjugated linoleic acid for 24 months is well tolerated by and reduces body fat mass in healthy, overweight humans. J Nutr 135: 778-784, 2005.

112 Jaudszus A, Foerster M, Kroegel C, Wolf I, Jahreis G: Cis-9, trans-11-CLA exerts anti-inflammatory effects in human bronchial epithelial cells and eosinophils: comparison to trans-10, cis-12-CLA and to linoleic acid. Biochim Biophys Acta 1737: 111-118, 2005.

113 Anonym: Konjugierte Linolsäuren(CLA). DGE info: 23-25, 2006.

114 Anonym: Konjugierte Linolsäuren (CLA) – Bedeutung für die Reduktion des Körperfettes bei Übergewicht. DGE info: 37-39, 2006.

115 Larsen TM, Toubro S, Gudmundsen O, Astrup A: Conjugated linoleic acid supplementation for 1 y does not prevent weight or body fat regain. Am J Clin Nutr 83: 606-612, 2006.

116 Navarro V, Fernandez-Quintela A, Churruca I, Portillo MP: The body fat-lowering effect of conjugated linoleic acid: a comparison between animal and human studies. J Physiol Biochem 62: 137-147, 2006.

117 Raff M, Tholstrup T, Basu S, Nonboe P, Sorensen MT, Straarup EM: A diet rich in conjugated linoleic acid and butter increases lipid peroxidation but does not affect atherosclerotic, inflammatory, or diabetic risk markers in healthy young men. J Nutr 138: 509-514, 2008.

118 Anonym: Trans-Fettsäuren- 800 Lebensmittel untersucht. Ernährungs-Umschau 54: 565, 2007.

119 Lehner P: Analysen und Bewertung von Trans-Fettsäuren in ausgewählten Produkten des österreichischen Marktes. Arbeitskammer Wien, 2005.

120 Biesalski H-K: Fette. In: Ernährungsmedizin: 74-90, 2004.

121 Faber M, Benade AJ, van Eck M: Dietary intake, anthropometric measurements, and blood lipid values in weight training athletes(body builders). Int J Sports Med 7: 342-346, 1986.

122 Kleiner SM, Calabrese LH, Fiedler KM, Naito HK, Skibinski CI: Dietary influences on cardiovascular disease risk in anabolic steroid-using and nonusing bodybuilders. J Am Coll Nutr 8: 109-119, 1989.

123 Keith RE, Stone MH, Carson RE, Lefavi RG, Fleck SJ: Nutritional status and lipid profiles of trained steroid-using bodybuilders. Int J Sport Nutr 6: 247-254, 1996.

124 Anonym: Lebensmittel mit Pflanzensterinen. DGE info 54:164-165, 2007.

125 Anonym: Ezetimib plus Simvastatin(INEGY)-erhöhtes Krebsrisiko?arznei-telegramm 39:87, 2008.

126 Anonym: Nicht Verordnen: Ezetimib(Ezetrol u.a.)nach wie vor ohne Nutzenbelege. arznei-telegramm 39: 19-21, 2008.

127 Williams M: Dietary Supplements and Sports Performance: Herbals Journal of the International Society of Sports

Nutrition 3: 1-6, 2006.

128 Wilborn CD, Taylor LW, Campbell BI, Kerksick C, Rasmussen CJ, Greenwood M, Kreider RB: Effects of methoxyisoflavone, ecdysterone, and sulfo-polysaccharide supplementation on training adaptations in resistance-trained males. J Int Soc Sports Nutr 3: 19-27, 2006.

129 Kingsley M: Effects of phosphatidylserine supplementation on exercising humans. Sports Med 36: 657-669, 2006.

130 Jager R, Purpura M, Kingsley M: Phospholipids and sports performance.J Int Soc Sports Nutr 4: 5, 2007.

131 Gassmann B: Dietary Reference Intakes(DRI), Report 6.Ernährungs-Umschau 50: 128-133, 2003.

132 Groenevald M: Brauchen wir eine neue Ernährungspyramide?Ernahrungsumschau 51: 308 312, 2004.

133 Westman EC, Feinman RD, Mavropoulos JC, Vernon MC, Volek JS, Wortman JA, YancyWS, Phinney SD: Low-carbohydrate nutrition and metabolism.Am J Clin Nutr 86: 276-284, 2007.

134 Bravata DM, Sanders L, Huang J, Krumholz HM, Olkin I, Gardner CD: Efficacy and safety of low-carbohydrate diets: a systematic review. Jama 289: 1837-1850, 2003.

135 Ellrott T, Pudel, V.: Kohlenhydratarme Diäten(Low Carb) zur Gewichtsreduktion.Ernährungs- Umschau 52: 48-51, 2005.

136 Nordmann AJ, Nordmann A, Briel M, Keller U, Yancy WS, Jr., Brehm BJ, Bucher HC: Effects of low-carbohydrate vs low-fat diets on weight loss and cardiovascular risk factors: a meta-analysis of randomized controlled trials. Arch Intern Med 166: 285-293, 2006.

137 Goodpaster BH, Wolfe RR, Kelley DE: Effects of obesity on substrate utilization during exercise. Obes Res 10: 575-584, 2002.

138 Volek JS, Sharman MJ, Love DM, Avery NG, Gomez AL, Scheett TP, Kraemer WJ: Body composition and hormonal responses to a carbohydrate-restricted diet. Metabolism 51: 864-870, 2002.

139 Langfort JL, Zarzeczny R, Nazar K, Kaciuba-Uscilko H: The effect of low-carbohydrate diet on the pattern of hormonal changes during incremental, graded exercise in young men. Int J Sport Nutr Exert Metab 11: 248-257, 2001.

140 Volek JS, Gomez AL, Love DM, Avery NG, Sharman MJ, Kraemer WJ: Effects of a high-fat diet on postabsorptive and postprandial testosterone responses to a fat-rich meal. Metabolism 50: 1351-1355, 2001.

141 Krieger JW, Sitren HS, Daniels MJ, Langkamp-Henken B: Effects of variation in protein and carbohydrate intake on body mass and composition during energy restriction: a meta-regression 1. Am J Clin Nutr 83: 260-274, 2006.

142 Anonym: Abspecken ersetzt Testosterontabletten. Medical Tribune 36: 1, 2001.

143 Halnalainen EK, Adlercreutz H, Puska P, Pietinen P: Decrease of serum total and free testosterone during a low-fat high-fibre diet. J Steroid Biochem 18: 369-370, 1983.

144 Remer T: Dietary protein and fiber intake and sex hormone-binding globulin. J Clin Endocrinol Metab 86: 950, 2001.

145 Volek JS, Sharman MJ: Cardiovascular and hormonal aspects of very-low-carbohydrate ketogenic diets. Obes Res 12 Suppl 2: 115S-123S, 2004.

146 Brehm BJ, Seeley RJ, Daniels SR, D'Alessio DA: A randomized trial comparing a very low carbohydrate diet and a calorie-restricted low fat diet on body weight and cardiovascular risk factors in healthy women.J CIin Endocrinol Metab 88: 1617-1623, 2003.

147 Sondike SB, Copperman N, Jacobson MS: Effects of a low-carbohydrate diet on weight loss and cardiovascular risk factor in overweight adolescents. J Pediatr 142: 253-258, 2003.

148 Samaha FF, Iqbal N, Seshadri P, Chicano KL, Daily DA, McGrory J, Williams T, Williams M, Gracely EJ, Stern L:

A low-carbohydrate as compared with a low-fat diet in severe obesity. N Engl J Med 348: 2074-2081, 2003.

149 Meckling KA, O'Sullivan C, Saari D: Comparison of a low-fat diet to a low-carbohydrate diet on weight loss, body composition, and risk factors for diabetes and cardiovascular disease in free-living, overweight men and women. J Clin Endocrinol Metab 89: 2717-2723, 2004.

150 Sharman MJ, Gomez AL, Kraemer WJ, Volek JS: Very low-carbohydrate and low-fat diets affect fasting lipids and postprandial lipemia differently in overweight men. J Nutr 134: 880-885, 2004.

151 Volek J, Sharman M, Gomez A, Judelson D, Rubin M, Watson G, Sokmen B, Silvestre R, French D, Kraemer W: Comparison of energy-restricted very low-carbohydrate and low-fat diets on weight loss and body composition in overweight men and women. Nutr Metab(Lond)1: 13, 2004.

152 YancyWS, Jr., Olsen MK, Guyton JR, Bakst RP, Westman EC: A low carbohydrate, ketogenic diet versus a low-fat diet to treat obesity and hyperlipidemia: a randomized, controlled trial. Ann Intern Med 140: 769-777, 2004.

153 Brehm BJ, Spang SE, Lattin BL, Seeley RJ, Daniels SR, D'Alessio DA: The role of energy expenditure in the differential weight loss in obese women on low-fat and low-carbohydrate diets. J Clin Endocrinol Metab 90: 1475-1482, 2005.

154 Noakes M, Foster PR, Keogh JB, James AP, Mamo JC, Clifton PM: Comparison of isocaloric very low carbohydrate/high saturated fat and high carbohydrate/low saturated fat diets on body composition and cardiovascular risk. Nutr Metab(Lond)3:7, 2006.

155 Truby H, Baic S, deLooy A, Fox KR, Livingstone MB, Logan CM, Macdonald IA, Morgan LM, Taylor MA, Millward DJ: Randomised controlled trial of four commercial weight loss programmes in the UK: initial findings from the BBC"diet trials". Bmj 332: 1309-1314, 2006.

156 Foster GD, Wyatt HR, Hill JO, McGuckin BG, Brill C, Mohammed BS, Szapary PO, Rader DJ, Edman JS, Klein S: A randomized trial of alow-carbohydrate diet for obesity. N Engl J Med 348: 2082-2090, 2003.

157 Stern L, Iqbal N, Seshadri P, Chicano KL, Daily DA, McGrory J, Williams M, Gracely EJ, Samaha FF: The effects of low-carbohydrate versus conventional weight loss diets in severely obese adults: one-year follow-up of a randomized trial. Ann Intern Med 140: 778-785, 2004.

158 Dansinger ML, Gleason JA, Griffith JL, Selker HP, Schaefer EJ: Comparison of the Atkins, Ornish, Weight Watchers, and Zone diets for weight loss and heart disease risk reduction: a randomized trial. Jama 293: 43-53, 2005.

159 Gardner CD, Kiazand A, Alhassan S, Kim S, Stafford RS, Balise RR, Kraemer HC, King AC: Comparison of the Atkins, Zone, Ornish, and LEARN diets for change in weight and related risk factors among overweight premenopausal women: the A TO Z Weight Loss Study: a randomized trial. Jama 297: 969-977, 2007.

160 Shai I, Schwarzfuchs D, Henkin Y, Shahar DR, Witkow S, Greenberg I, Golan R, Fraser D, Bolotin A, Vardi H, Tangi-Rozental O, Zuk-Ramot R, Sarusi B, Brickner D, Schwartz Z, Sheiner E, Marko R, Katorza E, Thiery J, Fiedler GM, Bluher M, Stumvoll M, Stampfer MJ: Weight loss with a low-carbohydrate, Mediterranean, or low-fat diet. N Engl J Med 359: 229-241, 2008.

161 Johnston CS, Tjonn SL, Swan PD, white A, Hutchins H, Sears B: Ketogenic low carbohydrate diets have no metabolic advantage over nonketogenic low-carbohydrate diets. Am J Clin Nutr 83: 1055-1061, 2006.

162 Yang MU, Van Itallie TB: Composition of weight lost during short-term weight reduction. Metabolic responses of obese subjects to starvation and low-calorie ketogenic and nonketogenic diets. J Clin Invest 58: 722-730, 1976.

163 Horton TJ, Drougas H, Brachey A, Reed GW, Peters JC, Hill JO: Fat and carbohydrate overfeeding in humans: different effects on energy storage. Am J Clin Nutr 62: 19-29, 1995.

164 Lammert O, Grunnet N, Faber P, Bjornsbo KS, Dich J, Larsen LO, Neese RA, Hellerstein MK, Quistorff B: Effects

of isoenergetic overfeeding of either carbohydrate or fat in young men. Br J Nutr 84: 233-245, 2000.

165 Buchholz AC, Schoeller DA: Is a calorie a calorie?Am J Clin Nutr 79: 899S-906S, 2004.

166 Fine EJ, Feinman RD: Thermodynamics of weight loss diets. Nutr Metab(Lond)1: 15, 2004.

167 Zderic TW, Schenk S, Davidson CJ, Byerley LO, Coyle EF: Manipulation of dietary carbohydrate and muscle glycogen affects glucose uptake during exercise when fat oxidation is impaired by beta- adrenergic blockade. Am J Physiol Endocrinol Metab 287: E1195-1201, 2004.

168 Burke LM, Angus DJ, Cox GR, Cummings NK, Febbraio MA, Gawthorn K, Hawley JA, Minehan M, Martin DT, Hargreaves M: Effect of fat adaptation and carbohydrate restoration on metabolism and performance during prolonged cycling. J Appl Physiol 89: 2413-2421, 2000.

169 Horvath PJ, Eagen CK, Fisher NM, Leddy JJ, Pendergast DR: The effects of varying dietary fat on performance and metabolism in trained male and female runners. J Am Coll Nutr 19: 52-60, 2000.

170 Kavouras SA, Troup JP, Berning JR: The influence of low versus high carbohydrate diet on a 45- min strenuous cycling exercise. Int J Sport Nutr Exert Metab 14: 62-72, 2004.

171 Venkatraman JT, Leddy J, Pendergast D: Dietary fats and immune status in athletes: clinical implications. Med Sci Sports Exerc 32: S389-395, 2000.

172 Phinney SD: Ketogenic diets and physical performance. Nutr Metab(Lond)1: 2, 2004.

173 Krieger DR, Landsberg L: Mechanisms in obesity-related hypertension: role of insulin and catecholamines. Am J Hypertens 1: 84-90, 1988.

174 Bellinger AM, Reiken S, Dura M, Murphy PW, Deng SX, Landry DW, Nieman D, Lehnart SE, Samaru M, LaCampagne A, Marks AR: Remodeling of ryanodine receptor complex causes, "leaky"channels: a molecular mechanism for decreased exercise capacity. Proc Natl Acad Sci U S A105: 2198-2202, 2008.

175 White AM, Johnston CS, Swan PD, Tjonn SL, Sears B: Blood ketones are directly related to fatigue and perceived effort during exercise in overweight adults adhering to low-carbohydrate diets for weight loss: a pilot study. J Am Diet Assoc 107: 1792-1796, 2007.

176 Mitchell JB, DiLauro PC, Pizza FX, Cavender DL: The effect of preexercise carbohydrate status on resistance exercise performance. Int J Sport Nutr 7: 185-196, 1997.

177 Walberg JL, Leidy MK, Sturgill DJ, Hinkle DE, Ritchey SJ, Sebolt DR: Macronutrient content of a hypoenergy diet affects nitrogen retention and muscle function in weight lifters. Int J Sports Med 9: 261-266, 1988.

178 Phinney SD, Horton ES, Sims EA, Hanson JS, Danforth E, Jr., LaGrange BM: Capacity for moderate exercise in obese subjects after adaptation to a hypocaloric, ketogenic diet. J Clin Invest 66: 1152-1161, 1980.

179 Mack I, Hauner, H.: Low Carb. Ernährungs-Umschau 54: 720-727, 2007.

180 Halton TL, Willett WC, Liu S, Malison JE, Albert CM, Rexrode K, Hu FB: Low-carbohydrate-diet score and the risk of coronary heart disease in women. N Engl J Med 355: 1991-2002, 2006.

181 Halton TL, Liu S, Manson JE, Hu FB: Low-carbohydrate-diet score and risk of type 2 diabetes in women. Am J Clin Nutr 87: 339-346, 2008.

182 Hambrecht R, Walther C, Mobius-Winkler S, Gielen S, Linke A, Conradi K, Erbs S, Kluge R, Kendziorra K, Sabri O, Sick R, Schuler G: Percutaneous coronary angioplasty compared with exercise training in patients with stable coronary artery disease: a randomized trial. Circulation 109: 1371-1378, 2004.

4. 燃脂运动

1 Kraemer WJ, Ratamess NA: Hormonal responses and adaptations to resistance exercise and training. Sports Med 35: 339-361, 2005.

2 Goto K, Ishii N, Sugihara S, Yoshioka T, Takamatsu K: Effects of resistance exercise on lipolysis during subsequent submaximal exercise. Med Sci Sports Exerc 39: 308-315, 2007.

3 Schek A: L Carnitin: Sinn und Unsinn der Substitution einer Köpereigenen Substanz. Ernährungs-Umschau 41: 9-15, 1994.

4 Heinonen OJ: Carnitine and Physical exercise. Sports Med 22: 109-132, 1996.

5 Schek A: L-Carnitin: Sinn und Unsinn der Substitution einer körpereigenen Substanz-Teil 2. Ernährungs-Umschau 41: 60-67, 1994.

6 Brass EP, Hiatt WR: The role of carnitine and carnitine supplementation during exercise in man and in individuals with special needs. J Am Coll Nutr 17: 207-215, 1998.

7 Brass EP: Supplemental carnitine and exercise. Am J Clin Nutr 72: 618S-623S, 2000.

8 Brass EP: Carnitine and sports medicine: use or abuse? Ann N Y Acad Sci 1033: 67-78, 2004.

9 Muller DM, Seim H, Kiess W, Loster H, Richter T: Effects of oral L-carnitine supplementation on in vivo long-chain fatty acid oxidation in healthy adults. Metabolism 51: 1389-1391, 2002.

10 Gorostiaga EM, Maurer CA, Eclache JP: Decrease in respiratory quotient during exercise following L-carnitine supplementation. Int J Sports Med 10: 169-174, 1989.

11 Arenas J, Ricoy JR, Encinas AR, Pola P, D'Iddio S, Zeviani M, Didonato S, Corsi M: Carnitine in muscle, serum, and urine of nonprofessional athletes: effects of physical exercise, training, and L-carnitine administration. Muscle Nerve 14: 598-604, 1991.

12 Huertas R, Campos Y, Diaz E, Esteban J, Vechietti L, Montanari G, D'Iddio S, Corsi M, Arenas J: Respiratory chain enzymes in muscle of endurance athletes: effect of L-carnitine. Biochem Biophys Res Commun 188: 102-107, 1992.

13 Natali A, Santoro D, Brandi LS, Faraggiana D, Ciociaro D, Pecori N, Buzzigoli G, Ferrannini E: Effects of acute hypercarnitinemia during increased fatty substrate oxidation in man. Metabolism 42: 594-600, 1993.

14 Soop M, Bjorkman O, Cederblad G, Hagenfeldt L, Wahren J: Influence of carnitine supplementation on muscle substrate and carnitine metabolism during exercise. J Appl Physiol 64: 2394-2399, 1988.

15 Broad EM, Maughan RJ, Galloway SD: Effects of four weeks L-carnitine L-tartrate ingestion on substrate utilization during prolonged exercise. Int J Sport Nutr Exerc Metab 15: 665-679, 2005.

16 Villani RG, Gannon J, Self M, Rich PA: L-Carnitine supplementation combined with aerobic training does not promote weight loss in moderately obese women. Int J Sport Nutr Exerc Metab 10: 199-207, 2000.

17 Yu-Poth S, Zhao G, Etherton T, Naglak M, Jonnalagadda S, Kris-Etherton PM: Effects of the National Cholesterol Education Program's Step I and Step II dietary intervention programs on cardiovascular disease risk factors: a meta-analysis. Am J Clin Nutr 69: 632-646, 1999.

18 Sigal RJ, Kenny GP, Wasserman DH, Castaneda-Sceppa C, White RD: Physical activity/exercise and type 2 diabetes: a consensus statement from the American Diabetes Association. Diabetes Care 29: 1433-1438, 2006.

19 Stiegler P, Cunliffe A: The role of diet and exercise for the maintenance of fat-free mass and resting metabolic rate during weight loss. Sports Med 36: 239-262, 2006.

20 H. Hauner (federführend) GB, A. Hamann, B. Huseman, B. Koletzko, H. Liebermeister, M. Wabitsch, J. Westenhöfer, A. Wirth, G. Wolfram: Prävention und Therapie der Adipositas. Evidenzbasierte Leitlinie Deutsche Adipositas-

Gesellschaft, Deutsche Diabetes-Gesellschaft, Deutsche Gesellschaft für Ernährung, Deutsche Gesellschaft für Ernährungsmedizin: www. Deutsche-Adipositas-Gesellschaft. de, 2007.

21 Ellrott T: L-Carnitin als Supplement während einer 12-wöchigen Formula-Diät führt nicht zu einer Verbesserung der Köperzusammensetzung bei stark Adipäsen (Abstract). Aktuel. Ernaehr. Med. 27: 329, 2002.

22 Ellrott T, Pudel V., Fischer, R.: L-Carnitin als Supplement während einer 12-wöchigen Formula-Diät führt nicht zu einer Verbesserung der Körperzusammensetzung bei stark Adipösen. DGE info: 8, 2003.

23 Saper RB, Eisenberg DM, Phillips RS: Common dietary supplements for weight loss. Am Fam Physician 70: 1731-1738, 2004.

24 Kurth L, Fraker P, Bieber L: Utilization of intracellular acylcarnitine pools by mononuclear phagocytes. Biochim Biophys Acta 1201: 321-327, 1994.

25 Giamberardino MA, Dragani L, Valente R, Di Lisa F, Saggini R, Vecchiet L: Effects of prolonged L-carnitine administration on delayed muscle pain and CK release after eccentric effort. Int J Sports Med 17: 320-324, 1996.

26 Nuesch R, Rossetto M, Martina B: Plasma and urine carnitine concentrations in well-trained athletes at rest and after exercise. Influence of L-carnitine intake. Drugs Exp Clin Res 25: 167-171, 1999.

27 Volek JS, Kraemer WJ, Rubin MR, Gomez AL, Ratamess NA, Gaynor P: L-Carnitine L-tartrate supplementation favorably affects markers of recovery from exercise stress. Am J Physiol Endocrinol Metab 282: E474-482, 2002.

28 Kraemer WJ, Volek JS, French DN, Rubin MR, Sharman MJ, Gomez AL, Ratamess NA, Newton RU, Jerniolo B, Craig BW, Hakkinen K: The effects of L-carnitine L-tartrate supplementation on hormonal responses to resistance exercise and recovery. J Strength Cond Res 17: 455-462, 2003.

29 Karlic H, Lohninger A: Supplementation of L-carnitine in athletes: does it make sense? Nutrition 20: 709-715, 2004.

30 Manoli I, De Martino MU, Kino T, Alesci S: Modulatory effects of L-carnitine on glucocorticoid receptor activity. Ann N Y Acad Sci 1033: 147-157, 2004.

31 Stuessi C, Hofer P, Meier C, Boutellier U: L-Carnitine and the recovery from exhaustive endurance exercise: a randomised, double-blind, placebo-controlled trial. Eur J Appl Physiol 95: 431-435, 2005.

32 Spiering BA, Kraemer WJ, Vingren JL, Hatfield DL, Fragala MS, Ho JY, Maresh CM, Anderson JM, Volek JS: Responses of criterion variables to different supplemental doses of L-carnitine L-tartrate. J Strength Cond Res 21: 259-264, 2007.

33 Rubin MR, Volek JS, Gomez AL, Ratamess NA, French DN, Sharman MJ, Kraemer WJ: Safety measures of L-carnitine L-tartrate supplementation in healthy men. J Strength Cond Res 15: 486-490, 2001.

34 Rognum TO, Rodahl K, Opstad PK: Regional differences in the lipolytic response of the subcutaneous fatdepots to prolonged exercise and severe energy deficiency. Eur J Appl Physiol Occup Physiol 49: 401-408, 1982.

35 Despres JP, Bouchard C, Tremblay A, Savard R, Marcotte M: Effects of aerobic training on fat distribution in male subjects. Med Sci Sports Exerc 17: 113-118, 1985.

36 Bamman MM, Hunter GR, Newton LE, Roney RK, Khaled MA: Changes in body composition, diet, and strength of bodybuilders during the 12 weeks prior to competition. J Sports Med Phys Fitness 33: 383-391, 1993.

37 Abe T, Kawakami Y, Sugita M, Fukunaga T: Relationship between training frequency and subcutaneous and visceral fat in women. Med Sci Sports Exerc 29: 1549-1553, 1997.

38 Janssen I, Ross R: Effects of sex on the change in visceral, subcutaneous adipose tissue and skeletal muscle in response to weight loss. Int J Obes Relat Metab Disord 23: 1035-1046, 1999.

39 You T, Murphy KM, Lyles MF, Demons JL, Lenchik L, Nicklas BJ: Addition of aerobic exercise to dietary weight loss preferentially reduces abdominal adipocyte size. Int J Obes (Lond) 30: 1211-1216, 2006.

40 Kopera D, Horejsi R, Werner S, Moeller S: Injection lipolysis for reduction of saddlebag trochanteric bulges–half-side controlled pilot study. JDDG 6: 287-290, 2007.

41 Kostek MA, Pescatello LS, Seip RL, Angelopoulos TJ, Clarkson PM, Gordon PM, Moyna NM, Visich PS, Zoeller RF, Thompson PD, Hoffman EP, Price TB: Subcutaneous fat alterations resulting from an upperbody resistance training program. Med Sci Sports Exerc 39: 1177-1185, 2007.

42 Andres R, Cader G, Zierler KL: The quantitatively minor role of carbohydrate in oxidative metabolism by skeletal muscle in intact man in the basal state; measurements of oxygen and glucose uptake and carbon dioxide and lactate production in the forearm. J Clin Invest 35: 671-682, 1956.

43 Horowitz JF, Klein S: Lipid metabolism during endurance exercise. Am J Clin Nutr 72: 558S-563S, 2000.

44 Lagerstrom D: Dauerbrenner Fettstoffwechsel. Phoenix-Ärztemagazin: 6-8, 2004.

45 Marquardt M, von Loeffelholz, C., Gustafsson, B.: Die Lautbibel. Sportmedis-Verlag 2005.

46 Coggan AR, Raguso CA, Gastaldelli A, Sidossis LS, Yeckel CW: Fat metabolism during high-intensity exercise in endurance-trained and untrained men. Metabolism 49: 122-128, 2000.

47 Jeukendrup AE, Jentjens RL, Moseley L: Nutritional considerations in triathlon. Sports Med 35: 163-181, 2005.

48 Romijn JA, Coyle EF, Sidossis LS, Gastaldelli A, Horowitz JF, Endert E, Wolfe RR: Regulation of endogenous fat and carbohydrate metabolism in relation to exercise intensity and duration. Am J Physiol 265: E380-391, 1993.

49 van Loon LJ, Greenhaff PL, Constantin-Teodosiu D, Saris WH, Wagenmakers AJ: The effects of increasing exercise intensity on muscle fuel utilization in humans. J Physiol 536: 295-304, 2001.

50 Tremblay MS, Copeland JL, Van Helder W: Effect of training status and exercise mode on endogenous steroid hormones in men. J Appl Physiol 96: 531-539, 2004.

51 Budgett R: Fatigue and underperformance in athletes: the overtraining syndrome. Br J Sports Med 32: 107-110, 1998.

52 Lehmann M, Baur, S., Buck, C., Gastmann, U., Lehmann, C., Liu, Y., Lormes, W., Opitz-Gress, A., Reissnecker, S., Simsch, C., Steinacker, J.M.: Übertraining und Leistungsminderung. Leistungssport: 23-29, 1999.

53 Urhausen A, Kindermann, W.: Übertraining Deutsche Zeitschrift für Sportmedizin 53: 121-122, 2002.

54 Angeli A, Minetto M, Dovio A, Paccotti P: The overtraining syndrome in athletes: a stress-related disorder. J Endocrinol Invest 27: 603-612, 2004.

55 van Loon LJ, Koopman R, Stegen JH, Wagenmakers AJ, Keizer HA, Saris WH: Intramyocellular lipids form an important substrate source during moderate intensity exercise in endurance-trained males in a fasted state. J Physiol 553: 611-625, 2003.

56 van Loon LJ, Goodpaster BH: Increased intramuscular lipid storage in the insulin-resistant and endurance-trained state. Pflugers Arch 451: 606-616, 2006.

57 Achten J, Jeukendrup AE: Optimizing fat oxidation through exercise and diet. Nutrition 20: 716-727, 2004.

58 Helge JW, Stallknecht B, Richter EA, Galbo H, Kiens B: Muscle metabolism during graded quadriceps exercise in man. J Physiol 581: 1247-1258, 2007.

59 Kang J, Hoffman JR, Ratamess NA, Faigenbaum AD, Falvo M, Wendell M: Effect of exercise intensity on fat utilization in males and females. Res Sports Med 15: 175-188, 2007.

60 Chatzinikolaou A, Fatouros I, Petridou A, Jamurtas A, Avloniti A, Douroudos I, Mastorakos G, Lazaropoulou C, Papassotiriou I, Tournis S, Mitrakou A, Mougios V.: Adipose tissue lipolysis is upregulated in lean and obese men during acute resistance exercise. Diabetes Care 31: 1397-1399, 2008.

61 Hunter GR, Weinsier RL, Bamman MM, Larson DE: A role for high intensity exercise on energy balance and weight control. Int J Obes Relat Metab Disord 22: 489-493, 1998.

62 Jeukendrup AE: Fettverbrennung und Köperliche Aktivität, 2005.

63 van Loon LJ: Use of intramuscular triacylglycerol as a substrate source during exercise in humans. J Appl Physiol 97: 1170-1187, 2004.

64 Donnelly JE, Hill JO, Jacobsen DJ, Potteiger J, Sullivan DK, Johnson SL, Heelan K, Hise M, Fennessey PV, Sonko B, Sharp T, Jakicic JM, Blair SN, Tran ZV, Mayo M, Gibson C, Washburn RA: Effects of a 16-month randomized controlled exercise trial on body weight and composition in young, overweight men and women: the Midwest Exercise Trial. Arch Intern Med 163: 1343-1350, 2003.

65 val Aggel-Leijssen DP, Saris WH, Wagenmakers AJ, Senden JM, van Baak MA: Effect of exercise training at different intensities on fat metabolism of obese men. J Appl Physiol 92: 1300-1309, 2002.

66 Tremblay A, Despres JP, Leblanc C, Craig CL, Ferris B, Stephens T, Bouchard C: Effect of intensity of physical activity on body fatness and fat distribution. Am J Clin Nutr 51: 153-157, 1990.

67 Slentz CA, Duscha BD, Johnson JL, Ketchum K, Aiken LB, Samsa GP, Houmard JA, Bales CW, Kraus WE: Effects of the amount of exercise on body weight, body composition, and measures of central obesity: STRRIDE - a randomized controlled study. Arch Intern Med 164: 31-39, 2004.

68 Broeder CE, Burrhus KA, Svanevik LS, Wilmore JH: The effects of either high-intensity resistance or endurance training on resting metabolic rate. Am J Clin Nutr 55: 802-810, 1992.

69 Westerterp KR, Meijer GA, Schoffelen P, Janssen EM: Body mass, body composition and sleeping metabolic rate before, during and after endurance training. Eur J Appl Physiol Occup Physiol 69: 203-208, 1994.

70 Yoshioka M, Doucet E, St-Pierre S, Almeras N, Richard D, Labrie A, Despres JP, Bouchard C, Tremblay A: Impact of high-intensity exercise on energy expenditure, lipid oxidation and body fatness.
Int J obes Relat Metab Disord 25: 332-339, 2001.

71 Irwin ML, Yasui Y, Ulrich CM, Bowen D, Rudolph RE, Schwartz RS, Yukawa M, Aiello E. Potter JD, McTiernan A: Effect of exercise on total and intra-abdominal body fat in postmenopausal women: a randomized controlled trial. Jama 289: 323-330, 2003.

72 Slentz CA, Aiken LB, Houmard JA, Bales CW, Johnson JL, Tanner CJ, Duscha BD, Kraus WE: Inactivity, exercise, and visceral fat. STRRIDE: a randomized, controlled study of exercise intensity and amount. J Appl Physiol 99: 1613-1618, 2005.

73 Tremblay A, Simoneau JA, Bouchard C: Impact of exercise intensity on bodyfatness and skeletal muscle metabolism. Metabolism 43: 814-818, 1994.

74 Mader U, Roth P, Furrer R, Brechet JP, Boutellier U: Influence of continuous and discontinuous training protocols on subcutaneous adipose tissue and plasma substrates. Int J Sports Med 22: 344-349, 2001.

75 Mougios V, Kazaki M, Christoulas K, Ziogas G, Petridou A: Does the intensity of an exercise programme modulate body composition changes? Int J Sports Med 27: 178-181, 2006.

76 Morio B, Montaurier C, Ritz P, Fellmann N, Coudert J, Beauffere B, Vermorel M: Time-course effects of endurance training on fat oxidation in sedentary elderly people. Int J Obes Relat Metab Disord 23: 706-714, 1999.

77 Schmitz KH, Hannan PJ, Stovitz SD, Bryan CJ, Warren M, Jensen MD: Strength training and adiposity in premenopausal women: Strong, Healthy, and Empowered study. Am J Clin Nutr 86: 566-572, 2007.

78 Van Etten LM, Verstappen FT, Westerterp KR: Effect of body build on weight-training-induced adaptations in body composition and muscular strength. Med Sci Sports Exert 26: 515-521, 1994.

79 Hunter GR, Bryan DR, Wetzstein CJ, Zuckerman PA, Bamman MM: Resistance training and intra-abdo-minal adipose tissue in older men and women. Med Sci Sports Exert 34: 1023-1028, 2002.

80 Dolezal BA, Potteiger JA: Concurrent resistance and endurance training influence basal metabolic rate in nondieting individuals. J Appl Physiol 85: 695-700, 1998.

81 Shaw K, Gennat H, O'Rourke P, Del Mar C: Exercise for overweight or obesity. Cochrane Database Syst Rev: CD003817, 2006.

82 Jakicic JM, Marcus BH, Gallagher KI, NapolitanoM, Lang W: Effect of exercise duration and intensity on weight loss in overweight, sedentary women: a randomized trial. Jama 290: 1323-1330, 2003.

83 Chambliss HO: Exercise duration and intensity in a weight-loss program. Clin J Sport Med 15: 113-115, 2005.

84 Helge JW, Watt PW, Richter EA, Rennie MJ, Kiens B: Fat utilization during exercise: adaptation to a fat-rich diet increases utilization of plasma fatty acids and very low density lipoprotein-triacylglycerol in humans. J Physiol 537: 1009-1020, 2001.

85 Zderic Tw, Schenk S, Davidson CJ, Byerley LO, Coyle EF: Manipulation of dietary carbohydrate and muscle glycogen affects glucose uptake during exercise when fat oxidation is impaired by beta-adrenergic blockade. Am J Physiol Endocrinol Metab 287: E1195-1201, 2004.

86 Zderic TW, Davidson CJ, Schenk S, Byerley LO, Coyle EF: High-fat diet elevates resting intramuscular triglyceride concentration and whole body lipolysis during exercise. Am J Physiol Endocrinol Metab 286: E217-225, 2004.

87 Burke LM, Angus DJ, Cox GR, Cummings NK, Febbraio MA, Gawthorn K, Hawley JA, Minehan M, Martin DT, Hargreaves M: Effect of fat adaptation and carbohydrate restoration on metabolism and performance during prolonged cycling. J Appl Physiol 89: 2413-2421, 2000.

88 Geliebter A, Maher MM, Gerace L, Gutin B, Heymsfield SB, Hashim SA: Effects of strength or aerobic training on body composition, resting metabolic rate, and peak oxygen consumption in obese dieting subjects. Am J Clin Nutr 66: 557-563, 1997.

89 Golay A, Allaz AF, Morel Y, de Tonnac N, Tankova S, Reaven G: Similar weight loss with low-or high-carbohydrate diets. Am J Clin Nutr 63: 174-178, 1996.

90 Whatley JE, Gillespie WJ, Honig J, Walsh MJ, Blackburn AL, Blackburn GL: Does the amount of endurance exercise in combination with weight training and a very-low-energy diet affect resting metaboli crate and body composition? Am J Clin Nutr 59: 1088-1092, 1994.

91 Ellrott T: Formula-Diäten in der Adipositastherapie. Ernährung&Medizin 22: 69-74, 2007.

92 Gilden Tsai A, Wadden TA: The evolution of very-low-calorie diets: an update and meta-analysis Obesity (Silver Spring)14: 1283-1293, 2006.

93 Bryner RW, Ullrich IH, Sauers J, Donley D, Hornsby G, Kolar M, Yeater R: Effects of resistance vs. aerobic training combined with all 800 calorie liquid diet on lean body mass and resting metabolic rate. J Am Coll Nutr 18: 115-121, 1999.

94 Ballor DL, Keesey RE: A meta-analysis of the factors affecting exercise-induced changes in body mass, fat mass and fat-free mass in males and famales. Int J Obes 15: 717-726, 1991.

95 Pronk NP, Donnelly JE, Pronk SJ: Strength changes induced by extreme dieting and exercise in severely obese females. J Am Coll Nutr 11: 152-158, 1992.

96 Kraemer WJ vnlek JS, Clark KL, Gordon SE, Incledon T, Puhl SM, Triplett-McBride NT, McBride JM, Putukian M, Sebastianelli WJ: Physiological adaptations to a weight-loss dietary regimen and exercise programs in women. J Appl Physiol 83: 270-279, 1997.

97 Donnelly JE, Pronk NP Jacobsen DJ, Pronk SJ, Jakicic JM: Effects of a very low-calorie diet and physical-training regimens on body composition and resting metabolic rate in obese females. Am J Clin Nutr 54: 54-61, 1991.

98 Dansinger ML, Gleason JA, Griffith JL, Selker HP, Schaefer EJ: Comparison of the Atkins, Ornish, Weight Watchers, and Zone diets for weight loss and heart disease risk reduction: a randomized trial. Jama 293: 43-53, 2005.

99 van der Ploeg GE, Brooks AG, Withers RT, Dollman J, Leaney E, Chatterton BE: Body composition changes in female bodybuilders during preparation for competition. Eur J Clin Nutr 55: 268-277, 2001.

100 Anderson JW, Konz EC, Frederich RC, Wood CL: Long-term weight-loss maintenance: a meta-analysis of US studies. Am J Clin Nutr 74: 579-584, 2001.

101 Tate DF, Jeffery RW, Sherwood NE, Wing RR: Long-term weight losses associated with prescription of higher physical activity goals. Are higher levels of physical activity protective against weight regain? Am J Clin Nutr 85: 954-959, 2007.

102 Pavlou KN, Krey S, Steffe WP: Exercise as an adjunct to weight loss and maintenance in moderately obese subjects. Am J Clin Nutr 49: 1115-1123, 1989.

103 Ballor DL, Harvey-Berino JR, Ades PA, Cryan J, Calles-Escandon J: Contrasting effects of resistance and aerobic training on body composition and metabolism after diet-induced weight loss. Metabolism 45: 179-183, 1996.

104 Borg P, Kukkonen-Harjula K, Fogelholm M, Pasanen M: Effects of walking or resistance training on weight loss maintenance in obese, middle-aged men: a randomized trial. Int J Obes Relat Metab Disord 26: 676-683, 2002.

105 Donnelly JE, Kirk EP, Jacobsen DJ, Hill JO, Sullivan DK, Johnson SL: Effects of 16 mo of verified, supervised aerobic exercise on macronutrient intake in overweight men and women: the Midwest Exercise Trial. Am J Clin Nutr 78: 950-956, 2003.

106 Lejeune MP, Van Aggel-Leijssen DP, Van Baak MA, Westerterp-Plantenga MS: Effects of dietary restraint vs exercise during weight maintenance in obese men. Eur J Clin Nutr 57: 1338-1344, 2003.

107 Anonym: Eurodiet Core Report: Nutrition & diet for healthy lifestyles in Europe: science and policy implications. Publ Health Nutr 4: 265-273, 2000.

108 Speakman JR, Selman C: Physical activity and resting metabolic rate. Proc Nutr Soc 62: 621-634, 2003.

109 Von Loeffelholz C: Wechselwirkungen zwischen körperlicher Aktivität, Ernährung und Adipositas. Kongressband zur 12. Ernährungsfachtagung am 26. Oktober 2004 in Jena: 10-21.

110 SarisWH, Blair SN, van Baak MA, Eaton SB, Daries PS, Di Pietro L, Fogelholm M, Rissanen A, Schoeller D, Swinburn B, Tremblay A, Westerterp KR, Wyatt H: How much physical activity is enough to prevent unhealthy weight gain? Outcome of the IASO 1st Stock Conference and consensus statement. Obes Rev 4: 101-114, 2003.

111 Grund A, Krause H, Kraus M, Siewers M, Rieckert H, Muller MJ: Association between different attributes of physical activity and fat mass in untrained, endurance-and resistance-trained men. Eur J Appl Physiol 84: 310-320, 2001.

112 Roden M, Bernroider E: Hepatic glucose metabolism in humans -- its role in health and disease. Best Pract Res Clin Endocrinol Metab 17: 365-383, 2003.

113 Whitley HA, Humphreys SM, Campbell IT, Keegan MA, Jayanetti TD, Sperry DA, MacLaren DP, Reilly T, Frayn KN: Metabolic and performance responses during endurance exercise after high-fat and high-carbohydrate meals. J Appl Physiol 85: 418-424, 1998.

114 Koopman R, Manders RJ, Jonkers RA, Hul GB, Kuipers H, van Loon LJ: Intramyocellular lipid and glycogen content are reduced following resistance exercise in untrained healthy males. Eur J Appl Physiol 96: 525-534, 2006.

115 Horowitz JF, Mora-Rodriguez R, Byerley LO, Coyle EF: Lipolytic suppression following carbohydrate ingestion limits fat oxidation during exercise. Am J Physiol 273: E768-775, 1997.

116 Wu CL, Nicholas C, Williams C, Took A, Hardy L: The influence of high carbohydrate meals with different

glycaemic indices on substrate utilization during subsequent exercise. Br J Nutr 90: 1049-1056, 2003.

117 Rowlands DS, Hopkins WG: Effects of high-fat and high-carbohydrate diets on metabolism and performance in cycling. Metabolism 51: 678-690, 2002.

118 De Bock K, Richter EA, Russell AP, Eijnde BO, Derave W, Ramaekers M, Koninckx E, Leger B, Verhaeghe J, Hespel P: Exercise in the fasted state facilitates fibre type-specific intramyocellular lipid breakdown and stimulates glycogen resynthesis in humans. J Physiol 564: 649-660, 2005.

119 Malek MH, Housh TJ, Coburn JW, Beck TW, Schmidt RJ, Housh DJ, Johnson GO: Effects of eight weeks of caffeine supplementation and endurance training on aerobic fitness and body composition.
J Strength Cond Res 20: 751-755, 2006.

120 Cox GR, Desbrow B, Montgomery PG, Anderson ME, Bruce CR, Macrides TA, Martin DT, Moquin A, Roberts A, Hawley JA, Burke LM: Effect of different protocols of caffeine intake on metabolism and endurance performance. J Appl Physiol 93: 990-999, 2002.

121 Venables MC, Hulston CJ, Cox HR, Jeukendrup AE: Green tea extract ingestion, fat oxidation, and glucose tolerance in healthy humans. Am J Clin Nutr 87: 778-784, 2008.

122 Rauch LH, Bosch AN, Noakes TD, Dennis SC, Hawley JA: Fuel utilisation during prolonged low-to-moderate intensity exercise when ingesting water or carbohydrate. Pflugers Arch 430: 971-977, 1995.

123 Horowitz JF, Mora-Rodriguez R, Byerley LO, Coyle EF: Substrate metabolism when subjects are fed carbohydrate during exercise. Am J Physiol 276: E828-835, 1999.

124 Burke LM, Hawley JA, Angus DJ, Cox GR, Clark SA, Cummings NK, Desbrow B, Hargreaves M: Adaptations to short-term high-fat diet persist during exercise despite high carbohydrate availability.
Med Sci Sports Exerc 34: 83-91, 2002.

125 Melby CL, Osterberg KL, Resch A, Davy B, Johnson S, Davy K: Effect of carbohydrate ingestion during exercise on post-exercise substrate oxidation and energy intake. Int J Sport Nutr Exerc Metab 12: 294-309, 2002.

126 Rowlands DS, Hopkins WG: Effect of high-fat, high-carbohydrate, and high-protein meals on metabolism and performance during endurance cycling. Int J Sport Nutr Exerc Metab 12: 318-335, 2002.

127 Stannard SR, Johnson NA: Insulin resistance and elevated triglyceride in muscle: more important for survival than "thrifty" genes? J Physiol 554: 595-607, 2004.

128 Schek A: Welchen Stellenwert haben Fette und Kohlenhydrate in der Ernährung des Sportlers? Ernährung/Nutrition 2: 56-68, 2004.

129 Haugaard SB, Vaag A, Hoy CE, Madsbad S: Desaturation of skeletal muscle structural and depot lipids in obese individuals during a very-low-calorie diet intervention. Obesity (Silver Spring) 15: 117-125, 2007.

130 Sato F, Tamura Y, Watada H, Kumashiro N, Igarashi Y, Uchino H, Maehara T, Kyogoku S, Sunayama S, Sato H, Hirose T, Tanaka Y, Kawamori R: Effects of diet-induced moderate weight reduction on intrahepatic and intramyocellular triglycerides and glucose metabolism in obese subjects.
J Clin Endocrinol Metab 92: 3326-3329, 2007.

131 Lara-Castro C, Newcomer BR, Rowell J, Wallace P, Shaughnessy SM, Munoz AJ, Shiflett AM, Rigsby DY, Lawrence JC, Bohning DE, Buchthal S, Garvey WT: Effects of short-term very low-calorie diet on intramyocellular lipid and insulin sensitivity in nondiabetic and type 2 diabetic subjects. Metabolism 57: 1-8, 2008.

132 Essen-Gustavsson B, Tesch PA: Glycogen and triglyceride utilization in relation to muscle metabolic characteristics in men performing heavy-resistance exercise. Eur J Appl Physiol Occup Physiol 61: 5-10, 1990.

133 Larson-Meyer DE, Newcomer BR, Hunter GR: Influence of endurance running and recovery diet on intramyocellular

lipid content in women: a 1H NMR study. Am J Physiol Endocrinol Metab 282: E95-E106, 2002.

134 Starling RD, Trappe TA, Parcell AC, Kerr CG, Fink WJ, Costill DL: Effects of diet on muscle triglyceride and endurance performance. J Appl Physiol 82: 1185-1189, 1997.

135 Zehnder M, Christ ER, Ith M, Acheson KJ, Pouteau E, Kreis R, Trepp R, Diem P, Boesch C, Decombaz J: Intramyocellular lipid stores increase markedly in athletes after 1.5 days lipid supplementation and are utilized during exercise in proportion to their content. Eur J Appl Physiol 98: 341-354, 2006.

136 Tesch PA, L., Yström, L.L. Ploutz-Snyder, M.J. Castro, G.A.Dudley: Skeletal muscle glycogen loss evoked by resistance exercise. J. Strength Cond Res 12: 67-73, 1998.

137 Votruba SB, Atkinson RL, Hirvonen MD, Schoeller DA: Prior exercise increases subsequent utilization of dietary fat. Med Sci Sports Exerc 34: 1757-1765, 2002.

138 Gill JM, Hardman AE: Exercise and postprandial lipid metabolism: an update on potential mechanisms and interactions with high-carbohydrate diets (review). J Nutr Biochem 14: 122-132, 2003.

139 Roelants M, Delecluse C, Goris M, Verschueren S: Effects of 24 weeks of whole body vibration training on body composition and muscle strength in untrained females. Int J Sports Med 25: 1-5, 2004.

5. 蛋白质——生命的基石

1 Gaßmann B: Aminosäuren und Proteine. Ernährungs-Umschau 53: 137-141, 2006.

2 Biesalski HK, Grimm, P.: Taschenatlas der Ernährung. Thieme-Verlag, 2004.

3 Schek A: Top-Leistung im Sport durch bedürfnisgerechte Ernährung. Philippka Sportverlag 2005.

4 Tarnopolsky M: Protein requirements for endurance athletes. Nutrition 20: 662-668, 2004.

5 Phillips SM: Protein requirements and supplementation in strength sports. Nutrition 20: 689- 695, 2004.

6 Phillips SM: Dietary protein for athletes: from requirements to metabolic advantage. Appl Physiol Nutr Metab 31: 647-654, 2006.

7 Kofrányi E: Stickstoff-Umsatz. In: Ernährungslehre und Diätetik–Biochemie und Physiologie der Ernährung 2: 257-262, 1980.

8 Pellett P, Young, VR: Nutritional evaluation of protein foods. The United Nations University Japan, 1980.

9 Wechsler JG: Diätetische Therapie der Adipositas. In: Wechsler, J.G. (Hrsg.): Adipositas–Ursachen und Therapie 2. aktualisierte Auflage: 245-265, 2003.

10 Müller C: Molke und ihre ernährungsphysiologische Bedeutung. Deutsche Zeitschrift für Sportmedizin 55: 303, 2004.

11 Marshall K: Therapeutic applications of whey protein. Altern Med Rev 9: 136-156, 2004.

12 Schek A: Molke–ein Sportgetränk Phoenix-Ärztemagazin 2: Kurzreferat, 2005.

13 Flechtner-Mors M: Molke: Protein + Calcium = Gewichtsabnahme. Phoenix-Ärztemagazin 3: 12-13, 2007.

14 Bryner RW, Ullrich IH, Sauers J, Donley D, Hornsby G, Kolar M, Yeater R: Effects of resistance vs. aerobic training combined with an 800 calorie liquid diet on lean body mass and resting metabolic rate. J Am Coll Nutr 18: 115-121, 1999.

15 Phillips SM, Tipton KD, Aarsland A, Wolf SE, Wolfe RR: Mixed muscle protein synthesis and breakdown after resistance exercise in humans. Am J Physiol 273: E99-107, 1997.

16 Wilson J, Wilson, G.: Contemporary issues in protein requirements and consumption for resistance trained athletes.

ISSN 3: 7-27, 2006.

17 Tipton KD, Ferrando AA, Phillips SM, Doyle D, Jr., Wolfe RR: Postexercise net protein synthesis in human muscle from orally administered amino acids. Am J Physiol 276: E628-634, 1999.

18 Rasmussen BB, Tipton KD, Miller SL, Wolf SE, Wolfe RR: An oral essential amino acid-carbohydrate supplement enhances muscle protein anabolism after resistance exercise. J Appl Physiol 88: 386-392, 2000.

19 Levenhagen DK, Gresham JD, Carlson MG, Maron DJ, Borel MJ, Flakoll PJ: Postexercise nutrient intake timing in humans is critical to recovery of leg glucose and protein homeostasis.
Am J Physiol Endocrinol Metab 280: E982-993, 2001.

20 Borsheim E, Tipton KD, Wolf SE, Wolfe RR: Essential amino acids and muscle protein recovery from resistance exercise. Am J Physiol Endocrinol Metab 283: E648-657, 2002.

21 Blomstrand E, Eliasson J, Karlsson HK, Kohnke R: Branched-chain amino-acids activate key enzymes in protein synthesis after physical exercise. J Nutr 136: 269S-273S, 2006.

22 Anonym: Substanzen zur Gewichtsreduktion. DGE info 55: 5-11, 2008.

23 Gleeson M: Interrelationship between physical activity and branched-chain amino acids. J Nutr 135: 1591S-1595S, 2005.

24 Schek A: Nahrungsergänzungen für Kraftsportler unter der Lupe. Ernährung im Fokus 1: 306-309, 2001.

25 Boirie Y, Dangin M, Gachon P, Vasson MP, Maubois JL, Beaufrere B: Slow and fast dietary proteins differently modulate postprandial protein accretion. Proc Natl Acad Sci USA 94: 14930-14935, 1997.

26 Cheftel JC, Cuq, J.L., Lorient, D.: Lebensmittelproteine. Behr's Verlag, Hamburg, 1992.

27 Franzke C: Lebensmittelchemie. Behr's Verlag 1998.

28 Fouillet H, Mariotti F, Gaudichon C, Bos C, Tome D: Peripheral and splanchnic metabolism of dietary nitrogen are differently affected by the protein source in humans as assessed by compartmental modeling. J Nutr 132: 125-133, 2002.

29 De Feo P, Volpi E, Lucidi P, Cruciani G, Reboldi G, Siepi D, Mannarino E, Santeusanio F, Brunetti P, Bolli GB: Physiological increments in plasma insulin concentrations have selective and different effects on synthesis of hepatic proteins in normal humans. Diabetes 42: 995-1002, 1993.

30 Nair KS, Halliday D, Griggs RC: Leucine incorporation into mixed skeletal muscle protein in hunlans. Am J Physiol 254: E208-213, 1988.

31 Tipton KD, Elliott TA, Cree MG, Wolf SE, Sanford AP, Wolfe RR: Ingestion of casein and whey proteins result in muscle anabolism after resistance exercise. Med Sci Sports Exerc 36: 2073-2081, 2004.

32 Dangin M, Boirie Y, Guillet C, Beaufrere B: Influence of the protein digestion rate on protein turnover in young and elderly subjects. J Nutr 132: 3228S-3233S, 2002.

33 Borsheim E, Aarsland A, Wolfe RR: Effect of an amino acid, protein, and carbohydrate mixture on net muscle protein balance after resistance exercise. Int J Sport Nutr Exerc Metab 14: 255-271, 2004.

34 Cribb PJ, Williams AD, Carey MF, Hayes A: The effect of whey isolate and resistance training on strength, body composition, and plasma glutamine. Int J Sport Nutr Exerc Metab 16: 494-509, 2006.

35 Kerksick CM, Rasmussen CJ, Lancaster SL, Magu B, Smith P, Melton C, Greenwood M, Almada AL, Earnest CP, Kreider RB: The effects of protein and amino acid supplementation on performance and training adaptations during ten weeks of resistance training. J Strength Cond Res 20: 643-653, 2006.

36 Tipton KD, Rasmussen BB, Miller SL, Wolf SE, Owens-Stovall SK, Petrini BE, Wolfe RR: Timing of amino acid-carbohydrate ingestion alters anabolic response of muscle to resistance exercise.

Am J Physiol Endocrinol Metab 281: E197-206, 2001.

37 Preen D, Dawson B, Goodman C, Beilby J, Ching S: Creatine supplementation: a comparison of loading and maintenance protocols on creatine uptake by human skeletal muscle. Int J Sport Nutr Exerc Metab 13: 97-111, 2003.

38 Suzuki M: Glycemic carbohydrates consumed with amino acids or protein right after exercise enhance muscle formation.Nutr Rev 61: S88-94, 2003.

39 Lambert CP, Frank LL, Evans WJ: Macronutrient considerations for the sport of bodybuilding. Sports Med 34: 317-327, 2004.

40 Volek JS, Ratamess NA, Rubin MR, Gomez AL, French DN, McGuigan MM, Scheett TP, Sharman MJ, Hakkinen K, Kraemer WJ: The effects of creatine supplementation on muscular performance and body composition responses to short-term resistance training overreaching. Eur J Appl Physiol 91: 628-637, 2004.

41 Jeukendrup AE, Jentjens RL, Moseley L: Nutritional considerations in triathlon. Sports Med 35: 163-181, 2005.

42 Cribb PJ, Hayes A: Effects of supplement timing and resistance exercise on skeletal muscle hypertrophy. Med Sci Sports Exerc 38: 1918-1925, 2006.

43 Campbell B, Kreider RB, Ziegenfuss T, La Bounty P, Roberts M, Burke D, Landis J, Lopez H, Antonio J: International Society of Sports Nutrition position stand: protein and exercise. J Int Soc Sports Nutr 4: 8, 2007.

44 Cribb PJ, Williams AD, Stathis CG, Carey MF, Hayes A: Effects of whey isolate, creatine, and resistance training on muscle hypertrophy. Med Sci Sports Exerc 39: 298-307, 2007.

45 Cribb PJ, Williams AD, Hayes A: A creatine-protein-carbohydrate supplement enhances responses to resistance training. Med Sci Sports Exerc 39: 1960-1968, 2007.

46 Paddon-Jones D, Sheffield-Moore M, Aarsland A, Wolfe RR, Ferrando AA: Exogenous amino acids stimulate human muscle anabolism without interfering with the response to mixed meal ingestion.
Am J Physiol Endocrinol Metab 288: E761-767, 2005.

47 Roy BD, Tarnopolsky MA, MacDougall JD, Fowles J, Yarasheski KE: Effect of glucose supplement timing on protein metabolism after resistance training. J Appl Physiol 82: 1882-1888, 1997.

48 Roy BD, Fowles JR, Hill R, Tarnopolsky MA: Macronutrient intake and whole body protein metabolism following resistance exercise. Med Sci Sports Exerc 32: 1412-1418, 2000.

49 Borsheim E, Cree MG, Tipton KD, Elliott TA, Aarsland A, Wolfe RR: Effect of carbohydrate intake on net muscle protein synthesis during recovery from resistance exercise. J Appl Physiol 96: 674-678, 2004.

50 Biolo G, Williams BD, Fleming RY, Wolfe RR: Insulin action on muscle protein kinetics and amino acid transport during recovery after resistance exercise. Diabetes 48: 949-957, 1999.

51 Koopman R, Wagenmakers AJ, Manders RJ, Zorenc AH, Senden JM, Gorselink M, Keizer HA, van Loon LJ: Combined ingestion of protein and free leucine with carbohydrate increases postexercise muscle protein sythesis in vivo in male subjects. Am J Physiol Endocrinol Metab 288: E645-653, 2005.

52 Ivy JL, Goforth HW, Jr., Damon BM, McCauley TR, Parsons EC, Price TB: Early postexercise muscle glycogen recovery is enhanced with a carbohydrate-protein supplement. J Appl Physiol 93: 1337-1344, 2002.

53 Ivy JL: Muscle glycogen synthesis before and after exercise. Sports Med 11: 6-19, 1991.

54 Schek A: Die Ernährung des Sportlers Ernährungs-Umschau 55: 362-371, 2008.

55 Position of Dietitians of Canada, the American Dietetic Association, and the American College of Sports Medicine: Nutrition and Athletic Performance. Can J Diet Pract Res 61: 176-192, 2000.

56 Esmarck B, Andersen JL, Olsen S, Richter EA, Mizuno M, Kjaer M: Timing of postexercise protein intake is important for muscle hypertrophy with resistance training in elderly humans. J Physiol 535: 301-311, 2001.

57 Rankin JW, Goldman LP, Puglisi MJ, Nickols-Richardson SM, Earthman CP, Gwazdauskas FC: Effect of post-exercise supplement consumption on adaptations to resistance training. J Am Coll Nutr 23: 322-330, 2004.

58 Willoughby DS, Stout JR, Wilborn CD: Effects of resistance training and protein plus amino acid supplementation on muscle anabolism, mass, and strength. Amino Acids 32: 467-477, 2007.

59 Anderson GH, Tecimer SN, Shah D, Zafar TA: Protein source, quantity, and time of consumption determine the effect of proteins on short-term food intake in young men. J Nutr 134: 3011-3015, 2004.

60 Luhovyy BL, Akhavan T, Anderson GH: Whey proteins in the regulation of food intake and satiety. J Am Coll Nutr 26: 704S-712S, 2007.

61 Demling RH, DeSanti L: Effect of a hypocaloric diet, increased protein intake and resistance training on lean mass gains and fat mass loss in overweight police officers. Ann Nutr Metab 44: 21-29, 2000.

62 Jahreis G: Milch und Milchprodukte: Knochenschutz und mehr. Phoenix: 18-24, 2004.

63 Paddon-Jones D, Sheffield-Moore M, Katsanos CS, Zhang XJ, Wolfe RR: Differential stimulation of muscle protein synthesis in elderly humans following isocaloric ingestion of amino acids or whey protein. Exp Gerontol 41: 215-219, 2006.

64 Phillips SM, Hartman JW, Wilkinson SB: Dietary protein to support anabolism with resistance exercise in young men. J Am Coll Nutr 24: 134S-139S, 2005.

65 Wilkinson SB, Tarnopolsky MA, Macdonald MJ, Macdonald JR, Armstrong D, Phillips SM: Consumption of fluid skim milk promotes greater muscle protein accretion after resistance exercise than does consumption of an isonitrogenous and isoenergetic soy-protein beverage. Am J Clin Nutr 85: 1031-1040, 2007.

66 Hartman JW, Tang JE, Wilkinson SB, Tarnopolsky MA, Lawrence RL, Fullerton AV, Phillips SM: Consumption of fat-free fluid milk after resistance exercise promotes greater lean mass accretion than does consumption of soy or carbohydrate in young, novice, male weightlifters. Am J Clin Nutr 86: 373-381, 2007.

67 Haub MD, Wells AM, Tarnopolsky, MA, Campbell WW: Effect of protein source on resistive-training- induced changes in body composition and muscle size in older men. Am J Clin Nutr 76: 511-517, 2002.

68 Position of the American Dietetic Association and Dietitians of Canada: Vegetarian diets. J Am Diet Assoc 103: 748-765, 2003.

69 Venderley AM, Campbell WW: Vegetarian diets: nutritional considerations for athletes. Sports Med 36: 293-305, 2006.

70 Oesser S, Adam M, Babel W, Seifert J: Oral administration of (14)C labeled gelatin hydrolysate leads to an accumulation of radioactivity in cartilage of mice (C57/BL). J Nutr 129: 1891-1895, 1999.

71 Oesser S, Seifert J: Stimulation of type II collagen biosynthesis and secretion in bovine chondrocytes cultured with degraded collagen. Cell Tissue Res 311: 393-399, 2003.

72 Anonym: Gelatine zur Nahrungsergänzung? DGE info 47: 150, 2000.

73 Moskowitz RW: Role of collagen hydrolysate in bone and joint disease. Semin Arthritis Rheum 30: 87-99, 2000.

74 Kaspar H: Volkskrankheit Arthrose. Ernährungs-Umschau 50: 278-279, 2003.

75 Flechsenhar K, Alf, D: Ergebnisse einer Anwendungsbeobachtung zur Kollagen-Hydrolysat CH-Alpha. Ortho-pädische Praxis 41: 486-494, 2005.

76 Anonym: Bis zu einer Milliarde Euro jährlich für Anwendungsbeobachtungen? arznei-telegramm 37: 94-95, 2006.

77 Schmitt H, Rohs, C, Schneider, S, Clarius, M.: Führt intensiver Langstreckenlauf zur Arthrose der Hüft- oder Kniegelenke? Der Orthopäde 35: 1087-1092, 2006.

78 Krampla W, Newrkla, SP, Kroener, AH, Hruby WF: Changes on magnetic resonance tomography in the knee joints of

marathon runners: a 10-year longitudinal study. Skeletal Radiology 37: 619-626, 2008.

79 Anonym: Glukosamin (DONA, Generika) erneut ohne Nutzen in herstellerunabhängiger Studie. arznei-telegramm 39: 61, 2008.

80 Anonym: Glukosamin–Gelenknahrung mit umstrittener Wirkung. Ernährungs-Umschau 55: 456, 2008.

81 Rennie MJ, Bohe J, Smith K, Wackerhage H, Greenhaff P: Branched-chain amino acids as fuels and anabolic signals in human muscle. J Nutr 136: 264S-268S, 2006.

82 Shimomura Y, Murakami, T, Nakai N, Nagasaki M, Harris RA: Exercise promotes BCAA catabolism: effects of BCAA supplementation on skeletal muscle during exercise. J Nutr 134: 1583S-1587S, 2004.

83 Fernstrom JD: Branched chain amino acids and brain function. J Nutr 135: 1539S-1546S, 2005.

84 Hargreaves MH, Snow R: Amino acids and endurance exercise. Int J Sport Nutr Exert Metab 11: 133-145, 2001.

85 Schek A: Ernährungsprogramme für hohe Ausdauerleistungen. Referate anlässlich der 12.Ernährungsfachtagung zum Thema: "Prävention durch Ernährung und körperliche Aktivität" am 26. Oktober in Jena: 75-83, 2004.

86 Coombes JS, McNaughton LR: Effects of branched-chain amino acid supplementation on serum creatine kinase and lactate dehydrogenase after prolonged exercise. J Sports Med Phys Fitness 40: 240-246, 2000.

87 Position of the American Dietetic Association, Dietitians of Canada, and the American College of Sports Medicine: Nutrition and athletic performance. J Am Diet Assoc 100: 1543-1556, 2000.

88 Nissen S, Sharp R, Ray M, Rathmacher JA, Rice D, Fuller JC, Jr., Connelly AS, Abumrad N: Effect of leucine metabolite beta-hydroxy-beta-methylbutyrate on muscle metabolism during resistance-exercise training. J Appl Physiol 81: 2095-2104, 1996.

89 Knitter AE, Panton L, Rathmacher JA, Petersen A, Sharp R: Effects of beta-hydroxy-beta-methylbutyrate on muscle damage after a prolonged run. J Appl Physiol 89: 1340-1344, 2000.

90 Paddon-Jones D, Keech A, Jenkins D: Short-term beta-hydroxy-beta-methylbutyrate supplementation does not reduce symptoms of eccentric muscle damage. Int J Sport Nutr Exert Metab 11: 442-450, 2001.

91 Panton LB, Rathmacher JA, Baier S, Nissen S: Nutritional supplementation of the leucine metabolite beta-hydroxy-beta-methylbutyrate (hmb) during resistance training. Nutrition 16: 734-739, 2000.

92 Jowko E, Ostaszewski P, Jank M, Sacharuk J, Zieniewicz A, Wilczak J, Nissen S: Creatine and beta-hydroxy-beta-methylbutyrate (HMB) additively increase lean body mass and muscle strength during a weight-training program. Nutrition 17: 558-566, 2001.

93 Nissen SL, Sharp RL: Effect of dietary supplements on lean mass and strength gains with resistance exercise: a meta-analysis. J Appl Physiol 94: 651-659, 2003.

94 Kreider RB, Ferreira M, Wilson M, Almada AL: Effects of calcium beta-hydroxy-beta-methylbutyrate (HMB) supplementation during resistance-training on markers of catabolism, body composition and strength. Int J Sports Med 20: 503-509, 1999.

95 Gallagher PM, Carrithers JA, Godard MP, Schulze KE, Trappe SW: Beta-hydroxy-beta-methylbutyrate ingestion, Part I : effects on strength and fat free mass. Med Sci Sports Exerc 32: 2109-2115, 2000.

96 Slater G, Jenkins D, Logan P, Lee H, Vukovich M, Rathmacher JA, Hahn AG: Beta-hydroxy-beta-methylbutyrate (HMB) supplementation does not affect changes in strength or body composition during resistance training in trained men. Int J Sport Nutr Exerc Metab 11: 384-396, 2001.

97 Ransone J, Neighbors K, Lefavi R, Chromiak J: The effect of beta-hydroxy beta-methylbutyrate on muscular strength and body composition in collegiate football players. J Strength Cond Res 17: 34-39, 2003.

98 O'Connor DM, Crowe MJ: Effects of six weeks of beta-hydroxy-beta-methylbutyrate (HMB) and HMB/creatine

supplementation on strength, power, and anthropometry of highly trained athletes. J Strength Cond Res 21: 419-423, 2007.

99 Palisin T, Stacy JJ: Beta-hydroxy-beta-Methylbutyrate and its use in athletics. Curr Sports Med Rep 4: 220-223, 2005.

100 Nissen S, Sharp RL, Panton L, Vukovich M, Trappe S, Fuller JC, Jr.: beta-hydroxy-beta-methylbutyrate (HMB) supplementation in humans is safe and may decrease cardiovascular risk factors. J Nutr 130: 1937-1945, 2000.

101 Stehle P, Herzog, B., Kuhn, K.S., Fürst, P.: Glutamin–ein unentbehrlicher Nährstoff bei metabolischem Stress. Ernährungs-Umschau 43: 318-328, 1996.

102 Newsholme P, Lima MM, Procopio J, Pithon-Curi TC, Doi SQ, Bazotte RB, Curi R: Glutamine and glutamate as vital metabolites. Braz J Med Biol Res 36: 153-163, 2003.

103 Roth E: Nonnutritive effects of glutamine. J Nutr 138: 2025S-2031S, 2008.

104 Candow DG, Chilibeck PD, Burke DG, Davison KS, Smith-Palmer T: Effect of glutamine supplementation combined with resistance training in young adults. Eur J Appl Physiol 86: 142-149, 2001.

105 Antonio J, Sanders MS, Kalman D, Woodgate D, Street C: The effects of high-dose glutamine ingestion on weightlifting performance. J Strength Cond Res 16: 157-160, 2002.

106 Falk DJ, Heelan KA, Thyfault JP, Koch AJ: Effects of effervescent creatine, ribose, and glutamine supplementation on muscular strength, muscular endurance, and body composition. J Strength Cond Res 17: 810-86, 2003.

107 Ohtani M, Sugita M, Maruyama K: Amino acid mixture improves training efficiency in athletes. J Nutr 136: 538S-543S, 2006.

108 Phillips GC: Glutamine: the nonessential amino acid for performance enhancement. Curr Sports Med Rep 6: 265-268, 2007.

109 Stein J, Böhles, H-J, Blumenstein, I, Goeters, C, Schulz, RJ: Aminosäuren In: Leitlinie Parenterale Ernährung der DGEM. Aktuel Ernaehr Med 32: 13-17, 2007.

110 Bowtell JL, Gelly K, Jackman ML, Patel A, Simeoni M, Rennie MJ: Effect of oral glutamine on whole body carbohydrate storage during recovery from exhaustive exercise. J Appl Physiol 86: 1770-1777, 1999.

111 Zawadzki KM, Yaspelkis BB, 3rd, Ivy JL: Carbohydrate-protein complex increases the rate of muscle glycogen storage after exercise. J Appl Physiol 72: 1854-1859, 1992.

112 van Loon LJ, Saris WH, Kruijshoop M, Wagenmakers AJ: Maximizing postexercise muscle glycogen synthesis: carbohydrate supplementation and the application of amino acid or protein hydrolysate mixtures. Am J Clin Nutr 72: 106-111, 2000.

113 Roy BD, Tarnopolsky MA: Influence of differing macronutrient intakes on muscle glycogen resynthesis after resistance exercise. J Appl Physiol 84: 890-896, 1998.

114 Welbourne TC: Increased plasma bicarbonate and growth hormone after an oral glutamine load. Am J Clin Nutr 61: 1058-1061, 1995.

115 Anonym: Stellungnahme des DGE-Arbeitskreises "Sport und Ernährung": Taurin in der Sporternährung. DGE info: 116-118, 2001.

116 Matsuzaki Y, Miyazaki T, Miyakawa S, Bouscarel B, Ikegami T, Tanaka N: Decreased taurine concentration in skeletal muscles after exercise for various durations. Med Sci Sports Exerc 34: 793-797, 2002.

117 Zhang M, Izumi I, Kagamimori S, Sokejima S, Yamagami T, Liu Z, Qi B: Role of taurine supplementation to prevent exercise-induced oxidative stress in healthy young men. Amino Acids 26: 203-207, 2004.

118 Tallon MJ, Harris RC, Boobis LH, Fallowfield JL, Wise JA: The carnosine content of vastus lateralis is elevated in

resistance-trained bodybuilders. J Strength Cond Res 19: 725-729, 2005.

119 Arndt K, Albers, T.: Handbuch Protein und Aminosäuren. Novagenics-Verlag, 2001.

120 Anonym: D-A-CH (Hrsg.): Referenzwerte für die Nährstoffzufuhr. Umschau-/Braus-Verlag(2000).

121 Gaßmann B: Aminosäuren und Proteine: Teil 2 Proteine. Ernährungs-Umschau 53: 176-181, 2006.

122 Gaßmann B: Dietary Reference Intakes (DRI), Report 6. Ernährungs-Umschau 50: 128-133, 2003.

123 Anonym: D.G.E. e. V. (Hrsg.) Ernährungsbericht 2004. DGE 2004.

124 Lemon PW: Beyond the zone: protein needs of active individuals. J Am Coll Nutr 19: 513S-521S, 2000.

125 Wolfe RR: Protein supplements and exercise. Am J Clin Nutr 72: 551S-557S, 2000.

126 Kleiner SM, Calabrese LH, Fiedler KM, Naito HK, Skibinski CI: Dietary influences on cardiovascular disease risk in anabolic steroid-using and nonusing bodybuilders. J Am Coll Nutr 8: 109-119, 1989.

127 Kleiner SM, Bazzarre TL, Litchford MD: Metabolic profiles, diet, and health practices of championship male and female bodybuilders. J Am Diet Assoc 90: 962-967, 1990.

128 Bazzarre TL, KIeiner SM, Ainsworth BE: Vitamin C intake and lipid profiles of competitive male and female bodybuilders. Int J Sport Nutr 2: 260-271, 1992.

129 Bamman MM, Hunter GR, Newton LE, Roney RK, Khaled MA: Changes in body composition, diet, and strength of bodybuilders during the 12 weeks prior to competition. J Sports Med Phys Fitness 33: 383-391, 1993.

130 Walberg-Rankin J, Edmonds CE, Gwazdauskas FC: Diet and weight changes of female bodybuilders before and after competition. Int J Sport Nutr 3: 87-102, 1993.

131 Kleiner SM, Bazzarre TL, Ainsworth BE: Nutritional status of nationally ranked elite bodybuilders. Int J Sport Nutr 4: 54-69, 1994.

132 Keith RE, Stone MH, Carson RE, Lefavi RG, Fleck SJ: Nutritional status and lipid profiles of trained steroid-using bodybuilders. Int J Sport Nutr 6: 247-254, 1996.

133 Von Loeffelholz C: Leistungsernährung. Novagenics-Verlag 2002.

134 Williams MH: Ernährung, Fitness und Sport. Ullstein-Mosby 1997.

135 Fine EJ, Feinman RD: Thermodynamics of weight loss diets. Nutr Metab (Lond) 1: 15, 2004.

136 Gontzea I, Sutzescu, P, Dumitrache, S: The influence of adaptation to physical effort on nitrogen balance. Nutr Rep Int: 231-236, 1975.

137 Lemon PW, Tarnopolsky MA, MacDougall JD, Atkinson SA: Protein requirements and muscle mass/strength changes during intensive training in novice bodybuilders. J Appl Physiol 73: 767-775, 1992.

138 Appicelli P ZT, Lowery L, Carson K, Rodgers M, Hodsden G, Lemon P: Does type of dietary protein supplementation affect muscle strength/size gains in adult bodybuilders. Can J Appl Physiol: 1, 1995.

139 Tarnopolsky MA, Atkinson SA, MacDougall JD, Chesley A, Phillips S, Schwarcz HP: Evaluation of protein requirements for trained strength athletes. J Appl Physiol 73: 1986-1995, 1992.

140 Poortmans JR, Dellalieux O: Do regular high protein diets have potential health risks on kidney function in athletes? Int J Sport Nutr Exerc Metab 10: 28-38, 2000.

141 Hoffman JR, Ratamess NA, Kang J, Falvo MJ, Faigenbaum AD: Effect of protein intake on strength, body composition and endocrine changes in strength/power athletes. J Int Soc Sports Nutr 3: 12-18, 2006.

142 Volek JS, Kraemer WJ, Bush JA, Incledon T, Boetes M: Testosterone and cortisol in relationship to dietary nutrients and resistance exercise. J Appl Physiol 82: 49-54, 1997.

143 Sallinen J, Pakarinen A, Ahtiainen J, Kraemer WJ, Volek JS, Hakkinen K: Relationship between diet and serum anabolic hormone responses to heavy-resistance exercise in men. Int J Sports Med 25: 627-633, 2004.

144 Bohe J, Low JF, Wolfe RR, Rennie MJ: Latency and duration of stimulation of human muscle protein synthesis during continuous infusion of amino acids. J Physiol 532: 575-579, 2001.

145 Arnal MA, Mosoni L, Boirie Y, Gachon P, Genest M, Bayle G, Grizard J, Arnal M, Antoine JM, Beaufrere B, Mirand PP: Protein turnover modifications induced by the protein feeding pattern still persist after the end of the diets. Am J Physiol Endocrinol Metab 278: E902-909, 2000.

146 Keim NL, Van Loan MD, Horn WF, Barbieri TF, Mayclin PL: Weight loss is greater with consumption of large morning meals and fat-free mass is preserved with large evening meals in women on a controlled weight reduction regimen. J Nutr 127: 75-82, 1997.

147 Prentice AM: Manipulation of dietary fat and energy density and subsequent effects on substrate flux and food intake. Am J Clin Nutr 67: 535S-541S, 1998.

148 Johnston CS, Day CS, Swan PD: Postprandial thermogenesis is increased 100% on a high-protein, low-fat diet versus a high-carbohydrate, low-fat diet in healthy, young women. J Am Coll Nutr 21: 55-61, 2002.

149 Halton TL, Hu FB: The effects of high protein diets on thermogenesis, satiety and weight loss: a critical review. J Am Coll Nutr 23: 373-385, 2004.

150 Luscombe ND, Clifton PM, Noakes M, Farnsworth E, Wittert G: Effect of a high-protein, energy-restricted diet on weight loss and energy expenditure after weight stabilization in hyperinsulinemic subjects. Int J Obes Relat Metab Disord 27: 582-590, 2003.

151 Raben A, Agerholm-Larsen L, Flint A, Holst JJ, Astrup A: Meals with similar energy densities but rich in protein, fat, carbohydrate, or alcohol have different effects on energy expenditure and substrate metabolism but not on appetite and energy intake. Am J Clin Nutr 77: 91-100, 2003.

152 Brehm BJ, Spang SE, Lattin BL, Seeley RJ, Daniels SR, D'Alessio DA: The role of energy expenditure in the differential weight loss in obese women on low-fat and low-carbohydrate diets. J Clin Endocrinol Metab 90: 1475-1482, 2005.

153 Westerterp-Plantenga MS: The significance of protein in food intake and body weight regulation. Curr Opin Clin Nutr Metab Care 6: 635-638, 2003.

154 Paddon-Jones D, Westman E, Mattes RD, Wolfe RR, Astrup A, Westerterp-Plantenga M: Protein, weight management, and satiety. Am J Clin Nutr 87: 1558S-1561S, 2008.

155 Weigle DS, Breen PA, Matthys CC, Callahan HS, Meeuws KE, Burden VR, Purnell JQ: A high-protein diet induces sustained reductions in appetite, ad libitum caloric intake, and body weight despite compensatory changes in diurnal plasma leptin and ghrelin concentrations. Am J Clin Nutr 82: 41-48, 2005.

156 Layman DK, Shiue H, Sather C, Erickson DJ, Baum J: Increased dietary protein modifies glucose and insulin homeostasis in adult women during weight loss. J Nutr 133: 405-410, 2003.

157 Anderson GH, Moore SE: Dietary, proteins in the regulation of food intake and body weight in humans. J Nutr 134: 974S-979S, 2004.

158 Layman DK, Evans E, Baum JI, Seyler J, Erickson DJ, Boileau RA: Dietary protein and exercise have additive effects on body composition during weight loss in adult women. J Nutr 135: 1903-1910, 2005.

159 Bowen J, Noakes M, Trenerry C, Clifton PM: Energy intake, ghrelin, and cholecystokinin after different carbohydrate and protein preloads in overweight men. J Clin Endocrinol Metab 91: 1477-1483, 2006.

160 Bowen J, Noakes M, Clifton PM: Appetite regulatory hormone responses to various dietary proteins differ by body mass index status despite similar reductions in ad libitum energy intake. J Clin Endocrinol Metab 91: 2913-2919, 2006.

161 Long SJ, Jeffcoat AR, Millward DJ: Effect of habitual dietary-protein intake on appetite and satiety. Appetite 35: 79-88, 2000.

162 Almiron-Roig E, Drewnowski A: Hunger, thirst, and energy intakes following consumption of caloric beverages. Physiol Behav 79: 767-773, 2003.

163 Almiron-Roig E, Flores SY, Drewnowski A: No difference in satiety or in subsequent energy intakes between a beverage and a solid food. Physiol Behav 82: 671-677, 2004.

164 Soenen S, Westerterp-Plantenga MS: No differences in satiety or energy intake after high-fructose corn syrup, sucrose, or milk preloads. Am J Clin Nutr 86: 1586-1594, 2007.

165 Heaney RP, Davies KM, Barger-Lux MJ: Calcium and weight: clinical studies. J Am Coll Nutr 21: 152S-155S, 2002.

166 Pereira MA, Jacobs DR, Jr., Van Horn L, Slattery ML, Kartashov AI, Ludwig DS: Dairy consumption, obesity, and the insulin resistance syndrome in young adults: the CARDIA Study. Jama 287: 2081-2089, 2002.

167 Buchholz AC, Schoeller DA: Is a calorie a calorie? Am J Clin Nutr 79: 899S-906S, 2004.

168 St Jeor ST, Howard BV, Prewitt TE, Bovee V, Bazzarre T, Eckel RH: Dietary protein and weight reduction: a statement for healthcare professionals from the Nutrition Committee of the Council on Nutrition, Physical Activity, and Metabolism of the American Heart Association. Circulation 104: 1869-1874, 2001.

169 Clifton P: The science behind weight loss diets--a brief review. Aust Fam Physician 35: 580-582, 2006.

170 Piatti PM, Monti F, Fermo I, Baruffaldi L, Nasser R, Santambrogio G, Librenti MC, Galli-Kienle M, Pontiroli AE, Pozza G: Hypocaloric high-protein diet improves glucose oxidation and spares lean body mass: comparison to hypocaloric high-carbohydrate diet. Metabolism 43: 1481-1487, 1994.

171 Whitehead JM, McNeill G, Smith JS: The effect of protein intake on 24-h energy expenditure during energy restriction. Int J Obes Relat Metab Disord 20: 727-732, 1996.

172 Baba NH, Sawaya S, Torbay N, Habbal Z, Azar S, Hashim SA: High protein vs high carbohydrate hypoenergetic diet for the treatment of obese hyperinsulinemic subjects. Int J Obes Relat Metab Disord 23: 1202-1206, 1999.

173 Skov AR, Toubro S, Ronn B, Holm L, Astrup A: Randomized trial on protein vs carbohydrate in ad libitum fat reduced diet for the treatment of obesity. Int J Obes Relat Metab Disord 23: 528-536, 1999.

174 Parker B, Noakes M, Luscombe N, Clifton P: Effect of a high-protein, high-monounsaturated fat weight loss diet on glycemic control and lipid levels in type 2 diabetes. Diabetes Care 25: 425-430, 2002.

175 Luscombe ND, Clifton PM, Noakes M, Parker B, Wittert G: Effects of energy-restricted diets containing increased protein on weight loss, resting energy expenditure, and the thermic effect of feeding in type 2 diabetes. Diabetes Care 25: 652-657, 2002.

176 Clifton PM, Noakes M, Keogh J, Foster P: Effect of an energy reduced high protein red meat diet on weight loss and metabolic parameters in obese women. Asia Pac J Clin Nutr 12 Suppl: S10, 2003.

177 Farnsworth E, Luscombe ND, Noakes M, Wittert G, Argyiou E, Clifton PM: Effect of a high-protein, energy-restricted diet on body composition, glycemic control, and lipid concentrations in overweight and obese hyperinsulinemic men and women. Am J Clin Nutr 78: 31-39, 2003.

178 Layman DK, Boileau RA, Erickson DJ, Painter JE, Shiue H, Sather C, Christou DD: A reduced ratio of dietary carbohydrate to protein improves body composition and blood lipid profiles during weight loss in adult women. J Nutr 133: 411-417, 2003.

179 Brinkworth GD, Noakes M, Keogh JB, Luscombe ND, Wittert GA, Clifton PM: Long-term effects of a high-protein, low-carbohydrate diet on weight control and cardiovascular risk markers in obese hyperinsulinemic subjects. Int J

Obes Relat Metab Disord 28: 661-670, 2004.

180 Due A, Toubro S, Skov AR, Astrup A: Effect of normal-fat diets, either medium or high in protein, on body weight in overweight subjects: a randomised 1-year trial. Int J Obes Relat Metab Disord 28: 1283-1290, 2004.

181 Johnston CS, Tjonn SL, Swan PD: High-protein, low-fat diets are effective for weight loss and favorably alter biomarkers in healthy adults. J Nutr 134: 586-591, 2004.

182 Noakes M, Keogh JB, Foster PR, Clifton PM: Effect of an energy-restricted, high-protein, low-fat diet relative to a conventional high-carbohydrate, low fat diet on weight loss, body composition, nutritional status, and markers of cardiovascular health in obese women. Am J Clin Nutr 81: 1298-1306, 2005.

183 McMillan-Price J, Petocz P, Atkinson F, O'Neill K, Samman S, Steinbeck K, Caterson l, Brand-Miller J: Comparison of 4 diets of varying glycemic load on weight loss and cardiovascular risk reduction in overweight and obese young adults: a randomized controlled trial. Arch Intern Med 166: 1466-1475, 2006.

184 Meckling KA, Sherfey R: A randomized trial of a hypocaloric high-protein diet, with and without exercise, on weight loss, fitness, and markers of the Metabolic Syndrome in overweight and obese women. Appl Physiol Nutr Metab 32: 743-752, 2007.

185 van der Ploeg GE, Brooks AG, Withers RT, Dollman J, Leaney F, Chatterton BE: Body composition changes in female bodybuilders during preparation for competition. Eur J Clin Nutr 55: 268-277, 2001.

186 Westerterp-Plantenga MS, Lejeune MP, Nijs I, van Ooijen M, Kovacs EM: High protein intake sustains weight maintenance after body weight loss in humans. Int J Obes Relat Metab Disord 28: 57-64, 2004.

187 Anonym: Diabetes mellitus–Aktuelle Studienergebnisse. DGE info 55: 98-102, 2008.

188 Manninen AH: A statement of the american heart association nutrition committee on dietary protein and weight reduction: a rigorous rebuttal. Metab Syndr Relat Disord 2: 9-13, 2004.

189 Ditscheid B JG: Influence of dietary protein on blood lipids, blood pressure and plasma homocysteine: a review. Ernährung/Nutrition 27: 53-60, 2003.

190 Anonym: Zusammenfassung: Ernährung, körperliche Aktivität und Krebsprävention: Eine globale Perspektive. World Cancer Research Fund & American Institute for Cancer Research, 2007.

191 Krebs M: Amino acid-dependent modulation of glucose metabolism in humans. Eur J Clin Invest 35: 351-354, 2005.

192 Tremblay E, Krebs M, Dombrowski L, Brehm A, Bernroider E, Roth E, Nowotny P, Waldhausl W, Marette A, Roden M: Overactivation of S6 kinase 1 as a cause of human insulin resistance during increased amino acid availability. Diabetes 54: 2674-2684, 2005.

193 Nutrition Recommendations and Interventions for Diabetes: a position statement of the American Diabetes Association. Diabetes Care 30 Suppl 1: S48-65, 2007.

194 Skov AR, Toubro S, Bulow J, Krabbe K, Parving HH, Astrup A: Changes in renal function during weight loss induced by high vs low-protein low-fat diets in overweight subjects. Int J Obes Relat Metab Disord 23: 1170-1177, 1999.

195 Von Loeffelholz C: Schlappe Knochen durch Low Carb? Triathlon 07: 82-83, 2006.

196 Abe H: Role of histidine-related compounds as intracellular proton buffering constituents in vertebrate muscle. Biochemistry (Mosc) 65: 757-765, 2000.

197 Mc Naughton L, Thompson D: Acute versus chronic sodium bicarbonate ingestion and anaerobic work and power output. J Sports Med Phys Fitness 41: 456-462, 2001.

198 Portington KJ, Pascoe DD, Webster MJ, Anderson LH, Rutland RR, Gladden LB: Effect of induced alkalosis on

exhaustive leg press performance. Med Sci Sports Exerc 30: 523-528, 1998.

199 Lambert CP, Flynn MG: Fatigue during high-intensity intermittent exercise: application to bodybuilding. Sports Med 32: 511-522, 2002.

200 Maughan R: The athlete's diet: nutritional goals and dietary strategies. Proc Nutr Soc 61: 87-96, 2002.

201 Edge J, Hill-Haas S, Goodman C, Bishop D: Effects of resistance training on H+ regulation, buffer capacity, and repeated sprints. Med Sci Sports Exert 38: 2004-2011, 2006.

202 Kendrick IP, Harris RC, Kim HJ, Kim CK, Dang VH, Lam TQ, Bui TT, Smith M, Wise JA: The effects of 10 weeks of resistance training combined with beta-alanine supplementation on whole body strength, force production, muscular endurance and body composition. Amino Acids 34: 547-554, 2008.

203 Parkhouse WS, McKenzie DC, Hochachka PW, Ovalle WK: Buffering capacity of deproteinized human vastus lateralis muscle. J Appl Physiol 58: 14-17, 1985.

204 Suzuki Y, Ito O, Mukai N, Takahashi H, Takamatsu K: High level of skeletal muscle carnosine contributes to the latter half of exercise performance during 30-s maximal cycle ergometer sprinting. Jpn J Physiol 52: 199-205, 2002.

205 Begum G, Cunliffe A, Leveritt M: Physiological role of carnosine in contracting muscle. Int J Sport Nutr Exerc Metab 15: 493-514, 2005.

206 Hill CA, Harris RC, Kim HJ, Harris BD, Sale C, Boobis LH, Kim CK, Wise JA: Influence of beta-alanine supplementation on skeletal muscle carnosine concentrations and high intensity cycling capacity. Amino Acids 32: 225-233, 2007.

207 Harris RC, Tallon MJ, Dunnett M, Boobis L, Coakley J, Kim HJ, Fallowfield JL, Hill CA, Sale C, Wise JA: The absorption of orally supplied beta-alanine and its effect on muscle carnosine synthesis in human vastus lateralis. Amino Acids 30: 279-289, 2006.

208 Stout JR, Cramer JT, Zoeller RF, Torok D, Costa P, Hoffman JR, Harris RC, O'Kroy J: Effects of beta-alanine supplementation on the onset of neuromuscular fatigue and ventilatory threshold in women. Amino Acids 32: 381-386, 2007.

209 Derave W, Ozdemir MS, Harris RC, Pottier A, Reyngoudt H, Koppo K, Wise JA, Achten E: beta-Alanine supplementation augments muscle carnosine content and attenuates fatigue during repeated isokinetic contraction bouts in trained sprinters. J Appl Physiol 103: 1736-1743, 2007.

210 Hoffman J, Ratamess NA, Ross R, Kang J, Magrelli J, Neese K, Faigenbaum AD, Wise JA: beta-Alanine and the Hormonal Response to Exercise. Int J Sports Med, 2008.

211 Frassetto L, Morris RC, Jr., Sellmeyer DE, Todd K, Sebastian A: Diet, evolution and aging– the pathophysiologic effects of the post-agricultural inversion of the potassium-to-sodium and base to-chloride ratios in the human diet. Eur J Nutr 40: 200-213, 2001.

212 Sebastian A, Frassetto LA, Sellmeyer DE, Merriam RL, Morris RC, Jr.: Estimation of the net acid load of the diet of ancestral preagricultural Homo sapiens and their hominid ancestors. Am J Clin Nutr 76: 1308-1316, 2002.

213 Frassetto L, Sebastian A: Age and systemic acid-base equilibrium: analysis of published data. J Gerontol A Biol Sci Med Sci 51: B91-99, 1996.

214 Frassetto LA, Morris RC, Jr., Sebastian A: Effect of age on blood acid-base composition in adult humans: role of age-related renal functional decline. Am J Physiol 271: F1114-1122, 1996.

215 Tucker KL, Hannan MT, Kiel DP: The acid-base hypothesis: diet and bone in the Framingham Osteoporosis Study. Eur J Nutr 40: 231-237, 2001.

216 Astner A: Sportliche Belastung, Körpergewicht und endokrinologische Regelkreise bei der jungen Frau. Deutsche

Zeitschrift für Sportmedizin 50: 121-124, 1999.

217 Zittermann A: Osteoporose. Ernährungs-Umschau 54: B33-B36, 2007.

218 Sellmeyer DE, Stone KL, Sebastian A, Cummings SR: A high ratio of dietary animal to vegetable protein increases the rate of bone loss and the risk of fracture in postmenopausal women. Study of Osteoporotic Fractures Research Group. Am J Clin Nutr 73: 118-122, 2001.

219 Reddy ST, Wang CY, Sakhaee K, Brinkley L, Pak CY: Effect of low-carbohydrate high-protein diets on acid-base balance, stone-forming propensity, and calcium metabolism. Am J Kidney Dis 40: 265-274, 2002.

220 Promislow JH, Goodman-Gruen D, Slymen DJ, Barrett-Connor E: Protein consumption and bone mineral density in the elderly: the Rancho Bernardo Study. Am J Epidemiol 155: 636-644, 2002.

221 Worm N: Protein und Knochengesundheit. Deutsche Zeitschrift für Sportmedizin 57: 82, 2006.

6. 健身运动中的能量平衡

1 Buchholz, A.C. and D.A. Schoeller, Is a calorie a calorie? Am J Clin Nutr, 2004. 79(5): p. 899S-906S.

2 Anonym, D-A-CH (Hrsg.): Referenzwerte für die Nährstoffzufuhr. Umschau-/Braus-Verlag (2000).

3 Von Loeffelholz, C., Leistungsernährung. Novagenics-Verlag 2002.

4 Raben, A., et al., Meals with similar energy densities but rich in protein, fat, carbohydrate, or alcohol have different effects on energy expenditure and substrate metabolism but not on appetite and energy intake. Am J Clin Nutr, 2003. 77(1): p. 91-100.

5 Anonym, D.G.E. e. V. (Hrsg.). Ernährungsbericht 2004. DGE 2004.

6 Von Loeffelholz, C., Das beste Futter für den Sportler. Motion, 2005. 10/11: p. 32-35.

7 Schek, A., Top-Leistung im Sport durch bedürfnisgerechte Ernährung. Philippka Sportverlag 2005.

8 Lambert, C.P. and M.G. Flynn, Fatigue during high-intensity intermittent exercise: application to body-building. Sports Med, 2002. 32(8): p. 511-22.

9 Bemben, M.G. and H.S. Lamont, Creatine supplementation and exercise performance: recent findings. Sports Med, 2005. 35(2): p. 107-25.

10 Casey, A. and P.L. Greenhaff, Does dietary creatine supplementation play a role in skeletal muscle metabolism and performance? Am J Clin Nutr, 2000. 72(2 Suppl): p. 607S-17S.

11 Persky, A.M. and G.A. Brazeau, Clinical pharmacology of the dietary supplement creatine monohydrate. Pharmacol Rev, 2001. 53(2): p. 161-76.

12 Buford, T.W., et al., International Society of Sports Nutrition position stand: creatine supplementation and exercise. J Int Soc Sports Nutr, 2007. 4: p. 6.

13 Metzl, J.D., et al., Creatine use among young athletes. Pediatrics, 2001. 108(2): p. 421-5.

14 Brault, J.J., K.A. Abraham, and R.L. Terjung, Muscle creatine uptake and creatine transporter expression in response to creatine supplementation and depletion. J Appl Physiol, 2003. 94(6): p. 2173-80.

15 Persky, A.M., G.A. Brazeau, and G. Hochhaus, Pharmacokinetics of the dietary supplement creatine. Clin Pharmacokinet, 2003. 42(6): p. 557-74.

16 McCall, W. and A.M. Persky, Pharmacokinetics of creatine. Subcell Biochem, 2007. 46: p. 261-73.

17 Harris, R., K Söderlund, E Hultman, Elevation of creatine in resting and exercised muscle of normal subjects by creatine supplementation. Cli Sci (Colch), 1992(83): p. 367-374.

18 Steenge, G.R., et al., Stimulatory effect of insulin on creatine accumulation in human skeletal muscle. Am J Physiol, 1998. 275(6 Pt 1): p. E974-9.

19 Steenge, G.R., E.J. Simpson, and P.L. Greenhaff, Protein-and carbohydrate-induced augmentation of whole body creatine retention in humans. J Appl Physiol, 2000. 89(3): p. 1165-71.

20 Preen, D., et al., Creatine supplementation: a comparison of loading and maintenance protocols on creatine uptake by human skeletal muscle. Int J Sport Nutr Exert Metab, 2003. 13(1): p. 97-111.

21 Nebel, R., Creatin im Sport–Ergogenes Supplement? Deutsche Zeitschrift Sportmedizin, 2002. 53(7+8): p. 213-220.

22 Powers, M.E., et al., Creatine Supplementation Increases Total Body Water Without Altering Fluid Distribution. J Athl Train, 2003. 38(1): p. 44-50.

23 Volek, J.S.and E.S. Rawson, Scientific basis and practical aspects of creatine supplementation for athletes. Nutrition, 2004. 20(7-8): p. 609-14.

24 Robinson, T.M., et al., Role of submaximal exercise in promoting creatine and glycogen accumulation in human skeletal muscle. J Appl Physiol, 1999. 87(2): p. 598-604.

25 Volek, J.S., et al., The effects of creatine supplementation on muscular performance and body composition responses to short-term resistance training overreaching. Eur J Appl Physiol, 2004. 91(5-6): p. 628-37.

26 Cribb, P.J., A.D. Williams, and A. Hayes, A creatine-protein-carbohydrate supplement enhances responses to resistance training. Med Sci Sports Exerc, 2007. 39(11): p. 1960-8.

27 Tarnopolsky, M.A., et al., Creatine dextrose and protein-dextrose induce similar strength gains during training. Med Sci Sports Exerc, 2001. 33(12): p. 2044-52.

28 Branch, J.D., Effect of creatine supplementation on body composition and performance: a meta-analysis. Int J Sport Nutr Exerc Metab, 2003. 13(2): p. 198-226.

29 Chilibeck, P.D., C. Magnus, and M. Anderson, Effect of in-season creatine supplementation on body composition and performance in rugby union football players. Appl Physiol Nutr Metab, 2007. 32(6): p. 1052-7.

30 Hoffman, J., et al., Effect of creatine and beta-alanine supplementation on performance and endocrine responses in strength/power athletes. Int J Sport Nutr Exerc Metab, 2006. 16(4): p. 430-46.

31 Stout, J.R., et al., Effects of twenty-eight days of beta-alanine and creatine monohydrate supplementation on the physical working capacity at neuromuscular fatigue threshold. J Strength Cond Res, 2006. 20(4): p. 928-31.

32 Zoeller, R.F., et al., Effects of 28 days of beta-alanine and creatine monohydrate supplementation on aerobic power, ventilatory and lactate thresholds, and time to exhaustion. Amino Acids, 2007. 33(3): p. 505-10.

33 Falk, D.J., et al., Effects of effervescent creatine, ribose, and glutamine supplementation on muscular strength, muscular endurance, and body composition. J Strength Cond Res, 2003. 17(4): p. 810-6.

34 Van Schuylenbergh, R., M. Van Leemputte, and P. Hespel, Effects of oral creatine-pyruvate supplementation in cycling performance. Int J Sports Med, 2003. 24(2): p. 144-50.

35 Gill, N.D., R.D. Hall, and A.J.Blazevich, Creatine serum is not as effective as creatine powder for improving cycle sprint performance in competitive male team-sport athletes. J Strength Cond Res, 2004. 18(2): p. 272-5.

36 Vandenberghe, K., et al., Caffeine counteracts the ergogenic action of muscle creatine loading. J Appl Physiol, 1996. 80(2): p. 452-7.

37 Doherty, M., PM Smith, RCR Davison, MG Hughes, Caffeine is ergogenic after supplementation of oral creatine monohydrate. Med Sci Sports Exerc, 2002. 34(11): p. 1785-1792.

38 Poortmans, J.R. and M. Francaux, Adverse effects of creatine supplementation: fact or fiction? Sports Med, 2000. 30(3): p. 155-70.

39 Pline, K.A. and C.L. Smith, The effect of creatine intake on renal function. Ann Pharmacother, 2005. 39(6): p. 1093-6.

40 Robinson, T.M., et al., Dietary creatine supplementation does not affect some haematological indices, or indices of muscle damage and hepatic and renal function. Br J Sports Med, 2000. 34(4): p. 284-8.

41 Derave, W., et al., Oral creatine supplementation in humans does not elevate urinary excretion of the carcinogen N-nitrososarcosine. Nutrition, 2006. 22(3): p. 332-3.

42 Dalbo, V.J., et al., Putting to rest the myth of creatine supplementation leading to muscle cramps and dehydration. Br J Sports Med, 2008. 42(7): p. 567-73.

43 Anonym, Gesundheitliche Risiken und Dopingverstöße durch Nahrungsergänzungsmittel und soziale Drogen. Deutsche Zeitschrift für Sportmedizin, 2002. 53(1): p. 230-231.

44 Lambert, C.P., L.L. Frank, and W.J.Evans, Macronutrient considerations for the sport of bodybuilding. Sports Med, 2004. 34(5): p. 317-27.

45 Haff, G.G., et al., Carbohydrate supplementation attenuates muscle glycogen loss during acute bouts of resistance exercise. Int J Sport Nutr Exerc Metab, 2000. 10(3): p. 326-39.

46 Haff, G.G., et al., The effects of supplemental carbohydrate ingestion on intermittent isokinetic leg exercise. J Sports Med Phys Fitness, 2001. 41(2): p. 216-22.

47 Haff, G.G., et al., Carbohydrate supplementation and resistance training. J Strength Cond Res, 2003. 17(1): p. 187-96.

48 Utter, A.C., et al., Carbohydrate supplementation and perceived exertion during resistance exercise. J Strength Cond Res, 2005. 19(4): p. 939-43.

49 Bird, S.P., K.M. Tarpenning, and F.E. Marino, Effects of liquid carbohydrate/essential amino acid ingestion on acute hormonal response during a single bout of resistance exercise in untrained men. Nutrition, 2006. 22(4): p. 367-75.

50 Bird, S.P., K.M. Tarpenning, and F.E. Marino, Liquid carbohydrate/essential amino acid ingestion during a short-term bout of resistance exercise suppresses myofibrillar protein degradation. Metabolism, 2006. 55(5): p. 570-7.

51 Kulik, J.R., et al., Supplemental carbohydrate ingestion does not improve performance of high-intensity resistance exercise. J Strength Cond Res, 2008. 22(4): p. 1101-7.

52 Westerterp, K.R., Alterations in energy balance with exercise. Am J Clin Nutr, 1998. 68(4): p. 970S-974S.

53 Von Loeffelholz, C., Wechselwirkungen zwischen körperlicher Aktivität, Ernährung und Adipositas. Kongressband zur 12. Ernährungsfachtagung am 26. Oktober 2004 in Jena: 10-21.

54 Marquardt, M., von Loeffelholz, C., Gustafsson, B., Die Laufbibel. Sportmedis-Verlag 2005.

55 Stiegler, P. and A. Cunliffe, The role of diet and exercise for the maintenance of fat-free mass and resting metabolic rate during weight loss. Sports Med, 2006. 36(3): p. 239-62.

56 Ravussin, E., et al., Determinants of 24-hour energy expenditure in man. Methods and results using a respiratory chamber. J Clin Invest, 1986. 78(6): p. 1568-78.

57 van Pelt, R.E., et al., Age-related decline in RMR in physically active men: relation to exercise volume and energy intake. Am J Physiol Endocrinol Metab, 2001. 281(3): p. E633-9.

58 Solomon, T.P., et al., Effects of aging on basal fat oxidation in obese humans. Metabolism, 2008. 57(8): p. 1141-7.

59 Larrouy, D., et al., Gene expression profiling of human skeletal muscle in response to stabilized weight loss. Am J Clin Nutr, 2008. 88(1): p. 125-32.

60 Rosenbaum, M., et al., Long-term persistence of adaptive thermogenesis in subjects who have maintained a reduced body weight. Am J Clin Nutr, 2008. 88(4): p. 906-12.

61 Ravussin, E., et al., Reduced rate of energy expenditure as a risk factor for body-weight gain. N Engl J Med, 1988. 318(8): p. 467-72.

62 Speakman, J.R. and C. Selman, Physical activity and resting metabolic rate. Proc Nutr Soc, 2003. 62(3): p. 621-34.

63 Poehlman, E.T. and C. Melby, Resistance training and energy balance. Int J Sport Nutr, 1998. 8(2): p. 143-59.

64 Heymsfield, S.B., et al., Body-size dependence of resting energy expenditure can be attributed to nonenergetic homogeneity of fat-free mass. Am J Physiol Endocrinol Metab, 2002. 282(1): p. E132-8.

65 Dolezal, B.A. and J.A. Potteiger, Concurrent resistance and endurance training influence basal metabolic rate in nondieting individuals. J Appl Physiol, 1998. 85(2): p. 695-700.

66 Kreider, R.B., Dietary supplements and the promotion of muscle growth with resistance exercise. Sports Med, 1999. 27(2): p. 97-110.

67 Demling, R.H. and L. DeSanti, Effect of a hypocaloric diet, increased protein intake and resistance training on lean mass gains and fat mass loss in overweight police officers. Ann Nutr Metab, 2000. 44(1): p. 21-9.

68 Phillips, S.M., Protein requirements and supplementation in strength sports. Nutrition, 2004. 20(7-8): p. 689-95.

69 Broeder, C.E., et al., The effects of either high-intensity resistance or endurance training on resting metabolic rate. Am J Clin Nutr, 1992. 55(4): p. 802-10.

70 Byrne, H.K. and J.H. Wilmore, The effects of a 20-week exercise training program on resting metabolic rate in previously sedentary, moderately obese women. Int J Sport Nutr Exerc Metab, 2001. 11(1): p. 15-31.

71 Borsheim, E. and R. Bahr, Effect of exercise intensity, duration and mode on post-exercise oxygen consumption. Sports Med, 2003. 33(14): p. 1037-60.

72 Hunter, G.R., et al., Resistance training increases total energy expenditure and free-living physical activity in older adults. J Appl Physiol, 2000. 89(3): p. 977-84.

73 Dolezal, B.A., et al., Muscle damage and resting metabolic rate after acute resistance exercise with an eccentric overload. Med Sci Sports Exerc, 2000. 32(7): p. 1202-7.

74 Poehlman, E.T., et al., Effects of endurance and resistance training on total daily energy expenditure in young women: a controlled randomized trial. J Clin Endocrinol Metab, 2002. 87(3): p. 1004-9.

75 Haltom, R.W., et al., Circuit weight training and its effects on excess postexercise oxygen consumption. Med Sci Sports Exerc, 1999. 31(11): p. 1613-8.

76 Mazzetti, S., et al., Effect of explosive versus slow contractions and exercise intensity on energy expenditure. Med Sci Sports Exerc, 2007. 39(8): p. 1291-301.

77 Martin, C.K., et al., Effect of calorie restriction on resting metabolic rate and spontaneous physical activity. Obesity (Silver Spring), 2007. 15(12): p. 2964-73.

78 Astrup, A., et al., Meta-analysis of resting metabolic rate in formerly obese subjects. Am J Clin Nutr, 1999. 69(6): p. 1117-22.

79 Halton, T.L. and F.B. Hu, The effects of high protein diets on thermogenesis, satiety and weight loss: a critical review. J Am Coll Nutr, 2004. 23(5): p. 373-85.

80 Denzer, C.M. and J.C. Young, The effect of resistance exercise on the thermic effect of food. Int J Sport Nutr Exerc Metab, 2003. 13(3): p. 396-402.

81 Boschmann, M., et al., Water-induced thermogenesis. J Clin Endocrinol Metab, 2003. 88(12): p. 6015-9.

82 Anonym, Wassertrinken verbraucht Kalorien! Medical Tribune, 2004. 39(6): p. 5.

83 Boschmann, M., et al., Water drinking induces thermogenesis through osmosensitive mechanisms. J Clin Endocrinol Metab, 2007. 92(8): p. 3334-7.

84 Powers, M.E., Ephedra and Its Application to Sport Performance: Another Concern for the Athletic Trainer? J Athl Train, 2001. 36(4): p. 420-424.

85 Anonym, Schwere Gesundheitsschaden durch Ephedra-Kraut. DGE info, 2002. 49(6): p. 88.

86 Shekelle, P.G., et al., Efficacy and safety of ephedra and ephedrine for weight loss and athletic performance: a meta-analysis. Jama, 2003. 289(12): p. 1537-45.

87 Anonym, Test: Schlankheitsmittel. ÖKO-TEST, 2004 (Erschien am: 02.02.2004).

88 Williams, M.H., Ernährung, Fitness und Sport. Ullstein-Mosby 1997.

89 Position of Dietitians of Canada, the American Dietetic Association, and the American College of Sports Medicine: Nutrition and Athletic Performance. Can J Diet Pract Res, 2000. 61(4): p. 176-192.

90 Anonym, Wer darf wieviel futtern? Medical Tribune, 2000. 35(21 vom 26. Mai 2000): p. 11.

91 Schek, A., Die Ernährung des Sportlers. Ernährungs-Umschau, 2008. 55(6): p. 362-371.

92 Engeln, H., Die Primaten steigen auf. Geo kompakt, 2005(4): p. 30-35.

93 Cordain, L., et al., Physical activity, energy, expenditure and fitness: an evolutionary perspective. Int J Sports Med, 1998. 19(5): p. 328-35.

94 Pfeiffer, A.F.H., Adipositas. Ärztliche Praxis, 2004(90/91): p. 1-7.

95 Hebebrand, J.e. a., Gene, die wahren Dickmacher? Biol. Unserer Zeit, 2006. 36(4): p. 208-210.

96 Hanssen, H.-P., Falsche Ernährung oder "falsche" Gene? Ernährungs-Umschau, 2007. 54(4): p. 195-199.

97 Müller-Wieland, D., Ernährungsweisen: Lifestyle oder Genetik? Diabetes und Stoffwechsel, 2005(14): p. 55-56.

98 Klinke, R., Pape, H.-C., Silbernagl, S. (Hrsg.). Lehrbuch der Physiologie. Georg-Thieme Verlag 2005.

99 Wynne, K., et al., Appetite control. J Endocrinol, 2005. 184(2): p. 291-318.

100 Cecil, J.E., Tavendale, R., Watt P., Hetherington, M.M., Palmer, C.N.A., An Obesity-Associated FTO Gene Variant and Increased Energy Intake in Children. N Engl J Med, 2008. 359(24): p. 2558-2566.

101 Leibel, R.L., Energy In, Energy Out, and the Effects of Obesity-Related Genes. N Engl J Med, 2008. 359(24): p. 2603-2604.

102 Von Loeffelholz, C., J. Kratzsch, G. Jahreis, Influence of conjugated linoleic acids on body composition and selected serum and endocrine parameters in resistance trained athletes. Eur. J. Lipid Sci. Technol., 2003. 105: p. 251-259.

103 Anonym, Endlich: Cannabinoid-Rezeptorantagonist Rimonabant (Accomplia) vom Markt. arznei-telegramm, 2008. 39(11): p. 116.

104 Pomerleau, M., et al., Effects of exercise intensity on food intake and appetite in women. Am J Clin Nutr, 2004. 80(5): p. 1230-6.

105 Whybrow, S., et al., The effect of an incremental increase in exercise on appetite, eating behaviour and energy balance in lean men and women feeding ad libitum. Br J Nutr, 2008. 100(5): p. 1109-15.

106 Blundell, J.E., et al., Cross talk between physical activity and appetite control: does physical activity stimulate appetite? Proc Nutr Soc, 2003. 62(3): p. 651-61.

107 Hubert, P., N.A. King, and J.E. Blundell, Uncoupling the effects of energy expenditure and energy intake: appetite response to short-term energy deficit induced by meal omission and physical activity. Appetite, 1998. 31(1): p. 9-19.

108 Martins, C., M.D. Robertson, and L.M. Morgan, Effects of exercise and restrained eating behaviour on appetite control. Proc Nutr Soc, 2008. 67(1): p. 28-41.

109 Brunn, I.M., Psychobiologische Aspekte des Hungerstoffwechsels. Ernährungs-Umschau, 2006. 53(11): p. 430-434.

110 Erbersdobler, H.F., Die Energiedichte, eine vernachlässigte Größe? Ernährungs-Umschau, 2005. 52(4): p. 136-139.

111 Schick, R.R., Erdmann, J., Schusdziarra, V., Appetit- und Sättigungsregulation. In: Adipositas., 2003. Johannes G. Wechsler (Hrsg.): p. 131-143.

112 Rangan, A.M., et al., Consumption of "extra" foods by Australian adults: types, quantities and contribution to energy

and nutrient intakes. Eur J Clin Nutr, 2008.

113 Wang, J., et al., Dietary energy density predicts the risk of incident type 2 diabetes: the European Prospective Investigation of Cancer (EPIC)-Norfolk Study. Diabetes Care, 2008. 31(11): p. 2120-5.

114 Worm, N., Je dichter desto dicker–Die Bedeutung der Energiedichte bei Übergewicht. Phoenix-Ärzte-magazin, 2005(3): p. 4-5.

115 Anonym, Zusammenfassung: Ernährung, körperliche Aktivität und Krebsprävention: Eine globale Perspektive. World Cancer Research Fund & American Institute for Cancer Research, 2007.

116 Oberritter, H., Die Suche nach der neuen Abnehmformel: Bibel-Diät oder Volumetrics? DGE info, 2005. 54(9): p. 130.

117 Macht, M., Essen und Emotion. Ernährungs-Umschau, 2005. 52(8): p. 304-308.

118 Cizza, G., et al., Plasma leptin in men and women with seasonal affective disorder and in healthy matched controls. Horm Metab Res, 2005. 37(1): p. 45-8.

119 Adam, O., Braun, Y., Lippl, F., Warum FDH allein nicht hilft. Ernährungs-Umschau, 2008. 55(11): p. 648-654.

120 Magnusson, A. and D. Boivin, Seasonal affective disorder: an overview. Chronobiol Int, 2003. 20(2): p. 189-207.

121 Morse, S.A., et al., Isn't this just bedtime snacking? The potential adverse effects of night-eating symptoms on treatment adherence and outcomes in patients with diabetes. Diabetes Care, 2006. 29(8): p. 1800-4.

122 Pudel, V., Was Menschen motiviert, richtig zu essen. Teil 1: Prinzipien der Ernährungsberatung. Ernährungs-Umschau, 2007. 54(6): p. 308-313.

123 Pudel, V., Zur Psychologie des Essens und Trinkens. Biol. Unserer Zeit, 2007. 37(1): p. 18-24.

124 Anonym, Geschmackswahrnehmung. DGE info, 2008. 55(10): p. 148-151.

7. 健身与日常饮食

1 Dansinger, M.L., et al., Comparison of the Atkins, Ornish, Weight Watchers, and Zone diets for weight loss and heart disease risk reduction: a randomized trial. Jama, 2005. 293(1): p. 43-53.

2 Gardner, C.D., et al.,Comparison ofthe Atkins, Zone, Ornish, and LEARN diets for change in weight and related risk factors among overweight premenopausal women: the A TO Z Weight Loss Study: a randomized trial. Jama, 2007.297(9): p. 969-77.

3 Von Loeffelholz, C., Leistungsernährung. Novagenics-Verlag 2002.

4 Avenell, A., et al. , What are the long-term benefits of weight reducing diets in adults?A systematic review of randomized controlled trials. J Hum Nutr Diet, 2004. 17(4): p. 317-35.

5 Howard, B.V., et al., Low-fat dietary pattern and weight change over 7 years: the Women's Health Initiative Dietary Modification Trial. Jama, 2006. 295(1): p. 39-49.

6 Schuh, M., et al., Identification of a food pattern characterized by high-fiber and low-fat food choices associated with low prospective weight change in the EPIC-Potsdam cohort. JNutr, 2005. 135(5):p. 1183-9.

7 Pavlou, K.N., S. Krey, and W.P. Steffee, Exercise as an adjunct to weight loss and maintenance in moderately obese subjects. Am J Clin Nutr, 1989. 49(5 Suppl): p. 1115-23.

8 Wier, L.T., et al., Determining the amount of physical activity needed for long-term weight controll. Int J Obes Relat Metab Disord, 2001. 25(5): p. 613-21.

9 Schmitz, K.H., et al., Strength training and adiposity in premenopausal women: Strong, Healthy, and Empowered study. Am J Clin Nutr, 2007. 86(3): p. 566-72.

10 Schoeller, D.A., K. Shay, and R.F. Kushner, How much physical activity is needed to minimize weight gain in previously obese women?Am J Clin Nutr, 1997. 66(3): p. 551-6.

11 Stubbs, R.J., et al., A decrease in physical activity affects appetite, energy, and nutrient balance in lean men feeding ad libitum. Am J Clin Nutr, 2004. 79(1): p. 62-9.

12 Gola, U. , Enährungsmedizin in der Praxis des niedergelassenen Arztes. In: Enährungsmedizin, 2004. Biesalski, H. –K. (Hrsg.) (54): p. 687-712.

13 Ellrott, T., Pudel, V., Kohlenhydratarme Diäten(Low Carb)zur Gewichtsreduktion.Ernährungs –Umschau, 2005.52(2):p. 48-51.

14 Raynor, H.A., et al., Weight loss strategies associated with BMI in overweight adults with type 2 diabetes at entry into the Look AHEAD(Action for Health in Diabetes)trial. Diabetes Care, 2008.31(7): p. 1299-304.

15 Ellrott, T., Zunehmende Portionsgrössen-ein Problem für die Regulation der Nahrungsmenge.Ernährungs-Umschau, 2003. 50(9): p. 340-343.

16 Wansink, B. and P. Chandon, Meal size, not body size, explains errors in estimating the calorie content of meals.Ann Intern Med, 2006. 145(5): p. 326-32.

17 Westenhöfer, J., Stellfeldt, A. , Strassner, C., Schoberberger, R., Ludvik, B., Die Lean habits Study-Studiendesign und erste 1-Jahres-Follow-up-Ergebnisse. Ernährungs-Umschau, 2000.47(9): p. 333-339.

18 Anonym., Von Pommes und Pizza.Test spezial, 1999(Juni): p. 110-113.

19 Gielen, S., G. Schuler, and R. Hambrecht, Exercise training in coronary artery disease and coronary vasomotion. Circulation, 2001. 103(1): p. E1-6.

20 Bowman, S.A. and B.T. Vinyard, Fast food consumption of U.S. adults: impact on energy and nutrient intakes and overweight status.J Am Coll Nutr, 2004. 23 (2): p. 163-8.

21 Ebbeling, C.B., et al., Compensation for energy intake from fast food among over weight and lean adolescents. Jama, 2004. 291(23): p. 2828-33.

22 Hambrecht, R., et al., Percutaneous coronary angioplasty compared with exercise training in patients with stable coronary artery disease: a randomized trial. Circulation, 2004. 109(11): p. 1371-8.

23 Pereira, M.A., et al., Fast-food habits, weight gain, and insulin resistance(the CARDIA study): 15-year prospective analysis. Lancet, 2005. 365(9453): p. 36-42.

24 Anonym, Wie oft essen Sie in Fast-Food-Restaurants?DGE info, 2006. 53(3): p. 43.

25 Von Loeffelholz, C., Supersize Me. Triathlon, 2006 01/02: p. 84-86.

26 Ebbeling, C.B., et al., Altering portion sizes and eating rate to attenuate gorging during a fast food meal: effects on energy intake. Pediatrics, 2007. 119(5): p. 869-75.

27 Fischer, J., Richter, A., Vohmann, C., Stahl, A., Heseker, H., Mensink, G.B., Fast-Food-Verzehr von Jugendlichen in Deutschland.Ernährungs-Umschau, 2008. 55(10): p. 579-583.

28 Drummond, S.E., et al., Evidence that eating frequency is inversely related to body weight status in male, but not female, non-obese adults reporting valid dietary intakes. Int J Obes Relat Metab Disord, 1998. 22(2): p. 105-12.

29 Zivkovic, A.M., J.B.German, and A.J.Sanyal, Comparative review of diets for the metabolic syndrome: implications for nonalcoholic fatty liver disease. Am J Clin Nutr, 2007. 86(2): p. 285-300.

30 Renaud, S., et al., Cretan Mediterranean diet for prevention of coronary heart disease. Am J Clin Nutr, 1995. 61 (6 Suppl): p. 1360S-1367S.

31 Esposito, K., et al., Effect of a mediterranean-style diet on endothelial dysfunction and markers of vascular inflammation in the metabolic syndrome: a randomized trial. Jama, 2004. 292(12): p. 1440-6.

32 de Lorgeril, M. and P. Salen, The Mediterranean diet in secondary prevention of coronary heart disease. Clin Invest Med, 2006 29 (3): p. 154-8.

33 Brehm, B.J. and D.A. D'Alessio, Weight loss and metabolic benefits with diets of varying fat and carbohydrate content: separating the wheat from the chaff. Nat Clin Pract Endocrinol Metab, 2008. 4(3): p. 140-6.

34 Fraser, A, et al., A modifled Mediterranean diet is associated with the greatest reduction in alanine aminotransferase levels in obese type 2 diabetes patients: results of a quasi-randomised controlled trial. Diabetologia, 2008.51 (9): p. 1616-22.

35 Martinez-Gonzalez, M.A., et al., Adherence to Mediterranean diet and risk of developing diabetes: prospective cohort study. Bmj, 2008. 336 (7657): p. 1348-51.

36 Shai, I., et al., Weight loss with a low-carbohydrate, Mediterranean, or low-fat diet. N Engl J Med, 2008. 359 (3): p. 229-41.

37 McManus, K., L. Antinoro, and F. Sacks, A randomized controlled trial of a moderate-fat, low-energy diet compared with a low fat, low-energy diet for weight loss in overweight adults. Int J Obes Relat Metab Disord, 2001. 25(10): p. 1503-11.

38 Andreoli, A., et al., Effect of a moderately hypoenergetic Mediterranean diet and exercise program on body cell mass and cardiovascular risk factors in obese women. Eur J Clin Nutr, 2008. 62 (7): p. 892-7.

39 Brehm, B.J., et al., One-year comparison of a high-monounsaturated fat diet with a high-carbohydrate diet in type 2 diabetes. Diabetes Care, 2008.

40 Due, A., et al., Comparison of 3 ad libitum diets for weight-loss maintenance, risk of cardiovascular disease, and diabetes: a 6-mo randomized, controlled trial. Am J Clin Nutr, 2008 88 (5): p. 1232-41

41 Astrup, A., Weight loss with a low-carbohydrate, Mediterranean, or low-fat diet. N Engl J Med, 2008. 359 (20): p. 2169-70; author reply 2171-2.

42 Bitsch, R., Obst, Gemüse und Kartoffeln: Präventive Efffkte. In: Phoenix-Ärztemagazin: State of the Art, 2004. Sonderdruck: p. 12-14.

43 Appel, L.J., et al., Effects of protein, monounsaturated fat, and carbohydrate intake on blood pressure and serum lipids: results of the OmniHeart randomized trial. Jama, 2005. 294 (19): p. 2455-64.

44 Anonym, Smoothies - Obst aus der Flasche. DGE info, 2007. 54 (9): p. 130-132.

45 Watzl, B., Smoothies - Wellness aus der Flasche. Ernährungs-Umschau, 2008. 55(6): p. 352-353.

46 Anonym, Obst und Gemüse - 1001 Substanz für die Gesundheit. Ernährungs-Umschau, 2008. 55 (4): p. 244-245.

47 Anonym, D-A-CH (Hrsg.): Referenzwerte für die Nährstoffzufuhr. Umschau-/Braus-Verlag (2000).

48 Anonym, Sekundäre Pflanzenstoffe und die Wirkung von Medikamenten. DGE info, 2002. 49(3): p. 35.

49 Watzl, B., DGE-Stellungnahme zu "Gemüse-und Obstprodukten" als Nahrungsergänzungsmittel. DGE info, 2002. 49 (6): p. 84-86.

50 Anonym. D.G.E.e.V. (Hrsg.). Ernährungsbericht 2004. DGE 2004.

51 Watzl, B., Einfluss von Obst und Gemüse auf Entzündungsmarker. DGE info, 2006. 53(6): p. 83.

52 Anonym, Zusammenfassung: Ernährung, körperliche Aktivität und Krebsprävention: Eine globale Perspektive. World Cancer Research Fund&American institute for Cancer Research, 2007.

53 Anonym, Prävention durch bunte Vielfalt. DGE info, 2007. 54(10): p. 146-171.

54 Anonym, Obst und Gemüse - Gesundheitlicher Wert versus mögliches gesundheitliches Risiko. DGE info, 2007. 54(11): p. 167-171.

55 Anonym, Lebensmittel-Monitoring 2006. Ernährungs-Umschau, 2007. 54 (12): p. 693.

56 Haddad, A., M., Davis, and R. Lagman, The pharmacological importance of cytochrome CYP3A4 in the palliation of symptoms: review and recommendations for avoiding adverse drug interactions. Support Care Cancer, 2007. 15(3): p. 251-7.

57 Lehmann, I. , "Öko" oder "konventionell"- eine Frage der Sensorik? Ernährungs-Umschau, 2007. 54 (11): p. 647-651.

58 Anonym, Sport gegen Krebs: Beugt vor und hilft beim Heilen. CME, 2008 (3): p. 20-21.

59 Anonym, Ernährungsbericht 2008. DGE info, 2008. 55 (12): p. 179-186.

60 BfArM, Knoblauch stört nicht nur beim Flirten. CME, 2008 (4): p. 5.

61 Erbersdobler, H., Welche Rolle spielen Ernährungsfaktoren in der Krebsprävention? Ernährungs-Umschau, 2008. 55 (10): p. 606-607.

62 Harding, A.H., et al., Plasma vitamin C level, fruit and vegetable consumption, and the risk of new-onset type 2 diabetes mellitus: the European prospective investigation of cancer -- Norfolk prospective study. Arch Intern Med, 2008. 168(14): p.1493-9.

63 Villegas, R., et al., Vegetable but not fruit consumption reduces the risk of type 2 diabetes in Chinese women. J Nutr, 2008. 138 (3): p. 574-80.

64 Watzl, B., Sekundäre Pflanzenstoffe - viel hilft viel? Ernährungs-Umschau, 2008. 55 (8): p. 486-487.

65 Hauner, H., Unverzichtbar: Zerealien. Phoenix-Ärztemagazin: State of the art, 2004. Sonderdruck: p. 15-17.

66 Schnurr, C., Adam, O., Rapsöl zur entzündungshemmenden Ernährung - Untersuchungen zur quantitiven Umwandlung der Alpha-Linolensäure in Eicosapentaensäure und deren Wirkung auf das Entzündungsgeschehen bei Patienten mit rheumatoider Arthritis: Aktulle Studienergebnisse des DGE-Kon-gresses 2007. DGE info, 2007 (05): p. 69-70.

67 Wehrmüller, K., Schmid, A., Walther, B., Gesundheitlicher Nutzen von Omega-3-Fettsäuren und die Bedeutung von Alp-Produkten für die Zufuhr. Ernährungs-Umschau, 2008. 55 (11): p. 655-661.

68 Brouwer, I. A., M.B. Katan, and P.L.Zock, Dietary alpha-linolenic acid is associated with reduced risk of fatal coronary heart disease, but increased prostate cancer risk: a meta-analysis. J Nutr, 2004. 134 (4): p. 919-22.

69 Koch, S., Omega-3-Fettsäuren aktuell. Ernährungs-Umschau, 2007. 54(8): p. 482-485.

70 Brehme, U., Stellenwert von Nüssen in der Ernährung für die Prävention von Herz -Kreislauf-Erkrankungen. Ernährungs-Umschau, 2002, 49 (2): p. 44-48.

71 Marquardt, M., von Loeffelholz, C., Gustafsson, B., Die Laufbibel. Sportmedis-Verlag 2005.

72 Wahrburg, U., Nüsse und Fettsäurensupplemente. DGE info, 2006. 53 (11): p. 166.

73 Anonym, Nüsse in der gesunden Ernährung. Ernährungs-Umschau, 2007. 54 (9): p. 554-556.

74 Jenkins, D.J., et al., Possible benefit of nuts in type 2 diabetes. J Nutr, 2008. 138 (9): p. 1752S-1756S.

75 Jahreis, G., Milch - wichtige Qulle für Jod. Phoenix-Ärztemagazin, 2005(3): p. 6-7.

76 Jahreis, G. , Milch und Milchprodukte: Knochenschutz und mehr. Phoenix, 2004 (Sonderdruck "State of the art"): p. 18-24.

77 Anonym, Milchkonsum senkt das Risiko für Erkrankung am metabolischen Syndrom. Ernährungs-Umschau, 2007. 54(10): p. 566.

78 de Vrese, M., Milch: das Multitalent. Phoenix-Ärztemagazin 4/2007, 2007 (4): p. 6- 8.

79 Choi, H.K., et al., Dairy consumption and risk of type 2 diabetes mellitus in men: a prospective study. Arch Intern Med, 2005. 165 (9): p. 997-1003.

80 Volek, J.S., et al., Increasing fluid milk favorably affects bone mineral density responses to resistance training in adolescent boys. J Am Diet Assoc, 2003. 103(10): p. 1353-6.

81 Biesalski, H.K., Honikel, K.-O., Gesundheitsnutzen von Fleisch und Ei. Phoenix-Ärztemagazin, 2004 (Sonderdruck): p. 411.

82 Anonym, Ernährungsepidemiologische Studien in Deutschland. DGE info, 2007(06): p. 82-83.

83 Huxley, R.R., et al., The impact of dietary and lifestyle risk factors on risk of colorectal cancer: a quantitative overview of the epidemiological evidence. Int J Cancer, 2009 125 (1): p. 171-80.

84 Djousse, L., et al., Egg Consumption and Risk of Type 2 Diabetes in Men and Women. Diabetes Care, 2008.

85 Lambert, C.P., L. L. Frank, and W.J.Evans, Macronutrient considerations for the sport of bodybuilding. Sports Med, 2004. 34 (5): p. 317-27.

86 Kleiner, S.M., T.L.Bazzarre, and M.D.Litchford, Metabolic profiles, diet, and health practices of championship male and female bodybuilders. J Am Diet Assoc, 1990. 90 (7): p. 962-7.

87 Bazzarre, T.L., S.M. Kleiner, and B.E.Ainsworth, Vitamin C intake and lipid profiles of competitive male and female bodybuilders. Int J Sport Nutr, 1992. 2(3): p. 260-71.

88 Bamman, M.M., et al., Changes in body composition, diet, and strength of bodybuilders during the 12 weeks prior to competition. J Sports Med Phys Fitness, 1993. 33(4): p. 383-91.

89 Walberg-Rankin, J., C.E.Edmonds, and F.C.Gwazdauskas, Diet and weight changes of female bodybuilders before and after competition. Int J Sport Nutr, 1993. 3 (1): p. 87-102.

90 Kleiner, S.M.T.L.Bazzarre, and B.E.Ainsworth, Nutritional status of nationally ranked elite bodybuilders. Int J Sport Nutr, 1994. 4 (1): p. 54-69.

91 Kreider, R.B., Dietary supplements and the promotion of musde growth with resistance exercise. Sports Med, 1999. 27 (2): p. 97-110.

92 Ströhle, A., Hahn, A, Evolutionäry Ernährungswissenschaft und steinzeitliche Ernährungsempfehlungen-Stein der alimentären Weisheit oder Stein des Anstosses? - Teil 2. Ernährungs-Umschau, 2006. 53 (2): p. 52-58.

93 Eaton, S.B., et al., Evolutionary health promotion. Prev Med, 2002. 34(2): p. 109-18.

94 Cordain, L., et al., Origins and evolution of the Western diet: health implications for the 21st century. Am J Clin Nutr, 2005. 81 (2): p. 341-54.

95 Ströhle, A., Hahn, A, Evolutionäre Ernährungswissenschaft und steinzeitliche Ernährungsempfehlungen – Stein der alimentärenWeiheit oder Stein des Anstosses? – Teil 1. Ernährungs-Umschau, 2006. 53(1): p. 10-16.

96 Ellrott, T., Formula-Diäten in der Adipositastherapie. Ernährung&Medizin, 2007. 22: p. 69-74.

97 Saris, W.H., Very-low-calorie diets and sustained weight loss. Obes Res, 2001.9 Suppl 4: p. 295S-301S.

98 Schek, A, Welchen Stellenwert haben Fette und Kohlenhydrate in der Ernährung des Sportlers? Ernährung/Nutrition, 2004. 2((28)): p. 56-68.

99 De Book, K., et al., Exercise in the fasted state facilitates fibre type-specific intramyocellular lipid break-down and stimulates glycogen resynthesis in humans. J Physiol, 2005. 564 (Pt 2): p.649-60.

100 Anonym, Macht spätes Essen dick? DGE info, 2006. 53(3): p. 40.

101 Kant, A. K,. R. BaHard-Barbash, and A. Schatzkin, Evening eating and its relation to self-reported body weight and nutrient intake in women, CSFII 1985-86 J Am Coil Nutr, 1995 14(4): p. 358-63.

102 Kant, A.K., A. Schatzkin, and R. Ballard-Barbash, Evening eating and subsequent long-term weight change in a national cohort. Int J Obes Relat Metab Disord, 1997. 21(5): p. 407-12.

103 Thompson, O.M., et al., Dietary pattern as apredictor of change in BMI z-score among girls. Int J Obes (Lond), 2006. 30(1): p. 176-82.

104 de Castro, J.M., The time of day of food intake influences overall intake in humans. J Nutr, 2004.134(1): p. 104-11.

105 Berteus Forslund, H., et al., Meal patterns and obesity in Swedish women-a simple instrument describing usual meal types, frequency and temporal distribution. Eur J Clin Nutr, 2002. 56(8): p. 740-7.

106 Keim, N.L. , et al., Weight loss is greater with consumption of large morning meals and fat-free mass is preserved with large evening meals in women on a controlled weight reduction regimen. J Nutr, 1997. 127(1): p. 75-82.

107 Alenghat, T., et al., Nuclear receptor corepressor and histone deacetylase 3 govern circadian metabolic physiology. Nature, 2008. 456(7224): p. 997-1000.

108 Position of Dietitians of Canada, the American Dietetic Association, and the American College of Sports Medicine: Nutrition and Athletic Performance. Can J Diet Pract Res, 2000. 61(4): p. 176-192.

8. 维生素、常量元素、微量元素与力量训练者的免疫系统

1 Anonym: Stellungnahme der DGE: Einfluss der Intensivnutzung von Böden auf den Nährstoffgehalt von Lebensmitteln. DGE info 39: 165-166, 1999.

2 Straka D: Essen und Trinken in Deutschland. Ernährungs-Umschau 53: 317-318, 2006.

3 Anonym: Stellungnahme der DGE: Vitaminversorgung in Deutschland. DGE info 51: 68-72, 2003.

4 Metges CC: Bedeutung und Möglichkeiten der Erzeugung nährstoffangereicherter Lebensmittel tierischer Herkunft. Ernährungs-Umschau 51: 484-490, 2004.

5 Krumwiede H: Was ist gesund und wann wird's gefährlich? MMW-Fortschr. Med.: 40-43, 2005.

6 Anonym: D-A-CH(Hrsg.): Referenzwerte für die Nährstoffzufuhr. Umschau-/Braus-Verlag (2000).

7 Seiler WO, Itin, P., Stählein, H.B.: Zinkmangel, ein oft verkanntes Problem im Alter. Ernährungs-Umschau 49: 260-265, 2002.

8 Anonym: Stellungnahme des Bundesministeriums für Verbraucherschutz, Ernährung und Landwirtschaft (BMVEL) zum Thema: "Hochdosierte Vitaminpräparate". DGE info 48, 2002.

9 Gassmann B: Dietary Reference Intakes, Report 3: Vitamine C und E, Selen, Carotenoide. Ernährungs- Umschau 47: 265-270, 2000.

10 Gassann B: Dietary Reference Intakes (DRI), Report 4: Spurenelemente. Ernährungs-Umschau 48: 148-152, 2001.

11 Anonym: Nationale Verzehrsstudie II. DGE info 55: 52, 2008.

12 Anonym: Der erste Ergebnisbericht der Nationalen Verzehrsstudie II. DGE info 55: 18, 2008.

13 Anonym: Ernährungsbericht 2008. DGE info 55: 178-186, 2008.

14 Marquardt M, von Loeffelholz, C., Gustafsson, B.: Die Laufbibel. Sportmedis-Verlag 2005.

15 Anonym: D.G.E.e.V. (Hrsg.). Ernährungsbericht 2004. DGE 2004.

16 Biesalski HK, Grimm, P.: Taschenatlas der Ernährung. Thieme-Verlag, 2004.

17 Zittermann A: Niedriger Vitamin-D-Status und geringe Calciumzufuhr-Risikofaktoren des metabolischen Syndroms. Ernährungs-Umschau 50: 84-90, 2003.

18 Anonym: Kommission Hautkrebs-Screening Deutschland. Deutscher Ärzte-Verlag Köln, 2008.

19 Koletzko B, Pietrzik, K.: Gesundheitliche Bedeutung der Folsäurezufuhr: Teil 1. Ernährungs-Umschau 51: 264-271, 2004.

20 Krawinkel M, Brönstrup, A., Bechthold, A., Biesalski, H. K. , Boing, H., Elmadfa, I., Heseker, H., Leschik-Bonnet, E., Oberritter, H., Stehle, P.: Strategien zur Verbesserung der Folatversorgung in Deutschland - Nutzen und Risiken. Ernährungs-Umschau 53: 468-479, 2006.

21 Jacobasch G, Bauer-Marinovic, M.: Eisen, ein Januskopf-Element-Teil 1: Eisenbedarf, -mangel und-stoffwechsel. Ernährungs-Umschau 51: 172-177, 2004.

22 Jacobasch G, Bauer-Marinovic, M.: Eisen, ein Januskopf-Element - Teil 2: Doping im Sport. Ernährungs-Umschau 51: 231-234, 2004.

23 Jacobasch G, Bauer Marinovic, M.: Eisen, ein Januskopf-Element - Teil 3: Hämochromatosen. Ernährungs-Umschau 51: 272-277, 2004.

24 Bellinger AM, Reiken S, Dura M, Murphy PW, Deng SX, Landry DW, Nieman D, Lehnart SE, Samaru M, LaCampagne A, Marks AR: Remodeling of ryanodine receptor complex causes "leaky" channels: a molecular mechanism for decreased exercise capacity. Proc Natl Acad Sci U S A 105: 2198-2202, 2008.

25 Williams MH: Dietary supplements and sports performance: minerals. J Int Soc Sports Nutr 2: 43-49, 2005.

26 Schek A: Top-Leistung im Sport durch bedürfnisgerechte Ernährung. Philippka Sportverlag 2005.

27 Schek A: Ernährungsprogramme für hohe Ausdauerleistungen. Referate anlässlich der 12. Ernährungfachtagung zum Thema: "Prävention durch Ernährung und körperliche Aktivitäit" am 26. Oktober in Jena: 75-83, 2004.

28 Faber M, Benade AJ, van Eck M: Dietary intake, anthropometric measurements, and blood lipid values in weight training athletes (body builders). Int J Sports Med 7: 342-346, 1986.

29 Keith RE, Stone MH, Carson RE, LeFavi RG, Fleck SJ: Nutritional status and lipid profiles of trained steroid-using bodybuilders. Int J Sport Nutr 6: 247-254, 1996.

30 KIeiner SM, Bazzarre TL, Litchford MD: Metabolic profiles, diet, and health practices of championship male and female bodybuilders. J Am Diet Assoc 90: 962-967, 1990.

31 Bazzarre TL, KIeiner SM, Ainsworth BE: Vitamin C intake and lipid profiles of competitive male and female bodybuilders. Int J Sport Nutr 2: 260-271, 1992.

32 Bamman MM, Hunter GR, Newton LE, Roney RK, Khaled MA: Changes in body composition, diet, and strength of bodybuilders during the 12 weeks prior to competition. J Sports Med Phys Fitness 33: 383-391, 1993.

33 Walberg-Rankin J, Edmonds CE, Gwazdauskas FC: Diet and weight changes of female bodybuilders before and after competition. Int J Sport Nutr 3: 87-102, 1993.

34 Kleiner SM, Bazzarre TL, Ainsworth BE: Nutritional status of nationally ranked elite bodybuilders Int J Sport Nutr 4: 54-69, 1994.

35 Anonym: Jugendliche und Sportler: Jodmangel durch zu viel Fast Food. Arbeitskreis Jodmangel: 2, 2005.

36 Williams MH: Dietary supplements and sports performance: introduction and vitamins. J Int Soc Sports Nutr 1: 1-6, 2004.

37 Novas A, Rowbottomn D, Jenkins D: Total daily energy expenditure and incidence of upper respiratory tract infection symptoms in young females. Int J Sports Med 23: 465-470, 2002.

38 Gleeson M: Immune function in sport and exercise. J Appl Physiol 103: 693-699, 2007.

39 Jahreis G, KIein, A.: Probiotika, Immunsystem und sportliche Aktivität. Phoenix: 12-13, 2005.

40 Calder PC, Kew S: The immune system: a target for functional foods? Br J Nutr 88 Suppl 2: S165-177, 2002.

41 Dohi K, Mastro AM, Miles MP, Bush JA, Grove DS, Leach SK, Volek JS, Nindl BC, Marx JO, Gotshalk LA, Putukian M, Sebastianelli WJ, Kraemer WJ: Lymphocyte proliferation in response to acute heavy resistance exercise in women: influence of muscle strength and total work. Eur J Appl Physiol 85: 367-373, 2001.

42 Gabriel H: Sport, Ernährung und Immunsystem. 12. Ernährungsfachtagung am 26. Oktober 2004 in Jena, Kongressband. 12. Ernährungsfachtagung am 26.10.2004 in Jena Kongressband, 2004.

43 Gabriel H: Auswirkungen von Sport auf das Immunsystem. Notfall&Hausarztmedizin 32: 411-414, 2006.

44 Gleeson M, Nieman DC, Pedersen BK: Exercise, nutrition and immune function. J Sports Sci 22: 115-125, 2004.

45 Nieman DC: Immunonutrition support for athletes. Nutr ReV 66: 3 10-320, 2008.

46 Jeukendrup AE, Jentjens RL, Moseley L: Nutritional considerations in triathlon. Sports Med 35: 163-181, 2005.

47 Hwang D: Essential fatty acids and immune response. Faseb J 3: 2052-2061, 1989.

48 El-Kadiki A, Sutton AJ: Role of multivitamins and mineral supplements in preventing infections in elderly people: systematic review and meta-analysis of randomised controlled trials. Bmj 330: 871, 2005.

49 Stephen AI, Avenell A: A systematic review of multivitamin and multimineral supplementation for infection. J Hum Nutr Diet 19: 179-190, 2006.

50 Douglas RM, Hemila H, Chalker E, Treacy B: Vitamin C for preventing and treating the common cold. Cochrane Database Syst Rev: CD000980, 2007.

51 Nieman DC: Sportimmunologie: Aktuelle Perspektiven für Sportler. Deutsche Zeitschrift für Sportmedizin 51: 291-296, 2000.

52 Nankivell BJ, Murali KM: Images in clinical medicine. Renal failure from vitamin C after transplantation. N Engl J Med 358: e4, 2008.

53 Anonym: Behandlung der alterabhängigen Makuladegeneration (Teil I). arznei-telegramm 38: 3-13, 2007.

54 Anonym: Öko-Test: Vitamine und Mineralstoffe im Test. Ernährungs-Umschau 55: 132, 2008.

55 Bassit RA, Sawada LA, Bacurau RF, Navarro F Martins E, Jr., Santos RV, Caperuto EC, Rogeri P, Costa Rosa LF: Branched--chain amino acid supplementation and the immune response of long--distance athletes. Nutrition 18: 376-379, 2002.

56 Gleeson M: Interrelationship between physical activity and branched-chain amino acids. J Nutr 135: 1591S-1595S, 2005.

57 Calder PC: Branched-chain amino acids and immunity. J Nutrj am diet assoc 1997 97: 728-29 136: 288S-293S, 2006.

58 Phillips GC: Glutamine: the nonessential amino acid for performance enhancement. Curr Sports Med Rep 6: 265-268, 2007.

59 Gleeson M: Dosing and efficacy of glutamine supplementation in human exercise and sport training. J Nutr 138: 2045S-2049S, 2008.

60 Roth E: Nonnutritive effects of glutamine. J Nutr 138: 2025S-2031S, 2008.

61 Famularo G, De Simone C: A new era for carnitine? Immunol Today 16: 211-213, 1995.

62 Famularo G, De Simone C, Trinchieri V, Mosca L: Carnitines and its congeners: a metabolic pathway to the regulation of immune response and inflammation. Ann N Y Acad Sci 1033: 132-138, 2004.

63 Manoli I, De Martino MU, Kino T, Alesci S: Modulatory effects of L-carnitine on glucocorticoid receptor activity. Ann N Y Acad Sci 1033: 147-157, 2004.

64 Ellrott T, Pudel, V., Fischer, R.: L-Carnitin als Supplement während einer 12-wöchigen Formula-Diät führt nicht zu einer Verbesserung der Körperzusammensetzung bei stark Adipösen. DGE info: 8, 2003.

65 Anonym: Prä-und probiotische Lebensmittel. DGE info: 162-163, 2001.

66 Klein A, Jahreis, G: Probiotika und deren modulierende Wirkungen auf das Immunsystem. Ernährungs-Umschau 51, 2004.

67 Böhm S, Kruis, W.: Neue Mikroorganismen bringen Ruhe in den Darm. MMW-Fortschr. Med. 148: 30-34, 2006.

68 Krämer S, Bischoff, S.C.: Probiotika halten die Darmflora in der Balance. MMW-Fortschr. Med. 148: 28-30, 2006.

69 Anonym: Gesundheitliche Effekte von Pro-und Präbiotika. Ernährungs-Umschau 54: 293, 2007.

70 Mehrpohl J, Timmer, MA: Probiotika für die Prävention der kindlichen Antibiotika-assoziierten Diarrhoe.

Notfall&Hausarztmedizin 33: 524-526, 2007.

71 Nichols AW: Probiotics and athletic performance: a systematic review. Curr Sports Med Rep 6: 269-273, 2007.

72 Anonym: Probiotika erhöhen die Mortalität bei akuter Pankreatitis. arznei-telegramm 39: 44, 2008.

73 Schrezenmeir J: Darmgesundheit - wie wichtig ist sie wirklich? Ernährungs-Umschau 55: 298-300, 2008.

74 Meuer S: Probiotika und Immunsystem. Sonderdruck CME 6: 1-8, 2009.

75 Favier AE: The role of zinc in reproduction. Hormonal mechanisms. Biol Trace Elem Res 32: 363-382, 1992.

76 Om AS, Chung KW: Dietary zinc deficiency alters 5 alpha-reduction and aromatization of testosterone and androgen and estrogen receptors in rat liver. J Nutr 126: 842-848, 1996.

77 Williams MH: Ernährung, Fitness und Sport. Ullstein-Mosby 1997.

78 Brilla LR CV: Effects of a novel zinc-magnesium formulation on hormones and strength. J Exerc Physiol Online 3: 26-36, 2000.

79 Wilborn CD, Kerksick CM, Campbell BI, Taylor LW, Marcello BM, Rasmussen CJ, Greenwood MC, Almada A, Kreider RB: Effects of Zinc Magnesium Aspartate (ZMA) Supplementation on Training Adaptations and Markers of Anabolism and Catabolism. J Int Soc Sports Nutr 1: 12-20, 2004.

80 Koehler K, Parr MK, Geyer H, Mester J, Schanzer W: Serum testosterone and urinary excretion of steroid hormone metabolites after administration of a high-dose zinc supplement. Eur J Clin Nutr 63: 65-70, 2009.

81 Albanes D, Heinonen OP, Taylor PR, Virtamo J, Edwards BK, Rautalahti M, Hartman AM, Palmgren J, Freedman LS, Haapakoski J, Barrett MJ, Pietinen P, Malila N, Tala E, Liippo K, Salomaa ER, Tangrea JA, Teppo L, Askin FB, Taskinen E, Erozan Y, Greenwald P, Huttunen JK: Alpha-Tocopherol and beta-carotene supplements and lung cancer incidence in the alpha-tocopherol, beta-carotene cancer prevention study: effects of base-line characteristics and study compliance. J Natl Cancer Inst 88: 1560-1570, 1996.

82 Omenn GS, Goodman GE, Thornquist MD, Balmes J, Cullen MR, Glass A, Keogh JP, Meyskens FL, Valalanis B, Williams JH, Barnhart S, Hammar S: Effects of a combination of beta carotene and vitamin A on lung cancer and cardiovascular disease. N Engl J Med 334: 1150-1155, 1996.

83 Bowen DJ, Thornquist M, Anderson K, Barnett M, Powell C, Goodman G, Omenn G: Stopping the active intervention: CARET. Control Clin Trials 24: 39-50, 2003.

84 Gann PH: Randomized trials of antioxidant supplementation for cancer prevention: first bias, now chance - next, cause. Jama 301: 102-103, 2009.

85 Miller ER, 3rd, Pastor-Barriuso R, Dalal D, Riemersma RA, Appel LJ, Guallar E: Meta-analysis: high-dosage vitamin E supplementation may increase all-cause mortality. Ann Intern Med 142: 37-46, 2005.

86 Bjelakovic G, Nikolova D, Simonetti RG, Gluud C: Antioxidant supplements for prevention of gastrointestinal cancers: a systematic review and meta-analysis. Lancet 364: 1219-1228, 2004.

87 Bjelakovic G, Nikolova D, Gluud LL, Simonetti RG, Gluud LL: Mortality in randomized trials of antioxidant supplements for primary and secondary prevention: systematic review and meta-analysis. Jama 297: 842-857, 2007.

88 Sesso HD, Buring JE, Christen WG, Kurth T, Belanger C, MacFadyen J, Bubes V, Mason JE, Glynn RJ, Gaziano JM: Vitamins E and C in the prevention of cardiovascular disease in men: the Physicians' Health Study II randomized controlled trial. Jama 300: 2123-2133, 2008.

89 Bjelakovic G, Nikolova D, Simonetti RG, Gluud C: Systematic review: primary and secondary prevention of gastrointestinal cancers with antioxidant supplements. Aliment Pharmacol Ther 28: 689-703, 2008.

90 Lippman SM, Klein EA, Goodman PJ, Lucia MS, Thompson IM, Ford LG, Parnes HL, Minasian LM, Gaziano JM, Hartline JA, Parsons JK, Bearden JD, 3rd, Crawford ED, Goodman GE, Claudio J, Winquist E, Cook ED, Karp DD,

Walther P, Lieber MM, Kristal AR, Darke AK, Arnold KB, Ganz PA, Santella RM, Albanes D, Taylor PR, Probstfield JL, Jagpal TJ, Crowley JJ, Meyskens FL, Jr., Baker LH, Coltman CA, Jr.: Effect of selenium and vitamin E on risk of prostate cancer and other cancers: the Selenium and Vitamin E Cancer Prevention Trial (SELECT). Jama 301: 39-51, 2009.

91 Gaziano JM, Glynn RJ, Christen WG, Kurth T, Belanger C, MacFadyen J, Bubes V, Manson JE, Sesso HD, Buring JE: Vitamins E and C in the prevention of prostate and total cancer in men: the Physicians' Health Study II randomized controlled trial. Jama 301: 52-62, 2009.

92 Blot WJ, Li JY, Taylor PR, Guo W, Dawsey S, Wang GQ, Yang CS, Zheng SF, Gail M, Li GY, et al.: Nutrition intervention trials in Linxian, China: supplementation with specific vitamin/mineral combinations, cancer incidence, and disease-specific mortality in the general population. J Natl Cancer Inst 85: 1483-1492. 1993.

93 Meyer R: Das Ende der Hoffnung: Vitamine schützen nicht vor Krebs. Deutsches Ärzteblatt 106: 13-19, 2009.

94 Williams SL, Strobel NA, Lexis LA, Coombes JS: Antioxidant requirements of endurance athletes: implications for health. Nutr Rev 64: 93-108, 2006.

95 Rousseau AS, Hininger I, Palazzetti S, Faure H, Roussel AM, Margaritis I: Antioxidant vitamin status in high exposure to oxidative stress in competitive athletes. Br J Nutr 92: 461-468, 2004.

96 Evans WJ: Vitamin E, vitamin C, and exercise. Am J Clin Nutr 72: 647S-652S, 2000.

97 Niess A, Fehrenbach, E, Northoff, H, Dickhut, HD: Freie Radikale und oxidativer Stress bei körperlicher Belastung und Traingsanpassung - eine aktuelle Übersicht. Deutsche Zeitschrift für Sportmedizin 53: 345-353, 2002.

98 Urso ML, Clarkson PM: Oxidative stress, exercise, and antioxidant supplementation. Toxicology 189: 41-54, 2003.

99 Niess A, Striegel, H, Hipp, A, Hansel, J, Simon, P: Zusätzliche Antioxidanziengabe im Sport -sinnvoll oder unsinnig? Deutsche Zeitschrift für Sportmedizin 53: 55-61, 2008.

100 Parise G, Phillips SM, Kaczor JJ, Tarnopolsky MA: Antioxidant enzyme activity is up-regulated after unilateral resistance exercise training in older adults. Free Radic Biol Med 39: 289-295, 2005.

101 Melov S, Tarnopolsky MA, Beckman K, Felkey K, Hubbard A: Resistance exercise reverses aging in human skeletal muscle. PLoS ONE 2: e465, 2007.

102 Finaud J, Lac G, Filaire E: Oxidative stress: relationship with exercise and training. Sports Med 36: 327-358, 2006.

103 Warhol MJ, Siegel AJ, Evans WJ, Silverman LM: Skeletal muscle injury and repair in marathon runners after competition. Am J Pathol 118: 331-339, 1985.

104 Böning D: Muskelkater. Deutsche Zeitschrift für Sportmedizin 51: 63-63, 2000.

105 Williams M: Dietary supplements and sports performance: metabolites, constituents, and extracts. J Int Soc Sports Nutr 3: 1-5, 2006.

106 Hipp A, Niess, AM: Vitamine im Sport - Nutzen oder Risiko? Deutsche Zeitschrift für Sportmedizin 59: 76-77, 2008.

107 Konig D, Berg A, Weinstock C, Keul J, Northoff H: Essential fatty acids, immune function, and exercise. Exerc Immunol Rev 3: 1-31, 1997.

108 Stahl A, Heseker, H.: Niacin. Ernährungs-Umschau 55: 744-749, 2008.

109 Anonym: Vitamin-und Mineralstoffpräparate. DGE info 55: 42-43, 2008.